中国通史

（第四卷）

　　《中国通史》精彩扼要地勾勒出中国历史演进的基本脉络和中华民族的发展过程，从宏观上把握中国历史，窥一斑而知全豹，进而使读者从中揣摩与品味出中国历史发展的内在规律。

中国书店

梁灭亡

同光元年（923）十月，后唐主李存勖攻克大梁，后梁末帝朱友贞自杀，（后）梁在立国17年后，宣告灭亡。

该年四月，李存勖即位后，便开始对（后）梁发动更大规模的进攻，企图一举将其消灭，首先攻占了梁郓州。后梁大惊，梁廷遂采纳敬翔的建议，任命老将王彦章为北面招讨使，段凝为副。王主军之后，后梁士气大振，乘唐守将不备，连克德胜南城和潘张、麻家口、景店等地，扩大了声势。五月，梁以10万兵力攻晋杨刘，堑垒重重，切断内外联系。在此关头，梁将康延孝因不满梁末帝朱友贞而临阵投降，并将梁军虚实部署尽告与李存勖。李存勖亲自往前线指挥，经苦战保住杨刘重镇，形势逐渐好转。七月，唐军夺回德胜城并屯兵于此。

这时，梁廷内部矛盾激化，为了防御唐军，竟在滑州（今河南滑县东）决开黄河，使河水东淹曹、濮、郓诸州，以阻唐军西进攻汴州，并决定调王彦章领兵收复郓州，西命董璋攻太原，霍彦威攻镇定，准备于十月大举发兵攻唐。而唐更有西部泽潞之叛，北部契丹扰边，众将领颇有议和之意。但李存勖采纳康延孝建议，在郭崇韬、李嗣源等支持下，决计乘梁兵力四出，都中空虚之机，直捣大梁。

九月底，李存勖命将士送家属返兴唐府，准备与梁决战。十月，后唐大军自杨刘渡河，一战而败梁军，俘王彦章，乘胜进取大梁。大梁城内只有禁军数千，主力正在黄河以北，无法救援。朱友贞见大势已去，举家自杀。唐军进占梁都城，梁亡。后梁主力大军降唐。

吴越立国

后梁龙德三年（923）二月，梁遣兵部侍郎崔协等为使，册封吴越王钱镠为吴越国王，吴越开始建国，仪卫名称如同天子之制，所居之处称宫殿，府署称朝廷，

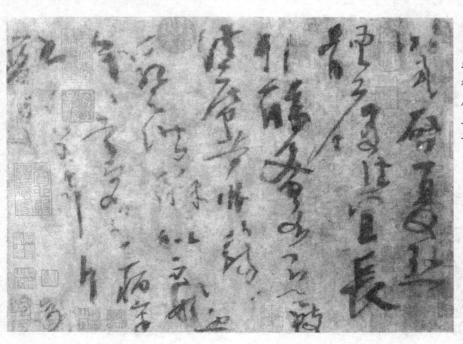

五代杨凝式《夏热帖》。杨凝式历仕梁、唐、晋、汉、周五朝，官至太子少师。

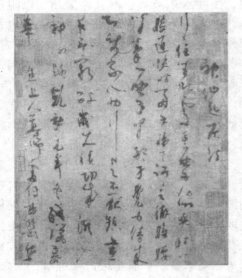

五代杨凝式《神仙起居法帖》

吴越国王钱镠，杭州临安人，出身寒微。年轻时贩私盐为生，后应募参军，逐渐掌握军权而占据两浙之地。唐末时被封为越王和吴王。（后）梁初立，吴越为提高自身地位及加强国力，一反吴、蜀作法而向（后）梁示好，被封为吴越王兼淮南节度使，虽受封但对梁不称臣而称吴越国，唯不改元，奉梁年号。是一个表面臣属实际独立的政权。版图在十国之中较为狭小，包括杭、越，湖、苏等十三州。

备置丞相以下的文武百官，辖境之内王之教令称制敕等。都城在杭州。

吴越王印

五代女舞俑

吴越国小力弱，孤处东南，始终对北方朝廷示好纳贡，以联络中原抗衡周边政权为国策，本身注意兴修水利，发展商业及海上交通，但赋役繁重，民众苦不堪言。自开平元年（907）有国，至太平兴国三年（978）降于北宋，共历五主，共计71年。

钱镠钱
傲批牍合卷
（部分）

中国通史

最新整理图文珍藏版

李严使蜀

后唐同光二年（924）四月，唐派客省使李严为特使出往（前）蜀，以开拓（后）唐、（前）蜀之间的经济交流，并且探知蜀国虚实。

李严入蜀，奉敕用马匹交换蜀国久负盛名的宫中珍玩，但其时蜀国法律禁止锦绮珍奇入中原，只以质地粗劣者冒名顶替，称之为"入草物"。李严发现这一真相，便盛称唐庄宗威德及统一天下的志向，言语间对蜀廷多有冒犯，引起蜀君臣的愤愤不平。

五月，李严回到洛阳复命，庄宗闻"入草物"真情，骂道："王衍岂得免为入草之人乎！"李严见状，遂进言说：蜀主王衍年幼昏庸，蜀政混乱，如有大军压境便即土崩瓦解。庄宗决意组织兵力攻打蜀国。

李严使蜀，探测到蜀国的虚实，为唐灭蜀扫除了障碍。

后唐灭蜀

前蜀自同光二年（924）后唐使节李严还朝后，曾加紧边防以为戍守，防止唐军入侵。后唐一方面加紧伐蜀准备，一方面派人与蜀修好，使蜀放松警惕，先后撤回武兴节度（今陕西凤县东北）、武定节度（今陕西洋县）、天雄节度（今甘肃秦安西北）及金州（今陕西安康）等97军，蜀后主王衍则沉湎于酒色游乐，不理朝政。

同光三年（925）九月，后唐一切准备就绪，以皇子魏王李继岌为西川四面行营都统，枢密使郭崇韬为副，率朱令德、康延孝、董璋等将领，发兵6万攻打蜀国。

十月十八日至十九日，仅两天时间，就得蜀4州1县，粮60万斛，兵马8000。蜀主王衍拒众谏，自九月初出巡游乐，到十月闻唐兵西上，仍不信，未以为意。直至郭崇韬已入散关，才信唐大军已压境，急忙调兵遣将抵挡。但不久，唐前锋便连下兴、成二州，并大败统兵3万迎敌的蜀三面招讨使，随之奔袭利州，蜀各州镇望风而降。十一月，蜀后主王衍命人草降书、降表，遣人奉迎唐军主、副帅。唐大军至成都时，蜀后主率百官出降。

后唐仅用了70天时间便灭掉前蜀，使蜀历二主，立国19年而亡，并得10节度、64州、249县、30000兵马和铠仗，钱谷、金银无数。

唐灭蜀消息传出，与蜀唇齿相关的荆南高氏集团大惊失色，而楚国马殷则表示称贺，同时进一步加强自身军力。

魏博军乱

后唐同光四年（926）二月，戍守瓦桥关（今河北雄县西南）的魏博士兵换防，但唐庄宗因邺都（今河北大名东北）空虚，恐怕士卒叛乱，便下令留驻在贝州（今河北南宫东南），不许返回魏州（即邺都）。士兵离家咫尺，但不得还，极为不满，一场哗变在酝酿中。

当时，后唐听信谗言枉杀国家重臣郭崇韬、朱友谦等人，加上灾荒严重，军粮匮乏，国库空虚，军士赏给无着，于是谣言四起，人心惶恐。瓦桥戍卒皇甫晖等人杀都将杨仁晸，奉效节指挥使赵在礼为首，焚掠贝州，一路烧杀抢掠，攻占邺都，推举赵在礼为魏博留后。

魏博军乱消息传到洛阳，庄宗大惊，即调元行钦前去平乱，同时征发诸镇兵马，但元未能胜任，而邺都乱兵因见不能获赦免，便坚守不降。庄宗无奈，只得任命平素所猜忌的李嗣源取代元行钦，去解决邺都变乱。后李嗣源的部下作乱，欲拥戴他，李嗣源不从，遂赴汴州以自全。

后唐庄宗死

后唐同光年间，灾荒严重，国库空虚，伶宦权贵滥政，致使百姓怨声载道；同光四年（926）正月平定四川时因朝中宦者进谗，灭蜀功臣郭崇韬无罪被杀，同时，河中节度使朱友谦也因满足不了宦官伶人的贪欲，被进谗言以伙同郭崇韬谋反而获罪见诛，后唐朝野人人自危。二月，魏博叛乱，形势更加严重。本来刚灭掉前蜀增加了后唐政府的威信，但李存勖失政，朝中小人专权，政治混乱，加上天灾人祸，庄宗李存勖的政权已难以维持。

天成元宝

同月，伐蜀先锋康延孝见郭崇韬枉死，恐危及己，叛唐，三月兵败身死。同时，皇帝亲军"从马直"在郭从谦带动下叛乱，邢州、沧州等地也相继起兵造反，战乱几乎波及河朔全部地区，各地乱军剽掠州城，弄得民不聊生。最后众兵拥护蕃汉内外马步军都总管李嗣源。李存勖众叛亲

离，四面楚歌，急调随军兵士转徙汴梁，途中闻知李嗣源已进入大梁城，见大势已去，只好回师洛阳。四月，他收拾散兵准备讨伐叛臣李嗣源，尚未出发，侍卫军"从马直"又发生哗变，李存勖中流矢死于乱军之中，年42岁，在位仅4年。李嗣源入洛阳为监国，下诏安民，杀依附优伶的租庸使孔谦，废租庸使及内勾司，恢复盐铁、户部、度支三司；又以庄宗因宠幸宦官而误国，罢黜诸道监军使，命诸道尽杀宦官。

天成四年地券

李嗣源在监国时即声称一待魏王李继岌回到洛阳，便拥立其为帝，但李继岌已在渭南自杀，于是李嗣源便于四月正式即位（是为后唐明宗），改同光四年为天成元年，大赦天下，并下诏裁减后官、伶宦及教坊侍佣，减免赋税，整树科学，奖赏功臣军士，惩治权佞贪浊，废除苛敛之法，尽革同光之弊。明宗在位六、七年间，后唐曾一度出现小康时期。

毛文锡入后唐

后唐天成元年（926），因蜀被唐灭，前蜀词人毛文锡随蜀后主王衍投降后唐，

到达中原。

毛文锡，字平珪，四川高阳人，生卒年不详。毛文锡尤善作词，与欧阳炯、唐文扆等人以词为后主所欣赏，当时人称"五鬼"。

毛文锡在唐末时中过进士，但因生逢乱世而未能加官晋爵。待前蜀开国，他便入仕王建朝廷，历官翰林学士承旨、礼部尚书、判枢密院事、文思殿大学士、司徒等职。后主时，宦官唐文扆与宰相张格勾结，与毛文锡争权，毛文锡势单力薄，被贬为茂州司马。前蜀亡国，他随后主王衍入后唐，不久又入川事后蜀孟氏。

毛文锡在政事上并无特别建树，在文学上颇有成就，著有《前蜀纪事》2卷、《茶谱》1卷。

辽太祖去世

辽天显元年（926）七月，契丹皇帝耶律阿保机灭渤海回师，因病逝世于扶余城（今吉林四平），据史料记载是死于伤寒。

阿保机之妻述律皇后与长子突欲护其灵柩归还契丹皇都西楼，杀难以统驭的将领、酋长以殉葬，并遣使告哀于唐，后唐明宗辍朝三日以示哀悼。耶律阿保机庙号辽太祖。

阿保机的皇位按照常规应该由长子东丹人皇王耶律信（突欲）继承，但述律皇后喜爱的是次子耶律德光，于是早有预谋另立皇帝。当阿保机的灵柩运到西楼时，述律后便迫使群臣拥立德光，立他为天皇王。德光即位（是为辽太宗），尊述律为皇太后，参与制决军国大事，打理朝政。太后又纳侄女为天皇王后，任命韩延徽为政事令，一切律令制度都如前朝。

楚国建立

后唐天成二年（927）六月，后唐封天策五将军、湖南节度使、楚王马殷为楚国王。马殷便开始建立楚国，定都长沙，立宫殿，置左、右丞相，形如天子之制。群臣都称之为殿下，文武百官都进位加封，

五代乐伎

将翰林学士改称为文苑学士，知制诰称知辞制，枢密院称左右机要司。但不改元，仍然奉事北方中原朝廷。早在乾宁三年（896），马殷就已占据湖南，后梁开平元年（907）被封赐"楚王"称号，自此据守楚地，从南北商旅贸易中牟取巨利，并种茶贩卖、铸铁铅钱，一时富甲南方诸侯。曾派特使庆贺后唐代梁，但闻听庄宗灭前蜀的讯息则大为惊恐，怕殃及己身。后探知庄宗李存勖骄恣失政便安心下来。本年，趁后唐明宗即位不久，国家刚获得安定，尚无力外顾，马殷便开始建立楚国。楚国统治区域曾达广西东北部，南唐保大九年（951）被南唐所灭，共历六主，45年。

徐温卒

吴顺义七年（927）十月，吴国最有实权的铁腕人物、大丞相徐温病逝，其养子徐知诰继任辅佐吴政。

徐温（862～927），字敦美，海州朐山（今江苏东海）人，早年以贩盐为生，唐末追随杨行密，逐渐参预政事。杨行密死后，参加册立杨渥为主；吴天祐四年（907）与张颢以兵谏名义除去杨渥羽翼，把持淮南大权；第二年，又伙同张颢杀杨渥，事成后除掉张颢，从而把持吴国国政近20年，长驻金陵（今南京）城。

五代玉带（局部）

徐温执政期间，曾多次镇压反叛和异己力量，同时大量培植亲信，其子知训被杀后，又与养子知诰专权。他颇为重视保境养民，与邻国吴越休兵言和，使境内居民得以安居乐业。徐温虽然目不识书，但使人宣读诉讼之词后作出的判断，都合情合理，同时也善于用人，择贤而举，深得国人之心。

吴王称帝

吴乾贞元年（927）十一月，吴国王杨溥称帝，定都江都（今江苏扬州），改元乾贞，加封丞相徐知诰，由其统领中外诸军事。

吴自景福元年（892），唐淮南节度使

五代玉带

杨行密占据淮南镇，天复二年（902）受封为吴王，坚守江淮，形成割据局面，对中原王朝保持若即若离的态度。杨隆演上台之后，吴国实权已掌握在丞相徐温手中，杨氏成为仅有名位的傀儡。杨隆演即吴王之位，就开始设置文武百官，仪卫形如天子之制，改元武义，建立宗庙社稷，追尊杨行密为孝武王，杨渥为景王。

杨溥上台后，吴实权人物徐温于上月病死，其养子徐知诰接位辅佐吴政。本月，杨溥正式称帝，任徐知诰为太尉兼中侍中，实权仍把握在徐氏手中。

第二年（928）二月，吴遣使至后唐，后唐以吴王称帝且连续联结荆南，怒而拒使，吴和后唐于是绝交。

两川争盐利

后唐灭掉前蜀的同时，委派孟知祥和董璋分别镇守西东二川。两川节度使一直是面和心不和，暗中钩心斗角争权夺利，特别是对于盐利，两川都想据为专有。

蜀中多出井盐，东川、西川两节度所管辖境内都有盐井，而东川的盐利稍多于西川，两川互不相让，都想专有其利。于是各自采取措施以达到这个目的。首先是东川节度使诱使商贾自东川贩盐到西川，从中牟取利润；西川节度使孟知祥不甘示弱，在与东川接壤的汉州（今四川广汉）设立三处盐场，以向盐商征重税为对策，年获利七万缗，导致商旅从此不再往东川贩盐。

两川争盐利，以此告终。

唐平王都

后唐义都节度使于天成三年（928）

中国通史

最新整理图文珍藏版

叛反，被唐于次年初平定。

王都自后梁龙德元年（921）囚杀养父王处直后，袭为义武节度使驻守定州（今河北定县）。唐庄宗与之结为亲家，友好相处，但唐明宗即位后则厌恶此人，王都也以牙还牙，开始在辖境内自命官吏，租赋收入也只供本军不输朝廷，并暗中勾结卢龙节度使赵德均、成德节度使王建立等，想恢复唐末河北三镇世代相袭，不输贡赋不受征发的旧制，又离间诸镇，分化后唐军事力量。后唐先后接到密告王都谋反的奏状，便于唐明宗天成三年（928）四月，削王都官爵，王都闻讯即叛，李嗣源（明宗）抽调归德节度使王晏球为北面招讨使，统诸道兵马征讨定州，不久攻克定州北关城，王都向契丹求救，契丹派遣秃馁率万骑入定州解围。五月，唐军在曲阳大败定州军，契丹兵死亡过半，王都、秃馁几乎是只身逃脱，收拾败兵据守定州城。

七月，契丹增派7000骑兵救定州，再次被唐军击败，契丹兵北撤，卢龙节度使赵德均派兵围剿，契丹兵几乎全军覆灭。由于他们在中原到处不受欢迎，北逃的军人，特别是散匿村落郊野的小股队伍和个人，很少幸免于村民的刀枪棍棒之下，逃回契丹者不过数十人。自此契丹不敢轻易进犯北边。

至天成四年（929）初，王都、秃馁突围不成，后唐军攻破王都和契丹人据守的定州城，王都举族自焚，秃馁及2000契丹军被后唐所俘。

契丹东丹王降唐

后唐长兴元年、契丹天显五年（930）十一月，契丹皇帝阿保机死后，其长子东丹王突欲继位不成，遂率部曲40人，渡渤海至登州（今山东蓬莱）奔后唐。

突欲来唐，受到优待，次年（931）三月赐姓东丹，名慕华，为怀化节度使，

五代《闸口盘车图》。全图描写一官营面坊，在建筑规模、器物、服饰方面，都具有晚唐五代的时代特色。山石勾勒用笔起伏顿挫；皴作刮铁小斧劈；柳叶的描法还保存着浓重的唐代遗风。以盘车水磨为主题的界画，独盛于五代，这与社会背景、经济生活有关。在五代中叶以后，统治者在饱经战乱之后，懂得恢复农业为当务之急，因为它既可增加税收，又可起到稳定民心、缓和矛盾的作用。所以对农业生产有关的水利灌溉和利用水力的其他加工机械，不论在后周、南唐、吴越都得到相应发展，并且都由地方官府管理，以便"征纳课利"。因此画家以水磨盘车作为创作主题，就完全有它重要的现实意义。

瑞、慎等州观察使，所率部曲也赐姓名。至九月，又改赐东丹慕华为李赞华，封陇西县开国公，长兴三年（932）四月，再破例任突欲为义成节度使。

突欲通阴阳，知音律，精医药针灸之术，工契丹、汉文章，曾译《阴符经》。擅长绘画，他所绘的《猎雪骑》、《千鹿图》到宋代时皆被收入秘府；好读书，家藏万卷。但性残暴，改嫁给他为妻的庄宗后宫夏氏亦不堪其残酷嗜杀又好饮人血，不得不出家为尼。

后唐清泰三年（936）十一月，突欲在唐、晋混战中被李从珂所杀。其子耶律阮为辽世宗，追尊其为让皇帝，庙号义宗。

东西川联合反唐

后唐天成五年（长兴元年，930）东西川节度使董璋、孟知祥先后起兵，联合反唐。

后唐灭前蜀的同时，就先后置下了东西两川节度。不久，西川节度使孟知祥，东川节度使董璋恃兵力、财政割据一方，渐成坐大之势，后唐中央政权越来越难驾驭两川。天成四年（929）五月，明宗因要举行祀天大礼，命西、东两川分别献钱100万缗和50万缗，两川就以军用不足为由拒绝，所献运不足要求，引起了明宗震怒，开始怀疑两川另有图谋，便下令割川之阆、梁两州置保塞军，派兵戍守。四川局势渐趋紧张，面对这种难以自安的形势，两川弃前嫌结为儿女亲家以合力抗后唐之命。

长兴元年（930），明宗见两川实在难制，便决意伐蜀。九月，西川闻讯与董璋相约共同举兵，开始攻打遂、阆两州，杀唐守将李仁矩和姚洪。次年二月，董璋首先揭起反唐旗号，孟知祥继之。同年秋，

五代卫贤《高士图》

明宗下令石敬瑭进攻西川，双方展开激战。因为唐兵深入敌腹而后援不足，又遇到两川死力抵抗，致使死伤惨重，只好无功而返。蜀中州县均为两川分别攻占。

吴越王去世

吴越宝正七年（932）三月，吴越王钱镠病故，子钱传瓘嗣位，称藩（后）唐。

本月，吴越王钱镠病逝于杭州，终年81岁。其在位时间为五代十国之最久者。钱镠的儿子传瓘即位，改名为元瓘，兄弟名"传"者皆改为"元"。元瓘并去掉国仪向（后）唐称藩，免除部分民田的税

荆浩《匡庐图》。清孙承泽评价此图道："中挺一峰，秀拔欲动，而高峰之右，群峰攒屼，如芙蓉初绽，飞瀑一线，扶摇而落。亭屋、桥梁、林木，曲曲掩映，方悟华原（范宽）、营邱（李成）、河伯（郭熙）诸家，无一不脱胎于此者。"对此图评价极高。图画庐山及附近一带景色，结构严密，气魄宏大，构图以"高远"和"平远"二法结合，而其深远、奥冥、缥缈尽得其当。画法皴染兼备，皴法用"小披麻皴"，层次井然。全幅用水墨画出，充分发挥了水墨画的长处，正如荆浩自己所说："吴道子画山水，有笔无墨；项容有墨无笔，吾当采二子之所长，成一家之体。"

收；任命曹仲达权知政事；又设置择能院，掌选举；安置将吏，善对元老，"由是将吏辑睦"。

蒋承勋出使日本

后唐清泰二年（935）、日本朱雀承平五年九月，吴越人蒋承勋等赴日本，献羊数头。第二年九月，蒋承勋、季孟张等又至日本，为钱元瓘之使，八月二日，日本左大臣藤原忠平致书状于钱元瓘。此次蒋、季之行，为吴越与日本官方往来之始，此前为客商性质。

至后晋天福三年（938）、日本朱雀天庆元年七月，蒋承勋再次赴日本，献羊二头，八月，日本大宰府赐给蒋承勋布。

五代时期，吴越因地位东南，多有商船往日本、高丽等地通商。一般利用季节风，夏季往日本，大多经肥前国松浦郡（今日本佐贺、长崎一带）入博多津港，八、九月之交返航。蒋承勋于后周广顺三年（953）又一次以吴越王使者身份出使日本，献书信、锦绮等，日本右大臣托其带致吴越王钱俶的复信。

段氏大理国建立

后晋天福元年（936）十二月末，大义宁通海节度使段思平会合三十七蛮部，自石城（今云南曲靖北）攻大理，大义宁帝杨干贞兵败出逃。天福二年，段思平建国大理，建元文德，后改元神武。以大理为都城，董迦罗为相国，高方为岳侯，分治成纪（今云南永胜）、巨桥（今云南晋宁）景地，免除东方三十七蛮部徭役。文德三年赦杨干贞罪，废为僧人。

段思平（894～944），其祖先为武威（今甘肃武威）人。世代为蒙氏南诏将领。唐玄宗时，南诏阁逻凤大败唐军，段氏因功封为清平官。段思平后晋开运元年卒，庙号太祖。段氏大理传至宋哲宗绍圣元年（1094）为高氏所废。两年后段氏复位，史称后理国，至宋淳祐十二年（1253）为元世祖忽必烈所灭。

石敬瑭起兵灭后唐建晋

后唐清泰三年（936）十一月，石敬瑭在契丹人的庇护下即皇帝位，建立后晋政权。

后唐河东节度使石敬瑭是后唐明宗之婿，与唐末帝李从珂早年一同追随明宗，均以能征善战著称。

石敬瑭归镇回，暗中谋划自全之计，朝中有其妻晋国长公主之母曹太后打探末帝机密，末帝与臣下议事内容，石敬瑭无不知晓。石敬瑭听取掌书祀桑维翰、都押牙刘知远之谋，上表称末帝为明宗养子，不应承祀，应传位给许王从益。末帝得表，削石敬官爵，发兵讨河东。

后唐清泰三年（936）五月，后唐河东节度使石敬瑭反，后唐以建雄节度使张敬达为太原四面兵马都部署，义武节度使杨光远为副，率安国节度使安审琦、保义节度使相里金等驻扎于晋阳（今山西太原南）城南的晋安乡。石敬瑭见后唐大军压境，派掌书记桑维翰草拟表，向契丹称臣，并以父礼事契丹帝耶律德光，以事成之后割卢龙及雁门以北之地入契丹的条件，争取了契丹仲秋之后倾国相助的承诺。

后晋天福元年（936）闰十一月，后晋高祖石敬瑭借契丹之力破后唐征讨大军于晋安寨，继之又于团柏谷败后唐援军。直到此时，驻跸于怀州（今河南沁阳）的唐末帝才知石敬瑭称帝，唐军大败，连忙返回洛阳。二十六日，后唐末帝李从珂与曹太后、皇后、淮王、宋审虔等携传国宝登玄武楼自焚而死。当晚石敬瑭入洛阳，后唐亡国。

吐谷浑叛契丹附晋

天福五年（940）十二月，吐谷浑不堪契丹凌虐，集体投后晋。

后晋高祖石敬瑭割燕、云十六州入契丹，居住于云、蔚（今山西北部、河北西北部桑干河流域）的吐谷浑各部也随之入契丹。吐谷浑苦于契丹的虐政思南附后晋。于是一千多帐吐谷浑部落，带车马牛羊取道五台归后晋。引起契丹的愤怒，契丹派使节指责石敬瑭招纳叛亡。

石敬瑭异常恐惧，当即调动军队将并（今太原）、镇（治今河北正定）、忻（治今山西忻县）、代（治山西代县）四州山谷的吐谷浑人送还契丹。但另一方面（后）晋领将李德珫派兵护送吐谷浑酋长白承福入朝，石氏暗地接纳。

次年十月，（后）晋河东节度使刘知远遣将郭威说服吐谷浑绝弃痛恨契丹的成德使安重荣，将白承福属部安置在太原东山及岚（治今山岚县北）、石（治山西离石）之间，表任白承福为大同节度使，收其精骑隶属麾下。至开运三年（946）八月，契丹南侵后晋，刘知远疑心吐谷浑叛归契丹，又利其财富，于是诬承福等五族谋叛，调兵围杀。吐谷浑由此而衰微。

徐知诰称帝建唐

吴天祚三年，南唐升元元年（937）八月，吴主禅位徐知诰，十月称帝，国号唐（史称南唐）。

徐知诰在徐温死后，排除异己，专掌国政，早有代吴之意，吴太和五年（933），就曾听谋主宋齐丘之策欲迁吴王都金陵，为吴王所罢。为谋禅代，徐知诰于太和六年幽吴临川王杨濛于和州。至吴天祚元年（935）十月，吴加徐知诰尚父、太师、大丞相、天下兵马大元帅，晋封齐王，以升、润、宣、池、歙、常、江、饶、信、海十州之地为齐国。几乎相当于吴国一半的版图。次年正月，徐知诰即建元帅府，设官职。十一月，吴又诏其置百官。以金陵（今江苏南京）为西都。天祚三年正月，徐知诰建齐国，立宗庙、社稷，改金陵府为江宁府，牙城称宫城，厅堂称殿，百官多如天子之制，设骑兵八军，步兵九军，如国中之国。二月吴正式册命其为齐国王。三月，徐知诰改名徐诰，以示与养父徐温诸子相区别。其取吴而代之的谋略步步实现，距正式禅代已为时不远。本年八月，吴主杨溥下诏禅位。十月徐即位称帝（南唐烈祖），改元升元。后复本姓李，名昪。宫室、乘舆、服御、宗庙、正朔、徽章、服色悉如吴制。其版图袭吴并有所扩展。自建国历李昪、李璟、李煜三代，开宝八年（975）灭于（北）宋，存38年。

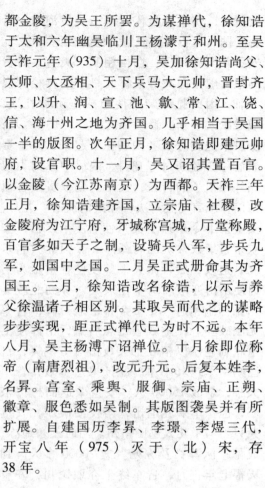

五代南唐男舞俑

石敬瑭对契丹称儿皇帝

后晋天福三年（938）、契丹天显十二年八月，后晋高祖石敬瑭以冯道为太后册礼使，刘煦为契丹主册礼使，备卤簿、仪仗、车辂往契丹上尊号于契丹皇帝耶律德光、太后述律氏，十一月，至契丹。石敬瑭于契丹奉表称臣，称耶律德光为"父皇帝"，自称"儿皇帝"。每年入贡金帛三十万之外，所进珍玩不绝于途，贿赂契丹上下群臣。同年十一月，后晋又派遣赵莹献幽、蓟十六州及图籍于契丹。

闽王兄弟相攻

闽永隆元年（939）王曦即帝位后，骄淫苛虐，猜忌宗亲，并派亲信业翘到建州（今福建建瓯）监视其弟刺史王延政。永隆二年正月，因业翘上告王延政谋反，王延政要杀他，吓得业翘逃入南镇。王延政发兵攻打南镇。王曦亦派4万兵马攻打王延政，这样早已有矛盾的兄弟俩终于刀兵相见，互相攻伐。后来南唐李昪派人进行斡旋，使王延政、王曦在先帝王审知陵前盟誓和好，但实际上兄弟之间相互猜忌则依然如故。四月，王曦怀疑汀州（今福建长汀）刺史王延喜与王延政相勾结要造反，于是把王延喜抓到了福州。六月，又赐泉州刺史王继业死，并诛杀了与其友善的司徒兼门下侍郎杨半沂。七月，王曦自称为大闽皇，并兼威武节度使，开始与王延政互相攻战，各有胜负，以至福州、建州之间尸骨遍野。到同年十月，王曦正式即大闽皇帝位，王延政与其对抗自称兵马元帅。永隆四年六月，王氏兄弟之间又发生恶战。闽富沙王王延政自建州攻打汀州，闽帝发漳州和泉州5000千兵力救汀州之围，并派军队入尤溪、屯尤口以便乘机攻取建州。王延政大败王曦军队于尤溪口，败军逃回福州。闽帝已无能为力，只好于同年八月派特使持手诏及大量金钱财宝向王延政求和，但王延政并不接受，其后王氏兄弟继续进行着持久的争斗。

大殷建国

闽天德元年（943）二月，闽王延政称帝，建国大殷。王曦自称大闽皇帝时，富沙王王延政亦不甘落后，便自封为兵马元帅。但是王延政并不满足，于是于本月在建州（今福建建瓯）称帝，国号为大殷，并任命杨思恭为仆射、录军国事。在备置百官之后，大殷国正式建立。

但是殷国地域面积狭小，百姓本来就非常贫穷，加之战乱不息，就更加水深火热、民不聊生了。王延政的宠臣兵部尚书杨思恭是个贪赃罔法的奸臣，以搜刮民脂民膏、聚敛不义之财著称，他大幅度增加田亩山泽之税赋，以至于鱼、盐、蔬果无不加倍征税，国人称之为杨剥皮，百姓们对此怨声载道。

安重荣被杀

天福七年（942）正月，后晋成德节度使（治镇州，今河北正定）安重荣被杀。安重荣原为后唐将领，石敬瑭与后唐交战时，安重荣自代北率千骑投河东。后晋开国后，石敬瑭便封赏他为成德节度使。安重荣出身行伍，性格粗犷、爽直，对晋高祖石敬瑭向契丹自称儿皇帝的行径深以为耻，因此见到契丹使节或是不加礼遇，或是派人暗杀。晋天福六年（941）六月，安重荣把契丹使者拽刺抓了起来，并上奏表痛斥石敬瑭讨好契丹、竭尽中原财力取媚外族主子的行径，又给当朝权贵及各镇写信，声言与契丹决一死战的决心。九月，安重荣下令杀掉了契丹使者。十二月，安重荣召集数万饥民向邺都（今河北大名东北）进发，后晋派天平节度使杜重威为招讨使出击迎敌。两军在宗城（今河北威县东）西南相遇，安重荣布下偃月阵，晋军无法破阵。杜重威于是想后撤，指挥使王重胤则建议以精壮士兵攻击对方侧翼，自己则率军攻其中军。此计果然奏效，晋军大胜，杀敌15000人。安重荣退而想保宗城，但晋军乘胜追击，当夜便破城，安重荣只得与十几人逃回镇州。当时天寒地冻，成德军队阵亡及冻死者愈20000多人。到天福七年正月，晋军终于夺取镇州，安重荣被斩首。后晋皇帝石敬瑭为讨好主子，便把安重荣首级上漆函送给了契丹。

石敬瑭忧死

后晋天福七年（942），后晋高祖石敬瑭因安置吐谷浑南归一事多次遭到契丹的斥责，惶惶不可终日，终于忧郁成疾，于六月十三日去世，终年51岁。

五代胡瑰《卓歇图》。作品描写契丹可汗率部下骑士出猎后歇息饮宴的情景。

中国通史

最新整理图文珍藏版

石敬瑭在病重之际将幼子石重睿托付给冯道，希望他辅佐石重睿为帝。可是待石敬瑭死后，冯道却与天平节度使、侍卫马步都虞侯景延广商量，认为国家多难，宜立长君，便奉广晋伊、齐王石重贵为皇位继承人。石敬瑭病死当天，石重贵即帝位，是为晋出帝。景延广因为于晋帝有大功，开始志得意满，居功自傲，并参予国家大事。此外，本来河东使刘知远奉遗诏要入朝辅政，但是被晋出帝石重贵阻止了，从此刘知远与新君的关系便罩上了一层阴影。同年底，晋出帝打算向契丹通报晋高祖石敬瑭的死讯，便召集群臣议事。景延广认为高祖在位时曾对契丹称儿皇帝，所以现在对契丹可以自称孙皇帝而不宜称臣。宰相李崧则认为如此称谓有辱国格和天子威严，最多只能向其称臣而已。晋出帝见群臣争执不下，各执一辞不相让，自己一时也没了主见。最后因害怕时间拖得太久得罪契丹，晋出帝终于采用了景延广的意见，并派使者送信至契丹通报后晋易主一事。辽太宗耶律德光闻报勃然大怒，派使节责备晋帝，竟敢未事先通报契丹便即帝位。两国关系由是更加紧张。

契丹大举攻晋

晋出帝石重贵即位后，后晋与契丹关系日趋紧张，两国矛盾不断。天福八年（943）十二月，契丹多次集兵南扰后晋。这时，后晋的平卢节度使杨光远私通契丹。于是契丹调幽州、云州等5万大军南侵后晋，并抚慰杨光远说："若得之，当应汝为帝。"后晋同时亦加强边防以大军防备来犯之敌。第二年正月，契丹东路军攻陷贝州（今河北南宫东南），杀死晋军万余人，然后契丹先锋军又直扑黎阳（今河南浚县东）；其西路大军则直入雁门关（故址在

今山西雁门关西雁门山上），并攻打太原。晋出帝见势不妙，乃修书信与契丹，要求讲和，但契丹不答应。晋出帝只得派河东节度使刘知远、右武卫上将军张彦泽率军迎敌。同年二月，契丹军又从马家口渡河欲攻打郓州（今山东东平西北）与杨光远接应。晋将李守贞、皇甫遇等领万员兵力沿黄河水陆并进至马家口，破契丹营地，契丹军大败，数千骑兵逃亡时溺死河中，另有数千人被俘斩。这一战，逼使契丹军不再东渡黄河，而只限于河北作战。三月，契丹主亲自领兵10万攻晋澶州（今河南濮阳南），苦战中两军死者不可胜数，契丹遂北归。杨光远也于十二月败死。开运二年（945）二月晋出帝领兵亲征，大举攻契丹，并于三月大败契丹于阳城。六月，后晋遣使至契丹请和，但因契丹主想割镇、定两道而未能达成协议。

南唐前主食丹药死

南唐升元七年（943）二月，南唐前主李昪去世，李景通继位，更名璟，改元保大，即南唐中主。

李昪长期治理吴政，是个干练的政治家，深谙治国安邦之道。南唐建国以后，百业待兴，李昪深知农业经济的发展对国计民生的重要意义，为了鼓励发展生产，他规定按土质的优劣程度分配田地以及征收税额，江淮一带调兵和赋敛也一律根据税钱计算。同时，还规定，为国捐躯的将士家属享受朝廷供给的3年俸禄。而且李昪本人生活上非常节俭朴实，一点不像一般帝王在吃穿住行上奢华浪费、追求享乐，所以南唐的政治颇为稳定。尽管李昪在政治上是个很有作为的君主，然而他为了长寿嗜食丹药，最后终因服食丹药中毒而亡，享年56岁。

李璟即位后，立即宣布天下大赦，并立妃钟氏为皇后。

五代周文矩《重屏会棋图》。图中为李璟。

契丹灭晋

后晋开运三年（946）十二月，契丹灭晋。契丹在开运元年（944）初进攻后晋受阻北撤，但其南下之心却未曾稍减过。同年底，契丹又大举攻晋，晋出帝下诏亲征，全国动员，并于开运二年（945）三月大败契丹于阳城。同年，契丹不断对后晋进行军事试探。六月，契丹利用晋人孙方简进入定州。七月，后晋枢密使李崧、冯玉得到契丹卢龙节度使赵延寿有意回归中原的消息，深信不疑，便命天雄节度使杜重威写信给赵延寿，赵复信表示想回归中原，希望后晋发兵接应。随后，后晋天平节度使李守贞在长城以北打败契丹骑兵；河东击退了契丹 3 万兵力的进攻；彰德节度使张彦泽于定州以北、泰州（今河北清泰）打败了契丹。此时，契丹瀛州（今河北河间）刺史刘延祚致信后晋乐寿（今河北献县）监军王峦，说城中契丹兵力不足，且契丹主耶律德光已北归，若后晋攻城，

自己愿为内应。王峦、杜重威对此也深信不疑，因此多次奏请乘此良机攻取瀛、莫（今河北雄县南）二州。李崧、冯玉也准备发大军迎赵、刘南归。十月，后晋以杜重威为北面行营都招讨使，李守贞为兵马都监，率大军从广晋（今河北大名东北）向北进发。由于夏秋多雨，行军与运输十分困难，且杜重威屡次请求增兵，后晋便倾所有禁军归杜指挥，致使都城防守空虚。十一月中旬，后晋大军到达瀛州，城门大开，后晋军反而不敢入城。杜重威派梁汉璋率 2000 骑兵追击契丹军，梁战死，晋军南撤。此时，耶律德光率军大举南下，从易州（今河北易县）、定州直奔恒州（今河北正定），后晋大军闻讯，准备取道冀州（今河北冀县）、贝州（今河北清河西）向南进发。彰德节度使张彦泽就在此时从恒州领兵而至，向杜重威等说明契丹的形势，认为可以取胜，于是杜重威便率大军回往恒州，并以张彦泽为前锋军。待晋军到恒州以南滹沱河中渡桥时，桥却已被契丹所占，契丹焚桥而退，与晋军形成夹河对峙之势。契丹原本怕后晋军强渡过河，从而与恒州城内外夹击自己，因此想撤退，没料到后晋军不敢交战竟隔河扎营，于是契丹派肖翰从后面切断了晋军的粮道与退路。

后晋天福元宝钱

十二月初，后晋大军与朝中联系被完全切断，后晋奉国都指挥使王清请战，率 2000 步兵夺桥开路，并多次请求后援，但杜重威按兵不动，结果王清全军覆没，后晋各路军队士气由此丧失殆尽。十二月初八，

契丹将晋军完全包围，晋军与外界失去联系，粮食也已吃完。杜重威等暗怀异心，并派人暗中往契丹耶律德光营中请降。初十，杜重威设伏兵胁迫诸将在降表上签名，并命全军列阵，后晋士兵还以为是要与契丹决战，于是个个跃跃欲试，等得知要投降，全军恸哭之声震天动地。杜重威降后，恒、代、易三州也先后投降契丹。十二月十七日，契丹攻至大梁（今河南开封），晋出帝想点大火与后宫一起自焚，但被亲军将领薛超阻止。晋出帝只得开宫城门，向契丹大军投降，后被囚于开封府。后晋由此灭亡。到次年正月初一，耶律德光进入大梁，封晋出帝为负义侯，并迁至黄龙府（今吉林农安）。

南唐灭闽

南唐保大三年，闽天德二年（945）八月，南唐攻克建州，王延政投降，闽亡。

前一年，闽拱宸都指挥使朱文进、门使连重遇杀死闽景帝王曦后，朱文进于福州自称闽王。然而朱氏政权并未能赢得支持，全国政局动荡不安，部下投靠殷国王延政甚多，同时王延政又乘机进逼福州。同年十二月，朱文进被小吏林仁翰所杀，福州尽归王延政所有。次年正月，王延政改原国号殷为闽，仍建都在建州，改福州为南都。

闽国自王曦、王延政兄弟先后称帝，该国一分为二，相互攻伐，已耗损惨重。前一年底，南唐翰林待诏臧循、枢密副使查文徽了解到闽地又政治动乱，便策划乘机夺取建州。南唐中主李璟命查文徽视情况而定。查文徽等到信州（今江西上饶）进行活动，调查到确凿情报后回报李璟说，只要出兵就一定能取胜。于是南唐派边镐领兵跟从查文徽去伐殷。查文徽等率大军

到建阳南时，得知闽国的汀、泉、漳三州均已投降殷国，且殷将张汉卿率兵即将到来，于是决定退守建阳。不久，臧循的军队被殷军击败于邵武，臧循被俘后在福州处斩。同年二月，查文徽请求李璟派兵增援，后唐于是又派何敬洙率千人助战攻打建州。此时殷国王延政已统一闽地，仍号闽，并派杨思恭、陈望等率领万余名兵马迎敌，双方对峙了十几天不战。杨思恭轻敌，不听陈望意见，并强迫他出击，结果为南唐军所败，陈望战死。王延政一面据守建州，一面从泉州调兵增援，但泉州援军亦为南唐军击败。至七月，南唐边镐攻下镡州，王延政只得奉表向吴越称臣，恳求吴越出兵。然而到八月，南唐在困城近半年后，终于破城。

王氏自唐末据有福建以来，至此终于为南唐所亡。但南唐军队却在此地烧杀大掠一番后建置了永安军，闽人本指望通过迎接南唐军来改变困境的希望随之落空。

契丹建国号辽

大同元年（947）二月初一，契丹建国号辽，改元大同，以镇州（今河北正定）为中京。前一年十二月，契丹大军前锋军在原后晋降臣张彦泽的率领下攻陷后晋首都大梁（今河南开封），晋出帝降契丹，后晋亡国。次年正月初一，契丹帝耶律德光率后续大队人马进入大梁城，废去东京并降开封府为汴州。然后耶律德光发布诏书给原后晋各藩镇赐名，原后晋藩镇于是争先恐后上表向契丹称臣，以免为契丹所灭。但是，泾州彰义节度使史匡威却不吃这一套，坚决不受契丹的统治。另外，雄武节度使何重建甚至还把契丹派来的使者杀掉，然后率领秦、阶、成（今甘肃秦安西北、成县、武都县东南）等三州投降

了后蜀。原后晋密州刺史皇甫晖、棣州刺史王建则率众逃奔南唐去了。河东节度使刘知远也上表契丹，假意祝贺其取得汴州，实际上是虚以应付、以观形势变化。南唐还专门派特使来朝祝贺契丹灭晋。

大同元年（947）二月初一，契丹主耶律德光着汉人衣冠，登正殿，受百官朝贺，全国大事庆典，辽国建立，是为辽太宗。

契丹北归

辽太宗大同元年（947）三月，契丹北归。

契丹灭晋后，曾想长久地占领中原，然而未能实现，因其残暴的统治激起中原人民的反抗。同时，刘知远称汉帝，中原有主，各地势力暗中集结，反契丹力量越来越壮大，并发生了赵晖、王守恩等多次武装抗争。契丹见据守困难，遂生北归之意。同月，辽太宗耶律德光以中原人难以治理为由，决意撤离大梁北返，然后以其兄肖翰为汴州节度使，自己率文武百官及大军从大梁出发。这时辽准备北运的铠仗在河阴（今河南郑州北）被负责押运的武德行等抢走，并杀死契丹监军，占据河阳（今河南孟县）公开反叛辽国。耶律德光在北归途中得知河阳之乱后，叹息道，我有三处失策，活该天下叛我，一失为诸道括钱，二失为令契丹人打草谷（即以牧马为名四处剽掠），三失为不早遣各节度使还其藩镇。四月，耶律德光在北归途中得病，暴死于杀胡林（今河北藁城西南）。当时正值盛暑，为防尸腐，随从们剖开其腹，盛上数斗盐，载之北去，中原人称之为"帝耙"。这时汉人赵延寿自称受皇帝遗诏，要统领南朝军政大事，但旋即被耶律

兀欲发动政变推翻，兀欲遂在耶律安搏与南、北院大王耶律吼、耶律斡等的拥戴下即皇帝位（是为辽世宗），继续北归。兀欲即位引起述律皇太后的强烈反对，于是她于六月另立辽太祖之子耶律李胡为帝，发兵拒辽世宗一行，但最后兀欲控制住了局势。闰七月，辽世宗返回上京（今内蒙巴林左旗南），述律太后和耶律李胡投降，辽世宗把述律太后幽禁在辽太祖陵墓处。同时，自称天授皇帝，并改元天禄，大赦天下。

楚权易手

后汉天福十二年（947）五月，楚王马希范去世。当时楚国大臣因继立之事分为两派，都指挥使张少敌、都押衙袁友恭认为马氏诸子中武平节度使、知永州事马希萼年纪最长，应该立长子继位，否则难免不生事端；而长直都指挥使刘彦韬等则以前主喜爱为由认为应立马希萼之弟武安节度副使、领镇南节度使马希广为主。由于马希广性格怯懦，不能自决，刘彦韬等人于是假称有马希范的遗命，终于拥马希广即位。七月，后汉以马希广为天策上将军、武安节度使、江南诸道都统兼中书令，封楚王。同年八月，马希萼从永州（今湖南零陵）来长沙奔父丧，被刘彦韬阻止入见。乾祐二年（949）八月，马希萼调水军进攻马希广失败。马希萼又聚集大量蛮兵和本部兵马，继续向长沙进攻。次年九月，马希萼上表请后汉支持自己攻打马希广，但遭拒绝，马希萼一怒之下投奔南唐，请其出兵攻楚。十一月，马希萼调动境内所有军队攻打长沙，并自称为顺天王。同年底，长沙被攻陷，马希广被杀，而马希萼继位为楚王。

刘知远称帝建汉

辽大同元年（947）二月，原后晋河东节度使刘知远在辽灭后晋之后，以中原无主为由在太原即皇帝位，但不改晋国号，仍以当年为天福十二年。至六月，改国号为汉，是为后汉高祖。

刘知远像

刘知远（895～948），即位后改名为刘暠，沙陀部人。后唐明宗时，在河东节度使石敬瑭部下任押衙，石敬瑭密谋河东称帝时，刘知远也出点子，但对石敬瑭向契丹称儿、称臣、割地、输财的做法却很有异议，认为父事契丹太过分了，每年输金帛以邀契丹发兵即可，不必割地，否则以后必为中原大患。但这些建议不为石敬瑭所采纳。后晋建国后，刘知远先后任陕州、许州、宋州节度使，邺都、北都留守，天福七年（942）被封为北平王，但是他却颇受后晋高祖石敬瑭的猜忌。刘知远在河东杀叶谷浑部白承福等，没收其精兵、财产，以至于后来河东成为诸藩镇中最富强的一个。契丹大肆进攻后晋的时候，河东为了自保，并不出兵援助后晋朝廷，因此刘知远的实力丝毫未受损失。契丹灭晋后，刘知远还曾派特使上表祝贺，实则虚以应付，同时固守太原，扩充军队实力。刘知远称帝后，辽太宗耶律德光因中原人民反抗甚烈而北归，刘知远便乘虚挥兵攻入大梁（今河南开封），再以汴州为东京，改国号为大汉（史称后汉），同时立魏国夫人李氏为皇后，文武百官各有安置。后汉统辖区域与后晋差不多，历刘知远、刘承祐（后汉隐帝）二帝，仅存四年，是五代十国期间最短命的王朝。

1513

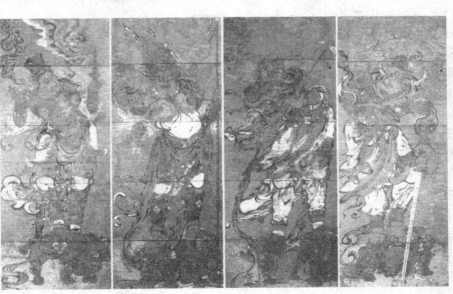

五代四大天王木函彩画

刘弘熙残虐

南汉中宗刘弘熙自应乾元年（943）弑兄自立以来，对诸王们非常猜忌，唯恐他们会谋反夺自己的帝位。当年五月，循王刘弘杲请求杀刘思潮等人以顺民心，刘弘熙未准许。刘思潮知情后，反而设计潜杀了循王刘弘杲。到乾和二年（944）三月，刘弘熙派其弟中书令、都元帅越王刘弘昌前去谒陵，中途却派人暗杀了他。当年又把其弟齐王刘弼幽禁在府弟中，并毒杀其弟镇王刘弘绎于任所。乾和三年（945），又杀其弟韶王刘弘雅。最后，刘弘熙甚至对当初因参与弑兄夺位有大功的刘思潮等四力士也不放心了，于是随便找个借口，把他们都杀了。左仆射王翷因为当年曾建议南汉高祖刘䶮立越王为嗣，于是被刘弘熙贬为英州刺史，还未到任就被杀于途中。这样一来，南汉朝野上下人人自危，无以自保。曾与刘思潮等人一同弑殇帝的陈道庠得知刘思潮等被杀后，心中非常害怕自己哪一天不小心得罪了中宗，也会步刘思潮后尘。这时邓伸送给他一部《汉纪》，陈道庠不明就里，邓伸告诉他其中有汉高祖刘邦功成之后诛杀韩信、彭越之事，让他好好看看。此事后来传到刘弘熙耳朵里，结果陈、邓二人均被全家抄斩。到乾和五年（947）九月，杀人成性的刘弘熙深恐诸弟及其子们与自己争夺帝位，于是竟然在同一天疯狂地将齐王、贵王、定王、辨王、同王、益王、恩王、宜王及其子全部杀尽，其残暴之举震惊朝野。刘弘熙还在离宫中设置镬汤、铁床、剐剔等刑具，号称"生地狱"，残虐无比。

后汉三镇连叛

乾祐元年（948）三月，据守河中的节度使李守贞举兵反叛后汉朝廷，同期先后一起谋反的还有京兆牙兵军校赵思绾和凤翔（今陕西凤县北）巡检使王景崇等。李守贞本是后晋将领，晋出帝末年与杜重威一起在北方抵御契丹，随后降附。后汉立国后，刘知远委任李守贞为河东节度使。等刘知远死后，杜重威被杀，李守贞见继位的皇帝年幼，执政的人都是后起之辈，于是开始轻视朝廷。不久，李守贞便打起反对后汉的旗帜，自己自称秦王，并任命赵思绾为晋昌节度使，同时还私通契丹和蜀等国，企图获得别国支持而使自己的反叛合法化。

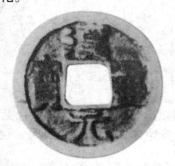

汉元通宝钱

后汉朝廷闻知李、赵、王三镇联合起兵造反，立刻调派数路主力大军讨伐叛军。但是讨伐河中李守贞与讨伐长安赵思绾的将帅不和，导致久不肯攻战。到八月，后汉命郭威为西面军前招慰安抚使，节度诸军。郭威听取镇国节度使扈从珂的建议，以李守贞为首要征讨对象，认为李守贞一亡另两镇自然可破。于是郭威将后汉大军兵分三路，从陕州（今河南陕县）、同州（今陕西大荔）、潼关分道进攻河中。到河中后，挖长壕筑连城，将河中紧紧包围，自己则以逸待劳，只沿河设哨卡，李守贞虽几次想突围，都未成功，其援兵亦被后汉军击退。经过一年之久的鏖战，终于使李守贞无法支持。乾祐二年七月城内粮尽后，李守贞与妻子、儿女一起自焚而死。在此之前，赵思绾被杀，王景崇也早已投降后蜀，并在同年底当后汉军急攻凤翔时自焚而死。至此，后汉三镇叛乱全部平定。

郭威灭汉

乾祐三年（950）十一月，郭威叛变，后汉政权垮台。

郭威（904～954），字文仲，邢州尧山（今河北隆尧）人，18 岁从军。后晋末，曾帮助后汉高祖刘知远建国，任枢密副使。汉隐帝时任枢密使，负责征伐之事，并平定河中、永兴、凤翔三镇叛乱。本年四月以枢密使之职作为邺都留守。郭威于显德元年（954）正月病逝，庙号高祖。

后汉建国后，文臣武将们相互蔑视对方，经常借故闹出争端，将相们日益水火不能相容。且隐帝年纪渐大，不愿再受制于大臣。于是本月，隐帝乘上朝之际以谋反罪诛杀了平日飞扬跋扈的大臣杨邠、史弘肇、王章，然后又派人秘密赶往邺都（今河北大名东北），令邺都行营马军都指挥使郭崇威、步军都指挥使曹威杀邺都留守、天雄节度使郭威及监军王峻。郭威闻讯后，立刻举兵南下澶州（今河南濮阳）、滑州（今河南滑县东）。隐帝亦派军赶往澶州。二十日，南北两军在开封北郊刘子坡相遇，后汉将领轻敌，为郭威军大败，南军士气受挫，多归顺北军。汉隐帝与宰相苏逢吉等亲临阵前督战，大军依然被郭威击溃。逃散途中，苏逢吉自杀，而隐帝则为乱军所杀。郭威攻入汴州，纵容军队大肆掠夺。按着郭威假借后汉太后的名义，立后汉高祖之侄、河东太守刘崇之子武宁节度使刘赟为帝，并请太后临朝听政。

不久，辽军南侵，后汉太后派郭威率军前去抵敌。郭威大军行至澶州时，数千将士鼓噪起来，将黄旗披在郭威身上，要拥其为皇帝，当时四下呼喊万岁的声音惊天动地。于是郭威又率全军返回东京（今河南开封），后汉百官均出城迎接，并劝登基为帝。于是，郭威废刘赟为湘阴公，自己凭后汉太后的诰命任监国。次年正月，后汉太后被迫下诰书，授与郭威皇帝玉符，郭威即位（是为后周太祖），国号周，改元为广顺。后汉由是灭亡。

五代赵幹《江行初雪图》（部分）

郭威称帝建国

951 年，后汉枢密使侍中郭威杀刘赟，自己即皇帝位，改国号为周（史称后周），建元广顺，定都大梁。郭威就是后周太祖。

郭威像

周太祖自己出身寒微，颇知下民疾苦。所以后周初立，他励精图治，革除了一大批不合理的税课、刑法，使政局颇呈面貌一新的迹象。

周太祖生活起居非常俭约，即位之初，他就将后汉宫中珠宝玉器尽数取出，当庭毁掉，并诏令珍华悦目之物，不得入宫；天下州府旧贡珍美食物，今后不需进奉；所有奏章必须直白简明，不得修饰华丽辞藻。直至病重，他还下令身后薄葬，不修地下宫殿，不设守陵宫人，墓前不竖石人石兽，而立碑刻字："周天子平生俭约，遗令用纸衣瓦棺，嗣天子不敢违也。"

周太祖在位期间，多次改革不合理赋税，即位当年，他诏令掌仓场库务不得收斗余（概量之外，又取其余），称耗（计斤之外，又多取之，以备折耗），罢进羡余（地方官加重搜刮后以赋税盈的名义进贡皇室，多羡余）。不久，又改革税牛皮制度，废除私自买卖即抵死罪的刑法，诏令纳贡之余，听民自用及买卖。广顺三年（953），又罢营田、牛课。命将营田之民隶属州县，其田、庐舍、牛、农具，分给现佃者；从前百姓有牛者每年须交牛租，牛死而租照样收缴，百姓苦不堪言，周太祖一并废之。当年，全国就增加人口30000 多户。

周太祖又革除了不合情理的刑法制度，原来后汉刑法苛严，窃盗一钱以上皆死；犯罪者又往往被族诛、籍没。周太祖尽数废革，规定罪人非作反逆，不得诛及亲族，籍没家资。从前后汉严禁私制盐、曲，违犯者死，至后周刑法有所宽恤，以所犯斤两逐等量刑。广顺二年（952），又制定了诉讼程序，并规定事不关己，不得妄兴词诉。

广顺二年，周太祖还亲自拜谒孔庙，光大儒学。

周太祖在位仅三年，但他革除积弊，与民休息，使后周成为五代较强的王朝。故此对外屡败契丹，四边高丽、回鹘、南汉诸国皆称臣纳贡，北汉、契丹、南唐境内人民纷纷迁入（后）周境，由此初步奠定了统一中国的基业。尽管他被旧史家讥为有篡位之嫌，但观其政绩，不失为一位英明的君主。

刘崇建北汉

951 年，后周太祖郭威在开封即皇帝位的同时，后汉高祖刘知远的弟弟刘崇也在晋阳（今太原）称帝，继承汉统，史称北汉。

刘崇是河东节度使，手握兵权。当他的侄子、汉隐帝刘承祐被弑后，他一度拟发兵南向，声讨郭威。但继而听闻郭威立他的亲子刘赟为帝，便又按兵不动了。

现在听闻郭威篡汉自立，刘崇决计抗

北汉天会七年始建镇国寺大殿

周，就在晋阳宫殿中，南面称帝，沿袭了汉的国号和乾祐年号，即位当年为乾祐四年。刘崇的北汉据有并、汾、忻、代、岚、宪、隆、蔚、沁、辽、麟、石十二州，相当于今山西中部与北部。他任用河东节镇属官为文武百官。为了与周对抗，同年四月，刘崇遣使奉契丹皇帝为叔父，自称侄皇帝，每年进贡10万缗钱，以换取军事援助。从此后周与北汉边衅不断。

北汉原本贫瘠，岁入无多，宰相俸钱也不过每月百缗，刘崇又不断发起战争，外奉契丹，内供军费，百姓家无宁日，人民大量外逃，自建国起，国家一直处于动荡中。

王延钧称帝

闽龙启元年（933）正月，不满足王号的闽王王延钧正式称帝即位，改国号大闽，改元龙启，并与（后）唐断绝往来，不进职贡。

王延钧为庙示与前不同，更名王璘。追尊父祖，设置宗庙。接着任命李敏、王继鹏、吴勖为枢密使等文武百官。王延钧以闽地国小僻远，常谨事周邻，境内较为安定。但不久之后，便开始大建宫殿，极土木之盛，在政治上重用向以聚敛求媚的薛文杰为国使计使搜括民财，导致建州（治今福建瓯）土豪吴光等人的叛乱。王延钧本人在信神嗜巫的同时猜忌宗室，擒杀功臣王仁达，又除掉宗子王继图，株连多达千余人。

933年11月，叛投吴国的吴光又率兵攻打建州，闽国支持不住，急向吴越求援，同时朝廷内乱，军士和百姓逼王延钧除掉薛文杰以谢国人，结果薛很快被众人殴死。自此以后吴人退兵，二国重新又归于和好。

孟知祥据两川建国

后蜀明德元年（934）闰正月，孟知祥在成都称帝建国。

孟知祥是邢州（治今河北邢台）龙冈人，曾侍奉李克用，得其赏识。（后）唐灭（前）蜀，孟被委任驻守西川。后兼并东川董璋部，两川之地尽归其有，而知祥独霸称王之志亦复萌生。（后）唐明宗死后，孟知祥拒绝（后）唐封赐，在成都称帝，脱离（后）唐统辖。随后任命赵季良为相、王处回为枢密使以下的文武百官。又改元明德。（后）蜀的范围大体与（前）蜀相仿。（后）蜀官员多半是（后）唐的大小将吏。自建国至广政二十八年（965）灭亡于北宋，前后存32年，历孟知祥、孟昶两代君主。

同年七月，孟知祥在位仅半年就得病而死，子孟仁赞即位，改名昶（是为后主）。昶喜打马球，择采良女充后宫；又挥霍逾制，多杀旧臣，至广政年间开始亲理政事。

南唐灭楚

南唐保大九年、后周广顺元年（951），楚国国政浊乱，兄弟君臣干戈相向，南唐趁乱取之。

楚王马希萼自乾祐三年（950）取代希广自立后，占据长沙，刑戮无度，久失人心，又将政事委任其弟马希崇，自己则纵酒荒淫，宠信娈童谢彦颙，无礼于诸将，激得朗州自立，并推举刘言主持朗州之事。

马希崇从不劝谏兄长，反而纵容马步都指挥史徐威等人作乱，囚马希萼于衡山，推举自己为武安留后。此时，朗州刘言闻讯即乘机发兵声讨篡夺之罪，马希崇慌忙杀死希萼旧臣杨仲敏等人，取悦朗人，朗州军退回，马希崇又照旧纵情声色。

不料衡山将士放出马希萼，推举他为衡山王，并向南唐求援反攻马希崇；马希崇部下徐威等人见其难成大事，也趁机作乱，马希崇不得已，也向南唐请降。

十月，南唐大将边镐率兵进据长沙，存在 25 年的楚国亡。同年十一月，南唐令马氏兄弟举族与将士入朝。南汉乘虚攻取亡楚的桂、宜、连、梧、柳、象等州，尽有岭南之地。

柴荣即位后周

显德元年（954）正月，后周太祖郭威病逝，养子柴荣继位。柴荣（952～959）是郭威圣称皇后之侄，郭威收为养子。广顺三年（953）封晋王。郭威死前，黜退一批恃功倨傲之臣，又任命一批新官吏，将朝政委归柴荣，因此权力移交顺利。柴荣即是后周世宗。

柴荣继承郭威重农恤民的政策和统一

柴荣像

中国的大志，任命王朴等能臣，浚通漕运，发展文教，虽然在位仅六年，便以 39 岁的英年病逝，但不失为一位有作为的皇帝。

柴荣重用王朴，王朴献"平边策"，提出先攻南唐，取江北而控制南方各国，再取后蜀和幽州，最后解决契丹边患的战略思想；又提出争取民心和避实击虚等建议，柴荣一一采纳，成功地发动了一系列统一兼并战争。

柴荣深知"兵务精不务多"，因而大简诸军，操练精兵，于是士卒精强，征伐四方，所向皆捷。初即位时，北汉、辽乘后周太祖新卒，大举攻周，柴荣亲临阵前督战，败汉辽于高平。以后汉辽趁柴荣亲征南唐，两度袭侵后周，皆被周军所败。

高平之役鼓起柴荣统一天下之志，他依王朴之言，先取南唐。后周显德二年（955）、显德三年（956）、显德四年（957）三度征伐南唐，柴荣每次皆胜，南唐自去帝号，割地请和。后周平定江北，得州 14、县 60。

后周又谋取攻蜀，显德二年（955）大败后蜀，取秦、成、阶、凤四州。显德六年（959），柴荣以契丹未逐，决意北伐。后周屡败辽师，兵不血刃而取燕南之地，柴荣于此役染病班师，旋即病逝，未能完成一统大业。

柴荣实施与民休养生息、发展农业的政策，扩建大梁城等工程，多是利用农隙完成。即位当年，他便令李谷治理黄河，修塞黄河堤岸，比较彻底地根治了河患。

柴荣留心农事，刻木为耕夫、蚕妇，置于殿庭，以示尊崇。显德五年（958），他读唐人元稹《长庆集》，对均田图大为激赏，决意均定田租，使贫困农户田租得以减少。这次均田赋税成绩显著，全国垦田数目增加很快，后周国力财力因而增加。

柴荣还疏浚河渠，着手重建漕运网络，以与舟楫灌溉之利。自显德三年（956）起，先后疏引汴水东通泗水，北入五丈河，使鲁齐舟船可直达大梁；凿通鹳水，重新沟通长江与淮河；浚通汴口，导黄河于淮，使长江、淮河、黄河三大水系重新通航。又疏浚汴水、五丈渠，使得以大梁开封为中心的水路漕运网络基本形成。

柴荣还命令王朴主持扩建大梁城，使城内道路最宽者达30步，大梁成为当时最繁华兴盛的首都，为宋代开封的更大发展奠定了基础；又令王朴撰《大周钦天历》和《律准》通行天下；以旧律文格敕烦杂不一，命侍御史知杂事张湜等10人详定格律，定《大周刑统》颁行天下；诏令中书舍人窦俨编《大周通礼》和《大周正乐》。

自唐以来，统治者多数佞佛，柴荣认为寺院泛滥使逃兵和不法之徒有隐匿之所，因而下旨禁佛，不许妄度尼僧，并停废寺院，毁佛像铸钱。

柴荣在位六年，多有仁政惠民，不仅减免苛政，而且在大兵过后、淮南大饥时，还命贷米与淮南饥民。而他最大的功劳还在于谋策统一大业，其未竟之志，在他死

后，由赵匡胤继续完成。

周汉战于高平

后周显德元年（954）正月，后周世宗柴荣即位不久，就闻奏北汉主刘崇（旻）乘后周太祖新丧，联合辽将杨旻，率兵数万入寇潞州。柴荣不顾群臣固诤，奋然决定亲征。

后周《韩通妻董氏墓志》

柴荣招募禁卫军逐日操练，准备扈驾，又调集各道兵马会集潞州，然后柴荣车驾于三月上旬启行，不久便抵达泽州。

刘崇也放弃进攻潞州，奔赴泽州。3月19日，两军在泽州以北的高平之南（今山西晋城北）对阵。汉辽军队阵容齐整，人数占优，刘崇因而轻敌；后周方面，则因河阳节度使刘词尚未赶到，军心不稳。甫一交战，汉将张元徽击周右军，周将樊爱能、何徽不战而逃，周军形势峻急。

柴荣亲冒矢石，向前督战，宿卫将赵匡胤身先士卒，驰犯敌锋，周军士气大增，奋勇死战，杀汉将张元徽，后汉军溃退，此时刘词恰好赶到，立即领军投入战阵，汉军大败；本已在洞南休息的周军，见状也奋起追敌。辽军早已明哲保身地退却，北汉军则被追击至高平，辎重尽弃，死伤无数，刘崇狼狈逃回晋阳，柴荣在高平整

顿军队，斩逃将樊爱能、何徽等以整肃军纪，自是骄将惰卒，始知所惧，不敢如前疲玩。

周世宗简选诸军

高平一役后，后周世宗柴荣深感骄兵惰将之弊。因为自五代以来，禁军皆务求姑息，不加简选，不仅羸弱居多，而且骄横不听号令，一有大敌，非逃即降。柴荣决心汰选士卒，振作军心，免蹈覆辙。

他对侍臣说，自古兵马贵精不贵多，何况军费繁重，一百名农夫的苦劳而不足供养一名甲士，怎么忍心榨取民脂民膏，去供养疲弱无能的废物呢。于是命令检阅诸军，留强汰弱，侍臣对此一致赞同。

显德元年（954）十月，柴荣命殿前都虞侯赵匡胤主持大阅军士，精锐者升为上军，羸弱者裁汰。又诏募天下壮士，不论出身，都赴京师，柴荣亲临阅试，遇有材艺出众又仪表出众者，即补入殿前诸班。此外骑步诸军，各命统将选择。

经过这次阅军，凡从前骄兵惰卒，一概淘汰，宫廷内外，尽列熊罴，军务大有起色。后周由是士卒精强，征伐四方，几乎无往而不利。

周世宗三征南唐

后周世宗柴荣接受王朴的《平边策》，定下北守南攻、先平南唐的统一中国的战略。由显德二年（955）至显德五年（958），发起了一系列旨在征服南唐的军事行动，柴三度亲临淮上督战，最终迫使南唐割地称藩。

显德二年（955）十一月，柴荣派李谷率军南征，南唐因为边境久无战事，没有遣兵把守淮河，周师趁冬天水浅，搭浮桥渡过淮河，连续于寿州城下、山口镇、上窑击败南唐军。次年正月，李谷攻寿州久不能下，柴荣下诏亲征。命李重进渡淮迎击南唐援军，斩将刘彦贞，杀敌万余，缴获军械30万，南唐大恐。柴荣亲至寿州城下，督军围城。又派赵匡胤袭南唐水军，夺战舰50余。周军捷报频传，赵匡胤攻克滁州，擒南唐大将皇甫晖；王逵攻取鄂州，克长山寨；赵匡胤又以不满2000之众，败敌20000于六合，南唐精兵几乎尽丧于此役。第一次南征，周军夺得江北一半土地，南唐割濒淮六州之地请和，但周欲尽得江北之地，不允。五月，柴荣因久攻寿州不克，天又大雨，只留李重进军围寿州，自返大梁。

显德三年（956）七月，南唐收复大半失地，周军再度南征。这一次柴荣鉴于南唐水师强大，乃起造战舰，由南唐降卒教练水师。次年三月，柴荣第二次亲临淮上，直抵寿州城下，先破紫金山唐军，断其甬道，再命水师沿淮东击，唐军丧4万人，周军获战舰粮仗以十万计。柴荣陈兵于寿州城北，断其求援之路，寿州守将刘仁瞻病重，监军使周廷构等开城投降。周帝柴荣对坚守寿州一年多的刘仁瞻的忠节大加褒扬，又令开仓赈济饥民，大赦犯人。改编南唐降卒后，柴荣返回大梁。

显德四年（957）十一月，柴荣第三次亲征南唐，屡败南唐兵。十二月，南唐泗州守将首先投降。攻下泗州后，柴荣率亲兵沿淮河北岸前进，赵匡胤统步兵于南岸进军，诸将以水师在淮河中进军，大败南唐水师，濠州遂降。周师乘胜追击，又攻下扬州、泰州。次年正月，柴荣下令疏浚鹳水，使水军自淮河直抵长江，拔静海军，打通了往吴越的道路。周师苦战又攻克楚州。

三月，南唐中主李璟见周兵在长江中屡败南唐水师，唯恐周兵南渡，遂上表请和，愿去帝号，称唐国主，割长江以北之地入周，每岁入贡数十万，柴荣方允罢兵。于是江北悉平，得 14 州、60 县。

是年五月，李璟去天子仪制，奉周正朔；自己只称国主，并避周讳而改名景，正式臣属于周。八月，南唐又在开封设置进奏院，从而完成了藩国所应具备的条件和义务。

周世宗北伐

后周世宗柴荣久怀收复北方失地之志，已非一日。征服南唐归来，返至大梁，又闻辽汉合寇，决意北上亲征。

柴荣认为北汉跳梁小丑，全赖辽人相助，决意行釜底抽薪之计，首先攻辽，只待辽人一败，北汉势孤，再行讨伐。

后周显德六年（959）三月，柴荣命吴延祚、张美权留守东京（今河南开封），又命诸将各领马步诸军及水师赴沧州，自率禁军为后应，然后以韩通为陆路都部署、赵匡胤为水路都部署，水陆两路并举，向北长驱直入契丹境内。

五代南唐武士立像

溯方州县自石晋割隶辽邦以后，几年未见兵革，骤闻周师入境，无不胆战心寒。周军连下益津关（河北霸县）、瓦桥关（今河北雄县）、淤口关、莫州（今河北任

南唐《李昪哀册》

丘北）、瀛州（今河北河间）、易州（今河北易县），契丹守将不战而降，周军兵不血刃，尽取燕南之地。计征战42日，周师未发一矢，而得3州、17县、18360户。柴荣决意乘胜进取幽州，5月初，派李重进为先锋先发。

在孙行友攻下易州时，柴荣已染病在身，此时因无法继续前行而还驻瓦桥关，诸将皆劝还驾。柴荣不得已照允，乃改称瓦桥关为雄州，陈思让留守；益津关为霸州，韩令坤留守；自己回銮大梁。

六月六日，柴荣病逝于大梁，收复幽燕之业也因而不幸废止。

第二节 文化中兴：艺海拾贝 科技撷英

五代发展皴法

皴法这种画技由唐人初创，但是在唐代画家山水画中尚未大量使用，只是到了五代，山水画家才把它广泛运用于南北山水画中，使画图更逼真，更具有表现力，很好地表现了崇山峻岭雄伟高迈之势，树木皮质粗糙遒劲之态，岩石突兀不平之貌，并进而影响了后世的山水画家。

皴法是用以表现山石、峰峦和树身表皮的各种脉络纹理的画技。表现山石、峰峦者，主要有披麻皴、雨点皴、春云皴、解索皴、牛毛皴、折带皴、括铁皴、大斧劈、小斧劈等；表现树身表皮的，则有鳞劈、绳皴、横劈等，它们俱是以各自形状命名的。皴法创立始于唐代。唐李思训创小斧劈皴，重勾勒，画家称为北字。唐王维创雨点皴，重渲染，画家称为南字。五代荆浩、关仝、董源、巨然四人又在唐代山水画皴法基础上，形成适于表现南北山水状貌的皴法。

主要活动于后梁的荆浩，朝夕观察太行山的壮丽景色，写松数万本，对唐人山水笔墨颇有心得，他的传世作品《匡庐图》写庐山一带景色，在画山水树石时皴染兼用，小披麻皴层次井然，用墨精润而深厚，发挥了唐人水墨画的长处。

后梁的关仝在《山溪待渡图》中，皴法使用相当细密，笔力坚挺。其皴法变化依景物而为之，如各种树木表现皴法有树种、远近、老木新枝等变化；山岩皴法也根据质量、形体状貌而施以不同轻重、粗细、浓密、走向的皴点。

活跃于江南的董源、巨然，创造了不同于荆浩、关仝的山水画风貌。董源山水取南方丰茂秀润、云水葱茏的特质，融汇唐人青绿和水墨技法，独辟蹊径，创造水墨、色彩并用，披麻皴与苔点相结合的画法。董源的水墨矾头披麻皴对后世山水画影响尤为显著，这种画法，中锋用笔，从上而下，左右披拂，如一绺绺苎麻散披其间，十分适合表现江南山丘土原草木华滋

五代关仝《山溪待渡图》

的特点。山顶喜作成群相集的小山石（即矾头），缀以苔点。

师法董源的南唐山水画家巨然，山水笔墨清润，也善于长披麻皴，山顶画矾头，常以破笔焦墨点苔，风格比董源奇逸隽秀。

皴法经五代发展，越来越种类繁多，对后世山水画家具有很大影响。

契丹文字创成

神册五年（920），辽太祖耶律阿保机由于契丹族政治、经济、军事、文化的发展需要，在文臣耶律突吕不和耶律鲁不古的参与下，依仿汉字创造了契丹国字，即契丹大字。

由于受到汉字与契丹语的双重影响，契丹大字成为表意文字与拼音文字的混合体。其字形结构有点像简化的汉字，有点、横、直、撇、捺等笔画，也都是横平竖直拐直角的弯。有少数字是直接借用汉字的形、音、义，例如"皇帝"、"王"等，这类字都是用来记录契丹语中的汉语借词。还有些只借用汉字的字形和字义，读音则用契丹语来读。而绝大多数契丹大字都是与汉字字形不同自行创制的新字。

契丹大字不但数量少，而且笔画简单。据《新五代史·四夷附录》，契丹大字有"文字数千"，据现有资料统计，契丹大字仅有一千余字，而十画以上的字约百余，占总字数的 1/10。绝大多数都在十画以下，这都是契丹大字比汉字的进步之处。

契丹大字过于模仿汉字。汉字记录汉语，汉语的特点是单词多为单音节，每个字都是单音节并都各有字义。契丹大字是记录属于阿尔泰语系的契丹语，契丹语的单词多为双音节或多音节。契丹语是粘着语即用粘着词尾的方法来表达语法关系，契丹语有元音和谐律，有时一个汉字的语

契丹大字《北大王墓志》

音需要用几个契丹大字组合在一起才能记录，并且单词之间没有分隔符号，极不易辨认，这样在使用中存在许多弊病。辽太祖弟耶律迭剌创制了另一种更完善更进步的契丹小字。契丹大小字区别不是字的大小，而是由于创制先后不同而表现出来的拼音程度的不同。

契丹小字是参照汉字和契丹大字的字形而在汉字反切法的启发下创制的一种拼音文字。它的字母只是发音符号，也就是现代学者所称的"原字"。一般并无字义，只有拼成单词之后才有意义。据现有资料统计，原字共有 450 多个，但"数少而该贯"则是其一大特点。

契丹小字即契丹语单词分别由 1 至 7 个不等的原字拼成，并按一定规律顺序堆在一起，单词之间有间隔，极易辨认。每个原字构成的契丹小字为单体字，两个以上原字构成的则为合体字，排列顺序为先左后右、二二下推。款式系自上往下写，向右向左换行。笔画都较少，没有十画以上，多在六画左右。字体最常见的是楷书，

非常适合记录契丹语，故流传于辽和金朝前期，至蒙古灭西辽时，才渐绝于世，至明代，则成为不为人们所识的古民族死文字。现在传世的契丹文字资料，大都是20世纪陆续出土和发现的金石材料，供后人研究。

五代赵岩《调马图》。马夫深目高鼻，属西域人形象。

契丹文字是古代契丹族人民为多民族中华大家庭贡献出的一份珍贵历史文化遗产，它开我国东北少数民族创制文字之先河，对于女真文字、蒙古文字和满洲文字的创制有极大影响，契丹文字记录的单词中有大量汉语借词，对中古汉语语言的构拟和汉语史的研究也提供了宝贵资料，契丹文字在中华民族文明史上占有重要的地位。

荆浩发展新画法

中国五代后梁时期的荆浩，因为中原一带战乱频繁，政局动荡，于是就隐居太行山的洪谷，自号洪谷子。隐居生活中，荆浩耳濡目染于山川美景，师法自然从而得就一手好画。

荆浩对中国山水画的发展做出过重要贡献，将唐代出现的"水晕墨章"画法进一步推向成熟。他对唐人山水笔墨颇有心得，写有《笔法记》传世。他认为"吴道子画水有笔无墨，项容有墨无笔，吾当采二子之长，成一家之体"。从而形成以笔墨见重的山水画面貌，标志着中国山水画的一次大突破。他创造了全景式山水画的风格，其特点是在画幅的主要部位安排气势雄浑的主峰，在其他中景和近景部位则布置乔窠杂植、溪泉坡岸，并点缀村楼桥构，间或穿插人物活动，使得一幅画境界雄阔，景物逼真和构图完整。传世作品《匡庐图》（藏台北故宫博物院），气势恢宏，层次井然。山水树石，皴染兼用，充分发挥了水墨笔法的表现力，体现了荆浩本人追求山水"气质俱盛"的艺术境界。他的这种全景式山水画，奠定了稍后曲关全、李成、范宽等人加以完成的全景山水画的格局，推动了山水画走向空前的全盛期。历代评论家对他的艺术成就都极为推崇。

荆浩所著的《笔法记》，在中国古代画论中最早全面系统地论述了山水画的创作方法和艺术准则，提出了"六要说"，即画要有"气"、"韵"、"思"、"景"、"笔"、"墨"。他强调对自然形象的观察、认识、体验，并经过作者提炼、整理，创造出更为真实生动的艺术形象，这一卓越见解，在绘画理论发展中具有重要意义。"六要"除了吸收和继承了中国古代画论中的气韵、用笔、立意等说之外，还特别标榜"景"和"墨"，反映了山水画历经隋唐五代时益趋发达和水墨画越来越受到重视的时代风尚。

文中还指出绘画中的"有形之病"和"无形之病"。认为"有形之病"只是犯有"花木不时"、"屋小人大"等错误，虽然不能改变，但还是容易辨识。而无形之病是画中缺少气韵形象死板没有活气，那就更为严重和难以补救。这也同样反映了荆浩重视神形兼备的可贵主张。

1525

韩偓作《香奁集》

唐代末年，诗人韩偓将他的很多诗作收为一集，名曰《香奁集》。

韩偓（842～923），字致尧，小名冬郎，号玉山樵人，京兆万年（今陕西西安附近）人。从小聪慧过人，10岁即可即席作诗。龙纪元年（889），考取进士，随后出任河中节度使幕府，以后，历任左拾遗、左谏议大夫、翰林学士、中书舍人，晚年政场波折，贬为外官，惨死于闽南南安县。

韩偓的《香奁集》，收集了《袅娜》、《绕廊》、《夜深》等诗作，多是抒写男女之间缠绵之情及妇女的服饰容貌，风格纤巧绮丽。如《绕廊》、《欲去》描写的是男女之间因为爱情受阻而引发的追忆、想念之情，心理活动刻画深刻，用词真挚，委婉动人。《袅娜》、《咏浴》描写的则是士大夫的恋情，狎邪生活，笔致也较为酣畅。由于《香奁集》的题材内容在历史上所引发的褒贬不一，对之评价较有争执。

韩偓的诗除了《香奁集》中描写的男女之情外，还有一些借景抒情和借事抒怀的佳作，这与韩偓晚年的政场被动及唐王朝的崩溃有很大的关系。他总是在诗作中借事或借景以抒发对已去的唐王朝的缅怀之情，如《故都》、《伤乱》、《惜花》等等。

辽治矿冶

辽代的矿冶比较发达。辽太祖的父亲担任夷离堇期间，"始置铁冶，教民鼓铸"。911年，辽太祖耶律阿保机率军南征幽、蓟，到达滦河，在还军途中，得银、铁矿，并命令冶炼。天显元年（926），辽太祖灭渤海国，得到渤海的冶铁基地铁利府，并改名为铁利州。辽太祖还曾以渤海俘户在东京道饶州建长乐县，其中1000户在当地从事冶铁生产。辽朝接收渤海的大量铁矿及冶铁技术，使辽朝的冶铁业迅速发展起来。

辽朝在各地先后建了许多冶铁处所。如在东京道尚州东平县建铁冶，集中采炼的有300户人家，而且把铁制品作为赋税土缴政府。政府还役使大量奴隶从事矿冶，柳湿河、三黜古斯、手山三处矿冶都是契丹曷术部奴隶所开采。手山（又名首山，今鞍山）是当时规模比较大的矿冶中心。

辽代的铁冶，以冶炼坚硬的镔铁著称于世。镔铁是一种质量很高的铁，其硬度几乎相当于钢，而且辽朝很有可能已经掌

五代王齐翰《勘书图》

中国通史

最新整理图文珍藏版

握了先进的灌钢技术。辽朝每年贺宋朝正旦，用镔铁刀作贵重的礼物。

除铁以外，铜和金银冶炼也是辽代重要的矿冶业。还在辽建国前，契丹人已经能用铜制作钱币了。辽中京大名城是当时具有一定规模的铜冶中心。辽人已经完全掌握了铜的冶炼工艺，当时著名的铜器制品主要有铜镜、铜洗、铜执壶、铜面具、铜佛像、鎏金铜佛龛等。辽太祖时，曾从蔚县俘掠汉族人，在泽州采炼银冶。灭渤海国后，获渤海富州银矿，改富州为银州，继续开采和冶炼。另外，辽还在阴山、顺州、都峰、大石等地都设置金、银冶，冶炼金、银。

辽朝设有专门机构管理矿冶，东京设有户部司管理当地矿冶，在阴山金矿设置山金司，管辖当地金银矿的开采与冶炼。

后唐印卖监本《九经》

后唐明宗长兴三年（932），宰相冯道、李愚请令判国子监事田敏校定《九经》，刻版印卖。

监本，是一种版本类型，是中国历代国子监雕版印刷的书本，始于五代后唐。九经是九部儒家经典，有《三礼》（《周礼》、《仪礼》、《礼记》）、《三传》（《左传》、《公羊传》、《谷梁传》）及《易》、《书》、《诗》。

后唐印卖监本"九经"，始于后唐明宗长兴三年，到后周广顺三年（953），历时22年，"九经"全部刻完。刻印监本经书，后唐为始，以后历代都有监刻经书。这对于保存古籍有积极的贡献。

后唐征求唐野史

长兴三年（932）十一月，（后）唐史馆向皇帝奏报，请政府派人到两浙、荆湖搜集有关唐朝的野史资料。

后唐以唐宣宗、懿宗、僖宗、昭宗四朝实录尚未纂修，于各地购募典籍，但北方因连年战火，图书灭绝，久征而未贡献。遂征书于江南，下诏于两浙、福建、湖广采访四朝野史及逐朝日历、银台事宜、内外制词、百司沿革簿籍，不限卷数，据原本抄录上进。如果民间上交赠送的，可赏赐加爵。这个建议得到了李嗣源（后唐明宗）的批准。

董源《夏景山口待渡图》（部分）

蜀中刻经

后蜀宰相毋昭裔性喜藏书，酷好古文。蜀中自唐末以来，学校废绝，毋昭裔出自己百万资财建学宫。因其贫贱之时曾因借《文选》而受难，发奋如有可能当雕版印之，以赠学者。

后蜀明德二年（935）毋昭裔为宰相，即令门人句中正、孙逢吉写《文选》、《初学记》、《白氏六帖》，刻版印行。至广政元年（938），毋昭裔又于蜀中刻经，由平泉令张德钊书写，然后刻石，置于成都学宫，其中《孝经》、《论语》、《尔雅》、《周易》、《毛诗》、《尚书》、《仪礼》、《礼记》、《周礼》、《春秋左氏传》（至十七卷）等为后蜀时期所刻。人宋后又刻有《左氏传》十八至三十卷，《谷梁》、《公羊》、《孟子》以及《石经考弄》等，共127万多字，称"广政石经"，或"孟蜀石经"，有拓本传于今世。毋昭裔致力于推广文化历史于蜀中，因此文学复盛。

董源创江南山水画法

南唐时活跃在江南的董源，取南方山川丰茂秀润、葱茏浓密的特质，融汇唐人青绿和水墨技法，独辟蹊径，创造水墨、色彩并用，披麻皴和苔点相结合的画法，开创江南山水画派。董源字叔达，钟陵（今江西进贤西北）人，南唐时任北苑副使，世称董北苑。他的传世作品有《夏山图》、《潇湘图》、《夏景山口待渡图》、《谿岸图》、《寒村重汀图》、《龙袖骄民图》，代表了董源江南山水的风貌。

在《夏山图》中董源一变钩斫之法，使画境达到平淡天真，不装巧趣。这图应

董源《夏山图》（部分）

属水墨画，但个别地方曾用轻微色彩加染。画的是一片冈峦重叠，烟树沙碛的景致，其间点缀一二人物，一眼看去画面给人开阔辽远的感觉，难得的是这幅图画结构又十分严密紧凑，画幅下部利用山坡丛树的起伏，顶部利用远山覆盖于冈峦之上的隐显，使章法本身组成既有规律又有变化的节奏，中部一带沙碛冈峦间的空间，在视觉上造成一种辽阔的气势。树木虽短小，但因沙碛的空间感而见其高大；冈峦虽重叠，却因远山的牵引而不感到阻隔。在艺术手法上值得注意的是以平直横垠的沙堤，来带起球面叠起的冈峦，画面布局极繁密又见单纯，似平淡而见变化。

《潇湘图》和《夏景山口待渡图》的皴染比《夏山图》显得工致，《潇湘图》水墨清润而气度深厚，《夏景山口待渡图》深茂而朴实，在对自然景象的写照上，精致真实高于《夏山图》，但艺术上的抽象简练、气势的雄伟苍郁，则当推《夏山图》为第一。

从《潇湘图》看，董源的创新发展是多方面的，山的表现除取江南幽润清深的峰峦树石外，还采用了独特的皴法。山势从卷首而起，花青运墨勾皴，渐至层峦叠嶂，愈深愈远。为了表现透视深度，山峦上的小土丘自近至远由大渐小，由疏渐密，墨点也有疏密渐淡的变化，斑斑驳驳，显出密密杂杂的远树势态，在用墨彩渲染时

又在山凹得当处留出了云霭雾气，造成迷蒙淡远之感。

在《龙袖骄民图》中，董源所绘山石，是用长披麻皴，以中锋笔从上而下左右拨拂，线条的方向大致相同，而时常交叠起来，样似披梳苎麻成绺，矶头则通过空心点皴，表现得草木蒙茸，披麻皴和矶头画法都是从董源开始才大量使用的。董源在王维"清润"之境的基础上，吸取李思训设色之巧于用墨，深得妙处。

董源《龙袖骄民图》

董源对后世影响显著的，是水墨矶头披麻皴这种风格的源头。他的作品深深影响了南唐山水画家巨然。他的画风迥异于北方画派，以无数点线来表现山的轮廓，并以水墨烘晕来突出它，精工生动，开启了江南山水画派。

周蜀刻《九经》

战乱年代，文化事业并未完全停顿，后蜀广政十六年、后周广顺三年（953），周蜀两国均刻印《九经》。

后蜀广政十六年五月，宰相毋昭裔出私财百万，继其主持刻石经之后，又请镂版印《九经》以颁郡县，后蜀后主从之。

蜀中旧时文人辈出，中途一路断绝，自此，蜀中文学复盛。

后周刻九经渊源当直溯后唐明宗时，长兴三年（932）起，诏令国子监校定《九经》，当时的屯田员外郎田敏等充详勘官。雕版历时 20 多年，虽然朝代更迭，工程未止，至后周广顺三年（953）六月完成。此时已任周尚书左丞兼判国子监事的田敏献书周太祖，计有《五经文学》、《九经字样》各二部，共 130 册。此次刻印之本，世称"五代监本"。虽值乱世，但《九经》赖此而传布甚广。官府大规模刻书的历史，也由此开始。

西蜀画风兴盛

五代十国时期，各地军阀混战不休，文化也惨遭破坏，但在一些较少战乱的国家，文化事业不但未被破坏，还有所发展，这就是五代十国中西蜀画风兴盛的重要原因。

五代《白衣观音图》

西蜀位于较偏僻的西南地区，所以战乱相对中原来说较少。中原的每一次战乱都为西蜀送来一批避难的画坛名士，如安史之乱后来的赵公佑、陈皓、张腾、辛澄等人。这些画坛高手的加入，使西蜀画坛新意盎然，也使西蜀画风揉合了中原画风的特色。

《神骏图》（局部）

西蜀的画家大都擅长宗教画，擅长山水画花鸟画的也不少，如吴道玄的《地狱变相》、《金光明经变》、周昉的《水月观音》等，这些画大都画在寺院的墙壁上，和当时佛教兴盛有着紧密的联系，成都最大的寺院大圣慈寺也是当时壁画最集中的地方。除了少量帝王贵族肖像和山水花鸟画外，更多的是宗教画，据李纯《大圣慈寺书院》载："……总96院，画诸佛如来1215，菩萨10488，帝释梵王68，罗汉祖师1785……"直至南宋时，范成大将遗存的壁画记录造书，还遗留有三十多院阁壁画，可见西蜀画坛名作中宗教画占了相当大的比重。

在兴盛的西蜀画坛背后，是一大批画坛名手的辛勤努力。赵德玄入蜀，带来隋唐名画百余本，"多为秘府散逸之作"，令西蜀画手得益非浅。当时仅出名的画手就有房从真、张玄、徐德昌等，不下二三十人，且涌现出一批父子相传的名手，如黄筌和黄居宝、黄居采，高道兴和高从遇，

《神骏图》（部分）

杜子环和杜敬安，蒲师训和蒲廷昌等。西蜀专门的画院，名手很高的社会地位也促进了画坛繁荣。在大批画家长期的切磋、互相的学习之下，西蜀绘画还有许多创新，如在大型构图方面，后蜀明德年间，赵德玄、赵忠义父子共同创作了福庆禅院的十三幅大型壁画《东流传变相》，结构舒朗，山水精细，人物逼真，名冠一时。后蜀后期，在题材方面，山水画、花鸟画有了进一步发展，传统的宗教画在表现人物精神状态上也有了进一步提高。

五代
《神骏图》

沧州铁狮子铸成

后周广顺三年（953），山东匠人李云铸成著名的沧州铁狮子。

沧州铁狮子位于今河北省沧州市东南20公里的沧州故城内开元寺前。铁狮形态威武，身披障泥，背负莲花巨盆，前后飘着束带，挂有串珠等装饰，发卷曲呈波浪形，当为开元寺文殊菩萨的座驾。铁狮身长5.3米，高5.4米，宽3米，重约40吨，左胁有"山东李云造"五字，头顶及项下各有"狮子王"三字，右项及牙边皆有"大周广顺三年铸"七字。铁狮腹内和牙外还有很多字迹，有人认为是金刚文，但已难以辨认。

据分析，铁狮背部的化学成分为：碳4.1%、硅0.04%、锰0.03%、硫0.019%、磷0.235%。又据表面金相检测，铁狮腿部为灰口铁，头部和莲花座驾为白口铁，其间有麻口铁。体内颈部和背部铸

后周953年铸大型铸铁文物河北沧州铁狮。重10万斤。

有加强筋用以负载重量。铁狮采用泥范明注式浇铸法整体铸成，表面遍布长方形等多种规格的外范拼接痕迹，铸造时共用外范600多块。内范布满圆头铁钉，头部和背部均垫有铁片，用以控制内外范之间的

距离。外范拼接处用熟铁条联接，用以增加强度。据研究推测，铁狮子的铸造工序大体是：1. 塑泥狮原型；2. 在泥狮上塑制外范，阴干后取下；3. 制内型，将泥狮刮去一层，其厚度等于铸件厚度；4. 接拼外范；5. 浇注成型；6. 清理。

沧州铁狮子的铸成，标志着我国制造大型铸铁件技术的提高。在中国冶铸史上占有重要地位。

栖霞寺舍利塔建成

五代时，南北方对待佛教的政策是两个极端，北方五代统治者对佛教执行严格的限制政策，而南方如吴越王钱弘俶铸金涂塔，是推崇佛教的，于是南方成为佛教禅宗的根据地，这里的佛教艺术也获得较大发展。南京栖霞寺舍利塔的建成，足以代表南唐佛教建筑和佛教造像艺术的最高水平。

栖霞寺舍利塔

栖霞寺是南朝以来佛教中心之一，至唐代被推为国内四大丛林之一，可惜今大半佛龛古迹毁损。舍利塔在寺左侧，始建

于隋文帝仁寿元年（601），后毁，现存遗构是南唐高樾及林仁肇重建。

栖霞寺舍利塔降魔浮雕

舍利塔高 18.04 米，是通体用石灰岩砌成的仿木结构建筑形式。塔身造型秀丽、小巧、玲珑，为八角五层塔，每层的高度与广度都随层次逐渐减缩，现出十分稳固的姿态。精美的造像和装饰性雕刻施满塔身，集民族传统雕刻诸技法之大成于一塔，表现形式极为多样，显示出当时石雕艺术的高度成就。最有代表性的是雕在基坛束腰部的"释迦八相"，和刻在塔身上的二菩萨、二天王、二仁王。

环绕基坛周围的八幅横披式"释迦八相"，是五代遗迹中仅见的浅浮雕珍品，处处显示出传统绘画的功力：应用了前代壁画中把不同时、地的情节，表现于同一画面的处理方法，如"出游"图既描写了悉达太子的出城，刻画了太子游四门时前后所见的生、老、病、死等世苦的全部情节；也运用了"压地隐起"这种从汉代书画基础上发展而来的新方法，在浮雕中凸出主要人物，使之具立体感。题材内容、图景融传说与现实为一体，人物形象、宫殿楼阁反映了中国当时社会的真实情况。

塔身上的天王、仁王和文殊、普贤菩萨等像都为半浮雕作品，作者徐知谦、王文载、丁延规等均有题名刻于上角。此外，在基坛和塔身各层，精美雕饰密布，几乎没有空隙。各层均设龛造像，角柱饰于侏儒和立龙，檐下则雕饰供养天人，其他局部刻宝相华，海石榴、莲华、蔓草纹以及其他瑞禽祥兽，题材范围相当广泛。表现形式随题材和形象而异，随处可见压地隐起、线雕、须地平钣等各种雕法，特别是波涛翻腾的浮雕海面，活泼游动的鱼虾显现其中，刻画相当出色。

栖霞寺舍利塔，整体形象富丽精巧，气派工整典雅，在雕刻史上足以代表南唐艺术的高度成熟，在建筑艺术方面是后来《营造法式》的范例。

云岩寺塔出现观音檀龛

栴檀质重而香，木理坚细，是宜于雕

栖霞寺舍利塔降生浮雕

观音檀龛

琢的珍贵木材。以栴檀造佛像，始于印度，在南北朝时传入我国，至唐时渐有造作，唐高祖李渊曾下诏为其父母造栴檀等身像三躯供养于寺庙中，自此檀像造作渐多，刻檀佛像随遣唐使等流传到日本，现仍有保存，但我国现存唐檀刻佛像极少。1956年在江苏苏州虎丘云岩寺第三层塔心发现许多佛教文物中，最稀见的是五代时期的观音檀龛。

云岩寺塔。建于五代后周显德六年（959年）至北宋建隆二年（961），塔俗称虎丘塔。

云岩寺塔出现的观音檀龛，从其题材内容、风格样式等考证，应当是五代时南方重佛教的吴越地区所造，也有可能是晚唐末期的旧作。它是于后周显德六年至宋建隆二年间（959～961），建造云岩寺塔

时被藏纳于塔中的，因木头不易保存，年代久远，此檀龛已有些残破。观音檀龛以一木雕成，作三连龛，两扉龛可以开合。木质虽已枯朽变形，仍可以看出雕刻技艺之精湛。观音被雕成端坐莲台的姿势，其莲座下作对称结构的莲藕和莲叶，并有双手合十的善财童子立在莲蓬之上，作仰首屈膝向观音参问状。观音表情亲切，善财童子面容虔诚而略带稚气，颇能突破常规，构意新颖精巧，可能是描写《华严经·入法界品》里所说善财童子参拜观音的事迹，实际上开了后世寺院中"善财"五十二参变相塑壁的先例。

这一观音檀龛妆彩描金，高仅19厘米，小巧精致。在这小块木头上镌刻生动人物及装饰，确需精湛的雕刻技术，显示出当时木雕术的水平。这是我国木雕艺术中不可多得的精品。

《旧唐书》成

《旧唐书》是五代后晋官修的最重要的纪传体史书，也是第一部完整的唐史著作。始称《唐书》，为与宋代欧阳修等撰《唐书》相区别，习惯叫《旧唐书》。

《旧唐书》共200卷，含纪20卷、志

五代青釉壶

30卷、传150卷。始撰于天福六年（941），成书于开运二年（945），先后参与编撰工作的有张昭远、贾纬、赵熙、郑受益、李为光、吕崎等，成书时刘昫以宰相身份监修，故题为"刘昫撰"。可以说，它凝聚了许多史学家的心血。

五代青釉夹耳罐

《旧唐书》帝纪20卷，起于高祖武德元年（618），迄于哀帝天祐五年（908），其中把武则天立为本纪，可说是不可多得的远见卓识。志30卷，其中礼仪7卷，音乐4卷，历3卷，天文2卷，五行1卷，地理4卷，职官3卷，舆服1卷，经籍、食货各2卷，刑法1卷，志目与《五代史志》基本相同，但编次、识见均比后者逊色。传150卷，以多人合传为主，独具匠心，类传有外戚、宦官、良吏、酷吏、忠

义、孝友、儒学、文苑、方伎、隐逸、列女等，民族与外域有突厥、回纥、吐蕃、南蛮、西南蛮、西戎、东夷、北狄诸目。

《旧唐书》集中了丰富而有价值的历史资料，具有很高的文献价值。如《五行志》列举各地不同的自然灾害，有不少反映民生困苦、工商业状况和国内外交通方面的资料；《地理志》记载了全国边防镇戍的分布和兵马人数，各地州县设置和户口等情况；《舆服志》记载了唐代帝、后、王、妃及百官按品级规定车舆、衣冠、服饰制度，用以区别贵贱，反映了封建等级制度；《食货志》集中记载了唐代田制、赋役、钱币、盐法、漕运、仓库及杂税、榷酤等经济史资料；《刑法志》记载了唐代法典律、令、格、式的制订过程及执行情况。

五代海水龙纹莲瓣碗

但是该书武宗以前史事用唐人所撰《国史》为蓝本，难免有残缺和推测雕饰

古格王国遗址。位于西藏札达县。古格王国为公元10世纪前半期吐蕃赞普达摩后裔德祖衮所建。这是后吐蕃时期的重要文化遗存。

中国通史

最新整理图文珍藏版

的弊端。而且成书仓促，撰述不精，人有遗漏，传有重出，存着错讹。难能可贵的是，五代政局动荡，后晋史学家编撰此巨著，使中国历史上一个盛大皇朝的历史面貌得以呈现于后人，他们对中国史学的贡献应充分肯定，我们可从书中粗略看到7～10世纪初中华文明发展的轨迹。《旧唐书》至今仍有不可替代的史学价值。

《花间集》成

晚唐五代时期，前蜀王氏、后蜀孟氏割据蜀中，前后达60年之久，由于地理上的封闭，使得这一地区政治较为安定，经济比较繁荣，因而文化生活也显得更为丰富。统治集团和各阶层人士无不沉溺于歌舞伎乐之中，供歌唱的曲子词也开始盛行起来，当时蜀中文人填词十分普遍，蔚为风气。后蜀广政三年（940）赵崇祚正是顺应这种时代的需要，收集了当时的词作，编成了中国文学史上最早的词作选集——《花间集》，成为供歌伎伶人演唱的曲子词选本。

赵崇祚、字弘基，生平事迹不详，曾任卫尉少卿。《花间集》共选当时18位词作家的作品500首，大致以作家生活年代为序，将温庭筠、皇甫松等晚唐词作家列于卷首，表明了西蜀词派的创作源流。和凝是北汉宰相，以制曲著名，张泌为南唐词人，其余14人均为蜀中文人，多为朝廷的侍从之臣。其词作的内容不外歌咏族愁闺怨，合欢离恨，多局限于男女燕婉的私情，也有一些作品略微显露出"亡国"哀怨，如鹿虔扆的《临江仙》。而欧阳炯的《南乡子》歌咏了南方的风土人情，有一定的社会意义。总之，在思想内容上，《花间集》中的词作长期以来几乎不被称赏，而文字的富艳精工，却得到比较一致的肯定。代表《花间集》词作风格的词作家是温庭筠和韦庄，温词浓艳华美，韦词疏淡明秀，其余的词多蹈袭这两种词风。

温庭筠（812～866），本名岐，字飞卿，年轻时苦学成文，才思敏捷，精通音律，擅长鼓琴吹笛，作侧艳之词，喜欢讥刺权贵，多触忌讳，又不受羁束，纵酒放浪，所以不为时俗所重，一生坎坷，终身潦倒。《花间集》将他的词列在首位，共收26首，是文人中第一个大量写词的人，是"花间派"词的先导，对词的发展产生了极大的影响，多写妇女生活，如闺阁怨情、征妇思夫等也许寄寓了自己的某种情怀，在手法上，秾丽绵密，多用比兴，以景寓情，情挚韵玩，颇值玩味。

韦庄是"花间派"中成就较高的词人，其词注重作者感情的抒发，个性较为鲜明。善于用清新流畅的白描笔调，表达比较真挚深沉的感情。有些词受民间词影响较为明显，用直截决绝的语言，或写一往情深，或写一腔愁绪。风格与温庭筠大相异趣。

李璟、李煜父子为词

文人词在初、盛唐时已经出现，如沈佺期作《回波乐》、唐玄宗作《好时光》等。相传李白曾作词十余首，其中《菩萨蛮》"平林漠漠烟如织"、《忆秦娥》"箫声咽"二首在艺术上已有极高成就，被推为"百代词曲之祖"。中唐时，文人填词者日益增多，如张志和曾作《渔歌子》、韦应物有《调笑令》、白居易有《忆江南》等。到了晚唐，涌现出更多的填词能手，温庭筠就是这一时期第一个大量写词的文人，现存词70余首。他的词大都抒写妇女的离情相思，充满脂香粉气，以秾艳的色彩、华丽的辞藻构成他特有的"香而软"的风格。温词在词的发展史上曾起过不小的影响：一是艺术上力求精细，使词由朴素的民间格调向文人化发展，在艺术上有较大发展；二是他的香软秾丽的词风给后世带来不良的影响，形成了以他为"鼻祖"的花间词派。

李后主像

到五代后期的南唐，由于宫廷的提倡，盛行写词，代表作家是李璟、李煜和冯延巳。

李璟（916～961），字伯玉，南唐中主，南唐开国主李昇之子。28岁继位，在位19年。他的词作仅存四首，艺术成就较高，其中《应天长》、《望远行》二首，境界与花间词相近。《浣溪沙》二首，则运用伤春伤别的比兴手法，寄寓对自己身世遭遇和南唐国运衰微的悲慨，深沉动人。王安石曾盛称其"细雨梦回鸡塞远，小楼吹彻玉笙寒"二句；王国维称该词前二句"菡萏香销翠叶残，西风愁起绿波间"，大有"众芳芜秽，美人迟暮"之感。他的词蕴藉含蓄，耐人寻味，对李煜词很有影响。

李煜（937～978）为李璟第六子，建隆二年（961）继位，史称后主。38岁时，宋军长驱渡江，围攻金陵，次年城陷降宋，被封为右千牛卫上将军、违命侯，后被宋太宗赵光义毒死。李煜在政治上是庸弩无能的皇帝，却具有多方面的艺术才能，如书法、绘画、诗文等，词的成就尤高。

李煜词以宋太祖开宝八年（975）他降宋时为界，可分为前后两期。前期词虽也显示出非凡的才华和出色的技巧，但题材狭窄，主要反映宫廷生活与男女情爱，基本没有脱离花间词的窠臼。到了后期，李煜由皇帝变为囚徒。屈辱的生活、亡国的惨痛，往事的追忆，每天只能以泪洗面，这种经历使他的词的成就大大超过前期。《破阵子》"四十年来家国"反映了他身世与词风的转折。《虞美人》"春花秋月何时了"、《乌夜啼》"林花谢了春红"，"无言独上西楼"等是其后期代表作，主要抒写了自己凭栏远望、梦里重归的情景，表达了对故国与往事的追忆与悔恨，艺术上达到很高的成就。

五代阮郜《阆苑女仙图》

李煜的词继承了晚唐以来温庭筠、韦庄等花间词人的传统，又受李璟、冯延巳的影响，将词的创作向前推进了一大步。其成就表现在：①扩大了词的表现领域。李煜之前的词作以艳情为主，内容贫乏，多写女性，很少寄寓个人的思想感情。而李煜词中多数作品则直抒胸臆，倾吐身世家国之感，情真语挚。②语言自然流畅而又极富表现力。他后期的词不镂金错彩，也不隐约其词，而善用白描，长于比喻，所以仍然文采动人、情思隽永。③具有较高的概括性。李煜的词，往往通过具体可感的个性形象来反映现实生活中具有一般意义的某种境界。"小楼昨夜又东风，故国不堪回首月明中"（《虞美人》），"落花流水春去也，天上人间"（《浪淘沙》）等句子深刻而生动地写出了人生的离合不定的情状，感情真切，又明白如话，很容易引起读者类似的感情联想和共鸣。④风格上有一定的独创性。《花间集》和南唐词，一般以委婉精细见长，李煜词则表现出流丽疏宕的特点。他是晚唐五代词人中成就最高，对宋词影响最大的一位。

《福乐智慧》流传

在回鹘文化史上具有代表性的文化成果中，长篇韵文叙事长诗《福乐智慧》具有无可替代的历史地位。

《福乐智慧》是用回鹘文写成的文学作品，作者玉素甫，全名为"玉素甫·哈斯·哈吉甫"，出生于巴拉沙衮。该书于1070年写成，分85章，共13900行。书中塑造了四个人物：象征正义与法治的国王日出（空图格迪），象征幸福的大臣月圆（阿依脱里德），象征智慧的大臣之子贤明（奥克托里米升），象征谦虚的大臣之子的朋友觉醒（乌提库尔米什）。长诗通过这

阮部《阆苑女仙图》（局部）

四个人物的对话和他们的言行，表达了主张正义、追求幸福、开发智力以及教育人们诚实谦虚这一思想。诗人采用了回鹘人常用的含蓄和喜闻乐见的比喻，常用寡妇的丧服、魔鬼的面孔比喻黑暗，以天鹅的羽毛和首次揭开面纱的新娘来形容光明。全诗词句优美、韵律严格、技巧娴熟，一直是中亚和伊朗高原许多卓有成就的诗人们学习的楷模。

《福乐智慧》长诗包含有广泛的社会内容，其意义远远超出其文学范围，涉及到社会经济、地理、政治、哲学、法律、伦理、医学、数学等各个方面，具有重要的学术价值和历史意义。

《福乐智慧》流传下来的有三种写本，最早的回鹘文本是1439至1440年在赫拉特城（今阿富汗境内）完成的。另两种是阿拉伯文抄本和1914年在苏联的纳曼干城（今费尔干）发现的完整抄本。

回鹘文形成

回鹘文是10世纪中叶以后，由回鹘人创造、使用的文字。这种文字来源于中亚粟特文（窣特文）。活动于七河流域的突骑施部，最初采用粟特文拼写突厥语，后

来两州（高昌）回鹘以流行于当地的粟特文为基础，创造出新一代文字，通称为回鹘文。

过街塔刻回鹘文

回鹘文是一种音素文字，其字母数目因时有所增加而不同，大约有 18～23 个字。在书写上，回鹘文字分木刻印刷体和书写体两种。书写体又分为楷书和草书，楷书用于经典著作，草书用于一般文书。从行款上看，回鹘文字最初由右往左横写，后来才改为从右往左自上而下直行竖写。

回鹘文最初只应于高昌回鹘政权的管辖范围之内，后来随着喀喇汗五朝势力扩展使用范围逐渐扩大。在新疆的吐鲁番、哈密一带，回鹘文一直使用到 14～15 世纪。历史上，回鹘文对周围其他民族的文化发展也产生很大影响，如对契丹小字、蒙古文、满文等文字的形成的影响。

回鹘文在古代畏兀人采用阿拉伯文字之前得到了广泛的应用，成为该特定地区内公认的、最具权威性的文字。现在我们所能见到的 10 世纪前后的回鹘文献，包括了宗教文献、文学作品、医学文献和官方文件、民间契约、商业合同等社会生活的各个方面，涉及范围十分广泛。

辽作星图

辽朝在辽太宗大同元年（947）攻灭后晋后，"建国改号，号令法度，悉尊汉制"，在天文历法方面，也向汉族文化学习。从天禄元年（947）到统和十二年（994）辽朝采用晋马重绩编制的调元历，995 年以后使用辽刺史贾俊的大明历，但实际上是祖冲之的大明历，可能有些改动。

契丹人信仰巫术，重视观察天象，并将天象与政事联系。辽代统治者在洗掠汴京时，便带回中原先进的天文仪器，这为辽代天文学的发展提供了极为便利的条件。1971 年在河北省张家口市宣化区一座辽墓的发掘中，发现一幅辽代墓室星图。这幅彩绘星图呈圆形，直径为 2.17 米，采用极投影法绘制。中央为极，嵌有 35 厘米铜镜一面，镜周围绘有莲花，再外为二十八星宿，最外围为黄道十二宫，显然是一幅表意性星图。十二宫知识来自西域，但明显地"辽化"，因为那双子和室女的人物衣着辽服；而中央的莲花又带着佛教色彩。由此可见这幅星图是辽代多民族文化融合的结晶之一，也可称为文明史上的一个奇观。

1989 年张家口宣化另二座辽墓又各出土了一幅星图，与 1971 年发现的星图相比，大同小异，如二号墓星图加进了十二生肖，而且十二生肖皆作人形。这又证实

中国通史

最新整理图文珍藏版

1538

了辽人喜欢将人事与天象相联系。在同一地区先后出土的三幅辽代星图，说明辽代天文学已达到很高的水平，堪称是中国天文史上的奇观。

辽行新历

大同元年（947），辽太宗北归辽土，带回了新历法，并开始流行。

后晋天福年间，掌管天象和历法制订事务的官员司天监马重绩进呈《乙未元历》，号《调元历》。后来辽太宗耶律德光灭晋，进入汴京。向以游牧为生的契丹人遂由此学到了许多精耕细作的农业生产技术和历象，上述《调元历》亦在其中。因中原各地反抗不断，契丹人无法立足，辽太宗决定北归辽土。于是，中原先进的科学知识、历法天象等也被带到了辽中京（辽宁宁城西）一带，并逐渐在全国传播。这时，辽国开始有了历法。该法即《调元历》，由司天王白等所进。

五代周文矩《琉璃堂人物图》（部分）。卷首有宋徽宗题"周文矩琉璃堂人物图神品工妙也"，下钤"内府图书之印"，幅内无名款。赵佶瘦金书及"内府"大印皆伪，此卷应是原作割裂之前所摹，时当在宋代。

《唐会要》编成

五代末年撰成的《唐会要》与《唐书》可称为这一时期史学成就的"双璧"。

《唐会要》书影。专门记述各项制度的史实汇编称"会要"。《唐会要》与《明会要》是会要体史书中最重要的两部著作。

《唐会要》共100卷，分514目。它言词简约，内容丰赡翔实，有关细事，以"杂录"为名附于各条之后。详细地记录了唐代政治体制的沿革和损益。

这部重要的史学著作是王溥在唐人两次编撰《会要》的基础上增补、编订，编成于北宋代周的当年。宋太祖阅后甚为赞赏。

王溥生于五代后梁龙德二年（922），后汉乾祐（948～950）年间进士及第入仕。后周时为中书侍郎，平章事、兼礼部尚书、监修国史，加右仆射，北宋时为司空、太子太师，封祁国公。

《唐会要》对于研究唐代史事、人物、典制及政治兴亡，文明盛衰演进，有特别重要的价值和意义，深受重视。

顾闳中作《韩熙载夜宴图》

五代南唐画家顾闳中所作《韩熙载夜宴图》，代表了五代时期人物画创作所达到

南唐徐氏墓志（十二生肖）。南唐徐氏墓志，1971年出土于江苏省南通古墓中。墓志刻于南唐大保年间。志盖顶部刻日、月、华盖（杠）和勾陈星宿、八卦，中刻十二生肖图形。十二生肖的次序与现今使用的完全相同。目前发现的十二生肖文物中，这是较为完整的一处。

的成就，是稀有珍品。

顾闳中，江南人，五代南唐画家，南唐后主时期（943～975）在南唐画院任侍诏，擅长人物画。《韩熙载夜宴图》是他受南唐后主李煜之命创作的。相传李后主想了解大臣韩熙载家宴的情形，命顾闳中夜至其私宅，暗中观察。顾闳中目识心记，以黔画为基础创作了这幅纪实的人物画作品。画中主要人物韩熙载出身北方豪族，朱温（907～912在位）时以进士登弟，南唐时官至中书侍郎，有志不得伸，抑郁苦闷；晚年放浪不羁，纵情声色。这幅画以连环画形式表现了五个互相联系又相对独立的情节，展示了夜宴活动的内容，即听乐、观舞、休息、清吹、送别。

画中有十余个主要人物，在五个情景中又反复出现，多为见于记载的真实历史人物。整幅画虽然大量描绘歌舞场面，但却笼罩着沉郁的气氛。全卷五情节中，韩熙载均出现。画家从不同角度，从外貌到性格，深刻刻画出韩熙载内心深处的隐衷。其余人物在五个情节中互相呼应、联系，动作表情均表达了其精神状态，与环境气氛相统一，这在起首的"听乐"和第四段自己"清吹"中表现得最好。画卷用笔与设色十分精致。画家以劲健优美、柔中有刚的线条勾勒人物，服饰细入毫发，衣纹简炼洒脱。色彩有通体的单纯，又有层出不穷的绮丽，艳而不俗。色与线有机结合，使画面显出明暗变化。画家凭着杰出的智慧，深入人物内心，将那种含而不露的感情独白，融化于优雅的夜宴气氛中。

《韩熙载夜宴图》在内容与形式上都达到相当高的水平，也为研究中国古代音乐史、舞蹈史、服装史，工艺史、风俗史提供了重要的形象资料。

黄筌、徐熙画花鸟

黄筌、徐熙的花鸟画不仅展现了优美的境界，而且使五代的花鸟画提高了水平并影响了后世。黄筌、徐熙有各自的生活道路和艺术追求，形成了不同的艺术风格和流派。

黄筌，字叔要，成都人，从少年到晚年身居前蜀、后蜀宫苑，饱览禁中名花奇卉，珍禽异兽，他的画迎合了宫廷贵族的爱好。他吸收诸家之长，形成自己的"翎毛骨气尚丰满"的工丽一体。宋《宣和画谱》著录黄筌作品多达349件，但流传至今的只有《写生珍禽》图卷这一课徒稿本和《芳溆春禽》册页。《芳溆春禽》册页尽管具有相当局促的画面空间，但由于构思巧妙，故能游刃有余，在丰满典丽的同时，空间开阔，疏密适当，富于动态美。首先，作者以两柳摇曳，俯视溪流为中心架构，春风轻拂柳枝，吹皱春水，点出早春的环境特征。其次，在这个环境里，分鲜明，又和谐统一，组成了华丽绚烂的色彩，衬托出春意盎然的意趣，达到高度的艺术真实。另外，黄筌工笔画十分工细，先作淡墨而后作色彩渲染，并分许多层次，基本上盖住墨迹。图中间使用"没骨法"来画黄鹂、桃花，又略用皴法画古根坡脚。《宣和画谱》评他的画："如世称杜子美诗、韩退之文，无一字无来处。"把他的画与杜甫的诗、韩愈的散文齐名对待。

黄筌作为晚唐五代杰出的宫廷画师，以其独创的艺术技法将中国花鸟画创作推

最新整理图文珍藏版

徐熙·(传)《玉堂富贵图》

别将黄鹂、水鸭排位，再缀以桃花、野卉、小草。再次，发挥了细部的对比、呼应、衬托的作用，飞鸟与双鸭动静高下相应，两株柳树一直一斜，对比柳叶桃花红绿衬托，增强图画的多层性和丰富性，在表现技法上，只用淡墨轻轻勾勒轮廓，主要侧重于依照对象本身分别设色，颜色既对比

五代《秋林群鹿图》

向了成熟期，他的画成为宋代院体画的仪范，《宣和画谱》说其画法是宋太祖、太宗时国画院的标准，具有很高的权威性，足以想见其对后世绘画艺术的巨大影响。

　　"黄家富贵，徐熙野逸"，在黄筌富丽风格之外，南唐还有一派以徐熙为代表的体现文人意趣的画风。徐熙，江宁人（一作钟陵人），出身江南名族，旷达不羁，志节高迈，画中多为寒芦、野鸭、鱼蟹、草虫、园蔬、药苗、四时折枝，多是江南所常见之物。他"落墨"以取骨格，先用墨定枝叶蕊萼，然后再用色彩涂傅，"故气格前就"，"气骨能全"（刘道醇评徐熙语）。他只是略施丹粉而已，但"神气迥出，别有生动之意"（《梦溪笔谈》）。徐熙花鸟画风格，从取材到用笔，乃至总体风貌，与黄筌工丽一体区别较明显。

　　五代花鸟画家开创了线条所表现的笔力和墨染所产生的色感，并以二者结合为花鸟画艺术造型的最高格调。徐黄二体在技法和审美意趣上代表了五代花鸟画风格，奠定了两宋以后的写意与工笔花鸟的基调。

五代《丹枫呦鹿图》

第三节　社会生活：生活百科　民俗缩影

五代滥施刑罚

五代时期，连年混战，军阀当政。他们为了维护自己的统治，往往实施严酷刑罚。具体表现如下几方面：

在立法方面，刑罚普遍加重。如处理盗窃罪，唐后期用重刑，盗窃赃物满三匹以上者，才处以死刑。后唐重申此制。后汉天福十二年（947），后汉高祖刘暠下令，所有抓获贼盗，只要按验真实，不管赃物多少，都应处以死刑。后周对盗窃罪处以死刑的最低限度也是"赃绢满三匹"。又如处理"和奸"罪，依唐律仅处一年半徒刑，后晋法律则规定处以死刑。此外，五代还设置了一些《唐律》中所没有的罪名与重刑条款。如从重惩治制造和贩卖私盐、私酒曲者。后唐规定贩私盐十斤以上即处死，私自制碱煮盐，不论斤两都判死刑。后汉严惩私自制曲者，不论斤两都处死刑。后周改为私贩盐、曲五斤以上，判决重杖一顿，再处死。

在死刑的执行与刑罚的运用方面，由于军阀成为执法者，往往随意喜怒，视人命如草芥，动辄族诛；如后唐庄宗灭梁，将梁臣赵岩、朱友谦族诛；部将张谏谋叛，又将其党羽三千人一并族杀，祸至军士数百人亦遭族诛。而且法外施刑的现象相当普遍。据引《旧五代史·刘铢传》载，刘铢性格狠毒，喜欢杀人，他制定的法令严峻，吏民稍有违反，就令人将其倒拖出去

几百步才停止，致使遭罚者体无完肤。每当他实施杖刑，他便令双杖齐下，称为"合吹杖"；或者杖打次数与罪犯年龄相等，称为"随年杖"。在司法审判方面，轻罪重判，禁锢超过刑期，动辄处死狱囚的现象更是不胜列举。据《旧五代史·苏逢吉传》载，后汉高祖曾命令苏逢吉"静狱"以祈福佑，苏逢吉却将全部狱囚处死。由于五代统治者对监狱实行军事管制，设立了马步司左右军巡院监狱，任用嗜杀成性的牙校掌管司法审判和监狱管理，导致各地监狱更加暗无天日。

高僧义存圆寂

后梁开平二年（908）五月二日，高僧义存在福建圆寂，享年 87 岁。

义存（822～908），泉州南安人，俗姓曾，是唐朝末年的高僧。义存出生于佛礼之家，从小深受家族影响，诚心向佛，12 岁时在闽蒲田玉润寺为童侍，17 岁时落发为僧。此后义存离家，遍游大江南北，黄河上下，访问各地名山高僧，广传佛经。唐咸通六年（865）义存返回闽中，在雷锋山建坛传教，一时名动海内。乾符（874～879）年间，唐僖宗封义存为"真觉大师"。唐朝末年，王审知占据福建，他本人推崇佛教，因此义存受到很高的礼遇。义存传教行化达 40 余年，门下达 1500 人，弟子分布很广泛，时人都称义存为"雷锋和尚"。义存卒后，王审知命按佛礼厚葬义存。

吴越筑捍海石塘

吴越天宝三年（910）八月，吴越钱镠为保护杭州地区而下令修筑捍海石塘。

捍海塘护基木椿和横木捆绑情况

杭州捍海石塘用了两个月的时间才完成。钱塘江海潮向来是杭州城的大患，唐朝以前当地居民就数次筑堤防护，都因潮水冲击难以修好，修成之后马上又被冲毁。这次钱镠组织修建的石塘，用竹笼装巨石，以十余行巨木为栏，并以铁链贯栏干，做成塘基，修成堤坝能经受潮水冲击。此后很多年杭州城都没有因潮水影响居民生产。钱氏又扩建杭州城，大修亭台楼馆，通衢巷陌，从此后杭州城逐渐发展繁荣起来，成为东南富庶之地。

诗僧贯休圆寂

前蜀永平二年（912）十二月，著名诗僧贯休在成都圆寂，享年81岁。

贯休（832～912）字德隐，金华兰溪人，俗姓姜。贯休7岁就已出家，苦习"法华经"，诗、书、画均为一绝，在当时享有盛名。

贯休早年周游荆南、吴越等地，诗歌中常见有激于义愤讽刺时弊之作，因而数

遭流放。入蜀，贯休以"一瓶一钵垂垂老，万水千山得得来"等献句倍得蜀高祖王建赞赏，礼待有加，并号曰"禅月大师"。有《禅月集》传世。

贯休擅长草书，时人称之为阎立本、怀素，在朝野之间流传一时。贯休又工水墨佛像，笔法坚劲，形象夸张，其传世名作"十六罗汉图"中之罗汉多粗眉广目、隆鼻丰颐，自云是梦中所见，醒后凭印象绘成。

传为贯休所绘《十六罗汉像》（部分）

布袋和尚去世

布袋和尚是明州奉化岳林寺的僧人，名叫契此，因为常携一布袋在街市之中求乞，因而又得名布袋和尚。

布袋和尚体形肥胖，大腹便便，满脸

中国通史

最新整理图文珍藏版

笑意，到处云游，行踪不定。他习惯累了便睡，不择住所，身体却很洁净，他还能给人看祸福之兆，每每应验，后人以之为神，称之为弥勒转世。

后梁贞明三年（917）三月，布袋和尚去世，宋徽宗赐其号为定应大师。现在，寺庙山门之中还常可见到以布袋和尚为原型的笑弥勒形象。

梁禁私度僧尼

贞明七年、龙德元年（921）三月，梁禁止全国上下私度僧尼。

后梁祠部员外郎李枢极力反对僧尼没有任何修为而妄求师号紫衣，因此于本月上书梁帝朱友贞，奏请禁止全国上下的寺院私自剃度出家为僧尼，以免僧尼质量良莠不齐，破坏佛家清誉。朱友贞随即下诏：大梁、洛阳两都左右街赐紫衣号僧的，一律要由功德使详细登记姓名上奏。以后要得到这种称号，必须到有空缺时才能奏请。每年逢明圣节，两街各准许官坛剃度人出家。地方上如果要度僧尼，必须到京城官坛，令祠部给牒。如自愿出家受戒者，也须入京比试经业，愿意返俗者，听其自便。

唐庄宗宠优伶

后唐庄宗李存勖在位年间（923～926），不单重新任用阉人，致使宦官干预朝政，同时，优伶也得到了他的信宠。

李存勖自幼擅长音律，并喜好演戏，经常粉墨登场，自取艺名曰"李天下"。他即位后，唐之优伶常得以陪侍左右，多受宠幸。一次，优人敬新磨听到有人自呼为"李天下"，便打其耳光，并说："理天下者只有一人，尚谁呼耶？"庄宗闻听大悦，重赏了他。于是，别的优伶争相仿效，想尽办法讨皇上的欢喜。庄宗对优伶宠信尤胜。

诸伶人出入宫禁，侮弄缙绅，群臣或敢怒而不敢言，或交结攀附以求庇护恩泽。如伶人景进受宠特厚，租庸使孔谦附之求宠，常呼其为"八哥"。四方藩镇也争相贿赂。伶人得以干预政事，但是，朝中文武官员的意见，李存勖不但不加重视，甚至置之不理。同光二年（924）五月，庄宗非但没有将临阵逃梁的伶人周匝治罪，还任命他推荐的梁优伶陈俊、储德源分别为景州、宪州刺史。而当时随帝身经百战的亲军尚有没得到刺史官职的，闻讯后都大为愤怒，郭崇韬极力谏阻也无效。

后唐置端明殿学士

天成元年（926）五月，后唐设置端明殿学士，目的在于协助主政者阅读文件和出谋划策。自此时开始才有"端明殿学士"之职。

后唐之所以创置"端明殿学士"的职位，是由于明宗李嗣源目不识书，四方所上奏章都由枢密使安重海宣读，而安重海文化水平也不高，不能完全领会文义。于是，根据宰相孔循的建议，遵循唐代侍读、侍讲及朱梁直崇政院、枢密院之制，选文臣与枢密使共事，从而创置端明置端明殿学士，以冯道、赵凤充任。次年正月，又令他们班位居翰林学士之上，并且只能派由翰林充任。

端明殿学士一方面充当皇帝顾问，以备应对，协助处理各方奏议和宣读文件等；另一方面是与他人合作编修日历史录，其职能大体是延续唐代的传统。

花蕊夫人遇害

同光四年（926）四月，前蜀主高祖王建徐贤妃及其妹徐淑妃（世称"花蕊夫人"，约883～926）在秦川驿被杀。

五代小琵琶

同光三年十一月，前蜀为后唐所灭，蜀后主王衍率众投降。第二年正月，后唐征蜀帅魏王李继岌派遣李继晔、李严押解王衍及宗族、文武百官往唐都洛阳。三月，行至后唐境内长安（今陕西西安），庄宗（李存勖）敕令"王衍一行并从杀戮"，枢密使张居翰怕遗留祸患，偷偷将"一行"改作"一家"。四月初一，唐中使向延嗣带敕令至长安，在秦川驿杀王衍及王氏家族所有成员，花蕊夫人徐淑妃及其姐、王衍之母徐贤妃同时遇害。花蕊夫人徐淑妃，也称小徐妃，"花蕊夫人"是其在前蜀宫中的称呼，在高祖王建时颇受宠，后主即位尊为皇太妃。徐淑妃为一才女，善写宫词，内容多叙述蜀宫中的游宴风物，风格和婉清丽，有《花蕊夫人宫词》100多首传世。

唐许民间酿酒

天成三年（928）七月，后唐下令驰放曲禁，允许民间造曲酿酒，而于秋税上纳曲钱，每亩出5钱，随税征纳。都城及诸州市镇每年买官曲酿酒之户，准其自造酒曲酿造酒卖。榷酒之法（指定酒为国家专卖品）开始于唐朝德宗建中初年（780），此后，唐政府多所申令，又不断下敕诏令。至李嗣源（后唐明宗）初，发生了一件震动朝野的事：东都留守孔循以犯私曲法等罪而族杀一家。本月，明宗采纳建议，干脆开放此禁，"一任百姓造曲酿酒供家"及买卖，开始准许民间酿酒。长兴二年（931）五月，又罢亩税曲钱，城中官曲减半价出卖，城居之外不得私自造曲，而乡村则听任百姓自造。到七月，三司以百姓造酒不到官场买曲为由，恢复旧法，由官府控制销售。从此，官府虽没有完全垄断酿酒，但民间酿酒的税收已比以前大大加重了。后唐以后的（后）汉、（后）周诸朝，恢复了榷酒之法，禁止民间酿酒，违法的严厉惩处。

后唐置场市党项马

后唐天成四年（929）四月，后唐在西部沿边设置市场，专门买党项马，用以阻止党项入京。

后唐初年，立国西部的党项常以进贡为名，牵马到洛阳，其马不论良驽，都称是上好品种，后唐则除照给马值外，为表嘉其忠心，常加倍赏酬，每年的这项花费不少于五六十万贯，因而于本月下诏"沿边置场买马，不许蕃部至阙下"，以减少国家的财政支出。不过，明宗又认为后唐确系马匹不足以支配，还必须经常征买以备急时之需。而党项诸部有精良马匹作为贡物，朝廷给予赏赐亦是常事，关系到国家的礼仪和形象，不可能完全废止。故此，四月所下诏令宣而不用，党项各部的贡羊贡马仍络绎不绝地贩运到洛阳买卖。

直到长兴四年（933），随着购置的马匹越来越多，实际用得着的地方却很少，而国家为了购买蕃部马匹，每年都必须消耗十之六七的国力，实在是得不偿失，于是明宗又下敕，沿边藩镇若是有蕃部贡马，只可以选择精良的品种限数购买，杜绝滥买。从此以后，党项送到后唐的贡马才大大减少。

辽设定斡鲁朵

辽时期，为了加强皇族权力，耶律氏政府建立了完整的斡鲁朵制度。

"斡鲁朵"在契丹语中是"宫帐"的意思。还在辽朝建立前，契丹人就过着"逐寒暑，随水草畜牧"的游牧生活，往往是整个部落帐居野外，车马为家，四处迁徙。辽朝建立后，他们继承了这种传统，并建立了与游牧民族生活相适应的斡鲁朵制度。终辽一代，从辽太祖开始，皇帝和皇后等共达有 12 个斡鲁朵。他们是：

辽太祖耶律阿保机的宫帐算斡鲁朵（算，契丹语为"心腹"之义）。辽太祖皇后述律平的宫帐蒲速碗斡鲁朵（蒲速碗，契丹语为"兴隆"之义）。辽太宗耶律德光的宫帐国阿辇斡鲁朵（国阿辇，契丹语为"收国"之义）。辽世宗耶律阮的宫帐耶鲁碗斡鲁朵（耶鲁碗，契丹语为"兴盛"之义）。辽穆宗耶律璟的宫帐夺里本斡鲁朵（夺里本，契丹语为"讨平"之义）。辽景宗耶律贤的宫帐监母斡鲁朵（监母，契丹语为"遗留"之义）。承天皇太后肖绰的宫帐孤稳斡鲁朵（孤稳，契丹语为"玉"之义）。辽圣宗耶律隆绪的宫帐女古斡鲁朵（女古，契丹语为"金"之义）。辽兴宗耶律宗真的宫帐窝笃碗斡鲁朵（窝笃碗，契丹语为"孳息"之义）。辽道宗耶律洪基的宫帐阿思斡鲁朵（阿思，契丹语为"宽大"之义）。辽天祚耶律延禧的宫帐阿鲁碗斡鲁朵（阿鲁碗，契丹语为"辅佑"之义）。辽圣宗之弟耶律隆庆的宫帐赤寔得本斡鲁朵（赤寔得本，契丹语为"孝"之义）。

每个时期的斡鲁朵都有自己的武装、民户、奴隶和州县。斡鲁朵的武装称为"宫卫骑军"。宫卫骑军也是辽军中的精锐部队。辽太祖称帝后，从各地挑选 2000 人组成宫卫骑军，平时担任皇帝或皇后的警卫，战时随军出征，葬后守陵。斡鲁朵的民户叫宫户，分正户和蕃汉转户两种，正户来源于契丹人，蕃汉转户来源于其他民族的人。

斡鲁朵制对加强皇权，维护耶律氏的统治起了重要作用，对后来蒙古人的斡耳朵、怯薛制度有着直接的影响。

契丹人与汉族人服装互相影响

辽代的契丹人具有我国古代北方少数民族游牧半游牧的特点，他们的服饰多以圆领、紧身、窄袖、长袍为其主要特点，以适应北方寒冷的气候及骑射为主的生活。他们的服饰也同样具备历来北方一些民族服装中左衽的特点，而与汉族服饰不同。

自辽太宗耶律德光入晋接触到汉族中原地区的衣冠制度后，便参照中原汉族衣冠制度制定了本朝的国服与汉服制度。本国的北面契丹官员与太后用本朝的国服，本国南面的汉族官员与皇帝用汉族服饰。辽景宗耶律贤乾亨以后，北面的三品以上高级官员也开始着汉族服饰。到了辽兴宗耶律宗真的重熙以后，南北都用汉族服饰。汉族服饰对契丹人的影响之大足可一见。

契丹人服饰多种多样，色彩鲜艳。其中国服就分为许多不同种类，有祭服、朝服、公服、常服、田猎服等，而国服中的

常服与田猎服则是契丹人的民族服饰。契丹人的常服为绿花窄袍，有钱人家附披貂裘以示高贵，而貂裘又以颜色分贵贱，紫黑色为贵，青色则次之。贫民家庭则穿貂毛、羊、鼠、沙狐裘，脚上穿不同种类的皮靴。妇女着袍或团衫与裙。以上所有衣服均左衽。

从契丹人官员着汉服来看，汉族服饰对契丹人服饰的影响是极大的，但这种民族间的服饰影响不是单向的，而是双向甚至多向的。汉族人的服装亦毋容置疑地受到契丹人服饰的影响。

辽五朝辖境内的燕云地区是汉人为主的地区，其服饰受契丹人的影响是自然的。《栾城集》第16卷中就有苏辙描述燕山地区汉人服饰变化的诗句。"汉人向年被流徙，衣服渐变存语言"，"哀哉汉唐余，左衽今已半"。

契丹服饰通过辖境内的汉人影响并传到了宋朝境内，宋仁宗庆历、宋徽宗政和、宣和年多次禁止"胡服"。

契丹人与汉人服饰的互相影响，丰富了各民族人民的经济文化生活，加速了民族大融合的进程，这是一种历史的进步。

杜光庭纳儒入道

杜光庭（850～933），字宾圣，号"东瀛子"。处州缙云（今浙江永康县）人。他是南朝道教茅山宗创始人陶弘景的八传弟子，唐末五代的著名道士、道教学者，也是进一步将道教思想义理化的代表人物。杜光庭生前著作颇丰，著名的有：《道德真经广圣义》50卷、《常清静经注》、《道教灵验记》、《录异记》、《天坛王屋山圣迹记》、《广成集》、《道门科范大全集》等等。

杜光庭注重研究《道德经》，其道教思想最主要的特征就是以道为本，纳儒入道，调和儒道矛盾。

他继承和发展了唐玄宗时期道家吴钧的作法，在其著作《道德真经广圣义》中，集中表现了他的道教思想。他在这本书的卷三第九中说："仲尼谓敬叔曰：吾闻老聃博古而达今，通礼乐之源，明道德之归，则吾师也"，表明了他的道教思想宗旨即道儒相契合又高于儒。在同一本书中他对这一宗旨作了进一步的发挥，卷五第二十中说："仁以履虚一，礼以不恃不宰，义以柔弱和同，智以无识不肖，信以执契不争，其大旨亦以玄虚恢廓冲寂希微为宗。"从这一发挥中也可清楚地看到，杜光庭的道教思想的目的在于以道为主，融合儒道。他声称老君《道》、《德》二篇非谓绝仁义圣智，在乎抑浇诈聪明，将使君君臣臣父父子子，见素抱朴，混合于太和；体道复元，自臻于忠孝。把孔孟之道统一于老君之道。

五代白瓷莲花式盘

他的以道为主、融合儒道的宗旨，以及他将茅山家与天师道两派斋醮仪式统一起来，并加以规制化和给予义理方面的说明，均为后世道教所沿用。

唐恢复月首入阁

清泰二年（935）七月，后唐恢复月首入阁，五日一起居，君臣延英论事。

（后）唐李嗣源（明宗）即位后，力图恢复唐朝君臣议事之制，曾规定朔望入阁，五日一起居等。李从珂（后唐末帝）即位后，深以时事为忧，宰臣卢文纪建议重开延英奏事制度，则宰相有事随时奏议，不受干扰，可以尽言而无所顾忌。

李从珂采纳此议，下诏五日起居百官俱退，宰臣独升，奏事议政。若机要事关重大，可当日听于阁门奏榜子，尽屏侍臣，不必拘泥成限。

南旱北水

南唐保大十二年，后周广顺三年（953），是中国历史上一个灾年，北方后周因黄河流域暴雨而遭水灾，南方南唐江淮间则遭大旱，两国都蒙受重大损失。

这一年六月，黄河流域暴雨不止，河水陡涨。先是汉水倒灌入襄州城（今湖北襄樊），水深达 1 丈 5 尺，居民无处可逃，侥幸者则乘筏登树。六月，再度连降暴雨，黄河决口，冲毁城廓房舍无数，淹没大片田稼，后周京师大梁一带受灾尤为严重。自夏至秋，北方东自青、徐，西至丹、慈，北至贝、镇，几乎整个中原地区，都遭受大水袭击。

与此同时，南唐境内却苦旱少雨，水井干涸，淮水浅得可以涉水而过。南唐饥民纷纷逃入后周之境觅食，唐主发兵也阻拦不住。后周太祖郭威下旨准许南唐买米过淮，但南唐反而趁机大筑粮仓，购买后周粮食以供军需。至八月，周太祖重新规定只许南唐百姓以人力畜力运输买米，而不许以舟车运载。

南唐设科举

南唐历代君主喜好文学。在五代诸国中，是文化最为发达的一个，但自立国后一直未设科举，凡选拔人才，只凭上书献策，言事遇合者，随材进用。

保大十年（952）二月，在文学出身的韩熙载、冯延巳、冯延鲁等人影响下，南唐始开进士科。唐主李璟诏令翰林学士江文蔚主持其事，本年便有卢陵王克贞等三人及第。

但因南唐执政者均不为科第出身，他

五代南唐人首鱼身像

们中的多数人不约而同对科举制大力毁谤，使得唐主无奈宣布从此罢废科举。

第二年（保大十一年），南唐祠部郎中、知制诰徐弦上书奏称初设贡举，步宜遽罢，于是南唐主顺水推舟，宣布恢复科举制。

周世宗毁佛铸钱

后周世宗柴荣以寺院泛滥，不仅大量劳动力出家，减少了国家劳役和兵役的人力资源，而且逃兵和不法分子也往往剃度出家，逃避刑罚，遂于显德二年（955）五月下诏毁佛：

天下寺院，非敕赐寺额者，皆属私建，一律停废；又禁止私度尼僧，私自剃度者勒令还俗并治罪；又禁僧众自残肢体、幻惑流俗。

经此整顿，当年停废寺院 30336 所，存者仅 2694 所；在籍僧 42444 人，尼 18756 人。

九月，柴荣以县官久不铸钱，而民间又多销钱为器皿和佛像，钱币日少，敕立监采铜铸钱。民间铜器、佛像限 50 日内上缴官府，按斤两给还价钱；逾期不交，5 斤以上者死。禁止民间私用铜铸佛像、器物。

有人以为佛像不可毁，柴荣回答说：佛以善道教化天下，只要立志是善的，就是奉佛了。佛像哪里算是佛呢？再说，我听说佛为救济人，连头目都舍得布施给人，如果朕的身体能济民，我也不惜牺牲自己啊。

汴梁城形成

汴梁又称汴京、东京，在今河南省开封市。五代时后梁、后晋、后汉、后周四代均在此建都，称汴梁。北宋建国后，亦因交通便利（处于黄河中下游扇形冲积平原的轴端，又是大运河的中枢和大运河漕运的枢纽地带），在此建都，称为东京。汴梁城经历代修建，在五代时逐渐形成，至北宋，颇具规模。

汴梁最早为战国时魏都大梁，后世相沿称，简称梁。因汴河从中间穿过，唐时在此设汴州，简称汴，后合称汴梁。原汴州旧城规模较小，后周显德三年（956），在旧城外围筑了一层廓城。北宋定都后又经几次扩建，最后形成规模。汴梁城结构布局为外城、里城、宫城三重城墙和护城河。外城又称新城，全长 40 余里，南面有

五代《观世音菩萨毗沙门天王像》

中国通史

最新整理图文珍藏版

3门、东、北各有4门、西南5门，各城门都有联通附近的州县市镇的水、陆通道，呈放射状展开。城内横穿四条河均通过护

五代《八臂十一面观音像》

城河相连通，汴河横穿城东北，通南北大运河，是汴梁漕运的主要渠道。里城相当唐时的州城，周长20里。宫城又称大内，在里城中心偏北位置，由唐时州衙改建而成。四面开门，城四角建有角楼。在宫城南北轴线南部的丹凤门内，是外朝的主要宫殿，东西并列，一改唐洛阳城建筑布局。宫内主要殿堂首先采用工字形布局。这对以后历代各朝宫殿建筑产生了重大影响。

汴梁城因旧城扩建而成，城市街道布局不如唐代那样横竖方整，但主要街道仍成井字形。北宋时，城内居民超过百万，为当时世界上人口最多的城市，北宋打破唐时的坊市分离制，里城、外城居住区和商业区混杂在一起，形成了熙熙攘攘、繁华的城市景象，这在张择端的《清明上河图》上反映出来。

汴梁城与前代都城最大的不同是宫城不在最北部而接近市中心以及城市面貌的商业化。汴梁首次在宫城正门和里城正门之间设置了丁字形纵向宫前广场。

第四编

宋辽金元时期

宋朝结束了五代十国的混乱局面，基本上将中原地区和南方统一于自己的管辖之下。宋朝以1127年金人俘徽、钦二帝北去为界，可分为前后两个时期，此前为北宋，此后为南宋。为了使宋朝不再成为继五代十国后的又一个短命的王朝，宋朝的统治者进一步加强中央集权，把军权、政权、财权和司法权都最大限度地集中在皇帝手中。宋朝经济发达，农业、手工业、纺织、冶金、煤炭、陶瓷都有很大的发展。物质生活的富足，使精神追求变得越发迫切，于是宋朝在经济发展的同时有了强烈的文化需要，国民闲暇的生活、审美趣味、生活情趣，都促成了宋朝的文化高度繁荣。诗词、歌赋、杂技、戏曲、民间音乐、小说、书法、建筑等艺术都在宋代高速发展，涌现了一大批文坛名家，如苏轼、欧阳修、寇准、范仲淹、王安石、岳飞、文天祥等，不胜枚举。但由于同时代的辽、金、西夏等国的强大，使北宋政权一直处于外族的威胁之中。1271年，南宋面对元朝的进攻节节败退。1279年，宋朝灭亡。

辽国建立于907年，灭亡于1125年，与北宋对峙，是统治中国北部的一个王朝。辽国建立之初为奴隶制国家，982年圣宗继位，实行一系列改革，多方面削弱奴隶制，确立封建制的统治。辽国经济在前期采取奴隶制的掠夺式经济，发展较为缓慢。直到辽圣宗时期，辽国的经济才有一个较大的发展。

西夏是指中国历史上由党项人于公元1038年至1227年间在中国西部建立的一个封建政权。西夏大体可分为三个时期，从建国开始的48年间是建设期，扩张领土期；发展期，是西夏的鼎盛期，但国内统治危机日趋激烈；衰弱期共计34年，皇室腐败，外部蒙古强敌威胁，于1226年被蒙古所灭。

金太祖完颜旻于1115年建金，都城为会宁府（今黑龙江省哈尔滨市阿城区）。1125年灭辽，次年灭北宋。后迁都中都，再迁都至汴京（今河南开封）。天兴三年（1234年）时灭于蒙古与南宋联合进攻，共经历10位帝王。金国是当时中国华北地区的一个强大政权。

元朝是由蒙古族建立起来的庞大王朝，它是中国历史上第一个在全国范围内建立起来的，以少数民族统治者为主的政权。蒙古族以其强大的武力，不仅征服了中原及长江以南地区，还将其控制范围扩张至整个西亚地区。成为中国有史以来疆域最大的王朝。1206年，铁木真被蒙古各部推为大汗，称为成吉思汗。在他的领导下，蒙古族逐渐强大起来，成为中国北方一支不可小觑的力量。它于公元1227年消灭西夏、1234年消灭金朝，具备了统一全中国的条件。此时，成吉思汗已死，窝阔台、蒙哥、忽必烈先后继任大汗。公元1271年，成吉思汗之孙忽必烈在大都（今北京）建立起元王朝。公元1276年，元朝发兵攻占南宋都城临安（今杭州），统一了中国全境。忽必烈在统一中国之后，并没有停止对外的军事行动。此后，元朝曾两征日本、两征安南（今越南北部）、两征缅甸，先后使高丽、缅甸、台城、安南等地成为元的属国。元朝统治者以农业生产代替畜牧生产，使元朝的农业有了极大的发展。由于元朝的疆域扩展到了西亚地区，使得欧洲与中国的交往更加频繁，技术交流更加迅速。经济的起步带动了手工业与商业的发展，在元朝年间，中国南方的棉花种植已非常普遍，所以纺织业也随之发展起来，出现了以黄道婆为首的一批手工业者，使当时的棉纺织技术达到相当高的水平。此外，因漕运、海运的畅通及纸币的流行，商业在元朝也极度繁荣起来，使其成为当时世界上最富庶的国家之一。元朝后期，统治者变本加厉向人民收取各种名目繁杂的赋税，人民被压迫被掠夺更为严重，阶级矛盾与民族矛盾更加尖锐，各地起义不断，各路起义者中，以朱元璋实力最为强大，他于公元 1368 年攻陷元大都，结束了元朝的统治。

最新整理图文珍藏版

宋辽金元时期历史纪年表

宋朝	北宋	太祖（赵匡胤）	庚申 960	建隆	960～1127
			癸亥 963	乾德	
			戊辰 968	开宝	
		太宗（炅，名匡义，光义）	丙子 976	太平兴国	
			甲申 984	雍熙	
			戊子 988	端拱	
			庚寅 990	淳化	
			乙未 995	至道	
		真宗（恒）	戊戌 998	咸平	
			甲辰 1004	景德	
			戊申 1008	大中祥符	
			丁巳 1017	天禧	
			壬戌 1022	乾兴	
		仁宗（祯）	癸亥 1023	天圣	
			壬申 1032	明道	
			甲戌 1034	景祐	
			戊寅 1038	宝元	
			庚辰 1040	康定	
			辛巳 1041	庆历	
			己丑 1049	皇祐	
			甲午 1054	至和	
			丙申 1056	嘉祐	
		英宗（曙）	甲辰 1064	治平	
		神宗（顼）	戊申 1068	熙宁	
			戊午 1078	元丰	
		哲宗（煦）	丙寅 1086	元祐	
			甲戌 1094	绍圣	
			戊寅 1098	元符	
		徽宗（佶）	辛巳 1101	建中靖国	
			壬午 1102	崇宁	
			丁亥 1107	大观	
			辛卯 1111	政和	
			戊戌 1118	重和	
			己亥 1119	宣和	
		钦宗（桓）	丙午 1126	靖康	
	南宋	高宗（赵构）	丁未 1127	建炎	1127～1279
			辛亥 1131	绍兴	
		孝宗（眘）	癸未 1163	隆兴	
			乙酉 1165	乾道	

		甲午 1174	淳熙	
	光宗（惇）	庚戌 1190	绍熙	
	宁宗（扩）	乙卯 1195	庆元	
		辛酉 1201	嘉泰	
		乙丑 1205	开禧	
		戊辰 1208	嘉定	
	理宗（昀）	乙酉 1225	宝庆	
		戊子 1228	绍定	
		甲午 1234	端平	
		丁酉 1237	嘉熙	
		辛丑 1241	淳祐	
		癸丑 1253	宝祐	
		己未 1259	开庆	
		庚申 1260	景定	
	度宗（赵禥）	乙丑 1265	咸淳	
	恭帝（㬎）	乙亥 1275	德祐	
	端宗（昰）	丙子 1276	景炎	
	帝昺（昺）	戊寅 1278	祥兴	
辽朝	太祖（耶律阿保机）	丁卯 907		907～1125
		丙子 916	神册	
		壬午 922	天赞	
		丙戌 926	天显	
	太宗（德光）	丁亥 927	天显	
		戊戌 938	会同	
		丁未 947	大同	
	世宗（阮）	丁未 947	天禄	
	穆宗（璟）	辛亥 951	应历	
	景宗（贤）	己巳 969	保宁	
		己卯 979	乾亨	
	圣宗（隆绪）	壬午 982	乾亨	
		癸未 983	统和	
		壬子 1012	开泰	
		辛酉 1021	太平	
	兴宗（宗真）	辛未 1031	景福	
		壬申 1032	重熙	
	道宗（洪基）	乙未 1055	清宁	
		乙巳 1065	咸雍	
		乙卯 1075	大（太）康	

		乙丑 1085	大安	
		乙亥 1095	寿昌（隆）	
	天祚帝（延禧）	辛巳 1101	乾统	
		辛卯 1111	天庆	
		辛丑 1121	保大	
西夏	景宗李元昊	1032	显道	1038～1227
		1034	开运	
		1034	广运	
		1036	大庆	
		1038	天授	
			礼法	
			延祚	
	毅宗李谅祚	1049	延嗣	
		1049	宁国	
		1050	天祐	
			垂圣	
		1053	福圣	
			承道	
		1057	奲都	
		1063	拱化	
	惠宗李秉常	1067	乾道	
		1069	天赐	
			礼盛	
			国庆	
		1075	大安	
		1086	天安	
			礼定	
	崇宗李乾顺	1086	天仪	
			治平	
		1090	天祐	
			民安	
		1098	永安	
		1101	贞观	
		1114	雍宁	
		1119	元德	
		1127	正德	
		1135	大德	
	仁宗李仁孝	1140	大庆	
		1144	人庆	

		1149	天盛	
		1170	乾祐	
	桓宗李纯祐	1193	天庆	
	襄宗李安全	1206	应天	
		1210	皇建	
	神宗李遵顼	1211	光定	
	献宗李德旺	1223	乾定	
	末主李睍	1226	宝义	
金朝	太祖（完颜旻本名阿骨打）	乙未 1115	收国	1115～1234
		丁酉 1117	天辅	
	太宗（晟）	癸卯 1123	天会	
	熙宗（亶）	乙卯 1135	天会	
		戊午 1138	天眷	
		辛酉 1141	皇统	
	海陵王（亮）	己巳 1149	天德	
		癸酉 1153	贞元	
		丙子 1156	正隆	
	世宗（完颜雍）	辛巳 1161	大定	
	章宗（璟）	庚戌 1190	明昌	
		丙辰 1196	承安	
		辛酉 1201	泰和	
	卫绍王（永济）	己巳 1209	大安	
		壬申 1212	崇庆	
		癸酉 1213	至宁	
	宣宗（珣）	癸酉 1213	贞祐	
		丁丑 1217	兴定	
		壬午 1222	元光	
	哀宗（守绪）	甲申 1224	正大	
		壬辰 1232	开兴	
		壬辰 1232	天兴	
元朝	太祖（孛儿只斤铁木真）	丙寅 1206		1279～1368
	拖雷（监国）	戊子 1228		
	太宗（窝阔台）	己丑 1229		
	乃马真后（称制）	壬寅 1242		
	定宗（贵由）	丙午 1246		
	海迷失后（称制）	己酉 1249		
	宪宗（蒙哥）	辛亥 1251		
	世祖（忽必烈）	庚申 1260	中统	

成宗（铁穆耳）	甲子 1264	至元
	乙未 1295	元贞
	丁酉 1297	大德
武宗（海山）	戊申 1308	至大
仁宗（爱育黎拔力八达）	壬子 1312	皇庆
	甲寅 1314	延祐
英宗（硕德八剌）	辛酉 1321	至治
泰定帝（也孙铁木儿）	甲子 1324	泰定
	戊辰 1328	致和
天顺帝（阿速吉八）	戊辰 1328	天顺
文宗（图帖睦尔）	戊辰 1328	天历
明宗（和世㻋）	己巳 1329	天历
文宗（图帖睦尔）	己巳 1329	天历
	庚午 1330	至顺
宁宗（懿璘质班）	壬申 1332	至顺
顺帝（妥懽帖睦尔）	癸酉 1333	元统
	乙亥 1335	至元
	辛巳 1341	至正

第一章

宋、辽、金时期

宋王朝建于公元960年，至1279年亡于元朝，立国320年。其间以1127年金人俘徽、钦二帝及宗室妃嫔北去为界，分为前后两个时期，此前为北宋时期，此后为南宋时期。

　　北宋时期虽然就整个中国局势来看仍处于分裂时期，与北宋并存的较大政权除辽国之外，还有西夏、大理、黑汗、回鹘以及吐蕃诸部，但它是一个结束了五代十国分裂局面后相对统一的王朝。创建这一王朝的是赵匡胤，他于960年发动陈桥兵变，逼迫周恭帝禅位，自己称帝建国。此后北宋又组织了近20年的战争，先后灭掉南平、后蜀、南汉、南唐、吴越和北汉等国，基本上将中原地区和南方统一于自己管辖之下。北宋王朝着眼于长治久安，吸取了唐末藩镇割据、节度拥兵的教训，采取一系列措施加强中央集权，把军权、政权、财权和司法权都最大限度地集中在皇帝手中。北宋的社会经济取得了显著的进步，农业、手工业、纺织、冶金、煤炭、陶瓷业都有很大的发展。国内外贸易也很发达。北宋文化极盛，学术上理学使儒学真正哲学化；史学硕果累累；词别具一格，堪称一绝；古文、通俗文学及戏剧说唱艺术也发展迅速。印刷、火药、指南针三大发明的完成和发展是北宋时期科技飞跃的显著标志。然而貌似发达的北宋由于加强中央集权的种种措施矫枉过正，造成国弱民贫。北宋后期，王安石变法图强未竟，反而引起党争之祸，统治阶级内部矛盾也已无法调和。公元1127年，内忧外患的北宋最终招来"靖康之耻"，走向灭亡。

　　北宋灭亡之后一个月，赵构在南京（今河南商丘）即皇帝位，重建宋朝，南宋由此开始。

　　南宋自建立伊始就与金对峙，其最高统治者继续实行北宋苟安乞和的政策，一直在战战兢兢中过着屈辱的日子。虽有李纲、宗泽、韩世忠、岳飞等为首的一批将领进行了英勇的抗金斗争，取得了一些胜利，但南宋王朝还是于1141年与金签订了妥协的"绍兴和议"，向金称臣奉表，割地纳贡。此后宋金两国东以淮水为界，西以大散关为界，形成了相对稳定的对峙局面。南宋统治者苟安于江南半壁江山，花天酒地，醉生梦死，"直把杭州作汴州"。南宋晚期，史弥远、丁大全、贾似道等奸臣相继专权，朝政一片黑暗。尖锐的民族矛盾和阶级矛盾激起此伏彼起的人民起义。而此时北方成吉思汗所建立的蒙古国迅速强大起来，蒙古铁骑挥军南下，灭夏扫金。

　　1271年，忽必烈改蒙古国号为大元，其后发动大规模的对宋战争。南宋军队节节败退，皇帝一再南逃。1279年，败走无路的宋王朝随着陆秀夫抱幼帝投海自尽而宣告灭亡。

　　南宋退处江南，在政治、社会诸方面传袭了北宋许多特点，尤其在政治制度上建立起了相当完备的中央集权制度。南宋时期，南方经济空前繁荣，棉织业长足发展，造船业异常发达，制瓷、造纸、印刷业等也超过前期。在文学方面，完全成熟的南宋词占据文坛的重要地位，与唐诗成为中国古代文化史上的两朵奇葩。

　　辽国为契丹族创建，故辽国在很长时期内也称契丹国。契丹族源于东胡，活动于辽河上游一带，唐末五代时实力得到发展，其中迭剌部耶律氏迅速崛起。916年，耶律阿保机称帝建国，称契丹国（947年，改国号为辽）。

　　契丹国的建立第一次使北部中国大部分地区得到统一，在一个强大政权的统一管辖之下，中国北部地区的开发和社会经济都取得了较大的发展，从而为中华多民族走向融合和统一作出了重大的贡献。1125年，辽国为宋金联兵所败，辽末代皇帝天祚帝被金人俘虏，辽国灭亡。辽国政权共存在 210 年，历 9 个帝王。此后，辽开国皇帝耶律阿保机的八世孙耶律大石建立了西辽政权，与南宋、金、西夏并存，1218 年被蒙古所灭。

西夏是公元 9 世纪至 13 世纪，以党项族为主体，包括部分汉族和其他少数民族建立起来的少数民族封建政权。疆域"东尽黄河，西界玉门，南接萧关，北控大漠"，拥有今宁夏全部、甘肃大部、陕西北部和青海、内蒙古部分地区。

西夏自李元昊始，共传 10 帝，历时 190 年。大体分三时期，开始的 48 年是建设期，扩张领土期；发展期，是西夏的鼎盛期，但国内的统治危机日趋激烈；衰弱期共 34 年，皇室腐败，外部蒙古强敌威胁，至 1226 年 7 月被蒙古所灭。

在西夏统治者的倡导下，党项族是同时期接受汉文化较多的一个民族。可以说，西夏文化的核心是儒家文化。

金朝是由辽朝统治下的松花江以北地区的"生女真"氏族部落发展壮大而来。

1115 年，女真部完颜阿骨打在居地安出虎水（今黑龙江阿什河流域）地区建国称帝，国号大金。之后他颁法令，造文字，改革军事制度，使全国迅速强大起来。1120 年，宋金缔结"海上之盟"，联兵攻辽。5 年后金兵在应州擒获辽天祚帝，完成了灭辽的战争。继而金开始把进攻和侵犯的目标对准了北宋，于灭辽的当年就大兵侵宋。1127 年，金灭北宋，并继续将战火引向南方，腐败无能的南宋于 1141 年与金签订了屈辱的"绍兴和议"，由此金夺得了在中原的统治权力。金国最强盛时期的疆域，东北至今日本海、鄂霍次克海，北至外兴安岭，西过积石（今青海贵德西），南达秦岭、淮河。

金朝后期，政治腐败，统治者对中原人民和女真下层人民的掠夺和压迫极为残酷野蛮，激起了人民的强烈反抗，各地起义不断，极大地动摇了金朝统治。1234 年，金被蒙古大军所灭。金朝政权共存在 120 年，历 9 帝。

第一节 史海钩沉：重大事件 历史典故

赵匡胤"黄袍加身"

武夫的天下

乱世是武人的天下，五代十国是中国历史上一个相当混乱的时期，当时武官当政，战乱频繁、生灵涂炭，百姓流离失所。处于水深火热之中的百姓，极度渴望统一，希望过上和平安定的生活。在这种历史背景下，后周世宗柴荣在位之时，锐意改革，着力于统一大业。然而柴荣英年早逝，留下七岁的儿子柴宗训即位，史称周恭帝，军事大权则掌握在殿前都点检、归德军节度使赵匡胤手中，朝廷内政外交大事则交由文官宰相范质和皇太后主持。

上天的启示

周世宗驾崩次年，即公元960年元旦，正值后周君臣欢庆新春佳节之际，探马突然从北方送来紧急军事报告：大辽联合北汉十余万人马，准备南下入侵。敌兵压境，情况危急，小皇帝幼不知事，皇太后束手无策，惶急之下，只有与文官出身、不谙边务的范质、王溥两位宰相商定。仓促之间，二人匆忙决定派遣赵匡胤率兵前去迎击。后周军队出发后走到开封东北40里的陈桥驿时天就黑了。赵匡胤下令让将士们就地安营扎寨，埋锅造饭。吃饭时，赵匡胤一反以往战前谨慎的常态多喝了几杯酒醉卧床上，似乎已经完全将辽兵大兵压境的事置于脑后了。此时，军中有个叫苗训的人，他精通天文，他与门徒夜观天象，

这时天上也出现了奇怪的景象，发现红日之下又有一日，两日共悬天上，四周黑光

赵匡胤像

隐烁，经久不退。赵匡胤之弟赵光义与归德军掌书记赵普则带领一批将领吃过晚饭就秘密聚集到了赵光义的大帐中，赵普反复几次地说："小皇帝年幼无知，我们拼死拼活为他打仗，到头来还不知落个什么下场呢！只要我们拥立赵点检作皇帝，大家就都是开国元勋，夺取江山后我们就可以永保富贵了！"此话说得一伙将领群情激昂。但是，赵光义却没表态，只是推诿着说："我兄长自幼深明大义，万事以义字当先，他和柴荣有八拜之交，怎会忍心去夺小皇帝的宝座？"只听部将高怀德大声说道："你下决心吧！只要决心下定，我有办法让点检穿上龙袍。"赵光义接着说："这件事好像很难办，你如何来干这件事呢？"众人一听这话中包含着赵光义同意拥兄为帝的意思，纷纷表示支持，赵普又与高怀

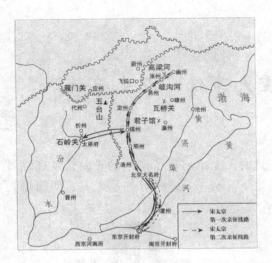

宋太宗北征图

德在旁密谋大事。

黄袍加身

次日早，赵匡胤还未醒来，将士们就已围住赵匡胤的大帐，让赵光义进屋告知。赵匡胤惊醒后急忙出帐查看，一些将领上前说："现在朝中无主，我们要太尉作天子。"还不等赵匡胤回答，高怀德从赵普身后转过来，几步来到赵匡胤身后，二话没说就麻利地把一件黄袍披在了赵匡胤身上，众将士一起跪下山呼万岁，并将赵匡胤拉上坐骑。那些不明真相的士兵们一看自己的长官都跪下了，也纷纷放下手中武器跪在地上，口中喊起万岁来。

赵匡胤觉得不妥，要取下黄袍，但被高怀德按住，赵匡胤无奈说道："各位兄弟，你们自己贪图一时富贵，要立我为天子，这不是害我吗？如果你们真心让我当皇帝，需答应我几个条件，否则我宁死不从。"众将高呼："愿听指挥。"赵匡胤说道："我本是太后、恭帝的臣下，你们不得侵犯他们。朝中大臣，本都是我的同事，你们不得凌辱。朝廷的府库，百姓的家，你们也不得强扰侵犯。遵令者有重赏，谁若违犯，格杀勿论。"听到满意的答复后，赵匡胤立即整顿兵马回转京师。

留守京师的大将石守信等人也是赵匡胤的心腹将领，他们早已在城内做好接应的准备，等赵匡胤的军队一到城外，石守信就下令大开城门迎接新皇帝。宰相范质、王溥等官员纷纷逃回各自家中，整个入城过程，果真纪律严明，不像五代时期其他朝代更换时纵城抢掠，丧失民心，赵匡胤的军队受到了人们的拥护。

赵匡胤进城后，登上明德门城楼，命令将士们各回营房，自己仍回原来公署。不一会儿，诸将拥着宰相范质等前来。见面后，赵匡胤流着眼泪说："我违心从事，实在愧对天地，到了现在这个地步，真不知该如何是好？"范质一看赵匡胤的样子，马上想劝说他，但还来不及答话，将领罗彦环就按剑大叫："国中无主，点检应做天子。"范质等朝臣相顾无言，迫于无奈，只好跪伏朝拜称臣。周恭帝年幼无知，皇太后一个妇人哪见过这种场面，只知哭泣。朝中百官见大势已去，只得请周恭帝禅位于赵匡胤。赵匡胤封周恭帝为王，尊符太后为周太后，然后请周恭帝与符太后住进西宫。

赵匡胤称帝的千古之谜

是年正月，赵匡胤大赦天下，改年号为建隆，国号称"宋"，赵匡胤即为宋

陈桥驿兵变遗址

太祖。

　　从上面叙述的"陈桥兵变"的整个过程来看，似乎赵匡胤当这个皇帝是情非得已，但是仔细看来赵匡胤在整个兵变过程中应付自如，适时适地，而且从种种迹象来看，赵匡胤的这次兵变可能是有预谋的，与五代其他几次兵变毫无区别，只是手段更为高明。

彩色吹笙画像砖雕

　　为什么这么说呢？首先"黄袍加身"的"黄袍"是早已准备好的，私藏皇袍的人在古代是要杀头的，如果不是预谋反叛，黄袍是从哪里来的呢？其二，宋太祖登基后，史书既没有记载关于辽兵入侵的任何结果，也没有记载北宋有否发兵制止辽兵入侵，辽的所谓攻袭一夜之间销声匿迹，岂不可疑？其三，宋太祖之母杜太后得知陈桥驿之夜，赵匡胤黄袍加身后，一点都不惊慌，不但不感到其欺君罔上，大逆不道，将使得全家被诛的悲惨结局，反而还称赞赵匡胤"一向有大志，现在果然如此"。

　　可见，赵匡胤谋权篡位之心早有，杜太后所说的"大志"，不是指当节度使而

是当皇帝。所以赵匡胤真的是被部下"逼扶上马"的吗？他自己意图"黄袍加身"的动机到底有多少，这些问题随着昔人已逝，早已成为历史之谜了，后人只是妄加揣测罢了。

杯酒释兵权

朋友也不能分权

　　太祖即位后不出半年，就有两个节度使起兵反对宋朝。宋太祖亲自出征，费了很大劲儿，才把他们平定。为了这件事，宋太祖心里总不大踏实。有一次，他单独找赵普谈话，问他说："自从唐朝末年以来，换了五个朝代，没完没了地打仗，不知道死了多少老百姓。这到底是什么道理？"

　　赵普说："道理很简单。国家混乱，毛病就出在藩镇权力太大。如果把兵权集中到朝廷，天下自然太平无事了。"宋太祖连连点头，赞赏赵普说得好。

　　后来，赵普又对宋太祖说："禁军大将石守信、王审琦两人，兵权太大，还是把他们调离禁军为好。"

　　宋太祖说："你放心，这两人是我的老朋友，不会反对我。"

　　赵普说："我并不担心他们叛变。但是据我看，这两个人没有统帅的才能，管不住下面的将士。如有一日，下面的人闹起事来，只怕他们也身不由主呀！"宋太祖敲敲自己的额角说："亏得你提醒一下。"

宴会背后的危险

　　过了几天，宋太祖在宫里举行宴会，请石守信、王审琦等几位老将喝酒。

　　酒过几巡，宋太祖命令在旁侍候的太监退出。他拿起一杯酒，先请大家干了杯，说："我要不是有你们帮助，也不会有现在这个地位。但是你们哪儿知道，做皇帝也

有很大难处，还不如做个节度使自在。不瞒各位说，这一年来，我就没有一夜睡过安稳觉。"

石守信等人听了十分惊奇，连忙问这是什么缘故。宋太祖说："这还不明白？皇帝这个位子，谁不眼红呀？"

石守信等听出话音来了。大家着了慌，跪在地上说："陛下为什么说这样的话？现在天下已经安定了，谁还敢对陛下三心二意？"

宋太祖摇摇头说："对你们几位我还信不过？只怕你们的部下将士当中，有人贪图富贵，把黄袍披在你们身上。你们想不干，能行吗？"石守信等听到这里，感到大祸临头，连连磕头，含着眼泪说："我们都是粗人，没想到这一点，请陛下指引一条出路。"

杯酒释兵权

宋太祖说："我替你们着想，你们不如把兵权交出来，到地方上去做个闲官，买点田产房屋，给子孙留点家业，快快活活度个晚年。我和你们结为亲家，彼此毫无猜疑，不是更好吗？"石守信等齐声说："陛下给我们想得太周到啦！"

酒席一散，大家各自回家。第二天上朝，每人都递上一份奏章，说自己年老多病，请求辞职。宋太祖马上照准，收回他们的兵权，赏给他们一大笔财物，打发他

们到各地去做节度使。

历史上把这件事称为"杯酒释兵权"。

收回地方将领的兵权

过了一段时期，又有一些节度使到京城来朝见。宋太祖在御花园举行宴会。太祖说："你们都是国家老臣，现在藩镇的事务那么繁忙，还要你们干这种苦差，我真过意不去！"

有个乖巧的节度使马上接口说："我本来没什么功劳，留在这个位子上也不合适，希望陛下让我告老回乡。"

也有个节度使不知趣，唠唠叨叨地把自己的经历夸说了一番，说自己立过多少多少功劳。宋太祖听了，直皱眉头，说："这都是陈年老账了，尽提它干什么？"

第二天，宋太祖把这些节度使的兵权全部解除了。

宋太祖收回地方将领的兵权以后，建立了新的军事制度，从地方军队挑选出精兵，编成禁军，由皇帝直接控制；各地行政长官也由朝廷委派。通过这些措施，新建立的北宋王朝开始稳定下来。

宋太祖的文武之道

禁军身怀绝技

公元960年，赵匡胤策动陈桥兵变，黄袍加身建立宋朝。他为确保宫廷安全，选精锐兵卒近万人组成禁卫军。他颇为重视这些士兵的能力训练，不时进行抽查测试。

一日，赵匡胤巡视水师，对侍卫人员说："若池内有刺客潜藏，你们如何应付？"侍卫刘浩转身跃入水池，过了好大一会，才从水中钻出，高声回禀道："启奏万岁，刺客已除。"赵匡胤对刘浩的忠诚和潜水能力很是赏识，当即予以厚赏。

随后，赵匡胤又指着五凤楼的楼角铜

北宋武臣石像

铃，问身边的禁卫军："谁能取下那个铜铃?"有位侍卫挺身而出，"陛下稍候，卑职去取来。"说罢如猿攀树，灵巧地登上二楼房顶，摘下铜铃，奔回献给皇帝。整套动作干净利索，赵匡胤心中大喜，重重赏赐这名侍卫。由于他对禁卫军要求甚严，因而禁卫军个个身怀绝技，英勇善战。

重用儒臣

宋太祖武人出身，一生的大部分时间是戎马生涯。然而当皇帝之后，很快又成了一个善于以文治国的政治家。

公元963年3月，太祖欲改年号，让重臣讨论，并指出："须求古来未尝有过的。"于是便改元为"乾德"。

公元965年1月，宋灭后蜀，选了一个蜀国的宫女入宫。太祖在观赏其食具时，忽然发现一个铜镜背面刻有"乾德四年铸"五字，不由大惊道："我改元'乾德'今刚三年，怎么会有四年铸此镜?"

于是，便召翰林学士陶谷、窦仪询问。窦仪答道："前蜀于公元919年，王衍曾用'乾德'年号，故此镜必得自蜀地。"太祖听了疑云顿开，并从中领悟到："天下虽然由马上得之，却不能马上治之。今后武将，亦当使其读书，让他们懂得治国之道啊!"自此，太祖大重儒臣。

赵普的功过是非

半部《论语》治天下

赵普出身小吏，比起一般文臣来，他的学问差得多。他当上宰相以后，宋太祖劝他多读点书。赵普每次回家，就关起房门，从书箱里取书，认真诵读。第二天上朝处理政事，总是十分敏快。后来，家里人发现，他的书箱里藏的不过是一部《论语》。于是人们就流传一种说法，说赵普是靠"半部《论语》治天下"的。

赵普的软磨硬泡

宋太祖信任赵普，赵普也敢于在宋太

北宋统一战争图

赵普像

祖面前坚持自己意见。有一次，赵普向宋
太祖推荐一个人做官，接连两天，宋太祖
没有同意。第三天赵普上朝的时候，又送
上奏章，坚持要求宋太祖同意他的推荐，
这下可触怒了宋太祖。宋太祖把奏章撕成
两半，扔在地上。

赵普趴在地上，不慌不忙地把扯碎
的奏章拾起来，放在袖子里。退朝回家
以后，赵普把扯碎的奏章粘接起来，过
了几天，又带着它上朝交给宋太祖。宋
太祖见赵普态度这样坚决，只好接受了
他的意见。再有一次，赵普要提拔一名
官员，宋太祖不批准。赵普就像前次一
样坚持自己意见。宋太祖说：“我就是不
准，你能怎么样？”

赵普说：“提拔人才，都是为国家着
想，陛下怎能凭个人的好恶专断！”宋太祖
听了，气得脸色变白，一甩袖就往内宫走，
赵普紧紧跟在后面。宋太祖进了内宫，赵
普站在宫门外不走。

宫门前的卫士见宰相站在门口不走，
只好向宋太祖回报。这时候宋太祖气已经
平了，就叫太监通知他，说皇上已经同意

中国通史

最新整理图文珍藏版

他的请求，叫他回家。

海产原来是金子

赵普做了十年宰相，权力很大。日子
久了，就有人想走他的门路，不时有人给
他送礼物来。

宋太祖经常到赵普家里去，事先也不
派人通知。有一次，吴越王钱俶派个使者
送信给赵普，还捎带了十坛“海产”。赵
普把十坛“海产”放在堂前，还没来得及
拆信，正好宋太祖到了。

宋太祖在厅堂里坐下，看到这十只坛，
就问赵普是什么东西。赵普回答说：“是吴
越送来的海产。”

宋太祖笑着说：“既然是吴越送来的海
产，一定不错，把它打开来看看吧！”

赵普吩咐仆人，打开坛盖，在场的人
一看都傻了眼。原来坛里放的不是什么海
产，竟是一块块金子。

宋太祖向来怕官员接受贿赂，滥用权
力，看到这情况，心里窝了一肚子火，脸

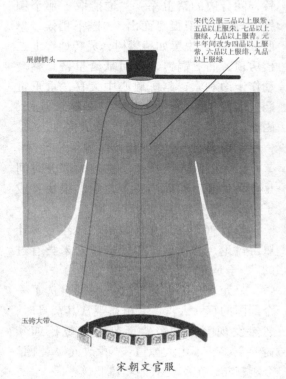

宋代公服三品以上服紫，
五品以上服朱，七品以上
服绿，九品以上服青。元
丰年间改为四品以上服
紫，六品以上服绯，九品
以上服绿

展脚幞头

玉銙大带

宋朝文官服

色也就沉了下来。

赵普满头大汗，惶恐地向宋太祖请罪，说："臣没有看信，实在不知道里面是什么东西，请陛下恕罪。"

宋太祖冷冷地说："你就收下吧！他们以为国家大事都是由你们书生决定的呢。"

打这以后，宋太祖对赵普就有点猜疑起来。不久，又有官员告发赵普违反禁令，贩运木料。

原来，当时朝廷禁止私运秦、陇（今陕西、甘肃一带）大木。赵普曾经到那里运木料为自己造住宅。他的部下趁机冒用赵普名义，私运一批大木到东京贩卖。这件事牵连到赵普。宋太祖大怒，要治赵普的罪，尽管其他大臣为他说情，太祖还是撤了赵普的宰相职位。

宋太祖死亡之谜

多年前认识的道士

传说太祖还没有做皇帝的时候，曾经和太宗与一位道士游历关河。这位道士是个奇人，他没有姓名，身世也不太清楚，可是却有一项绝活——变金之术。他们三人一同交游，每次没有银两时，就见他从自己随手携带的空袋中掏，一掏准能掏出金子，要多少就有多少，十分神奇。太祖、太宗与这道士都爱饮酒，有一天三人再次喝得醉醺醺，那个奇怪的道士唱起了《步虚》曲，冥冥之中赵氏兄弟听到了那么奇怪的一两句话，可旁边的人却说连道士大声唱歌都没有听见。等到赵氏兄弟俩酒醒再问，道士却矢口否认，说什么都没有说。后来等到赵匡胤登基称帝那日，正是猴年正月初四，应验道士所说的那句话，太祖猛然惊觉，遂下诏全国找寻这位道士，然而斯人已去，音信全无，道士隐身不拜。

雪夜的烛光斧影

直到宋太祖登基 16 年后，一日太祖祭祀完毕回宫途中，忽见道士醉卧在道边树荫下，笑着向太祖问安。太祖急忙命人将道士请至皇宫后殿，又担心他逃走，匆匆上朝完毕即从前殿回来见他。两人像以前同游关河一样，畅饮纵谈，太祖盛情款待，令道士住在后花苑。守苑的官吏见他天天住在树梢的鸟巢中，行为也很是怪异，几天之后竟神不知鬼不觉地不见了踪影。太祖牢记道士所说过的话，到十月二十日夜

雁门关

间，登上太清阁观察天气。起先天气晴朗，太祖心中一阵暗喜。可是不久天气陡变，风卷残云，雪雹骤降。太祖叹气，移步下阁，当夜即召见赵光义。回到寝宫，太祖遣散宦官和宫姜，只留赵光义，两兄弟对饮畅淡。两人谈话内容现已不得而知，只是宦官宫女在远处依稀望见烛光之下，赵光义时而避席，似乎不胜酒力。饮罢酒，已是深夜，殿前的积雪已有数寸，太祖拿着斧子砍殿前的雪，还回头向赵光义说着话，而后便悄无声息。这一夜，后来成为宋太宗的赵光义留宿禁宫之中。而到天明之时，人们发现太祖早已驾崩，赵光义于灵柩前受遗诏继位。

关于太祖之死的种种疑点

首先，赵匡胤临终交代后事，赵光义灵柩前即位，这些都是朝廷中的头等大事，本来应当在官修史书《国史》和《实录》

中提到，可是太宗朝在修《国史》与实录时为什么却未记载太祖遗嘱，对于太宗即位更是没有提到一个字。另外，据各种文献所载，赵光义在其他场合，对这件事也是闭口不谈。这些都给后人留下了疑惑。

其次，赵匡胤身患重病，到了生命垂危才急召赵光义入宫受命是有疑惑的。史料记载，赵匡胤患病时间较长，他应当提早处理传位的问题，对于相关问题也一定会早有安排，为何要等到病情危急时才召见晋王受命。还有正史中说既然是临终遗嘱，那必定病得很重了，为何又在召见晋王时能饮酒、举斧戮雪呢？这里面一定有什么蹊跷。

宋太宗像

第三，对于这样一个病危的皇帝，手下人自然应当寸步不离地守在皇帝身边，可是从十月二十日晚赵光义入宫，直到次日太祖去世，在这么长的一段时间内，皇帝的身边竟然没有一个人，这实在是太不合情理的事情。就是赵匡胤向赵光义交代后事应当屏退左右，但是难道英明的宋太祖赵匡胤竟会愚蠢到如此地步，让赵光义既充当遗嘱受命的当事人，又充当遗嘱受命的见证人，以至于自毁遗嘱的权威性吗？

第四，赵匡胤曾召赵光义入宫受命，

可是正史记载宋皇后却在赵匡胤临终前派宦官王承恩火速召德芳入宫，看到赵光义到来又惊愕地说不出话来，这些都说明赵光义在太祖临终受遗嘱丝毫无根据。更令人怀疑的是，给太祖看病的医官程玄德竟然在太祖驾崩的当天凌晨守在开封府门口，随同赵光义一同入宫。如果不是事先知道，这个医官又怎么会到开封府门口等着赵光义呢？（当时赵光义任开封府知府）而后来程玄德在赵光义手下很是得宠，这又说明什么呢？

种种迹象都表明，赵匡胤不明不白的死亡与赵光义篡位有着直接的联系，很可能赵匡胤就是死于亲兄弟赵光义的谋杀。

吕端大事不糊涂

不会处理家事的宰相

吕端，字易直，北宋幽州（今北京市）人，他是北宋初年有名的大臣，人们都说他"小事糊涂得要命，大事却毫不含糊"，他的做法为后世很多人效仿。

宋太祖后期，赵普做宰相时，吕端已经做到副宰相，地位显赫，权势很大。吕端虽然身为朝廷一品，但是却从不关心财产积蓄的事情，甚至连家事也不过问。做官十几年里，吕端的家中没有添置任何财产，生活还常常十分窘迫。有时，吕端刚刚领到一些俸禄，路上碰到穷人，马上就施舍给他们了，自己分文不留。一次，吕端的妻子告诉吕端家中的粮食只够吃三天了，要他快点想些办法，他却满不在乎地说："先过了这三天，再想办法吧？"气得他的妻子直骂他糊涂。可是就是这样一个家事糊涂的人，宰相赵普却说他很有才能，赵普在世时就经常对宋太宗说："吕端为人沉稳有度量，受到陛下的表扬时，不喜形于色，在朝廷上碰了钉子时，也不发愁。

有做宰相的才能，臣百年之后，请陛下一定要任用他为宰相。太宗听到后有些诧异，因为他一向对吕端可没有什么好印象，于是就对吕端暗暗观察。经过全面了解之后，宋太宗就在至道元年四月提出，任命吕端为宰相。

但是，马上有官员极力反对说："吕端为人糊涂懦弱，家事都处理不好，怎么能治理好国家呢？"

太宗这时已经胸有成竹，再加上老宰相在位时就曾竭力推荐过他，所以还是决定任命他为宰相，太宗说："吕端小事糊涂，大事不糊涂。"这就是"吕端大事不糊涂"的出处。

效仿曹操收徐庶

吕端升任宰相后，果然对于国家大事一点都不含糊，兢兢业业，每一件事都做得无可挑剔，让大家心服口服，成为太宗皇帝的得力助手。

栈道

宋太宗时，集中全力意图收回幽云地区，和辽国频繁地发生战争。西夏国首领李继迁总是趁火打劫，经常率兵侵犯宋朝的西北地区，在一次激烈的战斗之后，宋朝的军队俘虏了李继迁的母亲。寇准向太宗建议把她就地斩杀，以儆效尤。当吕端得到这个消息后，立即进宫上奏，反对杀李继迁的母亲。他对太宗说："西夏并非礼仪之邦，孝顺不孝顺也许看得并不是很重，况且李继迁并非等闲之辈，那些意图要干一番大事业的人，在关键时刻是不会考虑父母安危的。汉刘邦和项羽交战时，刘太公被项羽俘获，项羽威胁说要把刘太公煮了吃，刘邦不是还要向项羽分一杯羹吗！我朝的敌人是辽国，对于西夏我们要有适当的拉拢。杀了李继迁的母亲只会加重他对我朝的仇恨之心，对我们是没有任何益处的。"

太宗认为言之有理，就问他怎样才能较好地处理这件事。吕端回答说："最好仿效三国时曹操对徐庶母亲的做法，把李继迁的母亲软禁在延州（今陕西延安），安排给她舒舒服服的生活，再加以劝慰，让她捎信给李继迁，或许能让他不战而降。即使他不来投降，也可能会惦记他的母亲还活着，不会经常大规模地向内地进攻了。"太宗于是下令按吕端的建议执行。后来李继迁确实收敛了很多，不再经常骚扰宋境了，他死后，他的独生子归顺了宋朝。

辅佐太子登基

另外在宋太宗晚年病重时，政局稍微有些混乱，人心也是惶惶不安。吕端作为宰相，主持大局，严谨稳当。那时皇后不喜欢太子，便和宦官王继恩谋划，企图采取计策，更换太子，控制朝政。吕端察觉此事后，不加声张，暗自布置了防范措施，以防有变。吕端在太宗病重期间，让太子日夜守护在病床前照顾太宗，寸步不离左右。粉碎了皇后和王继恩等人意图在太宗神志不清时进谗言废太子的诡计，同时，吕端还设计神不知鬼不觉地除掉了太监王继恩，使这些有反叛之心的人群龙无首。

直到太宗死后，真宗即位，吕端还亲自上殿，仔细辨认一番，确信真宗坐在龙椅宝座上后，吕端这才率领文武大臣下拜，确定君臣名分。皇后对此也是毫无办法，因为吕端的措施实在是无懈可击。吕端的"大事不糊涂"使得真宗顺利即位，得以避免了一场大的宫廷政变。为此人们心服口服，纷纷称赞吕端办事谨慎，是国之栋梁。后人有诗赞叹："诸葛一生唯谨慎，吕端大事不糊涂。"

寇准的结局

直言犯上的年轻人

寇准一生刚直不阿，疾恶如仇，遭到了反对他的人的仇恨和敌视，但他却能得以善终，这实在是他的优秀品格受到了人们的爱戴之故。寇准从小喜爱读书，聪颖异常。8岁时，就写过一首《华山诗》。十几岁时，把《春秋》三传读得烂熟，且能说出其中异同。19岁时，就考中了进士，当时科举取士，年纪轻的考生往往不被录取，曾经有人让他增报年龄，可是寇准却回答说："我刚要上仕途，怎能欺骗君主呢？"结果，寇准考中了进士，被授予大理评事，知大名府成安县。31岁时，他做到北宋的参知政事（副宰相）。他年轻有为，才能出众，既不玩弄权术，哗众取宠，也不阿谀奉承权贵，以保全自己的官位，这样年轻有为的副宰相在中国历史上并不多见，而且他为官清廉，处处为国为民，在历史上留下了美名。

端拱二年的一天，寇准上朝奏事，不知因为什么原因触犯了宋太宗，太宗大怒，拂衣而起准备退朝。文武大臣早吓得大气

都不敢出，唯恐太宗怪罪到自己的头上。年轻气盛的寇准却一点也不害怕，不但没有跪下领罪，而且还拉住太宗的衣服，要他坐下来听自己把话说完。太宗无奈，只好生气地坐下来听寇准详细解释。最后太宗不得不承认寇准说得有理。事后，太宗也觉得寇准和那些阿谀奉承、只讲好话的大臣们不同，国家的富强需要寇准这样刚直无私的人，所以心里还是十分喜欢这个敢于直言犯上的年轻人，并把他比作是唐朝的魏征。

寇准像

和众人唱反调

有一年，中原地区大旱，一连几个月滴雨不下，宋太宗整日愁眉不展。一天，在朝堂上，许多喜欢溜须拍马的大臣引经据典地劝解太宗说："水旱灾害自古以来就是上天决定的，即使是古代的圣明君主在位时也都难免会发生这样的事。比如，著名的圣王商汤在位时，曾经大旱六年，庄稼颗粒无收。这难道能说是商汤不贤明吗？

所以陛下不必为这件事过分自责。"

太宗听完这些话后，心中才略感宽慰。不料正在这时，年轻的寇准出班奏道："陛下，臣以为旱灾之所以发生，是因为朝廷的刑罚有不公平的地方。古书上说，商汤在位时，六年大旱，圣王商汤为了救民于水火之中，自己甘愿斋戒三日，沐浴更衣，端坐在干草堆上，以自焚来向天地谢罪。上天为商汤的诚意所感动，立即降下大雨，大火被浇灭，圣王不但免于一死，六年的旱灾也一下子得到缓解。"

同样的一件事，经寇准的口中一说出来竟变成了这种味，太宗的脸一下子又变阴了。"寇准！你今天给朕说个明白，朝廷的刑罚有什么不公平的地方。"太宗愤怒地喊了起来。只见寇准不慌不忙地回答道："不知陛下还记得不记得，去年，有两个州府的小吏因犯了贪污罪被处死。可是今年参知政事王沔的弟弟王淮，贪污国家的财产达千万两白银以上，给他的刑罚却是在大理寺堂上轻描淡写地打了几十棍就完事了，不久他又官复原职。这样的刑罚难道说是公平的吗？"

杨业雁门关大战辽军

文武大臣都知道这件事，王沔也低头不语。太宗觉得寇准说得有理，于是下诏清查全国的冤狱，这样不少被冤枉的人重新获得了自由。寇准假借天命对太宗进行了一次直言劝谏。

"擦须"事件

后来，寇准被真宗任命为宰相，丁谓充当他的副手，任职副宰相。丁谓是一个善于溜须拍马、阿谀奉承的小人。有一次，寇准和丁谓一块参加了朝廷的一个公宴。处处想讨好自己顶头上司的丁谓专门和寇准坐到了同一张桌上，不时起身为寇准倒茶水、倒酒、夹菜，卑躬屈膝的小人之样显露无遗。寇准虽然很恼火，但碍于众文武大臣的情面，不好发作。正在恼怒时，寇准一不小心在低头吃菜时，胡子也伸进了菜盘子，还未等寇准反应过来，一直在紧盯着他的丁谓已经拿了一块干净的手绢走过来，弯腰屈膝准备为寇准擦胡须。当着这么多大臣的面，胡须被菜汤弄脏已经使寇准很是难堪，丁谓的这一举动更是把所有人的目光都吸引到这张桌上来了。寇准的怒气再也压不住了，对丁谓说："你官居参知政事，是堂堂的国家大臣，怎能做出这种为自己的长官擦胡须的举动呢？"声音虽然不高，但却是那样的严厉，丁谓好不尴尬，红着脸退回到了自己的座位上。刚直的寇准并没有把这件事放在心上，和丁谓的合作仍然和从前一样自然、顺利。

但是，丁谓是个小人，后来罗列了寇准的几条罪状，背后暗算曾经提拔自己的寇准。

坟墓边的枯竹长笋

寇准一生为官清正，他刚直无私，疾恶如仇，受到了人们永远的敬仰。寇准去世后，人们将他的尸体运回洛阳安葬。途中经过他曾为官多年的荆南公安县时，县里的人都聚集在路两旁，哭着祭奠他。当地老百姓还为他建了一座庙，每年都按时祭祀他。传说祭奠他的人折下竹子插在地上，在上面挂上纸钱，过了一个月再去看时，那些枯竹已长出竹笋来。在寇准去世11年后，朝廷恢复了他太子太傅的官衔，追赠他为中书令、莱国公，后来又赐谥：号"忠愍"。

"澶渊之盟"

寇准力主抗战

真宗继位以后，宋朝也曾攻打过辽国，但都失败了。此后不敢再主动出击，完全采取了守势。公元1004年，辽国又调动了

王小波、李顺起义军进军路线示意图

20万大军，南侵直打到靠近黄河的澶州（今河南省濮阳县西南），这已威胁到宋朝的都城汴京。这下，宋真宗可慌了神，立即召集文武群臣，商议如何对付。当时有不少朝臣主张迁都，置国家安危于不顾。在群臣议论纷纷的时候，宰相寇准义愤填膺地说："主张迁都逃跑的人，应该杀头！现在最需要的是，上下齐心合力，与敌人决一胜负，力保大宋京都。京都万万不得丢弃，京城一失，人心崩溃，敌人便长驱直入，大宋就危在旦夕了。现在，陛下应当机立断，抓住机会，亲自出征，以鼓舞士气和民心。"

寇准性格刚强果断、为人正直，曾受到宋太宗的信任和器重。到宋真宗即位，由于参知政事毕士安的鼎力举荐，就在辽军大举入侵的前夕，宋真宗任命寇准和毕士安为宰相。

真宗亲征

就在这年的十一月（宋真宗景德元年），在寇准的极力劝说下，宋真宗亲自率领大军，从汴京出发，直达韦城（今河南省滑县东南）。这里距离澶州已不远了，驻守在那里的宋军听说皇上亲自出征，士气高涨，军心鼓舞，一气打退了辽国的进攻，还打死了一位辽国的大将——萧挞览。被打死的这位辽将，有名气，地位也很高。他的死，使辽军的锐气大挫。这一仗，狠狠打击了辽军的嚣张气焰。

软弱的皇帝让寇准心急如焚

这时，若能乘胜追击，定能大败辽军，取得决定性胜利。可是，就在此时，宋朝统治集团内的主和派又提议迁都金陵。本来就没有决心抗敌的宋真宗，在吃了远途行军的辛苦后，在主和派的极力怂恿下，又对抗敌发生了动摇，派人找来寇准商量迁都之事。

寇准据理力争，他铿锵有力地对真宗说："陛下，如今敌军迫近，虎视眈眈，情况十分危急。我们只能前进一尺，不能后

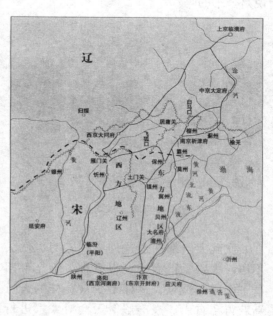

宋辽关系图

中国通史

最新整理图文珍藏版

退一寸。群臣胆小无知，他们不忧国而为自己，陛下万万不能听信他们之言。"说到这里，寇准见真宗没有话说，又接着说："如今在河北前线的我军，日夜盼望陛下前去，他们信心百倍。倘若这时撤军后退，百姓失望，军心涣散，敌人乘机杀来，我军势必不打便瓦解溃散，那时，恐怕连金陵也难保啊！还请陛下三思！"

软弱的真宗，听寇准这一番话，觉得有道理。但是，他对抗敌还是信心不足，意志不坚。后来，寇准找来殿前都指挥高琼，他俩一道去再次劝说真宗，以坚定抗敌之信心。这样，宋真宗才答应带领大军到了黄河边上，这是很勉强的。一路上，他胆战心惊。登上黄河大堤，举目一望，北面密密麻麻，全是敌军的营垒。看到这情景，宋真宗又惊慌起来，不敢渡河。回顾中华历史，英气浩然长存，哪有这样软弱无能的皇帝！寇准见状，心急如焚，急忙上前催促说："陛下速速过河，若再拖延时间，迟迟不过河，人心惶惶，后果将不堪设想啊！"一旁的高琼也上前说道："请陛下赶快去澶州。全军将士愿意保驾保国，敌军不难破。"

就这样，宋真宗才只好下令进军，渡过黄河，进入澶州城。进城后，在寇准的督促安排下，真宗在澶州北城门楼上，很快召见了众将。

宋军的将士听说皇上来到了澶州城，精神大振。远近将士望见宋真宗的御盖，欢声雷动，士气高涨。真宗见了，多少增加点抗辽的信心。于是，把军事大权交给了寇准。

不多时，数千名辽军骑兵，挥舞大刀、弓箭，飞奔前来攻城。寇准分析了敌情，下令开城出战。宋军个个奋勇冲杀，誓死报国。城门一打开，宋军犹如决堤之洪，迅猛异常，势不可挡。宋军一鼓作气，消灭敌军大半。辽军纷纷溃散四逃，宋军士气更加高涨。

放弃大好形势的议和

宋军得胜后，宋真宗回了行宫。寇准命令宋军严密把守，以防辽军再次侵袭。这时的寇准与将士说说笑笑，谈笑自如。真宗回行宫后心里仍不踏实，就派人来看寇准在干什么。真宗听打听消息的人说寇准与别的官员饮酒，还有说有笑，他这才安心上床休息。

辽军吃了大败仗，暂不敢轻易出兵进攻宋军。寇准主张乘胜收复燕云 16 州，以除后患。就在寇准考虑如何说服真宗出兵与辽决胜负的时候，在宋真宗出征以前就已被派到辽国去谈判的宋官员，正与辽国进行谈判。

宋·钧窑尊

因辽军吃了大败仗，处境很不利，就同意了和宋朝议和。辽国同意与宋议和的消息传来，一些主和派死灰复燃，谣言四起，说寇准想利用军队，夺取权势，有野心等等。

主和派势力强，再加上宋真宗始终就没有抗辽的决心，在这种情况下，寇准无法再坚持自己的意见，只好同意议和。

澶渊之盟

议和是有条件的，要每年给辽国一些银子和丝绢等。宋真宗曾对去议和的宋官员说："只要讲和，不得已，即使每年给一百万也答应。"这真是卖国求和啊！但寇准对派去议和的宋朝的官员道："皇上虽许诺百万银绢，可是，你答应的数目不得超过

《太平圣惠方》书影

30万，成败在你。超过这个数，我就杀你的头！"这样，宋辽议和谈判各执己见，反复多次，最后终于在公元1005年初，双方订立和约，规定北宋每年要给辽国白银10万两，丝绢20万匹。这已是不小的数目啊！无疑这将加重宋朝人民的负担。因为这次和约是在澶州（即澶渊）订立的，所以史称"澶渊之盟"。和约订立以后，主和派们以为天下无事，自此太平了，他们奔走相告。殊不知，这是屈辱的和约啊！接着宫内又误传为每年给辽国300万银绢。宋真宗听了，开始也大吃一惊，认为太多了。很快，他又说："姑且了事，这也可以。"当他知道确切数字后，竟然非常高兴，认为这是宋朝的谈判的"胜利"，还亲自写诗以示庆祝。这一心妥协无能的宋真宗，真不知天下还有屈辱和可耻之说。

此后，宋朝统治者加紧向人民榨取更多的钱财，以付给辽国。宋朝人民的生活更加痛苦了。而辽国统治者，虽每年得到大量银绢，但仍不满足，经常骚扰宋的边境。后世人们，视"澶渊之盟"为北宋朝廷软弱无能、在外族入侵时只能退让妥协的标志。

为官清廉的王旦

皇帝离不开的人

王旦，字子明，大名莘（今山东莘县）人，与寇准同朝为相，也是名重一时，他懂得如何做官，人品也好，所以受到人们的爱戴。

王旦考虑事情周全，很受真宗信任。当初真宗想人降天瑞、封禅泰山来宣扬自己的美名，但是却害怕遭到宰相王旦的反对，于是找机会叫来王旦一起饮酒，席间君臣很是高兴。在王旦告退时，真宗还赐给他一坛美酒，说："这是一坛极好的酒，送给你吧！"等到王旦回府打开坛一看，原来里面装的全是珠宝，王旦顿时明白真宗的意思。从那以后，有关天书、封禅这种事，王旦从不反对。从此以后真宗更加信任王旦，凡有大臣请奏，真宗总是说："不知王旦怎么看？"王旦性格沉默寡言，神情严肃，朝廷每次议事时，大家众说纷纭，可是只要王旦慢条斯理地说一句话，就能把事情定下来。封禅泰山前，契丹要求在每年宋朝给的30万岁币之外再借些钱币。真宗和王旦商量该怎么办，王旦说："陛下即将外出封禅，契丹不过是想乘机试探我朝。他们所要的只是些小钱财，不必在意就行了！"于是王旦下令在每年给予的30万以外再借出6万，并通知契丹，这6万将在明年所给的岁币中扣除。又有西夏赵德明向宋朝声称国内遭逢饥荒，求讨粮食万斛，如果不给，即日攻宋。众臣都说："赵德明刚刚与我大宋订立誓约，现在却要违背，希望朝廷发书谴责。"真宗又与王旦商量，王旦却请求真宗批准让有司运各地粮食百万斛到京师，通知赵德明来取。赵德明得到诏令后，十分惭愧地下拜说："宋廷确有能人啊！"真宗处理好了边疆问题，

所以得以顺利封禅。

重用贤臣

王旦重用贤臣，不以权谋私，这也是真宗看重他的原因之一。寇准虽然常说王旦的短处，可王旦却极力称赞寇准。真宗有时看不惯，把这些和王旦直说了，可是王旦说："从事理上说应该是这样。我长期为相，政事上可能犯了不少的错误而不自知。寇准能对陛下直言相告，说明他忠诚正直，这也正是我所敬重他的主要原因。"真宗因此更加器重王旦了。当时寇准在枢密院，王旦在中书省，某次中书省送到枢密院的文书格式有误，寇准马上奏给真宗，结果王旦受到了责备，并亲自到寇准府上谢罪，中书省的堂吏也都受到了惩罚。没过几天，枢密院送文书到中书省，文书的书写格式也有错误，众堂吏都非常高兴地拿给王旦看，王旦却让人送回枢密院告知修改。寇准见了王旦很惭愧，问王旦怎么有如此度量，王旦没有回答。尽管寇准屡次和王旦过不去，可是王旦却不计较，他在寇准被贬官后，仍旧向真宗推荐寇准，使他升武胜军（治所在今四川武胜县）节度使、同中书门下平章事，得以为国家效力。寇准有时生活过于铺张，甚至超过皇上，真宗就对寇准有了看法，一次和王旦提到，王旦只慢慢地说："寇准确实贤能，只是有时呆得没有办法。"真宗觉得说得也是，就没有追究寇准。王旦对于贤臣重用，不计个人得失，可是对于那些奸佞小人，王旦却是丝毫不让他们得势。当年真宗想以奸臣王钦若为相，王旦极力反对，使得在王旦生前，王钦若没在朝中得宠。直到王旦逝后，王钦若才被任为宰相，他对人说："因为王公的缘故，我为相晚了十年。"还有真宗朝的另一奸臣丁谓，王旦也不重用他，说："丁谓才气虽好，但人品不行，如果将来能居人上，让他独当大权，定会祸累其身。"后来丁谓的结局，正如王

王旦像

旦所言。

为官清廉

王旦为官清廉，他从不置办田宅，还勉励子孙要自立，不可过于依赖祖宗。一次真宗看到他的住所简陋，想要赐给他新居，可是他却以先人遗留的旧舍为由婉言辞谢。旧宅大门坏了，主管的人拆掉重新修复，暂时从侧门出入，王旦到了侧门，俯在马鞍上而过，大门修好后，又从大门走，从不问起这件事。

王旦从泰山封禅复命后，身体多病，每年都要求解职，真宗只是褒奖他，却当面谕告他不准辞职。他后来又向真宗奏请，真宗仍然不允。一天，王旦单独和真宗见面时又提到这事，真宗却命皇太子（仁宗）出来拜见王旦，王旦惶恐要走，太子追着拜见他，王旦说："太子盛德，他日定能承担起陛下交付的重任。"并向太子推荐了十余人作为大臣，后来这十余人只有李及、凌策未至相位，但也是名臣。王旦再次要求解职，真宗这时看他去意已决，就同意了他的请求，仍旧给他一半宰相俸禄。

《十诵律》书影

辞去相位之后仍任使职，宋专门设置使职便是从王旦开始的。

临死前的遗言

王旦病危时，告诫子弟说："我家一向有清德盛名，今后你们要勤俭朴素，保持门风，千万不要奢侈，我死后不要把珠宝放入棺椁之中，更不许厚葬。"他还将好友杨亿请到卧室，托他代撰遗表，并说："我曾任宰辅，不可在临终为宗亲求官，只是叙说我生平受圣上恩遇，希望圣上能够妥善料理朝政，任用贤能之士，但也不要操劳过度。"表呈上后，真宗十分难过，于是亲自到他府中探望，并赐白银五千两。王旦坚决推辞，再次上表，表末亲自写了几句话："臣一向不喜积藏财货，更何况我也用不着，不如把这些银两散赏别人。"财物送回内宫之后，真宗再次下谕王府，可是内侍刚到王府，王旦就去世了。真宗亲临王府吊唁，十分悲痛，下令废朝三日，追赠王旦太师、尚书令、魏国公。

出身寒门的狄青

立志变成金凤凰的麻雀

狄青，字汉臣，汾州（今山西汾阳）人，是北宋仁宗时期著名的将领。他出生于一个贫苦的农民家庭，从小就苦练武功，年纪轻轻便练就了一身超人的武艺，加入军籍。狄青虽然出身寒门，可是在军营中却老是看不起周围的士兵，引用当年秦末农民起义军首领陈胜的话："燕雀安知鸿鹄之志？"他的言下之意是发誓要凭自己的才能做一名真正的大将军，立志为国效力。在当时一伙地位低下的士兵当中，狄青天天以这样的言谈举止自处，受到周围士兵们的挖苦讽刺："麻雀怎么能成了金凤凰？你别作美梦了。"在古代那种等级森严的社会里，狄青出身寒门，是没有可能走到上层阶层中的。可是尽管狄青受到多次打击，他的信念依然丝毫未变，他对人们的讽刺不以为然，还勉励自己要多多努力，以实际行动让人信服，最终成为一名大将军。建功立业的机会终于来了。

范仲淹送他一本《左氏春秋》

宋仁宗时，宋朝和西夏之间不断地发生战争。在西北战场上，狄青作战勇猛，他常常披头散发，戴着铜面具，冲在最前面和敌人拼杀，多次打退了敌人的进攻。士兵们被狄青这种顽强战斗的精神所感动，而那些蛮横的西夏兵一听到狄青的名字，总是胆战心惊，退避几分，还没有交战就先在勇气上输了一截。狄青的智谋超人，

狄青像

中国通史

最新整理图文珍藏版

作战勇敢，在宋军中名声大振，得到了一些名将的赏识。当时，被贬官任陕西经略使的范仲淹就连连赞叹狄青说："狄青真是国家的良将之材，应该受到培养和重用，使他能有一个更好的用武之地。"并专门送给狄青一部《左氏春秋》，语重心长地对他说：

"作为一个年长的人，我希望你能成材，所以想劝你把这本书认真地读一读。因为领兵作战，如果不懂得古今的用兵方法，不过是匹夫之勇罢了，是难以担当军事重任的。"狄青听从了范仲淹的劝告，就抓紧一切闲余时间来阅读兵书。但是，由于狄青出生在贫苦农家，从小没有受过正规的教育，文化水平很低，读起书来十分费劲。再加上他十几岁就参军作战，东奔西跑，根本没有养成读书的习惯。所以刚开始阅读这部兵书，总是静不下心来。但是狄青并不自暴自弃，而是尽力约束自己坐下来读书，并且不耻下问。经过不懈的努力，终于把秦汉以来的将帅兵法通读了几遍，成为一个既满腹韬略，又勇猛善战的一代名将。

狄青请命出兵

公元 1052 年，位于宋朝西南地区的侬智高发动了叛乱，宣布脱离宋朝控制，建立大南国。宋仁宗先后派张忠，蒋偕二将前往讨伐叛军，可是两位大将却由于指挥

不当大败而归，损失了不少士兵。仁宗皇帝忧愤交加，几天几夜茶饭不思。就在仁宗皇帝苦苦找寻合适平叛人选时，狄青毛遂自荐，恳请仁宗给自己一次为国效力的机会，他甚至向皇上立下一份军令状：狄青本来就是行伍出身，我义不容辞担负着保家卫国的职责，我愿意带兵前去平定叛乱，不杀叛贼誓不回，甘愿军营受斩。仁宗听了狄青的一番肺腑之言，十分感动，立刻命令狄青挂帅出征。仁宗为自己手下能有狄青这样忠心耿耿的大将而高兴。狄青果然不负仁宗所托，到阵前首先惩治了战斗不力的将领，整顿了军纪，使得宋军士气为之大振。后来又经过和侬智高叛乱军队的一番苦战，终于取得了胜利，收复了失地，侬智高也被迫在大理自杀。

这次平叛战役中，狄青战功卓著，解除了仁宗的顾虑，得到了仁宗的赏识，被仁宗破格提拔为枢密使，成为朝廷中掌握军权的最高长官。

保留脸上的刺字

按照宋朝兵制，士卒地位十分低贱，甚至连普通囚犯都不如，要像被处黥刑的罪犯一样在脸上刺字，用来防止士兵逃跑。狄青十几岁就来到军营，脸上自然也有刺字，这说明了他的出身低贱，可就是这样一位士兵，最后却升为枢密使，的确十分

狄青招亲木版画

不易。在狄青升为枢密使后，宋仁宗觉得将军脸上有刺字可能会被人笑话，有损于狄青的威严，所以就劝狄青用药水把脸上的刺字去掉。可是狄青执意不肯，并指着自己脸上的刺字对仁宗说："多亏了陛下不问出身和门第高低，论功行赏，我一个普通士兵才有了今天，我之所以要保留脸的刺字，一是为了表示陛下的英明，二是为了时刻让自己戒骄戒躁，三是为了激励后人建功立业。"仁宗听了十分高兴，就不再提让狄青除去刺字的事。狄青将军直到去世时，脸上的刺字仍然清晰可见。

仁宗曾多次对着大臣们说，自己为大宋能有狄青这样一位出自寒门的大将军而自豪。

先天下之忧而忧的范仲淹

少年苦读，成为奇才

由于范仲淹军纪严明，还注意减轻边境上百姓的负担，北宋的防守力量加强了。

西夏和北宋打了几年仗，没得到什么好处。到了公元1043年，西夏国主元昊愿意称臣求和，宋朝答应每年送给西夏一批银绢、茶叶，北宋的边境局势才暂时稳定下来。

范仲淹不但是个军事家，而且是宋代著名的政治家、文学家。他是苏州吴县人，从小死了父亲，因为家里贫穷，母亲不得不带着他另嫁到一个姓朱的人家。范仲淹在十分艰苦的环境中成长，他住在一个庙宇里读书，穷得连三餐饭都吃不上，天天只得熬点薄粥充饥，但是他仍旧刻苦自学。有时候，读书到深更半夜，实在倦得张不开眼，就用冷水泼在脸上，等倦意消失了，继续攻读。这样苦读了五、六年，终于成为一个很有学问的人。

几起几落

范仲淹原来在朝廷当谏官，因为看到宰相吕夷简滥用职权，任用私人，就向仁宗大胆揭发。这件事触犯了吕夷简，吕夷简反咬一口，说范仲淹交结朋党，挑拨君臣关系。宋仁宗听信吕夷简的话，把范仲淹贬谪到南方，直到西夏战争发生以后，才把他调到陕西去。

范仲淹在宋夏战争中立下了大功，宋仁宗觉得他的确是个人才。这时候，宋王朝因为内政腐败，加上在跟辽朝和西夏战争中军费和赔款支出浩大，财政发生恐慌。宋仁宗就把范仲淹从陕西调回京城，派他担任副宰相。

力主改革

范仲淹一回到京城，宋仁宗马上召见，要他提出治国的方案。范仲淹知道朝廷弊病太多，要一下子都改掉不可能，准备一步一步来。但是，禁不住宋仁宗一再催促，就提出了十条改革措施，宋仁宗正在改革

范仲淹像

中国通史

最新整理图文珍藏版

岳阳楼

的兴头上，看了范仲淹的方案，立刻批准在全国推行这十条改革措施。历史上把这次改革称为"庆历新政"。

范仲淹为了推行新政，先跟韩琦、富弼等大臣审查分派到各路担任监司的人选。有一次，范仲淹在官署里审查一份监司的名单，发现有贪赃枉法行为的人员，就提起笔来把名字勾去，准备撤换。在他旁边的富弼看了心里不忍，就对范仲淹说："范公呀，你这笔一勾，可害得一家子哭鼻子呢！"

范仲淹严肃地说："要不让一家子哭，那就害了一路的百姓都要哭了。"富弼听了这话，心里顿时亮堂了，佩服范仲淹的见识高明。范仲淹的新政刚一推行，就像捅了马蜂窝一样。一些皇亲国戚，权贵大臣，贪官污吏，纷纷闹了起来，散布谣言，攻击新政。有些原来就对范仲淹不满的大臣，天天在宋仁宗面前说坏话，说范仲淹一些人交结朋党，滥用职权。

宋仁宗看到反对的人多，就动摇起来。范仲淹被逼得在京城呆不下去，就自动要求回到陕西防守边境，宋仁宗就把他打发

走了。

范仲淹一走，宋仁宗就下命令把新政全部废止。

范仲淹为了改革政治，受了很大打击，但是他并不因为个人的遭遇感到懊恼。隔了一年，他的一位在岳州做官的老朋友滕宗谅，修建当地的名胜岳阳楼，请范仲淹写篇纪念文章。范仲淹挥笔写下了《岳阳楼记》。在那篇著名的文章里，范仲淹提到，一个有远大政治抱负的人，他的思想感情应该是"先天下之忧而忧，后天下之乐而乐"。这两句名言一直被后来的人传诵，而岳阳楼也由于范仲淹的文章而更加出名了。

包拯判案铁面无私

巧断牛舌案

包拯是庐州合肥人，早年做过天长县（今安徽天长）的县令。有一次，县里发生一个案件，有个农民夜里把耕牛拴在牛棚里，早上起来，发现牛躺倒在地上，嘴里淌着血，掰开牛嘴一看，原来牛的舌头被人割掉了。这个农民又气又心痛，就赶到县衙门告状，要求包拯为他查究割牛舌的人。

这个无头案该往哪里去查呢？包拯想了一下，就跟告状的农民说："你先别声张，回去把你家的牛宰了再说。"

农民本来舍不得宰耕牛，按当时的法律，耕牛是不能私自屠宰的。但是一来，割掉了舌头的牛也活不了多少天；二来，县官叫他宰牛，也用不到怕犯法。

那农民回家后，果真把耕牛杀掉了。第二天，天长县衙门里就有人来告发那农民私宰耕牛。

包拯问明情况，立刻沉下脸，吆喝一声说："好大胆的家伙，你把人家的牛割了

舌头，反倒来告人私宰耕牛？"那个家伙一听就呆了，伏在地上直磕头，老老实实供认是他干的。原来，割牛舌的人跟那个农民有冤仇，所以先割了牛舌，又去告发牛主人宰牛。

从那以后，包拯审案的名声就传开了。

让百姓击鼓申冤

包拯做了几任地方官，每到一个地方，都取消了一些苛捐杂税，清理了一些冤案。而来，他被调到京城做谏官，也提出不少好的建议。宋仁宗正想整顿一下开封的秩序，才把包拯调任开封府知府。

开封府是皇亲国戚、豪门权贵集中的地方。以前，不管哪个当这差使，免不了跟权贵通关节，接受贿赂。包拯上任以后，决心把这种腐败的风气整顿一下。

按照宋朝的规矩，谁要到衙门告状，先得托人写状子，还得通过衙门小吏传递给知府。一些讼师恶棍，就趁机敲榨勒索。包拯破了这条规矩，老百姓要诉冤告状，可以到府衙门前击鼓。鼓声一响，府衙门就大开正门，让百姓直接上堂控告。这样

包公祠

一来，衙门的小吏要想做手脚也不敢了。

对权贵毫不手软

有一年，开封发大水，那里一条惠民河河道阻塞，水排泄不出去。包拯一调查，河道阻塞的原因是有些宦官、权贵侵占了河道，在河道上修筑花园、亭台。包拯立刻下命令，要这些园主把河道上的建筑全部拆掉。有个权贵不肯拆除。开封府派人去催促，那人还强词夺理，拿出一张地契，硬说那块地是他的产业。包拯详细一检查，发现地契是那个权贵自己伪造的。包拯十分生气，勒令那人拆掉花园，还写了一份奏章向宋仁宗揭发。那人一看事情闹大，要是仁宗真的追究起来，也没有他的好处，只好乖乖地把花园拆了。

一些权贵听到包拯执法严明，都吓得不敢为非作歹。有个权贵想通关节，打算送点什么礼物给包拯，旁人提醒他，别白操心了，包拯的廉洁奉公是出了名的。他原来在端州（今广东肇庆）做过官。端州出产的砚台，是当地的特产。皇宫规定，端州官员每年要进贡一批端砚到内延去。在端州做官的人往往借进贡的机会，向百姓大肆搜刮，私下贪污一批，去讨好那些权贵大臣。搜刮去的端砚比进贡的要多出几十倍。后来，包拯到了端州，向民间征收端砚，除了进贡朝廷的以外，连一块都不增加。直到他离开端州，从没有私自要

京剧里的包公形象

中国通史

最新整理图文珍藏版

过一块端砚。那权贵听了，知道没有空子好钻，也只好罢休。后来开封府的男女老少，没有人不知道包拯是个大清官。民间流传着两句歌谣："关节不到，有阎罗、包老。"

民间流传的各种传说

包拯对亲戚朋友也十分严格。有的亲戚想利用他做靠山，他一点也不照顾。日子一久，亲戚朋友知道他的脾气，也不敢再为私人的事情去找他了。宋仁宗很器重包拯，提升他为枢密副使。他做了大官，家里的生活照样十分朴素，跟普通百姓一样。过了五年，他得重病死了，留下了一份遗嘱说：后代子孙做了官，如果犯了贪污罪，不许回老家；死了以后，也不许葬在咱包家的坟地上。

由于包拯一生做官清廉，不但生前得到人们的赞扬，在他死后，人们也把他当作清官的典型，尊称他"包公"，或者叫他"包待制"、"包龙图"。民间流传着许多包公铁面无私、打击权贵的故事，还编成包公办案的戏曲和小说。虽然其中大都是虚构的传说，但是也反映了人们对清官的敬慕心情。

王安石变法"三不怕"

宋神宗寻找得力助手

宋仁宗做了40年皇帝，虽然也用过像范仲淹、包拯等一些正直的大臣，但是并没有改革的决心，国家越来越衰弱下去。他没有儿子，死后由一个皇族子弟做他的继承人，这就是宋英宗。英宗即位4年，就害病死了。太子赵顼即位，这就是宋神宗。

宋神宗即位的时候才20岁，是个比较有作为的青年。他看到国家的不景气情况，有心改革一番，可是他周围的人，都是仁宗时期的老臣，就是像富弼这样支持过新政的人，也变得暮气沉沉了。宋神宗想，要改革现状，一定得找个得力的助手。

宋神宗即位前，身边有个官员叫韩维，常常在神宗面前谈一些很好的见解。神宗称赞他，他说："这些意见都是我朋友王安石说的。"宋神宗虽然没见过王安石，但是对王安石已经有了一个好印象。现在他想找助手，自然想到了王安石，就下了一道命令，把正在江宁做官的王安石调到京城来。

王安石像

王安石曾经失望万分

王安石是宋朝著名的文学家和政治家，抚州临川（今江西抚州西）人。他年轻时候，文章写得十分出色，得到欧阳修的赞赏。王安石20岁中进士，就做了几任地方官。他在鄞县（今浙江宁波鄞州区）当县官的时候，正逢那里灾情严重，百姓生活十分困难。王安石兴修水利、改善交通，治理得井井有条。每逢青黄不接的季节，穷人的口粮接不上，他就打开官仓，把粮食借给农民，到秋收以后，要他们加上官定的利息偿还。这样做，农民可以不再受大地主豪强的重利盘剥，日子比较好过一些。

王安石做了 20 年地方官，名声越来越大。后来，宋仁宗调他到京城当管理财政的官，他一到京城，就向仁宗上了一份万言书，提出他对改革财政的主张。宋仁宗刚刚废除范仲淹的新政，一听到要改革就头疼，把王安石的奏章搁在一边。王安石知道朝廷没有改革的决心，跟一些大臣又合不来，他就趁母亲去世的时机，辞职回家。

变法需要三不怕

这一回，他接到宋神宗召见的命令，又听说神宗正在物色人才，就高高兴兴应召上京。

王安石一到京城，宋神宗就叫他单独进宫谈话。神宗一见面就问他说："你看要治理国家，该从哪儿着手？"

宋神宗像

王安石从容不迫地回答："先从改革旧的法制，建立新的法制开始。"

宋神宗要他回去写个详细的改革意见。王安石回家以后，当天晚上就写了一份意见书，第二天送给神宗。宋神宗认为王安石提出的意见都合他的心意，越加信任王安石。

公元 1069 年，宋神宗把王安石提升为副宰相。那时候，朝廷里名义上有四名宰相，病的病了，老的老了，有的虽然不病不老，但是一听见改革就叫苦连天。王安石知道，跟这批人一起办不了大事，经过宋神宗批准，任用了一批年轻的官员，并且设立了一个专门制定新法的机构，把变法的权抓了来。这样一来，他就放开手脚进行改革了。王安石的变法对巩固宋王朝的统治、增加国家收入，起了积极的作用。但是，也触犯了大地主的利益，遭到许多朝臣的反对。

有一次，宋神宗把王安石找去，问他说，"外面人都在议论，说我们不怕天变，不听人们的舆论，不守祖宗的规矩，你看怎么办？"

王安石坦然回答说："陛下认真处理政事，这就可说是防止天变了。陛下征询下面的意见，这就是照顾到舆论了。再说，人们的话也有错误的，只要我们做的合乎道理，又何必怕人议论。至于祖宗老规矩，本来就不是固定不变的。"王安石坚持三不怕，但是宋神宗并不像他那么坚决，听到反对的人不少，就动摇起来。

《流民图》逼王安石下台

公元 1074 午，河北闹了一次大旱灾，一连十个月没下雨，农民断了粮食，到处逃荒。宋神宗正为这个发愁，有一个官员趁机画了一幅"流民图"献给宋神宗，说旱灾是王安石变法造成的，要求神宗把王安石撤职。

宋神宗看了这幅流民图，只是长吁短叹，晚上睡不着觉。神宗的祖母曹太后和母亲高太后也在神宗面前哭哭啼啼，诉说天下被王安石搞乱了，逼神宗停止新法。

王安石眼看新法没法实行下去，气愤得上疏辞职。宋神宗也只好让王安石暂时离开东京，到江宁府去休养。

第二年，宋神宗又把王安石召回京城

南京半山园王安石故居

当宰相。刚过了几个月，天空上出现了彗星。这本来是正常的自然现象，但是在当时却被认为是不吉利的预兆。宋神宗又慌了，要大臣对朝政提意见。一些保守派又趁机攻击新法。王安石竭力为新法辩护，要宋神宗不要相信这种迷信说法，但宋神宗还是犹豫不定。

王安石没法继续贯彻自己的主张。到第三年（公元1076年）春天，再一次辞去宰相职位，回江宁府去了。

"乌台诗案"

生不逢时的才子

苏轼出身于书香门第，学问十分了得，与父亲苏洵、弟弟苏辙都在唐宋八大家之列，合称"三苏"。苏轼曾在21岁那年，与弟弟苏辙一起参加殿试，并且都中了进士。当朝皇帝宋仁宗赞叹说朝中得了两个奇才。主考官欧阳修是当时的文坛领袖，他也预见说："30年后，苏轼的文章将会超过我。"苏轼具有多方面的才能，诗、词、散文、书画都有卓越成就。他一生留下四千多首诗，感情充沛、清新流畅，热烈豪放。长久以来，一直为人们传诵。就连当时的许多文人学士都很佩服、景仰他，都以能够同他结交为荣，以能够得到他的指教为幸。

可是，苏轼却是个时运不济的才子。他生前多次受到同僚的排斥打击，还被皇帝几次贬官。有一次，甚至被抓了起来，押到首都汴京治他的罪。晚年的苏轼遭到了皇帝的放逐，被皇帝贬官到遥远的两广地区当小吏，直到死前半年才被赦回。还有一次，与他有隔阂的官员为了打击他，竟然告发他的诗中影射了某种特别的意思，皇帝差点为此砍了他的脑袋，这就是历史上有名的"乌台诗案"。

遭到别人的诬陷

北宋神宗皇帝任用王安石实行变法，以司马光为首的旧党坚决反对，总是阻挠新政实施。所以，当时在朝野内外以王安石为首的新党和以司马光为首的旧党，是势不两立的。可是，苏轼一向是个不会见风使舵的人，他总是实话实说，所以遭到了新旧两党的厌恶。起先苏轼反对变法，受到了新党的排斥；后来，旧党上台，苏轼出于实际情况的考虑又不同意全盘否定新法，遭到了旧党的戒备。再以后，新党又把旧党打了下去，为了争权夺利，又把苏轼归于旧党。

元丰三年，他被调任为湖州太守，当时依照惯例，调职官员要写一份"谢恩表"，然后刊行在"邸报"（当时北宋官方

苏轼像

最新整理图文珍藏版

的报纸）上。他在表上写的一些话又让新旧两党产生了愤恨。表中有这样几句话，意思是这样的："皇上您知道我愚昧，难以追随那些新进的权贵，又不能适应形势；可是您看在我已经年老，却不爱生事，就派我去管管小民……"在他的这份"谢恩表"中的"新进"、"生事"这两个词让人听出了弦外之音。谁是"新进"？谁又爱"生事"？人们对新党一阵嘲笑，当然还有那些自愿"对号入座"的人对苏轼就极为不满了。

当时，一位姓舒的御史大夫趁机向皇上奏了一本，说："苏轼的谢恩表讥讽时事，包藏祸心，怨恨皇上，讥谤皇上，渎职谩骂而没有人臣之节，现在人们已经在争相传诵，他这一举实在是搞得朝野轰动，万死也不足以谢皇上。"

此外，这位舒御史还从苏轼写的诗文中摘出了六十多条词句作为证实苏轼不满朝廷的材料，他诋毁苏轼"讪上骂下"，还举出具体的例子："陛下教群吏学运令，他却说'读书万卷不读律，致君尧舜知无术'，陛下发青苗钱，本来是接济贫民，他却说'赢得儿童语音好，一年强半在城中'，陛下推行盐法，他却说，'岂是闻韶解忘味，迩来三月食无盐'……"接着，御史中丞李定也跟着上表，还列举了四点苏轼该杀的理由。一时间，苏轼因为一份"谢恩表"竟然惹祸上身。皇帝将这件案子发到御史台处理。

东坡题扇图

苏东坡纪念馆

不久，苏轼就从湖州被抓回京城，过了一个月，又被关进御史台监狱。苏轼获罪的这件案子之所以被称为"乌台诗案"，是因为苏轼因诗获罪是由御史台一手操办的，而御史台常植柏树，柏树上又常常栖着乌鸦，人们常称御史台为"乌台"。

起初，苏轼并不承认自己有怨谤之心，只是说其中的一些诗句的确反映了民间疾苦。可是后来，在御史台官员吩咐下，手下对苏轼进行了轮番的审讯和折磨，苏轼一个儒生，实在忍受不了这种心理上的屈辱和肉体上的疼痛，所以就承队自己有罪，还写了"供词"。一首描写普通农村人家生活的诗"杖藜裹饭去匆匆，过眼青钱转手空。赢得儿童语音好，一年强半在城中"，苏轼自己说是讥讽了朝廷的青苗立法，他的供词是："此诗意言百姓请得青苗钱，立便于城中浮费使却……庄家小子弟多在城市，不著次第，但学得城中人语音而已，以讥新法青苗助役不便也。"可是这番话是多么牵强附会！苏轼还说，在《山村绝句》"老翁七十自腰镰，惭愧春山笋蕨甜，岂是闻韶解忘味，迩来三月食无盐"中是讥讽了新法实施中的"盐法"太急，使得山中之人饥贫无食，经数月。其实这首诗与盐法哪里有半点瓜葛，苏轼当时已经完全绝望了，就等着御史台把罪状和供词编织就绪，待皇帝批准后杀头了。可是，苏轼竟躲过这场大难，神宗皇帝下令只是对苏轼贬官了事。在这场来势汹汹的"乌台诗案"里，苏轼究竟是怎样解脱出来的呢？

众人纷纷相救

据说，当时太皇太后曹氏的一条遗嘱，救了他一命。据说，曹氏病危，神宗皇帝去看她，她说："当年仁宗皇帝策试制举人回来，见到苏轼两兄弟的文章，很高兴地对我说：'我为子孙得了两个相才。'如今不但没有重用他，反而要把他下狱论死。苏轼无非是作了几首小诗，发了一点牢骚罢了，这是文人的习性，若是抓到了一点小小的不慎之言，就罗织成罪，何以对得起仁宗皇帝？何以对得起太祖皇帝非叛逆不杀士人的祖训？"于是，神宗决心放了他。

另外，也有人猜测神宗本来就不打算杀他，当时的宰相看到神宗要宽恕苏轼时，就进谗言说："苏轼讥讽臣下的罪可恕，但藐视皇上的罪不可恕。"还举出了苏轼的一句诗"世间唯有蛰龙知"说，"苏轼不认为陛下是飞龙，竟求知于地下的蛰龙，就是藐视皇上。"神宗却说："文人的诗句，怎么能这样来推论呢？他咏自己的诗，与我有什么关系？"旁边的一位大臣和苏轼关系要好，就又加了一句："龙未必专指天子，人臣也可以称龙。"神宗说："是呀，孔明被称作'卧龙'，东汉还有'荀氏八龙'，难道都是人君？"说得那个宰相哑口无言。

后来，神宗又看到苏轼在狱中写的诗，更是动了慈悲之心，所以就赦免了他。这首诗是这样写的：

圣主如天万物春，小臣愚昧自忘身。
百年未了须还债，十口无家更累人。
是处青山可埋骨，他时夜雨独伤神。
与君今世为兄弟，更结来生未了因。

另外，苏轼确实是个人才，那些正直的人们都不愿他落难，所以纷纷解救。据说，从苏轼被捕起，救援的奏章、信函就如雪片般飞到京师。王安石的女婿上疏，扬言在皇帝实录上记下神宗不能"容才"；南京张安道在南京上疏，府官不敢接，他派儿子持至登闻鼓院投进；苏轼的弟弟苏辙愿意用自己的官职和薪水为哥哥抵罪。所以，神宗最终决定不杀苏轼。不久，苏轼被贬，"乌台诗案"就这样结束了。

苏轼·赤壁赋（局部）

无穷挟飞仙以遨游抱哀吾生之须臾羡长江之舳舻千里旌旗蔽空酾舟楫于天地渺浮海之一粟舳艣相属寄蜉蝣酒临江横槊赋诗固一世之雄也而今安在哉况吾与荆州下江陵顺流而东也之困于周郎者乎方其破西望夏口东望武昌山川相缪郁乎苍苍此非孟德

沈括画地图

辽国的狼子野心

自从宋真宗以后，宋朝一直依靠每年送大量银绢，维持了几十年跟辽朝暂时妥协的局面，但是辽朝欺宋朝软弱，想进一步侵占宋朝土地。公元 1075 年，辽朝派大臣萧禧到东京，要求划定边界.

宋神宗派大臣跟萧禧谈判，双方争论了几天，没有结果，萧禧硬说黄嵬山（今山西原平西南）一带 30 里地方应该属于辽朝。宋神宗派去谈判的大臣不了解那里的地形，明知萧禧提出的是无理要求，又没法反驳他。宋神宗就另派沈括去谈判。

沈括的谈判才能

沈括，杭州钱塘人，原是支持王安石新法的官员。沈括不但办事认真细致，而且精通地理。他先到枢密院，从档案资料中把过去议定边界的文件都查清楚了，证明那块土地应该是属于宋朝的。他向宋神宗报告，宋神宗听了很高兴，就要沈括画成地图送给萧禧看，萧禧才没话说。

宋神宗又派沈括出使上京（今内蒙古自治区巴林左旗南）。沈括首先收集了许多地理资料，并且叫随从的官员都背熟。到了上京，辽朝派宰相杨益戒跟沈括谈判边界。辽方提出的问题，沈括和官员们对答如流，有凭有据。杨益戒一看没有空子好钻，就板起脸来蛮横地说；"你们连这点土地都斤斤计较，难道想跟我们断绝友好关系吗？"

沈括理直气壮地说："你们背弃过去的盟约，想用武力来胁迫我们。真要闹翻了，我看你们也得不到便宜。"

辽朝官员说不服沈括，又怕闹僵了，对他们没好处，只好放弃了他们的无理要求。

沈括像

出使的真正原因

沈括带着随员从辽朝回来，一路上，每经过一个地方，把那里的大山河流，险要关口，画成地图，还把当地的风俗人情，调查得清清楚楚。回到东京以后，他把这些资料整理起来，献给宋神宗。宋神宗认为沈括立了功，拜他为翰林学士。

沈括为了维护宋朝边境的安全，十分重视地形勘察。有一次，宋神宗派他到定州，（今河北定县）去巡视。他假装在那里打猎，花了二十多天时间，详细考察了定州边境的地形，还用木屑和融化的蜡捏制成一个立体模型。回到定州后，沈括要木工用木板根据他的模型，雕刻出木制的模型，献给宋神宗。这种立体地图模型当然比绘制在纸上的地图更清整了。宋神宗对沈括画的地图和制作的地图模型很感兴趣。

第二年，就叫沈括编制一份全国地图。但是不久，沈括受人诬告，被朝廷贬谪到随州（今湖北随县）去。在那里，环境虽然很困难，但是他坚持绘制没有画完的地

中国通史

最新整理图文珍藏版

料敌塔

图。后来，他换了几个地方的官职，也是一面考察地理，一面修订地图，坚持了12年，终于完成了当时最准确的一本全国地图《天下郡国图》。

《梦溪笔谈》

沈括不但在地理研究上作出了出色的成就，而且是个研究兴趣很广泛的科学家。他在天文、历法、音乐，医药、数学等方面，都十分精通。他很早就研究天文历法。后来，他担任司天监的工作，发现在那里工作的人，不少是不学无术的人，不懂得用仪器观测。他到了司天监以后，添置了天文仪器。为了观察北极星的位置，他一连三个月，每天夜里用浑天仪观察，终于计算出北极星的正确位置。沈括晚年的时候，闲居在润州（今江苏镇江）的梦溪园。他把一生研究的成果记载下来，写了一本著作《梦溪笔谈》。

活字印刷术

在那本书里，除了记载他自己研究的成果以外，还记录了当时劳动人民的许多创造发明，其中特别有名的是毕昇的活字印刷技术。印刷术是我国古代四大发明之一。在北宋之前，已经有了雕版印刷术。但是雕版花费工夫大，而且刻好一块木板，要改动一个字，就要全部重刻。沈括在钱塘老家看到一位老工匠毕昇，用一种很细的黏土，做成许多小块，刻上字后放在窑里烧硬，成为一个个活字。用这种活字排版印刷，比雕版印刷方便多了。沈括看到这件新鲜事，十分感兴趣，就进行详细的观察和了解，还把毕昇的发明记载在他的《梦溪笔谈》里，后代的人读了他的书，才知道活字印刷术的来历。

宋徽宗宠信蔡京

宋徽宗喜欢蔡京的字

徽宗喜欢以字识人，蔡京本来是个无名小卒，可是因为写着一手好字，所以深得徽宗喜爱，官职逐渐越做越大。哲宗前

蔡京像

期，蔡京曾任户部尚书，后来担任翰林学士承旨，徽宗即位后，臣僚上书说蔡京专爱钻营，因此被贬官杭州。

一日，蔡京正闷闷不乐地斜躺在太师椅上，忽然一个贴心的侍者兴冲冲地走了进来："老爷，好事来了！""什么好事？"蔡京一下子站起来问："童贯到了杭州。"童贯是徽宗非常宠爱的一个宦官，蔡京原来就想和他拉拉关系，正苦于无法接近，不想侍者如此善解主意，把这个消息搞到了，这真是天赐良机。接着，侍者又告诉蔡京，童贯这次来杭州，是替皇上拽求字画，珍玩的，这更是令蔡京喜出望外，他真想马上见到这位皇帝面前的红人。但一想，白天童贯那儿客人一定很多，自己是个获罪之人，与宦官结交已招惹嫌疑，更不好深谈些什么，于是吩咐侍者："晚饭以后，准备五千两银子，随我去童贯那儿。"

蔡京为什么听说童贯来杭州搜求宝画便如此高兴？原来，蔡京的书法、绘画也是一流的。当年，他在翰林院供职，手下有两个属员对他极为殷勤，大热天一人一把白团扇，轮流为他扇风纳凉，蔡京一喜之下，在他们俩的扇子上各题杜甫诗一首。几天之后，这两个人忽然穿戴一新。原来，这两把题有蔡京字迹的扇子，不知怎么被当时还是端王的赵佶看见了，用几万贯钱的高价把扇子给买下了。可见徽宗对蔡京的书法是极为欣赏的，这次童贯来东南搜求字画，只要打通他的关节，由他把自己的字画转送给皇帝，最好顺便在皇帝面前为自己美言几句，自己今后不仅能摆脱目前沦落失意的光景，还可能飞黄腾达。

蔡京打通童贯的关节

一切都如蔡京想象的那样顺利，天刚黑，蔡京便乘了一顶小轿来到了童贯的住处，递上名刺（名片），即由童贯手下人引入正厅。因为蔡京是获罪被贬之人，童贯在厅内迎接，拱手落座之后，蔡京又说

蔡京·唐明皇鹡鸰颂跋

了一番旅途劳累之类的套话，接着二人便谈起东南的名草，西湖的山水来了。童贯自然知道蔡京的醉翁之意，他也很清楚本朝素有厚待文官的家法，朝臣中几起几落的事是常见的，因此他对蔡京并不敢有所怠慢。更紧的是，像蔡京这种急于重返政治舞台的人，身上更有油水可挤。果然，蔡京起身告辞之前，要他那位侍者捧上了红布包裹的五千两银子，并用一种很不经意的口气说："一点薄礼，不成敬意，望童大人笑纳。"那个时候，官场中送礼之风极

中国通史

最新整理图文珍藏版

盛，时人称之为"通关节"，因此童贯推辞一番之后，也就心安理得地收了下来，但他知道，往下还会有戏。果然又隔一日，蔡京邀童贯泛舟西湖，面对着一片湖光山色，蔡京大谈其报国爱君之心，自己与童贯是相见恨晚的同道。童贯也觉得，自己在外朝的官僚中，至今还没有一个可靠的党羽，蔡京倒是个可信的人，于是蔡京如愿以偿，童贯不仅答应把他的字画献给皇上，同时还为他谋划如何迁动更多的人，以影响皇上的视听，到此，蔡京的东山再起只是时间问题了。

童贯从杭州满载而归，把搜来的字画、珍玩呈送御前，并有意把蔡京字画放到最后呈上，皇帝果然睹物思人，说："蔡京的翰墨，朕在端王邸中时即十分喜爱，只是人家都说他品行不正，专务钻营。你这次到杭州，有否听到一些对他的议论？"童贯赶忙回答说："臣所听到的与朝中说法不大相同，人们都说蔡京忘身为国，才可大用。这次贬官是遭了旧党的一些小人算计。"皇帝听了些话，嘴上并没有说什么，但心里却为之一动。正在这时，宰相曾布为了挤去另一个政见不合的宰相韩忠彦，也向皇帝力荐蔡京是天下大才，可用以为相。而后宫的一些妃嫔，以及一些专门负责谏议的言臣，因为从蔡京那里得了不少好处，也一致称赞蔡京，八面来风把皇帝吹昏了头，于是徽宗终于起用蔡京为宰相，把治理国家的重担交给了这位在当时颇有些神秘色彩的人物。

成为权臣

面圣之日，蔡京向皇帝力陈他的治国方略，要想国家安定，必须继续哲宗的"绍述"之政，推行神宗新法，为此也必须将那些爱发议论，惹是生非的旧党请出朝廷。这正合皇帝当时的心思，于是便放手让蔡京实施这些政策。蔡京对旧党发动接二连三的攻击，最后，凡是与旧党稍有

泰山岱顶上最大的建筑群——碧霞祠

牵连的，都被列入"邪等"，与旧党合为一籍。本人及子孙永远不得为官，并石刻天下，以便对他们的罪恶永志不忘。后来凡是与蔡京政见不合的人，也统统被赶出国门，蔡京爬到了一人之下，万人之上的权力高峰。铲除了异己之后，蔡京又开始揣摩皇帝心思，为给皇帝纵情享乐提供依据。他马上就专营出了一个"丰亨豫大"的理论，宋徽宗更是以此为据心安理得地纵情享乐，将追求享乐做为了国家的头等大事。徽宗对蔡京更是信任有加，将朝中大事都交给他处理，蔡京于是成了朝廷中的权臣。

李纲守京城

大军兵临城下

两宋时代的中国虽然号称是统一的国家，实际上却一直处在分裂的状态中，而且几百年间一直战事不断，在宋、辽、金、元、西夏等国家之间常常发生战争。在这种种纷争中，也涌现出了无数的民族英雄、仁人志士，像名扬千古含冤而死的大将岳飞，甘愿拼却一死而青史留名的文天祥。还有一位不经常为人所知的民族英雄李纲，也同样在宋金的征战中立下了汗马功劳。

金太宗灭了辽朝之后，借口宋朝收留

了一名辽朝逃亡的将领，分兵两路进攻北宋。西路由宗翰率领，攻打太原，东路由宗望率领，攻打燕京。两路大军约好在北宋的首都东京会师，一起攻打东京城。

北宋的军队简直不堪一击，在金朝大军的进逼下节节败退，前线的告急文书像雪片一样飞向北宋朝廷。金太宗又派使者到东京，明目张胆的胁迫北宋割地称臣，满朝文武大臣都吓得不知该怎么办，许多人主张弃城逃跑。正在这最危急的时候，只有正作太常少卿（掌管礼乐和祭祀的官）的李纲站出来独排众议，坚决主张抵抗金兵。

李纲祠

这时战场上的形势已经越来越不利于宋朝军队了，西路金兵攻下燕京后，宋将郭药师投降。宗望就让郭药师做向导，领兵南下，直取东京。

不当亡国君

宋徽宗见形势危险，急得闭团转，却又想不出什么退敌的办法，拉住大臣的手连连叹气说："唉，没想到金人会这样对待我。"话还没说完，一口气就塞住了喉咙，昏厥过去，倒在床上。大臣们手忙脚乱地把他扶起来，把太医请来急救，总算把他救醒过来。徽宗眼看没什么办法可想，自己又不想承担个亡国之君的恶名，就把责任推给自己的儿子。他向左右侍从要来纸笔，写下了"传位东宫"的诏书，宣布退

位，作了太上皇。不久，他就带着两万亲兵逃出东京，到亳州去（今安徽亳州）避难，而把京城的乱摊子留给了新皇帝。太子赵桓即位，就是宋钦宗。宋钦宗把主战的李纲提升为兵部侍郎，并且下诏亲自讨伐金兵，其实，宋钦宗虽然如此做，但心里实在没有什么把握，七上八下的也没主意。这时，宋军在前线接连打了几个败仗，东京的局势日渐危急。一些怕死的大臣开始纷纷劝宋钦宗逃跑，宋钦宗也动摇了。

李纲请命

李纲得知这个消息，立刻求见宋钦宗，说："太上皇（指宋徽宗）传位给皇上，正是希望陛下能留守京城，陛下怎么能走呢？"

宋钦宗还没开口，宰相白时中先搭了腔，说："敌军声势浩大，眼看就要攻进东京，哪里能守得住？"

李纲驳斥他说："天下的城池，没有比京城更坚固的。再说，京城是国家的中心，文武百官集中在这里，只要皇上督率抗战，哪有守不住的道理？"

旁边有个宦官也嘟嘟嚷嚷说东京的城池不牢固，抵挡不住金兵进攻。宋钦宗叫李纲视察城池。李纲回来报告说："我视察过了，城楼又高又坚固，护城河虽然浅狭一些，只要安下精兵强弩，不愁守不住。"他还提出了许多防守的措施.要求钦宗团结军民，共同坚守京城，一旦等到各地的援军到来，就可以开始组织反攻，到时形势就会大变。

宋钦宗听了还是有点犹豫，说："那么，谁能担当守城的重任呢？"

李纲把目光向大臣们扫视了一下，说："国家平时用高官厚禄供养官员，就是为了危急的时候要大家出力。白时中、李邦彦身为宰相，应当担当起守城的责任。"

白时中、李邦彦正是最主张迁都的人，这时在旁边听了李纲让他们防守京城，都

急得直翻白眼。白时中气急败坏地嚷道："李纲你说得好听！你能带兵打仗吗?"

李纲神色从容地说："如果陛下不嫌我没有能耐，派臣带兵守城，臣甘愿用生命报答国家！"

宋钦宗看李纲态度这样坚决，就派他负责全线防守。

李纲受命督战以后，马上离开皇宫去部署防卫。可是，白时中等人并不死心，等李纲一走，又偷偷的劝钦宗逃跑。

第二天一早，李纲上朝的时候，只见禁军列队在皇宫两边，车马仪仗都已经准备停当，只等钦宗上车出发了。

李纲大为恼火，厉声对禁军将士说："你们到底愿意守卫京城，还是想逃跑?"

将士们齐声回答说："愿意保卫京城！"

于是，李纲就和禁军将领一起进宫，对宋钦宗说："禁军将士的家属都在东京，不愿离开。如果强迫他们走，万一半路上逃散，敌人追来，谁来保护皇上?"宋钦宗一听逃跑也有风险，才不得不留下来。

李纲立刻出宫向大家宣布："皇上已经决定留守京城，以后谁再提逃跑，一律处斩。"兵士们听了，都高兴地欢呼起来，都说在这种国难当头的时候，愿意为国家誓死一战。

李纲誓死守城白辛苦

李纲稳住了宋钦宗后，就积极准备防守，在京城四面都布置了强大兵力，配备好各种防守的武器。还派出一支精兵到城外保护粮仓防止敌人偷袭。

过了三天，宗望率领的金兵已经到了东京城下。他们用几十条火船，从上游顺流而下，准备火攻宣泽门。李纲招募敢死队兵士2000人，在城下列队防守。金军火船一到，兵士们就用挠钩钩住敌船，使它没法接近城墙。李纲又派兵士从城上用大石块向火船投掷，石块像冰雹一样泻了下

宋仁宗像

来，把火船打沉了，金兵纷纷落水。

宗望眼看东京城防坚固，一下子攻不下来，也怕自己孤军深入，一旦宋朝的援军到来就会陷入包围之中，就派人通知北宋，答应讲和。宋钦宗和李邦彦一伙人早就想求和，一听到这个消息，立刻派出使者到金营谈判议和条件。

宗望一面向北宋提出苛刻条件，一面加紧攻城。李纲亲自登上城楼，指挥作战。因为将士们都齐心协力，坚决抵抗，金兵纷纷应弦倒下。

李纲又派几百名勇士沿着绳索吊到城下，烧毁了金军的云梯，杀死几十名金将。金兵被杀死的、落水淹死的不计其数。战场上的形势一时发生了很大的逆转。李纲本来就打算等援兵到来，一起合围金兵的。现在看到战场形势好转，非常高兴，知道京师可以保住了。但是，正当李纲指挥将士拼死抵抗的时候，宋钦宗的使者却带来了金营的议和条件。

后来，宋朝就和金朝签订了丧权辱国的合约，甘心向金朝称臣纳贡，李纲的一番反攻的苦心计划没有用武之地了。

徽、钦二帝成为阶下囚

两代皇帝只知道烧香

北宋朝廷和金国联合攻辽时让金朝摸透了宋朝的家底，也让北方的金国看到了宋朝的腐败与无能，所以金国要乘着宋朝内乱的时候前来发笔横财。于是灭辽以后，在公元1125年冬，金国就兵分两路南下攻宋，企图消灭北宋政权。

这时北宋已多年没有战争，军队战斗力已经大不如以前，抵抗不住金兵凶猛的进攻。到第二年初，金兵就渡过了黄河，兵临汴京城下。

可是这时宋徽宗还是整天花天酒地地生活着，自以为天下太平无事，丝毫没有抗金的准备。面临金国的进攻，他并没有立即组织军队进行抗击，而是在宫中让道士做法，堂堂一国皇帝竟然把解围的希望寄托在道士郭京的六甲法上。这些道士的法力虽然能欺骗皇帝，却阻挡不了金兵的猛烈进攻。

徽宗万不得已，为了欺骗百姓争取民心只好连下罪己诏，言辞恳切地向人民道歉，表示悔恨。另外还下令全国各地的军队增援京师，保卫皇帝，但是远水解不了近渴，金兵已经逐渐逼近。徽宗这时已经完全被吓昏了，他不知所措，他所宠幸的"六贼"干尽了坏事，也早已受到人民的唾弃，不能领导抗金。徽宗在万般无奈之下，写下"传位太子"四个颤栗的瘦金体大字，自己躲在深宫中整日烧香。

在国难当头之时，太子赵桓即位，是为宋钦宗。宋钦宗即位的第二天，徽宗就以烧香为名，带着一批宠臣日夜兼程，渡过淮河逃到扬州，还把太上皇后丢在扬州，自己带了一帮妃子过长江逃到了江苏镇江。随行的妃嫔们受不了奔波之苦，落在沿途

宋钦宗像

很多人。

宋徽宗南逃后，钦宗起用抗战将领李纲，京城军民在李纲的率领下，奋勇抗敌，多次打退金兵的进攻。但就在这时，宋钦宗却在一伙投降派的鼓动下，罢免了抗战派领袖李纲，原因是根据祖宗家法防止李纲篡权，保全皇位；另外为了防止抗金后再招惹是非，得罪金人。并且这时宋徽宗还以太上皇的名义不准京外军队回师救急，宋钦宗抗金一时陷入了困境，只好放弃抵抗，派人向金屈膝求和，满足金人的一切无理要求。恰好这时孤军深入的金兵在北宋军民的顽强抵抗下，也认识到形势对自己不利，宋钦宗又满足了他们索要的金银、财物、土地等要求，所以金兵就撤兵回师了。

这时，宋钦宗赶紧迎回那位危险的太上皇，宋徽宗这时以为天下太平了，急忙高兴地赶回汴京重新过起了荒淫奢靡的宫廷生活。

靖康之耻

这时，一些大臣劝告钦宗要准备抵御金兵的再次南侵，可是钦宗却满不在乎地

中国通史

最新整理图文珍藏版

说："金兵一退就万事大吉了。"钦宗和徽宗一样，都不思忏悔，也不作任何准备，甚至还认为这些话太危言耸听了。半年后，金兵又卷土重来，再次兵分两路南下灭宋。他们飞速渡过黄河，再次包围汴京。宋钦宗又仿效前计，前往金营求和，却遭到了金人的百般戏弄。随行的吏部侍郎李若水气愤不过，痛骂金兵，被金人割舌而死，钦宗当即被金人扣押。在金兵的猛烈攻击下，汴京陷落。公元1127年4月，金兵把宋徽宗、宋钦宗父子二人连同北宋的后妃、亲王、内侍等共30多人俘虏北去。宫中所藏的金银，绢帛、文物，图籍、宝器等被抢一空，此年，北宋灭亡，此事件史称为靖康之难，又叫靖康之耻。北宋旧臣和南宋的君臣们为了避讳这一不光彩的史实，又经常自欺欺人地称之为二帝北狩，意思是徽钦二帝去北方打猎去了！

靖康之耻

徽钦二帝被金兵押到金国后，金国皇帝立刻下令把二人带到远离南方的五国城（今黑龙江省依兰），关押到一口地窖中，以防宋人来救。在天寒地冻的北方，宋徽宗痛楚地写下了一首诗：

彻夜西风撼破扉，萧条孤馆一灯微。

家山回首三千里，目断山南无雁飞。

诗中凄凉悲惨的亡国之情，真是有如那句"春花秋月何时了，往事知多少"，包含了多少辛酸啊。

蜀洛朔党争

以司马光为首的反变法派，是由多种政治力量暂时结合而成，在击逐变法派的同时，内部掀起了具有地方色彩的派别斗争，这就是"蜀洛朔党争"。洛阳人程颐以布衣之士为司马光、吕公著汲引至政府，并以崇政殿说书之职担任宋哲宗的老师。对这个十岁的小皇帝，程颐"每以师道自居"，除灌输儒家正统思想，还要小皇帝不近酒色，连司马光等也觉得未免过分。司马光死后，朝臣们借朝贺大赦的机会，去吊唁司马光。程颐认为不可，说："子于是日哭则不歌"，哪能"贺赦才了"就去吊祭！人们不同意这种迂腐之论，而苏轼讥笑说：此是枉死市上叔孙通制订的礼，而不是孔夫子的礼。众人无不哄然。程颐的弟子朱光庭、贾易等所谓洛党，借口苏轼在策问中提出效法"仁祖之忠厚"则官吏们偷情不振，效法"神考之励精"又使官吏们流于苛刻，借以攻击苏轼诬蔑宋仁宗赵祯不如汉文帝刘恒、宋神宗赵顼不如汉宣帝刘洵，应予治罪。蜀人吕陶、上官均亦即所谓蜀党，不肯坐视苏轼所受排击，上章论列朱光庭借机为程颐泄私忿。无所偏袒的范纯仁也觉得朱光庭的奏章太过分；而侧身于朔党的王岩叟则支持程颐。洛党和蜀党积不相能的结果，苏轼离开了政府，程颐也罢崇政殿说书。两党两败俱伤，以刘挚、梁焘等北方人为首的朔党控制了政府，成为司马光保守派的真正继承者。随后，朔党又同吕大防发生矛盾，权势之争，愈演愈烈，而一些投机分子如杨畏之流又交斗其间，政治局面更加混乱，最后经受不起以章惇为首的变法派打击，完全垮台。

庆元党禁

宋宁宗庆元年间韩侂胄打击政敌的政治事件。绍熙末，宋宁宗赵扩由赵汝愚和韩侂胄拥立为帝。赵汝愚出身皇族，韩侂胄是外戚。赵汝愚为相，收揽名士，想有一番作为。朱熹是当时著名学者，被召入经筵，为皇帝讲书。韩侂胄与赵汝愚不和，图谋排斥赵汝愚，先后起用京镗、何澹、刘三杰、刘德秀、胡纮等人。朱熹约吏部侍郎彭龟年同劾韩侂胄，韩侂胄对宋宁宗说朱熹迂阔不可用。时宋宁宗信任韩侂胄，朱熹因罢去，赵汝愚和中书舍人陈傅良等

宋宁宗像

力争不能得。彭龟年奏韩侂胄"进退大臣，更易言官"，"窃弄威福，不去必为后患"。庆元元年（1195）二月，赵汝愚罢相，出知福州。反对赵汝愚罢官的人都陆续被窜逐；太学生杨宏中等六人被贬官于五百里

外，时号"六君子"。同年十一月，窜赵汝愚于永州（今湖南零陵），庆元二年正月，暴死于衡州（今湖南衡阳）。韩侂胄当政，凡和他意见不合的都称为"道学"之人，后又斥道学为"伪学"。禁毁理学家的"语录"一类书籍，科举考试稍涉义理之学者，一律不予录取。庆元三年，将赵汝愚、朱熹一派及其同情者定为"逆党"，开列"伪学逆党"党籍，凡五十九人，包括周必大、陈傅良、叶适、彭龟年、章颖、项安世等。名列党籍者受到程度不等的处罚，凡与他们有关系的人，也都不许担任官职或参加科举考试。嘉泰二年（1202）二月，始弛党禁。

南并通衢

开封位于河南省东部，建城已有2700多年的历史。战国时期的魏，五代时期的后梁、后晋、后汉、后周以及北宋和金均建都于此，故有"七朝古都"之称。春秋时期，郑庄公为向中原扩展，在河南朱仙镇古城附近筑城，名启封，取"启拓封疆"之义。战国时期名大梁，五代北宋时期称汴梁、汴京、东京。经过长时期的经营，开封，特别是北宋时期的东京，城郭宏伟，"人口逾百万，货物集南北"，经济繁荣，风光旖旎，物华天宝，不但是全国政治、经济、文化中心，也是世界上最繁华的都市之一，有"汴京富丽天下无"的美称。

据记载，北宋时东京的手工、商业多达一百六十行，沿街店铺林立；闹市上人来人往，熙熙攘攘，通宵不绝。在京都汴梁市场上，各地货物琳琅满目，甚至日本、朝鲜、阿拉伯等国的商品亦有买卖。

宋人孟元老所撰《东京梦华录》，详尽描写宋东京的繁华，当时开封城中有闹

市、有酒楼、有茶馆、有妓院，城中夜市至三更方尽，五更时分又再燃灯开张，夜以继日，人烟不断，可谓"不夜城"。关于夜市，其中说到七十二户"正店"（犹今之豪华酒楼）是"飞桥栏槛，明暗相通，珠帘绣额，灯烛晃耀……不以风雨寒暑，白昼通夜，骈阗如此"。大"正店"里，常常是数百名"浓妆""坐台小姐"，"聚于主廊，以待酒客呼唤"；小"脚店"里，则"有下等妓女，不呼自来，筵前歌唱……谓之'打酒坐'"。夜生活是商业都市的重要标志，它不仅限于吃喝，还有各项娱乐事业。开封在这方面可谓取得了突破性的进展，前朝的梨园教坊都是由皇家垄断，直到宋朝，表演业走向民间，并且得到空前发展。杂剧、清唱、傀儡、说书、杂技、皮影、相扑、相声……形式多样，内容丰富，遍布于开封的勾栏瓦肆。各行中极受观众欢迎的大腕明星，《东京梦华录》中留下姓名的不下百余人之多，由此想见当时通俗文化发展的程度。

开封居于中原要地，是有名的天下之冲，四通五达之郊。据说大禹当年在这里塞荥阳泽，开渠以通淮泗，汉时河、汴决坏，汉明帝曾遣使者修治汴渠，隋大业中更令开导，引河水入汴口，名通济渠，在东引入泗，连于淮，至江都入于海，亦谓之御河，河畔御道植柳，炀帝南下，乘龙舟而往江都。自此往天下四方，公私漕运商旅轴轳相接。单从汴梁连接着汴渠与通济渠这一点上，就显见其地位之重要。

但是作为王朝的首都，开封的地理条件也存在着明显的缺陷。它处于黄河中下游平原上，无险可据，"魏地四平，诸侯辐辏，无名川大山之限"，在中国古代以陆地作战为主要战争方式的条件下，国家的都城除了要保证有充分的给养外，军事地理上的有险可凭与否，同样不可忽视。南宋史学家郑樵总结历代王朝建都特点时指出，

"建邦设都，皆凭险阻。山川者，天下之险阻也；城池者，人之险阻也。城池必以山川为固"。周秦汉唐建都长安，从地理因素来看，主要依靠黄河与秦岭做天然的屏障，可凭山川之险阻挡来犯之敌。洛阳作为都城，西有函谷，东有虎牢，多少也能起到御敌于都门之外的作用。

白釉剔花缠枝牡丹梅瓶

而汴京周围一马平川的地理形势，虽然交通便利，但也存在着没有天然屏障这一重大缺陷。清代学者顾祖禹在评论河南政治地理说："河南者，古所称四战之地也。当取天下之日，河南在所必争；及天下既定，而守在河南，则岌岌焉，有必亡之势矣。"正因为地理形势上的无险可守，汴京常常暴露在异族入侵的直接威胁之下，当年孙膑围魏救赵的

作战计划之所以能够奏效，就是充分利用了开封的这个弱点。

有学者认为，对于开封在地缘上的局限性，赵匡胤内心其实很清楚。但他即位于仓促之间，一开始不可能打算重新建都，而在此后十七年的当政时期，他却不止一次地产生过迁都的想法。当北汉、南唐等相继归入皇宋版图，统一战争基本结束以后，赵匡胤便启动了西巡洛阳的壮举。当时，京西南面转运使李符上表陈说御驾西行有"八难"，加以谏阻。尽管李符说得头头是道，而且他的观点反映了相当一部分官员的意见，赵匡胤却未加理会。他所以要去洛阳，除了重返故地去追寻儿时的旧梦，主要目的就是实地考察洛阳，为迁都的决策做准备。他在自己的出生地夹马营，面对毁于战火的旧日禁军兵营发出感叹说：这地方还是要修复供禁军驻屯。大臣们听出他话里有打算迁都的意思，内心反对但不敢表示。祭祀先祖罢，赵匡胤仍然迟迟不肯起驾东返。随行的大臣们内心焦急。铁骑左右厢都指挥使李怀忠追随赵匡胤二十余年，很受信任，找了个机会上谏："东京有汴渠之漕，岁致江淮米数百万斛，都下兵数十万人咸仰给焉。陛下居此，将安取之？且府库重兵，皆在大梁，根本安固已久，不可动摇。"话说得似乎很实在，但赵匡胤依然置之不理。

群臣只能搬出最后一块王牌，通过赵匡胤之弟晋王赵光义来做说服工作，赵匡胤索性对光义说："迁河南未已，久当迁长安。"赵光义听到他说以后还要迁往长安，更不理解，关中自唐末战乱以来，残破荒凉，较河南更甚，恢复工程浩大，谈何容易？于是劝谏不已。赵匡胤向他解释道："西迁者，非它，欲据山河之险而去冗兵，循周、汉故事以安天下也。"但赵光义反驳说："安天下在德而不在险，秦据关中，苛政虐民，不二

武生习武图

世而亡。"这句话听来冠冕堂皇，令赵匡胤语塞，事后他对左右说："晋王之言固善，然不出百年，天下民力殚矣。"他虽然是武夫出身，却很有政治头脑，深知政事与兵事两者的关系不容易处理好：穷兵黩武一定带来民生疾苦，而武备不修最终会陷于内患蜂起、外衅丛生的危险局面。面对着赵光义提出的"在德而不在险"的说法，他并不以为然，但却很难反驳。于是，迁都之议被搁置下来。

迁都之议的被搁置，是赵匡胤心中最大的憾事，他深知开封在防务方面的缺陷，懂得京师安全对帝国的重要，在迁都无法实施的情况下，他不得不着力建设一支具有强大战斗力的"禁军"，集中驻屯在京畿及要冲之地，拱卫首都。为了保证禁军的质量，他一方面多次有计划地从饥民、流民和地方保安部队（厢军、乡军）中选拔孔武有力、弓马娴熟的壮丁入伍，一方面积极推行士兵职业化。这样做的结果使禁军的数量不断扩大，他本人登基上台时，禁军不足20万，经过以后历代的扩募，100年后翻了三番有余。《水浒传》里称"八十

万禁军"。正如赵匡胤所预料的，军队和军费开支的增多造成了国家沉重的财政负担，"天下民力殚矣"，成为导致社会动乱直接和重要的原因。

由于赵匡胤一贯强调节用惜物，所以，开封始终没有像隋、唐经营长安那样追求宏大气魄，它也没有按照一个完整的规划推倒重建，而是在汴州旧城的基础上，经多次改造扩展而成。开封城内外共有三重，最中心的叫"大内"，也就是皇城，原来是唐代节度使的衙署，自后梁开始被改修成宫殿。皇城外面是内城，也就是汴州旧有的州城。内城以外的是五代时修建的外城，北宋各朝曾多次修葺或扩建，但周长不过40余里，面积约30平方公里，较唐时的长安（面积84平方公里）小了一半有余。由于经济的发展和人口的膨胀，开封的商业区和住宅区向城外不断拓展。这给军事防务造成了很大的被动，以致后来京师保卫战的前线必须设在数十里外的黄河以北，因为敌军一旦过了黄河，开封就暴露于敌前，它的城墙基本失去了守险的意义。

从洛阳回到开封不过半年，赵匡胤就病死了。接班人是其弟赵光义，国都西迁的问题自然被永远搁起。虽然将开封作为永久性的首都有违赵匡胤的初衷，但北宋一朝的帝王们（从太宗赵光义到钦宗赵桓，包括长期垂帘听政的仁宗养母章献皇太后）却大体上都遵循着赵匡胤倡导的政治路线和军事路线。赵匡胤死后150余年间，北宋在封建社会史上，以最开明的政治、文化形态和最软弱的军事、外交格局，写下了独特的篇章。开封在发展中走向繁荣的顶峰，成为当时全世界最大的政治、文化和经济中心，但是由于它无险可守的地理格局，在外族军事力量的进攻面前一直处于弱势，最后毁灭于北方民族的铁蹄下。

红颜薄命

宋代才女颇多，宋初的花蕊夫人无疑是较为引起人们关注的一位。

现在学界普遍认为，五代、北宋时期曾经出现过两位花蕊夫人，一位是前蜀主王建的妃子，姓徐，前蜀亡后，遭后唐庄宗所害。另一位花蕊夫人则是后蜀主孟昶的妃子，姓费，青城人，工诗，曾仿王建赋宫词百首，后蜀亡随孟昶入宋。但是清代诗人赵翼在他的《陔余丛考》中称，除了这两位花蕊夫人外，还有一位花蕊夫人，她是南唐后主李煜的妃子，于南唐亡后，一并俘入宋宫，后为晋王所杀。这就是说，历史上先后出现过三位花蕊夫人。南唐后主李煜的花蕊夫人史书记载不详。而前蜀和后蜀的两位花蕊夫人，却是身世曲折，流传的故事也颇多。

蜀地自古富庶，"益州塞险，沃野千里"，成都平原又是天府之国的精华，自古号称锦城。由于有这优越的地理环境，一到分裂时期，这里就会出现独立政权，五代十国时这里也先后建立了前蜀、后蜀。前蜀开国皇帝王建当时纳了徐氏两姐妹为妃子，两位妃子生得天姿国色，妹妹小徐妃更是花容月貌，被王建称为花蕊夫人；据说，"花不足以拟其色，蕊差堪状其容"。大徐妃为王建生下一个儿子王衍，他本排行十一，却由于母亲、阿姨受宠的原因而立为太子。王建不久去世，王衍当上皇帝后荒嬉无度，对吃喝玩乐十分在行，每日里陪侍两位徐妃（太妃）或游宴贵臣之家，或周览蜀中名山寺观，当他陪母亲和阿姨游青城山时，命宫女衣着都画云霞，又令宫女穿着宽松的道袍，簪莲花冠，浓妆艳抹，叫做"醉妆"，他自己跟随在后，边舞边唱。大、小徐妃更是趁机弄权，结

最新整理图文珍藏版

交宦官，卖官鬻爵，闹得不成体统、怨声载道，后唐庄宗发兵灭掉了前蜀，大、小徐妃均死于非命。

前蜀亡后，后唐庄宗以孟知祥为两川节度使，孟知祥到蜀后，后唐发生内乱，庄宗被杀，孟知祥野心膨胀，训练甲兵，到后唐明宗死后，孟知祥就僭称帝号，但不数月而死，孟昶继位。孟知祥处心积虑所创下的局面，传到孟昶的手上。此时蜀地已连续十年太平，五谷丰登，孟昶偃武修文，流连声色，赌酒吟诗，居安忘危，淫冶无度。他当初最宠的妃子张太华，在畅游名胜青城山时，突遭雷击身亡，孟昶从此抑郁不乐。后来，有人在埋葬张太华的青城山一带，找来了一个绝色娇娃。孟昶见后，眼睛一亮，说这女子"花容月貌，仿佛太华，而且秀外慧中"。经询问，她还擅长文墨，试以诗、词、歌、赋，无一不精。不久就册封为贵妃，仿前蜀小徐妃，也别号"花蕊夫人"。花蕊夫人作《宫词》百首，词调音韵华美，从生活琐事入手，展现出后蜀宫廷生活的闲适，宫室池苑的华美，饮宴歌舞的骄奢，宫人、内监、近臣的人情笑貌，将后蜀宫廷生活如绚丽画卷般展现于世人面前。

这位花蕊夫人天赋歌喉，每逢侍宴，红牙按拍，檀板轻敲，声徐流水，余音袅袅，绕梁不绝。后主日日饮宴，觉得看馔都是陈旧之物，端将上来，便生厌恶。花蕊夫人对烹饪也有爱好，别出心裁，用洗净的白羊头，紧紧卷起，将石镇压，以酒腌之，使酒味入骨，然后切如纸薄，号称"绯羊首"，又名"酒骨糟"，吃起来风味无穷，于是后主对她越发喜爱。花蕊夫人最爱牡丹花和红芙蓉花，于是孟昶命官民人家大量种植，并说：洛阳牡丹甲天下，今后必使成都牡丹胜洛阳。派人前往各地选购优良品种，在宫中开辟"牡丹苑"，孟昶除与花蕊夫人日夜盘桓花下之外，更

召集群臣，开筵大赏牡丹。那红芙蓉花据说是道士申天师所献，开起花来，其色斑红，其瓣六出，清香袭人。每当芙蓉盛开之季，成都沿城四十里周围，都如铺了锦绣一般。

就在二人缠绵享受之时，后周大将赵匡胤"黄袍加身"建立宋朝，随即南征北伐，意在一统。花蕊夫人屡次劝孟昶励精图治，孟昶总认为蜀地山川险阻，不足为虑。赵匡胤命忠武节度使王全斌率军六万向蜀地进攻，十四万守成都的蜀兵一溃千里，孟昶自缚出城请降。孟昶与花蕊夫人被迫离开他们的蜀地乐园，前往汴梁。赵匡胤久闻花蕊夫人艳绝尘寰，为睹芳容，赏赐了孟昶及其家人，并在他们来宫中谢恩之时见到了花蕊夫人。七天以后，孟昶暴死，许多人认为是被赵匡胤毒杀。孟昶之母本来就为儿子的请降而觉羞愧，也绝食而死。太祖把花蕊夫人留在宫中侍宴，要她即席填词，花蕊夫人吟道："初离蜀道心将碎，离恨绵绵，春日如年，马上时时闻杜鹃。三千宫女皆花貌，共斗婵娟，髻学朝天，今日谁知是谶言。"这词系是花蕊夫人离开蜀国，途经葭萌驿时所作，当时押送的士兵催促赶路，只写成了上半曲，下半曲花蕊夫人当场填成。当年在成都宫内，蜀主孟昶亲谱"万里朝天曲"，以为是万里来朝的佳谶，妇人戴高冠，皆呼为"朝天"，谁知却成了降宋的应验。赵匡胤又命她做诗，花蕊夫人稍作思忖，赋诗一首："君王城上树降旗，妾在深宫哪得知；十四万人齐解甲，更无一个是男儿。"宋太祖赵匡胤听后，不由大加赞叹，感于花蕊夫人的故国之思，对她更为倾慕，遂携花蕊夫人同入寝宫，不久封为贵妃。

花蕊夫人在赵匡胤的强势面前，不得不从，但是她本与孟昶相处十分恩爱，时常想起孟昶昔日的恩情，所以亲手画了他的像，挂在寝宫里，背着人，私自礼拜，

磁州窑白地黑花孩儿垂钓纹枕

一天，花蕊夫人点上香烛，正在叩头礼拜，赵匡胤进来，不知她供的是什么画像，细看去，只见一人端坐在上，眉目之间好像在什么地方见过一般，急切之间，又想不起来，只好问花蕊夫人。花蕊夫人连忙镇定心神，回答道："这就是俗传的张仙像，虔诚供奉可得子嗣。"赵匡胤听后，笑道："妃子如此虔诚，朕料张仙必定要送子嗣来的。但张仙虽掌管送生的事，究竟是个神灵，宜在静室中，香花宝柜供养。"后宫那些妃嫔，听说供奉张仙可以得子，便都到花蕊夫人宫中照样画一幅，供奉起来，希望生个皇子，从此富贵。不久，这张仙送子的画像，竟从禁中传出，连民间妇女要想生儿抱子的，也画一轴张仙，香花顶礼，成为风俗，至今不衰。

有学者说，花蕊夫人红颜薄命，她为了替孟昶报仇，"尝进毒，屡为患，不能禁"（蔡绦《铁围山丛谈》），终于被宋太祖赐死。也有记载说，晋王赵光义也看中了花蕊夫人，乘隙对她调戏，花蕊夫人十分反感。太祖曾有金匮之盟传位光义的事，花蕊夫人常常在赵匡胤面前说："皇子德昭，很有出息，将来继承大统，必是有道明君。陛下万不可遵守太后遗诏，舍子立弟，使德昭终身抱屈。"赵光义得知后，非常痛恨花蕊夫人，一心要将她治死。在一

次宫廷围猎中，赵光义假作误伤把花蕊夫人一箭射死。

后蜀花蕊夫人的身世至今仍是一个谜，这位才女的祖籍在何处？父亲、母亲是何人？史书均无记载。明初学者陶宗仪在他的《辍耕录》一书中说："蜀主孟昶纳徐匡璋女，拜贵妃，别号花蕊夫人，意花不足以其色。或以为姓费氏，则误矣。"这也不过是一家之言。花蕊夫人的百首宫词、葭萌驿题词、宋宫赋《国亡》诗，是她一生几个重要阶段的代表作，具有很高的文学价值，足以记入文学史册，清人吴文锡《青城山吊花蕊夫人》诗写道"内家本事诗犹在，城上降旗恨未休。试问葭萌题驿处，有无水殿任梳头"，将她的一生概括得极为精炼。20世纪50年代，人们在四川广汉发现"孟昶暨花蕊夫人墓"，此墓系何时所建？筑墓者又是何人？这座墓埋葬的是孟昶和花蕊夫人的遗骸还是衣冠冢？均无史料可查，这又是一个难解之谜。

优待文官

在中国历史上，宋代文人士大夫的地位之高，所受到的待遇之优厚，为历代所罕见。有宋一代，上至宰相，下至知县，包括枢密院这样的主管军机事务的最高军事部门长官，多以文人充任，朝野上下，尚文贱武成了社会风尚。据一些史书记载，宋朝文官的俸禄也颇厚，名称有官俸、禄粟、职钱、公用钱、职田、茶汤钱、给券、厨料、薪炭费、仆人衣粮等。在宋代，读书人只要能求得一官半职，就能丰衣足食，一生享用不尽。

反之，宋代的武将在权力、声名等方面却受到了贬抑，不仅文官瞧不起武将，就连文官改授武职，也被人视为"贻羞阀阅"的事情（《渑水燕谈录》陈尧咨事）。

王铚《默记》中说，北宋时代难得的将才狄青在定州做副总管时，一次在知州兼安抚使都总管韩琦举办的宴会上竟然被歌妓嘲笑；狄青后来更被仁宗猜忌，"病作而卒"。为什么大宋皇朝会形成这样一种崇文抑武的风气呢？

有学者认为，这要从宋代开国所定的国策说起，早在五代之时，各朝政权考虑的是如何加强武力，以便进一步稳定和扩充地盘。武将左右政局，文人普遍不受重用。北宋建立后，太祖皇帝赵匡胤面临的首要问题，就是如何避免宋王朝成为继五代之后的第六个短命王朝。唐末、五代时期走马灯一般的政权更替，使赵匡胤清醒地认识到，军权可以对政治起决定性的支配作用。为此，赵匡胤在"杯酒释兵权"，解除了将领们的军权之后，便在选拔用人等方面实行新的方针。这当中，很重要的一项措施就是重用文人。

其实，作为武将出身的宋太祖，最初也同许多将领一样，言行举止中，不经意间会流露出轻视读书人的倾向。有一次，赵匡胤到朱雀门，赵普陪同前往。赵匡胤指着门上的牌匾问赵普："为什么不直接书写'朱雀门'，中间却要加个'之'字？"赵普回答说："'之'是语助词。"赵匡胤听后，不以为然地说："之乎者也，有何用处！"然而，历史的教训和严峻的现实，逐渐使赵匡胤明白，要治理天下，必须改变自己身上的行伍习气。

赵匡胤还是周世宗手下的一名将领时，一次跟随周世宗讨伐南唐，攻下寿州城后，有人向周世宗告状说他抢掠了好几车财宝。周世宗派人检查时，发现车里装的竟然全是书籍，不禁感到奇怪，问他要这些书干什么，他回答说："臣本没有多少才智帮助皇上，却受重任，深感惭愧，所以广购书籍以增长知识。"

宋太祖喜爱藏书、读书的习惯，为他

灵岩寺辟支塔

日后夺得天下和治理天下打下了好的基础。乾德年间，宋太祖打算改元，命令宰相准备前世没有用过的年号，有人提出用"乾德"年号。这时，正赶上后蜀一个宫人来到皇宫，在检查她的梳妆用品时，在匣子里发现了一个背后刻有"乾德四年铸"字样的旧镜子。太祖非常惊奇，询问身边的人，竟没人答得上来。太祖叫来学士陶谷、窦仪询问其中的缘由，窦仪回答说："这一定是后蜀的物品，从前伪蜀王衍有过这个年号，应当是那时铸造的。"太祖解除了疑惑，不由得感叹地说："险些误事，看来宰相须用读书人啊！"

从宋开国起，太祖就注意从各个方面发挥文人治国的积极作用。在他当政的十几年中，积极选拔文人，朝中宰相，甚至包括主管财政和军政的三司使和枢密使，

中国通史

最新整理图文珍藏版

均由文人担任，朝廷中文官占据要津，地位显赫。

宋太祖的崇文抑武，对武将有着很大的震动。有宋一代武将和文臣见面互相礼敬寒暄时，文臣们一改五代时期那种听任武将摆布、对武将低眉拱手点头哈腰的习惯，扬眉吐气地走在京城大街上，显出文人雅士的风采。随着文臣、武将地位的转换，双方都对各自所扮演的社会角色，进行了一定的调整。特别是那些以开国功臣自居的武将们，自惭文化素养的低下，在宋太祖的劝导下，也纷纷学着士大夫的模样读起书来。

宋陵石刻

赵普就是在赵匡胤的激励下，做到了手不释卷。为了不辜负太祖的信任，他常常利用下朝的时间，把自己关在房中读书。据说，赵普去世后，人们在他的书房里发现了经他翻阅多遍的二十卷《论语》（全套应该是四十卷）。因为赵普为相时，曾为治理国家提出了很多有远见的计策，所以有了后来的"半部《论语》治天下"的说法。

为了表现出尊重儒士和对知识分子宽容，据说宋太祖曾为之立誓，宋人叶梦得《避暑漫抄》中记载道：宋太祖于建隆三年（962年）密镌一碑，立于太庙寝殿之夹室，谓之誓碑。平时用销金黄幔遮蔽，门钥封闭甚严。太祖命令有关部门，唯太庙四季祭祀和新天子即位时方可启封，谒庙礼毕，奏请恭读誓词。届时只有一名不识字的小黄门跟随，其余皆远立庭中，不敢仰视。天子行至碑前再拜，跪瞻默诵，然后再拜而出，群臣及近侍皆不知所誓何事。北宋的各代皇帝"皆踵故事，岁时伏谒，恭读如仪，不敢泄漏"。直到靖康之变，金人将祭祀礼器席卷而去，太庙之门洞开，人们方得看到此碑。誓碑高七、八尺，阔四尺余，上刻誓词三行：一为"柴氏（周世宗）子孙有罪不得加刑，纵犯谋逆，止于狱中赐尽，不得市曹行戮，亦不得连坐支属"；一为"不得杀士大夫，及上书言事人"；一为"子孙有渝此誓者，天必殛之"。

南宋建炎年间（1127～1130），武义大夫曹勋自金遁归，被扣留在金的徽宗还让他转告高宗，说："艺祖（宋太祖）有誓约藏之太庙。"（《宋史·曹勋传》）这是关于太祖誓碑较完整的记录。

但是，有不少学者认为，叶梦得关于誓碑的记载证据不足。靖康之变时他不在京师，誓碑内容并非亲眼所见，而他书记载皆陈陈相袭，不足为信。从史实来看，太祖在位时，也杀过大臣。誓碑规定优待柴氏子孙，但太祖在即位当年就将周恭帝母子迁到西京，在立碑的那一年又将他们迁到房州，这些做法显然与誓碑大不一致。此外，誓碑的收藏方式过于奇特，这种安定人心的誓约完全可以公开，以显示其帝王的胸怀，何必藏得如此神秘？还有，宋徽宗在遭金人掳掠，备受屈辱之际，委托南归的武义大夫曹勋寄语高宗的不是如何与金人交涉让自己南归、如何收复故土，而是有关优待文人誓碑的事，实在是有悖于常理。因此，这些学者认为，所谓徽宗寄语誓碑内容云云，很可能是宋高宗伪造的，宋高宗此举是为了笼络人心和招揽士大夫，冠以祖宗遗命以满足政治需要，太祖誓碑纯属子虚乌有。

有的学者对此提出异议，认为虽然没有更多更完全的史料可以证明太祖誓碑的存在，但是并不能因此而否定北宋初年起制定的重文抑武、以文臣驾驭武将的国策。北宋初期优待士大夫，不轻易诛杀大臣是不争的事实，范仲淹曾由衷地说："祖宗以来，未尝轻杀一臣下，此盛德之事。"（《范仲淹年谱·庆历三年》）除了范仲淹，蔡确、吕大防、曾布等重要大臣的言论中，也多次提及祖宗家法。应该承认，北宋确有祖宗家法流传并被执行，而家法规定的国策一方面激发了士大夫的人格尊严，另一方面也使他们获得特权，使得一些人无所顾忌，横行不法。北宋出现的冗官现象，也与誓碑规定的优待士大夫政策不无联系。诛杀大臣确实不是北宋统治者国策的主流。因此，即使没有碑，与碑文类似的家法誓约还是存在的，决非高宗的伪造。

宋朝统治者非常重视吸取中国过去的历史教训。司马光编著了著名的《资治通鉴》。宋朝没有地方势力的割据，也没有宦官、后妃、外戚的专权干政乱国。有宋一朝各代帝王如太宗"天下无事，留意艺文"，真宗"圣性好学，尤爱文士"，英宗以皇子入宫时"行李萧然，无异寒士，有书数厨而

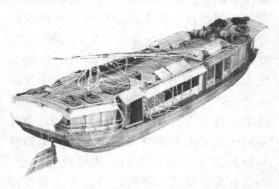

北宋·汴河客船

已"，出现过徽宗等昏君，就是没有暴君。这不能不说是推崇儒家教育的结果。

巢车（模型）

宋朝还专门建立了言官制度，宋仁宗时进一步增加了台谏力量。开明宽厚的政治氛围，使官员们敢于抨击朝政，发表自己的政治主张，致使宋朝涌现出大批中国历史上敢言直谏的官员，如寇准、范仲淹、包拯、苏轼等。尤其是包拯这样的人物只有在开明的大宋王朝才能产生，中国历史上很少能见到像包拯这样和仁宗皇帝在朝堂上当面争吵，包拯的唾液都飞溅到宋仁宗皇帝的脸上的事。宋仁宗即使再生气也没把包拯怎么样，包拯照样勇于直谏、照样升职为官。"终仁宗之世，疑狱一从于轻"，宋仁宗对疑难案例都是从轻发落，可见宋代皇帝的开明与民主。整个社会尊重知识分子，文化人地位空前提高。宋朝历代都特别爱惜人才，优待官员。即使是卢多逊和丁谓图谋政变，这样的重大犯罪也

只是流放了事。宋代的官场也比前朝来得民主一点，下级官员可以告上级官员；就是"一人之下，万人之上"的宰相也难幸免。其中包拯就把他顶头上司及几位比他职位高的官员弹劾倒了。宋朝民告官的事也屡见不鲜，各级衙门门口都贴着反腐规训，百姓可以上诉、告官，直至胜诉。宋代极少有文字狱，仁宗时四川有个士子，献诗给成都太守："把断剑门烧栈阁，成都别是一乾坤。"这不是明目张胆地煽动造反么？如在其他各朝，此人肯定会被朝廷定为"谋逆"大罪，灭门九族。成都太守将他缚送京城，仁宗却道，这是老秀才急于要做官，写首诗泄愤，怎能治罪呢？不如给他个官做做吧，就授其为司户参军。如此气度和雅量显见其底气充沛。朝廷和社会的宽容，也鼓励了文人打开思想束缚，大胆创作，涌现出很多诗人词人，写出了许多传之千古的佳作，所以有了宋朝文明的兴盛。

赵钱孙李

赵钱孙李，周吴郑王，冯陈褚卫，蒋沈韩杨，朱秦尤许，何吕施张，孔曹严华，金魏陶姜，戚谢邹喻，柏水窦章……

这一连串字，四字一句，读起来朗朗上口。这就是我国流行最长、流传最广的一本蒙学教材《百家姓》，据统计《百家姓》仅有472字，可以说是字数最少的一种书，这些字尽管只是些姓氏的堆积罗列，彼此之间根本没有什么必然联系，也很难表达出一种理念上的具体意义，然而就是这样一册薄薄的数页之本，竟能在千百余年的社会动荡变化中代代相传，拥有源源不断的读者队伍，成为中国文化史上的一个饶有意味的特殊现象。

据史载，《百家姓》与《三字经》同为自宋元以来，沿袭不改的初学儿童必读课本。南宋诗人陆游曾在《秋日郊居》一诗下自注："农家十月乃遣子入学，谓之冬学。所读《杂字》、《百家姓》之类，谓之村书。"明代学者吕坤在其《社会要略》一书中也提到："初入社学八岁以下者，先读《三字经》以习见闻，《百家姓》以便日用……"《百家姓》能成为启蒙读物，其重要的原因是，它易学好记，通过日常生活中所接触到的一般姓氏，可再去探寻众多的姓氏。儿童能以较短的时间，背完数百家姓，从而达到快速认识四五百字的效果。有学者考证，姓氏的起源大抵有以下几种：一是以受封的邑名为姓氏，如晋武公封他的叔叔姬万于韩，姬万的曾孙厥就以封邑名为姓氏，韩厥就是姬姓韩氏；二是以所居的地名为姓氏，如齐桓公有子孙居住在都城临淄外的东门一带，称东郭大夫，后代皆以东郭为姓氏；三是以官名为氏，如史官有后代称史氏；四是以技艺为姓氏，如制陶人有后代称陶氏；五是以祖先的谥号为姓氏，如秦穆公有后代以他的谥号"穆"为氏，称为穆氏，六是为避祸而改姓，比如覃姓；七是为避帝王的名讳而改姓，如东汉时庄氏为避汉明帝刘庄的名讳，改称严氏；八是少数民族与汉族融合时，少数民族的部落名称演变成汉姓；九是当某一姓氏的字有几种不同的写法时，往往演变成几种不同的姓氏。

一些专家认为，中国的姓氏是一种特殊的人类文化，它含有幽深的历史内涵，隐藏着若隐若现的氏族种群特征、姓氏群体遗传，它附载着种族成因、民族迁徙、人文生态、性情生理诸多方面的大量隐秘信息。我国实际使用的姓氏大约有2000个，而历史上曾出现近万个姓氏。经过历代的归并合流，主要的姓氏还有数百之多。大约到宋代时，中国的姓氏已与现代几无

《百家姓》清刻本

二致了。

《百家姓》作为我国流行最长、流传最广的一种蒙学教材，其具体成书时期已无从考证，著撰人现已不详。大抵说来，它的成书和普及要早于《三字经》。宋人王明清在他的《玉照新志》中说：《百家姓》"似是两浙钱氏有国时小民所著"。所谓"有国"，据史书记载，吴越在宋太祖开国后，还存在一段时间，至宋太宗兴国二年才率土归降。可见这本书是北宋初年问世的。王明清还说，《百家姓》："其首云：'赵钱孙李'，盖钱氏奉正朔，赵乃本朝国姓，故钱次之；孙乃忠懿（钱俶）之正妃；又其次则江南李氏。此句云'周吴郑王'，皆武肃而下后妃，无可疑者。"该书前几个姓氏的排列是有讲究的：赵是指赵宋，既然是皇帝的姓理应为首；其次是钱姓，钱是五代十国中吴越国王的姓氏；孙为当时国王钱俶的正妃之姓；李为南唐国王李氏。而"周吴郑王"，皆吴越国后宫中其他妃子的姓氏。

清朝康熙初年，学者王相在其《百家姓考略》中也说："百家姓出自《兔园集》，乃宋初钱唐老儒所作。时钱俶居浙。故首赵，次钱，孙乃俶妃；李谓南唐主也。次则国之大姓，随口叶韵；甘漏实多，识者訾之。然传播至今，童蒙诵习，奉为典

大理段氏与 37 部会盟碑

册。"但《兔园集》现已失传，因此难以考究。

也有学者认为，北宋时期，产生的《百家姓》。姓氏的排列依次是赵、钱、孙、李、周、吴、郑、王……这姓氏的排列没有照人数的多少，那么，它参照什么规律来排的呢？赵氏名列第一，因为赵匡胤是皇帝。而在当时人数不多的钱氏为何排在第二呢？这是因为当时百姓愿意和平统一祖国，对钱姓国王顺应历史潮流举动的赞赏。公元 960 年，赵匡胤取代后周，建立宋朝，在随后的十多年间，宋军先后攻灭荆南、后蜀、南汉等割据政权，由北宋来终结五代十国战乱局面的大势已经形成。面对浩浩荡荡的统一潮流，吴越国王钱俶为了使生灵不受涂炭，作出了明智的选择"自献封疆"，取消自己的王位，将13 州 1 郡 86 县、55. 07 万户、11. 5 万兵卒全部献纳给宋朝，对和平统一作出了重大贡献。钱俶归来后受到空前的礼遇。宋

中国通史

最新整理图文珍藏版

太宗赵光义"申誓于山河",发誓永保钱氏子孙富贵。钱俶先被封为淮海国王,后改封为邓王等。对于抵达汴京的近三千名钱氏族人,赵光义让他们"文武自择其官",被授予官职者有上千人,不少人出任或在后来升任节度使、观察使、将军、尚书直至当上宰相。钱俶之子钱唯演等还成了驸马。北宋末年,在开封等地的钱王后裔已达上万人。因此,当时的人们都说,"忠孝盛大,唯钱氏一族,信为善之报不虚"。直到六百余年后的明代末年,人们仍可看到"吴越之民,追思钱氏,百年如新"的情景。人们为了缅怀这位以统一大业为重,以人民生命财产为重的钱氏国王,便把钱姓排在了《百家姓》第二位。

而南唐后主李煜试图以武力抗拒统一潮流,宋太祖赵匡胤屡次要李煜到汴京朝觐,以便和平统一南唐。但李煜不肯放弃割据,"称疾不行",并宣称"臣事大朝,冀全宗祀,不意如是,今有死而已"。974年,赵匡胤令大将曹彬率军进攻南唐,使南唐错失了和平统一的机会。宋军包围南唐都城金陵后,赵匡胤和曹彬都曾劝告李煜停止抵抗,以免全城生灵涂炭。李煜仍迟疑不决,直到城破被俘。对于李煜不识时务的行为,《南唐书》评论说,"普天之下,莫不翘首太平",而李煜仍认为:"窃土贼民,十有六年,外示柔服,内怀僭伪,岂非所谓'逆命'者哉!"宋军攻陷金陵后,李煜没有自杀的勇气,只得向宋军"跪拜纳降"。李煜合族三百余口都成了俘虏,被押解到汴京。虽然宋军没有行"献俘"礼,李煜仍经历了亡国之君经典的投降仪式"面缚衔璧,群臣舆榇"。赵匡胤赦免了他,但又侮辱性地封他为"违命侯",将他软禁于汴京。赵匡胤死后,宋太宗赵光义改封李煜为陇西郡公,使他从侯升为公,而且去掉了"违命"两字,但他阶下囚的身份其实并未改变,据传,最后因服用宋太宗所赐"牵机药"而死。钱俶和李煜的不同表现和遭遇,形成了在同一时代同一地区是武力统一还是和平统一的不同结果,这也可能是李姓为何在《百家姓》排名在钱姓之后的原因之一。

宋初所编的《百家姓》虽经年代变迁,仍一直深得人心。宋以后,朝代更替,

大理城

一些当权者另行编写《百家姓》，企图取赵宋《百家姓》而代之，结果都没有成功。

明初官修的《明皇百家姓》，以国姓"朱"为首，以"朱奉天运，言有万方"开头，收入1968个姓氏，于洪武十四年进呈给朱元璋，但在民间推广困难，至今已失传。明末又有黄周星以"尚慕隆古，胥仰盛王，万方弘赖，怀葛虞唐"为开头的《百家姓新笺》，也无法流行。清康熙年间，官修《御制百家姓》，咸丰五年（公元1856年）时由山阳人丁晏编成的以"咸丰万寿，安广吉康，国家全盛，胡越向方……"的《百家姓三编》也无法推广。另外，历史上还出现过《女真百家姓》、《蒙古字母百家姓》的课本。这些另行编写的《百家姓》，编撰者可谓煞费心思，也得到了当时帝王的首肯，极力推崇，显赫一时。但都得不到底层百姓的赞同，流传不下去，最终如星光般转瞬即逝，消失于浩瀚的古籍烟海之中。

扶正贬邪

在以宋初故事为题材的戏曲小说中，常常有一位被称为"八贤王"的人物，相貌堂堂，而且正气凛然，往往在忠臣义士与奸臣邪党矛盾冲突激烈、而昏庸的皇帝又偏袒奸臣一方的危急时刻，挺身而出，仗义执言，皇帝老子见他也怕三分，于是邪不敌正，奸臣一方败北。在传统剧目《潘杨讼》、《寇准背靴》、《辕门斩子》等戏中他虽然只是一名配角，但起的作用却并不小。

戏曲当然可以虚构人物的故事，但是虚构总得有些依据。一般学者都认为，历史上确有"八贤王"其人，但他究竟是何等样人，又存在着不同的看法。从戏中"八贤王"的名讳赵德芳看来，似乎很简单，查阅《宋史》卷二百四十四有《燕王德昭、秦王德芳列传》，按图索骥，"八贤王"应是秦王德芳无疑。但是秦王德芳是宋太祖赵匡胤第四子，病死于太平兴国六年（981年），卒年23岁，此时杨家将中的老令公杨业尚活在世上（杨业死于986年），杨延昭才24岁，还没有担任边关的统帅。因此这个秦王赵德芳不可能和《潘杨讼》、《寇准背靴》、《辕门斩子》中发生的故事有关。

也有人认为：这位"八贤王"应当是宋太祖第二子德昭，宋太祖赵匡胤共有四子，长子德秀、三子德林早夭。宋太祖病亡，按照"父位子承，长幼有序"的方式，应该由德昭继位，而且赵德昭聪明英武，很有韬略，但是，赵匡胤病重时，其弟赵光义经过"烛影斧声"，登上皇帝宝座。朝廷上宗室大臣有不少人为他抱不平。《宋史》中记载，有一次德昭随宋太宗从征幽州。"军中尝夜惊，不知上何在。有谋立德昭者，上闻不悦，及归。以北征不利，久不行太原之赏。德昭以为言，上大怒曰：'待汝自为之，赏未晚也！'，德昭退而自刎，上闻惊悔，往抱其尸，大哭曰：'痴儿何至此耶！'，赠中书令，追封魏王，赐谥。"从这段史料中可以看出宋太宗夺取皇位后，对其侄子仍然戒心甚重，赵德昭知道在这位猜忌心甚重的叔皇手下，日子不会好过，于是一死了之。人们同情这位被逼死的皇子，称他为"贤王"，让他手执打皇金鞭，可以上打昏君，下鞭奸臣，以出愤懑之气。

但是，问题是无论赵德芳还是赵德昭，历史上都没有被封"八贤王"之事。《宋史》中只是记载，赵德芳死后，被宋太宗追封为歧王，后改楚王，徽宗时又改封秦王。赵德昭死后追封魏王，后又改封燕王，不知这"八贤王"之称从何而来？

北宋东京瓮城图

因而也有人认为"八贤王"之名当指宋太宗第八子，名元俨，宋人笔记《谐史》中称他"生而颖悟，广颡丰颐，凛不可犯，名闻外夷，小儿夜啼，其家必惊之曰：'八大王来也'。"元明杂剧中有《八大王开诏救忠臣》的剧目，明熊大木所著小说《北宋志传》称为"八王"。不过，这位"八大王"是宋太宗的亲子，与戏曲中的"八贤王"的故事距离甚远，而且他名元俨，与赵德芳之名也风马牛不相及。

另外一种说法认为，八贤王是宋真宗的亲弟弟，一些小说，说他聪明英武，四海归心，以他的地位、威望和人品足以把朝野人士凝聚在自己的麾下，成就一番事业，但是为了大宋朝基业千秋永固，他甘于"八千岁"的位置，忠心耿耿辅佐皇兄——真宗皇帝。他的王妃姓狄，和他一样深明大义，在朝野中深得人缘。他们居住的南清宫在当时俨然成为正义、忠贞和公道力量的象征。

"八贤王"赵德芳这个人物很可能是民间传说和后世戏剧小说作家根据宋初宗室的一些轶闻虚构出来的。这个人物身上集中了很多正面人物的特点，民间为什么要虚构出这样一个鲜明突出的正面人物是有道理的。由于宋初杨家将等一些忠臣义士故事的发展，需要从有权有势的王室中找出一个人物作为与奸佞对抗的力量，使戏剧矛盾尖锐化、复杂化，从而满足人们崇敬忠臣、惩处权奸的心理要求。那么，为什么要给人物定名为"赵德芳"呢？这大概是人们出于对宋太祖儿子们的同情吧。京剧传统剧目《贺后骂殿》中叙述：贺后（历史记载贺后死于宋太祖之前）因夫死情不明，命长子赵德昭（实为次子）上殿质问，反遭赵光义痛斥，德昭撞殿柱而死。贺后而携次子德芳（实为幼子）上殿，历数匡胤功绩，痛骂光义不仁。赵光义向嫂嫂谢罪，赐其上方剑，封入养老宫，加封德芳为"八贤王"，至此贺后母子含悲下殿而去。这大概就是封"八贤王"的由来。宋太宗赵光义夺占侄子皇位。这在《续资治通鉴》、《涑水纪闻》等史料和《湘山野录》等宋人笔记中都有隐隐约约的记载，所以《贺后骂殿》等戏剧，把同情寄于赵德昭、赵德芳一方，不是偶然的事，可以说，小说、戏曲中的"八贤王"赵德芳是虚构的人物，但其所以这样虚构，也有其历史的依据。

伪造天书

大中祥符元年十月二十四日（1008年11月24日），宋真宗赵恒在泰山举行了规模宏大的封禅大典。

封禅泰山是中国古代帝王祭祀天地的盛大礼仪活动，也是封建王朝天下大治，进入太平盛世的重要标志。所谓"封"，即在泰山极顶筑圆坛祭天帝，增山之高以归功于天；"禅"，即在泰山前的社首、梁父等山上筑方坛祭地神，增地之厚以报福广恩厚之义。圆台与方坛，表示天圆地方，天下太平，国家兴盛。

泰山的雄伟博大，震撼了中国的历代帝王，秦、汉封禅的象征意义，就是多民太平，宋真宗本人甚至还参与策划伪造天书等迷信活动。

宋真宗像

泰山南天门

族统一后的天下大治。汉武帝之后，泰山寂寞了一百多年，直到东汉光武帝刘秀平定了王莽之乱、统一全国后，诚惶诚恐地来泰山封禅。唐朝初期，出现"贞观之治"、"开元盛世"，这是历史上任何一个封建王朝都无法比拟的最强大的时代。唐高宗和唐玄宗祖孙两代皇帝在相隔六十年里相继到泰山封禅。几千年来的封建史中，对泰山封禅心驰神往的帝王大有人在，而又大都望而却步，民族分裂不能封禅，国不安宁不能封禅，君不圣明不能封禅，民不富足不能封禅，泰山因此又寂寞了将近三百年。

泰山封禅是中国历史上象征民族统一、国泰民安的旷代大典，那么北宋真宗有何资格来泰山封禅呢？

有学者认为，北宋168年的统治，真宗朝是第一个值得注意的转变时期。澶渊之盟以"岁币"的形式牺牲国家财力来换取与辽国之间的"和平"，开创了两宋屈辱求和的先例。宋真宗试图通过造神活动掩盖澶渊之盟的耻辱，编造神话故事粉饰

宋真宗的造神活动采纳了当时枢密使王钦若的建议。王钦若酷好神仙之事，平时"常用道家科仪建坛场以礼神"。真宗朝的封泰山、祀汾阴活动，以及天下争言符瑞现象的出现，"皆钦若与丁谓倡之"。丁谓当时是负责国家财政预算的官员，给宋真宗的浪费提供了经费方面的保障。

王钦若提出造神理论，起源于他对寇准的排挤。根据史书记载，在宋、辽达成澶渊之盟后，寇准和宋真宗都有"自得之色"，王钦若则对宋真宗说："此《春秋》城下之盟也，诸侯犹耻之，而陛下以为功，臣窃不取。"明知宋真宗厌于用兵，便假装建议以兵取幽、燕来洗涤这个耻辱。宋真宗要他另想办法，他便提出"唯有封禅泰山，可以镇服四海，夸示外国"，宋真宗立即表示出了强烈的兴趣，当宋真宗提出封禅须有"天瑞"时，王钦若表示"天瑞"可以"人力为之"，说："天瑞安可必得，前代盖有以人力为之者，唯人主深信而崇之，以明示天下，则与天瑞无异也。"当晚值日的是谏议大夫、龙图阁直学士杜镐，皇帝问他：所谓河出《图》、洛出《书》是怎么一回事？杜镐是个老实的儒士，不

测天子此问何意，就事论事地答道：不过就是古代圣人以神妙之道垂示教化而已。杜镐的话恰好与王钦若的意思相合。于是宋真宗决定进行造神活动。为了不致引起宰相王旦的反对，宋真宗特地赐以御酒，说："此酒极佳，归与妻孥共之。"王旦回家后发现竟是满满一樽珍珠玛瑙、翡翠宝石，"由是凡天书、封禅等事，旦不复异议"。宋真宗的造伪活动由此变本加厉。

一些学者指出，真宗朝的造神活动是从首先伪造玉帝的"天书"开始的，据《宋史·真宗纪》、《续资治通鉴长编》、《宋会要》等史籍记载，大中祥符元年（1008年）春正月初三，有长二丈（或作"二尺"）左右的黄帛挂在左承天门屋南角的鸱尾上，守门士兵发现后，立即上报，宋真宗马上召群臣拜迎于朝元殿，启封，称之为"天书"。此后"天书"屡降：四月初一，"天书"又降于大内功德阁；六月六日，"天书"再降于泰山醴泉之北。为了加强其神秘性和欺骗性，宋真宗甚至假借神人托梦。

早在第一次"天书"降临前一年的十一月廿七日夜，宋真宗就做了一个"梦"，梦见神人星冠绛衣，告诉他于十二月初三建黄箓道场，一月后将要降下《大中祥符》三篇，随后他便为迎接此物的降临进行斋戒，于正殿结彩坛九级，做了大量精心的准备。果然正好一天不差，所谓"天书"就降临了。同样，在泰山"天书"降临前的五月十七夜，宋真宗又做了一个梦，梦见神人告诉他来月上旬有"天书"降于泰山，结果又如"神"的预示。这样的巧合，显而易见，宋真宗本人事先就知道"天书"何时降临、降于何处。甚至连所谓"天书"的内容也都事先知道，造伪的痕迹昭然如揭。

第一次"天书"降临时，忠厚的王旦还担心"天书"的内容不佳，恐怕对天子不利，建议让其他人回避，而宋真宗却说："虽神人云勿泄天机，朕以上天所贶，当与众共之。"那么，"天书"的内容是什么呢？黄帛上的文字是："赵受命，兴于宋，付于恒、《老子》、《道德经》"，其内容则包括"始言帝能以至孝至道治世，次谕清净简俭，终述世祚延永之意"。这样的文字，完全是在称颂宋真宗的统治，而宋真宗也表现得胸有成竹，似乎事先知道其中的内容。对"天书"的内容根本不用担心。

宋真宗假托神灵的旨意伪造"天书"，乘机转移广大臣民对澶渊之盟的不满情绪，同时也向辽国摆出一副无心再战的姿态，接着大搞封禅祭祀活动，以各种各样的仪式、排场显示自己统治的稳固。他的这些做法在朝廷中得到了不少大臣的响应，他们推波助澜，使之演变成一场举国上下如痴如狂的迷信狂潮。各种祥瑞在全国遍地开花，王钦若献上芝草八千株，赵安仁献上五色金玉丹、紫芝八千七百余株，各地贡献的芝草、嘉禾、瑞木、三脊茅草多得无法统计。《宋史》将其描述为"一国君臣如病狂然"。

据史书记载，在所谓"天书"降临的同时，宋真宗及其臣民们进行了一系列非常紧凑的活动，通过对"天书"表现的恭敬，来大肆歌颂宋真宗的统治。大中祥符元年三月，兖州父老吕良等1287人诣阙请封禅，州并诸路进士孔谓等846人诣阙请封禅，宰相王旦等率文武百官、诸路将校、州县官吏、蛮夷、僧道、耆寿等24370余人诣阙请封禅，这种上表多达五次。四月，宋真宗便下诏于皇城西北天波门外建造玉清昭应宫来奉安"天书"，曹州、济州的父老2200人又诣阙请皇帝临幸。如此人数众多、次数众多的大规模请求封禅活动，显然有人从中调度安排，否则是很难组织起来的。

褙子复原图

大规模的自下而上的请求封禅活动，实际上是宋真宗继伪造"天书"之后的舆论准备。有了这些人的上表，就满足了宋真宗封禅泰山、祭祀汾阴、建造玉清昭应宫等一系列大规模行动的舆论需要，把一场规模浩大的造神活动变得顺理成章，在朝野上下造成了顺应民意的假象。

宋真宗又使人谎报得天书于泰山，要群臣上表，推尊道号，自称为"崇文广武仪天尊道宝应章感圣明仁孝皇帝"。从此以后，北宋的王朝，便与道教的神秘政策结了不解之缘。后来宋徽宗自称为"道君皇帝"，迷信误国，根源与宋真宗有关。

宋真宗造神活动的高潮是封禅泰山。大中祥符元年（1008年）十月，宋真宗率文武百官自汴京出发，庞大的封禅队伍经过十七天的跋涉，浩浩荡荡抵达泰山。十月二十四日，宋真宗在泰山极顶以隆重的仪式封祭昊天上帝及五方诸神，下山后又以同样的仪式禅祭地祇神于社首山，完成其封禅大礼。此后，宋真宗封泰山神为"仁圣天齐王"，封泰山老母为"天仙玉女碧霞元君"，并大赦天下，爵赏百官。这次封禅活动前后历时四十七天，耗费缗钱830余万贯。封禅之后，群臣争上表章致贺，赞颂朝廷功德。真宗也命三司使丁谓等将封禅泰山的整个过程记录下来，编撰为《大中祥符封禅记》一书。但是宋真宗的这次封禅泰山，是劳民伤财的排场，其各种恶习的泛滥，是对泰山的亵渎。这是历朝历代皇帝在泰山封禅表现最恶劣的一次，也是中国封建皇帝最后一次封禅泰山活动，泰山封禅从此在中国历史上永远落下了帷幕。宋真宗造天书、封禅泰山所造成的政治腐败和财政空竭的问题，对宋王朝造成了极其恶劣的负面影响。

对宋真宗等人大搞自欺欺人的造神运动，在当时也并不是所有的人都会被迷惑，朝野中一些有识之士认为："中外皆识其诈，帝独信之。"也有人说："奸臣诞妄，以惑圣听。"龙图阁待制孙奭则接连上书反对此事，说："以臣愚所闻，天何言哉，岂有书也?!"并发出"上天不可欺，下民不可愚，后世必不信"的警告。宰相王旦因"樽珠封嘴"虽然屈从了"天书"的骗局，但一直受到良心的谴责，临终时他给儿子留下遗嘱，说自己没有其他过错，只有不劝阻天书这件事，是赎不了的罪。死后要剃掉头发，穿上黑衣服下葬。宋真宗去世时，当时执掌朝政的大臣王曾等人建议，现在朝廷中保留的那些"天书"，"为先帝而降，不当留在人间，于是尽以葬永定陵，无一字留"。这些大臣心中明白，所谓"天书"云云，都是骗人的假货，为顾全真宗脸面，为子孙后代计，应尽快毁弃，用心不可谓不缜密。

精明强干

武则天和慈禧太后，是人们相当熟悉的中国古代的女主。人们可能不太了解，宋朝初期，也有一位精明强干的女主刘娥，作为真宗朝的皇后，仁宗朝的皇太后，为大宋王朝的平安延续发挥了重要的作用。而且与武则天和慈禧太后不同，刘娥主政不擅威乱权，比较能听取大臣们的谏言，而且很少任用私人，史称"恩威皆浩荡"。

据《宋史》记载，刘娥其先家太原，后徙益州，为华阳人。幼孤，在外婆家长大，伶俐可人，兼之练就了一身鼗舞（一种摇拨浪鼓的舞蹈）绝艺，15岁时就被送入了王子赵恒的府中，深受宠爱。赵恒的乳母秦国夫人容不下这样既聪明又美丽的女人，便向太宗赵光义打小报告，命令赵恒将刘氏驱逐。赵恒如何舍得，将她放在亲信大臣家中藏了起来。不久，赵光义驾崩，赵恒即位，是为真宗，立即将刘氏接入宫中，从美人、修仪到进封德妃，一路晋升。不久，章穆皇后病死，真宗力排众议，立刘氏为皇后，刘娥的政治才能开始得到发挥，《宋史》的后妃列传里有这样的记载："后性警悟，晓书史，闻朝廷事，

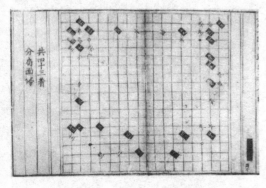

宋刻本《忘忧清乐集》书影

能记其本末。真宗退朝，阅天下封奏，多至中夜，后皆与闻。宫闱事有问，辄传引故实以对。"真宗晚年多病，常常神志模糊。此时寇准联络了杨亿、周怀政等一批官员，向真宗上奏，请立太子为监国，所谓"传以神器，择方正大臣为羽翼"。这些人担心唐高宗被武则天操纵的故事重演。

寇准的这一步棋下得很臭，既缺乏准备，又拿不出刘娥乱政的证据，结果是被罢去相位，取代他的正是他的政敌丁谓。紧接着由于周怀政"废后杀谓"的政变图谋败露，周怀政被杀，寇准再次受到牵连，连贬相州、安州、道州直到雷州司户参军。寇准离京多日，真宗竟不知道，还问左右："吾目中久不见寇准，何也？"可见当时他已经因为昏聩而完全被架空。刘娥通过"皇太子开资善堂，引大臣决天下事，裁制于内"。

真宗死后，12岁的仁宗即位，刘娥以太后身份垂帘听政。当权的以丁谓为首的文官集团，虽然是依靠刘后的支持而上台，但却不能听任这种形势发展，开始是提出"请太后御别殿"，被否决，又提出"五日一御殿"，刚定下来，又拟出一个"太后禁中阅章奏，遇大事则召对辅臣"的方案，总之就是要限制刘后掌权。最后惹恼了刘后，一纸诏书，先以"交通宦官"罪罢去其相位，接着又以散布迷信（"语涉妖诞"）罪被贬为崖州司户参军，同时被撤职的大臣达十余人。通过对寇准、丁谓两个政治集团的有效打击，太后垂帘称制终成定局，直到刘氏于公元1027年死去才结束。

有学者认为，刘娥的政治才能或许并不在武则天之下，但她始终没有尝试走武则天的老路。曾经有人上书，请"依武氏故事，立刘氏庙"，知制诰程琳还献了一份《武后临朝图》，用意不言自明，刘娥曾经犹豫过，但她很快决定不这样做，她把这些东西丢在地上说："吾不作此负祖宗事。"这固然和她个人品德有关，她不像武氏那么狠毒，为了权力不惜一再杀害自己的亲骨肉，相反，她没有孩子，仁宗是宫女所生而由她抚养长大，她为了教育、培养和保护仁宗可说不遗余力，史书上记载她"宣诏名儒讲习经史，以辅其（仁宗）

德"，对（仁宗）"动以礼法禁约之，未尝假以颜色"。但更重要的原因是，她为自己确立的政治责任就是辅助、教导幼年的皇帝确立皇权，保障皇权不被动摇，不让皇帝的权力被文官大臣们架空。此后，以太后身份干政的，还有英宗时的曹氏（仁宗的皇后，仁宗无子，英宗是他的侄儿）和哲宗的祖母高氏（哲宗登基时只有十岁），这实际和宋太祖赵匡胤定下的集中皇权的国策是一致的。她们和文官政府之间的权力斗争，也基本上维持着上述在妥协中平衡的格局。

也有学者认为，与武则天以恶治恶不同，刘娥是以善治恶。她没有过多地处死密谋反对自己的人，而是杀一儆百，贬斥了主要首领，对其他的人不念旧恶、量才起用（例如李迪等参与密谋的大臣），做到君臣释疑，共事宋室。刘娥的人事政策感动了很多人，消除了政治危机。武则天重用亲友，保护裙带，刘娥反其道行之。在一次封赏仪式上，刘娥让大臣们把自己的子女亲朋的名单报上，大家以为是要择优提拔，纷纷上报，名单列的很长，能提的全提上去了。刘娥把名单挂在自己的卧室，名为"百官公卿亲族表"。有人推荐某某当官，刘娥就查看那张表，除非证明有才干，列入者基本不用。刘娥还发布了"约束子弟诏"，要大臣百官带头教训子女亲朋，奉公守法；违反了"子弟诏"，刘娥严惩不贷。不少大臣对此耿耿于怀，但刘娥的政策深得人心，取得了天下的信任。刘娥时期，"政出宫闱"，却"号令严明"，在地方上能很快贯彻下去，没人敢随意篡改旨意。

当然，刘娥能当上皇后、皇太后，少不了使用心计。刘娥当了真宗妃子后，没有怀孕。皇妃没有生育能力，特别是没有儿子，是很难保得住地位的，更不要说当皇后。刘娥把侍从宫女李氏召来，软硬兼

听琴图轴

施，对宋真宗搞了个双凤戏龙，李氏很快怀孕，刘娥借口自己怀子，不见皇帝，直到孩子降生，是个男孩，才出头露面。刘

娥安置了李氏，自己做了"母亲"，朝中只有为数极少的几名知情者，他们都服从了刘娥，为她保密（后人据此编出狸猫换太子的故事，但这与史实完全不符）。有了"儿子"后，刘娥终于当上了皇后，真宗驾崩后，儿子即位，是为仁宗，刘娥又当上了皇太后，不久开始垂帘听政。

李氏去世时，起先刘娥准备按照宫人的等级送葬。丞相吕夷简力谏说，李氏为真母当用厚礼。刘娥大怒，吼道："休想拆散我们母子。"吕夷简从容对曰："太后不以刘氏为念，臣不敢言；尚念刘氏，是丧礼宜从厚。"刘娥终于明白了过来，同意以厚礼送葬李氏。一些老臣看见刘娥能以大局为重深受感动，不但支持她继续垂帘听政，而且甘心为她保密。宫里有些人议论："李氏不过是个宫人，为何享有如此厚礼？我等不服。"那些老臣帮刘娥说话："李氏为皇上立过大功，你等有何功劳？"以后刘娥地位愈加巩固，跟仁宗一直保持了母子的亲密关系。

刘娥病重弥留时，仁宗一直陪伴在身边，去世后，仁宗痛不欲生。这时，一些旧臣把仁宗出身的真相告诉了仁宗，有人还对仁宗说，陛下的生母李氏恐怕死于非命。仁宗痛哭数日，下诏自谴，追认李氏为皇太后，他亲自来到李氏下葬的洪福院祭告，令人打开棺木，见李氏"玉色如生，冠服如皇太后，以水银养之，故不坏。"仁宗叹曰："人言其可信哉！"对刘娥更加感激、尊重。他同时重新安葬了两位母亲，"明肃（刘娥）庄懿（李氏）之事"成为宋代的佳话。

仁宗继承了刘娥的政策和作风，在位期间始终如一，被称作圣主。《宋史》说仁宗时期"国未尝无弊幸，而不足以累治世之体；朝未尝无小人，而不足以胜善类之气。君臣上下恻怛之心，忠厚之政，有以培壅宋三百余年之基"。他能做到这些，与刘娥的培养和刘娥时期起用一些正直的大臣作襄助是分不开的。

天子门生

科举考试是封建帝王选拔人才的重要手段，殿试是科举中由皇帝亲自主持的最高规格的考试，故又有廷试、御试之称。有人认为，科举殿试始于唐代，武则天曾经于载初元年（689 年，一说天授元年，690 年）在洛阳面见应考的举人，可称最早的殿试，但是武则天的这次殿试史料记载不太详细，以后也未形成定制。

多数学者认为，科举殿试应该始于宋代。宋太祖赵匡胤建国后，非常重视选拔人才，由此宋代逐步形成了规范化的科举制度，消除了从汉到唐以来门第阀阅对官吏来源的操纵和影响，为中小地主和底层知识分子进入政权提供了可能。一千年来，直到近现代考试制度之前，它具有的科学性与公平性是无可替代的。赵匡胤对科举制度的建设抓得很细。比如，为了帮助边远贫困地区的考生能顺利进京应试，他颁布了一项由国家驿站为举子免费提供食宿的规定，对来应试的贫寒士子经济上给予补贴，"自起程以至回乡费，皆给予公家"。（《燕翼贻谋录》卷一），这对于下层知识分子是切实有效的支持。他还每每亲自过问考试的风纪和考生的质量。

开宝六年（973 年）三月初七，宋太祖赵匡胤召见新录取的进士宋准等十人及其他诸科录取的二十八人。通过当面对话，赵匡胤觉得进士中的武济川等人知识浅陋，回答问题时张皇失措，牛头不对马嘴，就下令将他们刷掉。这科是翰林学士李昉负责考试，而武济川是他的同乡，因此赵匡胤很不满意。事后，未被录取的徐士廉等人又击登闻鼓，状告李昉取舍不公。赵匡胤就这

最新整理图文珍藏版

个问题征询翰林学士卢多逊的意见，卢多逊说："我也听到不少议论。"赵匡胤就命令贡院将考完了三场而落选的人造册上报，结果进士及诸科共报上来360人。

三月十九日，赵匡胤将这些人全部召见，选了195人，其中包括徐士廉。加上宋准等已经录取的38人都发给卷纸，另外再考一场诗赋，并另委考官主持其事。两天后，赵匡胤亲自到讲武殿批阅试卷，共录取进士26人，其他"五经"、"三礼"诸科共101人，都赐及第。宋准、徐士廉均在进士科录取之列，仍以宋准为榜首。并且，赐给宋准制钱二十万以举办庆祝宴会。李昉则被贬为太常少卿，和他一起主持试事的其他官员也都受到了处罚。

宋人科举考试图

从此以后，每次进士科考试最后都要经过殿试这最后一关。殿试评阅试卷一般分为五等：学识优长、词理精纯为第一等；才思俱通、文理周全为第二等；文理俱通为第三等；文理中平为第四等；文理疏浅为第五等。

由于进士是经过由皇帝亲自主持的殿试选拔出来的，考取的进士便有了"天子门生"的称号。通过殿试，皇帝对新科进士的情况有了比较直接的了解，对资质庸劣的新科进士，除了罢黜他们的功名，还要追查被录取的背景，严惩主考官员。自此以后，良好的科举风气逐渐形成一种传统。后来有宋一代产生了那么多出身寒门的大政治家，很大程度上得力于比较健全完善的科举制度。

宋初的殿试制度也有着一个产生、发展与完善的过程。

殿试在开始阶段，多以最先交卷者为状元。这种方式曾经沿用了30年，共产生了22位状元。杨砺、宋准、王嗣宗、胡旦、苏易简、王世则、梁灏、陈尧叟等都是北宋前期著名人物，他们皆因抢先交卷而成了状元。其中杨砺、王嗣宗、苏易简、陈尧叟后来还成了朝廷中的掌权人物。

文思敏捷、下笔千言固然是才气的一种体现，但仅以此确定名次高下，这就有失偏颇。如果每榜都是以先交卷者为状元，而一当了状元，不仅名气大、入仕起点高，而且以后升官速度也比别人快得多。这样，后起的读书人准备考试就只在写作速度上下工夫，不肯认真积累知识，文章的质量难以保证。有的士人甚至相互吹捧，哄抬那些草率成篇者的知名度。不仅应试的举子以此为荣，准备应试的学童也群起仿效，在朝野逐渐形成一种华而不实的文风。一些有见识的朝臣一再向皇帝上奏章。当时的皇帝太宗也认识到这一问题的危害性，便改变了做法。

淳化三年二月朝廷会试，太宗采纳了莆田人陈靖的建议，制定了"糊名考校"的办法。这科应试者共13000千人，这是隋唐五代三百多年来所未曾有过的。太宗深感这是个扭转风气的好机会，就命令考官们仔细阅卷，认真治一治争先交卷、草率成文的浮华之徒。会试考三场，第一场考官出的题目十分冷僻，题目公布后，许多考生不解其意，不少一向自诩"才思敏捷"的考生，竟迟迟不能下笔。当然人那么多，仍然还有快手。年仅17岁的考生钱易，不到中午已经做完答卷，第一个出了场。考官们心照不宣连卷子都不看，用红笔一抹，当作废卷子抛弃在一旁，并取消了他参加第二、三场考试的资格。会试的结果是：一位文思相对迟涩的河南举子孙何当了"省元"（唐宋会试由尚书省主持，故又称省试，第一名称"省元"）。快手钱易被黜落，而速度较慢的孙何反而受重视，以李庶几为首的一批通过了会试的快手们很不服气，聚集在京城一个著名的饼子店里大发牢骚，太宗和大臣们知道后对这些人更加厌恶。

待到殿试时，太宗亲自拟了一道更为冷僻的题目，从《庄子·寓言》中摘出"卮言日出"四个字作为题目。李庶几还没有弄明白题意，就胡乱凑了一篇，抢先交卷。其他快手，也一个个随意乱扯，纷纷交卷出场。李庶几满以为这回稳拿状元，谁知太宗下旨将他黜落，并且罚他两科之内不许参加殿试，其他抢先交卷者也纷纷落榜，文思迟涩的孙何却中了状元，而且在宋代科举中首创了连中"三元"的奇迹。李庶几后来直到咸平三年（1000年）才以省元及第。钱易虽被黜落，后来重新参加开封府的选拔考试，经过反复讨论与复试，结果排名第三。咸平二年（999年），他终于进士及第，在真宗朝很受重视，官至翰林学士、知制诰。

但是，也有学者指出，尽管宋代科举制度逐步完善，陆续建立了糊名、誊录、锁院、隔帘等保密规则，考试的公正性和公平性大大提高，但是自有殿试以来，每科状元的确定，也并非公平竞争的结果，有的只是取决于皇帝的一人的意志或者说是迎合了当权者的政治需要。

仁宗嘉祐二年丁酉（1057年）科殿试前，福州福清（今福建福清县）人林希夺魁呼声最高，因为他连夺了开封府试与会试两个第一。仁宗皇帝也属意于他，亲临试场，并派贴身太监到林希身边去观察，一待他做完卷子即让送呈御览。当时的试题为《民监赋》。林希的破题是："天监不远，民心可知"，仁宗看了卷子很不高兴，冷冷地让交给考官，考官们一看，这样的写法带有警告统治者的意味，难怪皇上不高兴。考官们由此特别注意每份卷子的开头两句，免得再让皇上不高兴。找来找去，发现章衡的卷子，其破题为"运启元圣，天临兆民"，他们估计这两句仁宗会喜欢，便将卷子呈上去。仁宗看了果然高兴，嘴上说："朕怎么敢当？"就这样，章衡就成了第一名。

《武经七书》书影

元丰五年壬戌（1082年）科殿试阅卷毕，黄裳的卷子原本已被考官们定在最差的一等。偏偏凑巧殿试中神宗曾到考场巡视，看过黄裳的文章，很是欣赏，并且还记下了好几句。因此到了读卷并最后确定头几名的名次时，神宗听了好几份卷子，很是失望，就干脆下令暂停，说："朕以为黄裳的策论质量最高，怎么他倒不在前列？"说罢，吟诵起他记得的那几句来。在场的官员赶快去查找，一会儿在差卷中翻了出来，神宗看后说："这才是状元！"这科进士中还有一个叫刘概的，他本是上科会试的第一名，殿试中仅因一个字犯了皇家的讳，就被黜落。事后主考官蒲孟宗很是惋惜，就极力褒扬他，使他直接当了个小京官——学录（正九品）。这一科他再次参加会试，又考了个第一名，可殿试也被定在差卷中。神宗特地召见他，问道："卿当学录几年了？"刘概说："臣待罪学录三年了。"又问："谁是你的老师？"答曰："承蒙陛下教诲培养。"神宗非常欣赏他的答对，就当众宣布说："考官们定的名次不合理，现在升你在第二甲。"这一科的考试官苏颂、王子韶、曾巩等一干人就因将黄裳、刘概的名次定得太低，都受到了罚俸的处分。

北宋太平兴国时期开始，进士录取名额大增，分为三甲，一甲三人均赐进士及第，这三人都可称状元。以后第一名被突出，才专称状元。第二、第三名改称榜眼，北宋中期后，第三名才改称探花。不过这些并不是正规的称呼，在题名榜上还是分别称"第一甲第一名"或"第一甲第二名"等。由于宋代开始，状元是由皇帝钦定的，状元的地位特别荣耀，《宋稗类钞·科名》中记载："每殿廷胪传第一，则公卿之下，无不耸观，虽至尊亦注视焉。自崇政殿出东华门，传呼甚宠。观者拥塞通衢，人肩摩不可过。"有人甚至认为，"状元登第，虽将兵数十万，恢复幽燕，逐强蕃于穷漠，凯歌而还，献捷太庙，其荣也不及也"。殿试不仅开创于宋代，而且在宋代确立了崇高的地位。

靖康之变

政和五年（1115 年），辽朝统治下的女真族贵族首领完颜旻（阿骨打），在混同江（今松花江及同江以东黑龙江）边建立起奴隶占有制的国家，国号金。随后向辽朝进攻，屡败辽兵。宋徽宗等以为辽朝有必亡之势，决定联金灭辽，乘机恢复燕云。宣和二年（1120 年），宋、金订立"海上盟约"：双方夹击辽朝，金军攻取辽的中京大定府（今内蒙古宁城境），宋军攻取辽的南京析津府（今北京）和西京大同府（今山西大同）；灭辽后，燕云之地

斗舰

归宋，宋将原来送与辽的岁币转送给金朝。宣和四年，金军攻占辽中京、西京，由童贯、蔡攸统领的宋军，接连两次攻打辽南京，都被辽军打败。童贯要求金军攻辽南京。十二月，金军由居庸关进军，一举攻下辽南京。金朝提出：燕京（辽南京）归宋，宋将燕京租税 100 万贯给予金朝。宋徽宗、王黼全部应允照办。金军将燕京城内财物和男女掳掠一空而去，宋朝接收的只是一座残破不堪的空城，改燕京为燕山府。

金军第一次南侵

在攻打燕京和宋、金交涉燕京归属的过程中，宋朝军事政治的腐朽情况在女真贵族面前已暴露无遗。金军于宣和七年二月俘获了辽天祚帝，乘胜于十一月侵宋：西路由完颜宗翰率领，从云中府（今山西

大同）进取太原府；东路由完颜宗望（斡离不）率领，由平州（今河北卢龙）进取燕山府。两路约定在攻下太原、燕山府后，会师于宋朝东京开封府。西路军在太原城遭到王禀领导下宋朝军民的顽强抵抗，长期未能攻下。东路军到达燕山府，宋守将郭药师投降，金即以降将为向导，长驱南下，渡过黄河，直达东京城下。

宋徽宗自从听到金兵南下的消息，即急忙传位给太子赵桓（宋钦宗），企图南逃避难。宋钦宗即位，改明年为靖康元年（1126 年）。这时朝野官民纷纷揭露蔡京、王黼、童贯、梁师成、李彦、朱勔等"六贼"的罪恶，要求把他们处死。宋钦宗被迫陆续将蔡京等人贬官流放或处斩。

靖康元年正月，宋钦宗起用了主战派李纲为亲征行营使，部署京城的防御。战守之具粗备，金完颜宗望部即已抵达城下。宋钦宗派使者去金营求和，完颜宗望提出：宋须交金 500 万两、银 5000 万两、牛马骡各 1 万头匹、驼 1000 头、杂色缎 100 万匹、绢帛 100 万匹；割让太原、中山（今河北定县）、河间三镇（称三镇，即包括其所属州县）；尊金帝为伯父；以宋亲王、宰相作人质，送金军北渡黄河，才许议和。金军攻城，李纲亲自督战，多次打退金军。

李唐·晋文公复国图卷（局部）

驻守陕西等路的宋军，听说开封被围，立即由种师道、姚平仲等率领前来"勤王"。各地乡兵和百姓也自动组织起来，迅速向开封集中。种师道等各地援军达 20 多万，金军不到 6 万人。李纲、种师道主张坚守京城，在敌军粮尽力疲北撤时，中途邀击，可以取胜。二月，姚平仲领兵半夜出城劫营失败，宋钦宗和太宰李邦彦罢免李纲，向金军谢罪。这些荒谬举动，激怒了东京军民，太学生陈东等在宣德门上书，要求复用李纲，罢免李邦彦等人，几万人来到皇宫前，痛骂李邦彦，砸碎登闻鼓，打死宦官几十人。宋钦宗不得已宣布再用李纲为尚书右丞、京城四壁防御使。李纲复职，下令能杀敌者厚赏，军民无不奋跃。但宋钦宗却继续派使者去金营求和，竟然答应了金朝赔款和割让三镇的要求。

完颜宗望见宋朝备战，勤王军不断来援，又因已得三镇，便撤军北归。宋朝两次出兵救援太原，均被金军击破，宋军主力耗折殆尽。

金军第二次南侵

宋朝的最高统治集团虽然把太原、中山、河间三镇的土地和人民全部割归金朝，三镇的人民却起而抗拒，"怀土顾恋，以死坚守"。北归的金军并不能凭靠宋朝最高统治集团的无耻诺言而占有三镇。因此，究竟应否割让三镇的问题，在北宋最高统治集团中也成为重新争论的议题。于是在靖康元年八月，金军再次南侵。完颜宗翰和完颜宗望仍分东、西两路进兵。这时，宋将王禀坚守太原已八个多月，因粮尽援绝，九月初被攻下。东路金军也于十月初攻入河北路的重镇真定府（今河北正定）。宋钦宗惊慌失措，召集百官商议是否如约割让三镇事。这时，种师道已死，李纲贬官，主和派唐恪、耿南仲等控制朝政，坚主割地，遣返各地的勤王军，撤除京城的防御工事。金军渡过黄河，完颜宗翰向宋朝提出，要划黄河为界，河东、河北地归金。宋钦宗一一答应，并且亲自下诏给两路百

宋高宗像

火药箭示意图

姓，劝谕他们"归于大金"。

十一月，金军前锋到达东京城外。闰十一月初，金军攻城。城内兵力有限，士气不振，宋廷于危急之际竟派郭京带领"六甲神兵"出战，大败逃散，东京城破。宋钦宗派宰相何㮚去金营求和，完颜宗翰、完颜宗望要宋徽宗前往商议割地。宋钦宗亲去金营求降，献上降表。从靖康元年十二月起，金军大肆搜括宋朝宫廷内外的府库以及官、民户的金银钱帛。靖康二年四月，金军俘虏徽、钦二帝和后妃、皇子、宗室贵戚等人北撤。宋朝皇室的宝玺、舆服、法物、礼器、浑天仪等也被搜罗一空，被满载而去，北宋从此灭亡。

英勇不屈的汴京保卫战

1123 年，完颜阿骨打死后，他的弟弟吴乞买即位，这就是金太宗。他的汉名叫完颜晟。

金太宗继续以武装力量消灭辽朝的残余统治势力，于 1125 年完成了灭辽的战斗。

灭辽之后，女真族长期受契丹贵族奴役的历史从此结束。金朝在长城以北的广大地区建立起新的统治权力。以金太宗为首的女真贵族，凭借强大的兵力和胜利者的威风，并不以灭辽为满足。他们为了追求中原的土地和财富，不愿意把战斗停止下来，而把武装的锋芒针对中原地区。女真贵族的军事行动，破坏了中原人民的生产和生活。他们把原来属于正义性的抗辽斗争，转变为以掠夺为目的的非正义战争。

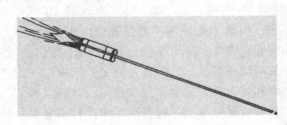

梨花枪示意图

以宋徽宗为头子的北宋王朝，是一个已经腐烂了的封建王朝，正陷于内外交困，日子越来越不好过。北宋统治集团为了转移内部的阶级矛盾，打着收复北方失地的招牌，妄图勾结女真的强大兵力，借"联金"的名义，继续镇压农民起义。北宋在联金的过程中，完全暴露了他们军事上的虚弱，这就更加引起女真贵族们入侵中原的野心。宋徽宗一伙对于金朝的这种掠夺野心，毫无戒备。金兵终于在灭辽之后不到九个月，立即分兵渡河南下。

1125 年冬，金兵分两路南下，他们的意图是两路会师于汴京，消灭北宋政权。西路金兵由粘罕（宗翰）统帅，从西京（山西大同）直攻太原。这一路金兵遭到太原军民的痛击，一时间无力向南推进。东路金兵在斡离不（宗望）统帅下，由平州（河北卢龙）直攻燕京（北京市），并迅速向南推进，攻掠邢州（河北邢台）、相州（河南安阳）、浚州（河南浚县）。黄河北岸的宋军，望风而溃。守河的士兵慌忙放火焚毁桥梁，弃甲逃奔，使金兵从容地用小船一批一批过了黄河，黄河南岸的宋军不敢抵抗。斡离不嘲笑宋朝将帅实在无能，如果有一两千人守河，金兵也就不能安然渡过黄河。

北宋统治集团顿时陷入慌乱之中。一部分只顾个人私利的求和派官员白时中、李邦彦、张邦昌等，主张放弃汴京，向金朝屈膝求和。当时只有少数深明大义，能以国家和民族利益为重的官吏像李纲等，坚持抗金，保护北宋的都城，反对求和。宋徽宗一面遣使求和，一面把皇位让给他的儿子赵桓（宋钦宗），自己带着宠臣蔡京、童贯等人，连夜向南方逃奔。

至于广大人民和士兵们，抗金的情绪十分高昂，纷纷自动起来抵抗。以宋钦宗为首的北宋王朝，面临金兵的侵掠，一心想着求和。但是大敌当前，不得不暂时顺从军民"愿以死守"的坚定意志，任用抵抗派李纲为亲征行营使，由李纲主持汴京防务，等待四方援军。这时，金兵已经包围了汴京。全城军民在李纲指挥下，决心誓死保卫都城。

北宋都城汴京，既是北宋的政治、经济、文化中心，也是一个军事重镇。它既利于攻，又利于守。都城的结构分外城、内城和宫城三个部分。外城是主要防线，土城建筑得非常坚固。外城的四面共开了十几座城门。城门是交通和运输的出入口，

有利于分头出击和防守。这些城门中，有七座是水门。各水门跨河设有铁栅闸门。一到晚间，放闸闭门，防止敌人沿河潜入城内。各座城门口，都设置圆形或方形的瓮城，这是为了加强城门入口处的防护而建筑的。瓮城之上设有战棚，供守城士兵们的防御和休息之用。外城城墙每隔六七十步，就配置一座"马面"，它突出于城墙之外，可以交叉射击，保护城墙不受敌军的破坏。城中心区的东边有鼓楼，西边有钟楼。指挥作战的号令，就是从这里发出的。城内还分区设立望楼，专门瞭望敌人的动静，随时掌握敌情。沿着外城的城墙，大约每隔 200 步设置一座库房，贮藏各种武器和军需品。为了加强外城的防守能力，环绕外城周围，把各条河道互相沟通，形成一条护城河。河的内外两岸，栽植榆柳以巩固堤岸，又能增强障碍力。

汴京防御的准备工作，时间十分紧迫。李纲在每一面城墙上配置 12000 名士兵，并准备炮、弩、砖石、擂木、火油等军用物资。城内设前、后、左、右军共 9 万人，中军 8000 人。前军保卫西北水门（通津门），后军保卫东面的新宋门，其余三个军留在城里，随时支援各防区的战斗。

金人骑兵及骑装

全城军民在李纲的组织和指挥下，士气大振。城内居民纷纷自动组织起来捕捉

奸细，参加城防工程，四处搜集砖石和石灰，准备随时修补城墙。

金兵向汴京城西面的西水门（宣泽门）进攻，几十只火船顺流而下，采取凶猛的火攻战术。李纲派两千名勇士和当地人民结合在一起，用长钩吊住敌船，纷纷投掷石头，把金兵打得七零八落。

金兵发动好几次攻城，用弓弩炮石向城上射击，又用云梯爬城。城头的炮石和箭矢，如雨点般向墙脚下的金兵射击。经过了激烈的战斗，金兵遭到惨重的伤亡。

长驱南下的金兵有 6 万人。他们孤军深入，并无后援，完全陷入腹背受击的不利地位。北宋军民以逸待劳，不但全城人民动员起来了，各地的援军也纷纷来到。西北种师道、姚平仲等将领统率的劲旅就不下 20 万人。形势的发展有利于宋朝。

可是腐败的北宋统治集团，既害怕金兵，又不相信人民的力量。李邦彦等一小撮人忙着策划求和。

硝、硫、炭（标本）

金兵在宋朝军民的反击下，经受巨大的挫折。女真贵族处于进退两难的境地。他们利用北宋求和之机，向宋朝进行敲诈勒索。金朝提出了以下苛刻的要求：要北宋政府割让太原、中山（河北定县）、河间（河北河间）三镇地方给金朝；每年要给金朝统治者 500 万两黄金，5000 万两白银，100 万匹绢帛，1 万头牛马；还要宋朝派亲王和宰相作抵押，护送金兵安全渡河

北撤。北宋求和派把这些条件全部接受下来，并派康王赵构和宰相张邦昌到金营作抵押，下令割让三镇，并立即在京城内搜刮金银，"犒劳"金兵。被掠夺的民间钱财有黄金 20 万两，白银 400 万两，而贵族官僚们的财富却丝毫没有触动。

以李纲为代表的抵抗派，对这种屈辱求和的做法表示极端的愤慨。李纲向宋钦宗指出：金人所要索的金帛，竭全国人民的财力尚且不足，何况光靠一个汴京。三镇是宋朝立国的屏障，丢掉三镇，国家怎能保得住？李纲的正义呼声，更加引起求和派的恐惧。1126 年的 2 月，李纲被罢免了。宋朝以求和派分子蔡懋接替了李纲的职位，并下令守城战士，不得随意向金人放一矢、投一石。

北宋政府的种种倒行逆施，激起了人民的愤怒。汴京军民数万人响应以太学生陈东为首的一批青年知识分子的号召，展开了反对求和、反对内奸的政治斗争。陈东等上书请愿，要求宋钦宗不要轻信李邦彦、白时中、张邦昌、蔡懋等奸贼的诡计，赶快把他们革职，立即起用李纲，上下齐心，抵抗金兵。请愿的群众要求亲眼看到李纲官复原职。在都城人民的压力下，宋钦宗不得不宣布恢复李纲等爱国将领的原职。奉命召李纲和群众相见的官员朱拱之，由于行动迟缓，当场被愤怒的群众拖下马来活活打死。

当李纲和广大军民见面时，数十万群众欢声雷动。在这次群众性的政治斗争中，有 20 多名官员被群众殴伤和击毙，人民在斗争中赢得了巨大的胜利。

以太学生陈东为首的请愿活动，是古代青年知识分子参加爱国斗争的光辉的一页。宋朝的太学生都是地主阶级出身的知识分子，但是他们反对民族压迫、反对妥协求和的爱国行动，深得广大军民的支持和拥护。

李纲像

汴京人民的反投降、反内奸斗争，壮大了抵抗派的声势，显示了人民的巨大力量，大大地打击了求和派的嚣张气焰。李纲复职后，在人民群众的支持下，重新部署了都城的防卫力量。金兵集中兵力多次进攻西边的城门，都没有得逞。当金兵急攻万胜门时，西城墙多次遭受金兵炮石的破坏，城内军民奋力抢修，用大石和条木堵住缺口。在西城的攻守战中，宋军采取从固子门和新郑门两座城门同时出兵夹击的战术，迫使金兵败退。

汴京保卫战进行了将近一个月。守城军民在久经战场的爱国将领李纲的领导下，越战越强。宋朝的援军纷纷到来，孤军深入的金兵时刻担心着自己的后路被宋军所切断。1126年的2月，女真贵族只得仓皇向北方退兵。

汴京保卫战的胜利是人民的胜利。

宋室南迁

金兵北撤以后，腐败的北宋王朝并没有接受都城被围的历史教训，依然敌视人民的力量，打击和排挤抗金将领。统治集团醉生梦死，粉饰太平。曾经退位的宋徽宗又匆忙赶回汴京，继续过着荒淫的宫廷生活。求和派大肆宣扬，以为从此"天下太平"了。一位有远见的大臣名叫吕好问，他向宋钦宗提出警告：女真贵族如此藐视北宋王朝，他们决不会就此罢兵。到了秋冬的时候，天高马肥，女真的跌蹄又将卷土重来，应当及早提防。宋钦宗一伙以为这是"危言耸听"，命令各地的援军都撤回原地。宋朝政府仍然不加戒备。

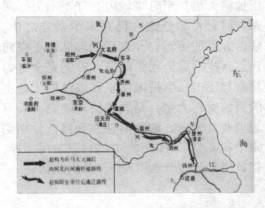

宋高宗第一次南逃示意图

爱国将领李纲非常担忧这种粉饰太平的危险局面。他多次向朝廷提出防御金兵的方略，都被奸贼耿南仲等人所扣留。李纲又被排斥在朝廷之外。

金兵经过半年的休整，于1126年的8月再度分兵两路南下：东路兵在宗望率领下，从保州（河北保定）直逼真定（河北正定）。真定知府李邈先后上书30多次，恳求朝廷派出援兵，都被置之不理。真定孤立无援，很快陷落，李邈被俘，不屈而死。金兵又攻陷庆源府（河北赵县），经恩州（河北清河）、大名府，在李固渡横渡黄河。西路宗翰的金兵也在九月间攻破了被围250多天的太原，守将王禀奋勇力战，最后牺牲。金兵随即抵达黄河北岸的河阳（河南孟县）。黄河南岸有12万宋军扼守，竟被对岸虚张声势的战鼓所吓倒，连夜溃逃，使金兵很快渡过黄河，进占西京（河南洛阳）、郑州，直扑汴京城。

北宋求和派耿南仲、聂昌一伙，颠倒黑白，降祸于人，把金兵第二次包围汴京，归罪于李纲等人主战的后果，借此打击抵抗派。

1126 年（靖康元年）11 月，宗望的部队已经进抵汴京城东北的陈桥驿；宗翰一路也到达汴京。金兵两路会师，汴京再度遭到包围。北宋朝廷议论纷纷，文武大臣惊慌失措。当时京城内有守军七万，河东、河北大部分地区仍在宋军坚守之中，陕西方面的援军以及宗泽的部队，正在向汴京靠拢。局势固然危急，宋朝完全有力量奋起还击。但是宋钦宗代表汉族大地主阶级的腐朽力量，是软骨头。他们一心只想求和，派出奸贼耿南仲和聂昌，分别到宗望和宗翰军前议和，并答应以黄河为界，把黄河以北的土地和人民奉送给金朝。

宋代用以破坏城防工事的饿鹘车（模型）

人民群众切齿痛恨向金人乞和的奸贼。当聂昌到达绛州（山西新绛）时，被愤怒的群众挖掉眼睛，砍成肉泥。

汴京城内的军民，克服一切困难，准备抗击来犯的敌军。人们自动组织起来，杀死了金朝派来的使者刘晏等四人。在朔风刺骨、大雪纷飞、天寒地冻的日子里，被围困的军民饥寒交迫，连水藻和树叶都被吃光。每天都有冻死和饿死的百姓尸体，漂流在汴河和蔡河里。北宋王朝的求和国策，把汴京人民逼向死亡的深渊。闰十一月初，金兵乘大雪破城，钦宗到金营投降，北宋王朝灭亡了。

陪同宋钦宗到金营的吏部侍郎李若水，是一个刚直而有正气的官吏。女真贵族要宋钦宗脱下皇帝的服装，换上老百姓的便服去会见。李若水十分气愤，破口痛骂金人，被金兵拖住欧打了一顿，晕倒在地。宗翰千方百计引诱李若水投降，他绝食表示反抗。在金人的多方威胁和利诱下，李若水的一名仆从，思想动摇了。他从李若水的家庭私利出发，对李若水说：老爷的双亲都已年迈，稍为迁就一下，不是就能返回故乡，与老父老母团聚了吗？李若水怒责他的仆从说：为了国事，早已丢掉自己的家庭了。在敌人面前，他毫不畏惧，骂宗翰是"强盗"。金人滥用毒刑，惨无人道地割去李若水的嘴唇，血溅满面。但他决不示弱，仍然骂不绝口。最后，金人活活地将他害死。死时仅有 35 岁。像李若水这样为国忘家，不顾自己的生命安全，不向敌人屈膝而宁可站着死的地主阶级爱国分子，在当时虽然是少数，但是他们的正义行动，鼓舞了广大军民的斗志。李纲听说李若水为国牺牲，沉痛地表示：宋朝的官僚士大夫，大多"寡廉鲜耻"，只有李若水这样的人是知廉耻的。李若水在民族危机深重的时刻，坚持民族气节和以身殉国的作为，是符合人民利益的。

金兵攻陷汴京，人民群众掀起如火如荼的抗金斗争。金兵不敢久留中原，于1127 年的 4 月，俘虏了宋徽宗、钦宗以及宫廷中的后妃、宗室、贵戚等约 3000 人，

宋钦宗像

撤出汴京，还军北方。宫中库藏金银、绢帛、珍玩、宝器、图籍、天文仪器、仪仗等，几乎被劫一空。

历史证明，北宋徽宗和钦宗的屈辱求和政策，不但损害了人民的利益，而且自食恶果，自取灭亡。

由于人民的反抗，金兵一时不能在中原站住脚跟。他们在退出汴京之前，一手扶植一个"大楚"傀儡政权，册立曾经充当北宋宰相的奸贼张邦昌为"楚帝"，并指定要建都金陵（江苏南京）。女真贵族妄想利用这个傀儡政权，统辖黄河以南地区，为金朝统治南方作准备。

但是，一切违反历史潮流的反动势力总是不能长久的。这个为女真贵族效犬马之劳的张邦昌反动势力，遭到了人民的唾弃。当金兵一旦退出汴京，张邦昌成为赤手空拳的独夫民贼。大楚傀儡政权仅维持33天就垮台了。

徽、钦被俘之后，黄河以南和陕西等广大地区，依然在宋朝统治之下。就是河东、河北地区，金兵也只是打通一条通往汴京的道路。河东只是失去太原等几个州；河北也仅失去真定等几个州。北方军民仍在坚守阵地，抗击金兵。

宋代用以毁坏城防设施的撞车

1127年5月，在抗金老将宗泽的支持下，宋徽宗的第九子康王赵构在南京（河南商丘）称皇帝（宋高宗），重建汉族封建政权。高宗赵构就是南宋王朝的第一个皇帝。宗泽和一班主张抗金的文武大臣，都盼望宋高宗政权能领导军民奋起抗金，收复失地，建立中兴大业。广大人民群众也希望南宋王朝能振作起来，完成抗金大业。

但是人民的愿望终于落空了。

金入主中原

金宋在相约合力灭辽的时候，曾约定灭辽之后，将幽云十六州还给北宋，北宋将给辽的岁币转给金国。金天辅五年（1121年）十二月，金发动攻辽战争。金兵势如破竹，连连攻占辽国名城。但是，腐朽的北宋王朝一直拖延到第二年十月，才发动攻辽战争。童贯统率的10万宋军在良乡等地连吃败仗，溃逃百余里。宋朝不得不再派使节赴金，以每年增加纳绢5万匹、银5万两的代价，约金国出兵夹攻燕京。不久，金太祖亲征，攻占燕京（今北京市）等地。金国群臣攻占燕京等地之后，不愿履行约定。金国大臣宗翰认为我们占领燕京，该地赋税应当归我。金太祖更是直截了当地告诉宋使赵良嗣说："我听说宋朝将领之中以刘延庆最能打仗。这次刘延庆的15万大军不战自溃，宋朝何足道哉！我们金国独自打下的燕京，当然应该归我们所有，凭什么该交给宋朝呢？"宋使无言以对。经过谈判，北宋以年币40万之外，每年另加燕京代税钱100万缗的代价，换取了燕京。天辅七年（1123年）四月，金太祖撤出燕京时，将该地的金帛、子女等席卷一空，给北宋留下一座空城。

在攻打燕京的过程中，金国君臣了解到北宋的外强中干，萌生了进攻中原的念头。只是因为辽的残余势力尚未消灭，才与宋维持和好。金完颜吴乞买天会三年（1125年）二月，金灭辽，八个月后便发动了侵宋战争。金太宗任命完颜杲为都元帅，主持南征，统率全军。命完颜宗望率东路军自平州（今河北卢龙）攻燕京，完颜宗翰率西路军自大同攻太原。规定东、西两路的会师地点是北宋首都开封。当金国调兵遣将，进攻部署已经完成之时，北宋君臣竟然毫无觉察，仍然和平时一样向金朝派遣使节。

金军十一月发动进攻。东路宗望军攻占檀州（今北京密云）、蓟州（今天津蓟县）等地，并在白河、古北口等地大败宋军。燕京守将郭药师投降。同月，西路宗翰军包围太原。东路宗望军也攻占了浚州（今河南浚县），并渡过黄河。宋徽宗逃往江南，留下钦宗守开封。由于李纲等大臣坚决主战，开封守军顽强抵抗金军，再加上各地勤王的宋军相继到达开封城下。宗望在取得了宋割让太原、中山、真定三镇，对金称侄，派亲王为人质等条件后，答应钦宗求和，胜利班师。但是，太原、中山等地宋将拒不交出城池，坚决抵抗金兵。金太宗便以此为理由，再派宗翰、宗望征伐宋朝。不久宗翰军攻占太原。宗望军攻占真定（今河北正定）。然后两路金军渡过黄河，再次兵临开封城下。最后，金兵攻克了开封，宋钦宗投降。天会五年（1127年）四月，金军俘虏徽、钦二帝及大批人口、财物北返。金军北撤之前，立宋大臣张邦昌为楚帝，让其治理中原和南方。

北宋灭亡之后，宗室康王赵构在南京（今河南商丘）称帝，史称南宋。在此之前，张邦昌主动取消帝号，仍做宋朝的臣子。宋高宗赵构下诏河北、河东官民抗金，但又将首都迁到扬州，不敢和金军较量。天会五年（1127年）十二月，金将宗翰兵分三路大举进攻南宋。宗翰自率中路攻河南，宗辅、宗弼兄弟率东路军攻山东，娄室率西路军攻陕西。到第二年年初，宗辅、宗弼的东路军攻占山东的青州、潍州等地，同时分兵奔袭扬州，主力转攻开封。宗弼在开封城下见城池坚固，守将宗泽戒备森严，只好转攻河南其他城池。宗翰的中路军攻占宋西京洛阳等地。娄室的西路军则攻占了长安（今陕西西安等地）。不久，各路金军在中原掠夺大批战利品之后，撤兵北返。

天会六年（1128年）七月，金太宗听到南宋东京留守、名将宗泽去世的消息，决定大举南征。这时，宗翰建议先攻西夏，再攻南宋，以防大军南征，西夏趁机袭击金军侧翼。金太宗认为应当趁南宋立国未稳，先取中原、江南，但陕西等地也不可放弃。于是派宗翰率主力南下，娄室率偏师攻陕西。到年底，娄室军攻占了陕北的延安等地。宗翰军与宗辅军在濮州会合，连破开德（今河南濮阳）、北京（今河北大名）等地。宋济南知府刘豫投降。宋东京留守杜充不敢出战，决黄河之水入清河，暂时挡住了金兵。宗翰决定率军自山东东平出发，直逼扬州。次年正月，宗翰大军攻占徐州，接着又在沭阳击溃宋军主力韩

宗泽像

世忠部，乘胜强渡淮河，分马攻占两淮郡县。二月，宋高宗仓皇离开扬州，逃到建康（今江苏南京市）。金兵进入扬州，直追到瓜洲江边才回师扬州，将全城劫掠一空，纵火烧城而去。

宋高宗逃到建康之后，一再派遣使节向金朝表示，情愿削去帝号，自居藩臣，乞求金兵不再逼迫了，均遭到金朝拒绝。天会七年（1129 年）七月，宋东京留守杜充不顾岳飞等人反对，以粮草断绝为理由放弃东京汴梁。从此，中原地区落入金朝控制之下。同年十月，金兵分两路南下，直逼江西、浙江。宗弼率东路军从和州（今安徽和县）渡过长江。在马家渡击溃宋军陈淬、王燮等部。这时，宋高宗早已从建康逃到杭州，又从杭州逃到越州（今浙江绍兴市）去了。由于在马家渡一带击溃了建康宋军的主力，宗弼兵不血刃进入建康。这时，高宗又逃到明州（今浙江宁波市）。十二月，宗弼追到杭州，高宗干脆乘船逃到海上。次年正月，金兵追到明州，

并派出海船追击高宗 300 余里，遇到宋军的阻击才被迫回师。于是，高宗得以到达温州。宗弼见未能达到活捉高宗的目的，担心孤军深入，决定北返。二月，宗弼大军在撤退途中连续焚毁明州、杭州、平江（今江苏苏州市）等城镇，给江南人民造成巨大的痛苦。同时，也激起了南宋军民同仇敌忾的决心。三月，宗弼的 10 万大军在镇江遭到韩世忠部 8000 人的阻击。金兵损失惨重，在黄天荡（今南京东北江中）中被困了 48 天。宗弼从黄天荡突围后，再也不敢轻易用兵江南。后来金兵在焚建康北返途中，又遭岳飞部队的沉重打击。与宗弼同时南下的西路金军在攻占江西诸郡之后，转攻荆湖，焚毁潭州（今湖南长沙市）等地之后，也撤兵北返。

金太宗在侵掠江南失利之后，决心在中原扶持刘豫的伪齐政权，与南宋抗衡。同时，集中兵力进攻陕西。天会八年（1130 年）九月，宗弼、娄室率兵在富平击败宋将张浚的 40 万大军，取得了进军关陇的决定性胜利。到次年二月，金兵攻占了泾原、熙河两路的州县，尽得关陇之地。

天会九年（1131 年）金军继续向汉中挺进。五月，金军在和尚原（今陕西宝鸡北）被宋将吴玠击败。十月，宗弼率兵数万再攻和尚原，仍遭惨败。宗弼身中两箭，全军折损将近万人。经过六年的战争，金朝取得了秦岭、淮水以北的大片疆土，成为中国历史上又一个入主中原的王朝。这一战争奠定了 12 世纪中国南北对峙的政治格局。

南宋的建立

宣和七年（1125 年）十二月，在两路金军直逼京城的形势下，徽宗传位于子赵桓，是为钦宗。靖康元年（1126 年）闰十

一月，金军攻破东京开封。靖康二年（1127年）二月，金下令废掉宋徽宗、宋钦宗二帝，宣告了北宋皇朝的灭亡。三月，金兵立宋亲金派头目张邦昌为傀儡皇帝，国号楚。四月，金军带着俘获的徽、钦二帝和赵氏宗室、大臣、百工技艺3000多人，以及掠到的大量金银绢帛、仪仗古玩等北归。

宋朝皇室中，只有被废的哲宗皇后孟氏和在外地的钦宗之弟康王赵构幸免于金军之掳掠。靖康元年（1126年）十一月，当金军先头部队到达开封时，钦宗任命赵构为河北兵马大元帅，知磁州宗泽为副帅。赵构在相州（今河南安阳）建立大元帅府。他不顾京城的危机，只派少量部队南下，名义上是援助京城，其实是作为疑兵，掩护自己带领主力部队出相州到大名府（今河北大名）。宗泽从磁州（今河北磁县）赶到大名，劝赵构率军南下澶州（今南濮阳附近），伺机解除开封之围。赵构却顺水推舟，派宗泽率兵南下，自己逃向东平（今山东东平），而后逃到济州（今山东巨野）。宗泽在自大名到开封途中，连连击败金军。宗泽在卫南（今河南滑县）听说金兵俘掠徽宗、钦宗北去，就率兵转到大名，计划抢渡黄河，截断金兵归路。宗泽还传檄附近各路宋军，约他们共同行动，欲邀夺二帝。但各地宋兵都未到，宗泽只得放弃自己的计划，上书赵构，劝他即皇帝位，重兴宋王朝。

金兵退后，傀儡楚帝张邦昌遭到人民的唾弃，昌好问等部分北宋旧臣，也主张张邦昌还位于赵构。张邦昌不得已，于靖康二年（1127年）四月，把隆祐皇后孟氏迎进宫，尊为宋太后，来垂帘听政。此后，张邦昌派人到济州寻访赵构，并派吏部尚书谢克家去迎接赵构，赵构逊辞不应。张邦昌再派蒋师愈等携书信到赵构处，说自己将"归宝避位"。赵构谕宗泽：张邦昌

神智弓

受伪命义当诛讨，但考虑权宜之策，不可轻举妄动。谢克家又以"大宋受命之宝"到济州，赵构恸哭跪受之。于是，赵构前往南京（今河南商丘），五月初一在那里称皇帝，重建赵宋王朝，史称"南宋"。改年号为建炎，赵构即宋高宗。张邦昌也前来称臣朝贺，赵构以他"知己达变，勋在社稷"，封其为太保。

高宗即位之后，起用抗战派代表李纲，拜尚书右仆射兼中书侍郎。宗泽知襄阳府，后改知青州，又徙知开封府。又任用主张弃地逃跑的人物黄潜善为中书侍郎，汪伯彦为同知枢密院事。李纲入朝上十事奏，反对和议，主张与金作战。请求严惩张邦昌等降金人物。并提出改革军制，整顿军纪，积极备战等建议。他破格任用抗金有功的将士。劝高宗定都关中或襄、邓，说："关中为上，襄阳次之，建康为下"，以保全中原故土。宗泽上书高宗，反对逃往江南，"蹈西晋东迁既覆之辙"。宗泽在开封整顿社会秩序，修筑防御设施，招抚和改编抗金义军，使形势渐趋稳定。宗泽便上书要高宗果断回开封立都。高宗任宗泽为京城留守，开封尹。在主战派的督促下，高宗只好先送孟太后过江，自己留下，表示要与金一战。以黄潜善、汪伯彦为首的主降派要高宗割地厚赂与金讲和，并以"汴都蹂践之余，不可复处"，"东南财方

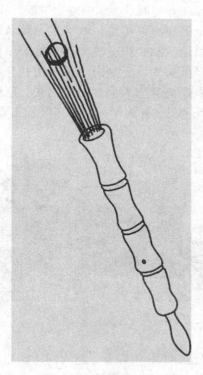

突火枪示意图

富盛，足以待敌"为名，极力怂恿高宗南逃。主降派官员范宗尹等攻击李纲为金人所恶，且名过其实而震主，不宜为相。他们还编造起用义军引起"盗贼"的谎言，使高宗罢免李纲推荐的抗金将士。高宗在黄、汪二人鼓动下，指使朱胜非起草诏书，说李纲备战抗金是骚扰，指责李纲"狂诞刚愎"，过分"专制"，以此罢免李纲相职，随即废了所有抗金措施。建炎二年（1128 年）金军再度南侵，南宋政权几乎覆灭。由于南宋军民英勇抗金，高宗的统治才稳固下来。

高宗赵构

赵构被人记住名字的原因，并不是因为他是南宋的开国皇帝，而是因为他指使秦桧害死了抗金名将岳飞。赵构是个典型

的投降派，但他又比秦桧要聪明得多，只是躲在幕后策划投降和害岳飞的事宜，而将所有前台工作全交给了秦桧。也只有秦桧这种人才会死心塌地地为他卖命，替他背黑锅，要是两人在九泉下碰见了，说不定还是一样称兄道弟。这就是赵构的驭人之术。

公元 1125 年，金灭辽后，立即顺势南下，大举攻来。把终日沉湎于酒色的宋徽宗吓得六神无主，于是狡猾地把帝位让给儿子宋钦宗，自己带着嫔妃宠臣南逃。

高庙

公元 1126 年农历正月 7 日，金兵逼近东京。宋徽宗的第九子，康王赵构被两次派去金营求和，第一次是有惊无险地逃了回来，第二次在途中受到沿途的地方官员阻拦，天真地要完成北上议和的任务，不能半途而废。到了磁州后，汪伯彦派人给他送来一封信，信中说金军根本不想议和，而是想灭宋朝，并要求赵构前往相州，召集、聚集军队，牵制金军。读毕，赵构出了一身冷汗，遂前往相州停留。

这时，北宋京城已经是危在旦夕，宋

钦宗下令各地兵马勤王，于是赵构在相州招兵买马，组建勤王军约 10000 人。赵构便率兵出击，攻到大名（今河北大名县东）后，宗泽、梁扬祖等也先后率兵马来会合。随后，赵构率兵在京城周围转来转去，其所属官军和自动聚集起来的抗金军队已有 8 万之多，号称百万，但就是不敢与金军较量，眼睁睁看着金军攻入京城中。

公元 1127 年，金军攻入京城，抓获宋徽宗、宋钦宗，劫掠一番后，金军押着宋徽宗、宋钦宗、亲王、皇孙、驸马、公主、后妃等三千多人及大量的王室物品和财宝北去，北宋灭亡。消息传来，赵构决定移师应天府，随后在此即位，是为宋高宗，南宋开始。

赵构即位后，为表示一下抗敌复仇的决心，以顺应民意，便以抗金最力的宿将李纲为尚书右仆射兼中书侍郎，但又命黄潜善为中书侍郎，汪伯彦为同知枢密院事。李纲为相后，派马忠、张焕率军一万人袭击河间的金军，取得了胜利。北方军民也自动组织起来，神出鬼没地袭击敌人。

然而，即位后的赵构早就决定南逃。李纲非常反对，于是对赵构说："自古以来，中兴的帝王都是起于西北，立足中原，控制东南。这大概是天下精兵健马都在西北的缘故。如果陛下坚持前往东南，将会使中原的抗金将士大失所望，今后要收复北方失地就更加困难了。"但赵构不顾李纲等人的反对，坚持南下。在此之前，抗金将领岳飞上书赵构，指责黄潜善、汪伯彦奸臣误国，使中原军民大失所望，建议赵构乘金人在北方立足未稳之机，亲率大军收复失地。结果岳飞被削职。面对这样的皇帝，这样的朝廷，不能有所作为的李纲只得选择辞职，赵构也顺水推舟，贬李纲为观文殿大学士。

就在赵构决意南逃的时候，北方军民的抗金斗争如火如荼。抗金老将宗泽任东京留守兼开封府尹，积极与金军展开斗争，黄淮地区还有红巾军、八字军等著名的义军频繁地活动，积极抗金。金见中原抗金力量日渐扩大，于是决定再次用兵。而赵构却乘船离开应天府，向南逃去。京师军民闻此消息，相聚啼哭，深知恢复无望了。

岳麓书院

公元 1128 年春天，赵构到达扬州，随后在此安顿下来，开始过起了醉生梦死的生活，全然不管当时金兵的大举南侵。公元 1129 年农历 2 月，金军逼近扬州，吓得赵构赶紧骑马而逃，向临安（今杭州市）逃去。途中，经朝野上下的声讨，赵构迫于压力，不得不"忍痛割爱"，罢免黄潜善、汪伯彦两大奸臣。不久，宋军在陈彦的率领下，渡江打败金军，收复了扬州，赵构的小朝廷才在杭州暂时安顿下来。

为了顺应朝野上下的舆情，赵构从杭州北进江宁府（今江苏南京），并改江宁为建康府，作出把行都设在建康的姿态。同年 6 月，金以皇帝四子兀术为统帅，再次举兵南下，准备捉拿赵构，消灭赵氏王朝。

早已决定将都城迁到杭州的赵构吓得又从建康逃回临安。途中听说临安失陷，被吓得逃到海上呆了好长一段时间，直到金兵退走，赵构才结束海上朝廷的生涯，返回大陆。直到公元 1132 年，赵构的南宋朝廷才重回临安。

建窑黑釉剔花梅花纹瓶

金兵刚退，赵构又想乞和，便与秦桧勾结起来，加紧进行对金的议和活动。金兵一旦南下，赵构又不得不在全国人民同仇敌忾的抗战声中假惺惺地宣布抵抗。但只要金兵退走，赵构又恢复他投降派的本色，为了向金摇尾乞怜，甚至不惜令秦桧以"莫须有"的罪名将抗金名将岳飞父子杀害。

岳飞，字鹏举，相州汤阴（今河南汤阴）人。早在赵构在相州组建大元帅府，招兵买马之时，岳飞便加入了赵构的勤王队伍。年轻的岳飞曾因越职上书反对南逃而受到革职处分；因率部擅自行动而险遭军法处决。公元1129年7月，面对金军的大举进攻，留在北方的宋军在杜充率领下南撤，屯驻建康，防守长江。同年10月，金军兵分两路，开始侵入江南。宋军的江防战线顷刻间便被金军突破，杜充叛降。岳飞则率部脱离杜充，自成一军，在江南坚持抗金斗争，并在抗金斗争中逐渐建立起了一支以英勇善战、纪律严明著称的岳家军。公元1137年11月，金王朝废掉了刘豫伪政权，并开始以议和的形式向南宋王朝发起了政治攻势。

岳飞闻知刘豫被废，立即上奏朝廷，请求趁机北伐，收复中原。然而，当时的朝廷对立足东南已有了相当信心，赵构想学赵匡胤，搞第二次收兵权，先安内而后攘外。现在刘豫被废，与金议和的主要障碍已不复存在，只要赵构自己向金屈膝而跪，便可以得到朝思暮想的议和。因此，他对岳飞的北伐请求不仅不屑一顾，而且深恨不已。但是，赵构也知道屈膝求和是不得人心的，尽管他决心力排众议，决计求和，但拥有重兵的韩世忠、岳飞、张浚的态度也不能不令他担心。于是他下令召见三大将，以便做些说服工作。张浚投其所好，表示坚决支持议和，韩世忠则坚决反对。公元1139年，宋金第一次绍兴议和成功，赵构、秦桧等人弹冠相庆，欣喜若狂。但随后金于公元1140年夏撕毁和约，分四路南下攻宋。当金军南下的消息传到临安，赵构从苟且偷生的梦中惊醒，装出一副主战的样子。匆忙调兵遣将，进行抵抗。他下令岳飞从襄阳出击，牵制向淮南及陕西进攻的金兵，并恢复京师汴梁。

岳飞奉命出师北进，先后攻下了颍昌（今河南许昌市东）、蔡州（今河南汝县南）、洛阳等地。接着，他亲自率领50000轻骑驻扎在团城（今属河南），与兀术带领的金军最精锐的拐子马决战。岳飞指挥将士持刀跃入敌阵，上砍敌人，下砍马足，大败金兵，取得了有名的郾城大捷。金军在郾城之战后，被岳飞部队的威风吓破了胆，以至发出了"撼山易，撼岳家军难"的哀叹。

随后，岳飞挥师直扑开封。在开封城西南的朱仙镇，屯集在这里的十万金军一触即溃，完全丧失了进行战役会战的勇气和能力。然而也就在此时，秦桧知道岳飞不肯从抗金前线撤兵，就先命令张浚、杨沂中等抗金将领率先撤退，然后以"孤军不可久留"为借口，请求赵构给岳飞下达班师的命令。赵构竟每天连下十二道金牌，勒令岳家军立即退兵。岳飞接到班师的命令，心中异常悲愤。他流着眼泪说："十年之功，废于一旦。"可他又不敢违令，只好忍痛南撤。

钧窑月白出戟尊

为讨好金人，赵构指使秦桧炮制所谓岳飞策动兵变、企图谋反的罪状，将岳飞逮捕下狱。并于 1142 年 1 月 27 日（农历除夕夜），以"莫须有"的罪名，将这位抗金名将杀死狱中。当时，岳飞才 39 岁。在临刑前，岳飞在狱案上挥笔写下了"天日昭昭！天日昭昭！"八个大字。

公元 1141 年的宋金和议，使南宋成为金王朝的附属国。从此，宋金关系不是平等的兄弟关系，而是君臣关系了。议和后，南宋要向金交纳巨额贡物，这些钱财自然转嫁到老百姓头上，由于赋税沉重，国困民穷，各地农民纷纷起义。赵构仍不顾人民死活，大兴土木，建造了各种神殿宫宇，举行盛大典礼，以之粉饰太平。

这时，北方的金又发生政变，主战的完颜亮登上皇帝的宝座，积极准备南侵。

公元 1161 年秋，完颜亮率 60 万大军南下，企图一举灭宋。赵构急忙命宋军抵

抗，结果前去抵抗的宋军还没有交战，便不战而逃。赵构得知后，吓得准备想走航海避敌的老路。后来受到新任宰相陈康伯坚决劝阻，赵构才留下来，并不得不下令亲征。

哥窑鱼耳炉

这时，赵构的转机又来临了，金国完颜雍借完颜亮南下侵宋之机，发动宫廷政变，自立为皇帝，完颜亮被哗变的士兵杀死，金军北撤。南宋军队乘势收复两淮，大获全胜。

完颜亮南侵的惨败，使南宋抗金热情大振，抗金运动风起云涌。面对这种局面，赵构无奈，只得于公元 1162 年下诏退位，将皇位交给了养子、宋太祖的七世孙赵昚，自己当了太上皇。公元 1187 年，81 岁的赵构终于结束了他的一生。

南宋初抗金斗争

金军从开封撤退之前，册立了原北宋宰相张邦昌为楚帝，企图建立一个完全听命于女真贵族的傀儡政权，统治黄河以南地区。金军撤退后，宋廷旧臣不再拥戴张邦昌，张邦昌只好避位。五月，康王赵构即位于南京应天府（今河南商丘），改元建炎元年（1127 年），是为宋高宗。

宋高宗赵构即位之初，起用当时深孚

众望的抗战派李纲为相。这时河北、河东地区都有忠义民兵抗击入侵的金军。李纲要把这些力量加以组织、领导和使用，使其发挥更大的作用，便推荐宗泽任东京留守，张所任河北西路招抚使，王燮为河东经制使，傅亮任经制副使，并提出改革军制，整顿军纪，募兵买马等一系列建策，部署收复河东和河北失地。但赵构、黄潜善、汪伯彦等人，却只想用割让土地和缴纳岁币的办法，以求金人不再进军，决不敢作以武力进行抵抗的打算，因而对李纲的谋划百般阻挠和破坏。李纲任相仅75天，即被罢免，张所等抗战派也相继被罢免。上书言事、力主抗金的太学生陈东和进士欧阳澈也被杀害。

宋孝宗像

女真贵族的烧杀掳掠，在北方强制推行奴隶制等行径，激起北方人民的武装反抗。河东地区的人民用红巾作标志，组织武装，到处袭击金军。泽州（今山西晋城）和潞州（今山西长治）一带的忠义民军，曾猛攻金军大寨，金左副元帅完颜宗翰几乎被俘。女真贵族痛恨红巾军，逐捕最急，每每妄杀平民以泄愤，而红巾军却愈益壮大。河北庆源府（今河北赵县）五马山（在今河北赞皇）上，有官员赵邦杰和马扩领导一支抗金队伍，他们拥立自称信王赵榛的人作号召，人数达10万以上，各地的许多抗金武装闻风响应。张所河北西路招抚司都统制王彦，率军渡河，攻占了新乡县城，后被金军打败，王彦率部转移到共城（今河南辉县）西山。他的部属都在面部刺上"赤心报国，誓杀金贼"八字，以表示与金军斗争到底的决心，这支军队从此便以"八字军"著称。两河忠义民兵纷纷接受王彦的领导，队伍扩大到10万以上，屡次打败金军。此外，如幽燕地区的刘立芸、杨浩和智和禅师、刘里忙等人也分别组织抗金队伍。张荣领导的梁山泊水军，陕西邵兴（后改名邵隆）和邵翼组织的义兵，也都各自为战，奋勇抗金。

赵构和黄潜善、汪伯彦对北方人民的抗金斗争，实际上采取敌视态度。他们将"行在"迁往扬州，以求苟安享乐。只有留守开封的宗泽，把那些归附在他的旗帜下的各地农民起义军加以组合，并和黄河以北的忠义民兵取得密切联系，整顿防御，以加强作战实力，建炎元年冬和二年春，宗泽率军击退金军的大举进攻。但是，他收复失地的计划一直得不到赵构的批准，几次吁请赵构返回东京，也未被采纳，积愤成疾，与世长辞。接任东京留守的杜充，一反宗泽所为。北方人民抗金武装也遭受挫折，先后为金军击破。

建炎二年秋至三年春，金军又发动攻势，前锋直指扬州，赵构仓皇逃往江南。抵达杭州不久，苗傅和刘正彦发动政变，逼迫赵构退位。吕颐浩和张浚联络韩世忠、刘光世和张俊起兵"勤王"，政变宣告失败。东京留守杜充放弃开封，率军退往江南的建康府（今江苏南京）。当年冬，金将完颜宗弼率大军渡江，占领建康府，杜充投降，赵构又自杭州出奔，漂泊于海上。

金军追至明州（今浙江宁波），沿途遭受南宋军民的不断袭击，遂于建炎四年春在

南宋鎏金银执壶

大肆掳掠后北撤。韩世忠在黄天荡一带拦截金军，相持四十天之后，金军以火攻破韩世忠军，才得回到建康。岳飞率部克服了建康府，金军退至长江以北。绍兴元年（1131 年），张荣的梁山泊水军在泰州（今属江苏）缩头湖击败金将完颜昌，俘获完颜昌之婿蒲察鹁拔鲁。金军又被迫放弃淮东。

金朝在建炎四年九月册立刘豫为"大齐皇帝"，建立傀儡政权，与南宋对峙，并集结重兵、攻打川陕。同月，宋川陕宣抚处置使张浚命都统制刘锡率五路军马，与金完颜宗辅（讹里朵）、完颜宗弼、完颜娄室所部在富平（今属陕西）举行大规模会战，宋军溃败，陕西五路大部丧失。都统吴玠率军扼守大散关附近的和尚原（今陕西宝鸡附近），屏蔽西川。绍兴元年十月，完颜宗弼大军猛攻和尚原，吴玠率军顽强抵御，重创金军，完颜宗弼身中两箭，金军遭受自灭辽破宋以来的首次惨败。三年正月，金军攻下金州（今陕西安康）。吴玠领兵至饶风关（今陕西石泉西）抵敌，战败。四年二月至三月，吴玠军又在仙人关（今甘肃徽县南），再次大破完颜宗弼的重兵。金军退守凤翔，暂时不敢窥伺四川。

绍兴四年五月至七月，岳飞出师反击伪齐，连克郢州（今湖北钟祥）、随州（今湖北随县）和襄阳府（今湖北襄樊），并于襄阳府附近击败伪齐悍将李成的反扑。岳飞派遣部将王贵和张宪进兵邓州（今河南邓县），击败金、齐联军几万人，又攻占唐州（今河南唐河）和信阳军（今河南信阳）。屯兵鄂州（今湖北武昌）。岳飞按照预定计划胜利地收复襄阳六郡，这是南宋建立政权以来第一次收复大片失地。

绍兴四年九月，金、齐联军自泗州（今江苏盱眙）和楚州（今江苏淮安）两地渡淮，大举南侵。十月，金军一支前锋在扬州大仪镇（今江苏扬州西北）遭遇韩

李唐·
采薇图

中国通史

最新整理图文珍藏版

世忠军伏击。金与伪齐联军进攻庐州城（今安徽合肥），岳飞奉命领军救援，在庐州城下又破敌军。

经过抗金将士四五年的艰苦奋战，南宋的统治才得以稳定下来。绍兴六年，宰相兼都督张浚部署韩世忠进攻淮阳军（今江苏邳县西），不克。岳飞率军连破镇汝军、虢州（今河南卢氏）、商州（今陕西商县）和顺州（今河南嵩县西南），兵临蔡州（今河南汝南）。伪齐向金朝求援，遭到回绝，不惜孤注一掷，分兵进犯两淮。伪齐军在藕塘（今安徽定远东南）等地分别遭到杨沂中等军拦击，大败而逃。岳飞军又在唐、邓等州击破金与伪齐联军的分路进攻，再次兵临蔡州，打退了敌人的追兵。

绍兴七年，宋廷罢免畏敌怯战的淮西军主将刘光世，但由于处置失策，副都统制郦琼裹胁大部分淮西军叛变、投降伪齐，一时朝野震惊。宰相张浚引咎辞职。赵构遂取消岳飞的北伐计划。金完颜昌等人得势，废除刘豫的伪齐政权，向赵构诱降。绍兴八年三月，赵构任用秦桧为相，决意求和。赵构和秦桧进行极其屈辱的乞和活动，招致广大人民和很多士大夫的强烈反对，群情激愤。李纲、张浚、韩世忠、岳飞等人纷纷反对"议和"，枢密院编修官胡铨上奏，要求斩秦桧之流，以谢天下，赵构罢免主张抗战的官员，放逐胡铨，起用主和派，控制舆论，接受称臣纳贡的和议条件，派秦桧代表自己跪受金朝诏书。金朝将陕西、河南归还宋朝。

完颜宗弼在金朝政治斗争中得势，杀完颜昌等人，于绍兴十年撕毁和约，分兵四路，大举南侵，迅速夺取陕西、河南之地，进逼两淮。赵构被迫命令各军抵抗。新任东京副留守刘锜率领王彦旧部八字军进驻顺昌府（今安徽阜阳），以少击众，大败完颜宗弼的金军主力。完颜宗弼退守

汴京，宋军分路出击。韩世忠军夺据海州（今江苏连云港）等地。陕西吴璘、杨政、郭浩等军屡败金兵，后因田晟在泾州（今甘肃泾川北）战败，宋军退守川口要隘。金军也因伤亡较多，退守凤翔府，不再出战。岳飞早先已制定了"连接河朔"的战略方针，积极与北方忠义民兵保持密切联系。他派梁兴、赵云、董荣等人深入黄河以北地区，组织游击军，广泛出击，袭扰金军，亲率主力北上，连克蔡州（今河南汝南）、颍昌府（今河南许昌）、淮宁府（今河南淮阳）、郑州（今属河南）、河南府（今河南洛阳东）等地，宋将张浚拥兵自重，畏敌怯战，到达宿州（今安徽宿县）、亳州（今安徽亳州）后，旋即退师，使岳飞处于孤军深入、兵力分散的境地。

持罗盘陶俑

金帅完颜宗弼乘机大举反扑。郾城之战，岳飞军以少击众，迎头痛击，大败金朝主

力骑兵。接着，王贵、岳云等又在颍昌大败金兵，形势对宋朝极为有利。岳飞上书赵构，要求各路宋军乘胜进军，收复失地。黄河以北的广大人民也闻风响应，不少州县已为忠义军所攻占。赵构和秦桧却急令各路大军停止进击，撤回原来驻地，岳飞被迫班师，金朝重占河南之地。韩世忠、刘锜等军也纷纷从前线撤回。刚开到前线的杨沂中军也在宿州溃败。

绍兴十一年春，金军攻打淮西。在柘皋镇（今安徽巢县北）被杨沂中、刘锜、王德等军击败，宋军收复庐州。金军回兵攻下濠州（今安徽凤阳），又分别打败韩世忠、张浚、杨沂中等援军，岳飞的援军赶来，金军退回淮北。九月，吴璘等军随后攻取秦州（今甘肃天水）、陇州（今陕西陇县）等地，并在剡家湾战役中屡获胜捷。尽管如此，也未能改变宋廷妥协苟安的决策。

赵构和秦桧采用阴谋手段，解除岳飞、韩世忠等大将的兵柄，并且设置冤狱，以"莫须有"的罪名，杀害力主抗金的岳飞和战将张宪、岳云，迫令抗战派韩世忠等人退闲。

当年十一月，以赵构和秦桧为首的投降派和金朝议定屈辱的和约，其主要条款是：①南宋称臣于金，并且要"世世子孙，谨守臣节"。②宋金两国，东起淮水中流，西至大散关（今陕西宝鸡西南）为界，中间唐州（今河南唐河）、邓州（今河南邓县）、商州（今陕西商县）和秦州之大半皆属金朝。③南宋每年向金朝输纳银35万两、绢25万匹。这就是所谓的"绍兴和议"。

韩世忠不怕金人怕权奸

宋代重文轻武，武将难于出头。曹彬循循宋初，杨业战死边疆，狄青功业赫赫而受忌，均不若汉之卫青、霍去病，唐之李靖、徐世勣，扬名绝域，外拒匈奴、突厥或内平群雄，立不世之功业，受百代之景仰。宋自徽钦二帝失两河，高宗偏安江南，始因国家砥危，而有韩世忠、岳飞，及吴玠、吴璘兄弟辈，崛起军伍而为国家建功立业。设无朝中权奸如秦桧辈之从中阻梗，韩、岳等之功业，当亦不输唐之郭子仪、李光弼有收复两京、恢复河山之功。

出身行伍　勇擒方腊

韩世忠字良臣，陕西延安人。虽出身贫苦人家，但长得魁梧英伟，目光如电，臂力超人，善骑野马。而且嗜酒仗义气，不受拘束。看相的人说他将来当国之三公，他尚以为人家拿他消遣，揎拳殴之。可知草野之民，对自己尚毫无自信。十八岁应募投军，在军中挽强弓驰马射标的，勇冠三军。徽宗初年与夏人战，世忠斩其驸马，敌众大溃。童贯领陕西军，轻视其能，只予小赏，众皆不平。后以尉官为王渊裨将，至江、浙平方腊之乱。世忠仗戈度险，在山洞中亲手擒方腊以出，竟被上级长官在洞口掠其俘而自居其功，赏不及世忠。钦宗靖康元年（1126）金人压境，世忠从梁方平守黄河北岸，方平不战而遁，宋师数万皆溃散，使世忠陷重围中，经力战，方突围而出。钦宗闻其归，曾便殿召对，尽得梁方平失律实情，方平由是问斩。

平息兵变　拥帝复辟

金人再陷汴京，掳二帝北去时，世忠在大名为前军统制。知大元帅康王至济州（山东济宁），世忠领所部人卫，战金人，使退。康王在商丘接位时世忠为御营左军统制，平山东、河北盗立功。高宗帝自扬州退杭州时，世忠由海道赴行在。杭州发生苗傅、刘正彦兵变，杀撤退时只顾运私物不顾运兵之枢密王渊，及怙恩揽权太监康履等，高宗被迫禅位给三岁的太子眘，由隆裕太后（孟太后）垂帘听政。世忠之妻梁红玉与子均身陷杭州不得出。幸有人向苗、刘建议羁縻世忠莫若释其妻与子归迎其夫来附，苗、刘无谋，果释梁红玉与韩子，乃一去不复回。韩世忠在讨乱军使张浚指挥下，奋勇平乱，瓦解苗、刘集团，使高宗得以复辟。后又率师追捕刘正彦、苗傅以献，二人皆伏诛。高宗手书"忠勇"二字为赐，授检校（代理）少保、节度使。不久金人在副元帅兀术（金太祖第四子，汉名宗实）指挥下渡江进逼杭州。高宗自杭州逃越州（浙江绍兴），又逃明州（宁波），浮海至定海，乃至温州海上，以避金人追踪。金兵皆北人，不谙航海，下船即晕，又遇海上大风暴，斗志全失。兀术乃不得不放弃"搜山检海"以穷逼宋帝的战略，向建康（江宁）退师。

宋宁宗像

金山战敌　夫人擂鼓

金军号称十万北撤至镇江时，镇江一片焦土。韩世忠收集其在江阴嘉兴一带部卒才得八千人，乃以焦山为中心，集大海船百余艘泊守江上，只候金师到来加以截击，并阻其渡江。时在建炎四年（公元1130年）二月。世忠料敌必派人至金山寺居高勘察宋军虚实，早在寺中及峰边设伏。金人果遣五骑闯来，寺中伏兵兴奋过度，不待号令先出捕捉，得其二人，而逸其三。其中一人穿绛袍逃时慌忙上骑，曾一度坠地，覆被驰逸。诘问之下，方知此坠地复逃者竟是兀术。可见兀术胆大，对宋人毫不放在眼下。宋金约期三月十五日各出动水师展开战斗，韩世忠虽以寡敌众，但宋师斗志激昂，韩夫人梁红玉亦亲自至战船船头击鼓助阵，留下历史佳话。宋战船乘风张篷，在江面上驶舟如驶马，来往如飞。又用粗铁缏上系大铁钩，二大船挂缏驶向动作迟缓的金人木船，自背拦腰一钩，被钩者一一沉没，金人落水者多。又兼北人晕浪，不习水战，一战之下，使金人丧胆。兀术之婿龙虎大王也被活捉，缚至宋营。

黄天荡中　大困兀术

兀术首战失利穷蹙无计，乃要求与世忠江面对话，世忠亦许之。对话之日兀术表示愿以一路掳掠财物所得交换宋师网开一面，以便北撤。世忠断然不许。兀术又增良马千匹。世忠说："财物无益，只要还我二帝，归我疆土，方许汝北归。"次日兀术又请对话，话不投机，兀术恶性大发，竟破口大骂，世忠乃亲自引强弓欲射，吓得兀术立命转舱而逃。其后宋师日日紧逼，将金师逼近一条死港名黄天荡（江宁东北）。使金师进了又不能出，足足困了48天。还是兀术在镇江出告示重金征求献计。居然有一闽籍王秀才贪图赏金献计金人说："宋师大船靠风帆行驶，只要在无风之日出江，大船即驶不动。"王秀才还献计用火箭射大船樯帆，帆着火则师乱。兀术又听人献计："黄天荡原有老鹳河可通秦淮河，淤塞多年不为人知。"兀术大喜，令军士以一昼夜挖淤河30里，果被挖通。然后又信巫者之言，杀马、挖妇人心以祭天，又自割其额流血而祷。次日适无风，金人倾巢驾小舟以出，宋师大船不得风，帆张乏力，行驶甚缓，金人乃放火箭射宋大船之帆，宋船火起自乱，金人乃得整师循老鹳河故道遁往江宁，沿途还受到岳飞袭击，损失无算。

定窑孩儿枕

稳定东线　固守淮安

韩世忠阻敌黄天荡，以八千人困金军十万，虽未消灭其主力，亦足使其丧胆。至少使金人痛晓宋室并非无将，遇上了，大有麻烦。高宗对世忠凡六赐手札褒奖有加，拜检校（代理）少师。后来世忠又有在福建、荆湘平贼之功。绍兴四年（公元1134年）又被派淮安为宣抚使，与金人战于扬州西北之大仪，大破金军，立南宋中兴以来第一武功。乃驻屯楚州（江苏淮安）以御伪齐刘豫及金人联师。楚州数经战乱，地方残破，世忠自立军府后，共士卒与归土难民一起从事复兴工作。其夫人梁红玉虽出身青楼，与世忠相识于镇江，结为夫妻后，红玉不但身亲战阵有巾帼英雄之概，而且亲编草荐绳帘以为将士御寒。作战时抚伤慰疾，更不在话下。楚州在世忠抚治下十余年，成为南宋西自四川凤翔中经襄樊以迄淮海国防线之东边重镇。

秦桧用事　英雄气短

宋高宗一向斗志不坚，一面与金人战，一面还求议和。恰巧秦桧自金营放归，自命通晓敌情，与其主和派挞懒又有勾结，和议之事就归其策划。高宗言听计从，首先阻止韩世忠、岳飞等于金人废伪齐刘豫时乘机北伐之计，复将掌兵者一一调归。韩世忠被任枢密使，岳飞为副使，进一步又诬害岳飞。世忠曾面责秦桧不可以"莫须有"之罪名杀大将，还疏奏秦桧误国，结果被罢为无事可做的醴泉观使。自后他就杜门谢客，不与旧属往来，终日礼佛，自号清凉居士。绍兴二十一年（公元1151）被封太师致仕。受封当日死于府第，享年63岁。死后追封蕲王。以这样一位出入疆场，不怕敌人的大将，收兵卸甲以后，在庙堂上见同僚被害不能救，在权奸之前只能小心收敛，默默以逝。权奸在位，实在太可怕啊！

镇江之战

建炎四年（1130年）初，金军在宗弼率领下渡江南侵，深入江浙，追赶宋高宗。宋军著名将领韩世忠退保江阴（今属江苏），欲等待敌军北归，进行邀击。二月，宗弼追高宗不及，宣称搜山检海已毕，引兵北还，因掳掠物品甚多，陆行不便，乃沿运河，取道秀州（今浙江嘉兴）、平江（今江苏苏州），向镇江进发。世忠闻知，即移师镇江待之，以8000人屯守焦山寺，阻止敌军渡江。

三月十五日，金军返抵镇江，宋军已占据有利地形，做好一切拦截的准备。金将李选见退路断绝，首先向宋军投降。宗弼为欲渡江，派使者前来通问，且请战期，世忠许之，约日会战于金山附近的大江之中。

会战之前，宗弼亲带四骑登银山观察地形。银山在镇江城西二里江口，山形壁立，俗名坚土山，临江耸立，上有龙王庙。韩世忠既许金人约日会战，对诸将说："此间观察形势，最好的地方是金山对岸银山

妙高台遗址

上的龙王庙，我估计敌人必定到那里去，观察我们的虚实。"便派兵埋伏在庙中和岸边，约定闻江中鼓声，则岸兵进入，庙兵继出。不久果然发现金兵五骑前往龙王庙，庙中伏兵大喜，先鼓而出，敌骑大惊，飞驰而去，庙兵紧追，仅得二骑，询知宗弼侥幸逃脱，宋军后悔不止。

两军按约定日期在金山附近江中接战。世忠以海舟扼守大江，乘风使篷，往来如飞。宗弼望见甚惧，对诸将说："宋军使船如使马，何以破之？"韩常说："海舟虽快，不如车船，见车船则自遁矣！"宗弼令常以车船出战，宋军英勇奋击，世忠夫人梁红玉亲自击鼓助战，士气倍增，打得金军狼狈不堪。宗弼无奈，愿尽还所掠的财帛和人口，借道北归，遭到世忠严词拒绝，乃自镇江溯流西上，金军沿南岸，宋军沿北岸，且战且行，终不得渡，金兵遂入距建康（今南京）80里的黄天荡。荡阔30

余里，仅一口通大江，金人不知其为死水，既入，宋军堵口，不复能出。

远在山东的金帅挞懒闻讯，派太一孛堇引兵来援，阵于长江北岸，但碍于江中的宋军，无法与宗弼会师。至四月十二日，宗弼在被困黄天荡28天后，再出长江，谋与宋军决一死战。世忠分海舟为两道堵截敌舟，用铁索贯以大钩曳之，金人舟小力弱，不能得脱，多被击沉。宗弼无计可施，再求世忠借道，其词甚哀。世忠说："这也不难，只要还我疆土，还我二帝，就可放行。"宗弼无言答对，只得退回荡中。当晚，宗弼收买奸细，获知有老鹳河故道，稍加疏浚，即可复通大江。乃奋全力，一夜功成，潜师而去，逃往建康。次日，世忠发觉金人逃去，紧紧追赶，驻军建康北之江中，金军仍然无法北渡。

梁红玉像

两军在建康相持多日，数次交战，金军多败。宗弼再次揭榜立赏，募人献策。果然有人建议从白鹭洲开新河，可出大江，占据宋军之上游。又有人建议于舟中载土，以平板铺之，保持小舟的稳定，等无风时出战，宋军海舟无风不能动，以火箭射其篷，可不攻自破。宗弼按计而行。四月二十五日，恰值天晴无风，宗弼即命小舟出江，果占宋军上游。世忠大惊，命于中流击之，但海舟体大，无风不动。金人以火箭射蓬火起，人乱而呼，马惊而嘶，被焚坠江死者不可胜计，宋军大溃，世忠引军奔还镇江。宗弼遂渡江，回归北方。

此役，世忠以 8000 人拒宗弼 10 万之众，困金人于黄天荡达 28 日之久，前后 40 天，大小数十战。金军损失惨重，虽最终挫败宋军，回师北方，但宗弼再也不敢进军江南了。

宋金仙人关之战

南宋绍兴四年（金天会十二年，1134 年），宋军在仙人关（今甘肃徽县东南）击退金军进攻的要隘守卫战。

大散关

北宋灭亡后，金朝为进一步夺取中原及陕西等地，于南宋建炎元年（金天会五年，1127 年）开始，至建炎四年，先后三次南下，向南宋大举进攻。金统治者对南宋的全面进攻未能达到灭亡南宋的预期目的，便改变战略部署，将全面进攻改为东守西攻，集中力量进攻川陕，企图控制长江上游，为从西北迂回包围南宋创造条件。金军在这一战略指导下，在陕西方面发动了数次大规模进攻。富平之战，宋军损失惨重，陕西落

入金军手中，宋军在西北战场陷入困难境地，只得退守和尚原（今陕西宝鸡西南）等州，凭险设防，以阻金军入川。绍兴二年冬，宋川陕宣抚司都统制吴玠，鉴于和尚原距后方路途遥远，恐粮运不继，难于久守，便以其弟吴璘驻守和尚原，自己率守军主力退屯仙人关，并在仙人关右依山据险筑垒，特称之谓"杀金坪"，与仙人关互为依托，控扼入蜀隘口。翌年冬，金元帅左都监完颜宗弼率军攻占和尚原，吴璘引军退屯阶州（今甘肃武都东南）。吴玠为实施纵深防御，又于"杀金坪"后边险峻之处设置第 2 道防线。

绍兴四年（金天会十二年，1134 年）二月，金将完颜宗弼与陕西经略使完颜杲（撒离喝）、伪齐四川招抚使刘夔，在凤翔府（今陕西凤翔）、宝鸡等地，集结步骑 10 余万，进攻仙人关，决心破关入蜀。二十一日，金军自仙人关以北铁山凿崖开道，循岭东下进至"杀金坪"，扎营 40 余座与宋军对垒。吴璘闻讯，率部自七方关（今甘肃康县东北）入援，转战七昼夜，突破重围与吴玠军会师。二十七日，金军开始进攻，吴玠军以万人据险抗砲击，经反复激战，将金军击退。二十九日，金军立砲数十座攻击宋军，吴玠命将士以弓矢，砲石并力捍御。翌日，完颜宗弼命金军架了 300 余座云梯猛攻宋军营垒，宋军则以砲石、撞竿击毁其云梯，以长枪刺杀金军。宗弼久攻不下，遂将全军分为二阵，自率精兵阵于东，命骁将韩常阵于西，轮番进击企图夹攻宋军。吴玠命吴璘等率军于金军两阵之间往复冲杀，在大量杀伤金军之后，因宋军久战疲惫，乃退守第 2 道防线。金军接踵而至，人披重甲铁钩相连，前仆后继，鱼贯而上。宋军依托险隘坚垒，以劲弓强弩轮番发射，打退金军多次进攻。三月初一，完颜杲集兵攻宋军营垒西北楼，

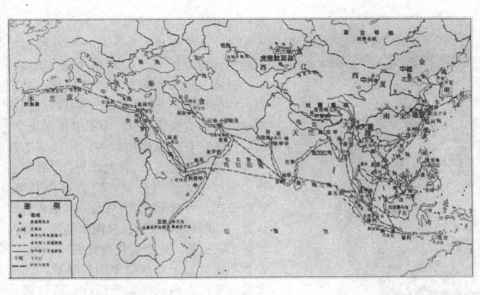

并焚烧楼柱。吴璘命部将杨政等督励部下持长刀、大斧，左右冲杀，将其击退，是夜，吴玠乘金军久战兵疲，实施反击，宋军在四面山上点燃火把，鼓震天地，又以王喜、王武等将率精锐，分2队冲入金营。金大将韩常中箭左目受伤，金军惊溃，死伤数以万计。初二，金军企图改道由七方关、白水关（今徽县西南）入川，吴玠暗遣精兵迂回至金军寨后，袭破宗弼及完颜杲大寨，金军死伤万余，连夜逃走。吴玠又命部将王俊率军疾驰至河池（今徽县）设伏，扼其归路，斩俘千余人。宋军乘金军溃退之势，挥师追袭，迫使金军退回凤翔府。自此以后，金军暂时放弃了进入四川的企图。吴玠乘胜于绍兴四年四月收复了凤州（今陕西凤县）、秦州、陇州。南宋川陕的防务趋于巩固，金军的重点进攻又遭失败。

富平之战

1129 年五月，宋高宗与朝臣共商中兴大计。知枢密院事张浚认为：“中兴当自关陕始，若金人入陕窥蜀，则东南不可保。

请身任陕蜀之事，置幕府于秦州（今甘肃天水）。别遣韩世忠镇淮东，吕颐浩驻武昌，复以张浚、刘光世与秦州首尾相接，则恢复可望。”监登闻检院汪若海也认为：“天下形势好比常山蛇，秦蜀为首，东南为尾，中原为脊。今以东南为首，安能起天下之脊。今图恢复，必在川陕。”高宗遂以张浚为川陕宣抚处置使。

七月，张浚发建康（今江苏南京），十月抵兴元（今陕西汉中）。上疏说：“汉中实形势之地，前控六路之师，后据两川之粟，左通荆襄之财，右出秦陇之马，号令中原，必基于此。”遂在此大力经营，作为抗金的基地。

至次年（1130 年）七月，张浚闻金人聚兵于淮上，惧其复扰东南，乃想方设法牵制其行动，决定在西北战场发起进攻，以捣金之虚，缓解东南的战火。浚分兵四出，命赵哲复鄜州（今陕西富县），吴玠复永兴军（今陕西西安），其余州县亦多迎降。

金将娄室抵不住张浚的反攻，向金太宗请求增兵。金帅宗翰也认为陕西宋兵强劲，娄室难以抵御。关陕重地，不能有失，应飞调宗弼来援，方可保无虞。宗弼在六合接到命令后，立即引兵趋至陕西。

宋·青釉蟠龙人物瓷瓶

九月初，张浚闻宗弼将至，檄召熙河刘锡、秦凤孙偓、泾原刘锜、环庆赵哲四经略使及吴玠兵，合40万人，马7万匹，以刘锡为统帅，迎敌决战。浚又贷民赋五年，诸路运送钱帛刍粮之车，不绝于道，所在山积。张浚还恐布置不周，又亲临邠州（今陕西彬县）督战。

当时，也有人对张浚的部署表示异议。王彦说："陕西兵将，上下之情未通，指挥不灵，若有不利则五路俱失。不若分屯各战略要地，以固根本，敌人入境则调五路之兵来援，万一不利，损失也不会太大。"吴玠、郭浩也认为："敌锋方锐，宜各守要害，待其疲弊，乘机进攻。"浚不肯从。刘子羽则认为准备不够充分，不应仓促出师。张浚回答说："我难道不知道这一点吗！但东南形势方急，高宗也有命令进兵，我不得不出兵呵！"

于是，宋军按预订的计划继续前进，约在九月中旬到达富平。同时，金兵已屯下邽（今陕西渭南）。两军相去80里。宋军数倍于金人，颇轻视之。约日会战，金人不报。多次遣使，金方许之。至期却又不应约，习以为常。宋军以为敌人胆怯，更加轻敌。统帅刘锡召集诸将议战。吴玠说："兵以利动，地势不利，不可以战。富平地处渭水流域的平原，宋军以步兵为主，难以守御。宜徙据高山峻谷，使敌马不能驰突，方可与战。"郭浩也认为："敌骑甚强，未可争锋，当分地守之，以待其弊，然后击之，可获全胜。"然而，其他将领却认为："我师数倍于敌，又前阻苇泽，敌人骑兵无法驰驱，何必徙往他处呢！"

不料金人于九月二十四日早晨，突然发起进攻，先用土块填平沼泽，再以骑兵突入运粮乡民的小寨，乡民不习战，四散奔走，引起宋军一阵混乱。刘锜身先士卒，极力御之，杀获颇众。宗弼率领的左翼金军一度陷入宋军的重围，大将韩常中流矢，尤奋呼搏战，方与宗弼突围而出。娄室率领的右翼金军竭力死战，终于突破了环庆军赵哲的防线。宋军各路人马乃临时凑集，配合不好，一路被击，他路不能及时援助。赵哲胆怯，临阵先逃，将校望见尘起，亦皆惊遁。一路溃散，全军瓦解。宋军一直退到邠州，方才稳定下来。金军虽然得胜，但无力追歼，只获得了大批军需物资。

战后，张浚追究责任，斩了赵哲，率大军退保兴元（汉中）——和尚原（大散关东）一线，以固蜀口。金军乘势尽取关中之地。

襄阳六郡的收复

岳飞自建炎四年以后取得一系列胜利，张俊说江、淮平，岳飞功第一。绍兴三年，高宗手书"精忠岳飞"字制旗以赐之。

绍兴四年（1134年）春，岳飞上书南宋王朝，主张出兵收复沦于伪齐政权之手的襄阳六郡，即襄阳府、唐州、邓州、随州、郢州和信阳军。他指出："襄阳六郡，地为险要，恢复中原，此为基本。"为陈襄阳六郡的重要战略意义，并主动请缨出师以收复该地区。宋高宗与朝廷大臣们就此事进行了详细的讨论，结果采纳了岳飞的建议，决定由他担任前线统帅，率军收复襄阳六郡。南宋王朝还命令韩世忠以万人屯泗上为疑兵，刘光世选精兵出陈、蔡，相为犄角，以作声援。

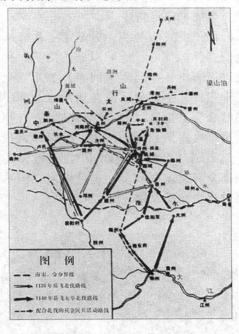

岳飞北伐路线示意图

四月十九日，岳飞率所部约35000人由江州出发，兴师北伐。岳飞一再严令全军，在进军途中一定要遵守纪律，不准骚扰百姓，不得践踏庄稼，务必做到秋毫无犯。将士们都认真地执行了这一命令。

五月初五，岳家军兵临郢州（治长寿，今湖北钟祥县）城下。郢州是伪齐最南端的要塞，伪齐负责郢州防务的，是新近被破格提拔为郢州知府的荆超。荆超骁勇强悍，号称"万人敌"。为防守郢州城，他配置了1万多名士兵，其中大多数是伪齐军，也有少

量的金兵，并作了必要的守城准备，自以为固若金汤。岳飞策马环城一周，对敌人的防守情况作了大致的了解，他充满信心地对众将士说：准备庆贺胜利吧。岳飞首先派人向荆超劝降，希望他与伪齐傀儡政权决裂，弃暗投明。荆超拒不投降，还遣其谋主、长寿县伪知县刘楫登城辱骂。于是，岳飞下令攻城，并亲自指挥战斗。敌人凭借高大、坚固的城墙，负隅顽抗，岳家军将士则"累肩而升"，奋不顾身地攀登上城头，英勇杀敌，斩杀敌人7000余人，敌尸堆积如山，终于攻占了郢州城。荆超见大势已去，投崖自杀，刘楫则为岳家军生擒，受到了应得的严厉惩罚。

克复郢州后，岳家军兵分两路，一路由张宪、徐庆率领东取随州（治随县，今湖北随县）；另一路由岳飞亲率直趋襄阳府（治襄阳，今湖北襄樊市）。襄阳是伪齐准备大举南下的大本营，由主将李成亲自驻守。他以前曾多次被岳飞击败过，当他听到郢州失守的消息，面临着凯歌猛进的岳家军即将发动的攻城战役时，他丧失了应战的勇气，于是弃城而逃。五月十七日，岳家军便兵不血刃地克服了襄阳重镇。张宪、徐庆率军攻打随州城，伪齐知州王嵩据险固守，连攻数日未克。将领牛皋闻讯后，自告奋勇地请求率兵增援张、徐军。出发时，他只带三天的口粮，以示短期内必克随州的信心。五月十八日，牛皋援军与张宪、徐庆的部队合力攻城，岳飞长子岳云一马当先登上城头，岳家军蜂拥而上，与守敌展开搏斗，歼灭敌人5000名，活捉了王嵩，克服了随州城。

这时，宋高宗赵构亲笔给岳飞写了一道《御札》，《御札》中流露出宋高宗的一种忧虑，即担心岳家军新收复的郢、随州和襄阳难以长期固守，可能"前功遂废"，而只字不提原作战计划中包括的唐、邓州和信阳军的收复问题。接到这道《御札》

襄阳大捷

外 30 里的地方与数万敌军相遇，展开激战。王万、董先两员将领出奇兵猛烈地攻击敌人，金、齐联军降营大乱、全军溃散，刘合孛堇只身逃窜。岳家军乘胜追击，俘获敌将杨德胜等 200 多人，斩杀无数，缴获敌人兵器、战旗数以万计。伪齐将领高仲率残部退回邓州城，企图据城固守。七月十七日，岳家军发动了攻城战役，岳云又冲锋在前，战士们奋不顾身，冒着如雨般的矢石，"蚁附而上"，一举攻破了邓州城，生擒了守将高仲。

邓州决战的胜利，更坚定了岳家军将士们必胜的信心，他们以破竹之势，很快就进逼唐州（今河南唐河县）城下。七月二十三日，王贵和张宪在唐州以北 30 里，击败金、齐联军，掩护攻城战斗，同日，岳家军攻占唐州城。不久，岳家军又攻克了信阳军（今河南信阳市）。至此，襄阳六郡全部被宋军收复。这是南宋立国八年来进行局部反攻的一次重大胜利。

宋·鎏金银八角盘

之后，岳飞立即写了一封奏章，他一方面具体地提出了襄阳等地的防守方案，以消除赵构的疑虑，另一方面，则重申了他要继续战斗，克复唐、邓、信阳三地的决心。

在岳家军咄咄逼人的攻势下，伪齐政权胆战心惊，急忙向金朝求援。金朝遂派将领刘合孛堇纠合起一支数万人的金、齐联军，驻屯在邓州（今河南邓县）的西北，又扎营寨三十多处，企图与岳家军决一胜负。岳飞为了迎接这一场恶战，进行了一个多月的准备工作。他派遣王贵取道于光化，张宪取道于横林，分路进发，由两面夹攻。七月十五日，岳家军在邓州城

宋金郾城、颍昌之战

南宋绍兴十年（金天眷三年，1140 年），宋将岳飞率军收复中原时，于郾城（今属河南）、颍昌（今河南许昌）击败金军反击的作战。

中国通史

最新整理图文珍藏版

1648

宋靖康二年（1127年）金灭北宋后，为进一步扩张领土，夺取中原，多次遣军大举进攻南宋。直到南宋绍兴年间，宋金双方力量对比开始发生变化。金军南侵接连失败，战斗力明显削弱。南宋抗战派领导的军队在抗金斗争中不断壮大，已经出现了几支战斗力较强的部队。宋金战争开始向有利于南宋的方向发展。然而南宋朝廷并没有抓住这一有利时机收复失地，反而不断向金献媚求和。绍兴九年（1139年）正月初一，宋金双方达成和议，宋向金称臣纳贡，金将河南、陕西归还给宋。正当宋朝君臣庆幸屈辱和议成功之际，金国内部发生动乱。绍兴九年七月，金太祖第四子完颜宗弼发动政变，杀掉了主张同南宋议和的挞懒一派，掌握了金朝的兵权。绍兴十年（1140年）五月，金军以完颜宗弼为统帅，分兵四路向陕西、河南、山东等地发起进攻。不到一个月，金归还给南宋的土地又全部被金夺去。面对险峻的形势，宋高宗被迫下诏，命各路抗金将领率军进行抵抗。当时新任东京副留守刘锜率八字军从水路北上赴任。行至顺昌（今安徽阜阳）时，得知金军背约南下。刘锜考虑到顺昌是金军南下必经之地，便于五月十八日率军全部开进顺昌城，准备迎击南下金军。六月初十，金军10余万越过颍河浮桥，包围顺昌。刘锜以顺昌城为依托，利用金军不惯炎热的弱点及天气的有利条件，采用以逸待劳乘机反击的战术，以5000之众大破10万金兵。顺昌之战后，宋军乘胜大举反攻。

顺昌之战后，金都元帅完颜宗弼率军退回东京（今河南开封）。南宋湖北、京西宣抚使岳飞亲率大军自鄂州（今湖北武昌）出发，准备乘胜收复中原。岳飞命王贵、牛皋、董先、杨再兴等将分别经略河南诸州郡，又命梁兴、董荣等将潜渡黄河、联络河北、河东的抗金义兵，夺取西河州

县，袭扰金军后方。北征先头部队连连告捷。绍兴十年闰六月二十日，岳家军采取分进合击的战法，先后收复颍昌、陈州（今河南淮阳）、郑州、洛阳等重镇，切断金军东西联系，对东京金军形成威逼之势。完颜宗弼为了扭转局势，利用宋军分兵攻占州县、宋淮南东路之张俊、王德军已由亳州（今属安徽）退回庐州（今合肥）、岳飞军孤军深入之机，亲率昭武大将军韩常、龙虎大王突合速、盖天大王赛里等部1.5万精骑，奔袭岳飞宣抚司驻地郾城，企图一举摧毁岳家军的统帅机构，打破岳飞反攻计划。七月初八，金军进至郾城北面20里处列阵。当时，岳飞已将重兵派驻颍昌府城，其他部将也率兵分路与敌作战。岳飞探明了金军情况，知道来军是完颜宗弼精锐部队，便针对金军作战特点，令其儿子岳云率背嵬（背嵬一词为西夏语，意为亲随、骁勇。绍兴二年，韩世忠创背嵬军，后成为南宋许多将领设置的亲军的名称）、游奕马军与金骑鏖战。骁将杨再兴为生擒宗弼单骑突进，击杀金军近百人，多处受伤，仍拼死力战。正当两军激战之时，岳飞亲率40骑驰入阵中，射杀金军多人。岳家军士气倍增，奋勇杀敌。完颜宗弼见势难以取胜，遂将头戴铁盔、身披重甲的"铁浮图"和号称"拐子马"的精骑投入交战。"铁浮图"一字排阵，从正面推进；"拐子马"自两翼迂回包抄，对岳家军形成很大威胁。岳飞灵机应变，待金军进至阵前，令步卒持麻扎刀、提刀、大斧入阵，专砍马足，"铁浮图"大乱。同时令背嵬、游奕马军专门对付金军的"拐子马"军，以灵活机动的战术，忽攻其前，忽击其侧，致金军于被动。岳家军步骑密切配合，从午后战到天黑，鏖战数十回合，金军死亡惨重。完颜宗弼率余部仓皇溃逃。

郾城之战后，完颜宗弼不甘失败，为扭转危局，率军攻取郾城与颍昌之间的临

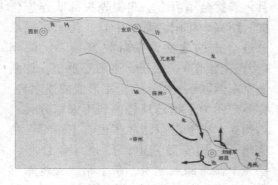

顺昌之战示意图

颍（今属河南），企图切断南宋湖北、京西宣抚使岳飞与部将王贵军的联系，尔后各个击破。岳飞识破金军企图，料其必攻颍昌，遂重新调整部署，遣其子岳云率部分背嵬军绕道驰援颍昌；同时令统制张宪率背嵬、游奕等军向临颍挺进，寻求与金军主力决战。七月十三日，岳飞军部将杨再兴率300骑兵，到临颍以南的小商桥侦察军情，与金军遭遇，击杀金军2000余人，后因寡不敌众全部战死。完颜宗弼为了避免与张宪军决战，遂将各路金军集结

一起，除留部分兵力守临颍外，亲自率主力北攻颍昌，十四日，张宪进攻临颍，击溃金军，收复临颍县城。同时，完颜宗弼率昭武大将军韩常等部，以3万余骑兵列于颍昌城西，以10万步兵列于舞阳桥以南，连阵10余里。驻守颍昌的宋军有3万，由王贵、董先、岳云、胡清等统领，是岳家军的主力部队。王贵将守城任务交给董先、胡清，自己统帅中军和游奕军，会同岳云率领的背嵬军，出城迎击金军。宋军以岳云的800骑兵居中，正面冲击，猛冲金步兵；又以步兵为左右翼，攻击金两翼骑兵。岳云身先士卒，先后出入金阵10余次，裹伤奋战。从早晨战到中午，血战几十回合，双方胜负难分。负责守城的董先，胡清二人见状，立即率军出城增援。顿时，宋军士气倍增。董先、胡清与王贵、岳云合兵奋击，战局迅速扭转。激战中，宋军杀死完颜宗弼女婿统军上将夏金吾及副统军粘罕索孛堇，还先后杀死金千户5人，大小首领78人，歼灭金军5000余人，俘获金军2000余人，战马3000余匹。完

花篮图

颜宗弼退回东京。岳飞率军乘胜追到距东京仅45里的朱仙镇。完颜宗弼集结10万金兵迎战。岳飞一面同金军对阵，一面派兵向黄河渡口进逼，侧击金军。金军溃逃，撤回东京，准备北逃。岳飞反攻中原的战争，取得了重大胜利。

绍兴和议

南宋军民在开展积极抗金斗争中不断取得胜利的时候，也是秦桧加紧向金乞和的时刻。所谓"朝廷遣使通问，冠盖相望于道"。王伦等不断至金议和。

与此同时，秦桧进一步打击那些反对议和的人。绍兴九年（1139年）五月，张焘等自河南回来，上疏给高宗，要求"不可恃和盟而忘复仇之大事"，立即遭到秦桧的打击，张焘立即被贬。大臣李光起初对议和事并不完全反对，后来，秦桧要撤淮南守备，夺抗金将领的兵权，李光才极言金人有野心，"和不可恃，备不可撤"。李光在高宗面前指责秦桧是"盗弄国权，怀奸误国，不可不察"。这触犯秦桧，李光离开朝廷，日后秦桧以所谓"私史"案，迫害李光。

解除抗金将领的兵权，是高宗、秦桧为与金人议和扫除障碍的步骤。绍兴十一年（1141年）召回韩世忠、岳飞、张俊三大将，拜韩世忠，张俊为枢密使，岳飞为枢密副使，这实际上夺了他们的兵权。三大将中张俊又是主和派，枢密院大权实际为张俊所把持。接着刘锜的兵权又被解除。不久，岳飞入狱。

十月，金人占泗州（今江苏盱眙北）、楚州（今江苏淮安），逼迫宋高宗、秦桧加紧投降议和。宋以魏良臣为金国禀议使。十一月，魏良臣至金卑躬屈膝。金宗弼以肖毅、邢具瞻为审议使，同魏良臣同至宋，

宋、金议和后划定的疆界图

议定要以淮水为金、宋的分界，要求割唐（今河南唐河）、邓（今河南邓县）二州和陕西的一些地方，每年给金人以银25万两、绢25万匹。高宗全部接受金人的条件。并且派何铸带高宗的誓表去金。誓表上说明宋接受金人提的条件，要"世世子孙谨守臣节，每年（金）皇帝生辰并正旦，遣使称贺不绝"。申明如果自己背盟，则"明神是殛，坠命亡氏，踣其国家"，真是厚颜无耻已极。

十二月，何铸至汴，见到金宗弼，又至会宁。金人不断增加新的要求。最后签订和约，其内容是：（一）宋向金称臣，金册封宋高宗赵构为皇帝。（二）确定宋、金疆界。东以淮河中流为界，西以大散关为界，以南归宋，以北属金。割唐、邓二州及商、秦二州大半土地予金。这样一来，宋仅有两浙、两淮、江东西等十五路，而京西南路只有襄阳一府，陕西路只有阶、成、和、凤四州。宋的疆域大大缩小了，而金人画界后，建五京，置14总管府，共19路，还有其他散府一些地方。（三）宋

每年向金人贡纳银25万两，绢25万匹。这个和议称之为"绍兴和议"。

南渡的宋廷大官僚和北方大地主，他们和南方的地主一道兼并土地，高宗、秦桧为代表的大地主阶级其基本方针是秦桧所说的"南自南，北自北"，求偏安一隅。依靠南宋军民的斗争，阻止金人吞并南方的野心；而偏安局面形成过程，却是南宋抗金军民受打击的过程。绍兴和约签订，岳飞被害。

绍兴和约签订后，形成宋、金南北对峙的局面。宋、金的战争暂时告一段落。在相对稳定的局面下，金人更多接受汉族文化，金熙宗统治下建立了一套集权的机构，生活各个方面渐染华风。

绍兴十二年，四月，金人遣使以衮冕圭册，册封宋高宗为大宋皇帝。七月，金人送回高宗母韦后及徽宗灵柩。九月高宗给投降有功的秦桧加封，加秦桧太师，封魏国公。此后，秦桧又专擅朝政13年。

秦桧专权

南宋初年，女真贵族不断对南逃的宋高宗发起追击，北方和南方忠于宋室的军民进行了英勇的抗金斗争，迫使金

梅石溪凫图

兵退回北方。女真贵族乃改变策略，于建炎四年（1130年）十一月立汉奸刘豫为傀儡皇帝，建立伪齐政权；同时，又派另一个汉奸秦桧潜回南宋，从内部破坏南宋的抗战。

秦桧，字会之，江宁（今江苏南京）人。北宋末年，考中进士，历官太学学正、御史中丞。北宋亡，被金军驱掳北去，旋即变节，颇受女真贵族的信任。这时，女真统治者为了实现"以和议佐攻战，以潜逆诱叛党"的策略，决定放秦桧南归。宋高宗这九年被金兵赶得到处逃跑，多次派人乞和求降，而不可得，听到秦桧回来了，知道他与女真贵族的关系密切，了解不少内幕，便立即亲自接见他。秦桧向高宗报告了徽钦二帝及母后的近况甚好，又呈上自己起草的给金将挞懒的求和书，暗示金人可以媾和。结束会见后，高宗高兴地对大臣们说："秦桧朴忠过人，真佳士也，朕得之喜而不寐。"立即任命他为礼部尚书。三个月后，又提升为参在政事（副宰相）。但他还嫌权力不大，暗中捣鬼，对宰相范宗尹进行排挤。平时范宗尹找他商量朝政大事，他虽明知某些事不能那样处理，但却不指明纠正，而暗中向高宗报告，以至高宗对范产生恶感，罢了范的相位。秦桧见相位出缺，便大造舆论，"我有二策，可耸动天下"，"今无相，不可行也"。高宗求和心切，知道他的想法，便于绍兴元年（1131年）八月任他为右相兼枢密院事，把军政大权都交给了他。

秦桧任右相后，觉得左相吕浩与他共掌朝政，不能独揽大权，便向高宗建议"二相宜分任内外"，把吕排挤出朝。接着，又设置修政局，自任提举，美其名曰"更张法度"，实际上是"欲夺同列之权"。副相翟汝文分管修政局的工作，不了解秦桧的意图，真以为要对吏治进行整顿，便考核官吏政绩，违者惩之。秦桧见他没有

杭州岳庙秦桧夫妇铁像

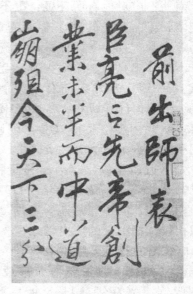

岳飞书诸葛亮《前出师表》

按照自己的意图办，便奏称他"擅治吏"，讽人弹劾他"与宰相不协"。翟汝文便被迫求去，离开了副相之位。秦桧这种党同伐异，专权营私的行为，大失众望，不仅引起朝臣的不满，高宗也"颇觉之"，便下诏告诫臣下，以后如有"朋比阿附，以害吾政者"，定要"严置典刑"。特别是秦桧在对金媾和问题上，不仅没有迅速达成协议，而且还提出什么"以河北人还金国，以中原人还刘豫"的主张。此论一举，群情大哗，"天下之人，无贤愚，无贵贱，交口合词，以为不可"。朝臣纷纷上章弹劾，说他"专主和议，沮止恢复"，"植党专权，威福在已"，"上不畏陛下，中不畏大臣，下不畏天下之议"，犯了"欺君私己"的大罪，高宗迫于臣民的群起反对，不得

不在绍兴二年（1132年）八月罢了秦桧的宰相职位。

秦桧罢相后，金人和伪齐又多次发动对南宋的进攻，爱国军民英勇奋战，西北战场取得了仙人关之捷，中原战场收复了襄阳六郡，东部战场取得了大仪镇之捷，金兵的军事优势已开始丧失，众将纷纷要求一鼓作气，直捣中原。但宋高宗仍想妥协求和，偏安江南，于绍兴四年（1134

岳母
刺字图

1653

年）秋，派魏良臣往金将挞懒处求和。魏所到之处，金将无不称赞秦桧，说他是大好人，南朝不应对他有所怀疑，更不应罢相。魏回到南宋后，转达了金人的意见，高宗当然非常重视，立即任秦桧为资政殿学士，不久又知温州、知绍兴府，至绍兴元年（1136 年）八月亲加召见，命坐赐荣，任为侍读，行宫留守，参决尚书省枢密院事。从此，秦桧又得以参与朝政了。他利用手中掌握的权力，拨弄是非，倾轧同僚，先后迫使张浚、赵鼎离开了相位，他自己却步步高升，绍兴十年（1137 年）正月任枢密使，次年三月迁为右相，不久便独揽相权，把南宋的历史带入了丧权辱国、黑暗统治的时期。

秦桧复相后，把主要精力都放在对金媾和上。绍兴八年（1138 年）五月，王伦使金回朝，金使乌陵思谋一同前来，许还徽宗梓宫及河南地，群臣纷纷反对，认为是骗局，但高宗和秦桧竟以孝道为由，"不惮屈己"，派王伦再次使金，迎接梓宫，继续和谈。金方要求南宋君臣对金熙宗的《诏书》要"具礼迎接"，"再拜亲受"。群臣愤怒地揭露这是对南宋的侮辱，再次掀起反对和议的高潮。秦桧秉承高宗的旨意，对反对派进行了残酷的迫害。为了蒙骗军民，缓和舆论，向金使请求高宗正在居丧守孝，不得行礼，可由宰相代为跪拜受降。金使知道群情激愤的情况，只好同意。于是，秦桧便以宰相之尊，代表皇帝亲往金使馆中，进行跪拜，接受诏书，完成了一幕"致亏国体"的丑剧。绍兴九年（1139年）正月，正式公布和议内容：金归宋河南地及徽宗梓宫，宋对金称臣，每年贡纳银、绢五十万两、匹。广大军民得知此情，更感受骗痛心，上书反对签约者甚多，皆言金人叵测，和约不可恃，宜加戒备，以防异时意外之患。然而高

宗和秦桧方且庆贺太平，大赦天下，怎会倾听这些意见呢！

果然不久，金人便撕毁和议，于绍兴十年（1140 年）五月再次发动南侵。幸有刘锜、吴璘、岳飞等抗战将领在东、西、中三路战场组织军民英勇抵抗，不仅稳定了战局，而且及时反攻，大举北伐，屡败金兵，进逼开封，形势对南宋十分有利。可是，秦桧仍然坚持和议，破坏抗战，怂恿高宗迫令诸将班师。绍兴十一年（1141年），高宗和秦桧解除了岳飞、韩世忠等大将的兵权，诬构谋反罪状，杀害岳飞，与金人再次签订了屈辱的《绍兴和议》。宋向金称臣、纳贡割地。金朝并规定宋高宗不得以无罪去首相。

秦桧以议和有功，加太师，封魏国公。在此后的十多年中，独揽相权，顺我者昌，逆我者亡，仅任其副职，当其助手，而被撤换者，即达 28 人之多。为了讨好金人，不惜搜刮民脂民膏，媚奉敌国。他还依仗权势，敲诈勒索，横行霸道，贿赂公行，积累了大量家财。但国之府库，无旬月之储，千村万落，生理萧然。他生杀废置，惟己所欲。朝臣畏秦桧，甚于畏高宗。还派侦探巡游市井，闻人言桧奸，即捕入狱。有议朝政者，即贬之万里外。欺世盗名，又千方百计篡改史籍；还大兴文字狱，对稍涉疑忌者加以迫害。晚年，更颇有异志，不把高宗放在眼里，阴谋取而代之。高宗亦颇有察觉，不得不经常靴里藏刀，以防不测。

至绍兴十五年（1155 年），两次任相长达 19 年的秦桧病倒在床，自知不久于人世，便欲举其子秦熺代相。高宗已察其奸，未表同意。他又图谋把异己政敌一网打尽，诬称张浚、李光、胡寅等 53 人"谋大逆"，欲判以重罪，但未及签字，他便死了，狱事方解。秦桧死讯传出，四方士民无不欢庆，皆以为国贼，死有余辜。

岳飞和岳家军

岳飞（1103～1142年）是在人民中间成长起来的南宋军事将领，在抗金斗争中是维护汉族人民利益的民族英雄。

岳飞出身于一个贫农的家庭。他的父亲岳和、母亲姚氏，都是世代务农的。他的家乡相州汤阴（河南汤阳）曾经遭受金兵的摧残。金兵所到之处，"杀戮生灵，劫掠财物，驱虏妇人，焚毁屋舍产业"，引起汉族人民的无比仇恨。岳飞从20岁起入伍参军。1126年起，就投身于抗金的战场。他是一个有志气、有远大理想的青年。贫穷砥砺了他的雄心壮志；刻苦学习使他增长了知识和才能。他爱读兵书，拜周同为师，学习射箭，深得要领。在穷苦的佃农家庭里，他从小就参加劳动，养成勤俭耐劳、忠诚朴实的个性。他很刚直，能文能武，有一身强健的体魄。有一次，他带领100多名骑兵，中途碰上大队的金兵。他对战士们说，敌兵虽多，不知我方虚实，要趁对方摸不清情况时，迎头予以痛击。岳飞勇敢而机智地带头冲进敌阵，大破金兵。后来他归宗泽指挥，宗泽看到岳飞是智勇超群的将才，心中多么高兴。他亲自教给岳飞作战的阵法。岳飞学到了阵法之后对宗泽说：按阵图作战，这是兵家常事。但能否取胜，全靠指挥官的巧妙运用。

公元1127年，赵构登上皇位。岳飞原是护送皇帝的侍卫人员。他敢于越级上书，要求收复失地，盼望宋高宗亲自率军北上，不要听信黄潜善和汪伯彦们的求和论调。岳飞的这一正义行动，竟被认为是"妄论天下事"而受到革职的处分。岳飞被革职后，本来打算还家。后来由于朋友赵九龄的介绍，才被留在张所的部下。

雪堂客话图（局部）

公元1128年的秋季，岳飞领兵北渡黄河，在胙城（河南延津北）击溃了金兵。十月里，金兵长驱深入江南，一路从和州（安徽和县）附近渡江攻打江浙；一路从黄州（湖北黄冈）附近渡江攻打江西。岳飞的部队活跃于太湖流域的广德（安徽广德）、溧阳、宜兴、常州一带，在战斗中不断取得胜利。这一年的12月，当金兵取道广德，向浙江进犯时，岳飞拦腰截击，歼

大闹朱仙镇图

敌 1000 多名，活捉金兵将领 20 多名。岳飞驻军广德钟村时，一时间粮草十分缺乏，战士们宁愿忍住饥饿，不随便拿走民间的粮食。当金兵进犯常州时，岳飞带一支兵马予以阻击，大量的金兵坠河而死，并活捉金兵大小头目十多人。

金太宗天会七年（1129 年），女真统治者下令禁止人民穿着汉服，强迫汉族人民按照女真的生活习惯剃发结辫。金兵把俘虏来的大批汉人当作奴隶来买卖，强迫他们从军。这就加深了女真贵族和汉族人民的矛盾。

岳家军是在抗金斗争中不断吸收各方面的武装力量壮大起来的。其中有太行山一带的民兵，如河东忠义军首领赵云，于 1134 年带着队伍来归岳飞。梁兴是太行山民兵的主要首领之一，深受人民的爱戴，人们亲热地叫他"梁小哥"。他带领了 100 多名勇士，投奔到岳飞军中来。李宝是山东人，人们唤他"李泼三"。他会合山东壮士 1000 多人投奔岳飞。后来梁兴、李宝等人，被岳飞派到河北、山东地区，广结抗金力量。于是两河一带的抗金武装，都打起"岳"字旗，与岳家军取得密切的配合。

岳飞又把洞庭湖一带的农民起义军五六万人转移到抗金战线上来，成为岳家军中水军的强大力量。

岳飞还招引分散在各地山林的武装。这些武装的基本队伍都是淳朴的劳动人民。岳飞收服了张用（号称"张莽荡"）和他的妻子"一丈青"，得兵力 5 万；又招引马进的余部，安顿其中的老弱，保留 1 万多名强壮的战士。岳飞又招收了杨再兴。他原是曹成手下的勇将，曾杀死岳飞的弟弟岳翻。岳飞并不记杀弟之仇，把他引导到抗金的路上来，成为岳家军中一员得力的猛将。杨再兴曾多次要活捉金将宗弼，在抗金前线打得英勇顽强，屡建殊勋。最后终于献出了自己的生命。

岳家军还包括南宋王朝拨给的官兵和将领。牛皋、张宪、徐庆、赵秉渊等，都是久经战阵的好将领，他们成为兵家军的骨干。

岳家军的成分虽然复杂，但是他们在抗金卫国的共同目标下，紧紧地团结在岳飞的周围。在平时，岳飞教育自己的部队要勇敢、要守法、要廉洁。他对将士们说：文官不能爱钱，武将不能怕死。平日军事训练，冲山坡、跳战壕，都同实战时一样。岳飞跟将士们生活在一起，还替患病的将士们调理汤药。凡有赏赐，全都分给士兵。岳家军的一条纪律是："冻死不拆屋，饿死不掳掠。"佃农出身的岳飞，虽然已经成为封建王朝的将领，但他没有忘记自己的过去。每逢战斗，他召集将领们一起商量作战的方案。在抗金斗争中，岳家军保护人民的利益，得到人民的支持。岳家军每次出兵杀敌，附近百姓们头顶香盘，挑运粮草，迎接战士。岳家军成长为一支战无不胜的英勇部队，是同人民群众的支持分不开的。

岳家军之所以有很强的战斗力，跟统帅岳飞在将士当中有崇高的威望，也有很大的关系。岳飞在对人对己、待人接物等方面，保持高尚的风格。他非常疼爱自己的儿子岳云，但是始终对他采取严格的要求。每次战斗令下，岳云总是冲锋在前，军中称他为"赢官人"，就是说岳云是一个常胜不败的好男儿。《宋史》里记载，岳云"数立奇功，（岳）飞即隐之"。岳飞对自己儿子的战功，既不声张，也不上报。南宋有一些大小将领，把自己的儿子混在立功将士的名单里上报朝廷，冒功领赏，这是司空见惯的。但岳飞对待自己的儿子，有功不赏，有过必罚。朝廷知道岳云的累累战果，几次要给他加官，岳飞总是"力辞不受"。有一次，朝廷要给岳云连升三级，岳飞上书恳辞。他说：战士们冒着矢

岳飞《满江红》词石刻

石立奇功，才升一级，我的儿子越级提拔，"何以服众"？岳飞还为此事多次上表，坚决不肯接受。他如此严格对待自己的儿子，是由于他坚持一条信念，就是："正己然后可以正物；自治然后可以治人"。将帅不能以身作则，管好自己，又不能与士卒同甘共苦，怎么能带好军队，又怎么能要求战士们同心协力，抗击敌人？

绍兴四年（1134 年），岳家军收复了

灵隐寺

襄阳府、唐州（河南唐河）、邓州（河南邓县）、随州（河北随县）、郢州（湖北钟祥）和信阳军（河南信阳）。岳家军痛恨那些甘心投敌的民族败类。随州知州王嵩为虎作伥，顽抗一个多月。岳飞的名将张宪攻打随州，迟迟不能下。后来派熟悉京西一带地形的牛皋前往增援，只带三天军粮，一举攻下了随州，活捉了奸贼王嵩，当即加以处决。岳飞十分重视六州的善后工作，除了战士们大搞屯田外，招抚流亡的百姓，免去人民的公私债务，为人民解决粮食、种子、耕牛，使生产得到恢复。

襄阳等六郡，西连川、陕，南接湘、赣，东邻两淮，北通豫、鲁，是反攻中原的重要基地。32 岁的岳飞，此刻被晋封为武昌开国侯，从一个普通军官升为一军的统帅，屯兵于鄂州（湖北武昌）。面对着如此大好形势，他主张大举北伐。他在鄂州写的《黄鹤楼》词中，有"何日请缨提劲旅？一鞭直渡清河洛"的豪言壮语。他向宋高宗呼吁，北渡黄河，"直捣中原，恢复故疆"。宋高宗为了实现既定的和议决策，竟不许岳飞讲"提兵北伐"、"收复汴京"之类的誓言，害怕激怒女真统治者。

绍兴六年（1136 年），岳飞进驻襄阳。一部分岳家军从襄阳出发，打到了洛阳西南的长水县境，收复洛阳附近的一些州县，军锋逼近黄河。黄河北岸的民兵，兴高采烈地日夜盼望着岳家军的到来。岳飞满怀信心地对将士们说，总有一天要打到敌人的老家。那时候，"直抵黄龙（吉林农安），与诸君痛饮"！

岳家军的抗金意志越是坚定，跟宋高宗的求和方针越是发生冲突。岳家军不但不能北上，反而奉命退守鄂州。这时，岳飞百感交集，在鄂州写了一首表明自己一生志愿的《满江红》词：

怒发冲冠，凭阑处，潇潇

雨歇。

　　抬望眼，仰天长啸，壮怀激烈。

　　三十功名尘与土，八千里路云和月。

　　莫等闲、白了少年头，空悲切！

　　靖康耻，犹未雪；

　　臣子恨，何时灭？

　　驾长车，踏破贺兰山缺。

　　壮志饥餐胡虏肉，笑谈渴饮匈奴血。

　　待从头，收拾旧山河，朝天阙。

　　岳飞作为封建王朝的一名抗金将领，在大汉族主义思想支配下，当时还不可能分清女真贵族和女真人民的界限。但是他反对民族压迫的思想感情和"还我河山"的抗金意志，是与人民的愿望息息相通的。

杭州西湖边上的岳坟

　　绍兴七年（1137年），宋高宗从平江到了建康，岳飞陪着赵构同行。一路上，岳飞谈论北上收复失地的军事打算，认为必须抓紧时机，在军事节节胜利的时刻，一鼓作气，奋勇杀敌。岳飞说：北方人民正在引颈相望，时机是不能再失的。但是宋高宗都把这些话当作耳边风。

　　南宋初，岳飞所领导的反抗民族压迫的斗争，是深得人心的正义斗争。岳飞的军队是得到人民支持的抗金队伍。岳家军以农民为主力，也包括各阶级各阶层的爱国志士。南宋初，凡是在抗金斗争中作出巨大贡献的人物如李纲、宗泽、岳飞、韩世忠等许多人，都不愧为民族英雄。他们是在反抗民族压迫的斗争实践中涌现出来的历史人物。特别是岳飞，他以毕生的精力，阻击金兵的烧杀掳掠，保卫了大江南北各族人民免受女真贵族的奴役，并且联络北方的抗金力量，准备收复失地。岳飞自始至终反对宋高宗集团的投降国策，狠狠打击在金人卵翼下扶植起来的刘豫"大齐"傀儡政权。刘豫充当了八年（1130～1137年）的"儿皇帝"，终于落得一个可耻的下场。

　　在南宋初期的十几年中，岳家军打得敌人闻风丧胆。金朝将帅不得不承认："撼山易，撼岳家军难"。

抗战在黄河南北

　　对于金军的进攻，以宋高宗为首的最高统治集团继续采取妥协投降的方针。这一小撮投降派，总是夸大敌人的强大，害怕人民的力量。前线的将士和黄河南北两岸的人民正在拼死抗击金军，宋高宗等投降派却在打算往东南逃跑。

　　岳飞对这种逃跑行为非常不满。他不顾自己职位的低下，勇敢地上书给宋高宗，要求他回到汴京，主持北伐。这个建议触怒了投降派，他们给岳飞加上越级上书的罪名，削夺了他的军职。宋高宗带领一批投降派分子索性离开烽火连天的北方，逃到繁华的扬州（今江苏扬州）去了。

　　那时候，一个爱国将领张所正在招募黄河两岸的义勇民兵，准备反攻。张所的威信很高，很受军民的拥护。岳飞经友人的介绍，投奔到张所那里。张所早就知道岳飞勇武，见到岳飞，就向他问道："你作战那样勇敢，你自已料想能对付多少敌人？"岳飞回答道："光凭勇敢是靠不住的。用兵首先要有谋略，有谋略才能打胜仗。"接着，岳飞同张所谈起当前的形势。他正确地指出：只有收复黄河以北的失地，才能保卫汴京。不这样，敌人就会得寸进尺，黄河以南的险要地方都将被敌人占领，甚至江、淮一带也要受到严重的破坏。

张所很赏识岳飞的才能和见解，把他编制在部将王彦的军队里，当一名军官。

建炎元年（1127 年）秋天，王彦和岳飞带领一支 7000 人的队伍，渡过黄河，向新乡（今河南新乡）进发。在那里，岳飞指挥一部分军队同金军展开了激烈的战斗。岳飞夺取了金军的大旗，高高地挥舞着。兵士们一鼓作气，猛打猛杀过去，终于攻下了新乡。

第二天，岳飞又同金军大战于侯兆川（今河南辉县西北）。

战前，岳飞鼓励部下说："我们已经打败过敌人。这次，敌人一定要拼命反击。我们人数少，应当加倍努力，争取胜利。贪生怕死的，一律斩首。"

部下受到鼓励，个个振奋，人人勇敢。在激烈的战斗里，岳飞的兵士伤亡很大，岳飞自己也受伤十多处，但还是打赢了这一仗。

这支队伍乘胜挺进，一直打到太行山下。

但是，由于孤军深入，这支队伍没有了固定的后方，粮食和军用品都供应不上，很难长期支持下去了。25 岁的岳飞刚强好胜，不服从王彦的领导。他们两人之间发生了裂痕，这支队伍也因此分裂了。王彦带领一部分队伍退到共城（今河南辉县）的西山去了。他在那里站住了脚，队伍有了扩充。岳飞脱离主力以后，更加势孤力弱。这一小支队伍一面战斗，一面向南转移。那年冬天，岳飞转战到汴京，投奔到守卫汴京的著名爱国将领宗泽那里去了。

第二年的春天，岳飞奉宗泽的命令，带兵渡河，接连同金军打了几仗，都获得胜利。夏天，岳飞的军队又在汜水关（今河南汜水县）打败金军，同金军相持在竹芦渡（今汜水县东）。岳飞眼看粮食快要完了，不能再拖下去。他就挑选精兵 300 人，每人准备两束柴草，交叉缚成十字形，埋伏在前山下面。到了半夜，那些伏兵点燃着柴草的四端，大声呼喊，向金营猛冲过去。金军从睡梦中惊起，以为有大队兵马杀到了，大家到处乱窜。岳飞带领精兵乘势掩杀，打了一次大胜仗。

那时候，战争的形势对南宋很有利。

岳飞坐像

为了保卫家乡，保卫国土，各地人民纷纷组织义军，打击金国。退守在共城西山的王彦，已经在太行山发展了一万多人的武装力量。他们每个人的面部都刺上"赤心报国，誓杀金贼"八个字。因此，这支队伍号称"八字军"。此外，在山西、河北、陕西一带，还有"红巾军"。这些义军给金军严重的打击，牵制了金军向南进攻的力量。

宗泽认为这是举行反攻的大好时机。

他一心一意地准备渡河北伐。他接连给宋高宗上书24次，要求宋高宗回到汴京，恢复原有的疆土。但是，每次上书都不能使投降派回心转意；每次上书，换回来的只是一些敷衍的空话。

花港观鱼

70岁的宗泽，眼看自己的理想一次次地破灭了。他又气愤，又伤心，终于病死了。他停止呼吸的最后一刻，宗泽还连喊三声："过河！"

抗战在江南

接替宗泽守卫汴京的是一个懦怯愚昧的杜充。岳飞归他指挥。

汴京一带是抗金斗争的最前线。对于这样一道重要的防线，杜充不是鼓励部下积极防御，而是不顾人民的死活，决开黄河堤防，企图让泛滥的河水来阻挡金军。

河水淹没了汴京周围的地区，淹没了那里的庄稼，淹没了人民的生命财产，却阻挡不住金军的铁骑。建炎三年（1129年）夏季，金军由统帅兀术带领，大规模地向南进攻。金军渡过潢河，杜充就急忙放弃汴京，带领部下，紧跟着投降派的脚印，退到建康（今江苏南京）。

宋高宗把防守建康的责任交给杜充，他自己又在投降派的保护下逃到临安（今浙江杭州）去了。

金军紧跟着杜充的脚印，在十月间，到达长江北岸。杜充还是一点不备战。十一月，金军渡过长江。杜充这才慌乱起来，派陈淬、岳飞等17名将领带着2万人前去堵击。正当战斗十分激烈的时候，宋军军官王燮带领一部分军队先撤了。这就影响了全部战局，跟着走的又有不少人。岳飞的一支部队一直坚持到太阳落山，兵士又气又饿，才不得已退到锺山（今南京紫金山）上宿营。天一亮，这支队伍又继续出战，在大量杀伤敌人以后，才从建康撤出，逐渐转移到广德（今安徽广德）去。

金军占领了建康，杜充向金军投降了。宋高宗听到金军渡过长江，立刻放弃临安，逃到明州（今浙江宁波），又从明州乘船，逃到海上。

兀术带领金军紧紧追赶。在他们经广德向临安进发的时候，岳飞的部队早在那里等候着他们。乘金军没有防备，岳飞带领部下突然出击，把金军拦腰截成两段，打了一场漂亮的伏击战。那年年底，岳飞的军队同金军连战六次，都获得辉煌的战绩。

那时候，岳飞的军队已经同南宋政府失去联系，成为一支孤军，给养的补充十分困难。但是，军队的纪律仍旧很好。岳飞严格地约束部下，不准随便拿老百姓的东西，不准侵占民房。岳飞自己同兵士过一样的艰苦生活，得到部下的拥护。建炎四年（1130年）春天，这支部队开到宜兴（今江苏宜兴）驻扎下来，在那里维持了良好的秩序，同当地人民相处得很好。这支军队人数虽然不多，但是正在逐渐成长为一股坚强的抗金力量。

金军追赶宋高宗，一直追到浙江沿海，没有受到南宋官兵的抵抗。由于战线拉得太长，背后又有岳飞的军队和长江南北广大的人民武装在不断地打击他们，因此金军不敢在东南沿海长期停留。他们野蛮地破坏了明州和临安，带着抢来的大批财物，开始向北撤退了。

金军撤退到宜兴，受到岳飞的迎头痛击，打四仗，败四仗，伤亡很大。金军撤退到镇江（今江苏镇江）又受到宋将韩世忠的打击，被围在黄天荡（今镇江附近），双方相持48天，兀术几乎被活捉。后来，兀术和他的军队侥幸逃脱，又在牛头山（今南京市南）下，被岳飞的军队杀得大败。

那年五月，岳飞乘胜收复了建康。

后来，岳飞在楚州（今江苏淮安）、承州（今江苏高邮）等地好几次打败金军，又在江西、湖南一带先后平定了以李成、曹成等为首的两股叛乱武装。由于节节胜利，岳飞的队伍逐渐扩大成为一支4万人左右的劲旅。"岳家军"的威名传播四方。30岁的岳飞已经成为独当一面的大将了。

东南的局面得到暂时的稳定，宋高宗先从海上回到越州（今浙江绍兴），又从越州回到临安。他又安安稳稳地做起半壁江山的皇帝来了。为了奖励岳飞保卫南宋政权的功劳，宋高宗赐给岳飞一面军旗，上面绣着"精忠岳飞"四个大字。

收复六州

金朝统治者虽然占领了黄河流域的广大地区，但是征服不了那里的人心。黄河两岸的汉族人民从来没有停止过对金朝统治者的反抗。这种情况使金朝统治者十分为难。用武力镇压吧，镇压了这里，那里又起来反抗；放弃占领吧，又不甘心。于是，他们想出一个花招：在河南、山东一带建立一个傀儡政权，供他们利用、操纵。这样，他们就可以集中力量加强对黄河以北的统治了。建炎四年（1130年）九月，金朝统治者在南宋的降官中挑选了一个叫刘豫的人，指定他做傀儡皇帝，国号齐，定都在汴京。历史上把那个政权叫做伪齐。

岳王庙

绍兴三年（1133年）冬季，金军向西北发动大规模的进攻。为了配合金军的这次行动，伪齐的军队也从河北出发，连续攻占了邓州（今河南邓县）、襄州（今湖北襄阳）等地。

岳飞得到这个消息，就向宋高宗上书，建议及时反攻，从湖北北上，打击伪齐。那时候，从西北到东南的各个战场上，宋军都获得了大小不等的胜利。宋高宗看到士气高涨，可以利用，因此同意了岳飞的建议。

第二年五月，岳飞的大军从江州（今江西九江）出发，沿江西上。"精忠岳飞"的大旗在空中飘扬，一直指向郢州（今湖北钟祥）。

郢州的伪齐守将荆超，勇猛善战，一向有"万人敌"的称号。他拥有兵士1万多人，军势很盛。岳飞派人劝告荆超，希望他顾全民族气节，归降南宋。荆超恃勇不听，反而派人把岳飞辱骂了一顿。那时候，岳飞军队的粮食只够烧一餐饭。岳飞仍旧充满信心，部署进攻。第二天黎明，总攻开始了。将士一鼓作气登上城楼，攻下了郢州。在混战中，荆超跳崖自杀了。

岳飞分兵两路，继续前进。一路由部将张宪、徐庆指挥，攻打随州（今湖北随县）；一路由岳飞亲自带领，攻打襄州。

襄州的伪齐守将就是以前在江西发动叛乱的李成，他是岳飞手下的败将。李成听说岳飞兵到，慌忙引军出城四十里，靠着襄江，摆开阵势，准备迎战。

岳飞的部将王贵、牛皋正要冲杀过去。岳飞笑着止住他们道："这家伙好几次败在我的手里，我原以为他总会吸取一些教训的。现在看来，他还是同过去一样愚蠢。要知道，步兵应该布置在险阻的地方，骑兵应该布置在平广的地方。而李成却把骑兵摆在江岸的狭窄地带，把步兵摆在开阔地带。这样的军队虽有十万之众，又有什么用呢？"于是，岳飞命令王贵带领步兵，手持长枪，攻打李成的骑兵；牛皋带领骑兵，冲击李成的步兵。果然，这一仗把李成的军队杀得大败。李成狼狈地逃跑了。岳飞顺利地收复了襄州。

攻打随州的部队却没有那么顺利。他们攻打了好几天，还是攻不下来。岳飞派牛皋前去支援，才攻下了随州，俘获了伪齐守将王嵩。岳飞的儿子岳云也参加了这次战斗。他手拿大锤，第一个登上随州城楼，因此得到"勇冠三军"的称号。

七月，岳飞带领大军接连攻下了邓州、唐州（今河南唐河县）和信阳府（今河南信阳）。到此，伪齐在河南的六个州府被岳飞的军队攻下了。伪齐的主力部队完全被击溃了。

岳飞本来可以乘胜北进，收复更多的土地。但是，宋高宗担心这样会引起金朝统治者的不满，害怕金军大举南下。因此，他在命令里告诫岳飞只能攻取以上六州，不准远追；而且不许岳飞提出"提兵北伐"、"收复汴京"等口号。岳飞在收复六州以后，安排了地方长官，安顿了流亡百姓，只得下令回师，驻军鄂州（今湖北武昌）。

岳飞这次主动出击，不仅保卫了长江中下游，使南宋的东南和西北连成一片；而且增强了军民抗敌的勇气和信心。在连年的战斗中，也有几支南宋军队得到锻炼，增强了战斗力；但是，他们大多只是在各自的防区内被迫应战。像岳飞那样，主动出击，三个月以内，连克六州，这还是南宋抗金战争中第一次重大的胜利。

伪齐不甘心这次重大的失败，那年冬天，又勾结金军，南下进攻。他们避开岳飞的防区，矛头指向安徽、江苏。南宋政府一面慌慌张张地在江、淮一带调兵遣将，布置防御；一面急急忙忙地命令岳飞东下支援。

这一回，金、齐联军又碰了钉子。他们在大仪（今江苏扬州西）、承州遇到韩世忠的军队，受到严重的打击。他们攻打庐州（今安徽合肥），又碰上岳飞的先遣部队——牛皋和徐庆的军队。牛皋高举岳家军的大旗，追杀过去。金、齐兵士知道岳飞军队赶到，不敢应战，纷纷败退。

在北风的怒吼下，金齐联军踏着冰冻的土地，垂头丧气地北撤了。

大会战

绍兴九年（1139年），金朝统治集团内部发生了变乱。军事统帅兀术掌握了金朝的大权。他极力主张用武力统一中国。在经过充分的军事准备以后，兀术一手撕毁了和约，于绍兴十年（1140 年），向南宋发动大规模的进攻。

宋高宗投降不成，为了保全他的统治地位和身家性命，才不得已被迫应战。

岳飞接到出击的命令，立刻行动起来。他一方面调兵遣将，积极布置进攻。一方面，他又派梁兴、李宝偷渡黄河，去联络河北的义军，从背后打击金军。在梁兴、李宝出发的时候，岳飞充满信心地说道："希望你们好好努力，让咱们在黄河以北胜利会师吧！"

那年六月，岳飞的大军开到河南中部。军旗在天空中迎风飞舞，刀枪在日光下闪闪发光，兵士们个个磨拳擦掌。胜利进军的号角吹响了。

头一仗，在颖昌（今河南许昌）附近爆发了。先锋张宪的部队同金军搏斗了一整天，攻下了颖昌。张宪立刻挥师东下，又在四天以内，收复了陈州（今河南淮阳）。

岳家军齐头并进，不到一个月，先后收复了郑州（今河南郑州）、中牟（今河南中牟）、西京（今湖南洛阳）。岳飞亲自进驻郾城（今河南郾城）。这样，形成了一个口袋形的战线，从东、西、南三面包围了汴京。

兀术不甘心失败，把主力布置在汴京周围，企图在那里吃掉岳飞的军队。

岳飞识破了兀术的意图。他故意分散兵力，装出郾城的防御力量十分薄弱的样子；又派一支军队向兀术挑战，目的是引诱金军的主力开出来，以便选择适当时机消灭他们。

兀术果然落进了这个圈套。七月上旬，他会合所谓龙虎大王、盖天大王和韩常的军队，进迫郾城。

兀术有一支特殊训练的骑兵队叫"铁浮图"。这支骑兵队以三骑为一小组，人和马都披上厚重的铠甲，看起来好像铁塔一般。"塔"，又叫做"浮屠"。因此，这支骑兵队叫做铁浮图，它担任正面冲锋的作战任务。另外，还有"拐子马"，这是骑兵队的左右两翼。这支骑兵队共有 15000人，全由金人组成。在以往的战斗里，铁浮图和拐子马很少被打败过。兀术妄想以此来一举打垮岳家军。

岳家军面临着严重的考验。

在郾城以北 20 里的地方，双方的主力会战了。岳家军用绳子把刀或斧捆在长柄上，伏入阵地。铁浮图掩杀过来了。岳家军弯着身子，埋着头，用刀斧专砍马足。马一倒，人也跟着摔下来了。

那是一场短兵相接的格斗。从午后一直杀到昏黑，铁浮图崩溃了，拐子马也倒下了。兀术的精锐骑兵受到致命的打击。岳家军以钢铁般的纪律和意志，赢得了这次战斗的胜利。

隔了四天，兀术又重整队伍反扑过来。那天，岳飞部下的勇将杨再兴带领 300 人出郾城巡逻。在小商桥碰上大队金军。金军的人数比他们多几十倍。但是，杨再兴一点也不害怕，奋勇迎战。300 健儿被金军重重围住。他们拼命冲杀，杀死金军两千多人。他们也一个个倒下去了，没有一个人投降，没有一个人后退。杨再兴也壮烈牺牲了。后来，张宪带领队伍赶到，才把金军杀退。岳家军从战场上找到杨再兴的尸体，他身上中满了箭，仿佛是个箭靶子。可见这场战斗是多么激烈，也可想见杨再兴至死不屈、斗争到底的英雄形象。

郾城战役刚结束，岳飞就命令岳云带兵前往颖昌，支援那里的守将王贵。

果然不出岳飞所料，岳云刚到颖昌，兀术带领的大军也开到了。王贵和岳云分头出战，直杀得金鼓震天，大地动摇，人成了血人，马成了血马。结果，兀术狼狈逃去，金军的副统帅邪也孛堇身受重伤，抬到汴京就死去了。

在郾城和颍昌两次战役里，岳家军表现了英勇顽强、不可战胜的战斗力量，连金军也承认："撼山易，撼岳家军难！"

那时候，潜入黄河以北的梁兴、李宝也已经联络了山西、河北的人民武装，到处打击金军，收复了不少城池。岳家军胜利的喜讯传过去，更给他们极大的鼓舞。各地义军纷纷约定日期起兵。他们的旗帜上面，都有"岳"字。黄河以北的人民都在等待着岳家军的到来。金朝贵族在那里的统治，眼看就要垮台了。

这正是振奋人心的大好时光。岳飞更是兴奋，准备发动更大的进军，渡过黄河，争取最后胜利。他鼓励部下说："让我们一直打到黄龙府。到那时候，我要同大家痛饮一场！"

宋金采石之战

南宋绍兴三十一年（金正隆六年，1161 年），南宋文臣虞允文率领军民于采石（今安徽马鞍山西南）阻遏金军渡江南进的江河防御战。

南宋政权建立后，宋高宗面对金军的多次入侵，采取了力求议和的态度，以保黄河以南的半壁江山。但金军从未放弃对南宋的进攻。绍兴十一年（1141 年）十一月宋金在多次激战之后，南宋政权和金国签订了丧权、割地、纳贡的屈辱和约《绍兴和议》。宋向金称臣；每年向金纳贡银 25 万两、绢 25 万匹；两国领土东以淮河，西以大散关（今陕西宝鸡市西南）为界，淮河上的唐、邓 2 州及西方的商、秦 2 州的一半割给金国。此后，双方在力量相当的情况下，维持了一个较长时期的相对稳定的局面。金皇统九年（1149 年）十二月，金发生政变。金太祖之孙平章政事海陵王完颜亮杀死金熙宗，自立为帝。完颜

亮即位后，一心想灭亡南宋。金正隆五年（1160 年），完颜亮撕毁和约，训练军队，准备南侵。金正隆六年（1161 年）九月，金军分四路南下，水陆并进，企图一举灭宋。一路从海上直取临安；一路从宿（今安徽宿县）、亳州（今安徽亳县）取淮泗；一路从唐（今河南唐河）、邓（今河南邓县）取荆襄；一路出凤翔取四川。

金正隆六年（1161 年）十月，完颜亮率金军进攻寿春（今安徽寿县），逼近淮河北岸。宋高宗起用老将刘锜为淮浙西制置使，领兵抵御。刘锜当时身患重病，副帅王权怯懦畏敌，刘锜命他引兵迎击敌人，他贪生怕死，不愿从命，并借口劳军，用官船把自己的家私全部运走。刘锜命他进驻淮西重镇寿春（今安徽省寿县），他却龟缩在和州（今安徽省和县）城内，死也不肯前往。经刘锜一再催促，他出于无奈，才每隔 3 天派一支军队到距淮河前线较远的庐州（今安徽合肥市）探听一番。十月初九，完颜亮率大军抢渡淮河。王权一兵不发，深夜丢了庐州城，逃至昭关（在安徽含山县西北）；接着，又自昭关撤退到和州。由于王权不战自退，金军就追踪而至。二十一日，王权假称"奉旨弃城守江"，又放弃了和州城。在弃城逃跑时，王权竟命令他的部将韩霖纵火焚城。王权不战自退，完颜亮的大军如入无人之境，不到半个月时间便顺利地夺取了真（今江苏仪征）、庐、扬、和等州，直抵长江北岸，准备大举渡江。全军盘踞在西采石一带；溃散下来的王权余都流散在东采石镇附近。两军隔江相持。刘锜的军队原在淮东一带和金军隔河相持，由于淮西方面的牵制，又因连奉退守大江的指示，也不得不一步步地往后退。他先后退出淮阴（今江苏清江）、扬州，撤至长江南岸的镇江。

宋廷为了挽救危局，解除了王权职务，以李显忠为建康府驻扎御前诸军都统制，

并派中书舍人虞允文为参谋军事，到采石犒军。虞允文（1110～1174年），字彬甫，隆州仁寿县（今四川省仁寿县）人。绍兴二十四年（1154年）他考中进士。虞允文虽然身为文官，却也很注意边防武备。早在完颜亮大举进攻的前一年，他就曾上书皇帝，指出金国一定要撕毁盟约；并且预料金军如果南犯，必以全方出淮西，用奇兵出海道。但是，这些正确的估计，并未能引起宋高宗的注意。这次虞允文以中书舍人参谋军事的身份，奉命到芜湖催促武将李显忠尽速到东采石接管王权的军队，并代表政府慰劳采石的驻军。十一月初六虞允文到达采石。这时候采石一带由于无人负责，秩序非常混乱，散兵游勇到处都是，士气低落，人心惶惶，人们的心中交织着愤恨苦恼、茫然无主等种种复杂的心情。虞允文决定从振奋士气着手。他立刻召集将士讲话，要大家立功报国，虞允文慨然以国事为己任的精神，深深地打动了将士们的心，激发了他们的斗志。虞允文马上又和将官时俊、盛新等人共同研究了沿江的军事部署问题。他们根据双方兵力的悬殊，以及金军士气低落、不明地形、不善水战等条件，决定以逸待劳，用后发制人的办法来对付金军。虞允文命步兵和骑兵列好阵势隐蔽在岸边滩头高地的后面。又命江面水军分成5队，各队由海鳅船和战船组成：一队停泊大江中流，作为主力；两队分做东西两翼配合主力；另外两队隐蔽在附近的小港汊内，做袭击敌船和援助前阵之用。

十一月初八，完颜亮亲自指挥大军抢渡长江。他先派出一部分水军做试探性的进攻。宋军不急于反击，江面上没有什么动静。完颜亮以为可以像当年兀术过江那样长驱直入了，于是亲自挥动小红旗，冒着江上的大风，率领几百艘战船从杨林渡口出发。他站在船上志满意得，自以为稳

操胜算。金军的船只向对岸冲去，快到岸边时，才发现岸头高地的后面，隐伏着队伍齐整的宋军。金军异常震惊，欲退不得。走在前面的70余只战船勉强靠岸，部分金兵登陆；但是大部分船只，由于船底宽平，行动不便，又不熟悉水道，在江中飘摆不定，无法前进。已登陆的金军被宋军全都消灭，停于长江中的金军战船也被宋水师截断，金军大败，只得退往杨林河口。虞允文预料敌经重创之后，必将卷土重来，于是连夜布阵。第二天虞允文亲率战船，将杨林渡口封锁起来。不久，金军果然来了。他立刻命令部将盛新带领一批优秀的射手用"克敌神臂弓"射杀金军。同时，他又派人到杨林渡口上渡处放火袭击敌人，焚毁金军战船300艘。十二日，金军被迫转向淮东，欲与扬州（今属江苏）、瓜州（今扬州南）军会合南渡。虞允文识破其谋，率师驰援镇江（今属江苏），于江岸布阵设防。金将见宋军有备，不愿再战，收军北还。

西湖虎跑泉

进攻川陕的西路金军遭到宋将吴璘的痛击，进攻荆襄的中路金军也被宋军张超击退，完颜亮南侵的四路大军均告失败。这时，燕京又发生了一次政变，金东京留守完颜雍（即金世宗，1123～1189年）乘海陵南下，夺取了皇位，并宣布废黜完颜亮。完颜亮后退无路，只好孤注一掷，企图渡江占领江南。行至扬州，部将完颜宜

元率将士袭击海陵营帐，完颜亮被乱箭射死。完颜亮点燃南侵战火，而自己却在这场战火中自焚。

宗泽死前高呼"过河"

临死前的悲壮绝唱

宗泽是两宋之交的一员名将，就凭他一人在开封坚守不退，金朝的大军就不敢越雷池一步。他始终认为收复河北失地并不是没有可能的事，屡次上书要求进攻金朝，但是他的奏章都被朝中的奸臣扣押了。壮志不能伸的苦闷加上年老重病，终于打倒了这位老英雄，但是就是这样，他念念不忘的仍旧是为国收复失地的事情，在临死之前他高呼三声"过河！过河！过河！"才气绝身亡，令在场的将士们无不落下眼泪。这三声"过河！"，也就成了这一代名将的最后绝唱。

不让国家蒙受耻辱

北宋灭亡以后，康王赵构一路南逃，到了公元1127年5月，他在南方大臣的拥护下，在南京即位作了皇帝，就是宋高宗。这个偏安的宋王朝，后来定都临安（今浙江杭州），历史上称做南宋。

南宋·八字桥

宋高宗即位以后，在舆论的压力下，不得不把守卫东京有功的李纲召回朝廷，担任宰相。李纲提出了许多抗金的主张。他还跟宋高宗说："要收复东京，非用宗泽不可。"

宗泽是一位坚决抗金的将领，北宋灭亡之前，宋钦宗曾经派他当和议使，到金朝去议和。宗泽这次出使是抱着必死的决心去的，他跟人说："我这次出使，不打算活着回来。如果金人肯退兵就好，要不然，我就跟他们争到底，宁肯丢脑袋，也不让国家蒙受耻辱。"可是宋钦宗还一心想求和呢，听到宗泽口气那么硬，生怕他妨碍和谈，就撤了他和议使的职务，派他到磁州去当了一个地方官。

金兵第二次攻打东京的时候，朝廷命令各地的守军都去支援东京。宗泽接到命令，就率兵去打击金兵，一连打了好多次胜仗，形势很好。他写信给当时的康王赵构，要求他召集各路将领，会师东京，又写信给三个将领，要他们联合行动，救援京城。哪知道那些将领不但不愿出兵，反嘲笑宗泽在说疯话。宗泽没办法，只好单独带兵作战。

有一次，他率领的宋军遭到金军的包围，金军的兵力比宋军多十倍。

宗泽对将士说："今天进也是死，退也是死，我们一定要从死路里杀出一条生路来。"将士们受到他的激励，以一当百，英勇作战，果然杀退了金军。

宋高宗早就听说了宗泽抗击金军的勇敢事迹，这次听了李纲的推荐，就派宗泽为开封府知府。

这时候，金兵虽然已经撤出开封，但是开封城经过两次大战，城墙全部被破坏了。百姓和兵士混杂居住，再加上靠近黄河，金兵经常在北岸活动。开封城里人心惶惶，社会秩序很乱。宗泽一到开封，就马上着手整顿当地的秩序。他下了一道命令："凡是抢劫居民财物的，一律按军法严办。"命令一下去，城里仍旧发生了几起抢劫案件。宗泽就当众杀了几个抢劫犯，开封的社会秩序这才逐渐安定下来。

中国通史

最新整理图文珍藏版

龙泉窑青釉贯耳瓶

积极准备抗金

当时，金朝的军队在各地烧杀抢掠，无恶不作。河北的人民实在忍受不了金兵的掠夺烧杀，就纷纷自发地组织义军打击金军。李纲知道这些义军正是抵抗金军的急先锋，就在朝中竭力主张依靠义军力量，组织新的抗金队伍。宗泽到了开封之后，秉承了李纲的策略，积极联络义军。河北各地义军听到宗泽的威名，都自愿接受他的指挥。

河东有个义军首领王善，聚集了70万人马，想袭击开封。宗泽得知这个消息，单身骑马去见王善。他流着眼泪对王善说："现在正是国家危急的时候，如果有几个像您这样的英雄，同心协力抗战，金人还敢侵犯我们吗？"王善被他说得流下了感动的眼泪，说："愿听宗公指挥。"

杨进、王再兴、李贵、王大郎其他义军也都有人马几万到几十万。宗泽也派人去联络，说服他们团结一致，共同抗金。这样一来，开封城的外围防御巩固了，城里人心安定，存粮充足，物价稳定，恢复了大乱前的局面。

但是，就在宗泽准备北上恢复中原的时刻，宋高宗却嫌南京不安全，准备继续南逃。李纲因为反对南逃，被宋高宗撤了职。

这时候，宗泽手中的军队和河北各地义军民兵互相呼应，宋军的防御力量，越来越强了。他一再上奏章，要求高宗回到开封，主持抗金。但是这些奏章根本就没能送到皇帝的手里，在半路上就被那些奸臣扣押住了。

没有多久，金兵又再次分路大举进攻。宗泽下定了决心，要坚守开封。当金朝的军队接近开封的时候，宗泽派出几千精兵，绕到敌人后方，截断敌人退路，然后又和伏兵前后夹击，金军大败而逃。

不允许临阵脱逃

宗泽曾经派部将郭振民、李景良带兵袭击宗翰，但是这两个人打了败仗，谁都不敢回去复命。后来，郭振民投降了金军，李景良则是畏罪逃走。宗泽派兵捉拿到李景良，责备他说："打仗失败，本来可以原谅，现在你私自逃走，就是目中没有主将了。"说完，下令把奉景良推出斩首。

郭振民向金军投降之后，宗翰派了一名金将跟郭振民一起到开封，劝宗泽投降。宗泽在开封府大堂接见他们，对郭振民说："你如果在阵地上战死，算得上一个忠义的鬼。现在你投降做了叛徒，居然还有脸来见我！"说着，喝令兵士把郭振民也斩了。宗泽又回过头对劝降的金将冷笑一声说："我守这座城，早准备跟你们拼命。你是金朝将领，没能耐在战场上打仗，却想用花言巧语来诱骗我！"金将吓得面无人色，只听得宗泽吆喝一声，几个兵士上来，把金将也拉下去杀了。

可怕的"宗爷爷"

宗泽一连杀了三人，表示了抗金的坚定决心，大大鼓舞了宋军士气。他号令严明，指挥灵活，接连多次打败金兵，威名

江东桥

越来越大。金军将士对宗泽又害怕，又钦佩，提到宗泽，都把他称做宗爷爷。宗泽依靠河北义军，聚兵积粮，认为完全有力量收复中原，接连写了二十几道奏章，请高宗回到开封。不用说，那些奏章都被黄潜善他们搁了起来。

木棉庵及木棉庵碑刻

这时候，宗泽已经是快 70 岁的老人了，他受不了这个气，背上发毒疮病倒了。部下一些将领去问候他，宗泽病已经很重。他张开眼睛激动地说："我因为国仇不能报，心里忧愤，才得了这个病。只要你们努力杀敌，我死了也没有遗憾了。"将领们听了，个个感动得掉下热泪。大伙离开的时候，只听得宗泽念着唐朝诗人杜甫的两句诗："出师未捷身先死，常使英雄泪满襟！"接着，又用足力气，呼喊："过河！过河！过河！"才闭上眼睛。开封军民听到宗泽去世的消息，没有一个不伤心得痛哭流涕。

宗泽去世后，宋朝派杜充做东京留守。杜充是个昏庸残暴的人，一到开封，把宗泽的一切防守措施都废除了。没多久，中原地区又全都落在金军手里。

梁红玉为夫击鼓助阵

世家出身的奇女子

梁红玉原籍池州，也就是现在安徽省贵池县，生于宋徽宗崇宁元年，祖父与父亲都是武将出身，她自小聪明颖慧，善于织蒲，而且还跟父兄练就了一身功夫。后来，宋徽宗宣和二年，睦州居民方腊，啸聚山民起义，迅速发展到几十万人，连陷州郡，官军屡次征讨失败，梁红玉的祖父和父亲都因在平定方腊之乱中贻误战机，战败获罪被杀。梁家由此中落。

沦落为军中艺妓

北宋末年，当金兵侵犯到淮河流域时，为避兵祸，梁红玉随着母亲一起来到镇江，在这种战乱纷纷的局势下，梁红玉不幸沦落为妓，做了军中的一个艺妓。在一个偶然的机会中，她结识了一位年轻勇武的部卒韩世忠，两个人一见钟情，不久便定为百年之好，她还给韩世忠生了一个儿子，名叫韩亮。后来韩世忠屡建奇功，被升为浙西制置使，驻守秀州。

夫妻平叛乱

北宋灭亡以后，康王赵构一路狂逃来到临安，建立南宋王朝，改国号为建炎，史称赵构为宋高宗。高宗是一个意志薄弱的皇帝。邻近的金国利用他优柔寡断的弱点，经常入侵，使宋朝国土遭受到巨大的破坏，民不聊生。

当时南宋朝中有两个大臣御营统制苗傅与威州刺史刘正彦拥众作乱，袭杀了执掌枢密的王渊，分头捕杀了宦官，强迫高宗让出帝位，内禅皇太子，由隆裕太后垂帘听政。以为妇人孺子执政，可以为所欲为。在这次叛乱中，梁红玉和儿子韩亮也被扣押在京城中。不过，因为韩世忠手握重兵，作战勇敢，威名卓著，苗傅等人对他颇为忌惮，所以对梁红玉母子颇为客气。

事变发生之后，宋高宗已是行动毫无自由，宰相朱胜非与隆裕太后密商，派梁红玉出城，驰往秀州，催促韩世忠火速进兵杭州勤王，并由太后封梁红玉为安国夫人，封韩世忠为御营平寇左将军。

这里商量妥当，朱胜非就对苗傅说："韩世忠听到事变后，不立即前来，说明他正在犹豫，举棋不定，如果你能派他的妻子前往迎接，劝韩世忠投奔你，那么你力量大增，别的人就用不着惧怕了。"苗傅听后大喜，认为是一条好计，立即派梁红玉出城，梁红玉回家抱了儿子，跨上马背，疾驰而去，一昼夜赶到秀州。韩世忠了解情况后，当即会同刘俊，带兵平定了苗傅等人的叛乱。宋高宗喜出望外，亲自到宫门口迎接他们夫妇，立即授韩世忠武胜军节度使，不久又拜为江浙制置使。

贤内助献策，助夫杀敌

公元 1130 年，金军又大举南侵，高宗闻风而逃，一直逃到了温州。金军统帅金兀术大破杭州城后，率领 10 万大军，满载劫得的金银珠宝，经现在的嘉兴、苏州，沿着大运河来到镇江，企图通过镇江北撤，当时 43 岁的韩世忠和夫人梁红玉率领水军守卫镇江。敌众我寡，他的军队只有 8000 人，而敌军却超过 10 万人，这区区的军队，又怎能阻止金兵渡江呢？

就在韩世忠苦思行兵布阵之法时，梁红玉从船后走出来对韩世忠说："我少敌多，倘若与他奋力战斗是难以取胜的。明天交战不如把我军分为前后两队，四面截杀敌人。中军由我暂时管领，专事守备，

南宋·缂丝莲塘乳鸭图

并发号令，倘若金军杀来，只用枪炮矢石射住他，不让他前进。中军无懈可击，金兀术必定带他的部队向左右冲突，准备脱身。这时你就带前后两队军马，只看中军的旗号行事，我坐在船楼上面，击鼓挥旗，我的旗往东，即往东杀去，我的旗往西，即向西杀去。如果能一举歼灭金兀术，那就是特大的胜利。"

韩世忠听了后，连声喊妙计，说："好，那我前去诱敌！"

"那我就在这山顶上给将军击鼓助威！"

第二天交战，宋朝军队不与金兵正面交战，他们尽量利用埋伏，并用"火箭"攻打敌人。梁红玉亲自挥旗击鼓，指挥士兵作战。宋军人数虽少，在梁红玉的指挥下，却个个士气高昂，奋勇杀敌。

这样的战略果然奏效。后来虽然金兀术用了奸细的计谋，突破了韩世忠的包围圈，但韩世忠用梁红玉的计谋，以少于敌军十倍的兵力包围敌军达 48 天之久，也足以名震华夏，名震夷狄。黄天荡一战使金军丧胆，再也不敢随便过长江南侵。

杨国夫人

金兵败北之后，梁红玉不但不居功请赏，反而因金兵突破江防，上疏称韩世忠"失机纵敌"，请朝廷"加罪"。这一义举，使举国上下，人人感佩，传为美谈。朝廷为此封她为"杨国夫人"。

泉州开元寺双塔门及门旁雕刻的金刚力士像

不久之后，韩世忠又被任命为武宁安化军节度使，京东淮东路宣抚处置使，驻守楚州。梁红玉随韩世忠率领将士以淮水为界，旧城之外又筑新城，以抗击金兵。经过战乱的浩劫，楚州当时已遍地荆榛，军民食无粮，居无屋，梁红玉亲自用芦苇"织蒲为屋'。在寻找野菜充饥时，在文通塔下的勺湖岸畔发现马吃蒲茎，便亲自尝食，并发动军民采蒲茎充饥。淮人食用"蒲儿菜"，相传即从梁红玉始。蒲儿菜因此称作"抗金菜"。由于韩世忠，梁红玉与士卒同劳役，共甘苦，士卒都乐于效命。经过苦心经营，楚州恢复了生机，又成为一方重镇。梁红玉韩世忠驻守楚州十多年，"兵仅三万，而金人不敢犯"，楚州人民得到了短时间的休养生息。

后来，奸相秦桧掌权后，力主和议。宋高宗听信秦桧的谗言，下令前线撤退，更以"莫须有"的罪名杀害岳飞。

韩世忠听说秦桧竟以"莫须有"三字杀岳飞于风波亭，当面责问秦桧："'莫须有'三字，怎么能服天下人心？"不久韩世忠也被罢去兵权，韩世忠乘机上表请求解职，夫妻二人从此闭门不出。

梁红玉在公元1135年因病逝世。宋高宗得知梁红玉去世的消息，特地赐给她的家人贵重的礼物，以示哀悼，并对她的贡献，表示赞扬。梁红玉对丈夫的忠心，协助丈夫保卫国家的壮举以及英勇作战的精神，使她成为中国历史上一位杰出的女性，留名青史，永垂不朽。

辛弃疾活捉叛徒

参加抗金义军

辛弃疾出生在靖康之耻13年后，那时金兵已经将他的家乡山东历城全部占领。辛弃疾的父母双亡，他从小与年迈的爷爷辛赞相依为命。当时，由于金兵肆虐中原大地，爷爷辛赞从辛弃疾懂事起，就不断地给他讲述岳飞等爱国将领和那些抗金义军的故事。辛弃疾决心长大后，一定要到战场上奋勇杀敌，保家卫国。年轻时，辛弃疾曾跟随老师蔡伯坚学习知识，但是他更多的是关注金兵在中原地区的一举一动。

在辛弃疾21岁那年，金海陵王完颜亮率领金兵南侵，辛弃疾立刻就组织了老百姓二千余名奋起抗金，没过多久，辛弃疾的这支部队就被整编到农民领袖耿京领导的抗金义军中。耿京十分信任辛弃疾，让他当上了主管大印、信符和处理重要文书的"掌书记"。

追回义端，避免叛变

当时，和辛弃疾一同来投奔耿京的，还有辛弃疾的一个叫义端的朋友。义端原本是个和尚，积存有很多的金银财宝，可是被金兵抢走了，所以他就率领一千多人起义抗金，也把队伍带去投奔了耿京。义端不服从别人的领导，总想把起义军的大权骗到自己手里。可是他的阴谋没有得逞，于是义端又想去投降金军。

义端准备以耿京的大印为见面礼去投降金军，于是就趁辛弃疾出去巡逻还没有回来时，偷偷地溜进辛弃疾的营帐里到处乱找，把辛弃疾放在床上的耿京的大印偷走了。然后，义端就骑上快马往金军的营地奔去，辛弃疾回来后发现大印不在，人们告诉他义端来过，可是却到处找不见义端的人影。辛弃疾就断定大印是被义端偷走了。他马上告诉耿京，耿京一听，就气得要杀掉辛弃疾。辛弃疾请求先去追回大印，回来再受刑。耿京同意他的请求。辛弃疾立即骑上快马，顺小路追上义端。辛弃疾很勇猛，终于杀掉义端，夺回大印，避免了义端的叛变和起义军的损失，后来耿京也就原谅了他。

活捉叛徒

第二年，金世宗自立为金国皇帝。他让起义军投降他，说如果投降的话，就给起义军好处，否则就要全力攻打，直到消灭他们。辛弃疾和耿京商量：应该马上和南宋军队联合，两面夹击敌人。于是耿京

龙泉寺石牌坊

就派他到建康，把这个建议告知宋高宗。宋高宗就让他们把队伍带到南方海州去。辛弃疾高兴地回去复命。可是，就在辛弃疾路经海州，去拜见当地的南宋将领李宝和王世隆时，他们却告诉辛弃疾，耿京队伍中的叛徒张安国暗中杀害了耿京，带领队伍投降了金军。辛弃疾听了，大骂张安国是个大叛徒。骂完了，就跃上战马，跟王世隆一起，带领了 50 个士兵，去济州（今山东巨野）捉拿叛徒张安国。这时候，张安国已经当了济州知州了。

辛弃疾醉里挑灯看剑

辛弃疾到济州城时，张安国正在和金军主帅喝酒。他知道辛弃疾才智在常人之上，所以就想劝降辛弃疾来归顺他，可是没料到辛弃疾见到张安国，二话不说，一手举剑，一手抓住张安国，就提到了马上，而随行王世隆则迅速地拿出绳子把张安国捆绑在马上，他们一行人就飞奔而去了。而此时张安国的部将还愣在那里呢！辛弃疾把张安国带回南宋，朝廷下令把张安国杀了，还给辛弃疾升官。后来，辛弃疾就一直在南方的湖北、湖南和江西等地做官，进行抗金。可是，南宋的抗金斗争立场很

不稳定。一会主战，一会又主降，后来辛弃疾因为主张抗金被罢免了官职，他心中非常担心南宋的江山，就常常用诗词来抒发心中的感情。他的词作风格也随着他的抗金情绪而时起时落，有时表现出雄心壮志没法实现的沉重和忧郁的心情，有时却又充满了爱国的热情和抗金必胜的信心。人们看了他写的词，有时会和他一起感到悲哀，有时又会受到很大的鼓舞。辛弃疾是南宋有名的爱国词人，人们常把他和北宋的大词人苏轼合称"苏辛"。

满腔爱国热情的诗人

辛弃疾晚年写了非常有名的一首词，抒发他哀叹南宋的北伐都没有成功的失落心情。这首词叫《永遇乐·京口北固亭怀古》：

千古江山，英雄无觅，孙仲谋处。舞榭歌台，风流总被，雨打风吹去。斜阳草树，寻常巷陌，人道寄奴曾住。想当年，金戈铁马，气吞万里如虎。 元嘉草草，封狼居胥，赢得仓皇北顾。四十三年，望中犹记，烽火扬州路。可堪回首，佛狸祠下，一片神鸦社鼓！凭谁问：廉颇老矣，尚能饭否？

这首词就是说：千古的江山还在，可是像孙权一样的英雄却没有了。他所有的辉煌业绩也被历史的风雨洗刷去了。遥想当年，刘裕时的北伐是多么壮观宏大。宋文帝刘义隆在毫无准备的情况下北伐，落得大败而还。金军攻打了扬州43年了，可现在，南宋统治者却生活在醉生梦死之中。是谁问的，廉颇老了，还能带兵打仗吗？这首词是说南宋朝廷非常腐败，辛弃疾感到南宋再也没有希望了，纵有满腔的爱国热情，希望为国效力，可是却没有人能了解他。后来，辛弃疾得重病去世了，弥留之际，他还用尽所有的力气连喊"杀贼！杀贼！"。

隆兴和议

绍兴三十二年（1162 年）六月，宋高宗传位于太子，太子即位，是为宋孝宗。

孝宗即位初，宋廷表现出一番振作气象。加张浚少傅魏国公，宣抚江淮。张浚劝孝宗恢复国土的意志要坚决，主张由海道攻山东，命诸将帅出师，为掎角之势，直指中原。但主张妥协的史浩与张浚意见不合，处处作梗。

隆兴元年（1163 年），宋孝宗以张浚为枢密使，都督江淮东西路军马、开府建康。张浚推荐陈俊卿为江淮宣抚判官，追复岳飞官爵，起用坚决抗金的胡铨。二月，金军军帅纥石烈志宁要求宋朝的海、泗、唐、邓、商州土地和岁币。在这之前，金军 10 万人驻屯河南，扬言要取两淮。张浚则请宋军屯驻盱眙，泗、濠、庐州以准备战斗。金纥石烈志宁又威胁张浚，为南下攻宋作准备。孝宗召见张浚，张浚请求孝宗幸建康。史浩则称主张抗金的人是"浅谋之士"，对金人作战是"时兴不教之师"。但孝宗在一番朝臣争议后，倾向"出师渡淮"的主张，派李显忠出濠州（今安徽凤阳东）趋灵璧（今属安徽），邵宏渊出泗州（今江苏盱眙北）趋虹县（今安徽泗县）。

五月，李显忠自濠梁渡淮水至陡沟，打败金右翼都统肖琦的拐子马军，收复灵璧。李显忠部入城不杀一人，宣布朝廷的恩德。于是中原归附者相继不断。邵宏渊部在虹县城下受阻。邵、李二将不协作，当李显忠率兵攻宿州（今属安徽）城时，邵宏渊等不从。李部士卒奋战，渡濠登城，入城后展开巷战，收复宿州。宿州大捷，鼓舞将士和百姓，孝宗手书慰劳，下诏迁升李显忠为淮南京东河北招讨使，邵宏渊为副。

金纥石烈志宁自睢阳引兵攻宿州，为李显忠击退。金纥撤又自汴率步骑数十万再夺宿州。李显忠要邵宏渊合力抗击金军，而邵宏渊却是按兵不动。李显忠拼力作战，击退金人。邵宏渊等人散布悲观厌战言论，并且带领部队逃走。金人乘虚而入，李显忠竭力苦斗，杀伤金人甚多，但看到邵宏渊诸部离去，自己孤立作战难以支撑，只好乘夜引兵回走，至符离（今属安徽）。金追兵至符离，宋军大败。宿州又为金人占领。从宿州之战到符离兵败，宋孝宗的北伐告一段落。

张浚以自己对战事有责任，向朝廷请罪，朝中主和臣僚也议论张浚的罪责，但宋孝宗没有处罚，希望张浚要有始有终进行抗金斗争。张浚以魏胜守海州、陈敏守泗州、戚方守濠州、郭振守六合，聚水军于淮阴、聚马军于寿春，以抵御金军的进攻。孝宗一方面作了一番防御布置，另一方面又议讲和之事，起用主和派汤思退为右相兼枢密使，张浚被降职，邵宏渊降官阶，贬李显忠官、筠州安置。

八月，陈俊卿上书孝宗，言当用张浚。张浚复为都督江淮军马。主战派张浚、胡铨、虞允文等反对议和。但朝中主和派势力上升，汤思退积极主张议和，陈康伯等也称议和是为"万全之计"。孝宗本来就摇摆不定，这时更倾向议和。

宋隆兴二年（1164年）孝宗时而主和，时而主战。金人无礼和苛刻条件，逼使孝宗有时不能不作出抗金的决定。但在形势紧迫下，在汤思退主和派压力下，他又倾向主和，打击主战派。四月，张浚被罢。七月朝廷命撤去两淮边备，汤思退急于求和，自撤边备，停止筑寿春城，解散万弩营兵，停修海船，撤海、泗、唐、邓各州的防线。八月胡铨上书，说自靖康以来40年间，三遭大变，其害皆在和议。但

这并没有改变朝廷加紧求和活动的趋向。不久，张浚病死，虞允文由于拒绝执行放弃唐、邓二州的行动，而被罢职。

楼舡图

十月，金军南侵，魏胜牺牲，楚州陷，金人入濠、滁州。朝廷议论要"舍淮保江"，杨存中竭力反对。在金人再度兵临长江情况下，孝宗罢汤思退。太学生张观等72人上书谓奸人误国，乞斩汤思退、王之望、尹穑三人之首以谢天下。汤思退忧悸而死于信州，陈康伯、虞允文再次被起用。李宝在淮东也击败金人进攻。但是宋朝军事上准备不足，杨存中等人也不是坚决抗战的将帅，宋孝宗在关键时刻往往是左右摇摆。金统治者内部矛盾也很严重。这一年十二月，宋金议和成。条约主要内容是：一、宋对金不称臣，而是"正皇帝之称，为叔侄之国"；二、银绢各减五万；三、地界如绍兴之时等。隆兴二年和议称之为"隆兴和议"。

宋孝宗对和约中歧视性内容的条文愤慨，金人遣使至南宋的无礼行动与要求，使孝宗难以忍受。宋孝宗在乾道年间重用虞允文积极准备雪恨、收复失地。宋金之间关系一度紧张，战争一触即发，但随着虞允文的去世，孝宗信心又动摇了。淳熙十六年，即公元1189年，孝宗又传位给光宗，这又是一次内禅。此后，宋金之间保持一段时间相对的稳定。

宋·绿釉黑花瓶

嘉定和议

开禧二年（1206年）十二月，南宋开禧北伐全面失败，金军一直打到长江北岸。指挥北伐的韩侂胄面对金军攻势，非常惶恐，一方面输家财20万以助军饷，另一方面则暗中决定罢战议和。金章宗（完颜璟）因北有蒙古各部的反抗，内部问题严重，也无力再战，便上谕金主帅布萨揆，通和罢兵。督视江淮军马的丘崈在韩侂胄指使下，派陈璧持书帛前往讲和。布萨揆提出必须称臣割地，献首谋北伐之人于金，方可息兵。丘崈又派王文前往，布萨揆依然不改条件。丘崈又多次遣使，答应归还金淮北流移人及本年岁币，布萨揆才自和州（今安徽和县）退屯下蔡（今安徽凤台），只留一统军驻守濠州（今安徽凤阳东）。

开禧三年（1207年）二月，金主帅布萨揆卒于下蔡。与此同时，宋监兴州合江仓益昌杨巨源与军士李贵杀掉叛宋降金、被金封为"蜀王"的吴曦，并趁势收复了大散关，宋军威大振。但由于没能把握好战机，四月，金军又破大散关。韩侂胄遂以方信孺为国信所参议官使金。方信孺在濠州见到金将赫舍里子仁，赫舍里子仁将方投入监牢，并威逼方答应金的议和条件，方不屈，被送到汴京面见完颜宗浩。方信孺据理力争，驳斥了完颜宗浩的议和条件，宗浩无奈，遣信孺归宋，和战待再来使决定。于是宋又以林拱振为通谢使，与方信孺再次使金，金正式提出议和的五项条件：一、割两淮，二、增岁币，三、索归正人，四、犒军银，五、缚送首谋用兵之人。韩侂胄对金的五项条件极为愤怒，九月，贬方信孺临江军（今江西清江西）居住，任用王楠为假右司郎中持书使金。由于金国坚持索要韩侂胄等人的人头，韩便决定放弃议和，罢去丘崈，以赵淳为江淮制置使。准备继续用兵。

开禧北伐使南宋国力消耗甚大，朝中大臣多致不满，主和派势力逐渐抬头。开禧三年（1207年）十一月，礼部侍郎史弥远上奏宁宗（赵扩），指出北伐所造成的损失，请求诛杀罪魁韩侂胄，与金议和。皇后杨氏素与韩侂胄有怨，这时也劝宁宗诛杀韩侂胄，宁宗起初不许，杨皇后请求命令其兄杨次山在群臣中挑选可以除掉韩侂胄的人，宁宗才默许除韩。杨次山得密诣后，遂告知史弥远。史弥远又告知曾受韩侂胄排挤的钱象祖，钱又与礼部尚书李壁密谋，指派主管殿前司公事夏震统兵300，伏于路边，待韩侂胄入朝时，在太庙前呵住，拥至玉津园侧杀死。宁宗对此举无可奈何，遂下诏历数韩侂胄罪恶，昭示天下。丞相陈自强被贬永州（今湖南零陵）居住，苏师旦被贬，不几日被杀。论功，迁史弥远礼部尚书，加夏震为福州观察使。诏改明年为嘉定元年（1208～1224年）。

嘉定元年（1208年）正月，宋以史弥远知枢密院事。三月，史弥远请复秦桧王爵。不久，出使金国议和的王楠自金归还。王楠在金时向金将完颜匡请求依靖康故事，宋金世为伯侄之国，增岁币30万，犒军钱300万贯，苏师旦等人待主议定后，函首以献。完颜匡俱以王楠之言奏章宗，金章宗提出要南宋以韩侂胄赎淮南地，改犒军钱为银300万两。韩被杀以后，钱象祖就移书金帅府，向完颜匡晓以诛韩之事，完颜匡遂与王楠正式达成议和：宋金为伯侄之国；宋增岁币绢、银各为30万匹、两，犒军钱300万两；双方疆界如旧；函韩侂胄首至金。王楠返宋后，宁宗诏百官集议，有人认为献首于金有失国体，更多的大臣则认为奸已死，献首以赎两淮理所应当。于是下令临安府（今浙江杭州）破棺取首，枭于两淮。六月，王楠函韩侂胄、苏师旦首至金。金章宗在应天门备黄麾立仗受之，百官纷纷上表祝贺。章宗令悬韩、苏二首于城中，并画像于通衢，让百姓观看。然后漆其首，置于军器库。紧接着便下令完颜匡罢兵，更元帅府为枢密院，把大散关及濠州归还南宋。九月，金使完颜侃、乔宇入见宁宗。宁宗遂以和议成立，晓谕天下。

宋与蒙古联合灭金

嘉定元年（1208年），史弥远任丞相，开始长期专擅朝政。韩侂胄擅权于前，史弥远专政于后，统治阶级更加奢移腐朽：结党营私，贿赂公行，很多通过行贿而得的州县官员，都争相搜刮民脂民膏。在开禧用兵之后，因巨额的军费和赔款，南宋又出现财政危机，并长期持续，年年加重。史弥远等人乞灵于滥发纸币。宋孝宗时，曾规定东南会子每界发行1000万贯。到宋宁宗庆元时，改为每界发行3000万贯。第11界发行额为3632万余贯，第12界为4758万余贯，第13界为5548万贯。宋廷还规定不再以金、银、铜钱等兑换东南会子，而在东南会子兑界之际，以旧会子两贯折换新会子一贯，造成了会子充斥、币值跌落、物价飞涨、民生憔悴的局面。

宋宁宗时，爆发了多次起义反抗事件。广州大奚山岛人民依靠煮盐捕鱼为生，官府借口搜捕私盐，派人上岛骚扰，庆元三年（1197年），岛民1000多人奋起反抗，兵锋直指广州城下。官军进行镇压，全岛1万人口，皆遭屠戮。嘉定元年，郴州（今湖南郴县）黑风峒瑶族首领罗世传和汉族举人李元砺领导武装反抗，纵横于荆湖南路、江南西路和广南西路，发展到几万人，屡败官军，但两人先后接受招安，又发生内讧，终于被统治者各个击破。十二年，因官吏克扣军俸，四川爆发军士张福、莫简领导的"红巾队"起义，攻破不少州府，直逼成都，后遭优势的官军包围，红巾队失败，莫简自杀，张福被害。此外，武官罗日愿因痛恨史弥远的降金政策，秘密结约宫廷内外下级官兵、临安府府学生等，企图发动政变，杀掉史弥远等投降派官员。因被告密，罗日愿等人遭捕杀。

宋金议和后，金朝很快遭受新兴蒙古族的军事攻击，迁都南京开封（今河南开封），苟延残喘。嘉定七年，宋朝因真德秀的提议，停止向金朝输纳岁币。十年，金宣宗决定分兵南侵，企图扩充疆土，补偿对蒙古战争的损失。从此，宋金战争又绵延了十多年。在四川战场，金军攻陷皂郊堡（今甘肃天水西南）后，宋利州统制王逸率领官军和忠义民兵收复，继攻秦州。

河南开封祐国寺铁塔

沔州（今陕西略阳）都统制刘昌祖下令退师，并解散抗金忠义民兵，招致宋军大溃败。兴元府（今陕西汉中）都统制吴政奋勇抗击，打败金军，而战死于黄牛堡（今陕西宝鸡西南）。新任沔州都统制张威于大安军（今陕西宁强大安镇）歼灭金军精锐，金军退遁。安丙再任四川宣抚使，联合西夏夹攻金军，夏兵攻巩州（今甘肃陇西）不下，退兵。安丙部署各军分路北伐，也师出无功。在京湖战场，制置使赵方督率扈再兴、孟宗政等力拒金兵，金军屡攻枣阳军（今湖北枣阳）、樊城等地，都以失败告终。宋军反攻唐州（今河南唐河）、邓州（今河南邓县），亦不能下。在山东和两淮战场，金朝统治下的山东地区，爆发杨安儿、杨妙真、李全等领导的起义，以红袄作标志，称红袄军，占据山东绝大部地区。李全等各支起义军配合宋军，击破金军对两淮地区的大举进犯。由于宋朝军民的坚决抵抗，金宣宗南侵计划宣告破产。金哀宗即位，决定改变战略，结束侵宋战争，宣布"更不南伐"，并派使臣到宋"通好"。

嘉定十七年，宋宁宗病死。宋宁宗原先立宗室子赵竑为皇子，史弥远得知赵竑痛恨他专权祸国，乃拥立另一宗室子赵昀即帝位（宋理宗），废赵竑为济王，出居湖州（今浙江吴兴）。后因湖州人潘壬、潘丙拥立赵竑为帝，史弥远派兵捕杀，又逼令赵竑自缢。宋理宗和史弥远巩固了自己的地位。宋理宗即位后的最初九年，事实上只是权相史弥远的傀儡，朝政昏暗如故。

山东抗金的红袄军，在宋宁宗末年，已发生分化，李全和杨妙真夫妇不再反抗女真统治者，只是发展个人实力，企图并吞红袄军的其他各支队伍，打算占据扬州，然后渡江夺取南宋"行在"临安府。后因兵败，又投降蒙古。另一首领彭义斌则坚持抗金，并与蒙古军进行斗争。他曾向南宋当局建议收拾李全，南北互相配合，克复中原，而只图苟安一隅的宋廷却置之不理。最后，彭义斌在赞皇县（今属河北）五马山与蒙古军激战，壮烈牺牲。李全叛变后，占据楚州，随后又进攻扬州，淮东安抚副使赵范和提点刑狱赵葵兄弟率宋军迎战，绍定四年（1231年），李全战败被杀。

绍定六年，史弥远病死，宋理宗亲政。当年北方形势发生急剧变化，蒙古军包围金朝都城南京开封，金哀宗出逃蔡州。蒙古约宋朝出兵夹击，灭金后河南地归还宋朝。七月，宋将孟珙出兵，歼灭金将武仙重兵，与蒙古军联合包围蔡州，端平元年（1234年）正月，宋军与蒙古军攻破蔡州，金朝灭亡。

忽必烈攻宋势如破竹

战局比王位重要

蒙古、南宋联合灭掉金朝以后，南宋

宋孝宗

乘机出兵，想收复开封、河南一带土地。窝阔台借口南宋破坏协议，进攻南宋。打这以后，蒙宋双方不断发生战争。到窝阔台的侄儿蒙哥即位后，派他弟弟忽必烈和大将兀良合台进军云南，控制了西南地区。

公元1258年，蒙哥分兵三路，进攻南宋。他自己亲率主力进攻合川（今四川合川），忽必烈攻打鄂州（今湖北武昌），另一路由兀良合台率领，从云南向北攻打潭州（今湖南长沙），准备三路会师后，直取临安。蒙哥的军队进攻合州的时候，合州宋将王坚和全城军民奋起反抗，坚守合州东面的钓鱼城。蒙古军把钓鱼城围了五个月还没有攻下来，蒙哥却在攻城的时候被炮石打中，受了重伤，回到大营不久就死了。

忽必烈正向鄂州进兵，还没过江，得到蒙哥的死讯，有人劝他赶快回到北方去争夺汗位。忽必烈说："我奉命来攻打宋朝，哪能空手回去？"忽必烈观察了沿江的形势，就派几百人的敢死队当先锋，强渡长江。宋兵没有防备，果然溃败。蒙古兵就大举渡扛，把鄂州围住。警报一个接一

个送到临安，把南宋王朝震动了。

宋理宗命令各路宋军援救鄂州；又任命贾似道担任右丞相兼枢密使，到汉阳督战。

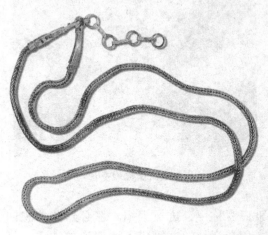

宋·鎏金腰带

纨绔子弟做丞相

新任丞相贾似道，原是个不学无术的浪荡子，靠他的姐姐是宋理宗的宠妃，才得了官位。他当上官后，什么事都不干，经常带着一批歌女在西湖上喝酒作乐。有一天晚上，宋理宗在宫里登高眺望，看到西湖上灯火通明，就对左右侍臣说："这一定是似道这小子。"

侍臣知道宋理宗宠着贾似道，就凑趣说："别看他年纪轻轻，喜欢玩乐，他的才能大着呢。"

这回，宋理宗要他上汉阳前线督战，他只好硬着头皮去了。有一次，他听说前面有一队蒙古兵，吓得直打哆嗦，嘴里连声叫着："怎么办？怎么办？"后来，蒙古兵抢了一些财物走了，贾似道才拍拍胸口，喘了口气。

弥天大谎

忽必烈攻城越来越猛。贾似道眼看形势紧张，就瞒着朝廷，偷偷地派个亲信到蒙古营去求和，表示只要蒙古退兵，宋朝

西双版纳橄榄坝曼德塔

就愿意称臣，进贡银绢。忽必烈急着想回去争夺汗位，就答应了贾似道的请求，订下了秘密协定。贾似道答应把江北土地割给蒙古，并且每年向蒙古进贡银、绢各20万。忽必烈得了贾似道的许愿，就急忙撤兵回北方去了。

贾似道回到临安，把私自订立和约的事瞒得严严实实，却抓了一些蒙古兵俘虏，吹嘘各路宋军取得大胜，不但赶跑了鄂州的蒙古兵，还把长江一带敌人势力全部肃清了。

宋理宗听信了贾似道的弥天大谎，认为贾似道立了大功，专门下一道诏书，赞赏他奋不顾身，指挥有方，立刻给他加官晋爵。

忽必烈回到北方，得到大多数蒙古贵族的支持，即了大汗位。他想起了在鄂州跟贾似道订下的和议，就派使者郝经到南宋去，要求履行和约议定的条件。郝经到了真州（今江苏仪征），先派副使带信给贾似道。贾似道一听郝经要到临安来，怕他的骗局露馅，赶快派人到真州把郝经扣了起来。忽必烈听到这个消息，气得要命。那时候，蒙古内部发生了内讧，忽必烈的

弟弟阿里不哥跟忽必烈争夺权力，发生了战争。忽必烈全力对付阿里不哥，只好暂时把南宋一头搁起来。

贾似道靠欺骗过日子，居然做了十几年的宰相。宋理宗死后，太子赵禥即位，就是宋度宗。宋度宗封贾似道为太师，拜魏国公，地位高得没人能跟他比。贾似道一面故意要求告老回家，一面又派亲信散播谣言，说蒙古军又要打过来了。刚即位的宋度宗就苦苦留他，这样一来，他的地位就越来越高了。度宗专门给他在西湖葛岭造了一座豪华的别墅。贾似道每天在葛岭过着享乐的生活，朝政大事都得由官员到别墅去找他决定。

贾似道封锁消息

忽必烈稳定了内部，打败了阿里不哥以后，在公元1271年称帝，改国号为元。这就是元世祖。

元世祖借口南宋不执行和约，派大将刘整、阿术出兵进攻襄阳，宋军连战连败，襄阳城被围了5年。贾似道把前线的消息封锁起来，不让宋度宗知道。有个官员上奏章来向度宗告急，奏章落在贾似道手里，那个官员马上被革职了。

有一天，贾似道上朝的时候，宋度宗问他："听说襄阳城已经被蒙古兵围了几年，怎么办？"贾似道故意装出惊讶的样子说："蒙古兵早就给我们打退，陛下从哪儿听来这种消息？"

宋度宗说："刚才听到一个宫女说起。"

散朝以后，贾似道查明了那个透露消息的宫女，找个借口把她杀死。打那以后，宋度宗再也听不到蒙军进攻的消息了。

襄阳在蒙古兵围攻下，越来越危急。贾似道却每天躲在他的葛岭别墅里。有一次，有个亲信官员去找他，他正趴在地上跟他的几个侍女斗蟋蟀。那个官员拍拍贾似道的肩膀说："这难道也是国家大事吗？"贾似道玩得正起劲，也没当一回事。

中国通史

最新整理图文珍藏版

南宋末年群臣死守崖山

南宋·刺绣海棠双鸟图

襄阳终于被元兵攻破了。南宋王朝大为震动。这个时候，贾似道要再瞒也瞒不住，就把责任推给襄阳守将，把守将革职了事。

南宋无力回天

元世祖看到南宋这样腐败，决定一鼓作气消灭南宋。他派左丞相伯颜率领元兵20万，分两路进军，一路从西面攻鄂州，另一路从东面攻扬州。

宝顶山摩岩造像

这时候，宋度宗病死了，贾似道拥立了一个4岁的幼儿赵㬎做皇帝。伯颜攻下鄂州，沿江东下，直取临安。贾似道一面带领7万宋军驻守芜湖，一面派使臣到元营求和。伯颜拒绝议和，命令元军在长江两岸发起进攻，宋军全线崩溃，贾似道逃回扬州。到了这个时候，南宋灭亡的局势已经无法挽回了。

誓死不降，为国捐躯

南宋末年，凶悍的元军铁蹄南下，一路上横冲直撞，很快兵临临安城下，谢太皇太后、全太后与年仅三岁的恭帝孤儿寡母无力抗元，所以拱手投降。全太后与宋恭帝被押解到元大都，软禁了起来，谢太皇太后虽已年迈，体弱多病，但是仍被元军拉来拉去，到各处劝降那些为数不多的还未投降的南宋臣子。在国主投降的情况下，南宋末年那些有骨气的大臣们仍然不愿投降，他们率领着部下做着顽强的抗争。

元军攻打扬州城，攻了很久都没有攻下来，那时镇守扬州的大将是李庭芝、姜才，元军就拿来谢太皇太后的诏书，命令他们向元朝投降。李庭芝回答说："我只知道奉诏守城，从来没听说过要奉诏投降。"后来，全太后北上经过扬州时，元军又让全太后命令李庭芝和姜才投降。全太后无奈，只得下诏说："现在我皇帝都已经投降了元军，你还为谁守城呢？"使者要李庭芝和姜才接全太后的谕旨，他们也不答话，命令士兵放箭，当场射死了招降而来的使者，其他人都狼狈逃走了。随后，他们又带4万人出城袭击元军，想夺回全太后和皇帝恭宗。但是敌强我弱，经过激烈的战斗，没有获得成功，只好回到扬州城里。元军主帅阿术亲自派姜才原来的好友前去劝姜才投降，姜才对这个好友说道："你怎么做我不管你，可是我宁可死掉，也不做投降的将军。"后来，元世祖忽必烈又派人招降李庭芝，李庭芝大怒，他不仅把使者杀死，而且烧掉了元世祖的招降诏书。元军看到李庭芝和姜才都不肯投降，还对元军如此无礼，就派大军将扬州团团围住，连着几十天攻城。由于扬州被围了很长时间，城里的粮食都吃光了，李庭芝和姜才就跟士兵一起煮牛皮等东西充饥，有的士兵杀死自己的儿子充饥。但是，扬州军民仍然不肯投降，继续抵抗元军的进攻。直到后采，陆秀夫和张世杰拥立端宗在福州即位后，端宗急令李庭芝和姜才带兵前去保卫福州，李庭芝和姜才这才离开扬州，前往福州，却不料走到泰州的时候，被元军包围了，双方经过激烈战斗，李庭芝、姜才被元军俘虏，最后为国捐躯。

宁愿自杀不愿降

当时，南宋有一个名叫夏贵的将领投降了元朝。他家从前有个名叫洪福的家童，后来经夏贵提携做了官，守卫镇巢县（今安徽省巢县）。在夏贵投降后，洪福仍然在继续抗元。夏贵就派人去劝洪福投降，洪福拒绝投降，还把来劝的人也杀了。后来元兵攻破镇巢县城，洪福被元军俘虏后，夏贵来看他，他却痛骂夏贵不忠，最后要求面南而死，表明自己没有背叛宋朝。还有将领李芾，在湖南潭州（今湖南省长沙市）率领军民坚持抗战三个多月。可是潭州城还是被攻破了。那天，他叫来部下沈忠，对他说："我已经尽到了最大的努力，今天决心一死，但是我的家人决不能当俘虏。我实在不忍杀他们，你帮忙先杀尽我的家人，再杀死我。"沈忠说什么也不愿意，可是李芾坚决要他照办，沈忠只好哭着答应。于是李芾让家人全部喝醉，让沈忠一一把他们杀死，然后，放火烧掉李芾的住所。沈忠看着熊熊的烈火，悲痛欲绝，就回家杀了妻子，然后又自杀而死。潭州城的许多百姓听说后，也都让全家自杀而死，坚决不投降元朝。

南宋王朝的彻底灭亡

元朝军队势如破竹般向福州方向逼近，没有多长时间，元军就开始进攻福州。陆秀夫、张世杰见福州守卫不住，就护卫着端宗和他的弟弟，乘上海船沿着海岸往南

宋王台

逃到了广东。宋端宗身体很虚弱，受不了这种艰苦的生活，不久就病死在广东砜州（今广东省雷州湾中的一个小岛）。当时，福建和广东的军民都在坚决抵抗元军的进攻，而那些作了叛徒的人则受到人们的唾弃。当元军打到兴化（今福建省莆田）时，元朝人劝守卫兴化的宋将陈文龙投降，可是陈文龙却两次杀死元军派来招降的人。部下有人贪生怕死，劝他投降，他说："人生本来都有一死的，与其屈辱地死，还不如英勇抗敌而死。"人们都很敬佩他。可是，后来叛徒出卖了陈文龙，他被俘仍然没有投降，后来就在福州绝食死去了。他的母亲当时也被押到福州，她为儿子为国牺牲而自豪，在临死前说："我和我的儿子一块儿死去，又有什么怨恨呢！"

端宗病死后，陆秀夫和张世杰又拥立端宗的弟弟做皇帝，即卫王，他们继续进行抗元斗争。卫王任命陆秀夫为左丞相，专门掌管文事；张世杰为枢密副使，专门掌管军事。可是，元军又跟着打到了广东。当时，张世杰和陆秀夫认为砜州是个小岛，就护卫着卫王来到新会的崖山，他们要在那里建立根据地收复失地，恢复宋朝。他们首先进行了一系列准备长期战斗的工作：征集粮食，修筑工事，建造兵船，还招兵

买马，训练军队。可是，元将张弘范很快就率军攻打到了崖山附近。张弘范到达崖山之后，立刻就派兵封锁海口，切断了宋军砍柴、打水的道路，由于崖山是一个小岛，岛上的一切都得靠大陆和海南岛运送，现在元兵切断了大陆的供应线，宋军没有淡水喝，只能吃干粮，实在没有办法，就

南宋·朱漆戗金莲瓣形人物花卉纹奁

只有舀海水解渴。海水又咸又苦，根本不能喝，喝了就得病，为此，许多人都病倒了。张世杰又带兵去攻打新会，想夺回海口，但大战几天都没有取胜。

公元1279年2月，张弘范率元军攻打崖山，张世杰的军队由于士兵大都生病了，所以很快就战败了。元军登上了崖山，张世杰只有和陆秀夫等保护着卫王和他的母亲杨太虹，乘上早已准备好的船撤退。元军紧追不舍，把宋军的船队冲散了。陆秀夫看到元军近在眼前，不愿意被元军活捉，就含泪背起小皇帝，跳进了茫茫的大海。而张世杰和杨太妃坐的船，也由于遇上了飓风翻了船，张世杰和杨太妃都被淹死了。南宋王朝彻底灭亡了。

南宋灭亡

概况

南宋从理宗以后，进入到后期。宋和蒙古的矛盾成为主要的矛盾，它直接影响南宋历史的发展。南宋宁宗时期，史弥远专擅朝政，宁宗死后，他拥立理宗，又专朝政九年，在相位前后28年，政治十分黑暗，贿赂公行，结党营私，统治阶级奢侈腐朽。人民起义不断。

这样腐朽的政权不可能调集各方面的力量对付强大的蒙古军进攻。只是由于南宋军民英勇的抗元斗争，加上蒙古对外的扩张和内部的变动，才使南宋的统治得以苟延一段时间。

蒙古对南宋的用兵，大致可以分成为三个阶段。第一阶段，从灭金后的第二年，即公元1235年到公元1241年。蒙古军分成三路，一路由窝阔台的儿子阔出率兵，攻宋的荆襄地区，另一路由其子阔端统兵攻四川。第三路是东路，攻江淮。进攻荆襄的一支，遇到宋军的抵抗，守襄阳的军队南军与北军发生矛盾，北军投降，蒙古军得以占领襄阳府。宋军孟珙的部队，击退进攻黄州（今湖北黄冈）的蒙古军。孟珙同蒙古军三次大战，收复信阳、光化军、蔡州等地，并且全力经营荆襄。在江淮地

雕漆盒

带，蒙军一路掳掠，抵长江边。真州（今江苏仪征）城的军民抵抗，迫使蒙古军向北退回。公元 1237 年，在安丰军（今安徽寿县）杜杲领导的宋军击破蒙古军的进犯。第二年的九月蒙古军号称 80 万，进攻庐州（今安徽合肥），并准备进而进军江南，杜杲再一次大败蒙古的军队，挫败蒙古军南犯的企图。进攻四川的蒙古军，数度入蜀，同样遇到南宋军民的抵抗，公元 1240 年孟珙全面负责长江中下游与川东的防务，很有作为。但是南宋的统治者，主和苟安，不图恢复，孟珙郁郁而死。公元 1242 年，余玠接任，余玠是一位屡立战功的名将。他到任后，多次打败蒙古军的进犯。

公元 1241 年，窝阔台去世，蒙古的统治集团内部展开了争夺汗位的激烈斗争。公元 1251 年蒙哥即大汗位。

公元 1251～1259 年，为蒙古军进攻南宋战争的第二个阶段。公元 1252 年，蒙古军进兵大理。忽必烈在西南地区经营，公元 1253 年底，克大理。忽必烈留兀良哈台征云南各地，自己北归。1256 年在诸王大会上议定大举进攻南宋。公元 1257 年蒙哥亲领主力军，攻四川。命忽必烈攻鄂州，兀良哈台北上至鄂州会师。蒙哥入四川，进展艰难。公元 1259 年，围合州钓鱼城（今四川合川东），遭到王坚和张珏的坚决抵抗。合州城被围达 5 个月之久，蒙古军损失惨重。蒙哥在一次战斗中，为炮石击中受伤。7 月，蒙哥在军中去世。忽必烈得知这一消息后，仍继续南下，并进而攻鄂州，蒙宋双方争夺激烈。这时，蒙古贵族内部争夺汗位的斗争越演越烈，忽必烈急于北撤去争夺汗位，却声称将攻临安。兀良哈台进至潭州（今湖南长沙）。贾似道虽得到王坚的报告，知道蒙哥已死，却派人去蒙军求和，愿称臣纳贡，割长江以北之地。忽必烈未等和议结束，立即北归。兀良哈台攻潭州，南宋守军极力守御。忽

必烈与兀良哈台北归，潭州围解。公元 1260 年，贾似道袭杀蒙古军殿后的士兵，谎称大捷。理宗也称他有"再造之功"，昏君奸臣，合为一体，真是无耻之极。南宋又得到一次机会，再苟延几年。

蒙古军进攻南宋战争的第三个阶段，从公元 1267 年至公元 1279 年。公元 1260 年，忽必烈即大汗位，建元中统。公元 1267 年，接受南宋降将刘整的建议，将军事攻击的重点确定为攻襄阳、樊城。次年发动对南宋进攻。公元 1268 年，蒙古军包围了襄樊。南宋军民展开了襄樊保卫战。宋朝几次派援军但都被打败。蒙古军又切断汉水通道，中断守城军民与外界的联系、供应。公元 1272 年，民兵领袖张顺和张贵带领 3000 人突入重围的城中，张顺身创六箭牺牲，张贵入襄阳城，后来在一次战斗中身被数十创，被俘后，拒绝敌人的诱降而被害。第二年，守城的将领范天顺及牛富牺牲，守将吕文焕投降，襄樊城陷。

襄樊失落，南宋朝野震惊。贾似道在战争紧急之时，隐瞒军情，切断言路，以权术控制上下，以官爵拉拢人士。公元 1274 年，度宗病死，贾似道立宋恭帝。

公元 1271 年，忽必烈建国号为"元"。南宋失襄樊后，元朝伯颜率元军主力顺江而下。南宋政府在形势十分危急的情况下，命贾似道出兵。公元 1275 年，贾似道到芜湖后，向元军求和，元军拒绝。贾似道屯鲁港。元军进击南宋军，鲁港一战，宋军溃逃。贾似道乘单舟逃至扬州。元军乘势而下，很快陷建康。宋政府下令各地起兵勤王，罢贾似道。贾似道在被罢黜流放途中被押解官杀死。

公元 1276 年伯颜进军，占临安府，恭宗降。文天祥、张世杰、陆秀夫坚持斗争。公元 1279 年，陆秀夫负幼帝投海而死，张世杰乘船突围，遇大风，船覆，死于海中。南宋灭亡。文天祥在赣州战败后，在广东

海丰北的五坡岭被俘。后被押到大都（今北京），公元1283年，他拒绝投降元朝，被害。

飞来峰弥勒造像

南宋军民抗蒙

宋理宗赵昀亲政之初，尚希望有所作为，任用一批被史弥远排斥的知名之士，企图利用金朝灭亡之机，占据黄河以南地区。端平元年（1234年），赵葵、全子才等率军进驻原北宋三京，即东京开封府、西京河南府和南京应天府，三城已被蒙古兵掳掠一空，宋军乏食。蒙古兵反攻洛阳，宋军溃败。蒙古遂对南宋发动进攻。

端平二年，蒙古皇子阔端和曲出分路进攻四川与襄汉。宋将曹友闻在大安军阳平关（今陕西宁强西北）击退蒙古军。曲出军攻破枣阳军和郢州（今湖北钟祥），而未能夺取襄阳府。三年，蒙古军再攻四川，曹友闻在阳平关战死，蒙古军长驱入川，除川东的夔州路外，绝大部分州县失陷，人民惨遭屠掠。阔端虽旋即撤军，而南宋仍不能控制川北的蜀道天险，处于无险可守的状态。宋襄阳府的南军（原南宋正规军）与北军（新募的中原兵）发生冲突，北军纵火焚毁府库，投降蒙古，南军亦在撤离时大肆抢掠，蒙古军进而占领襄阳。

嘉熙元年（1237年）、二年，杜杲先后在安丰军（今安徽寿县）和庐州（今安徽合肥）大破进犯的蒙古军。蒙古宗王口温不花领兵进攻黄州（今湖北黄冈），宋将孟珙带兵奋战，击退蒙古军。接着孟珙与蒙古军大战三次，收复信阳军，攻打襄樊，后又攻下光化军、蔡州等地。孟珙以江陵府为军事大本营，大兴屯田，训练军队，经理荆襄，策应四川，屡破蒙古军。时值蒙古大军进行第二次西征，未能全力攻宋，战局暂时稳定下来。

南宋丧失蜀道天险后，蒙古军经常出没成都平原，进行杀掠破坏，宋朝被迫将四川的首府自成都府迁往重庆府，四川制置副使彭大雅修筑府城。淳祐二年（1242年），余玠出任四川安抚制置使，他采纳冉琎、冉璞兄弟的建议，大规模因山筑垒，将各州治所移入山城，特别是将合州治所迁入钓鱼山城（今四川合川东），建成强固的军事要塞。余玠还在成都平原兴置屯田，积贮粮食，教练军旅，屡次击退蒙古军的侵扰。余玠守蜀十年，未能实现恢复全蜀的夙愿，最后因遭受丞相谢方叔等人的逸诬，服毒自杀。宋理宗、谢方叔委任余晦接替余玠，四川形势恶化。在荆襄战场，淳祐十一年，京湖安抚制置使李曾伯部署将士，收复了襄阳府和樊城，并重新修筑城防。

蒙哥即汗位后，开始集中兵力，进攻南宋。宝祐六年（1258年），蒙哥大举侵宋，他亲率主力入四川，命忽必烈率军攻打鄂州（今湖北武汉武昌），兀良合台自云南入交阯，北上攻打潭州（今湖南长沙），蒙哥军在四川节节推进，击破宋军的顽强阻击，兵临合州钓鱼山城下。开庆元年（1259年），宋将王坚率军民死守钓鱼城，重创蒙古军，蒙哥战死于军中，蒙古军被迫撤围退兵。忽必烈军猛攻鄂州不克。兀良合台兵临潭州，向士璧率军民顽强抵抗，兀良合台遂撤兵北上。贾似道督师救援，却私自暗中求和，愿意向蒙古称臣纳贡，双方划长江为界。忽必烈已知蒙哥汗死讯，急欲北返，争夺皇位，遂答应贾似道的议和条件而撤兵。贾似道在事后隐瞒求和真相，谎报鄂州大捷，并贬斥和杀害印应飞、向士璧、曹世雄等有功人员，将王坚凋离四川，使之抑郁而死。

襄樊之战

景定元年（1260 年），忽必烈继承了蒙古汗位，改元中统。在地位巩固和经过长期备战之后，决定进行消灭南宋的战争。降将刘整向忽必烈提出"自古帝王、非四海一家，不为正统"，这坚定了忽必烈消灭南宋、统一全国的决心。刘整又指出，"攻宋方略，宜先从事襄阳"，他认为，"如覆襄阳，浮汉入江，则宋可平也"。忽必烈采用了刘整的策略。为攻取襄阳，公元 1262年，忽必烈采取刘整的计策，重贿南宋襄阳守将吕文德，开榷场于樊震，蒙古遂筑土城堡垒于鹿门山，遏制了南宋的援军。

咸淳三年（1267 年）九月，忽必烈下令攻打襄阳，让刘整到襄阳协同蒙军主将阿术围攻襄樊。襄樊军民进行了顽强的抵抗，开始了长达六年的关及南宋政局命运的襄樊保卫战。

襄阳、樊城夹汉水而立，汉水之南为襄阳，之北为樊城，城坚池深，兵储丰厚，可供十年之用。两城相为固守，可说是唇齿相依。面临蒙古军进犯的襄樊军民，以大无畏的英勇气概，誓与蒙古军队决一死战，以保家卫国。开始，蒙军对襄阳、樊城的进攻虽然猛烈不断，而且南宋陆上的援军也多次被蒙军打败，但是，南宋仍可从汉水运送粮食、军器、衣甲到襄樊，援助襄樊军民的抗蒙斗争，使蒙军不能得逞。

咸淳四年（1268 年），蒙古军队认为要破襄阳必先围攻樊城。春天，打败宋将张世杰，七月，阿术打败樊城守将夏贵，

马远·踏歌图

秋天，南宋宰相贾似道命范文虎援樊城，又被蒙军打败，年底，襄阳守将吕文德死，其弟吕文焕继守襄阳。蒙军虽多次取胜，但久攻襄樊不下，便采取切断汉水通道的办法，准备困死襄樊。蒙古军在鹿门山、白河口修筑鹿门、新城等城堡，后又在汉水中流筑台，上设弩炮，同夹攻的城堡相应，来控制汉水通道。这样，南宋支援襄樊的衣甲粮食被切断，加之，南宋水陆援军被蒙军打败，襄樊军民抗蒙斗争进入了困难时期。

蒙古军队虽说筑了堡垒，又针对水军不如宋军的问题，建造了舰船五千艘，训练了七万水军，断绝了援救襄樊的通道，为攻取襄樊消灭南宋作进一步的准备，使襄樊军民处于艰苦异常的境地。但是，由

中国通史

最新整理图文珍藏版

1684

于襄樊军民同心协力，顽强抵御，所以，在战斗中的头几年，蒙古军队始终没有能够攻下襄阳和樊城。

面对襄樊的危急局面，贾似道对宋度宗封锁消息，凡是说蒙军攻宋的，就被贬斥以至被杀。咸淳六年（1270年），南宋命李庭芝为荆湖置大使，督军进援襄樊，贾似道又答应宋将范文虎不受李庭芝节制，而直接听命于贾，从而牵制了李庭芝援救襄樊的战斗行动。李庭芝多次要进军，范文虎拒不出兵，却"日携美姜走马出球军中为乐。"南宋统治集团之腐败可见！

咸淳七年（1271年）五月，因受到襄樊军民坚决抵抗，蒙古军久攻两城不下，于是忽必烈在命令蒙古军队继续围攻襄樊的同时，又派赛典赤、郑眠率蒙古军水陆并进，攻打嘉定，汪良臣、彭云祥率蒙古军出重庆，札剌不花率蒙古军出泸州，曲立告思率蒙古军出汝州，以此牵制宋军，进一步孤立襄樊。六月，范文虎率士兵和两淮舟师十万到鹿门，蒙古军在阿术指挥下夹江为阵，大败宋军，范文虎夜间逃遁，战船甲仗全为蒙古军所获。十一月，蒙古建国号为元，表示元王朝是封建正统，为灭宋统一作最后的舆论准备。此后，元军更加紧进攻襄樊。

咸淳八年（1272年）三月，樊城的外城被元军攻破，宋军退守内战。襄樊被围五年，外援断绝，城中虽有粮食，但缺乏盐、布帛。这时，李庭芝移屯郢州（今湖北钟祥）以援襄樊。他了解到襄阳西北有清泥河，发源于均、房州，便造轻舟四艘，联三舟为一舫，装载货物，以义军首领张顺、张贵兄弟为都统，率3000民兵，伏于襄阳西北的团山下。他们准备冒死突破元军防线支援襄阳。这是极大的冒险，去者九死一生，但3000民兵，人人感奋。五月二十日，宋军船上带着火枪、火炮、劲弩和燃烧着的炭，半夜出发，乘风破浪，斩断元军所设铁链，冲破重围。英勇作战的民兵将士转战120余里，天黎明时到达襄阳城下，城中军民见张贵民兵到来，踊跃欢喜，勇气倍增。一时不见张顺，数日后见其尸体浮出，身中四剑六箭，仍手执弓矢，张顺已在作战中壮烈牺牲。

随后，张贵派二人潜水到郢州与守将范文虎相约夹击元军，会师龙尾洲。谁知范文虎早于二日前就率军后退30里，元军从逃卒处得知其情，便事先驻军龙尾洲，以逸待劳。当张贵率水军奋死冲出重围到达龙尾洲附近时，看到官兵旗帜，以为是范文虎部，而未作准备。元军出其不意向张贵水军攻打过来，张贵率军奋力抵抗，身中剑数十处，终因寡不敌众被俘。阿术劝说张贵降元，张贵坚持不屈，被害牺牲。张顺、张贵援襄事迹悲壮动人，鼓舞着南宋军民的抗元斗争。张贵失败后，襄樊与外界隔绝，处境尤为艰苦。

赵眘·蔡公帖

由于襄阳、樊城隔汉水而立，宋军原在汉水中植木，以铁索相连，中造浮桥，作为襄、樊两城相互支援的交通要道。元军攻樊城不下，于咸淳九年（1273年）正月，采取了张弘范绝断襄、樊水上联系的策略，派军攻断了浮桥，使襄、樊之间的交通隔断。元军便集中兵力连续猛攻樊城，在攻打樊城时，又使用了火力很强的西域"回回炮"，樊城终于被元军攻破。宋将都统范天顺力战不屈，城破自缢殉国。统制官牛富率领百余将士进行巷战，渴饮血水，继续战斗，杀死不少元军后，牛富身负重伤投火自尽。二月，襄阳守将吕文焕向元军投降，可歌可泣的襄阳樊城保卫战结束了。

襄樊保卫战的失败，是南宋腐败政治和贾似道投降政策的必然结果。襄樊保卫战之所以能坚持六年之久，完全靠襄樊军民的浴血奋战。襄、樊一失，南宋的门户洞开，元军从此可以长驱顺江东下，南宋的灭亡指日可待。

扬州之战

襄樊战后，元军占领襄阳，打开了南宋的大门。咸淳十年（1274年）六月，元世祖忽必烈命伯颜率军伐宋。伯颜兵分二路，一路攻扬州，一路由他亲率主力沿汉水入长江，沿江东下，直趋临安。

三潭印月

德祐元年（1275年）二月，伯颜所统元军在池州附近丁家洲大败贾似道所统宋军13万，使南宋水陆军主力全部瓦解。沿江各城主将，或降元或弃城逃跑，没有一人能守，只有扬州在李庭芝率领下坚守不降。四月，元兵到扬州，即派李虎持招降榜到扬州招降，李庭芝焚烧了书信，当即把张俊等五人枭首于市，表明了决不降元的决心。元兵主将阿术见李庭芝不降，便与张弘范率元军进攻扬州。宋将姜才率兵抵御，他肩中流矢，仍拔矢挥刀向前，终于迫使元军退却。在李庭芝、姜才领导下，南宋军民死守扬州，阿术久攻不下，便筑长围困之。

1276年三月，伯颜率元军入南宋首都临安，俘宋度宗的全皇后、恭帝赵㬎北去，南宋灭亡。但各地的抗元斗争仍继续不断，其中以李庭芝、姜才坚守扬州尤为壮烈。

阿术攻扬州数月不下，便派兵扼守高邮，断绝扬州粮道，使扬州断粮，死者充斥街道。饥饿使一些百姓无法忍受，宋亡而城围，他们不甘心降元，所以，几乎每天都有人投水自杀殉国，有的宁可割食饿死者充饥，继续战斗，也不向元低头。就是在这种情况下，李庭芝、姜才艰苦地坚守扬州。

已经降元的南宋谢太后和赵㬎下诏书让李庭芝降元，李庭芝登上城墙，大声回答道：只有奉皇帝的诏令守城，没有听说皇帝下诏投降的。拒不接受降元命令。赵㬎等南宋皇室被元军俘虏北上，途经瓜州，又诏书李庭芝说，前已下诏让降元，这么久不见回报，是不是不明白我们的意思，还要固守。现在我们都已臣伏元朝，你们还为谁守扬州？对于这种没有一点气节的诏书，李庭芝并不予以理睬，而命令士兵发弩射使者，当场射死一人，其余劝降使者纷纷退去。为不让恭帝赵㬎等南宋皇室被元军作为招降的幌子，姜才率兵数千出战，力图夺回皇室人员，继续号召抗元，但被元兵击败。阿术又使人招降姜才，姜才斩钉截铁地回答说："我宁可死，也不作降将军。"

在二月份夏贵以淮西全境降元后，李庭芝、姜才在扬州的处境更为困难。阿术还驱赶夏贵降兵到扬州城下，让李庭芝和扬州军民看，意思是，夏贵的数万大军尚且投降，你李庭芝以孤城如何抗御得了？想以此进行威胁和动摇李庭芝及扬州军心的决心。有人劝李庭芝上城观看，李庭芝说，我只有一死而已。表明了以死守城、决不降元的坚强意志。以后，阿术又派使者持诏书来劝降，李庭芝让使者入城后，当即斩杀，把诏书焚烧。

在李庭芝坚守扬州的时候，淮安、盱眙、泗州等地原也坚守拒元，后以粮尽降元，使扬州更为孤立。当时，城中没有粮食，李庭芝与扬州军民以牛皮、曲蘗为食物，拒战不屈。七月，阿术再次招降，李庭芝仍拒而不受。随后，李庭芝与姜才接到福州益王的征召，便准备渡海去福州继续抗元。李庭芝命朱焕守扬州，自己与姜才领兵七千先去泰州。朱焕在李庭芝走后，便开城降元，并把李庭芝部下将士的妻子押到泰州城下，以动摇军心。这时，元兵包围了泰州，裨将孙贵、胡惟孝等开城门接元兵入城。李庭芝听说城破便投水自杀，因水浅未死而被俘。姜才病发不能作战，也被元军所俘。阿术杀李庭芝，劝姜才降元，姜才愤恨不降，阿术剐姜才于扬州。姜才临刑见到降将夏贵，咬牙切齿地对夏贵说：你见我怎么不羞愧而死呢？

李庭芝、姜才被害牺牲，扬州百姓都悲痛泪下。他们不屈不挠的精神何等可贵！英勇抗元的扬州军民在他们领导下坚守一年零三个月，在南宋的历史上写下了悲壮的一页。

潭州之战

德祐元年（1275年），南宋贾似道兵败池州附近丁家州后，受到贾似道迫害的李芾被南宋朝廷委任为知潭州（今湖南长沙）兼湖南安抚使。这时，元兵南下，湖北州郡都已降附。他的朋友劝他不要去赴任，李芾不听，而决心以身许国，置个人的生死安危于不顾，当时，他爱女刚死，李芾恸哭之后，立即启程。

白鹿洞书院

七月，李芾到达潭州就任，而潭州的士卒早已被调动殆尽，元兵游骑也到了湘阴、益阳。仓促之间，李芾招募士兵不足3000，他领导军民修器械、积粮草、筑工事。并与附近少数民族联结，互为声援。他推诚委任刘孝忠等将领统率军队，为保卫潭州作了多方面的准备。不久，元朝右丞阿里海牙占江陵，分兵守常德以遏制少数民族，大军趋攻潭州。

面对强大元军，李芾遣将率兵阻击，在湘阴战败。九月，李芾正准备再派军队出城抵御，不料元兵已经到了城下，很快便包围了潭州城。李芾登上城墙的女墙，慷慨陈词激励将士，并调遣将士分地段坚守。潭州百姓听到消息，不待号令便集合到城下，结成队伍来协助士兵守城。

十月，元兵攻打潭州城西壁，将军刘

孝忠率兵奋力抵御。李芾冒矢石、亲到城上督战。城中的箭射光了，李芾见旧箭羽毛败坏，便下令搜集民间羽扇，百姓立时送交羽扇，很快收集到足够的羽扇，为旧箭备上羽毛继续用于战斗。李芾亲自慰劳受伤将士，以保家卫国相勉励。在激烈的战斗中，潭州军民伤亡惨重，但是，许多受伤战士仍然坚守岗位，与元军作殊死的战斗。城中没有盐，李芾命令把库中积盐之席拿出焚烧，取盐供食用。元军攻城不下，便想招降李芾。对元军招降，李芾坚决抵制，他把招降使者处死示众，表明抵抗到底的坚强决心。

十二月，元军围潭州已经三个月了，仍攻不下，于是元军加强了攻势。将军刘孝忠被元军炮火击中，病伤无法继续战斗，这时，有的将领动摇了，他们打着为百姓着想的旗号来劝李芾：现在事情紧急了，我们当官的为国家而死，没有话说，这些潭州百姓就不必如此了。李芾生气地责骂说道："国家平时所以厚养汝者，为今日也。汝等死守，有后言者先戮汝。"下令死守，敢有动摇者，立时处死。

曲院风荷

除夕，元兵猛攻之后，终于登上了城墙，接着大兵进入潭州城。衡阳太守尹谷在城破后就全家自焚殉国，李芾听说后，悲痛欲绝，当即命酒酹祭。他召集自己府中的宾客、佐吏，以忠义相激励，当夜传令时，还以手书"尽忠"字为号。

天将明，潭州失守已无法挽回了，李芾面对城破，国家将亡的局面，便对账下沈忠说："吾力竭，分当死，吾家人亦不可辱于俘，汝尽杀之，而后杀我。"沈忠听后，叩头拒绝。李芾强命沈忠执行，沈忠无奈，只好哭泣着答应。李芾全家喝酒至醉后，沈忠才执行李芾的命令，最后，李芾也引颈就刀。悲痛之极的沈忠随即火焚了李宅。在他自己一家也以死相殉之后，沈忠又回到火烧着的李宅，哭祭李芾一番，便跳入火中，自刎而死。

潭州百姓见城已破，元兵到处烧杀，又听说李芾全家殉国，为免遭元兵的杀戮和凌辱，许多人都全家自尽。一时之间，潭州城内竟无虚井，全为自杀的潭州百姓所充斥。在树木自缢的也不在少数。潭州兵将，除吴继明等极少数将领投降外，绝大多数都已战死或自尽殉节了。

潭州保卫战是在双方力量对比十分悬殊的情况下，由李芾领导进行的一次悲壮的战斗。只有不足3000人的军队，抗御数万元军，竟坚持达三个月之久，它充分显示了潭州军民不畏强敌、敢于战斗的英勇气概，潭州城破之后，以李芾为首的潭州军民以身殉国，更反应了他们崇高的爱国精神和不屈的民族气节。这些都将永远记载在中华民族的历史上。

潭州失守之后，湖南各州相继降元，南宋的灭亡迫在眼前了。

南宋灭亡

景定元年（1260 年）忽必烈继承蒙古汗位，在蒙古贵族和汉人地主的支持下，忽必烈定都燕京（今北京），建立了新的封建王朝，咸淳七年（1271 年）建国号为元。忽必烈在战胜了蒙古贵族中的反对派和巩固了自己的统治地位以后，便把兵锋转向南宋王朝，准备最后消灭南宋、统一全国。

咸淳三年（1267年）降将刘整向忽必烈建议攻灭南宋当首取襄阳，再从汉水渡长江东下，即可灭宋。明年，忽必烈便出兵进攻南宋，首先围攻襄阳、樊城，经六年的攻战，于咸淳九年（1273年）占襄阳、樊城，打开了南宋的大门。

咸淳十年（1274年）六月，忽必烈命左丞相伯颜率大军伐宋。伯颜分兵二道：一道攻淮西淮东，指向扬州；一道由伯颜亲率大军沿汉水入长江，沿江而下，直指临安。自襄阳失守后，南宋宰相贾似道继续推行民族投降政策，包庇重用在襄樊战斗中逃跑的范文虎以及叛将吕文焕的亲属。对准备灭宋的元军，却不采取积极的防范措施。南宋军队遇到元军，不是一触即溃，便是叛变投降。七月，宋度宗死，贾似道立了四岁恭帝赵㬎。九月，伯颜率元军主力从襄阳南下。首当其冲的是郢州（今湖北钟祥），郢州主将张世杰在汉水设防坚守、由于郢州军民的奋勇抗击，伯颜所统元军主力被阻郢州城下。伯颜决定不再攻打郢州，而率元军由旁边水道绕过郢州，再入汉水，进至沙洋。沙洋守将王虎臣、王大用顽强抵抗，元军用金汁炮焚毁民居，沙洋城破，元军屠城。接着进围新城，新城守将居谊拒不投降，并射伤前来劝降的吕文焕，终因寡不敌众，居谊同三千战士全部壮烈殉国。元军到达长江边的阳罗堡后，又遭到王达领导的军民奋勇抵抗，使元军进攻多日未能占领此城。于是伯颜分兵从上游四十里的青山矶强渡，攻占了阳罗堡，王达及刘成与八千将士英勇战死。元军渡江后，鄂州、汉阳相继降附。伯颜命阿里海牙守鄂州，并攻取湖南，自己亲率大军沿江而下。黄州（今湖北黄冈）奕喜、蕲州（今湖北蕲春东南）管景模、江州（今江西九江）吕师夔、安庆范文虎均不战而降。南宋沿江各州守将，大都是吕氏亲属和旧部，也是贾似道重用包庇过的

陆秀夫像

将领，他们望风而降不足为怪。

鄂州等地失守后，迫于朝野舆论的压力，贾似道不得不在德祐元年（1275年）二月率诸路精兵13万，到芜湖抵御元军，并与夏贵合兵，即使大战在即，他还派宋京去与伯颜议和，许以输岁币称臣，被伯颜拒绝。贾似道不得不命孙虎臣率七万步兵驻池州的丁家洲，夏贵以战舰2500艘横亘江中，自率后军驻鲁港。宋元大战开始，伯颜分步骑夹岸而进，又用战舰巨炮轰击孙虎臣军。宋军先锋姜子率军英勇战斗，主将孙虎臣却弃阵逃走，夏贵也不战而跑，贾似道惊慌失措，急命收军。元军乘胜追击，宋军大溃，军资器械尽为元军所得。贾似道与孙虎臣乘船逃到扬州。这次丁家洲之战，南宋水陆两军的主力几乎全部丧失。

贾似道兵败逃到扬州后，上书请迁都逃跑。谢太后（宋理宗皇后）不许，并命

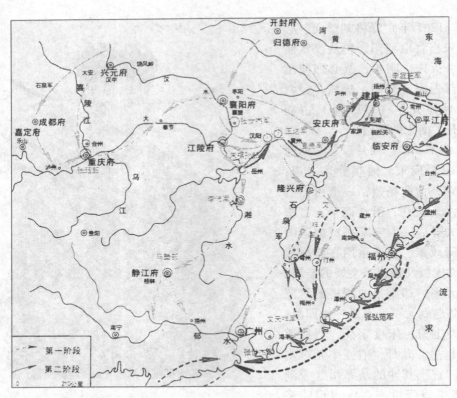

元灭南宋示意图

陈宜中为相，陈上书请斩贾似道，谢太后只罢了贾似道的官，贬循州。押解途中，贾似道被押送官郑虎臣杀死。

　　元军乘丁家洲大捷，沿江而下，南宋地方官相继逃遁和投降，沿江重镇，先后为元军占领，南宋朝中官员也纷纷出逃。抗元名将张世杰率军从荆湖入卫临安，收复了吉安、平江、广德、溧阳，刘师勇收复了常州。这样，浙江降元的一些地方官又反正归宋。在扬州，李庭芝、姜才打败了元军的多次进攻。七月，张世杰与刘师勇率万余战船主动进攻元军，进到镇江焦山，反为元军火攻所败。张世杰退往端山，刘师勇退回常州。张世杰要求南宋朝廷增兵继续进攻元军，南宋政府却不予理睬。

　　面对越来越险恶的形势，南宋朝廷下达了"勤王"诏书，但只有文天祥从赣州组织了一支勤王军于八月到达临安。随后，文天祥被委任为抗元前线的平江（今江苏苏州）知府。元军在推进过程

西湖冬韵

中，遭到沿途人民的英勇抵抗。在无锡，军民顽强阻击元军；在金坛，人民组织义勇兵与元军奋战；在常州，姚訔、陈炤、王安节、刘师勇等率军坚守达两个月，至十一月城破，姚、陈、王、刘仍

率军民抗争，坚持巷战，最后仅刘师勇等八人逃出，全城惨遭屠杀。

从十月起，元军发起向临安的最后攻击，从镇江兵分三路：右军出广德攻独松关，左军入海奔澉浦，伯颜率中军攻常州，三路会师攻临安。南宋命文天祥从平江赶赴独松关，人未到，关已失，文天祥退回临安。南宋命张世杰知平江府，还未到任，伯颜已进入平江，张世杰只好也退到临安。

德祐元年（1275 年）底，临安军队有三四万人，文天祥与张世杰商议，要同元军决战，但宰相陈宜中正向元求和，不予同意。南宋统治集团不断派出乞和使者：先是求元军班师通好；后求称侄纳贡；再求称侄孙；最后求封小国、称臣。伯颜利用南宋投降求和，步步进逼。宋德祐二年（1276 年）正月，元军游骑到临安北关，文天祥、张世杰请谢太后、恭帝逃到东海上，由他们率临安军民背城一战，又为陈宜中反对。正月十八日，谢太后与陈宜中派使臣送出传国玺和向元投降书。陈宜中随后逃走。十九日，谢太后命文天祥为右丞相兼枢密使，让他接洽投降事宜。文天祥与其他执政官至元军营谈判，梦想保住南宋小朝廷，被伯颜扣押。

三月，伯颜率元军入临安，全太后（度宗后）、恭帝赵㬎被送往大都（今北京），谢太后因病暂留临安，以后也被押往大都。南宋临安朝廷灭亡。此后，文天祥、张世杰、陆秀夫领导南宋军民继续抗元。南宋皇室益王赵　于该年五月即位为端宗，景炎三年（1278 年）四月病亡，八岁的赵昺继立为新皇帝改元景炎。祥兴二年（1279 年）二月，元军大举进攻在大海中的崖山的赵昺小朝廷，宋军大败，眼看要被俘虏，宰相陆秀夫背起赵昺跳海自尽。南宋被彻底消灭，元朝实现了统一全国的大业。

文天祥殉道又殉国

南宋朝廷选士，得进士首榜文天祥，空让他浮沉政海二十年，不能及早重用其经纶之材。必待元人兵临杭州城下，朝臣星散，连丞相陈宜中，都不告而遁，才仓促起用天祥，任之为右丞相。天祥被派去元营议降，因冲犯敌帅伯颜而被扣。宋廷谢太皇太后，计无所出，乃以臣妾谢道清之名，向元再投乞降书。天祥自镇江脱逃，浮海至福州，与张世杰、陆秀夫等拥立帝呈以延宋祚。复转战元人于闽、粤、赣诸省凡三年，终以众散力尽难挽宋之全面沦亡，而与张、陆各以身殉。可恨南宋朝廷权奸用事，数十年蹉跎，如果能早重用文天祥 21 年，何致亡国？

进士首榜　嫉恶敢言

文天祥字履善，一字宋瑞，又号文山。江西庐陵（吉安）人。生得丰伟秀眉，面白皙如玉，顾盼之间，烨然有正气。幼从理学家吉州欧阳守道、巽斋先生学儒学。巽斋学宗程朱，所以文天祥自始至终守成仁取义之教。20 岁中理宗宝祐四年（公元 1256）进士第一名。与其同科中进士的有谢枋得、叠山先生，亦理学中人，宋亡不愿仕元，绝食殉道。还有江苏盐城人陆秀夫，其后以身殉宋。这一类的儒者，在南宋亡时颇表现了一番浩然之气，视北宋靖康时之凋零胜多。天祥中进士时，考官王应麟（《困学纪闻》作者）指文之考卷，对理宗说："是卷古谊若龟鉴，忠肝如铁石，臣敢为得人贺。"其后天祥虽因父丧守制了三年，服满后不及赴宁海军节度判官之任，即上书乞斩太监董宋臣（人呼董阎罗）。因其弄权贿卖，导帝淫邪，又随便主张在元人侵鄂州（武昌）时迁都，而动摇人心。帝宠倚董宋臣方盛，自然不加接纳，而且也对天祥就此疏远。天祥愤而回乡，不久被召回临安做郎官，一度曾供职为太子解经，还出守过瑞州（江西高安），颇有安辑元骑所过残破之效。后又被召回朝任礼官，因忤贾似道，被数斥劾，乃罢官回乡隐居。

文天祥像

徜徉山水　岂是素志

文天祥隐居故乡时才30岁，因其家资颇丰厚，故居在吉安淳化乡富田村有文山，甚饶山水之美。他暂时抛开国家大事，徜徉溪壑，邀友饮酒赋诗，并有美姬做伴，红牙铁板，醉者高歌，饱者长卧。文天祥只是暂时麻醉自己，国事在荒淫不问事的度宗（理宗已病死）和无赖误事的"师相"贾似道播弄下，已到不可收拾地步。天祥其实也不可能忘情国事，他在（山中感兴）诗中有句：

古人书问至，为言北风急（指元人入侵）；山深入不知，塞马谁得失（个人得失难定）？挑灯看古史，感泪纵横发……

果然朝廷又召他为湖南提刑使（检察官）。他到长沙见到前相江万里，万里乃儒学宗师，素奇天祥志节，慨然说："吾老矣，审时度变，今后世道之责，其在君乎？君其勉之。"

耀州窑青釉印花牡丹纹三足炉

兴师勤王　为时已晚

文天祥再出不久，度宗死，四岁小儿㬎立为恭帝，理宗谢后以太皇太后垂帘，贾似道仍操纵朝纲。元人铁骑已捧山倒海而来，襄樊、武昌、蕲、黄、九江均相继陷敌，独郢州（湖北锺祥）由张世杰坚守中。朝廷在临安下诏天下勤王。天祥奉诏涕泣，赴吉安号召乡民，又结集湘西峒蛮汉，得诸豪杰响应，聚众得万余人。其友劝他说："君以乌合之众，何异驱群羊而搏猛虎，可乎？"天祥说："国家养育臣庶三百余年，一旦有急，征天下兵，无一人一骑入关，吾深恨于此。故不自量力，以身为倡，希望天下忠臣义士闻风而起，社稷可保。"天祥本性素豪奢，自奉向厚，由自痛加贬损，尽捐家资为军费。他亲提兵欲去临安，却想不到朝中有人嫉妒他，百般阻挠，还说他带领的是乌台之众，成事不足，败事有余。直到局势更恶化，贾似道至池州出师溃败，逃往扬州，朝中人才许文天祥带部队进杭州，屯兵西于湖畔。元兵围江苏常州，朝廷派天祥出师救常州，无功退回杭州。元兵终陷常州，屠城。又轻取苏州、嘉兴，然后越独松关，兵进临安。

被拘脱出　忠良护宋

宋朝廷大臣作鸟兽散，时张世杰亦已回至临安，与文天祥一同力主皇室南下，另图恢复。而谢太皇太后听信丞相陈宜中之言，向元营递降表。伯颜受表要丞相陈宜中亲去元营议降，陈宜中吓得连夜进去沮州，太皇太后都不知。文天祥既被任丞相，去元营被扣，好容易从镇江脱出，逃到真州（江苏仪征）。原欲去仍在宋人手之扬州，守扬之李庭芝疑天祥来为元人请降而欲加害，天祥乃改往南通，再出海去温州。知益王赵昰（是字古体）已接位福州，又去福州。发现那临危不告而走的左丞相陈宜中把持了九岁的新皇帝。张世杰不过是枢密副使，陆秀夫不过是直学士。文天祥见情状如此，坚辞再任右相，自愿以枢密使在浙闽赣粤一带募兵抗拒南下元军。元军逼福州，朝臣拥帝昰由泉州，而潮州，而惠州，而秀山（东莞虎门）。至井澳（中山外海）遇大风暴，帝昰受惊悸，在硐州（广东湛江外海）一病5个月以11岁而死，是为端宗。那时陈宜中借着去越南占城洽帝避难所，又逃之夭夭。朝中只剩张世杰、陆秀夫一批忠心耿耿之臣坚贞不渝，继续护持宋祚。乃立卫王赵昺（读丙）为帝，才8岁。

《四书》书影

抗元苦战　五坡被俘

文天祥先开都督府南剑州（福建南平），稍聚兵马移师汀州（福建长汀）。后因元军相逼，再移师漳州。一度收复广东梅县，人江西云都，收吉州八县。乃移师江西兴国。元人大至，失猛将巩信，夫人欧阳氏及子女被掳。乃退回汀州，知帝昺立，上表自劾，却被加衔少保封信国公。后移师广东潮阳。元征南统帅张弘范猛攻潮阳而下之，文宰师退广东海丰，不幸在五坡岭，被元人俘捉，拘天祥珠江船中，百般诱降，天祥毫不动摇。那时张世杰、陆秀夫已奉帝昺至广东新会外海压山（又称压门）。张弘范以海船攻压山，张世杰以船阵设防海上。张弘范用火攻失败，乃逼文天祥向世杰劝降，天祥以被押航过珠江口零丁洋诗交之，其中有句：

惶恐滩头说惶恐，零丁洋里叹零丁；
人生自古谁无死，留取丹心照汗青。

张弘范无奈，堵压门食水水源，压军民甚困。23天后元师总攻得逞。张世杰驾船突围，陆秀夫负九岁帝昺投海殉国，而世杰遇飓风大作与部属皆没于海。两宋自太祖至帝昺凡18帝共322年而亡。而此时文天祥犹被幽禁珠江船上。

不跪敌酋　不变志节

元统帅张弘范以帝昺等死事告知文天祥，天祥大号恸。弘范乘机再劝降，天祥仍不为所动。乃只得押解天祥去燕京。初尚优待，后囚兵马司监狱。元丞相孛罗审问天祥，天祥长揖不跪，孛罗令左右强屈之跪，天祥仍侃侃述"知其不可为而为之"的臣子之义。孛罗欲杀之，元世祖忽必烈不许，令囚之幽暗湫溢、秽气杂出的牢房，凡三年。又令其旧友降元者，动之以利害，逼其女，感之以亲情。天祥在狱中但养其浩然正气，屹然不移其心志。又以坚如玉石之意志撰《正气歌》，其中有句：

天地有正气，杂然赋流形，下则为河狱，上则为日星，于人曰浩然，沛乎塞苍冥……时穷节乃见，一一垂丹青。

求仁得仁　浩然正气

元至元十九年（公元1282年）世祖忽必烈御驾，亲欲一见天祥。天祥被带至殿亦长揖未拜。元主欲任之为宰相，天祥不为所动，但求一死。正好西山有义士聚众欲劫天祥狱，又有谋焚城上防箭苇衣倡乱者，元人恐不测，是年十二月初九杀文天祥于燕京柴市，以完其志。天祥妻欧阳氏与女收其尸，在其遗骸衣带中得其绝笔。南宋人之死事国亡者甚多，文天祥、张世杰、陆秀夫外，尚有可举者：洪福、李庭芝、姜才、李芾、陈文龙、马墍、张钰及巩信、赵时赏（巩赵二人皆为与元人作战时舍身救天祥者）等等，其他不及计者尚无算。其死事忠烈皆足泣鬼神而叹千古。唯文天祥既殉国，又殉道，死时47岁，为儒教中人。其遗著有《指南录》、《后指南录》、《吟啸集》、《正气歌并序》等。闻天祥有乡友张千里，自其去燕京，即随往赁屋囚所近处，日供奉饮食。又密制一木箱，文天祥就义后，载其遗骸，偕送文天祥妻女回故乡完葬。

《四书章句集注》

官、职、差遣

宋代任官制度有官、职、差遣的分别。官，自宋初官称与职务逐渐脱离，以至上自仆射、尚书，下至员外郎以及寺监的官职，除了诏令中有规定的以外，都不担任与官称相符的职务。官名只用来表示官位和俸禄的高低，称为寄禄官。差遣，亦称职事官，有时也简称"职"，是官员们担任的实际职务，如知州、知县之类。职，于官员在三馆、秘阁中所任的职务，称为"馆职"；其他中央及地方官所带的馆职，通常称为"贴职"，简称"职"。由于差遣有时也简称职，因此时以"职名"称贴职，以示区别。早期中央官员带贴职，有时还兼有馆阁的实际职务，但大多数中央官员（尤其是北宋中期以后）以及地方官所带的贴职，都无实际职务，只作为文官的荣誉衔。

元丰改制后，中央文官的官称与职务相符，将原来的寄禄文官名改为阶，称为阶官，开府仪同三司、特进之下为各级大夫和郎；政和二年（1112）又改武官名为武阶官，太尉之下亦为各级大夫和郎。元丰官制改革后，地方官仍许带贴职，中央文官曾一度罢带贴职，宋哲宗时虽有反复，中央文官带贴职的制度直沿袭至宋亡。

馆、阁职

北宋前期三馆、秘阁中学士至校理，元丰改制以后的秘书省中秘书监至正字，通称馆职。政和以前的集贤殿修撰、直龙图阁和直秘阁，政和以后的集英殿修撰至直秘阁，通称阁职。

宋沿唐制设三馆，改弘文馆为昭文馆，其次为史馆、集贤院。太平兴国三年（978），新建三馆成，总名为崇文院。端拱元年（988），于崇文院中堂建秘阁，藏善本书和字、画。

宋真宗赵恒初年，建龙图阁，藏宋太宗赵炅御书、文集。末年，又建天章阁，藏自己的书籍与文集。以后历朝都为先皇帝建阁藏其御书、文集等。诸馆、阁还负责编修国史等事务。

元丰官制改革以前，宰相都带馆职，分兼昭文馆大学士、监修国史、集贤殿大学士。此外，昭文馆有学士、直学士、直馆，史馆有修撰、编修、校勘、检讨，集贤院有学士、直学士、修撰、直院、校理，秘阁有直阁、校理，崇文院有检讨、校书等，又直龙图阁等也寓直于秘阁，通称为馆职，一般只称修撰、直阁以下为馆职。除史馆修撰等外，馆职亦许其他官员带职，称为贴职、职名，简称职。

北宋前期三馆是储备人才的地方，馆职选任较严，文官入任馆职，成为升迁中央要职的捷径，其他官员亦以带职为荣。

元丰官制改革，以三馆职事归秘书省，设监、少监为长官，下设丞、著作郎、著作佐郎、秘书郎、校书郎、正字。元祐元年（1086），复设馆职，后虽经反复，而上述官员亦被称为馆职，其选任与被重视的情况，与元丰改制前的馆职相近。

政和六年（1116），设集英殿修撰，改集贤殿修撰为右文殿修撰，设秘阁修撰为三等，又于直龙图阁后增直天章阁至直徽猷阁，加直秘阁为六等。南宋又于直徽猷阁后陆续增设直敷文阁至直显文阁六等，仍以直秘阁为直阁的末等，通称为阁职，亦称贴职。

此外，观文、资政两殿设大学士、学士，端明殿设学士，称为殿学士，为宰相、执政资格所带职名。龙图等十一阁，除直

阁外，又设学士、直学士、待制，为侍从资格所带职名，卿监以下带修撰、直阁。这些构成殿学士、阁学士、直学士、待制、修撰、直阁诸等级，成为各种资格的内外文官所带的相应职名。通常待制以上称职名，修撰以下称贴职，但常以职名、贴职通称自学士至直阁诸职，其他馆职也是官员们常带的职名，是文官的荣誉职称。

此外，宋代阁门之职也称为阁职，如阁门通事（宣赞）舍人、阁门祗候，为武臣的带职，也称为贴职。这是武臣之清选，比于文臣的馆职清流，为武臣进取之基。

明清时期，收藏图籍、编修国史等事务转由翰林院掌管，故亦称翰林院为"馆阁"。

审官院

主管中下级京朝官的中央官署。宋初沿唐制设尚书省吏部，但职责渐为其他机构所夺。文臣京朝官的任免由中书（政事堂）主管，不属吏部。太平兴国六年（981），设京朝官差遣院，简称差遣院，主管少卿监以下官员的考课、注拟差遣事务。淳化三年（992），又设磨勘京朝官院，简称磨勘院，专任京朝官的考课事务。次年，改磨勘京朝官院为审官院，同年又废差遣院，将其主管的事务并入审官院。熙宁三年（1070），改审官院为审官东院，又设审官西院，主管原属枢密院的阁门祗候以上至诸司使等武臣的考课和常程差遣。元丰改制，恢复三省六部制度，废罢审官东、西院，其职责归尚书省吏部。

制置三司条例司

熙宁变法开始时的决策机构。变法以

前，宰相枢密使不得与闻财政大计，造成兵、财、民三权的脱节，问题丛生。为改变这种情况，熙宁二年（1069）二月，王安石任参知政事的同时，即创建了这个机构，以"经画邦计，议变旧法，以通天下之利"。创建以后，原拟由知枢密院事陈升之和王安石兼领。但陈升之在改任宰相之后，以耻言财利为借口，拒不接受。王安石则认为，财利是宰相大臣的真正职任。在他的建议下，改由枢密副使韩绛同领。为使变法付诸实现，这个机构一方面吸收一些有志改革之士参加，议论各项问题，另一方面让三司判官、发运使、转运使及内外官员，以及"诸色人"等，陈述意见。又选派刘彝、谢卿材、侯叔献、程颢、卢秉、王汝翼、曾伉和王广廉等八人，到各路"相度农田水利、税赋、科率、徭役利害"，以便从对现实情况的了解中制定切实可行的政策，以兴利除弊，变而通之。于是，在这个机构积极努力下，于熙宁二年七月之后连续发布了由吕惠卿拟就的均输、青苗（常平法）、农田利害条约等法，对役法的变革也确定了"使民出钱雇役"的基本原则，从而使改革事业蓬勃展开，取得非常明显的效果。变法激起了反变法派的激烈反对。他们指责条例司聚集了一些儇薄无行、只知言利的年轻官员，变乱祖宗旧章，误民害国。其中三朝元老韩琦，在熙宁三年奏疏中称，"制置三司条例司虽大臣主领，然终是定夺之所"，"不关中书、枢密院，不奉圣旨直可施行者，如此则是中书外又有一中书也"。这些反对意见，反映了条例司在变法初始时所起的重要作用。变法派在朝廷上逐步占了上风后，条例司完成了它的历史任务，于熙宁三年五月废去，其权归于中书。在王安石直接领导下，中书五房和司农寺成为变法的决策机构，新法通过司农寺名义予以发布。

监司

宋代在中央与府、州、军、监之间，设监察区"路"，路级机构有转运司、提点刑狱司、提举常平司等，但各司的分"路"区划或有不同，各路转运司、提点刑狱司、提举常平司的所在地也或有不同。除本职事务外，各司都兼有监察本路各级地方官吏之责，通称为"监司"。

转运司，简称"漕司"，宋初只负责转运物资事务，开宝九年（976），刚即位的宋太宗赵炅诏转运使举察本地区知州、通判等官员的政绩。最初转运司长官的名称不一，宋太宗时通称为转运使，官高的称都转运使，另设转运副使、转运判官为副长官。

提点刑狱司，简称"宪司"，主管一路刑狱及治安事务，也有监察官吏之责。淳化三年（992）开始遣官分往诸路按决刑狱，设提点刑狱司，次年废，事务仍归转运司。此后时设时废，北宋中叶以后为常设机构，以文臣任提点刑狱公事为长官；又以武臣任同提点刑狱为副长官，后废武官同提点，有时亦以武臣任提点刑狱为长官。

提举常平司，简称"仓司"，掌管一路的常平仓、广惠仓，以及免役、市易、农田水利等事务，也负有监察官吏之责。熙宁二年（1069）设置，是地方上推行王安石新法的重要机构。元祐元年（1086）罢新法时废，遗留的事务归提点刑狱司。绍圣元年（1094）复置，为常设机构，长官称提举常平。北宋末设提举茶盐司，南宋沿置，后与提举常平司合并，称提举常平茶盐司。

中国通史

最新整理图文珍藏版

三衙

宋代管辖禁兵和厢兵的中央机构。即殿前都指挥使司（殿前司）、侍卫亲军马军都指挥使司（侍卫马军司）和侍卫亲军步军都指挥使司（侍卫步军司），总称三衙。五代后梁开始设置侍卫亲军，作为皇帝亲兵的一支，后晋时遂成皇帝亲兵的总称。后周时另设殿前司，扩充其军力，形成与侍卫亲军司对峙的"两司"。北宋初期，又将侍卫亲军司分成马军司和步军司，形成三衙，各设都指挥使、副都指挥使和都虞侯，共计九员，作为三衙统兵官。三衙管辖全国的禁军，侍卫马、步军司还在名义上管辖各地的厢军。宋朝一般用文臣主持的枢密院与三衙互相牵制，实行以文制武，而三衙又各统一部分兵力，以便互相制约，其目的是为提高和巩固皇权，防止武夫兵变。南宋初，虽恢复三衙，但已无权管辖全国军队，三衙的军队仅为驻守"行在"临安（今浙江杭州）的三支大军，宋孝宗赵昚时，侍卫马军司的队伍移驻建康府（今江苏南京）。

吏部四选

宋代主管中下级文武官员除授、考核、升黜的中央机构。北宋前期至中期，掌管中下级文武官除授等事务的机构，为审官东院、审官西院、流内铨、三班院等。元丰五年（1082），官制改革，以中下级文武官员人事归吏部，吏部下置四选，以原审官东院所掌归吏部尚书左选，以原审官西院所掌归吏部尚书右选，以原流内铨所掌归吏部侍郎左选，以原三班院所掌归吏部侍郎右选。高级文武官员磨勘、升改及

重要差遣的除授仍归三省与枢密院。尚书左、右选由吏部尚书主管，所管官员的品级较高；侍郎左、右选分置吏部侍郎主管，所管官员的品级较低。四选简称尚左、尚右、侍左和侍右。尚左和侍左为文官选，尚右和侍右为武官选。吏部四选各设尚左、尚右、侍左、侍右郎中和员外郎，参掌本选事务。

流内铨

主管节度判官以下的幕职州县官的中央官署。北宋初年，京官七品以下流内官员的任免、考课等，仍属吏部。自乾德二年（964）以后，改由吏部以外的官员主管，凡京官均归中书注授；节度判官以下的幕职州县官（选人），才由吏部流内铨按资格注拟差遣。

淳化三年（992），设磨勘幕职州县官院，专主幕职州县官的考课事务，次年改为考课院。不久，以流内铨主管官兼知考课院，后遂并考课院入流内铨。熙宁五年（1072），又将掌管考课选人等事务的吏部南曹，也并入流内铨。元丰三年（1080），改吏部流内铨名为尚书吏部，官制改革后，再改为吏部的侍郎左选。

户部左右曹

宋元丰后主掌财政的中央机构。北宋前期以三司掌中央财政大权，户部失去了财权，仅置判部事一人，以两制以上官充当，主管各地土贡之类细务。熙宁变法期间，司农寺选派变法派的得力官员主判，掌常平、免役、坊场、河渡等财务，成为与三司平行的中央财政机构。元丰五年（1082），改革官制以户部掌中央财权，分

置左、右曹。以原三司所领主要财政大权归户部左曹，凡天下人户、土地、钱谷的政令，及版籍、税赋、征役、土贡、征榷、户婚、诉讼等事，由户部尚书、左曹侍郎、郎中、员外郎主管；以原司农寺所领主要财政大权归户部右曹，凡常平、免役、保甲、农田水利、义仓坊场、河渡等事，由户部右曹侍郎、郎中、员外郎主管，右曹侍郎专领，户部尚书不得预右曹事。元祐元年（1086），司马光执政，废除新法，改为以户部尚书兼领左、右曹事。绍圣时复行新法，又恢复元丰旧制。宋徽宗政和二年（1112），更令专领户部右曹的侍郎可直达奏裁。南宋置四总领所分掌诸路措置移运应办诸军钱粮等事，户部金部掌上供、折帛、经总制钱、无额上供、茶、盐、香、矾等，度支掌督月桩钱，仓部掌和籴籴本催理，户部左、右曹掌僧道免丁钱、常平、免役、坊场、酒课之类，左、右曹不复分领。绍兴四年（1134），诏户部侍郎二员，通治左、右曹，自此相承不改。

契丹武士像

辽朝的兴衰

契丹部落的发展

早在公元 4 世纪，即西晋、南北朝时期，在我国北方的潢河（西拉木伦河）和土河（老哈河）一带，居住着契丹族，这时的契丹人，主要还是经营渔猎。稍后，契丹人也经营畜牧。他们住在帐篷里，"逐寒暑，随水草畜牧"，在各处往来迁徙。

契丹族最初有八个部落，部落之间是以血缘关系为纽带的。

在北魏统治时期，曾攻打过契丹，契丹也曾不断对北魏边塞进行侵扰。但这时期，契丹八个部落仍是各自行动，不相统属，没有形成部落间的联盟，没有一个统一的首领。他们各自与周边相邻部落、民族及中原地区进行物品交换，发生着政治的和经济的联系。随着生产的发展和氏族部落的繁衍，契丹人游牧的范围不断扩大，日益要求开拓领地，赶走邻人，建立起自己的相对稳定的活动区域。这使他们与周围部落及中原政权之间的矛盾冲突不断发生。北齐天保四年（553 年），契丹攻扰北齐边境，齐文宣帝亲自到营州（今辽宁朝阳）指挥军队，分兵两路攻打契丹，契丹大败，丧失了大批的人口和牲畜，一部分契丹人被北齐俘虏后安置在各州。北齐天保七年（556 年），契丹又被强邻突厥族侵袭，不得不东徙依附于高丽（今朝鲜）。

隋朝建立后，大量的契丹人纷纷内附，回迁故地。他们也不时侵扰隋的边境，大业元年（605年），契丹入侵营州，隋大将韦云起发兵迎击，大败契丹，并掳走了契丹的大量人口和牲畜，此次冲突，契丹族损失惨重。

耶律曷鲁像

由于自卫的需要，契丹各部逐渐在军事上联合在一起。唐初，契丹各部推举共同的军事首领，称为"夷离堇"。每遇战斗，就召集各部首领共同商议，协同作战。契丹族开始出现了部落联盟的组织。

大贺氏部落联盟

唐贞观二年（628年），契丹酋长大贺氏摩会率领各部落依附于唐朝。唐太宗把在北方诸族中象征着部落联盟酋长的旗鼓赐给了摩会，表示承认了摩会的部落联盟酋长的地位。

公元648年，唐朝在契丹人居住的地区设置行政管理机构，叫做"松漠都督府"，以契丹部落联盟的首领窟哥为都督，并赐姓"李"，下设10个州，都用契丹各部落的首领担任各州的刺史。从此，契丹和中原汉族人民的关系也就更加密切。唐

太宗又在奚人居住的地区，设置饶乐都督府，也任用奚族首领为都督。以上两个都督府，都受营州都督府节制。

唐朝武则天统治时期，契丹族部落联盟有了较快的发展。契丹和唐朝之间，时常发生矛盾。唐朝曾派28将，率领大军袭击契丹，大败而归，说明契丹已有足够的力量保卫他们自己。但是契丹族还没有形成一个统一的共同体。唐玄宗开元三年（715年），契丹部落联盟首领失活统率各部归于唐朝。当时唐朝的国势强大，北边突厥的势力已经日衰。唐玄宗依照先例，封失活为松漠都督。开元五年（717年），失活到长安朝见唐玄宗，唐朝把永乐公主嫁给失活。

公元718年六月，失活死，弟娑固继任联盟长，承袭唐官职为松漠都督、静析军大使。这时，契丹部落联盟军事首领，静析军副大使可突于想与之争权。十一月，娑固与唐公主入朝长安，受到玄宗赏赐，返回契丹后即被可突于发兵围攻。娑固投依唐营州都督许钦澹。许钦澹令薛泰领州兵与奚部落长李大酺及娑固合兵攻可突于。娑固及大酺战败被杀。可突于另立娑固从弟郁于为大贺氏联盟长。

郁于死后，弟吐于继任联盟长，又遭到可突于的威胁。开元十三年（725年），吐于携公主奔唐不返，可突于另立李尽忠弟邵固为联盟长。三年后，可突于杀邵固，另立别部屈烈为联盟长，并胁迫奚族一起背叛唐朝，投附于突厥。从此，大贺氏联盟时代结束，契丹中衰。

遥辇氏部落的重建

当大贺氏联盟在与唐朝的激烈对抗战争和内部纷争中力量衰落、难以振作的时期，联盟以外的乙室活部落逐渐壮大起来。部落长郁捷已拥有了强大的军事力量，并且得到唐玄宗的认可，封他为契丹知兵马官。公元734年，唐幽州节度使张守珪联

合乙室活部攻打契丹可突于部，杀其部落长屈烈和军事首领可突于。唐玄宗加封郁捷为北平郡王、松漠都督。次年，由于郁捷残暴被部落贵族涅里杀死，玄宗遂以涅里为松漠都督。

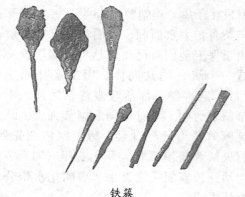

铁簇

公元 736 年，唐将张守珪派平卢讨击使安禄山出兵攻契丹涅里部，大败而回。次年二月，张守珪再次出兵，大败契丹，涅里出走松漠，重建契丹部落联盟。

涅里以其所属的乙室活部落为基础，收集、联合了大贺氏联盟溃散后的余部以及联盟以外的分散的氏族部落，推选遥辇氏阻午为联盟长，重新建立起遥辇氏部落联盟。

天宝四年（745 年）回纥族攻杀突厥白眉可汗，推翻了突厥的统治。突厥毗伽可敦率众归唐。契丹联盟长阻午亦率部降唐，唐拜阻午为松漠都督，封崇顺王，赐其姓名李怀秀。不久，李怀秀杀唐赐公主而叛。

公元 751 年，唐将安禄山领兵出击契丹，安禄山大败，率 20 骑逃走。从此，契丹与唐朝处于敌对状态。

从氏族部落到奴隶社会

公元 755 年，唐朝爆发了安史之乱，此后，河北地区藩镇割据，道路不通，契丹与唐很少往来，只保持着"朝贡"关系，不再有政治上的联系。这期间，契丹

族处于回纥汗国统治之下。回纥在契丹族、奚族地区都派有使臣监督，每年要征收赋税，发展缓慢，一直到公元 840 年回纥汗国被推翻之后，契丹部落联盟才重新归附于唐朝。此后的 60 年间，契丹族由于摆脱了回纥的统治，使他们在与中原联系的不断加强中，得到较为顺利的发展。唐末，由于中原地区的封建割据斗争，北方汉族军民为了逃避战乱，成群结队移居到契丹人生活的地区，每次迁移，多达几千人。汉人把中原地区的生产工具、生产技术带到北方和东北边疆，与契丹人民共同进行艰苦的生产劳动。到了契丹迭剌部耶律阿保机的祖父匀德实担任夷离堇时，已经开始"教民稼穑，养畜牧，国以殷富。"契丹人民除了畜牧以外，已从事农业生产。匀德实的儿子撒剌的担任夷离堇时，契丹人民已学会冶铁，铸造铁器。撒剌的兄弟述澜，引导契丹人民栽种桑麻，从事纺织；并修造房舍，建筑城邑。这些情况表明，在耶律阿保机的祖父和父亲一辈，契丹人民在生产方面，不但开始有农业，还有冶铁和纺织等手工业，有房舍和城寨。契丹社会从公元 4 世纪到 10 世纪初，经过几百年的时间，才从氏族制进入奴隶占有制，契丹社会有了新的飞跃。

阿保机建国

唐末五代时期，契丹逐渐强大起来。

契丹八部之一的迭剌部接近中原地区，汉族人民流入契丹地区的，多数也是进入迭剌部，使迭剌部成为契丹部落联盟中生产最先进的一部。公元 9 世纪时，契丹各部还在氏族制阶段，迭剌部已经出现阶级分化。加上汉族的影响，使迭剌部最先产生奴隶占有制。部落联盟长和军事首长由世选制（三年一选）而逐渐成为事实上的世袭制。遥辇氏部落联盟的夷离堇由迭剌部涅里的后裔耶律氏家族世选，自阿保机四代祖耨里思以下，阿保机一家任夷离堇

辽代武士复原图

职位共 13 人，24 任。家族地位仅次于遥辇氏，具有强大的势力，是部落内部其他家族觊觎的目标。自鲜质可汗以来，联盟内部先后爆发了三次较大规模争夺夷离堇权位的斗争，而且都是在迭剌部内部家族中进行的，阿保机就是在这样的环境下出生、成长、建立国家的。耶律阿保机生于公元872年，是撒剌的儿子。当时迭剌部是契丹部落联盟中最强大的一部，部落联盟的军事首领夷离堇，都是从迭剌部中选出的。

公元901年，耶律阿保机被推选为夷离堇，掌握了军事大权。在新的历史条件下，他统一了契丹，并以武力威服邻近各部，连破室韦、奚、女真等族，俘获了大量的人口；又南下攻入中原地区，俘虏大批汉人。连年的俘掠，使契丹部落联盟内部增添了大批汉人、室韦人、奚人、女真人。外来各族力量的加入，自然地引起契丹族内部的变化。耶律阿保机的威信越来越高了，他掌握了军事大权。契丹各部首

领也从对外战争中得到大批财富、牲畜和俘户。他们变成了新的贵族，对外掠夺被当作"光荣"的职业。

公元907年，耶律阿保机终于得到各部落首领的承认，成为契丹族新的部落联盟的首领。

阿保机为了进一步加强个人的权力，在继续对外掠夺征战中，对部落联盟组织也进行了一系列的改革。首先是限制于越的权力。其次，设立惕隐官。惕隐的职务是调节迭剌部落贵族集团的内部事务，以确保他们对阿保机的服从。第三，设立宿卫军。这是阿保机的侍卫亲军，主要是为了加强联盟首领的力量，扈从和保卫部落联盟的首领。

部落联盟组织的改革，实际是维护、巩固个人权力的改革，是由氏族社会向阶级、国家过渡的一个重要环节和步骤。

阿保机在强化个人权力的同时，也同部落联盟中一些贵族反对势力展开了斗争。在联盟中，原来世选联盟长的遥辇氏贵族虽然不满于权力旁落他人，但是他们没有军事力量与阿保机抗衡。遥辇氏八部之一的小部落涅剌部曾起兵反抗，但由于他们力量弱小，很快被讨平。

公元911年，即阿保机任联盟长的第五年，阿保机之弟剌葛、迭剌、寅底石、安端等人共同策划谋反。阿保机立即采取措施，制止了叛乱，随后改任剌葛为迭剌部夷离堇。公元912年10月，剌葛奉命分兵攻破平州（河北卢龙）后返回途中，再一次与迭剌、寅底石、安端等发动叛乱，又被阿保机平息下去。

公元913年3月，剌葛一面派想当奚王的迭剌与安端一起领兵千余骑以入觐为名谋杀阿保机，一面亲自率领部众进入迭剌部兄弟部落乙室堇淀，准备旗鼓，图谋自立。阿保机发现了这个密谋，拘捕了前来的迭剌、安端，又亲自率大军击讨剌葛。

契丹大字银币

胡人门吏图

这次，阿保机依靠他的腹心部侍卫军和被征服的邻族室韦、吐浑的兵力，联合作战，终于击溃了刺葛的叛军。

这次叛乱持续达两个月之久，造成了巨大的物质财产的损失。百姓财产被剽掠，生命遭残害，大批物资被丢弃，物价上涨了十倍。这是阿保机任联盟长以来，社会动荡、经济损失最严重的一次。同时，这次叛乱对阿保机个人权力直接构成了巨大的威胁。这不得不使阿保机在平叛后进一步采取措施，加强和巩固自己的权力，防范他人对自己权力构成的威胁。

阿保机对外连年征战，对内平定叛乱，把契丹诸部已经完全置于自己的控制之下。后梁贞明二年、辽神册元年（916年）二月一日，阿保机在龙化州（内蒙古昭盟八仙筒）金铃冈筑坛称帝。阿保机称"天皇帝"，妻称"地皇后"；建年号为"神册"。至此，阿保机正式建立了契丹国。阿保机是为辽太祖。

神册三年（918年），辽太祖在黄河沿岸建立皇都。都城的建筑是在汉族知识分子康默记等人的主持下完成的。都城的结构完全仿照汉族的城邑。

天显元年（926年），在汉族知识分子贾去疑的帮助下，扩建了皇都，增加了宫殿庙宇。耶律阿保机还建立孔子庙，命皇太子春秋设奠，传播汉族封建文化。

阿保机称帝以后，形成了以南府和北府为核心的行政统治。南府宰相由皇族贵族担任，北府宰相由后族贵族充任。

契丹族原来没有文字。政权建立以后不久，于公元920年仿照汉字偏旁，制造了契丹文字。现在已经发现的契丹字，大约有1200多个。公元921年，阿保机又制订了法律。除统治区内的汉人仍旧使用唐朝的法律外，契丹和其他各族都要受新法律的管束。

辽对邻族的侵略

建国后，阿保机继续不断地向周围邻族和地区展开了大规模的掠夺和扩张。

以武力压服了邻近的奚、室韦等部族，取得了一部分突厥故地。阿保机还以武力西征突厥、吐谷浑、党项、沙陀等部，俘获无数的人口和驼马牛羊。契丹政权的领地，西达甘州（甘肃张掖），西北至鄂尔浑河。阿保机又南下侵入中原地区。当时中原正处于混乱时期。公元921年，阿保机率大军冲入居庸关（今北京市昌平西北云台），攻陷了檀州（今北京市密云）、顺州（今北京市顺义）等十多个城市。阿保机还亲自率领皇后述律氏、太子耶律倍、次子耶律德光等东征。汉族知识分子韩知古、唐默记、韩延徽等人，成为辽太祖的重要帮手，随军出征，终于在公元926年正月占领扶余城（吉林农安），吞灭了辽

庆陵墓室

东的渤海政权。阿保机改渤海为"东丹"，即东契丹的意思，并封太子耶律倍为东丹王，统治具有较高封建文明的渤海故地。渤海故地出产粟米、布、马匹等，是农业生产比较兴旺的地区。耶律倍采用"权法"建立各项制度。这一年（926年）的七月，耶律阿保机死于扶余府。

阿保机死后，皇后述律氏月理朵称制，权决军国大事。天显二年（927年）十一月，掌握兵马大权的大元帅耶律倍被迁往东平（辽阳），受到疑忌和监视，后来，耶律倍偕妻子高氏逃奔到后唐，唐明宗赐姓李名赞华。

太宗耶律德光即位后，继承太祖阿保机的事业，继续进兵汉族地区，一再率大军南下，深入中原，大规模掠夺财富和奴隶，抢占中原土地。使契丹族由奴隶制迅速转入封建制。

公元928年，唐定州守将王都降契丹，唐派兵讨伐。辽太宗命奚兵统帅铁刺去救定州，败唐将王晏球。唐兵又大举攻定州。辽惕隐涅里衮等出兵增援。7月，唐兵破

定州，铁刺战死，涅里衮等被俘。11月，太宗准备亲自领兵攻唐。唐停止进攻，遣使臣来辽。太宗班师。公元929年10月，辽太宗检阅诸军，命皇弟李胡领兵攻掠云中诸郡。李胡攻下寰州。次年2月，还军。太宗以李胡为天下兵马大元帅。

公元936年，后唐河东节度使石敬瑭反后唐自立，向契丹求援。8月，太宗亲率大兵南下救石敬瑭。9月，入雁门，进驻太原，大败后唐张敬达军。11月，太宗与石敬瑭约为父子，册封石敬瑭为"大晋皇帝"。唐将赵德钧、赵延寿父子投降。12月，石敬瑭进驻河阳。唐废帝李从珂兵败，杀死投奔后唐的耶律倍，然后自焚而死。太宗自太原领兵北还。公元937年，石敬瑭遣使臣来，愿以幽、蓟、瀛、莫、涿、檀、顺、妫、儒、新、武、云、应、朔、寰、蔚等十六州土地"奉献"给契丹。公元938年，燕云十六州归入契丹的统治领域。辽太宗把皇都建于上京，称临潢府。幽州称南京，原南京东平府改称东京。又改年号为会同。这时，契丹政权已有三个统治中心：上京统治草原地区；南京统治十六州之地；东京统治渤海故地。

公元942年，晋石敬瑭死，石重贵（晋出帝）继位，向契丹称孙，拒不称臣。公元943年冬，太宗到南京，以晋降将赵延寿为先锋，统兵五万，大举伐晋。公元944年，晋贝州守将开城投降。太宗采赵延寿议，大兵直趋澶州，石重贵也亲至澶

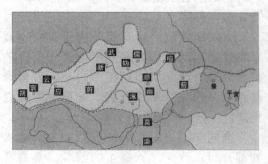

燕云十六州

州督战。两军在澶州北戚城交锋，互有胜负。契丹不能胜，沿路掳掠大批财物和民户北还。这年冬季，太宗再度领兵南侵，进围恒州，晋兵退守相州。

公元945年，契丹分兵在邢、洺、磁三州大肆杀掠，进入磁、洺之间的邺都。晋石重贵下诏亲征，至澶州，并攻下契丹所占泰州。

泰州战后，契丹受挫，准备再度大举南侵。晋兵获胜，却以为从此太平无事。公元946年8月，太宗再次领大兵南侵直至恒州。杜重威领后晋兵迎敌，两军夹滹沱河对阵。

开封龙亭

晋杜重威怯懦不敢战，置酒作乐。契丹别部由萧翰（太宗妻兄）率领，出晋军之后，切断晋军粮道和归路。萧翰至栾城，晋守城军投降。

太宗率领契丹兵自相州南下，杜重威率领晋降兵从行。太宗命皇甫遇作前锋攻打晋都城开封，皇甫遇拒命自杀。后晋降将张彦泽领先锋军攻开封。晋石重贵奉表投降。

会同十年（947年）正月，太宗进入晋都开封，改穿汉族皇帝的服装，受百官朝贺。二月，建国号大辽，改年号为大同。

辽太宗并没有在汉地建立统治，而是按照奴隶制的传统，把晋国的宫女、宦官、百工等作为奴隶掳走，连同晋宫的财宝，运回上京临潢府。辽兵灭晋过程中，四处掳掠人口和财物，称为"打草谷"。各地人民纷起反抗，辽兵遭到沉重打击。辽太宗慨叹说："不知中原的人，难治如此！"在返回上京的路上，病死在栾城（今属河北）。晋河东节度使刘知远在晋阳（今山西太原西南）称帝，建立后汉，进驻开封。

辽朝的统治制度在太祖阿保机和太宗耶律德光统治时期，逐步建立起来，重要的有以下几项：

斡鲁朵宫账制

皇帝宫帐称斡鲁朵。斡鲁朵有其直属的军队、民户、奴隶和州县，构成一个独立的军事、经济单位。皇后也可有自己的斡鲁朵。

阿保机宫帐称算斡鲁朵。侍卫亲军，称腹心部。另在地方要地设提辖司。各地蕃汉民户抽丁充军，归提辖司统辖，称提辖司人户，直属斡鲁朵。太宗宫帐直属军称皮室军。述律后也有宫帐直属军称"属珊"。

宫帐设有着帐诸局，契丹奴隶编入"瓦里"，为皇室制造各种器物，由着帐郎君统辖。后妃也各有自己的著帐局。又有"著账户"，是为皇室宫帐服役的契丹奴隶。服役奴隶首领称"小底"，统由承应小底局统领。宫帐的祗从、伶官也属著账户。著账户隶属宫帐，又称"宫户"。辽朝皇帝有时也把宫户赐给臣下贵族，成为他们的私奴。

斡鲁朵所有的奴隶财产，为皇帝所私有。皇帝死后，他的斡鲁朵依然存在，由帝后家族所继承，以奉陵寝。

投下州县制

阿保机南侵汉地，俘虏大批汉族居民做奴隶。被俘掠的渤海人也掳到契丹故地

辽·高翅鎏金银冠

建置州县统治，或与汉人俘户杂居。在阿保机和辽太宗时代，先后建置了许多这样的州县。

俘户州县起初当是属于契丹最大奴隶主阿保机所有，或者说，其实只是他私有的奴隶，隶属于宫帐斡鲁朵。皇后另有自己的州县。述律皇后以西征的俘奴建议坤州广义县（本回鹘牧地），当是属于述律后的"私奴"。

皇帝、皇后以下的契丹贵族，也各自占有这样的寨堡，称"投下"或"头下"。

辽灭渤海后，东丹国内基本上仍保持原有的封建制度和文化，只是以汉人和渤海俘户新建了一些州城。燕云十六州汉族居住地区，仍然实行原来的封建社会制度。这样，辽朝境内，便以上京、南京（幽州）和东丹国为中心，形成为社会状况互不相同的三大区域。

北南面官制

皇帝宫帐设在西方，所以官职都分为北南，和汉族官职的分为左右相似。辽太宗占领燕云十六州后，建立起两套政治制度，一面根据唐朝的制度，扩大了旧日管理汉人的事务部门，在汉族地区维持原来的封建统治，州设刺史，县置县令，成为"南面官"；对待契丹本部，采取适应契丹部落传统的统治方式，称为"北面官"。北面官运用契丹部族习惯法为基础的成文法，管理契丹及各族人民。这种"以汉制待汉人"，"以国制治契丹"的统治方式，既有利于封建制的巩固和发展，又促进了契丹本族的繁荣。历史的总趋势已经表明：在辽太宗统治时期，封建制已占了优势。

抗宋战争

公元 969 年 2 月，世宗第二子耶律贤（景宗）率领侍中萧思温、飞龙使女里和南院枢密使高勋等领甲兵千人，赶到穆宗枢前即皇帝位，改年号为保宁。太宗次子罨撒葛逃入沙陀。辽朝皇权由此又转到耶律倍、世宗一系。

景宗即位后，将拥立他的萧思温和高勋分别任北院和南院枢密使。萧思温封魏王，高勋封泰王，又任命他早已交结的汉人韩匡嗣（中书令韩知古之子）为上京留守。亲信贵族耶律贤适封检校太保。景宗由此组成了他的统治集团。

叠胜金牌

但是，这个统治集团的内部，又很快地出现了相互倾轧的争斗。公元 970 年，统领汉军的南院枢密使高勋和飞龙使女里合谋，指使萧海只、海里等刺杀了北院枢密使萧思温。景宗处死了萧海只、海里等

凶手。随即任命耶律贤适为北院枢密使，并且把即位前的侍卫组成为挞马部，以加强皇权的统治。高勋、女里到公元978年才被处死。

公元969年景宗即位后，宋太祖赵匡胤即领兵攻打北汉，辽出兵援汉，宋兵退走。公元974年，辽宋议和。

公元976年9月，宋太祖统一江南后，分道向北汉都城太原进军。景帝命南府宰相耶律沙、冀王敌烈领兵出援，宋兵败退。11月，宋太祖病死，宋太宗赵光义即位。公元979年，宋太宗亲领大兵攻太原。耶律沙、敌烈与宋兵战于白马岭，敌烈战死，辽兵大败。6月，北汉帝刘继元降宋。北汉是辽朝的属国，宋灭北汉，是辽朝一个惨重的失败。宋太宗乘胜向辽南京进攻。驻在南京的北院大王奚底与南京留守韩德让（韩匡嗣子）合力防守。奚底出战，南京城被宋兵围困，韩德让登城坚守，辽景宗命惕隐耶律休哥代奚底领兵。

7月，耶律沙自太原退兵来援，与宋军战于高粱河（今北京外城一带），耶律休哥与南院大王耶律斜轸从后面分兵合击，宋兵大败，太宗乘驴车仓皇逃走，韩德让乘胜出击，此次战役被称为高粱河之战或幽州之战。宋军损伤惨重，而辽兵则转败为胜。9月，景帝以燕王、摄枢密使韩匡嗣为都统，反攻南伐。10月，韩匡嗣与耶律休哥等与宋兵战于满城。韩匡嗣指挥失误，辽兵大败。耶律休哥力战退敌。景宗下诏责备韩匡嗣，赏赐耶律休哥，任命他为北院大王，总领南面戍兵。

公元980年10月，辽景宗到南京，领兵攻宋，围瓦桥关。耶律休哥斩宋守将张师，追击宋兵，至莫州还军。

辽景宗击败了宋朝收复燕云的企图，巩固了对这些地区的统治。

汉人势力的增长

蓟州玉田韩知古在阿保机平蓟时降契丹，总管汉人事务。其子韩匡嗣在景宗时任上京留守、南京留守，摄枢密使。韩德让代父韩匡嗣守南京，败宋兵，以功任辽兴军节度使，进为南院枢密使，权势超过高勋，蓟州韩氏日益成为辽朝汉人官员中最有权势的一个家族。

公元982年9月，辽景宗在云州出猎时病死于焦山。韩德让与耶律斜轸受景宗遗命，立皇子隆绪（圣宗）继皇帝位。圣宗年十二，军国大事都由承天太后（景宗后）裁治。韩德让与耶律斜轸分任南北院枢密使。韩德让得承天后宠幸，又以汉人总知宿卫，加开府仪同三司，兼政事令。公元999年，耶律斜轸病死，韩德让以南院枢密使兼北院枢密使，总管契丹、汉人两院事，进封大丞相。韩德让总揽辽朝军政大权，进而赐姓耶律（先后赐名德昌、隆运），封晋王，列于皇族横帐，权位仅次于帝后。韩德让是辽朝汉人地主势力的一个代表。韩氏掌权，标志着汉人地主的势力大为增长了。

辽圣宗、承天太后以韩德让等汉人官僚为辅佐。在他们的统治下，辽朝制度发生了如下的一些变革。

宫帐奴隶置部：原处在宫帐奴隶地位的俘户改为部民，分统于北府和南府。新征服的民户，也不再编为宫帐奴隶，而分别设部统治。

投下州县赋税：奴隶不再属奴隶主所有，而成为向朝廷纳税的编民，鼓励农耕，西北沿边各地设置屯田垦耕，在屯民户"力耕公田，不输税赋"，即不再向朝廷输税，积粟供给当地军饷。在屯户实际上是为朝廷服力役的农奴。

刑法：将汉人与契丹人斗殴致死、治罪轻重不同的旧律，改为同等治罪。契丹人犯十恶大罪，也按照汉人法律制裁。

捺钵：辽朝建国后，皇帝游猎设行帐称"捺钵"（《辽史》释"行营"，宋人释

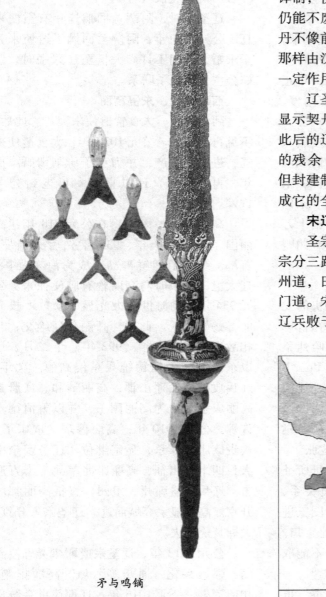

矛与鸣镝

圣宗诗友，充南面林牙（翰林）。四时捺钵制，使契丹贵族在接受汉文明的同时，仍能不废鞍马射猎，保持勇健的武风。契丹不像前世北魏的拓跋、后世金朝的女真那样由汉化而趋于文弱，四时捺钵制是有一定作用的。

辽圣宗时，先后出现的多方面的变革，显示契丹族的历史正在跨入一个新时期，此后的辽朝，虽然仍保留着严重的奴隶制的残余（对外作战俘掠和宫户、私奴），但封建制已经逐步确立起来。辽朝由此形成它的全盛时代。

宋辽澶渊之盟

圣宗即位后，公元986年3月，宋太宗分三路进兵，再取燕云。曹彬等军出雄州道，田重进出飞狐道，潘美、杨业出雁门道。宋军连克歧沟、涿州、固安、新城。辽兵败于田重进，飞狐关辽军降宋。潘美

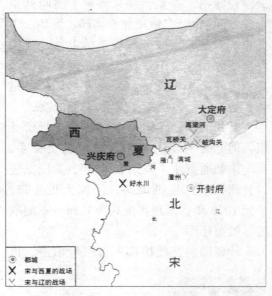

北宋与辽的主要战场

"行在"）。辽帝去捺钵时，契丹大小内外臣僚随从出行，汉人枢密院、中书省也有少数官员扈从。夏冬并在捺钵"与北南大臣会议国事"。夏冬捺钵因此又是辽朝决定军政大事的中心。

至圣宗时，汉族的封建文明已有了越来越广泛的影响。圣宗喜读《贞观政要》，又善吟诗作曲，后族萧合卓以善属文，为

连克寰、朔、应、云等州。承天太后与圣宗至南京（幽州）督战，调集各地重兵反攻。4月，耶律休哥军复涿州、固安。5月，辽军在歧沟关大败曹彬，宋军奔高阳

又被辽师截击，死者数万。6月，耶律斜轸军复朔州，擒宋将杨业。云州等地宋兵都弃城而走。辽军获得全胜。

公元999年，圣宗再次亲率大兵南下。10月，在瀛洲大败宋军，擒宋将唐昭裔，进踞乐寿县。攻遂城，又败宋军。次年正月，还师南京。公元1002年，再度南侵。南京统军使萧挞凛破宋军于泰州。公元1004年闰9月，圣宗大举亲征，先在唐兴大破宋军，又在遂城、祁州、洺州获胜。11月，攻破宋德清军。辽军进至澶渊，宋遣使请和。12月，辽宋在澶渊议成。宋以辽承天太后为叔母，每年向辽输纳银十万两、绢二十万匹。两朝各守旧界。澶渊盟后，辽宋不再发生大的战事。

对鞑靼和回鹘的战争

辽朝西境的鞑靼，这时有了较快的发展，已开始形成部落联盟。辽圣宗在古可敦城设镇州（今蒙古鄂尔浑河上游哈达桑东北古回鹘城），镇压北方诸部。统和二十九年，对鞑靼采取分部统治的办法，辽向各部落分别派遣节度使统治。鞑靼诸部杀辽节度使，起兵反抗。辽发大兵镇压，鞑靼兵败降辽，每年向辽进贡马驼和皮张。

甘州回鹘，在阿保机时曾被契丹所征服，但此后与辽朝并无从属或朝贡关系，而与宋朝通贡使。公元1008年，萧图玉进讨甘州回鹘，直抵肃州，俘掠大批生口。公元1026年，萧惠再统兵攻甘州，不能取胜，被迫还军。

沙州回鹘在敦煌郡王曹顺统治下，也

曾一度向辽纳贡。西州回鹘世居高昌，可汗号"阿斯兰汉（汗）"。

辽圣宗时，阿萨兰回鹘连年有贡使来辽。公元996年，阿萨兰回鹘王遣使来为子求婚，辽朝不许。大抵至辽兴宗时，许嫁公主，加强了联系。

西联大食、东侵高丽

阿保机时，大食曾遣使来契丹。此后，不见再有往还。公元1020年，大食遣使来辽，进象及土产，并为王子册割请婚。次年，再遣使来，辽以皇族女可老封公主许嫁。

高丽王建（太祖）在公元918年建高丽国。公元935年、936年先后灭新罗、百济，统一了朝鲜半岛，成为海东强国。辽太祖、太宗时与高丽曾有聘使往来。公元934年，渤海世子大光显率众数万投高丽，赐姓王氏。此后，高丽与辽绝交，互相敌视。统和十年（992年）十二月，辽以东京留守萧恒德统兵东侵高丽。次年，辽兵攻破高丽蓬山郡，高丽请和。辽册封高丽成宗王治为高丽国王，并以萧恒德女许嫁。公元1010年，高丽穆宗（成宗子）被贵族康兆谋杀，显宗继位。辽圣宗亲率大兵四十万出征，高丽康兆率兵三十万迎击。辽兵连陷郭州、肃州，直抵高丽都城开京。高丽显宗弃城而逃。辽圣宗入开京，大肆焚烧而去。

公元1013年，辽圣宗遣耶律资忠使高丽，强索兴化、通州等六城。高丽拒绝，扣留资忠。公元1016年，辽耶律世良统兵

便桥
会盟图

再侵高丽，破郭州。高丽死者数万人。公元1017年，辽萧合卓攻兴化，失败。公元1018年，辽萧排押等以兵10万入侵高丽，高丽姜邯赞大败辽兵，辽军死伤甚众。公元1019年，辽集结大军，准备再侵高丽，高丽显宗遣使议和，送还耶律资忠。辽朝强索高丽六州被挫败，此后，高丽仍依成宗时旧制，对辽"纳贡如故"。

契丹贵族之间的倾轧

承天皇太后死于统和二十七年。此后，辽圣宗亲自执政，至景福元年（1031年）六月病死，子耶律宗真（兴宗）即位。清宁元年（1055年）兴宗死，子耶律洪基（道宗）继位。辽道宗统治时期长达四十五年，辽朝进入衰乱时期。

辽兴宗、道宗朝，契丹贵族之间不断相互倾轧。兴宗为圣宗元妃萧耨斤所生，由圣宗齐天后收养。兴宗十六岁即位，元妃谋夺政权，自立为皇太后，迫使齐天后自杀，又密谋废兴宗，另立少子耶律重元。耶律重元密告兴宗。兴宗将皇太后废黜。

辽道宗即位，尊耶律重元为皇太督，加号天下兵马大元帅。清宁九年七月，耶律重元与子耶律涅鲁古等谋反，道宗平宿卫军乱，耶律重元兵败自杀。南院枢密使耶律乙辛平乱有功，权势显赫，与汉人官员北府宰相张孝杰勾结，专擅朝政。太康元年（1075年），太子耶律濬十八岁，参与朝政，兼领北、南院枢密使事。耶律乙辛与张孝杰诬陷太子生母宣懿皇后与伶人私通。宣懿后受诬自尽。三年，又诬告太子阴谋废帝。太子被囚禁在上京，耶律乙辛派人将太子暗杀，耶律乙辛借此兴起大狱，贵族官员多人因此被处死或流放。七年，道宗发觉耶律乙辛、张孝杰等人的奸谋，将他们免官。辽朝贵族和官员长期陷入相互攻讦倾轧之中。统治集团日益削弱。

辽圣宗末年以来，处在封建压迫下的各族人民不断举行武装起义。辽圣宗时，把汉地的封建租税制推行于渤海地区，引起了渤海人民的反抗。太平九年（1029年）八月，渤海居民以东京舍利军详稳大延琳为首举行起义，杀辽户部使，囚禁辽留守。自建国号兴辽，年号天庆。兴辽军西攻沈州，不下，退守东京辽阳府（今辽宁辽阳）。次年，大延琳被擒，起义失败。天庆五年（1115年）二月，饶州（今内蒙古巴林右旗）的渤海居民在古欲领导下起义，有步骑三万余人。六月间，起义失败，古欲被擒，这一时期，燕云地区的汉族农民也不断起义，天庆三年，有以"李弘"为号的农民起义。史称"李弘以左道聚众为乱，支解，分示五京"，"李弘"可能是利用道教符谶的称号。七年，易州涞水县民董宠儿起义。被辽军战败，投附宋朝。八年，辽东诸路爆发了安生儿、张高儿等领导的起义，发展到20万人。这些起义虽然先后被辽兵镇压下去，但给予辽朝统治以沉重的打击。

女真族的侵扰

黑龙江和松花江一带的女真族，自阿保机建国以来，即受到辽朝的控制，向辽朝贡纳海东青和各种土产。辽兴宗时，女真向外掳掠，但还只是各部落单独行动。道宗时，形成部落间的联盟，联盟长称都勃极烈（大部长），日渐强盛。公元1101年，在辽天祚帝即位的同年，女真完颜部长阿骨打为都勃极烈。此后连所侵掠周邻各部。公元1114年，阿骨打统领女真诸部兵攻陷混同江东的宁江州。天祚帝遣后兄萧嗣先和萧兀纳统契丹、奚及诸路兵7000出击，大败于出河店。女真渡混同江进击，萧嗣先军望风奔溃。家属资财，都被女真掠获。女真收编辽俘虏入军中，军势更盛。辽天庆五年（1115年），阿骨打建立国家，称皇帝（金太祖），国号金，年号收国。

辽朝后期，契丹贵族日趋腐化。辽军两败，天祚帝起用汉人张琳、吴庸等领兵

金撒土浑谋克印

东征。张琳军在涞流河大败。数月间，金兵接连攻陷州城，大肆杀掠，公元1115年秋，辽天祚帝下诏亲征，率契丹、汉军号称十余万，以精兵二万为先锋，期以必灭女真。11月，天祚帝与女真兵遇，接战不久，辽军败溃，天祚帝一日夜逃奔500里，退保长春。金兵乘胜侵占辽阳等54州。

辽政权西迁

耶律章奴见辽军溃败，谋废天祚帝，另立燕王、南京留守耶律淳。章奴与同谋者二千骑奔上京迎位，遣淳妃弟萧敌里去南京报淳。耶律淳斩敌里，往见天祚帝。章奴事败，投女真，中途被捕获腰斩。

公元1116年，渤海人高永昌据东京反，称大渤海皇帝。占据辽东五十余州，只沈州未下。天祚帝命张琳往讨。高永昌向金兵求援，金兵大举来侵辽兵，败逃入沈州城，金兵入城。

天祚帝命耶律淳为都元帅抗金。耶律淳招募辽东饥民得二万余，另募燕云民兵数千。耶律淳攻沈州不下，还军。金兵斩高永昌，据有其地。公元1117年，耶律淳统领的"怨军"有两营起义反辽。耶律淳往讨起义的"怨军"，在徽州东与金兵遇，

大溃败。金兵占领新州。成、懿、壕、惠等州均降。金兵又攻耶律淳于显州蒺藜山，辽兵又大败。

公元1117年，阿骨打建号大圣皇帝，改元天辅，遣使与辽议和。金对辽提出的条件，大体近似澶渊之盟时辽对宋的条件：辽册金帝为大金大圣大明皇帝，称兄，岁输银绢二十五万两、匹，割辽东、长春两路地。辽朝册阿骨打为东怀国皇帝，不称兄，其余一切照办。阿骨打不允。公元1120年，阿骨打亲攻辽上京，上京留守降。天祚帝去西京。辽朝郡县至此已失去半数。

辽朝灭亡在即，贵族之间仍在相互诛杀。公元1121年，文妃与统兵副都监耶律余睹（文妃妹夫）、驸马萧昱、贵族耶律挞葛里（文妃姐夫）等谋立晋王敖鲁斡。天祚帝元后兄、北院枢密使萧奉先派人告发，文妃赐死，萧昱、耶律挞葛里都被处死。晋王因没有参与此事，免罪。萧昱、耶律余睹在军中叛变投金。公元1122年，金兵攻陷辽中京，进陷泽州。天祚帝出居庸关，至鸳鸯泊（辽捺钵）。余睹引金兵来攻。萧奉先向天祚帝献策说：余睹此来不过为了晋王。杀了晋王，余睹自回。晋王敖鲁斡由此无罪而被处死，满朝贵族更加解体。余睹引金兵直逼天祚帝行帐，天祚帝率卫兵5000逃往云中。3月，金兵进陷云中，天祚帝逃入夹山。

汉人宰相李处温与皇族耶律大石等，在南京拥立耶律淳称帝，号为"北辽"。三个月后，耶律淳病死。宋军两次大举攻辽。均遭失败。金兵攻陷辽南京。耶律大石在居庸关被金兵捕获，公元1123年九月领兵逃出，去夹山见天祚帝。天祚帝责他擅立耶律淳为帝。耶律大石不自安，又见辽将亡，于是率骑兵200人北走，自立为王。保大四年，天祚帝自夹山出兵，败溃。次年二月被金兵俘虏。在金朝被囚一年多

中国通史

最新整理图文珍藏版

后病死。契丹自公元916年太祖阿保机建国至天祚帝被俘，凡209年。太宗于公元947年灭晋，建国号大辽。圣宗时一度改国号大契丹，道宗时复号为辽。自阿保机至天祚帝，习惯上都称为辽朝。

辽皇族耶律大石率部西北，重建辽朝，史称西辽。西辽存在于我国西北约90余年。正像南迁后的南宋是北宋的继续一样，西迁后的西辽也是辽朝的继续。

公元1124年，大石率二百铁骑向西北方行进。西北边地是诸游牧族的地区，在金朝南侵过程中，仍然是辽朝的统治范围，局势是稳定的。

辽太后萧绰画像

耶律大石领兵至镇州（今蒙古鄂尔浑河上游，哈达桑东北古回鹘城），召集西北地区十八个部落，征兵万人，设置官员，重新组成统治机构。延庆七年（1130年），耶律大石率部经回鹘西行，至叶密立（今新疆塔城一带），征服突厥各部落。耶律大石建号称帝，号天祐皇帝，又号古儿汗，耶律大石仍用辽国号，史称西辽，又称哈喇契丹（黑契丹）。康国元年（1134年），耶律大石在楚河南岸八剌沙衮建都，号为虎思斡鲁朵。

耶律大石建都后，出兵东征喀什噶尔，进至和阗。向西征服撒马尔罕和花剌子模。康国十年，耶律大石病死，依汉制立庙号德宗。

西辽德宗耶律大石死后，由皇后塔不烟执政七年，以后传子耶律夷列（仁宗）。崇福元年，西辽仁宗死，妹普速完摄政，号承天皇太后，普速完与夫弟萧朴古只私通，谋杀夫萧朵鲁不。萧朵鲁不父萧翰里刺为西辽元帅，领兵杀普速完及萧朴古只。天禧元年（1178年），西辽仁宗子耶律直鲁古继帝位。

天禧二十七年，蒙古成吉思汗灭乃蛮部，乃蛮部长塔阳汗败死，子屈出律西逃。年初，屈出律逃奔西辽。耶律直鲁古将女儿嫁给屈出律。屈出律又离西辽东去收集乃蛮残部，与花剌子模相约，夹攻西辽。三十四年，耶律直鲁古被迫退位。屈出律篡夺了西辽王位，奉耶律直鲁古为太上皇。公元1218年，蒙古军灭其国，屈出律被捕处死。

统治集团内部的矛盾与斗争

阿保机建国后，册立了皇太子，初步确立了继承人。但契丹社会世选制的残余仍根深蒂固，贵族特别是宗室成员在辽朝政治生活中仍发挥着重要作用。于是，统治集团内部新、旧势力的矛盾冲突与争权夺利的斗争交织在一起，呈现出错综复杂的局面。

东丹失位与太宗之立

辽太祖有嫡子三人，长子耶律倍立为

太子。及灭渤海，耶律倍奉太祖命主东丹国事。耶律倍仰慕汉文化，尊崇孔子和儒家思想。次子德光为天下兵马大元帅，掌征伐和兵马大权，事母淳钦皇后述律氏甚孝谨。少子李胡残忍好杀，不得人心，却甚得述律氏偏爱。

天显元年，太祖灭渤海回军，死于黄龙府。淳钦皇后称制，权决军国事。述律氏"简重果断"，在太祖建立政权的活动中曾发挥过重要作用，但在国家治理上却重视契丹部落和畜牧业，忽视汉人、渤海人和农业。早年辽太祖有意南下幽州，述律氏则主张遣骑兵掠其四野；王郁、王处直求援解镇州李存勖之围时，述律氏也曾极力反对。在皇位继承上，她舍弃太子倍另立大元帅德光，并杀害了一些拥护耶律倍、倾向学习中原文化的契丹、汉人官僚。这又为以后的权力争夺埋下了隐患。为削弱和控制耶律倍，辽太宗将东丹国的政治重心自牡丹江流域移至辽东，同时加强对他的监视和防范，以至耶律倍发出"小山压大山，大山全无力"的感慨，并愤而浮海投奔后唐。

辽太宗德光在位期间，与太后述律氏政见也多为不合。在太宗灭晋战争中，述律氏一直持消极和反对态度。她认为，"虽得汉地，不能居也"，屡欲与晋和。至太宗死于栾城，遗体运回草原，述律氏不哭，且说："待诸部宁一如初，则葬汝矣。"一方面反映了她对灭晋战争耿耿于怀，另一方面也反映了她对这次皇位继承仍忧心忡忡。不出所料，不久，在述律氏、李胡与辽世宗耶律阮之间就爆发了又一次斗争。

横渡之约——世宗之立

大同元年（947年）四月，耶律德光灭晋后回军，病死栾城。东丹王耶律倍子、永康王耶律阮为契丹随军诸将拥立，即位于镇州（今河北正定），为辽世宗。

世宗之立，是东丹王失位后辽宗室内权力斗争的继续。太宗在述律氏支持下夺太子之位当了皇帝，东丹王无端失掉了继承权，契丹贵族的同情自然在他一边。太宗死后，人们便于军中拥立其子。太宗即位时，述律氏曾杀害了一批持不同意见的契丹贵族，军中诸将担心悲剧重演，也希望早日确立继承者。因拥护东丹王被杀的契丹贵族的子孙，对述律氏一直心怀不满，也欲借此机会为先人复仇申冤。耶律阮同其父一样仰慕中原文化，能任用晋朝降臣，得到汉臣的拥戴，所以在军中和朝中都有众多的拥护者。

契丹王子骑射图

辽军中诸将会议于中京镇州，议所当立。南院大王耶律吼、北院大王耶律洼、宿卫耶律安抟起了关键作用。吼先与洼议，指出"天位不可一日旷。若请于太后，则必属李胡。李胡暴戾残忍，讵能子民。必欲厌人望，则当立永康王"。洼颇表赞同。诸将虽欲立阮，又因李胡与太宗子寿安王璟在太后身边，不能不有所顾忌。耶律阮召宿卫耶律安抟问计，安抟认为："大王聪安宽恕，人皇王之嫡长；先帝虽有寿安，天下属意多在大王。今若不断，后悔无及。"适逢京师有使至军中，安抟乘机诈传李胡已死，以坚定众心。然后拜诣南、北大王。三人议合，遂召集诸将，洼下令说："大行上宾，神器无主，永康王人皇王之嫡长，天人所属，当立；有不从者，以军法从事。"诸将皆从，于是派天德等护太宗灵柩先至上京。

述律氏对东丹王奔唐心怀不满，又偏爱幼子李胡，加之与耶律阮政见分歧，拒绝接受军中的决议，并决心以武力否决耶律阮对权力的继承。她派李胡领兵追击耶律阮。耶律阮以皇叔祖、五院夷离堇安端，西南边大详稳刘哥为先锋，败李胡军于泰

辽契丹文铜印

德泉。接着，述律氏与李胡以兵据潢水之北，双方于潢水石桥，夹河对阵，形势危急。惕隐耶律屋质居间调停，为双方陈述利害。为避免骨肉相残和国家实力的损失，述律氏勉强接受了约和的建议。她说："向太祖遭诸弟乱，天下荼毒，疮痍未复，庸可在乎！"一触即发的横渡之战终于和平了结。不久，述律氏又与李胡秘密策划夺权，被世宗囚禁于祖州（今内蒙古赤峰市巴林左旗哈达英格），同时处死太后派贵族划

设、楚不里。

辽世宗为人隽伟，亦工画，能饮酒，好礼士，虽在辽朝九帝中享国最短，却是一个有所作为的皇帝。他致力于辽统治机构的建立和制度的完善。

由于世宗多用晋降臣，轻慢契丹贵族，引起了契丹诸贵族的不满。在统治尚不稳固的情况下，屡议兴兵南伐，也遭到诸部贵族的反对。在他执政的短短四年中，契丹贵族的谋杀行刺事件不断发生，严重地干扰了他建立统治秩序的活动，并最终结束了他的统治。这就使辽朝的巩固与发展推迟了至少20年。

天禄年间的夺权斗争

述律氏舍耶律倍立耶律德光，破坏了耶律阿保机最初的安排，嫡长子继承制未能确立。由于世选制在贵族中的影响，契丹贵族君臣观念并不严格，如麻答（耶律拔里得，太宗叔剌葛之子）留守中京期间，"出入或被黄衣，用乘舆，服御物，曰：'兹事汉人以为不可，吾国无忌也。'"……这是辽宗室内权力争夺屡屡发生的。

天禄二年（948年），太宗第三子天德密结侍卫萧翰、惕隐留哥（刘哥）及其弟盆都，阴谋行刺世宗，事觉未遂。天德被杀，杖萧翰而释之，刘哥于乌古部，遣盆都出使黠戛斯。不久，萧翰与其妻、世宗妹阿不里致书安端，谋废世宗。耶律屋质得其书，上奏世宗，萧翰被杀，阿不里因死狱中。

契丹贵族的夺权斗争牵扯了世宗的精力，辽军北撤后中原的形势也发生了变化。太宗离汴时，以宣武军节度使萧翰守汴，翰担心刘知远领军南伐，遂擅自立唐明宗子李从益为帝，自领契丹兵至中京与世宗会。世宗自中京撤军时，又以麻答为中京留守。麻答残忍贪酷，克扣汉军粮饷，激起兵变，被逐出镇州，北还草原。世宗责其失守，不服，杀之。萧翰、麻答北归后，

中原州县所任各节度使纷纷降汉，世宗统治不稳，无暇南征，遂失去对中原的控制权。

天禄五年（951年），后汉枢密使郭威即位，建立后周。河东节度使刘崇自立于晋阳，称北汉。刘崇使其子承钧致书辽世宗，称"本朝沦亡，绍袭帝位，欲循晋室故事，求援北朝"，约世宗率兵南下，与北汉合击后周。时值灭晋战后不久，诸部厌兵，不欲南下。世宗强令出兵，自将南伐。军至归化州祥古山火神淀（今河北宣化西），祭东丹王，群臣皆醉。安端子泰宁王察哥（又作察割）与南京留守燕王牒腊（又作述轧）等乘机杀世宗于行宫，立牒腊为帝，史称"火神淀之变"。右皮室详稳耶律屋质逃出，遣人召诸王和侍卫军平乱，杀察哥、牒腊，立太宗子耶律璟，是为穆宗。

应历时期贵族的篡权活动

辽穆宗改天禄五年为应历元年。应历前期，契丹贵族的夺权活动仍不时发生。穆宗"好游戏，不亲国事；每夜酣饮，达旦乃寐，日中方起，国人谓之睡王"。他"赏罚无章，朝政不视，而嗜杀不已"，大失人心。他既无政治才干，又无治国求贤之志，却心胸狭隘，任人唯亲，凡当时拥立世宗者，并其子孙，多被疏远，不见任用，辽统治集团人心不稳。应历二年（952年），先有太尉忽古质谋逆，伏诛。接着，政事令娄国（东丹王子，世宗弟）因"穆宗沉湎，不恤政事"而生觊之心，与林牙敌烈（又作敌猎），幽州节度使萧眉古得（世宗妻弟），侍中神都、郎君海里密谋废立。一些汉人官员对辽政权也失去了信心。宣政殿学士李瀚向后周提供情况说："今皇骄骏，唯好击鞠，耽于内宠，固无四方之志，观其形势，不同以前。亲密贵臣，尚怀异志，即微弱可知……乘其乱弱之时，计亦易和，若办得来讨唯速，若且和，亦

唯速，将来必不能力助河东。"鼓励后周对辽用兵或与之讲和，事情败露后，图谋南奔，未能实现。李瀚遭杖责，眉古得、娄国等被处死。

辽上京遗址

三年（953年），李胡之子宛，林牙华割，郎君嵇斡、敌烈、新罗等又谋废穆宗，穆宗弟罨撒葛令司天占卜吉凶。事泄，华割、嵇斡被杀。宛获释，罨撒葛被贬戍西北。

九年（959年），穆宗四弟王子敌烈与前宣徽使耶律海思、萧达干等再次谋反，事情败露，敌烈获释，海思囚死狱中。

十年（960年），政事令耶律寿远、太保楚阿不等谋反被杀。接着李胡子喜隐又反，李胡也被牵连。喜隐获释，李胡被囚，死于狱中。经十年多次争夺，穆宗一次次制止了宗室的夺权活动，保住了统治地位，此后宗室间的篡权活动暂告平息，而阶级矛盾和民族矛盾却日趋尖锐。

穆宗时期的权力斗争仍在东丹王、李胡和太宗的子孙间进行，实质上是东丹失

位和横渡之约两次权力斗争的继续。

乾亨、保宁间的权力斗争

应历十九年（969年）春，穆宗春猎至怀州，亲射获熊，侍中萧思温、夷离毕雅里斯等进酒上寿，欢饮而醉，庖人辛古挟刀进食，与近侍小哥、盥人花哥等杀穆宗于行宫。萧思温与南院枢密使高勋、飞龙使女里迎立世宗子耶律贤，是为景宗。

为巩固统治地位，景宗与皇后萧绰首先向自己的拥护者授以重要官职，以控制辽朝的军政大权。保宁元年（969年），任命萧思温、高勋为北、南院枢密使，耶律贤适加特进同中书门下平章事。同时大封宗室子弟为王，以安反侧。仅保宁元年一次，就分别封东丹王、太宗和李胡等人的儿子共八人为王。

景宗幼遭火神淀之变，赖御厨尚食刘解里以毡包裹，藏于积薪中，得以免遭杀害。即位后，患风疾，多不视朝，"刑赏政事，用兵追讨，皆皇后决之"。故夺权者的打击目标首先指向皇后父萧思温。

保宁二年（970年），在国舅萧海只、海里、神都的策划下，萧思温被害。海只、海里被杀，神都被流于黄龙府，后被杀。

保宁六年（974年），李胡子宋王喜隐因密谋夺权被废。乾亨二年（980年）复反，被囚；三年，上京汉军军变，劫喜隐

未成，另立其子留礼寿，被镇压，留礼寿被杀。四年，喜隐被赐死。

保宁八年（976年），景宗弟宁王只没、高勋等谋废立，只没、高勋除名，只没妻安只伏诛。

景宗与皇后萧绰"任人不疑，信赏必罚"，却仍不能使辽宗室诸王的夺权活动稍事收敛。诸王的争权活动严重干扰了辽朝秩序的稳定和统治的巩固，也牵制了辽与宋在河北、河东的争夺，幸赖诸臣的同心协力，皇后萧绰巩固了自己的地位，取得了燕京保卫战的胜利，得以辅佐圣宗，开创了统和、开泰年间的繁荣局面。

各族人民的反抗斗争

穆宗的残暴统治与各族人民的反抗

辽穆宗用了十年时间战胜了争夺权力的对手，确立了自己的统治，但他并没能很好地治理国家。他相信巫者的谎言，取男子胆调治延年药，肆意戕害人命，死者甚多；他残酷地奴役、屠杀和镇压奴隶，常以服侍不周等细故，诛杀近侍和五坊奴隶，用刑残酷。他用来镇压奴隶的酷刑有杖、斩、击、射、燎、划口、碎齿、铁梳、枭首、剐尸、剉尸、断手足、烂肩股、折

辽中京遗址

腰胫等。残酷的镇压反映了奴隶反抗的强烈，也进一步激起了更强烈的仇恨与反抗。应历十九年（969年）二月，近侍小哥、盥人花哥、庖人辛古等六人合谋杀穆宗于行宫，结束了他的残暴统治。

辽太祖陵门——黑龙门

穆宗死后，景宗耶律贤以宿卫不严斩杀殿前都点检耶律夷腊葛、右皮室详稳萧乌古只。但小哥等却一直没有擒获。这可能是因为这次事件牵涉面宽，参与的人多，是一次规模较大的奴隶反抗斗争，也可能小哥等的反抗活动受到某些权贵的怂恿、支持、利用，因而也受到他们的保护，直到保宁五年（973年）景宗的统治地位巩固，小哥才受到惩治。

穆宗统治时期，边疆属部也发动了抗辽起义。应历十四年（964年）十二月，北境黄室韦、乌古相继起兵反辽。详稳僧隐战败被杀。穆宗遣枢密使雅里斯为行军都统，合诸部兵平叛，反为室韦所败。五坊人40户也参加了乌古的反辽队伍。穆宗又遣秃里、女古等率轻骑进讨，同时招抚各部。乌古、室韦不受招抚，屡败辽军，斗争持续了两年多，震动了辽西境和北境。辽朝动员了诸部和群牧的兵力，才镇压了这次反抗。

保宁年间渤海、乌惹的反抗斗争

渤海灭亡之后，除将其强宗大族迁往辽阳和上京附近外，还有相当数量的渤海人留居故地。渤海扶余府，太祖时更名黄龙府，仍以渤海降人为将驻扎。同时任命都监与守将共同防御，控制和监督原渤海地方。景宗时，黄龙府守将为渤海人燕颇。保宁七年（975年），燕颇杀辽所派都监张琚，率领当地渤海人反抗辽的统治。辽景宗遣北院大王耶律何鲁不（又作曷里必）往讨，燕颇兵败，退走乌惹城。他联合乌惹部首领乌玄明，共同抗击辽军。八年，乌玄明在燕颇的支持下，以乌惹城为中心，建立政权，国号"定安"（一作"安定"），年号元兴。乌玄明曾通过使宋的女真人致书宋太祖，希望与宋南北呼应。因而，宋太宗北伐燕云时，曾下诏谕乌玄明，"令张掎角之势"，牵制东北边境的辽军。保宁至统和初，辽朝迫于南边宋军的压力，不曾对乌惹大力用兵，燕颇据乌惹城达20年之久，并不断向周围发展势力。统和十三年（995年），乌惹首领乌昭庆进攻辽属部铁骊，辽遣奚王和朔奴、东京留守萧恒德往讨，包围乌惹城，乌昭庆请降。辽军都部署奚王和朔奴贪图俘获之功，不许降。乌昭庆率军民死守，城未下。辽军无功而还，

穹庐式鹿纹灰陶骨灰罐

士马死伤很多，和朔奴、恒德因而被削去爵号。

乌古、敌烈和阻卜诸部的抗辽斗争

耶律速撒死后，西北形势不稳。统和十二年（994年），承天太后与圣宗以萧挞凛为西北路招讨使，皇太后姊、齐王罨撒葛妃胡辇领乌古部兵和永兴宫分军驻守西北境。十四年，挞凛诱杀阻卜诸部叛辽首领阿鲁敦等60余人，平定了诸部。十五年，敌烈八部又杀详稳叛辽，逃向西北边境。挞凛将轻骑追袭，俘其部族之半。并招降了西北地区的阻卜部落。

统和十九年（1001年），萧图玉为西北路招讨使，为了加强对西北地区的统治，上言"阻卜今已服化，宜各分部，治以节度使"。旨在将阻卜诸部纳入辽朝直接统治之下。于是，二十九年，置阻卜诸部节度使。但所置往往非才，不能安抚诸部，激化了辽与阻卜诸部的矛盾，"部民怨而思叛"。开泰元年（1012年），阻卜各部相继反叛，围萧图玉于可敦城。乌古、敌烈也与之呼应，形成了又一次声势浩大的抗辽高潮。辽派北院枢密使耶律化哥前往征剿，俘获其羊马、辎重，阻卜溃逃。萧图玉遣人招谕，各部又陆续归附。

开泰二年，以东京留守萧惠为西北路招讨使。萧惠暴虐，不善绥抚，对属部和招讨司军卒临以威刑。太平六年（1026年），招讨使征兵讨回鹘，阻卜酋长直刺因未能如期到达，被杀。其子聚兵袭击萧惠，西阻卜各部又叛。都监涅鲁古（又作涅里姑）、突举部节度使谐里、阿不吕（又作曷不吕）将兵赴援，与阻卜战于可敦城西。涅鲁古、阿不吕为阻卜所杀。萧惠设伏兵，阻卜败走。此后，阻卜各部时降时叛，加重了辽朝西北部的边防负担。

大延琳领导的反辽斗争

东京地区早期在东丹国统治下，享有若干特殊待遇。"自神册来附，未有榷酤盐曲之法，关市之征亦甚宽弛"。随着辽朝境内封建因素的增长，封建统治的加强，对东京地区的控制也在逐步增强。圣宗太平年间，东京户部使韩绍勋等在东京地区推行行之于南京地区的赋税制度，加重了当地负担，引起了渤海人的不满。时值南京连年饥荒，户部副使王嘉使人造船，募熟谙航海的东京民自海道运粮，赈济燕地。水路艰险，船只覆没者多。韩、王等不加体恤，反而严刑峻法威逼，民心思乱。太平九年（1029年）八月，东京舍利军详稳、渤海人大延琳利用人民的不满情绪，掀起反抗斗争。杀韩绍勋、王嘉、四捷军都指挥使萧颇得，囚禁东京留守、驸马都尉萧孝先和南阳公主崔八，自称皇帝，国号兴辽，年号天庆，设官任职，建立了统治机构。大延琳举起反辽旗帜后，一面派太府丞高吉德使高丽，以反辽建国相告，并争取高丽的援助、支持；一面派太师大

色银木马鞍

延定鼓动女真起兵反辽，配合东京。南、北女真一致响应，高丽也停止了向辽纳贡，对辽在东北的统治形成了很大威胁。同时，大延琳又遣使黄龙府、保州，争取后援。东京副留守王道平逃出辽阳，与遣往黄龙府的大延琳使者一起至行在告变。驻戍保州的渤海太保夏行美将大延琳反辽实情报告了保州统军将领耶律蒲古，蒲古杀渤海兵800人，断绝了大延琳的东路之援。国

舅详稳萧匹敌的投下渭州（今辽宁彰武境）地近东京，遂率本管武装和家兵占据要害地点，断绝了大延琳西进之路。大延琳北方援绝，东、西都为辽军所阻，遂分兵攻沈州（今辽宁沈阳），又中缓兵之计，不克而还。

辽金面具

这时，朝廷也立即组织力量进行镇压。十月，圣宗任命南京留守．燕王萧孝穆为都统，萧匹敌为副都统，奚六部大王萧蒲奴为都监，率军往讨。先败大延琳于蒲河，然后一方面占据冲要，阻扼高丽、女真援军，一方面追击大延琳，再败其于手山（今辽宁首山）。大延琳退保辽阳城。萧蒲奴率军讨周围各城邑。萧孝穆于东京城四周筑城堡、置楼橹，断绝东京与外部的联系，城中不得不拆屋为薪。十年（1030年），守将杨详世等擒大延琳以降，大延琳发动的反辽战争失败。

辽同五代各割据势力的关系

同河东李氏的结盟与争战

契丹人南下，首当其冲的是割据幽州的刘仁恭、刘守光父子和河东的李克用、李存勖父子。"刘仁恭习知契丹情伪，常选将练兵，乘秋深入，逾摘星岭击之，契丹畏之。每霜降，仁恭辄遣人焚塞下野草，契丹马多饥死，常以良马赂仁恭买牧地"。刘守光守平州，则以欺诈手段陷契丹于被动。终刘仁恭之世，契丹人在燕蓟不曾取得重大进展。

1. 阿保机与李克用结盟

阿保机取代遥辇时，刘守光囚其父自立，刘氏骨肉相残。守光弟、平州刺史守奇率众降契丹，兄守文以讨逆为名，发兵击幽州，并以财物赂遗契丹，请其相助，使契丹人得以参与幽蓟地区争夺权力，土地的斗争。911年，契丹人乘幽蓟混乱之机，从刘守光手中夺取了平州。及刘守光为李存勖所逼，也遣使契丹求援，阿保机因刘守光为人无信，坐视不救，守光终为存勖所败。

早年，李克用曾联合契丹，与刘仁恭和朱温对抗。905午，李克用为报刘仁恭木瓜涧役之仇，曾遣人与阿保机联络，双方盟于云州，易袍马，约为兄弟，开创了割据势力联合契丹打击对手的先例。阿保机乘机击刘仁恭，掳掠数州。907年，李克用再会阿保机于云州东城，约以共击朱温，同收汴、洛。

河南的朱温与契丹没有直接冲突，也曾遣使奉书币、衣带、珍玩，与之通好，以期牵制和削弱李氏、刘氏的势力。朱温篡唐启立后，又遣使相告。于是，阿保机转而向梁求册封，朱温则以"共灭沙陀"为条件。又值李克用死，河东、契丹联兵之议遂寝。次年（909年），李存勖向契丹借骑兵以抗朱温，契丹不应，关系恶化。

辽政权建立后，继续向河北、河东用兵，并将攻占黄河以北作为军事、政治目标。这时，燕、蓟与河东都已为李存勖所控制，辽军的南下导致了与后唐之间的多次军事冲突。

神册元年（916年），辽政权一经建

立，就在掳掠突厥、党项、吐浑、小蕃、沙陀诸部后，进军朔州，掳掠蔚、新、武、妫、儒、幽、涿、定等州，并改武州为归化州，妫州为可汗州，置西南面招讨司，为管理所占州县和向西南发展势力的机构。此后，辽与晋王李存勖和后唐发生了几次大的争夺。

2. 新州、幽州之战

晋王李存勖率军南下征后梁，以弟、威塞军节度使李存矩守新州。神册二年（后梁贞明元年，917 年），存勖令存矩招募山北部落和刘守光亡卒，支援南讨的李存勖，又令民出马，激起不满。新州兵杀李存矩，拥副将卢文进降辽。辽命卢文进再攻新州，并派 30 万大军增援，大败晋军，乘胜围攻幽州达半年之久。

李存勖遣李嗣源、李存审、阎宝率军增援。三将自易州北行，距幽州六十里与辽军遇，"存审、嗣源极力以拒之，契丹大败，委弃毳幕、毡庐、弓矢、羊马不可胜纪，进军追讨，俘斩万计"，辽不得不仓促撤军。阿保机之弟撒剌也乘机背辽奔李存勖。

辽以卢文进为卢龙节度使，常居平州。此后，奚、契丹兵不时南下，而卢文进每以汉军为向导。李存勖所辖卢龙诸州，不断遭到辽军的袭扰。同时，辽军也不断袭扰云州等地，伺机大举南下。

3. 望都之战

神册六年（后梁龙德元年，921 年），辽太祖趁镇、定混乱之机，率军南下，与李存勖再次交锋。

十二月，阿保机亲率辽军入关，下涿州，围定州。李存勖自将亲兵往救定州。天赞元年（后梁龙德二年，922 年）正月，双方战于沙河，辽军败，阿保机率众退保望都。李存勖又引兵追至，辽军又败。退至易州，"会大雪弥旬，平地数尺，契丹人马无食，死者相属于道"，辽军北撤。

契丹人引马图

辽军屡攻河北、河东，牵制了李存勖南下灭梁的军事力量，客观上延缓了后梁覆灭。但是在与李存勖的争战中，辽方并未取得预期的进展。

天赞二年（后唐同光元年，923 年），李存勖建后唐，灭后梁。阿保机也改变了战略部署，暂时放弃了对中原的军事进攻，转而出兵渤海，为进一步南下中原解除后顾之忧。对中原，则采纳皇后述律氏的意见，只以少量兵力袭扰燕、赵，并不深入。但是辽统治者并没有放弃南下中原的长远目标。天显元年（后唐天成元年，925 年），唐明宗遣姚坤出使辽朝，见阿保机于扶余府，阿保机仍坚持以取得河北为条件，与后唐讲和。

4. 曲阳、唐河之战

天显三年（后唐天成三年，928 年），后唐削王都官爵，以王晏球为北面招讨使、权知定州行州事。王都求救于奚秃里铁剌（秃馁），辽遣铁剌以万骑援王都，与王晏球战于曲阳，不胜，退保定州。辽援军至，王都、铁剌率军再至曲阳，辽军又败，死者过半。铁剌、王都退保定州。六月，辽又遣惕隐涅里衮、都统查剌援救定州，王晏球逆战于唐河北，援军再败，退至易州。"时久雨水涨，契丹为唐所俘斩及陷溺者，不可胜数"。败军北撤，道路泥泞，人马饥疲，至幽州，又遭幽州节度使赵德钧军邀击，涅里衮等数十人被擒。

在与李存勖、后唐的战争中，辽军屡屡失利，未能达到向南扩张境土的目标。天显五年（后唐长兴元年，930年），东丹王耶律倍浮海奔唐，唐以之为检校太师、

契丹还猎图

安东都护、怀化军节度使，赐姓名李赞华。为争取后唐放回唐河之役的俘虏和东丹王，辽不再轻易对后唐用兵，并多次遣使与后唐交涉，后唐明宗也不想结怨于辽，放回了部分契丹俘虏。

立后晋为附庸

1. 援立石敬瑭

天显十一年（后晋天福元年，936年），后唐末帝李从珂与河东节度使石敬瑭互相猜忌，移石敬瑭为天严军节度使，治郓州。石敬瑭不受命，并遣使至辽求援。九月，辽太宗率5万骑，号称20万，自扬武谷（今山西朔县南）南下，至晋阳，与唐兵战于汾水，唐军大败，太原四面招讨使张敬达等被围于晋安寨。末帝李从珂问计群臣，吏部侍郎龙敏请立李赞华为契丹主，自幽州送归辽境，使辽太宗有后顾之忧，必无心恋战，然后选精锐奋击，可解晋安之围。群臣恐其无成，计竟不行。

后唐遣将自洛阳、魏州、幽州、耀州等地趋山西救晋安，卢龙节度使赵德钧父子欲乘乱取代后唐，逗留不进，伺机兼并诸军，扩充实力。赵德钧密与辽太宗联络，

要求立己为帝。晋安被围数月，城中食尽，援军不至，副将杨光远杀张敬达出降。晋安失守，唐军解体，末帝自焚死。十一月，辽太宗作册书立石敬瑭为大晋皇帝。石敬瑭称臣于辽，尊德光为父，割幽、蓟、云、朔、蔚等十六州给辽，每年向辽供帛30万匹。

从此，辽朝境土扩展至河北、山西北部。中原失去了古北、居庸等天险。后晋成了辽朝的附庸。这对辽朝政治、经济、军事、文化的发展和国力的增强都具有十分重要的意义。石敬瑭依辽为后盾，稳定了对中原地区的统治。因此，他对辽太宗奉命唯谨，每有辽使至，必拜受诏敕。吉凶庆吊，岁时赠遗玩好珍异，相继于道。太后、太子、诸王、大臣处也多有馈遗。小不如意，辽便遣使责问，石敬瑭则卑辞逊谢，故终石敬瑭之世，辽晋间少有嫌隙。会同五年（后晋天福七年，942年），石敬瑭死，侄石重贵立，辽晋关系恶化。

2. 灭晋之役

石敬瑭死后，晋群臣在向辽奉表告哀的问题上发生分歧。同平章事，侍卫亲军都指挥使景延广主张致书称孙而不称臣；中书侍郎、同平章事李崧则主张依旧称臣，以避免战事再起。石重贵终从延广议，"朝廷遣使告哀契丹，无表致书，去臣称孙"。辽大为不满，遣使问故。景延广又口出狂言，激化了辽与晋的矛盾。晋平卢节度使杨光远因与延广有隙，暗通辽朝，鼓励辽刘晋用兵。赵德钧之子赵延寿更希望借机实现多年的梦想。

会同六年（后晋天福八年，943年）十二月，辽太宗至南京，集山后（指太行山北段西北地区）及卢龙兵5万，命赵延寿等由沧、恒、易、定等州分道而进，六军继之。七年正月，辽军攻陷任丘、贝州；围忻、代，东路军前锋已达黄河西岸、北岸，与晋兵相持于澶、魏间。三月，因晋

军势尚盛，撤军，留赵延寿守贝州。

十一月，辽太宗征兵诸道。十二月，再次大举南下。八年正月，连下邢、洺、磁三州，入邺都。晋军与辽军战于漳水南，辽军撤退，石重贵下诏亲征。二月，晋诸军会于定州，取泰州（今河北保定）、满城、遂城。辽回军反攻，晋军退守定州。辽军两次出兵均无进展，辽太宗退回南京，整肃军纪，杖责出战不利者。

九年（晋开运三年，946年）七月，再征诸道兵。九月，诸军集于南京枣林淀。辽使赵延寿诈降，约晋军接应，将晋军调往河北。十一月，辽军再举，晋北面行营招讨使杜重威军败瀛州。辽军自易、定趋恒州，双方夹滹沱河陈兵对阵。河北辽军"夜则列骑环守，昼则出兵抄掠"，太宗则"自将骑卒夜渡河出其后，攻下栾城，降骑卒数千"，凡获晋民，皆黥其面为"奉敕不杀"，运夫在道遇见，皆弃车惊走。杜重威等与外界隔绝，探报不通。奉国都指挥使王清率9000步卒突围，后军不继，清战死。十二月，杜重威以20万大军降辽，晋军精锐尽失。辽遣晋降将张彦泽与御史大夫解里、监军傅住儿（《辽史》作桂儿）

将2000骑持诏入汴，石重贵奉表降。辽先后三次兴兵，历时三年，终于灭亡后晋，实现了占领黄河流域的宿愿。

947年正月，太宗入汴，令石重贵举族北迁，并对群臣说："自今不修甲兵，不市战马，轻赋省役，天下太平矣。"二月，改国号大辽，年号大同。但是，为解决军食，契丹人四处打草谷。太宗又命判三司刘昫筹措钱帛犒军，括借都城和诸州吏民财物，群情骚动。各地吏民多杀辽所任官，太原刘知远也乘机称帝自立，辽未能真正控制中原局势。

三月，以萧翰为宣武军节度使留守汴梁。四月，太宗北归，载晋图籍、卤簿、法物等，以晋百官、方技、百工从。辽大军北归后，中原汉官、汉将多投靠刘知远，萧翰与中京留守麻答（耶律拔里得）弃汴梁、镇州，北归草原，辽灭晋所得州县旋复失去。

援汉抗周

大同元年（947年）二月，后晋北平王刘知远在太原即位，六月改国号汉。天禄五年（九月，穆宗改元应历，后周广顺元年，951年）正月，后汉天雄军节度使

辽墓壁画·仕女出游图

第四编　宋辽金元时期

最新整理图文珍藏版

1721

郭威灭汉建周,这是五代的最后一个政权。刘知远从弟刘崇不承认后周,在太原建立北汉。北汉、后周都遣使与辽结好。辽世宗选择了北汉,以"书辞抗礼"为由,留周使姚汉英。六月,遣使册封刘崇为大汉神武皇帝,北汉成为辽朝在中原的又一个附庸,并得以依辽与后周抗衡。九月,北汉自团柏谷出兵击周,辽世宗率军南下相助,诸部厌战,世宗强行发兵,至新州,为泰宁王察哥所杀。

辽穆宗继续奉行援汉抗周的政策。十月,北汉出兵与后周争夺晋(今山西临汾)、绛(今山西新绛),辽彰国军节度使萧禹厥率契丹、奚军5万人援。此后,仍不断派兵掠夺河北州县,并伺机兴兵南下。应历四年(后周显德元年,954年),郭威死,北汉乘机大举击周,遣使向辽请兵,辽遣武定军节度使、政事令杨衮将万骑至晋阳,配合北汉军自团柏谷趋潞州,与后周激战于高平。由于刘崇轻敌,不使辽军参战,周军拼死力战,北汉大败而归。刘崇忧愤成疾,以子承钧监国。五月,崇死,承钧即位,奉表向辽穆宗称男,成为自石敬瑭之后的又一个儿皇帝。受北汉、辽联兵的威胁,后周则不得不把防线南移至胡芦河(今河北深县、冀县间衡漳水)。

这时,后周意在灭汉,却不愿与契丹发生直接冲突。晋阳之战后,北线退守胡芦河,与辽、北汉相持。军锋则转而南向,同南唐、后蜀争夺淮北和陕南。立国于金陵的南唐希望借助辽朝的力量牵制和削弱中原势力,同辽一直保持着联系。后晋时,制造事端,暗杀辽使,嫁祸于晋,蓄意离间辽、晋关系。后周时,仍不断遣使与辽相结,约为兄弟。应历六年、七年,南唐屡遭后周攻击,多次遣使向辽求援。辽朝只重视与南唐的经济往来,对它的军事要求不过虚与周旋而已。当后周致力于淮南

时,北汉与辽又联兵乘机南下,夺取潞州,依旧无功而还。八年,后周结束南征,回师北向。次年四月,周世宗亲率大军自沧州沿水路入辽境,辽益津关、瓦桥关守将和莫州、瀛州刺史举城降,辽关南二州十县地入周。周世宗改瓦桥关为雄州,改益津关为霸州。从此,辽失去了十六州中的瀛、莫二州。

辽宋对峙

应历十年(960年),后周殿前都点检赵匡胤取代后周,建立北宋。从此中国历史进入了辽宋对峙时期。北宋初年,在审慎分析当时全国形势后,决定暂时放弃北进的军事目标,采取先南后北的方针,集中力量消灭南方割据势力,对辽采取守势。辽穆宗也无意进取,双方投有直接的利害冲突。而当北汉遭到宋军攻击时,必向辽求援,辽也必出兵相助。正是这种支持,使北汉得以苟延残喘20年。

金花银唾盂

辽景宗保宁六年(宋太祖开宝七年,974年),辽主动调整与宋的关系,命涿州刺史耶律琮(又作耶律合住)与宋议和,

中国通史

最新整理图文珍藏版

得到了宋朝的响应。双方开始通好，互派使节，吉凶节日皆有庆吊馈遗，沿边任人互市。九年，宋在镇、易、雄、霸等州置榷务，加强了对互市的管理。但这种和好的局面只维持了五年，当宋朝削平南方割据政权回军北向后，辽宋关系开始恶化，直至澶渊之盟签订，双方才进入和平交往时期。

高梁河之战与燕云之战

景宗乾亨元年（宋太平兴国四年，979年），宋灭北汉。七月，宋太宗乘胜率师北征，意欲收复后晋割让与辽的燕云诸州，引起辽宋正面冲突。宋军一路东进，辽易州、涿州守将开门迎降。宋军直抵南京城下，宋太宗驻跸城南，分兵遣将，备御东南，攻击西北。辽五院详稳奚底、统军使萧讨古和乙室王撒合与宋军战于沙河，辽军失利。蓟、顺二州又降。辽南京守军人数不多，留守韩德让率军民坚守，城垂陷，惕隐耶律休哥和南院大王耶律斜轸将五院、六院援军赶到，左右夹击，败宋兵于高梁河。同时宋军发生哗变，太宗仓促撤军，为辽军追袭，乘驴车逃归。此即高梁河之战，也称围城之役。

乾亨四年，辽景宗死，圣宗隆绪幼年继位。宋君臣认为："契丹主年幼，国事决于其母，其大将韩德让宠幸用事，国人疾之"，正是北伐的绝好时机。于是宋太宗决定再次出兵，收复燕云。统和四年（宋雍熙三年，986年），宋大举兴兵，三路北伐。以天平军节度使曹彬为幽州道行营前军马步水陆都部署，侍卫马军都指挥使、彰化军节度使迷信为西北道都部署，出雄州；侍卫步军都指挥使、靖难军节度使田重进为定州路都部署，出飞狐，检校太师、忠武军节度使潘美为云、应、朔等州都部署，出雁门。并选在辽帝春捺钵的三月出师。辽方初无戒备，宋东路军曹彬连下岐沟（今河北涿州市西南）、涿州、固安、

宋刻本《论语》

新城，军声大震。西路潘美兵进寰、朔、云、应等州。中路田重进出飞狐北，俘辽西南面招讨使大鹏翼等，进军飞狐、灵丘、蔚州。辽遣宣徽使蒲领（耶律阿没里）驰援，同时征兵诸路，下诏亲征。南京留守、于越耶律休哥避开宋军兵锋，乘夜以轻骑出两军间，杀其单弱以胁其余众；昼则以精锐虚张声势，使宋军疲于防御；同时设伏于林中，绝宋粮道。曹彬以粮饷不继，退师雄州。五月，闻中、西两路进展顺利，再回师涿州。所带军粮又尽，而辽亲征军已至，东路军再退。辽军追至岐沟关，宋军大败，溺死于拒马河者不可胜计，弃戈甲若丘陵。西路军撤退时又失大将杨继业。

高梁河和燕云两次大战的胜利，巩固了辽对河北、河东北部的统治。宋朝两次北征失利后，也放弃了武力收复燕云的方针。此后，宋对辽取守势，而辽却不时伺机南下，掠夺末河北州县，向南扩张境土。当辽圣宗巩固了统治地位以后，又开始大举南下，与宋争夺河北了。

澶渊之盟

统和十七年（宋真宗咸平二年，999年），辽军南下，于瀛州俘宋高阳关都部署康保裔。十九年，又胜宋军于淤口、益津。二十一年，南京统军使萧挞凛攻入望都，俘宋副部署、殿前都虞侯、云州观察使王继忠。二十二年九月，圣宗、太后萧绰亲率大军南下，攻遂城、望都、祁州、定州、瀛州，下德清，兵临澶州城下，宋廷震动。在宰相寇准的主持下，宋真宗亲征，双方隔河对阵。辽将萧挞凛出营，误触宋军伏弩，重伤致死，辽军士气受挫。王继忠乘间调停，主南北议和。他致书宋真宗，通报辽方有息民止戈之意。宋真宗也复书愿息战以安民。于是，议和使者频繁往来。辽要求收回后晋所割关南地，宋则取寸土不让而不惜金帛的方针。经反复谈判，终于以宋方向辽提供助军银帛达成协议，从此双方结束军事对峙状态。

辽墓中的乐舞壁画

澶渊之盟规定：

一、辽宋为兄弟之国，辽圣宗年幼，称宋真宗为兄，后世仍以世以齿论。

二、以白沟河为国界，双方撤兵。此后凡有越界盗贼逃犯，彼此不得停匿。两朝沿边城池，一切如常，不得创筑城隍。

三、宋方每年向辽提供"助军旅之费"银10万两，绢20万匹。至雄州交割。

四、双方于边境设置榷场，开展互市贸易。

既为兄弟，吉凶庆吊，生辰节日，便当互派使节，双方经济、文化联系加强。澶渊之盟是在辽、宋都无力完成统一的情况下签订的和平协议，它使双方从互相对峙，转为和平往来，统治者得以巩固各自的统治地位，致力于境内的治理。人民也得以免受战乱之苦，有了从事生产的和平安定环境。此后120年间，辽宋不曾兵戎相见。

契丹人十分重视与宋朝的友好关系。澶渊之盟后，宋使首次入辽，"所过州县，刺史迎谒，命幕职、县令、父老送于马前，捧卮献酒。民庶以斗焚香迎引，家置盂勺浆水于门。令接伴使察从人中途所须即供应之。所至民无得鬻卖物受钱，违者全家处斩。行从刍秣之事，皆命人掌之"。此后，对宋使也非常热情，每有宋使入辽，辽朝大臣必争相问慰，并一一询问前曾使辽诸人平安与否，令宋使十分感动，回宋后纷纷上言建议宋方也应依例热情对待辽使。辽圣宗恪守信誓，对宋"岁献方物，皆亲阅视，必使美好中意，守约甚坚，未尝稍启边衅"。

辽兴宗即位后，自视国力强盛，又欲广土扩地，再立新功。于是，在萧惠、刘六符等人的主持下，又欲谋取后周占领的二州十县。

荷花形银杯

中国通史 最新整理图文珍藏版

关南十县的交涉

西夏建国后，连续在三川口（今陕西安塞东，延川、宜川、洛川三水汇合处）、好水川（今宁夏隆德东）大败宋军，宋朝的军力被牵制在西北。辽君臣认为"宋人西征有年，师老民疲"，正是取关南十县的大好时机。重熙十年（宋仁宗庆历元年，1041年）十月，宋河北转运司得知辽朝的动向，请调民夫修河北二十一城，又给辽朝遣使出师提供了借口。次年正月，辽朝遣南院宣徽使萧特末（又作萧英）和翰林学士刘六符使宋，指责宋于河北"填塞隘路，开决塘水，添置边军"，要求宋交还关南十县。同时会兵南京，声言南伐，以武力为谈判后盾。宋朝一面调兵、遣将、买马、修路、治河、屯粮，作军事防御的准备，一面派出谈判使者，并坚持许和亲、岁币而不许割地。

六月，宋使富弼、张茂实至辽。弼以"北朝与中国通好，则人主专其利而臣下无所获，若用兵，则利归臣下而入主任其祸"的道理打动辽兴宗，使其接受金帛而放弃军事行动。九月，在澶渊之盟的基础上，再定盟约。辽放弃对关南十县的要求，宋则"别纳金帛之仪，用代赋税之物，每年增绢一十万匹，银一十万两"，并迫使宋朝将所输银绢名目改为"纳"、"贡"。

河东地界之争

澶渊之盟签订之初，辽宋双方都能谨守条款，少有争执。和平既久，边民或有互相越界耕牧的情况发生，或由边民典卖土地导致边境地界不明。宋朝一边能及时督促地方官员，约束百姓，避免生事。辽朝则对边民侵占边地的行为不加约束。重熙年间（宋康定、庆历年间），因辽边民过境耕种，侵占宋境，宋地方官曾上奏本朝，请旨定夺，宋仁宗认为宋辽"和好多年，不欲争竞"，曾与辽朝重新划定朔州一带地界，将朔州原定疆界自六蕃岭南移至

黄嵬大山北麓。宋朝的迁就姑息助长了辽边民向南侵占耕地的行为，道宗咸雍年间，仍屡有辽人南向侵耕宋界土地，双方也曾派员再次明确地界。此时，河北有边民违约在界河捕鱼，河东则发生了咸雍、大康年间的地界之争。

宋神宗即位后，起用王安石实行新法，以期富国强兵。为了钳制西夏，派遣王韶经营熙州（今甘肃东乡族自治县西南）、河州（今甘肃临洮）、洮州（今甘肃临潭）地区，成功地招抚和征服了这一带的吐蕃部落，增强了宋朝在黄河上游地区的实力，对西夏的西部形成了一定的威胁，也直接影响了辽利用西夏牵制宋的效果。宋夏双方再定誓约，关系也趋于缓和。为了分散宋经略河西的精力，试探宋方的虚实，辽朝以宋边民侵耕辽属土地为借口，挑起了河东地界的纷争。咸雍十年（宋熙宁七年，1074年），辽遣林牙萧禧使宋，指责宋朝

辽·舍利金塔

在"雄州拓展关城"，在应、朔、蔚州辽境一边"营修戍垒"、"存止居民"，要求双方派员"同共检照"。宋神宗许以雄州"创盖楼子箭窗等，并令拆去"，又先后两次遣使至河东边界与辽方共同勘验地界，都没能解决问题。萧禧违制留居宋境不归，

宋神宗忧形于色，以"国家与契丹通和年深，终不欲以疆场细故有伤欢好大体"为由，满足了辽的要求。除重熙年间新定地界外，又承认了辽在应州、武州南界侵占的宋边地。熙宁八年（辽大康元年，1075年）遣知制诰沈括使辽回谢，次年双方再遣使按新定地界重新分划，九年各开壕立堠置铺，宋又向辽出让了大片领土。辽此次与宋交涉，前后历时三年，不论是谈判还是划界立标，多有故意拖延的情况，其根本目的当不在得地，而在窥探宋方的军事动向，以确保自身的安全和采取相应措施。

自澶渊之盟后的多次地界交涉，都是以谈判方式解决的。辽方深知宋迫于西夏的军事压力，不愿与辽重开战局，屡以政治手段向宋方施压，同时以武力解决虚声恫吓，冀以在不破坏盟约的前提下，得到更多的实惠。这一点，不少宋人也看得很清楚，李焘"契丹实固惜盟好，特为虚声以动中国"的认识，是符合实际的。由于辽朝君臣充分掌握和利用了宋朝的这一弱点，故每次都能如愿以偿。

辽夏和战

西夏是党项贵族建立的政权，同宋辽双方都有密切关系。辽朝成功地利用了西夏同宋朝的矛盾与军事冲突，在辽、宋、夏三方角逐中得以坐收渔人之利。

册封李继迁，臣服党项割据势力

宋朝建立后，割据银、夏诸州的党项贵族曾与之建立联系，受宋册封，并曾帮助宋朝攻击北汉，乾亨四年（宋太平兴国七年，982年），党项首领李继捧因不能解决党项贵族间的矛盾冲突，入朝并请留住宋京师，献所辖州县。宋太宗征党项贵族入朝，激起继捧族弟李继迁的不满。继迁

凤纹织金锦袍

率所属逃往夏州东北地斤泽（今内蒙古鄂尔多斯市巴彦淖尔），组织武装力量，与宋对抗。统和二年（宋雍熙元年，984年），继迁为宋军所败。次年，李继迁组织反攻，占领银州，自称定难军留后。为了增强与宋对抗的实力，李继迁决定依附辽朝。统和四年，向辽称臣。辽十分重视李继迁的内附，遂授他为定难军节度使、银夏绥宥等州观察处置等使、特进检校太师、都督夏州诸军事。并将王子帐节度使耶律襄之女耶律汀封为义成公主许嫁李继迁，赐马3000匹。八年，辽遣使封继迁为夏国王。李继迁在依附辽朝的同时，并不彻底断绝与宋的交往，或因受到宋的军事压力，或希冀来自宋的经济实惠，随时都会向宋请降。所以辽与夏间也不时发生战争。九年，宋兵致讨，继迁奉表降宋，宋授他银州观察使。当军事压力稍减，继迁又将宋所授敕命转交给辽，连李继捧也附辽接受册封。不久李继迁又暗中与宋通款，辽朝遣使责问，继迁托以西征，避匿不出，辽遂大掠银州。

中国通史

最新整理图文珍藏版

二十二年，李继迁死，子德明立，遣使纳贡，借助辽朝的外援，巩固对本部的统治，辽仍封他为西平王，二十八年再封为夏国王。李德明受册封，使辽得以安抚境内的党项部落。开泰二年（1013 年），辽属部分党项部落叛辽逃往黄河北，其余各部也相继逃离，有的投靠西夏。李德明顾惜与辽朝的臣属关系，拒不接纳。辽朝兴兵讨叛时，又下诏令李德明东击以配合辽军。但是，李德明为加强对内统治的需要，对辽、宋取等距离交往的政策，也得到宋朝定难节度使、西平王的册封，并从宋朝得到银、帛、钱各 4 万，茶 2 万斤的岁赐。辽与德明间时有摩擦，他对辽圣宗出兵配合追讨叛逃部落的诏令不予理睬，并阻止吐蕃使者借道西夏通贡于辽。此时，辽宋间已定立盟好，对德明的两属方针辽方并未提出异议。兴宗景福元年（1031年），又将兴平公主嫁与德明子元昊，封元昊为驸马都尉、夏国公。当年，德明死，元昊立。元昊改变其父的做法，采取依辽为援、与宋对抗的方针，同时积极筹划建立独立的政权。

西夏政权建立，辽夏关系恶化

重熙元年（1032 年），辽册封元昊为夏国王。同时元昊也接受宋的册封，他在父祖两代割据经营的基础上，继续向西与吐蕃争夺河西和青海，向东、南攻打宋朝的麟、府、环、庆诸州。重熙七年正式建国称帝，国号大夏。

元昊遣使以建国告宋，仍请册封，未获应允。宋仁宗下诏削夺元昊官爵，停止互市，募人擒杀元昊，宋夏关系恶化。元昊认为：夏与辽联姻通使多年，宋与辽也有和平协议，宋朝若出兵西夏，辽方定不会坐视。于是他有恃无恐地不断骚扰宋朝边镇。重熙九年，夏军攻下金明寨（今陕西延安西北），围延州（今陕西延安），在三川口大败宋军，俘宋鄜延、环庆副都部

署刘平和鄜延副都部署石元孙。

宋朝在讨论对夏的攻守之策时，也充分考虑厂辽朝的态度。知延州范雍主攻，认为宋朝久以恩信对待辽朝，可遣一介之使，令其出师相助。如败元昊，则增金帛十万与辽。于是，宋先遣使以出师伐夏相告。

辽朝的态度却出乎夏宋双方所料，它态度超然，不倾向任何一方。重熙十年，宋兵败于好水川，西夏遣使献宋俘，辽的态度随之明朗了。次年，辽遣使至宋，指责宋朝兴兵伐夏，俨然以西夏的宗主、保护者的身份与宋交涉，以此作为索要关南十县的借口，迫使宋每年增加二十万两匹的岁币。

辽朝既已从宋夏交兵中得到了实惠，又知宋不会对己构成军事威胁，而西夏军事力量增长却于己不利。于是，将防御的重点转向西夏，一方面限制边境吐蕃、党项向西夏卖马，一方面遣使令西夏与宋讲和，又开始对夏行使宗主国的权力和为宋扮演调停人的角色。辽与宋的矛盾冲突缓和而同夏的关系开始紧张。

1. 河曲之战

李元昊建立政权的最大障碍来自宋朝，辽对他的自立并未多加干涉，对宋的战争也得到了辽方的默许，甚至怂恿。为了得到辽朝的支持，在政权建立之初，元昊对辽态度还算恭顺，按例朝贡马、驼，战胜献俘，同时也按辽的意志与宋讲和。但随着辽朝态度的转变，李元昊的不满情绪也在与日俱增。

李元昊与宋议和，尽管有其自身的原因，但辽态度的反复也令他十分不快，因而时出怨言。重熙十二年（夏天授礼法延祚六年，1043 年）七月，夏遣使向辽上表，再请伐宋，辽仍不从，元昊当然失望。于是，他开始争取辽属党项部落。

十三年，辽属夹山党项岱儿族（呆儿

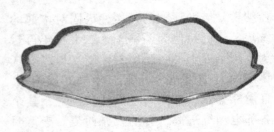

西夏不愿与辽战，辽军既出，元昊立即上表谢罪，同时遣使贡方物，表示愿归还所收容的党项部落。并亲率所纳党项，送往辽军。北院枢密副使萧革责备他纳叛背盟，元昊伏罪，遂赐酒遣还，许以自新。但辽君臣认为"大军既集，宜加讨伐"，于是诸军继进。辽军三路渡河，兴宗入夏境四百里不见夏军迎战，遂军于河曲得胜寺。北路萧惠与元昊战于贺兰山北，接连获胜，辽军兵数益多，元昊请降，不许。夏军连续三次退却，每退，必纵火烧草，使辽军马无所食。待辽师劳兵疲，夏军组织反攻，时"大风忽起，飞沙迷目，军乱，夏人乘之，蹂践而死者不可胜计。北路军既败，元昊又回师至河曲击南路，驸马都尉萧胡笃被俘。夏乘胜请和，归还所俘，称臣纳贡如故。

但是，辽兴宗深以河曲之败为憾，必寻找时机以图报复。不久，双方再次交兵。

2. 贺兰山之战

重熙十七年（夏天授礼法延祚十一年，1048年），元昊死，不满周岁的儿子李谅祚即位，辽兴宗终于得到了报仇雪耻的机会。

次年（夏延嗣宁国元年，1049年）正月，辽拘留西夏贺正使，停谅祚封册。同时遣使宋朝，以伐夏相告，宋则照例献赆礼。七月，以萧惠为河南道行军都统，耶律敌鲁古为北道行军都统，兴宗自统中路，再次兴兵伐夏。萧惠自河南

绿釉净瓶

族）人叛辽附夏，被元昊收容。既而辽山西部族节度使屈烈又以五部叛入西夏，辽西南面招讨都监罗汉奴发所部兵往讨，元昊又出兵接应屈列，辽军失利。辽朝责令放还叛部，元昊非但不遣，反而自称西朝，称辽为北边，摆出分庭抗礼的姿态。辽兴宗遂下诏征诸道兵以讨元昊，并拘留和责罚夏使。七月，遣使以伐夏告宋，书称"元昊负中国当诛，故遣林牙耶律祥问罪，而元昊顽犷不悛，载念前约，深以为愧。今议将兵临战，或元昊乞称臣，幸勿亟许"，作出为宋兴兵以伐不臣的姿态，实则担心宋趁辽夏交兵与元昊修好。九月，大军会于九十九泉，以皇太弟重元和北院枢密使萧惠为先锋，举兵西征。

进，认为夏军主力必直取界路迎击兴宗，故不设备，所率"战舰粮船绵亘数百里。既入敌境，侦候不远，铠甲载于车，军士不得乘马"。不意夏军突至，辽军猝不及防，兵将不及被甲，仓皇逃走，死伤惨重。北路进至贺兰山，俘元昊妻和西夏官僚家属，小胜夏军。

十九年（夏天枯垂圣元年，1050年）三月，殿前都点检萧迭里得败夏军于三角川。兴宗又诏西南面招讨使萧普奴等率师伐夏，"不与敌遇，纵军俘掠而还"。夏人连续遣使要求依旧称藩，贡献马、驼、牛、羊等物。辽终于可以向宋夸示胜利了，遣使向宋赠送战利品。二十三年（夏福圣承道二年，1054年），辽、夏和议成。

辽虽然两次伐夏均以先胜后败或小胜大败告终，但它毕竟有较强的军事、经济和政治实力，西夏难于与之持久抗争。河曲之战时，宋与夏正在议和。宋朝一方面致书西夏，称"当顺契丹如故，然后许汝归款"；一方面向辽送去赆礼，并称"已诏元昊，如能委谢辕门，即听内附，若犹固拒，当为加伐"。但私下却筹划"速行封册，使元昊得以专力东向，与契丹争锋"，希望辽夏"自相杀伐，两有所损"。于是1044年（辽重熙十三年，宋庆历四年，夏天授礼法延祚七年），宋封元昊为夏国主，宋、夏和议成。通过宋夏、辽夏和议的签订，夏成为辽、宋双方的臣属。它无力取得与辽、宋平等的地位，不能不接受这一既成事实。但是，西夏不敢轻易对辽动武，却不断袭扰宋朝边境，这就使辽得以坐制宋、夏两方。辽朝既不能以武力征服西夏，又重视与宋朝的和好，还可以利用宋、夏矛盾从中渔利。所以，尽管在对夏战争中两次失利，却是三方中得利最多者。这一结局客观上对巩固辽夏、辽宋、宋夏的既定关系都有好处，也稳定了辽、宋、夏鼎立的局面。

辽夏宗藩关系稳定发展

经受辽朝两次军事打击后的西夏，实力已大不如前。自辽兴宗与夏毅宗重定和议后，"夏国事之极为恭顺"，辽夏宗藩关系稳定发展，夏对辽的依赖增强。为了加强同辽朝的关系，西夏除定期朝贡和遣使庆吊外，还迎合辽朝君臣笃信佛教的需要，多次遣使献回鹘僧、金佛和佛经。辽朝也得以再次利用西夏牵制宋朝。同时向西南发展势力，与吐蕃董毡部落和亲，借以牵制夏、宋。

辽·迦叶像

西夏有辽朝为后盾，得到辽的默许、怂恿甚至支持，得以有恃无恐地骚扰宋朝边境，宋夏间的和平局面维持不到20年。1067年（辽咸雍三年，宋治平四年，夏拱化五年），宋神宗即位，七月，知青涧城种谔突袭西夏，收回绥州，宋、夏战事再起。宋神宗采纳王韶"欲取西夏，当先复河、湟"的建议，一方面与夏议和，一方面致力于河、陇，同西夏、辽争夺吐蕃部落。宋以王韶兼管勾秦凤路缘边安抚司，负责招纳蕃部、市易、营田等事。王韶先后取熙、河、洮（今甘肃临潭）、岷（今甘肃岷县）、叠（今甘肃迭部）、宕（今甘肃宕昌）等州，降抚吐蕃俞龙珂（包顺）、瞎药（包约）、瞎吴叱（赵绍忠）、巴毡角（赵醇忠）等部，加强了宋在甘肃一带的实力，对西夏构成了很大的威胁。辽朝挑起的地界之争无疑牵制了宋朝的战略部署，宋朝也终因辽朝之故，不敢轻易加兵于夏。

定窑人首鱼龙壶

1081 年（辽大康七年，宋元丰四年，夏大安七年），夏惠宗秉常为其母所囚，宋大举伐夏，期在荡平。夏求救于辽，辽朝国内政局不稳，未能派兵助战，只在宋军兵败撤军后，令涿州致书于宋问兴兵之由。

此后，夏屡受宋朝攻击，银、夏、宥诸州曾一度为宋军攻陷。夏多次向辽求援。此时辽境内也爆发了阻卜诸部的反抗斗争，自顾不暇，只好连续遣使至宋为夏人请和，同时要求西夏配合讨伐拔思母等反叛部落。

此时，辽、夏国力都已大不如前，宋朝实行变法后实力却有所增强，宋徽宗在王韶经营熙河的基础上，继续招抚西蕃部落，加强了对西夏的军事压力，夏崇宗李乾顺多次遣使向辽求援，为了表示恭顺，密切与辽的关系，还不断恳请尚主，自大安八年至乾统五年（夏天祐民安三年至贞观五年，1092～1105 年），夏求援使者不绝于途。天祚即位后，辽朝既不能向夏提供军事援助，只好利用祖宗的影响，遣使为夏请和，并于乾统五年将族女南仙封为义成公主，嫁与乾顺，以巩固辽夏关系。宋朝一贯认为，要解除辽的威胁，必须先制伏西夏。当辽、夏均已衰弱之际，宋朝的态度却强硬起来。乾统六年，辽遣参知政事牛温舒为夏请和，宋朝虽许和，却绝不归还所攻占的西夏土地，辽朝也无能为力。

由于辽朝的支持和调停，李乾顺得以维持其统治。尽管辽朝的统治也已朝不保夕，辽夏关系却依然密切。天祚在金朝强大的军事压力下走投无路时，李乾顺还曾派兵援助，并遣使清天祚到西夏避难。天祚被金军逼往夹山，也正是在逃往西夏的途中被金军俘获的。

西夏兴衰

西夏建立

五代后期，党项族势力逐渐强大起来。北宋初，夏州政权内部发生了争夺权力的斗争。公元 982 年，时任定难军节度使的李即筠死，其弟李继捧袭位。李继捧的族弟李继迁反对内附宋朝，率众逃到夏州东北的地斤泽（今内蒙古鄂托克旗东北），抗宋自立。他率领部众不断袭扰宋朝边境，同时称臣于辽，受辽册封为夏国王。1003 年李继迁攻取西凉时，被吐蕃人射死，其子李德明即位。

1006 年宋、夏双方言和。李德明利用当政的 28 年,大力发展生产,休养民生。同时,他对外加强同宋朝、西域的经济联系,使西夏获得了较快的发展。1031 年,李德明死,其子元昊即位。为称帝建国做准备,李元昊采取了一系列措施。他抛弃中原王朝所赐李、赵二姓,改本家族姓氏;创制了独具风格的西夏文字,恢复民族旧俗,拥兵达 50 余万。1038 年,李元昊正式称帝,国号大夏,建元"天授礼法延祚",并定都兴州,升为兴庆府,与宋、辽王朝鼎足而立。

对李元昊拥兵自立,宋王朝采取强硬措施,削夺他的官爵,关闭互市,且揭榜于边界,能擒李元昊或斩其首者即为定难军节度使。从此宋、夏双方战事重开。在交战中,宋军屡败,且国家财力窘迫,西夏虽胜,但战争的掳掠不足抵偿其耗费和过去通过榷场从宋取得的物资,因此双方在 1044 年,达成和议。宋册封李元昊为"夏国主",李元昊对宋称臣,宋岁"赐"西夏绢 15 万匹,银 7 万两,茶 3 万斤,重开榷场贸易,恢复民间商贩往来。

太后与外戚专权

自李元昊之后,西夏王国继帝位者多年幼,母后干政,外戚专权,统率朝纲,紧紧围绕着争夺皇位展开了激烈的斗争。

李元昊死后,其子谅祚即位,年仅周岁,是为毅宗。毅宗的母舅没藏讹庞自任国相,并仗着自己的女儿为皇后,操纵皇室,总揽国政。毅宗年长后,企图通过汉人的势力摆脱讹庞的控制。讹庞父子阴谋杀害谅祚,夺取皇位,被讹庞的儿媳梁氏告密,毅宗杀讹庞父子及没藏皇后。

毅宗当政 6 年,于 1067 年病死,由年仅 8 岁的惠宗秉常即位,梁太后摄政。她任命其弟梁乙埋为国相,政权落在梁氏手中。1076 年,惠宗亲政,但实权仍掌握在梁氏兄妹手中。1081 年,夏将李清劝惠宗秉常与宋朝结好,以削弱梁氏。梁太后得知后,召幸臣密谋设计害死李清,囚禁了惠宗,使夏国出现严重分裂的局面。后来迫于国内严重的政治危机,梁氏只好让惠宗复位。

1086 年秋,惠宗死,年仅 3 岁的崇宗乾顺继位,仍由母后梁氏和母舅梁乙逋掌握朝政。这时,握有兵权的嵬名阿吴和仁多保思与梁氏间形成了西夏执掌军政大权的三大家族,彼此间又展开了相互倾轧的角斗。梁太后与其兄梁乙逋也发生了争夺皇权的斗争,梁太后令大将嵬名、仁多率兵杀死乙逋。1099 年,梁太后死后,崇宗开始亲政。

西夏盛世

西夏在崇宗、仁宗时进入鼎盛时期。崇宗乾顺亲政后,一方面为巩固皇权的统治,极力削弱领兵贵族的权力,铲除支持梁太后对外扩张的势力。另一方面采取中原宋王朝的封王制度,下令国中建"国学",教授儒学。这些措施加速了西夏封建经济的发展,并促使西夏建立了较完备的封建政治制度。

乾顺之世,外部政治局势急剧地动荡变化,西夏也适时地调整自己的对外方针,由依辽抗宋,到援辽抗金,最后到臣附于金朝。

乾顺亲政前的十多年中,梁氏兄妹就依靠辽朝的援助,连年对宋朝发动战争。乾顺当政后,在政治上更加依附于辽。当时宋朝徽宗在位,宰相蔡京和宦官童贯大权在握,对外实行开边政策。从 1104 年到 1119 年期间,西夏不断受到宋朝的攻击。乾顺经常向辽求助,依靠厚礼和姻亲关系,促使辽出面斡旋或对宋施加压力,才顶住了宋朝的压迫,保住了西夏的江山。后来,辽兵南下攻宋,西夏曾两次出兵援助辽朝。

1124 年 3 月,乾顺见辽灭亡已成定局，为了保全西夏，就派出使臣向金奉表称臣。金把原属辽的西北一带"阴山以南、乙室耶刮部吐禄泊至西"地区割让给西夏。从1126年到1136年的十年间，西夏利用宋、金交战的时机，积极扩张领土。

1139年6月，乾顺死，其子仁孝立，即仁宗。仁宗时期，为适应封建关系发展的要求，在政治制度上大力模仿宋朝。仁宗重文轻武，对适应封建经济发展和抑制豪强大族的政治特权有一定积极作用；但同时也造成了统治集团日趋文弱的局面，为外戚、军阀任得敬的步步高升以至篡权分国制造了机会。

宋降臣任得敬，最初因向崇宗乾顺进献亲生女而获宠，逐渐地扩大个人势力，从尚书令、中书令，晋为国相，成为手握兵权的外戚。1161年，他胁迫仁宗封其为楚王，驻西平府（今宁夏灵武），征发民夫大造宫殿，任意打击宗室贵族和蕃汉大臣。1172年，夏仁宗被迫允其分国，划西夏一半疆土归任得敬统治。同年八月，在金朝的支持下，仁宗以谋篡罪诛杀任得敬，使西夏免于分裂。仁宗在位时期，正值辽亡金兴，仁孝对外采取附金和宋之策，与金朝聘使往来十分频繁。仁孝时期屡屡请求金朝割地于夏，是夏国疆域领土最广阔的时期。

西夏的衰落与灭亡

1193年，仁孝死，子纯枯即位，即桓宗。从桓宗开始，西夏皇室日趋腐朽衰弱，外部又有蒙古强敌威胁，因此在短短的三四十年间，政变迭起，帝位五易，西夏王朝衰落和灭亡之势已不可逆转。

桓宗大体奉行仁宗时期的政治和外交方针，对内安国养民，对外附金和宋。但随着国家的安定和封建关系的发展，党项地主阶级开始贪图安逸，日益腐朽堕落。同时，桓宗统治时期正是蒙古兴起并日渐强大的时期，来自蒙古的严重威胁加速了

夏国由盛而衰的历史进程。1196年，仁宗族弟李仁友卒，其子李安全上表，宣耀其父粉碎任得敬篡权分国阴谋之功，要求承袭越王爵位。桓宗不许，反降封他为镇夷郡王，李安全遂生篡夺皇位之心。

1206年，李安全发动宫廷政变，自立为帝，是为襄宗。他在位期间，由于蒙古兴起并开始入侵夏国，故初行附金抗蒙政策。但是在1209年蒙古进攻西夏的战役中，金朝坐视不救，夏于次年攻打金朝与西夏交界的葭州（今陕西佳县）的报复性行为，致使夏金关系破裂。

1211年，齐王遵顼发动宫廷政变，废黜襄宗李安全，自立为帝，是为神宗。他即位后，一改桓宗时附金抗蒙的政策，从开始攻金，进而附蒙攻金，并企图乘蒙古进攻金国的时机，掳掠财物，扩张领土。西夏在进攻中往往占不到便宜，而蒙古却又对其不断攻围，遵顼乱了方寸，又时而联金抗蒙，时而联宋抗金，反复无常。1223年12月，遵顼在蒙古军的威逼下，被迫将皇位传给次子德旺，自己成了夏国历史上唯一的太上皇。

献宗德旺即位以后，改变遵顼依附蒙古的政策，重新和金朝修好，共抗蒙古。1224年、1225年，他先后两次派使节与金朝议和，商定双方相互支援。但这时蒙古已经兵临金都城下，金朝危在旦夕，自顾不暇，已无力援助西夏。而这时德旺又收留了成吉思汗的仇敌。成吉思汗以此为借口，在1226年亲率大军，攻破黑水城，向其都城兴庆府进发。在内忧外患的形势下，5月遵顼病死；7月，德旺也受惊吓而死。德旺的侄子南平王李睍继立皇位，即末帝。面对蒙古军的强大攻势，末帝虽然组织抵抗，终究于事无补。1227年春，李睍被蒙古军围困在中兴府。半年后，粮尽援绝，李睍向蒙古请降，被蒙古军杀死。蒙古军在中兴府实行屠城，西夏灭亡。

党项悲歌

"国亡史作"，这是汉唐以来修史的传统。但元朝人在修前朝史时，却未给与辽、宋、金鼎立约 200 年、幅员两万里的西夏王朝修一部专史，只是依据辽、宋、金三朝旧国史编成分量不大的传记，附于 3 部正史之中。有关西夏史事，篇幅如此之少，为后世研究西夏史乃至辽、宋、金史造成不可弥补的缺憾。那么，为何元朝人不给西夏修一部专史呢，这个问题自清乾嘉以来，诸多论者在辑佚重撰西夏史实时，均不能回答。目前，学术界基本上认同以下的几点理由。

首先，西夏作为辽、宋、金的藩属国，不合封建史家的正统观念。虽然西夏时期党项人与其他民族共同创造的西夏文化，足以与辽、金文化并驾齐驱而毫不逊色，但就从唐宋以来的儒家正统观念来看，西夏不具备单独修"正史"的资格，这也是无可厚非的。李元昊依靠武力，曾摆脱宋的约束而独立称帝，但在 1044 年达成的庆历和议，西夏最终还是接受了"国主"的封号。故平心而论，西夏始终是一个偏霸一隅的地方政权，与辽、金的地位有所不同。

其次，蒙古统治者仇视倔强不顺的西夏，想"灭其国并灭其史作"。成吉思汗为了征服吐蕃和金国，首先把战争的矛头对准西夏。然而从蒙古第一次进攻西夏起，便遭到西夏军民极为罕见的顽强抵抗。这种抵抗使蒙古征服者付出了惨重的代价，也加深了蒙古人对西夏的仇恨情绪。蒙古人灭亡西夏后的血腥屠杀，极大地珍灭了西夏文化，所有西夏实录、谱牒之类的典籍等，均毁于战火而无能幸免。元人修史时，即或摈弃民族狭隘主义和正统思想的

束缚，亦难为无米之炊。这应该是元代史官没有为西夏单独修成一史的根本原因。

中国自春秋战国以来，史书的修撰就有了官私两条途径。辽、金二朝均有专门的机构和人员负责史料的搜集、整理、编修，反观西夏则大不相同。就总体情况来看，西夏是一个不重修史的地方政权：目前文献中基本没有关于西夏修史机构的记载，出土的西夏文物也没有一部有关西夏国史的文献，这也是无法为西夏修专史的一个客观原因。

由于没有一部专门的西夏史，学术研究面临资料缺乏的处境，对西夏的研究总体上处于滞后的局面。但是，随着黑水城文物的出土和整理以及西夏文字的解读，西夏学正越来越受到人们的重视。经过众多学者的努力，西夏研究取得了极大的进展。

风雨西夏

西夏从李元昊于 1038 年正式建国算起，至 1227 年为蒙古所灭，传 10 帝，存在了 189 年。如果以其远祖拓跋思恭所建夏州政权算起，"虽未称国而王其土"，则他们到西北地区已历时 347 年，先后与五代、北宋、辽朝、南宋、金朝长期并立。其时，也有曾经盛极一时的回鹘、吐蕃等少数民族雄居其西、南两边。在这样的政治地理环境、相对较差的自然条件、稀少的人口和较为落后的生产力基础上，西夏能够长期延存，使世人颇觉神奇。西夏之所以能在政权迭变的北方维持这么长的时间，这得益于其独特的自然环境以及其灵活的对外政策。

独特的自然环境与地缘政治

在东据黄河、西至玉门、北抵大漠、南邻萧关的西夏王国里，由于自然条件与

地理结构的差异，大致可以划分为鄂尔多斯高原、贺兰山与河套平原、阿拉善高原、祁连山与河西走廊以及横山至天都山山界5大块。总体来看，西夏的自然条件相当严酷，戈壁沙漠占全境2/3以上，但农牧业资源还是比较丰富的。即使鄂尔多斯与阿拉善沙漠戈壁滩上，也并非全是不毛之地，星罗棋布的湖泊沼泽周围，水草肥美，牲畜生息，构成一个个沙漠中的小绿洲。这种相对优越的自然环境，为西夏的农牧业生产奠定了坚实的物质基础，是西夏立国长久的根本原因。

河套指今内蒙古和宁夏境内贺兰山以东、狼山、大青山以南黄河流经的地区。西夏对于该地区的控制和经营，是西夏能够雄踞西北，长久立国的一个重要原因。河套地区不但土地肥沃，灌溉便利，而且军事地理形势十分重要，所以历代西夏统治者都视之为"立国之本"，对河套地区进行农田水利的开发和建设，并将这里建成政治、经济、军事、交通的中心地带。

西夏四周边界，多为险山恶地，地文特征显著。西夏统治者又善加利用，使西夏占有了军事和政治的先机。不过，只有丰富的农牧业资源并不能支持一个政权的建立和持续，西夏能够长期立国建制，还有更多地缘政治因素使然。

首先是西部强大民族的衰落为西夏扩张立国提供了"舞台"。早在西夏之前，就有回纥和吐蕃两个强大的少数民族，雄居中国西北和西南。西夏在成长过程中与这两个少数民族的矛盾也最为突出。但由于这两个少数民族从唐朝后期到两宋逐渐分化衰落，因而有利于西夏的兴起。

其次是两宋时代中国境内的政治地理形势有利于西夏的分立。自魏晋南北朝以来，中国经济重心就逐渐南移，并带动了文化和政治中心的南移，这一过程在南宋最终完成。宋王朝偏安一隅，这给西北的

西夏以相对宽松的政治空间。自从五代石晋割让燕云十六州给契丹，长城体系便被辽打破，少数民族政权与宋朝共存于"中原"范围内。在契丹的威胁下，北宋一直很难集中精力来专事对付西夏，因而给西北部的西夏政权的形成和延续以良好的时机和环境。

灵活外交

自然环境和地缘政治只是西夏立国久长的客观原因，而西夏灵活多变的外交政策则是其重要的战略支持。西夏及其建国前的党项政权与周边民族关系大致可分为三个阶段：

第一阶段为党项羌内徙前后及党项夏州拓跋政权建立后与周围民族的关系。这一时期党项因为势力较弱，没有同周围强大的政权针锋相对，而多采取依附中原的政策，促进了生产发展，最终建立国家。

党项羌内徙前长期生活在青藏高原东部，其居地一度处于吐谷浑行国领地之中。大约在北周时，党项羌就开始摆脱吐谷浑的直接控制，随后其活动范围一度深入到南山（今昆仑山）附近。这一时期党项羌对外联系和发展的重点在东部。北周前后大批党项羌迁居松州，此后旭州、会州、金城等地都有党项羌迁居。党项拓跋等部为了免遭被奴役的厄运，在唐中央政府的帮助下，由松州迁往陇右庆州，后又迁往平夏（今宁夏固原北三营附近）。公元881年，平夏部党项大首领拓跋思恭因助唐镇压黄巢起义有功，被唐僖宗封为夏州节度使，赐姓李，党项李氏成为名副其实的地方藩镇。党项夏州李氏政权建立后，经五代到宋初，一直和中原王朝保持比较友好的臣属关系。

第二阶段从李继迁起兵抗宋开始，到崇宗乾顺弃辽附金为止。这一时期的外交政策主要体现在西夏建国前夕与周边民族和政权的关系，建国后与辽、宋三国鼎立

关系。

宋太宗即位后，迫使定难军留后李继捧献出世居的夏、银、绥、宥、静五洲之地，试图一举消灭夏州拓跋政权。但李继捧族弟李继迁在抗宋战争屡屡受挫后，于公元986年臣附辽朝以对付宋朝，最终于公元997年夺回了五洲之地。党项以此为基地，接着向西发展，1002年夺取宋朝西北重镇灵州，改灵州为西平府。

李继迁之子李德明袭位后，派使南和宋朝，进行榷场贸易。同时趁机"北收回鹘锐兵，西掠吐蕃健马"，至李元昊嗣位，完成了对西凉吐蕃与甘州回鹘的征服。1036年，李元昊占领了河西走廊，奠定了西夏的疆域范围，1038年李元昊称帝建国。他经过了同宋、辽的战与和，使三方力量达到了均衡，摆脱了依附行为，使夏国巩固、独立并强大起来。为了使宋朝承认大夏国的"独立"，李元昊接连发动了一系列强有力的攻势，结果是达成和议，宋册封元昊为夏国主，夏对宋仍保持名义上称臣，宋岁"赐"西夏绢、银、茶等物。

第三阶段从西夏弃辽附金到蒙古灭夏，即西夏王国的后期。这一时期西夏又长期和南宋、金鼎足而立，但其外交重点则在占据中原的金朝。

12世纪初，在大金帝国的猛烈攻击下，辽朝灭亡在即，一贯善于应变的西夏为了生存和发展，迅速改变外交政策，弃辽附金。夏依靠金朝庇护，攻击辽、宋，扩展了自己的疆域。13世纪初，随着蒙古铁骑的南下，保持了80年之久的夏金关系发生了剧烈地变化。1209年成吉思汗兵围中兴府，金主卫绍王拒绝了西夏的求援，从此两国关系破裂。蒙古帝国前后用了七、八年的时间，就将夏、金相继吞灭。

西夏与蒙古的关系主要表现为战争，在前后总共22年中，双方战争主要集中在1205～1209年和1224～1227年两个时期。而在这两个阶段的中间，即1209～1224年，除蒙古帝国在1217年对西夏进行过一次报复性进攻外，总体上处于休战状态。面对蒙古的反复进攻，夏国游离于大国之间，或附蒙侵金，或联宋攻金，或联金抗蒙，但最终也没有摆脱灭亡的命运。

总之，西夏根据自己有利的地理环境以及政治环境，附强攻弱，并根据自己的实力及辽、宋、金的强弱形势的变化，决定联合谁，打击谁。这种灵活多变的外交政策使其得以建国并且长期存续。但是，由于其依违于诸政权之间，"强则叛乱，弱则请和，叛则利于虏掠，侵犯边境，和则岁赐金缯，若固有之"。这种政策只有灵活性，而缺乏一贯性，在各个政权势力制衡的时候尚可以起到延续国祚的作用，一旦这种制衡不复存在，西夏就无法避免灭亡的命运。

事出"海东青"

女真社会的发展

11世纪中叶，乌古乃任完颜部首领时，用铁制造农具和兵器，力量日益强大，邻近部落纷纷归附，形成了以完颜部为核心的部落联盟。这时，辽为了羁縻女真族，授予乌古乃"女真部节度使"的官职。从这时起，女真族的历史才有年代可纪。同时，在契丹和汉族文化的影响下，女真族"官属、纲纪渐立"。

乌古乃死后，劾里钵、颇刺淑和盈哥相继为完颜部的第七、八、九代首领。这一时期，女真社会有了进一步发展，国家组织开始趋于形成，进入奴隶社会阶段。

盈哥死后，劾里钵的长子乌雅束即位。乌雅束死，其弟完颜阿骨打在1113年继任完颜部的首领后，虽然承前代"富庶之余，

最新整理图文珍藏版

长白山

兵强马壮"，但这时契丹贵族的残酷剥削和压迫，成为女真社会发展的严重障碍。

北珠与海东青

生女真名义上是辽朝属部，但辽对他们仅是"羁縻"而已。辽主每年秋猎，生女真首领往往得跟随呼鹿、射虎、搏熊。但是辽朝统治者根本不将他们放在眼里。这使得女真人对辽的统治产生了强烈的不满情绪。至辽末，辽统治者对生女真各部的骚扰日甚一日。

生女真遇到的骚扰，与宋、辽榷场贸易有关。北宋徽宗时期，统治集团盛行奢侈之风，宫禁中竟尚北珠。这种珍珠是北宋通过榷场贸易从辽朝获得的，而辽朝则取之于生女真地区。辽天祚帝曾想禁止与宋进行这宗贸易，但臣僚认为宋朝倾其府库购买无用之物，将日益困弊，对辽朝有利，于是仍任其市易。不料契丹贵族也渐受其影响，同样开始了爱好北珠的习尚，北珠需求量又有所增加。这种珍珠产于辽东大海中，藏于珠蚌内，须到十月才能下海采取。北方的十月，海上往往已覆盖着厚达尺余的坚冰。此时，人们若凿冰入海捕蚌取珠，无论如何也受不了水中的寒冷。但当地产一种以蚌为食的天鹅，它们吃了蚌之后，将珠藏于嗉内。此外，还有一种猛禽叫"海东青"，专能击杀天鹅。因此，

人们只要能得到海东青，就能够捕得天鹅，并从其嗉中取珠。于是，海东青成为辽、金争夺并构怨的重要原因。

金代武士复原图

辽与金对海东青的追求，也与其本身的四时捺钵有关。契丹、女真以及紧随他

们之后建立元朝的蒙古族，都是北方民族。他们除有宋人那种对宝珠的喜好，更有行帐围猎的习俗。而契丹人的围猎，猎鹰是必不可少的。偏偏女真人娴于养鹰、驯鹰，特别是调驯海东青。在金朝，像海东青这样一种猎鹰在女真人的心目中不仅仅是一种禽兽而已，实际上已具有某种图腾的性质。

辽朝统治者每年正月到四月捺钵游猎，捕捉天鹅，海东青是必不可少的猎禽。海东青每年由鹰房子弟向五国部、女真部索取。辽统治者需要用北珠换取北宋的消费品，他们爱珠如命，同时也嗜鹰如命，就对女真加紧催逼。契丹统治者每年都督促生女真发兵千余进入五国部境内抢夺海东青，五国部因此与生女真发生激烈战斗。海东青是他们矛盾的焦点所在。

银牌天使与鹰路之战

捕捉海东青已经使生女真不堪其扰，北珠需求量的增长令女真各部的贡献已不能满足需求，辽遂大量向榷场购求。在与女真的贸易中，辽方任意压低价格，且时时欺侮甚至拘禁女真人，又恶化了与女真的关系。契丹沿边诸帅每次率兵前来索取，都毫无例外地要对生女真各部科敛百出，要求生女真人进奉各种各样的礼物。特别是所谓"银牌天使"，每次到来，还要寻找生女真年轻女子"荐枕"。最初他们是在中、下户人家留宿，以未嫁女子侍寝。后来，使者络绎不绝，自恃奉天子使命，不把生女真人当人看待，专择美貌的已嫁妇女侍寝，而不问其社会地位高下。

生女真人为反对辽朝使者的骚扰，不断起而阻绝通往五国部鹰路，并且执杀了辽朝的捕鹰使者。为此，辽道宗命生女真最为强大的完颜部帮助讨伐。完颜部首领盈哥与辽相互为用，辽利用他进行鹰路之战，保持鹰路畅通；他则借重辽的声威，乘机统一女真各部。1096 年，房括部跋葛

勃堇被温都部人跋忒杀害，盈哥命阿骨打率师讨伐跋忒，然为纥石烈部的阿疎所阻。当盈哥亲自率师前来讨伐时，阿疎向辽求援。此事直至 1100 年，阿疎仍向辽不断申诉，辽遂遣奚节度使乙烈前来，要求盈哥赔偿阿疎的损失。盈哥及其僚佐从这件事中充分认识到，辽对生女真各部实现统一是非常不情愿的，所以会支持阿疎。他们决定无论如何不能向阿疎让步。为此，他们先向辽朝统治者施加压力，盈哥又暗中令主隈、秃答两部女真人故意阻绝鹰路，同时又让鳌古德部节度使对辽朝游说要开鹰路，非得借助于生女真节度使不可。辽朝无奈，只好命盈哥讨伐阻绝鹰路者，而阿疎索赔之事不了了之，鹰路也自然重开。辽对完颜部首领盈哥的依赖越深，盈哥号令生女真各部的权威也就越大。

金太祖阿骨打陵址与金人马铠

1102 年，辽将萧海里叛入女真阿典部，并遣使约盈哥共同伐辽，遭到了盈哥的拒绝。辽派兵数千攻萧海里不能克，而

盈哥却以所募甲兵千余人独取萧海里而杀之，然后将他的首级送至辽朝。第二年，盈哥病故，其侄乌雅束袭位，在位 11 年。这期间，完颜部进一步加强了对生女真各部的控制，并且协调了与高丽的关系，从而使得他们在未来对辽的战争中，免除了后顾之忧。

阿骨打抗辽建金

奋起抗辽

阿疎事件成了辽与女真贵族矛盾激化的诱因，也成了女真人抗辽的借口。女真贵族认识到自身力量之后，对辽朝的态度发生了变化。他们一改以前的奉命唯谨或阳奉阴违的做法，公然在辽统治者面前表露自己的不满。

乌雅束继为节度使后，与高丽争夺曷懒甸、苏滨水一带的女真部落，巩固了联盟的东南诸部。并以辽不遣还阿疎为由，

拒绝向辽贡献海东青。1113 年，乌雅束死，其弟阿骨打为节度使。阿骨打胸怀大志，义气雄豪，曾在前一年辽帝春捺钵头鱼宴上，拒绝为辽帝歌舞助兴，与辽的矛盾、冲突公开化。

1114 年，阿骨打在掌握了辽朝东北边防的实情后，毅然决定对辽用兵，发动了对辽边城的攻击。诸军集于涞流水，阿骨打登山誓师，揭露辽朝罪恶，又激励女真将士："汝等同心尽力，有功者，奴婢部曲为良，庶人官之，先有官者叙进，轻重视功。"诸军士气高涨。至辽境，与辽部署的渤海守军激战，阿骨打身先士卒，诸军勇气倍增，辽军大溃。遂乘胜进军宁江州（今吉林扶余东石城子）。阿骨打以 2500 人誓师，攻克宁江州。宁江州之战的胜利，使女真人受到极大鼓舞，部分女真贵族提出了建国自立的主张。

辽朝在宁江州失利后，遣军屯驻距宁江州不远的出河店（今黑龙江肇源西）以备女真。阿骨打利用辽军的麻痹思想，出

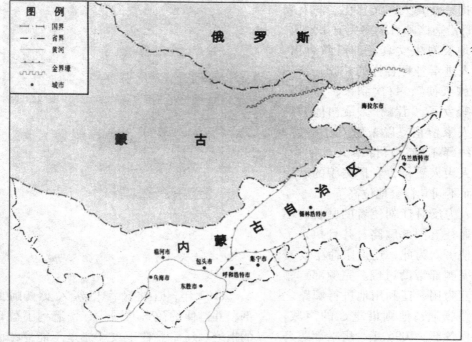

金界壕分布图

其不意抢渡鸭子河（松花江一段），以甲士1000多人突袭辽军于出河店，又获全胜。出河店战役对辽朝的影响很大：天祚帝受到北院枢密使萧奉先的蒙骗，按照萧奉先的建议赦免了战败的兵将，使诸军认为"战则有死而无功，退则有生而无罪"。从此以后士无斗志，遇敌即溃逃。

在统一女真诸部和抗辽斗争中，女真贵族锻炼和培育了一批能征善战的将领，组织了一支敢打敢拼的军队，在宁江州、出河店两次大战后，又以俘获的人口、装备充实了军力，实力迅速发展。辽人曾说过："女真兵满万，则不可敌。"至此，这支令辽军丧胆的女真军，兵力骤增至万人。

与辽军的两次较量，使女真人对辽朝政治的腐败、军事的无能、士气的低落、民心的涣散有了更进一步地认识。

议和之路

完颜阿骨打率领的女真军队虽然出师告捷，但是，他们面对强大的辽王朝，还没有胜算的把握。在这种情况下，阿骨打一方面于1115年建国，国号为金，建元收国，另一方面以"和议佐攻战"，进一步发展了自己的实力。当时的态势是：不唯辽朝五京当时尚未受到任何威胁，就连辽朝控制生女真的军事重镇黄龙府（今吉林农安县）也还没有被女真人攻克。在这种情形下，完颜阿骨打才决定与辽朝进行和议，讨价还价。

双方的议和活动从1115年正月就开始了，阿骨打提出议和的先决条件是："若归叛人阿疏，迁黄龙府于别地，然后议之。"其实，归还阿疏只是一个借口，阿骨打所提的条件，其实质性的内容是第二点，即"迁黄龙府于别地"。参校其他各种史料来看，完颜阿骨打起兵反辽，主要是因为不堪忍受辽朝的压迫，在他起兵之初，并没有推翻辽朝并取而代之的打算，而只是想争取女真族的独立地位罢了。

从1115年正月开始的议和活动，持续到当年9月。其间双方使节至少往返4次，但各自提出的条件相距太远，谈判没有结果。

阿骨打见和谈无望，于是在1115年9月攻克了黄龙府。天祚帝见黄龙府失陷，下令亲征，率辽军、汉军10余万，号称70万，讨伐女真。由于耶律章奴的废立活动，天祚帝的亲征军没有与金人接触便撤回，女真军以轻骑2万奋勇追击。两军战于护步答冈（今黑龙江五常西），辽军大溃，"死者相属百余里。获舆辇帟幄兵械军资，他宝物马牛不可胜计"，天祚帝逃往长春州（今吉林大安西北）。1116年，辽裨将渤海人高永昌自立于东京（今辽宁辽阳）反辽，他抵挡不住辽讨伐军的压力，遣使向金求援。金太祖乘机占领沈州（今辽宁沈阳）、东京，擒高永昌，将东京州县和南路系籍女真纳入完颜部统治之下，完成了女真各部的统一。

继攻陷东京之后，1117年，金军又攻陷了长春州，辽东北面诸军不战自溃，紧接着，泰州（今吉林白城市东南）也被攻下。长春州是辽朝皇帝春季捺钵之处，而辽朝的二元政治体制，使得捺钵成为辽朝的政治中心。攻下长春州，对于辽、女真都是一个相当重大的事件。至此，女真贵族认为已经具备了与辽分庭抗礼的资格。阿骨打一方面巩固新得的州县，一方面派出和谈使者，要求得到辽朝承认，女真完全摆脱辽朝的控制。

阿骨打认为此时女真人的力量还没有强大到取辽而代之的地步，于是和辽又进行了一系列的议和活动。此次议和大约始于1118年初，一直持续到1120年3月，围绕着册封问题讨价还价，双方互遣使节不下十次。1120年春，宋金达成夹攻辽朝的"海上之盟"，双方约定翌年共同夹击辽国。此时女真人才终于下定灭辽的决心。

金代彩绘砖雕武士图

同年 3 月，完颜阿骨打"诏咸州路都统司曰：'朕以辽国和议无成，将以 4 月 25 日进师。'"四月，阿骨打率军亲征辽上京临潢府（今内蒙古巴林左旗南），拉开了与辽决战的架势。

取辽代之

北宋的介入，改变了女真对辽的态度，使他们由初期脱离辽朝控制，进一步发展为取辽而代之。1120 年 3 月，金朝单方面停止议和，5 月，陷辽上京，同时分兵攻庆州。

1121 年，辽都统耶律余睹降，金对辽军情、国情有了更深入的了解，增强了必胜的信心。12 月，太祖以幼弟忽鲁勃极烈完颜杲为内外诸军都统，大举伐辽，以实现"内外一统"的政治目标。

1122 年正月，金军陷辽中京（今内蒙古宁城西大明城）。天祚帝逃往西京（今山西大同市）。3 月，金军西进，天祚帝遁入夹山，耶律淳在燕京（今北京市）称天锡皇帝。四月金军攻陷西京。6 月，耶律淳死，北辽萧后遣使上表请立秦王（天祚帝子耶律定），没有得到准许。此时，辽的归化、奉圣和蔚州相继投降，金太祖阿骨打率军攻南京。12 月，北辽留守燕京的汉官枢密使左企弓等以城降，阿骨打率军入城。1123 年，北辽平州节度使时立爱以州降。燕京既然已经攻下，根据与北宋的协议，金军将当地居民、财物席卷北撤。至此，辽五京皆不守，女真的进攻目标便是追袭逃进夹山的辽天祚帝。

女真国号为"金"。关于"金"国号的由来，目前主要有这样几种意见：一种解释是"辽以镔铁为号，取其坚也。镔铁虽坚，终亦变坏，惟金不变不坏。金之色白，完颜部色尚白，于是国号大金。"金代中叶以后，关于"大金"国号又衍生出一种新的解释，大金国号附会金德，"本朝太祖以金为国号，又自国初至今八十余年，以丑为腊。若止以金为德运，则合天心、合人道、合祖训。"还有专家认为"大金"一名源自女真完颜部世代生息的按出虎水（今黑龙江阿什河），女真语称"金"为按出虎，按出虎水以产金而得名，"大金"国号即来自按出虎水。这种解释史料依据确凿，较为可信。

1123 年八月，金太祖阿骨打逝世，其弟谙班勃极烈吴乞买即位，为金太宗，九月改元天会。他一面巩固已占领的州县，继续扩大战果，一面使西南、西北路都统经略西夏，与之建立宗藩关系。1125 年，金俘虏了辽天祚帝，辽朝灭亡。

金世盛衰

金朝灭亡辽朝以后，同北宋王朝发生了错综复杂的关系，这就得从"海上之盟"说起。

海上之盟

1111 年，宋徽宗派童贯使辽。童贯在这次出使中，认识了燕京人马植。马植原是世家大族子弟，任过辽朝光禄卿官职。

他见辽朝灭亡在即，便叛辽投宋，向童贯献取燕京之策，深受童贯赏识。马植改名李良嗣，随童贯回到宋都开封。李良嗣向朝廷陈述了辽天祚帝的荒淫腐败和金兵已迫近燕京的情况，并建议说，宋如果这时能从登莱渡海，与女真结好，相约攻辽，则燕地可取。宋徽宗立即召见了他，赐以国姓，改姓名为赵良嗣，并给他加上朝议大夫、秘阁待诏的职衔。于是，宋便开始了联合灭辽，谋图收复燕云地区的活动。

金中都水关遗址

1118 年，宋遣赵良嗣从山东登州渡海到东北使金，金也派人使宋，商议攻辽问题。双方经过几次往来商议，于 1120 年最后商定：宋、金夹攻辽国。长城以北的中京，由金军负责攻取；长城以南的南京（即燕京）和西京（今山西大同），由宋军负责攻取。灭辽后，燕云地区归宋，宋将原来输辽的岁币如数转送给金国。这就是

历史上宋金"海上之盟"。这项盟约，当时在宋朝内部，就有人以为并不妥当，而宋徽宗为了显示自己的政绩，表明自己能够完成祖宗梦寐以求的伟业，于是不顾后果，断然实行，但最终换来的却是国破家亡的命运。

宋金交涉

海上之盟签订之后，阿骨打中止了与辽王朝的议和活动，大规模进攻辽国。根据协议，燕京的北辽政权由宋军负责攻取。可是，1122 年宋朝派去攻打燕京的童贯、蔡攸二人，尚未与辽兵交锋，即到处张贴榜文，摆出胜券在握的架势。这年 5 月，童贯进兵燕京，但并没有出现燕人迎降的情况，反遭到耶律大石所部的阻击，第一次攻燕仅进至白沟即败退。6 月，辽天锡帝耶律淳死，萧妃执政。9 月，辽易州知州高凤降宋，涿州留守郭药师随后以所部八千降宋。在此大好形势下，宋内部仍无斗志，临阵怯敌，致使二度攻燕失败。童贯只得以燕京租税 100 万贯给金国为条件，邀请金军攻燕。最后燕京为金军单独攻占。

1123 年，宋遣赵良嗣再次使金，与金商议交割燕京问题。在交涉过程中，争议激烈的是平州（治今河北卢龙）、营州（治今昌黎）和滦州的问题，金太祖最终同意将燕京所属六州地与宋。同时，也面许待俘获天祚后，将西京所属州县归与宋

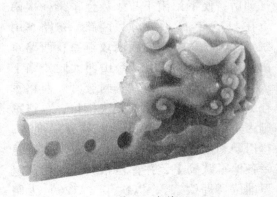

龙首形玉车饰

朝。同年四月，宋军进驻燕山，并继续遣使要求交割西京。

张觉原为辽国平州守将，燕京失陷时投降金朝，金人改平州为南京，命张觉为留守。1123年5月，辽降官左企弓等率燕京降官、富户北迁，途经平州。燕人不愿远离故土，哭诉求救于张觉。张觉遂杀曹勇义、左企弓、康公弼、虞仲文等，起兵反金。宋安抚司乘机遣人招谕，6月，张觉以平、营二州归宋。宋以张觉为泰宁军节度使，世袭平州。8月，金太祖死，西京地没来得及交割。9月，金将完颜宗望攻下平州，获得宋赐给张觉的诏书，掌握了宋朝破坏盟约的物证。金将宗翰等奏请不再割西京地与北宋，宗望也奏宋治军燕山，拒不交出逃入宋地的燕地户口，要求加兵于宋。后来，张觉逃入燕。金移文索取，宋不得已杀张觉，函其首献金。

灭宋战争

根据宋金约定，平州归金，那么宋朝纳金朝降将张觉，显然违背了盟约，特别是当金攻下平州，还掌握了宋朝诱降张觉的证据，自然引起了金朝君臣的愤慨。为了彻底击垮辽朝；金暂时没有对宋采取行动。金太宗按照盟约规定，象征性地归还了西京地武州（今山西神池）、朔州（今属山西）给宋。

1125年3月，金俘获辽天祚帝、灭亡辽朝后，便下诏南下攻宋。金军第一次南下在1125年11月，分兵两路。东路军由宗望率领，从平州向西南攻燕京；西路军由宗翰率领，从云中（今山西大同）南下攻太原，两路军准备在开封会师。西路军在太原遭到北宋军民的坚决抵抗；东路军则因宋的燕京守将郭药师投降并做向导，得以顺利南进。消息传到开封，宋徽宗急令各地军队勤王，并禅位给其子赵桓。赵桓即位（即钦宗），以次年（1126）为靖康元年。

12月底，金东路军连下相州（今河南安阳）、浚州（今河南浚县），抵黄河北岸。守河宋军见金军到来，不战自溃，金军顺利过河，宋徽宗南逃镇江。钦宗也想逃跑，被主战大臣李纲等劝阻，勉强留下。1126年正月，金军围开封，李纲率领全城军民杀伤数千攻城金兵，挫败了宗望一举破开封灭宋的企图。可是宋钦宗和李邦彦、张邦昌等投降派官僚畏惧金军，极力主张求和。金军乘机提出苛刻条件，钦宗一一答应，还把主战派主要人物李纲等解职。宋统治集团这种投降行为激起了开封军民的愤怒，军民不约而集的有数十万人，呼声动地。钦宗迫于压力，又恢复了李纲等人的职务，这时各地援兵已临近开封。宗望感到形势不利，即匆忙北撤燕京。宗翰久攻太原不下，知宗望北还、也率军退回云中。

金军北归不久，复又进行第二次南侵。东路军仍由宗望率领，先破真定，1126年11月渡黄河，直抵开封城下。西路军仍由宗翰率领，继续围攻太原。太原城破，西路军亦南下渡过黄河，与东路军会师开封城下。宋钦宗依靠投降派大臣，一直希望同金军议和成功，甚至制止各地兵马来援，开封城内外兵力很少。在此紧急关头，钦宗无计可施，听信妖人郭京之言，用"六甲法"退敌兵。钦宗命守兵都撤下城来，郭京出城战斗，宋军大败，郭京乘乱逃走，开封为金军占领。

此时北宋军民纷纷要求与金兵决一死战，但钦宗仍梦想议和。金人提出要宋收缴民间武器，并索金1000万锭、银2000万锭、帛1000万匹。钦宗全部答应。1127年初，金军借口金银数不足，在开封城内外大肆剽掠焚杀，并将徽宗、钦宗二帝扣留。3月，金立张邦昌为帝，国号"楚"，作为傀儡政权。4月，金掳徽、钦二帝及后妃、宗室、大臣3000余人，及其所掠大量金银财宝、仪仗器物等北归。史称此事为"靖康之变"。至此，北宋灭亡。

金世宗完颜雍

金从人数和经济发展程度来说，都远不如宋朝。但它正处在反辽的正义战争胜利之后，士气旺盛。再加上它有猛安谋克制的组织，战斗力相当强。而宋朝内部问题很多：农民与地主阶级之间的矛盾很尖锐，在南方爆发方腊领导的大规模的农民起义，在北方，宋江等人起义后又爆发了张仙、高托山、贾进等领导的起义。宋朝统治阶级内部也是矛盾重重，党争不已；以宋徽宗、蔡京为首的北宋最高统治集团腐朽不堪。此外，军队素质低下，指挥不统一，战斗力低下，所以最终败于金。北宋自建国之初即奉行"守内虚外"的方针，终于自食其果，被新兴的金国灭掉了。

女真自1115年建国，连续征战，历时13年，相继灭亡辽和北宋。1127年5月，宋徽宗第九子康王赵构在宋群臣拥戴下在应天重建宋政权，史称南宋。1130年，金立刘豫为"齐"帝，统治河南、陕西，成为金朝的附庸，并配合金朝与南宋对抗。中国历史继辽与北宋对峙之后又进入了金

双鱼纹铜镜

与南宋对峙时期。

疆域划定

1135年，金太宗逝世，熙宗完颜亶（太祖之孙）嗣位。熙宗受汉文化影响较深，即位后废除勃极烈制度，改行汉族模式官制，在中央建立起三省六部制度。1137年，熙宗废黜了齐帝刘豫。此时金朝统治中心仍在东北，故以宗磐（太宗长子）为代表的一批贵族决定将河南、陕西地归还南宋，换取宋朝纳币称臣。而完颜宗弼（兀术）等人则仍然主张用兵。1139年宗弼一派得势，诛杀宗磐，撕毁了与南宋的协议，发兵复攻河南。金军虽曾为岳飞等击败，但由于南宋朝廷下令撤军，金朝重得河南、陕西之地。1141年，金与南宋签订了"绍兴和议"，划定淮水、大散关一线为边界，南宋继续向金称臣纳币。1149年，宗室完颜亮（熙宗堂弟）发动政变，杀死熙宗，夺取帝位，是为海陵王。

金朝建立以来，灭辽击宋，版图不断扩大，大批猛安谋克进入中原，"方疆广于万里，以北则民清而事简，以南则地远而事繁"，但是首都一直设在上京会宁府，位置偏远，经济上则"供馈困于转输，使命苦于驿顿"，十分不便。海陵王即位后，下

令扩建燕京城，修筑宫室，于1153年正式迁都于此，定名中都大兴府。同时，海陵王还下令拆迁上京宫殿，将宗室贵族及其所属猛安谋克尽行迁入内地，太祖、太宗陵寝一并迁入至中都近郊。此举标志着金朝政治中心的转移，也是北京在历史上第一次成为王朝首都。海陵王还罢黜中书、门下二省，仅保留尚书省作为最高行政机构。其余官制也进一步规范化，职有定位、员有常数，终金一代，世守不变。

1161年，海陵王大举进伐南宋，企图荡平江南，完成统一。但他在位期间统治残暴，渐成众叛亲离之势。宗室完颜雍在东京（今辽宁辽阳）发动兵变，自即帝位，改元大定，是为金世宗。此后，海陵王攻宋失利，旋为其部将所杀。1164年，金宋重定"隆兴和议"，南宋不再对金称臣，岁币亦酌减。金朝疆域至此完全稳定下来。

大定明昌之治

金世宗为太祖之孙，与熙宗、海陵皆为从兄弟。他统治时期，是金朝的鼎盛阶段。他在即位之初，政局动荡，南宋趁机发起北伐，西北则有移剌窝斡等人因反抗征兵而领导契丹人起事，称帝建元。世宗革除海陵暴政，笼络人心，南败宋军，北擒窝斡，结束了混战局面。此后金世宗又与南宋重定和议，并与高丽、西夏通好，使金朝转入和平发展轨道。世宗在位29年，勤于政事，生活俭朴，拔擢人才，整顿吏治，减轻赋役，尊崇儒学，此时政治清明，政局稳定，经济恢复并趋于繁荣，颇有盛世景象。不过世宗标榜"中庸"，稳健保守有余，开拓进取不足，对女真人土地、漠北游牧民族威胁等一些潜在的统治危机解决不甚得力，给后代留下了隐患。

世宗死后，皇太孙完颜璟嗣位，是为章宗。章宗即位之初，承袭世宗余荫，基本上维持了升平景象。他在位后期，还击败了南宋的北伐。章宗本人深受汉文化熏陶，喜爱书法、音律，大力提倡文治，定金朝德运为土德，以继北宋之火德。

金世宗年号大定（1161～1189），金章宗初期年号明昌（1190～1196），这段时期在历史上被称为"大定明昌之治"。但章宗时期也是金朝盛极而衰的转折点。章宗后期，天灾频仍，黄河三次决口，而统治者养成奢靡之风，政治趋于腐败。财政上逐渐出现入不敷出的局面，金朝盲目印制交钞（纸币），更加导致了经济的衰退。同时，漠北鞑靼诸部不时侵扰金朝北边，金朝疲于应付。而内部的女真人随着汉化程度加深，尚武精神渐渐消失，逐渐追求奢侈享乐。这一切都促使金朝向没落的深渊下滑。

金朝衰亡

章宗死后，其叔卫绍王（世宗第七子永济）于1208年即位。面对金朝走向衰落的严峻局势，他在两个方面都表现得无所作为：一是章宗后期内政的腐败；一是蒙古军的威胁。此时成吉思汗已统一漠北，建立大蒙古国，于1211年发兵来侵。金军迎战大败，蒙古军一度进围中都。此后数

术虎高琪像

金·白瓷剔花牡丹纹大罐

年，蒙古军更是频繁来攻，兵锋遍及河北、山西、山东、辽东诸地，劫掠财物和人口，金朝统治受到重大打击。1213年，金军将领纥石烈执中发动兵变，杀死卫绍王，拥立章宗庶兄完颜珣，改元贞枯，是为宣宗，宣宗迫于蒙古兵威，于次年携后宫、百官迁都于南京（今河南开封），史称"贞祐南迁"。此后金朝大势已去。1223年，宣宗之子哀宗在宫廷内部斗争相当激烈的形势下即位。他虽然企图励精图治，然而用人不当，腹背受敌，已难以挽回颓势。1232年，蒙古军占领南京，哀宗逃往蔡州（今河南汝南）。1233年正月，蒙古与南宋合兵攻破蔡州，哀宗自缢而死，金朝灭亡。

金与南宋的和战

宋政权的重建与南迁

天会五年（1127年），金将宗翰、宗望挟制北宋群臣立张邦昌为帝，建立大楚为金朝藩辅，统治黄河以南地区，北宋灭亡。四月，押解宋二帝、宗室、百官撤出汴京北归，并贬二帝为庶人。五月，宋徽宗第九子康王赵构在遗臣拥戴下即位于归德，重建赵宋政权。六年，宋二庶人至上京，素服见太祖庙后，太宗召见，封赵佶

为昏德公，赵桓为重昏侯，安置于韩州（今辽宁梨树镇北偏脸城）。八年，移至胡里改路（今黑龙江依兰）。其他宋俘也被安置于金朝内地。七月，南宋高宗向金奉表请和。

金朝立张氏为楚帝的目的在于剥夺赵氏对黄河以南的统治，宋高宗之立显然是金朝统治者所不能容忍的。十一月，金太宗下诏伐宋，必欲灭赵氏而后已。

金军的掠夺和强迫同化政策激起河北、河东人民的普遍不满与反抗，南宋建立时，河北、河东的忠义民兵正在与金军展开殊死的斗争，东京留守宗泽也在积极布置汴京防务，迎接高宗回京重整江山。但宋高宗不顾群臣募兵、买马、修城池、缮器械的呼吁，不敢入居东京。他一方面请求放还二帝，一方面准备南幸以避金军。

金朝诸将在对宋用兵方略上也存在分歧，"或欲先定河北，或欲先平陕西"。金太宗则两用其策："康王构当穷其所往而追之。俟平宋，当立藩辅如张邦昌者。"于是金从东、西两线向南宋用兵。

东路由宗辅、宗翰、宗弼、拔离速等率领，天会六年（建炎二年，1128年）下濮州、大名、沧州、相州、东平、济南、淄、青、潍等河北、山东诸州。七年正月，下徐州，得到宋朝自江淮运至徐州官库的大量金币，用以犒军。拔离速军下扬州，未能俘虏宋帝，在掠获了大量文书案牍和金银财物后暂时撤归。三月，宋高宗在逃亡中，被扈从军官苗傅、刘正彦废黜，四月复辟。为保其对江南一隅的统治，免遭父兄之厄运，他接连致书金朝皇帝和元帅府，愿贬去帝号，甘为藩臣。同时以杜充为建康留守，节制守江兵马，与刘光世、韩世忠共守长江。

金元帅府一面答其书招降，一面作再次渡江的准备。七年秋，以宗弼为统帅，与挞懒、拔离速、马五等分两路渡江，西

金盘

金杯

面临的更为直接更为迫切的问题。从此，部分女真将领开始改变灭赵氏立异姓的初衷了。

最先提出这一问题的是率军南伐的宗弼。当宗翰再议南伐时，宗弼反对说："江南卑湿，今士马困惫，粮储未丰足，恐无成功。"金朝无力一举灭宋，又不甘心赵氏政权的存在，于是乃采取立藩辅为缓冲，以汉制汉的方针，以期假手傀儡消灭或削弱宿敌。

方针既定之后，金拟于折可求、刘豫二人中选定。

刘齐的废立

1. 刘豫之立

刘豫，景州阜城人，宋宣和末为河北西路提刑。宋高宗南下扬州时，任为知济南府。时山东为金军攻占，民生凋零，秩序混乱，豫不愿往，欲求江南一郡，未获准，愤然赴任。天会六年（宋建炎二年，1128年）十二月，挞懒攻济南，刘豫以城降，对驻军山东的挞懒曲意奉迎。及金将立藩辅时，挞懒有立豫意。西京留守高庆裔亦劝宗翰立豫，以收推荐之恩。于是，

路自光州（今河南潢川县），黄州（今湖北黄冈县）渡江趋江西；东路取道滁州（今安徽滁县）、和州（今安徽和县），自马家渡渡江。南宋长江守军或不战而逃，或望风迎降，金军如入无人之境。宋高宗由杭州出逃，始而越州（今浙江绍兴市）、明州（今浙江宁波市），继而乘船入海。金军乘船入海追击，不及而还。宗弼回军拟于镇江北渡，在黄天荡为宋将韩世忠所阻，48天不能渡江，只好回师建康。八年五月，在六合县渡江北还。

西路渡江后抵南昌、江州（今江西九江），未见猎取对象，杀掠一番后北归。

南宋建立后，在如何防御金军南侵和收复汴京的问题上，一直没有成算，诸臣、诸将意见极不统一。虽然预料到金朝可能发动军事进攻，却没有力战和死守的决心。对于宗弼这次南伐，宋军没有组织强有力的抵抗。只有个别将领和各地人民武装力量随机进行了小规模的袭击与阻截，就是这些小规模的抵抗也已使金朝将领认识到消灭南宋政权并非易事，更何况长江以北的百姓，也多筑栅寨自守，不肯归顺金朝。如何安抚江北百姓，治理新得之地是金朝

中国通史

最新整理图文珍藏版

1746

庆裔先后至景（今河北景县）、德、博（今山东聊城）和东平诸州郡，令人推戴，然后由宗翰遣希尹请求朝廷允准。

天会八年（1130年）九月，高庆裔、礼部尚书韩昉以玺绶立豫，诏称："今立豫为子皇帝，既为邻国之君，又为大朝之子。"册文规定："国号大齐，都于大名。世修子礼，永贡虔诚。付尔封疆，并同楚旧。'"从此，刘豫成为历史上又一个儿皇帝。以东平为东京，仍还居东平。以太原俘臣张孝纯为宰相，弟益为北京留守，子麟为尚书左丞相、诸路兵马大总管。自十一月二十三日始，以阜昌为年号。阜昌三年，迁都于汴。齐先后行十一之税和五等税法，以科举取士。兵制则仿效金制，乡各为寨，推土豪为使。五家为保，家有双丁者籍其一为军，每月两次集中训练，合格者补效用正军。每调发一人，同保四人备衣粮。建归受馆于宿州，建招受司于泗州，招南宋士大夫、军民。置榷场通南北之货。

刘齐政权虽有自己的国号、年号，但作为附庸，境内的重大举措，必须得到金朝的认可。为保证其对境土的有效控制和抵御南宋的军事进攻，金朝仍在齐国境内分驻兵马。刘豫在金朝的扶植下，在招募壮丁和收编南宋降兵、降将的基础上，也形成了自己的一支武装力量。在对南宋的战争中，金朝希望得到这一部分军力的配合。

2. 金齐联合侵宋

南宋一些将领认为河东、关陇一带，民性强悍，勇武敢战，还有一些世代将门土著大姓，为兵源所在。而潼关以西，四塞为固，易守难攻，应该成为南宋复兴的根基。故南宋建立之初，主战派即主张或还都汴京，或迁往关陕。宋高宗虽没有采纳他们的意见，但对关陕的重要性也有所认识。

金朝统治者也把关、陕视为必争之地。天会六年（宋建炎二年，1128年）南伐时，河东诸将就指出："陕西与西夏为邻，事重体大，兵不可罢。"于是，以娄室、蒲察、婆卢火等主持陕西军事，连破同、华等州和京兆、凤翔、延安诸府。七年二月，宋麟府路安抚使折可求以麟、府、丰三州降。

宗弼南伐之际，陕西州县相继叛金降宋，娄室等只能保守延州以北地区，军事形势对金不利。为加强关陕一带的军事力量，天会八年，宗弼还军后，与宗辅同至陕西，增强西线的兵力。而以挞懒安抚长江以北地区。在东线暂趋平静之际，金、宋加紧了在西线的争夺。

天会七年，南宋任张浚为川陕宣抚处置使。八年，张浚在兴元（今陕西汉中市）作军事部署，将秦川五路兵马粮草调集至陕西富平，准备在此与金兵决战。九月，亲往督战。宋兵虽多，却营垒不固。金军利用张浚骄纵轻敌的弱点，以娄室为左翼，宗弼为右翼，两军并进，以骑兵攻占宋营周围的乡寨，包围宋军。临时调集的宋军缺乏强有力的统一指挥，顿时陷入混乱，张浚首先逃奔，诸路兵马也相继溃散。金军乘胜下泾、渭、原、环、巩、洮、河、乐、西宁、兰、廓、积石等州和凤翔、庆阳诸府，陕西五路皆为金军所据，并拨归齐国。从此，金与南宋在西线遂以成（今甘肃成县）、阶（今甘肃武都县）、岷（今甘肃岷县）、洮（今甘肃临潭县）为界，南宋据有军事要地凤翔的和尚原和陇州（今陕西陇县）的方山原。

富平之战后，南宋秦凤路都统制吴玠"收散卒保散关东和尚原，积粟缮兵，列栅为死守计"。陕西百姓寄希望于他，常以粮草资助吴军，给金、齐在陕西的统治造成了威胁。于是，和尚原便成为金、宋必争之地。娄室死后，杲（撒离喝）驻军陕西，再谋攻取和尚原。五月，遣没立自凤翔，乌鲁折合自阶、成出散关，会战和尚原。吴玠击退先至的乌鲁折合，再遣将击没立，使两军不得合，无功而还。

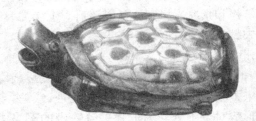

金·三彩陶龟形壶

不久，宗弼会诸道兵10余万，造浮梁跨渭，自宝鸡结连珠营，垒石为城，夹涧与宋军战。十月，攻和尚原。吴玠选劲弩强弓，分番迭射，金军不得进。又以奇兵出金军侧，绝粮道，设伏于退兵之途。金兵为宋伏兵所败，宗弼中流矢，仅以身免。金以杲为陕西经略使。

天会十年（宋绍兴二年，1132年），吴玠兼宣抚处置使司都统制，弟吴璘驻兵和尚原。杲乘吴玠驻军河池（今陕西徽县南）之际，部署攻取和尚原。他分兵驻秦州，出熙河，切断宋军自陕南、熙河人援之路。自率军趋上津（今陕西白水县北），下金州（今陕西安康），人洋州（今陕西洋县），逼兴元。吴玠自河池星夜赴援，与杲大战于饶风岭（今陕西石泉县西），激战六昼夜，死者如山积。金军自间道出关背，俯攻宋军。宋军败走三泉（今陕西宁强县北）。金军北归时，吴玠遣兵邀击于武休关（今陕西留坝），金军死者千余，弃辎重退去。此役金虽一胜，所得仍不及所失。

十一年，金将宗弼、杲与齐将刘夔以兵10万再攻仙人关（今陕西徽县南）。吴玠以和尚原去蜀远，饷馈不继，命璘弃和尚原退保仙人关，于杀金平筑垒防守。吴璘率军与金、齐军激战七昼夜，得与其兄

北京昌平塔林中的金代塔

军合。

金分兵两翼，合击吴玠营。"人被重铠，铁钩相连，鱼贯而上。璘以驻队矢迭射，矢下如雨，死者层积。"宋军奋击，入金营，射韩常，中其左目，又遣军扼其归路。

金、齐此役，意在入蜀。因吴氏兄弟固守仙人关而未能逞其志，遂放弃入蜀目标，专意经营陕西。

金、宋在河南的争夺齐国建立，黄河以南又出现了一个汉人政权，金朝增了一个盟友，南宋多了一个对手。一些对南宋政权不满的将领或士人便投靠齐国，南宋在政治、军事上更加被动。北宋末年招募的一些义军首领如李成、孔彦舟、徐文等分别被授以安抚使、招讨使、统制等官，领兵抗金。南宋建立后，他们随宋高宗南迁，李成、孔彦舟等在镇压钟相、杨么起义兵败后，成为叛服不常、流移不定的所谓"流寇"。当金军对江南军事压力暂时

减轻时，南宋开始整顿内部，这些流寇则是首先需要解决的问题。于是李成、孔彦舟等相继降齐。而郦琼、徐文等也因与宋将有隙叛宋归齐。这些叛将成了代表金、齐与南宋争夺河南和淮水流域的武装势力。自齐国建立，宋军"无日不与之交锋"，并各有胜负。

天会一年（宋绍兴三年，1133 年），宋将牛皋、李横、董先等克汝州、颍昌，与金、齐战于朱仙镇。但宋军轻进，后援不继，金、齐又相继夺回邓州、襄阳和郢州，并使李成防守，与川陕地区的金军相呼应。

吴蚧、吴磷在川陕的胜利和河南、淮甸的小胜鼓舞了南宋官兵，宋朝在江南的统治也渡过了最初的混乱时期，秩序逐渐恢复，对金的战争也稍有起色。于是开始与齐争夺襄阳与唐、邓六郡。

十二年，宋以岳飞为江南西路舒蕲州制置使兼黄复州汉阳军德安府制置使，付以收复襄阳府和唐、邓、随、郢、信阳军等六郡的重任。以韩世忠屯泗上为疑兵，刘光世出陈、蔡为声援，北伐金、齐。

五月，岳家军败齐知州荆超，攻占郢州。驻守襄阳的齐将李成弃城逃走，襄阳、随州相继被攻陷。七月，岳家军又击败退守邓州的李成和金孛堇刘合，占领邓、唐二州和信阳军。

岳家军在襄、邓的节节胜利，给刘豫造成了很大压力，于是他向金朝建议避开岳家军，自淮甸南下，于扬州、采石渡江取建康。金朝采纳了这一建议。九月，宗弼与齐太子刘麟统金、齐军渡淮南下，部署以骑兵自泗州（今安徽盱眙北）攻滁州，步兵自楚州（今安徽淮安）攻承州。宗弼屯于天长，刘麟屯于盱眙军。

南宋命张俊镇守建康，韩世忠进驻扬州，刘光世守当涂，张浚节制诸路兵马以御金军。十月，韩世忠部将解元败金军于高邮，岳飞部将牛皋败金兵于庐州城下，淮西安抚使仇愈攻克寿春府。

金、齐这次联兵南下，进展并不顺利，加之阴雨连绵，粮饷不济，兵将疲敝，士气低落，据滁州仅 47 日，年底即退回。

天会十三年（宋绍兴五年，1135 年）正月，太宗吴乞买病死，熙宗即位。在辽、宋降臣的影响下，金朝开始改变以武力征服为主的方针，逐渐向政治治理国家的方向过渡。南宋的军事形势也渐有转机，镇压了钟相、杨么的起义，在对金、齐的战争中也取得了一些胜利。于是金、齐、南宋之间的关系开始进入调整时期。

这一年，南宋知枢密院事张浚都督诸路兵马，也调整了对金的军事部署，命韩世忠据承、楚以图维扬；刘光世屯合肥以招淮北；张俊练兵建康，进屯盱眙；岳飞屯襄阳以窥中原。这以后，南宋军事上颇有起色，刘光世复寿春县，岳飞克镇汝军、商州、虢州、西京长水县。

为了反击南宋的军事进攻，刘豫也在境内签乡军 20 万，九月，以刘麟、刘猊和孔彦舟分统诸军，在金军配合下，自涡口、寿春、光州三路南犯。十月，刘猊败于安丰、芍陂（安丰南）、定远。在庐州的刘麟得知刘猊兵败的消息后亦退军。十二月，韩世忠又败金人于淮阳军，齐军南伐失败。

3. 刘豫之废

不论是金军的渡江南下，还是金、齐联军攻宋，都没有达到消灭赵宋政权的目的。太宗晚年和熙宗初年，南宋对江南的统治逐渐稳定，军事力量有所加强。金、齐在河南、两淮和川陕战场都没能向前推进，官兵厌战情绪却普遍滋长，金朝统治者也开始认识到消灭南宋政权并非易事。统治集团内部要求稳定社会秩序，建立、健全统治制度的呼声日益高涨。女真贵族中对治理国家的方针和国家未来的发展方向上存在的分歧和矛盾日益加深，金朝面

白瓷小口黑花罐

临着对国家前途和新占领土如何进行统治的重大抉择。

齐国的建立未能减轻女真人的军事负担，金与南宋的关系始终没有得到妥善的处理。金朝统治者对刘豫逐渐产生了不满和失望情绪。而南宋频繁遣使求和也慢慢改变了女真贵族中早期形成的对赵宋政权的成见，促使他们重新考虑调整与齐、宋的关系。

南宋自建立之日起，就未曾确定与金争夺淮北甚至江北的方针，自秦桧逃归后，主和派始终受到赵构的重视。他们不断遣使求和，只是在金朝的军事进攻迫使其无立足之地时，才起用主战将领暂作抵抗，以确保其偏安一隅。金太宗时，对南宋的议和请求不予理睬，使者往往被留不遣。熙宗时，金朝统治集团逐渐意识到赵构或许是比其父兄更容易屈从的皇帝，于是对南宋的敌对情绪较前有所软化。

天会十五年（宋绍兴七年，1137年），赵构得其父赵佶死讯，遣曾出使过金朝的王伦以请丧为名再次使金。王伦利用女真贵族与刘豫的矛盾，乘机向挞懒建议："河南之地，上国既不自有，与其封刘豫，曷若归之赵氏。"

此后，在女真贵族的权力斗争中，高庆裔、宗翰相继死，主张以女真内地为中心发展奴隶制的宗磐等得势。挞懒取代宗翰操纵了处理中原事务的军政大权，刘豫被废的命运也就不可避免了。

九月，金尚书省与元帅府共同讨论，认为齐国"凡事多误，终无所成"，应该"变废齐国，至于普天之下，尽行抚绥"。得到允准，而刘豫不知。宋降将郦琼建议刘豫向金乞兵，金则慨然应允。十一月，金以助齐南伐为名，要求取得对齐军的调动指挥权，并将齐军调出汴京。然后以议军事为名，令刘麟单骑至滑州，擒麟后入汴，下诏废齐，降封刘豫为蜀王。

金副元帅印

皇统议和

1. 天眷和议及其破裂

金归河南、陕西地与宋　女真贵族在废刘豫的问题上虽然意见一致，但在河南、陕西土地归属问题上却存在分歧。刘豫被废后，金于汴京置行台尚书省，挞懒以左副元帅守汴京，成为代表金朝处理对宋事务的实权派。年底，遣宋使王伦、高公绘回，"许还梓宫及皇太后，又许还河南诸州"。宋高宗喜出望外，迫不及待地遣王伦再次使金，一谢废刘豫，一申求和之意。同时于绍兴八年（金天眷元年，1138年）三月起用与挞懒关系密切而因主和被贬的秦桧为尚书右仆射、同中书门下平章事兼枢密使，响应金朝议和的倡议，筹划与金议和。六月，金遣乌陵思谋、石少卿与王伦至宋议还地，要求南宋称臣纳贡，成为金朝的藩辅。在赵构、秦桧主持下，南宋全盘接受了金朝提出的苛刻条件。七月，王伦以迎奉梓宫的名义再次使金。八月，在挞懒、宗磐、宗隽的主持下，金决定将原属齐国的河南、陕西地归宋。并遣张通古为招谕江南使，持熙宗诏书招谕江南。十一月，张通古抵达杭州，十二月，秦桧代表宋高宗以跪拜礼接受了金朝的诏书，实则承认了宋对金的附属关系。

金宋和议的破裂　天眷元年的金、宋和议是十分脆弱的，宋方诸多大臣持反对意见，而金朝方面和议能否执行则取决于女真贵族中两大对立派别实力的消长。二年，宋一面以韩肖胄为报谢使，以王伦为迎护梓宫、交割地界使使金，一面委派官员到河南、陕西准备接收金朝交回的州县。金熙宗下诏归还河南、陕西，迁行台尚书督于燕。

但金朝政局的变化影响了和议的执行。七月，宗磐、宗隽以谋反罪被杀，王伦被宗弼留于祁州。八月，挞懒也因谋反罪名被杀。宗翰、希尹、宗弼一派重新得势。金以宋朝表文不书年号，所献礼物不称职贡，扣留宋使王伦，意在毁约。

三年，金熙宗以宗弼为都元帅，领行台尚书省事。五月，下诏伐宋，复河南疆土。

金宋顺昌之战　都元帅宗弼以精兵十余万，分四路南下。宗弼自黎阳渡河趋汴，右监军杲出河中趋陕西，聂黎孛堇出山东，李成自孟津渡河攻取洛阳。宋新任东京留守孟庾、南京留守路允迪投降，西京留守李利用弃城逃走。

时宋新任东京副留守刘锜在上任途中抵达顺昌（今安徽阜阳）时，金军已占领陈州（今河南淮阳），并向顺昌方向进发。刘锜与顺昌知府陈规商定共同坚守，分兵

山西大同华严寺壁画

防御。刘锜等与金前军接战，初获小胜。不久，金援军到达，顺昌城被围，刘锜分兵出四门迎敌，再次获胜，金军马死者不可胜计。接着，他利用金军轻敌和不耐酷暑的弱点，以逸待劳，采取突然袭击的战术，又大败金军。取得了自金宋开战以来少有的一次大捷。

2. 岳飞北伐与皇统议和

颍昌、郾城之战　当刘锜与金军战于顺昌之际，宋高宗下令驻守鄂州的湖北、京西路宣抚使岳飞作好迎敌准备，并遣人支援顺昌。岳飞一方面遣将援刘，一方面派人渡河联结河北忠义民兵，令他们攻击山东、河北、河东的州县，配合南宋官军北伐行动，收复汴京，进军河朔。

六月中旬，岳家军主力开赴河南腹地。吴璘部将李师颜败敌于扶风，岳飞部将牛皋败敌于京西，孙显败敌于陈、蔡州界，韩世忠部将败敌于淮阳军，南宋军事形势大有转机。

被刘锜击败的金将韩常退守颍昌，北上的岳家军就把颍昌作为第一个重点攻击目标。岳飞部将张宪在距颍昌四十里的地方击败金将韩常，乘胜追击，克复颍昌。随后，又在城外击败宗弼、韩常军，巩固了颍昌胜利成果。

金军退守陈州。岳家军进驻颍昌，随即遣将与张宪会师，再袭陈州。双方在距陈州十五里的地方激战，金军失利后向州

城撤退，待援军至，又同宋军战于城外。金军又败，陈州失陷。接着，郑州、洛阳也相继为岳家军攻占。

岳家军的胜利，构成了对金军的最大威胁。七月，岳飞驻军郾城，指挥部将进驻颍昌和分路袭击金军。宗弼乘郾城空虚之际，率龙虎大王、盖天大王和韩常诸将，选精兵1.5万人趋郾城，直捣岳家军大本营，岳飞使亲卫军和游奕马军迎战，利用顺昌之战的经验，以麻扎刀、提刀和大斧为武器，上砍敌人，下砍马足，勇战金军。自日中激战至日落，金军不能支，败退。宋军乘胜追袭二十多里，阵斩金军阿里朵孛堇，取得了郾城之战的胜利。

兵败郾城后，金军退驻临颍。岳飞部将杨再兴率兵巡逻时仓促间与金军遭遇于临颍县境内小商桥，奋勇应战，以寡敌众，为金军所败。张宪军赶到，与金军再战，双方各有很大伤亡。金军北撤途中，又被张宪等追袭，损失马匹、器甲无数。

此后，宗弼集结各路金军，集中兵力攻打颍昌。七月中旬，双方各投入兵力3万余人，大战于颍昌，列阵于西门外。战斗进行得异常艰苦激烈，金军损失惨重，宗弼之婿统军上将军夏金吾战死，被俘、被杀的大小首领计73人，军士死亡五百

余，损失战马、器甲、旗鼓不可胜计，遭到与南宋战争以来少有的惨败。

在同南宋的战争中，金朝已投入了大量兵力，而宋军真正投入战斗的只有岳家军一支。虽然双方都有很大伤亡，但宋军的总体实力显然在金军之上，南宋取得了战场上的主动权。如果南宋君臣、军民一致奋起抗击，金军的处境将非常危险。宗弼一方面安排老小渡河北归，一方面集结诸路兵马重点袭击岳家军，并开始部署撤军。

皇统议和　金军在河南战场连连失利时，岳飞开始计划全面北伐，他向宋高宗奏请"令诸路之兵火速并进"，收复中原，直捣幽燕。但朝廷却在利用岳飞军事上的胜利，加紧议和活动。他们把张俊的队伍从宿州、亳州撤走，使岳家军处于孤立无援的境地，成为金军众矢之的，断送了岳家军英勇战斗换取来的大好形势。

在岳家军进则无援、退则不忍的情况下，宋高宗以金字牌令他"措置班师"，给他留下了"十年之功废于一旦"的终生遗憾。

岳飞不得已班师后，宗弼也因天时向暑还军于汴。至秋，宗弼将攻击重点转向淮西张俊防线。皇统元年（宋绍兴十一年，1141年）正月，宗弼、韩常渡过淝水，占领寿春府。二月，陷庐州。与张俊、刘锜、杨沂中激战于柘皋。

金军攻占寿春、庐州时，宋方在淮西只有少量兵力，于是，紧急调遣岳飞、韩世忠增援。张俊及其部将也先后入据和州、含山、全椒、巢县和昭关等地，金军则自和州退往柘皋。"柘皋皆平地，金人谓骑兵之利也。"以十余万兵两翼夹道而陈，待宋军至。宋将杨沂中、张俊、刘锜军陆续到达。杨沂中轻敌先进，失利。张俊部将王德麾军攻金右翼，射杀其首领一人，乘势奋击，金军败退。

山西华严寺·上寺大雄宝殿

北退的金军攻陷濠州，将重兵埋伏在濠州四郊，一面作出渡淮的姿态，一面于淮水下游赤龙州伐木设置障碍，阻止韩世忠援救濠州。杨沂中至濠州城下，知城内空虚，令军士入城。金伏兵冲入，宋军大败。杨沂中、张俊、刘锜相继渡江，韩世忠也回军楚州。

金大定通宝

金军这次南犯，一胜一负，得失相当。由于南宋最高统治集团没有收复故土的打算，诸将多不肯出力抗战，所以战与和的主动权始终掌握在金朝的女真当权派手中。纵观金朝自天眷三年对南宋用兵以来的战场形势，金朝胜少败多，故自濠州得胜后，宗弼终于可以在有利的条件下与南宋讲和了。

皇统元年八月，宗弼放回扣留的宋使，带信给南宋，指责其负恩启衅，并以"已会诸道大军，水陆并进，师行之期，近在朝夕"相威胁，意在迫降。宋高宗立刻遣使向宗弼请和。

在宋朝请和使者频繁往来的同时，河南、陕西战场上，双方小规模的对抗仍在进行，并各有胜负。十月，宗弼回书，指责宋方言而无信。南宋又连忙遣魏良臣、

王公亮使金，对有负割地深思悔过谢罪，并表示"上令下从，乃分之常，岂敢辄有指述，重蹈僭越之罪！专令良臣等听取钧诲，顾力可遵禀者，敢不罄竭以答再造"。同时令使臣以奉岁币、割地等条件与都元帅面商。为表示请和之诚，还以谋反罪将抗战将领岳飞下狱。

十一月，金宗弼与宋第三书，许和。年底，宋杀岳飞。皇统二年（宋绍兴十二年，1142年）二月，宋使何铸等使金，进誓表，宋称为"绍兴和议"。和议规定：

金、宋以淮水中流至大散关为界，水西的唐、邓二州属金。自邓州西四十里并南四十里为界，属邓州；其四十里之外并西南属光化军，归宋；

宋对金称臣，"世世子孙，永守臣节"。金帝生辰、正旦，宋需遣使祝贺；

宋每年向金贡纳银25万两、绢25万匹，自壬戌年（金皇统二年，宋绍兴十二年）为首，每春季差人搬送至泗州交纳。

于是，金遣左宣徽使刘筈使宋，册赵构为宋帝。从此，南宋"列于藩辅"，"世服臣职，永为屏翰"，和议成。

皇统和议是金与南宋间的第一个停止军事对抗的协议。金朝利用宋高宗不敢与其对抗，甘愿偏安江南的心理，以军事威胁的手段，迫使其接受了苛刻的条件，换取了在战场上难以得到的实际利益。宋高

白釉黑彩荷鸭八角枕

宗也以其经济优势为后盾，得以统治淮南，稳坐江山，这正是赵构心向往之的结局。至此，他终于借秦桧和宗弼之手付诸实现。

自天眷元年（宋绍兴八年，1138年），金将河南等地归宋，即要求宋称臣纳贡，故遣招谕使张通古。但宋高宗迫于群臣的压力，不敢明目张胆地向金称臣。因此，所遣使臣多以乞归梓宫为名。皇统和议成，双方交割地界后，金将宋徽宗灵柩和宋高宗生母韦氏归还南宋，自皇统三年至正隆六年，宋一直履行协议。其宗室在金者也各有俸给。

正隆南伐与大定议和

正隆南伐及其失败 海陵迁中都后，又修南京宫殿，有统一天下之志。正隆六年（宋绍兴三十一年，1161年）五月，迁都汴京。一面签军括马，一面借向宋高宗贺生辰之机，向南宋要求淮南土地，并以巡猎陈、蔡、唐、邓诸州相胁，还因南宋所遣国信使不合己意，遣回不见。九月，海陵自将三十二总管兵，置左、右大都督和水军、汉南、西蜀三道都统制，分道南伐，一循海道趋临安，一出宿、亳趋淮泗，一从蔡州至荆、襄，一由凤翔取散关。宋也分兵防守成都、安康、襄阳、江陵、武昌、江州、池州、建康、京口等要地，准淮南诸州郡移治清野，下榜诏谕中原军民，并下诏亲征。

十一月，海陵至和州。世宗自立的消息传来，海陵迫令军士于采石渡江，被宋前往督师的中书舍人虞允文所败。又进兵扬州，拟自瓜州渡江，与宋约和后，再回军收拾残局。二十三日至瓜州，促令诸军渡江。时有传抄世宗赦书至军中者，诸将各怀异志，诸军厌战，完颜元宜等密谋杀海陵投奔新主，将海陵心腹亲兵派去取泰州，趁御帐守备空虚之际杀海陵于军中，诸路南征军相继撤回。

大定议和 金世宗自立之际，正是金

坐式铜龙

自建国以来面临的最严峻的时期。海陵的横征暴敛使百姓贫困不堪，遍布全国的人民反抗斗争震撼着金朝并不稳定的统治基础。特别是移剌窝斡领导的契丹人民起义，席卷了金朝北方的半壁江山，牵制了金朝的大量兵力。而南宋的经济已逐渐恢复，政治也渐趋稳定，南伐的失败又使金政权面临着南宋反攻中原的威胁。为巩固统治，金世宗必然要对南宋主动讲和。

世宗即位后，以都督府名义移牒南宋，以左监军高忠建为报谕使，以罢兵、归地、班师、通好为报，并遣左副元帅完颜毂英措置南边和陕西等路事。南宋则乘金内乱之机，收复了扬、和、邓、蔡、泗、汝、陈等州和河南府、盱眙军等地，又檄示南征金军"挺身而抱义"，"率众以来降"，招谕将领弃金归宋。金朝地方守将仍坚守各自防区，有些州县则失而复得。宋高宗一方面约束诸将不得过界追袭金兵，一方面希望乘机修改绍兴和议条款，改善宋朝的地位。

大定二年（宋绍兴三十二年，1162

年）正月，金放还了河北、山东、陕西等路征南步军，这即是稳定国内秩序的需要，也是对宋作出的和平姿态。与此相应，六月，宋也遣翰林学士洪迈贺世宗即位。双方在议和上虽有共识，条件却不一致，金世宗仍希望维持皇统和议条款。于是，因宋"书词不依旧式"，遣洪迈"归谕宋王"，第一次互振使节没能达成和议。

七月，宋高宗内禅，孝宗即位。孝宗有意进取，以主战派张浚为江淮东西路宣抚使，加强了军事部署。追复岳飞原官，以礼改葬。鼓励士庶陈时政得失，锐意中兴。虽不放弃和谈，但向金遣使却"欲用敌国礼"。

移剌窝斡部下括里、扎八等奔宋。宋用其谋北攻金朝州县，连下泗、寿、唐、海诸州。面对宋朝的攻势，金世宗也决定对宋用兵。十月，金世宗诏左副元帅纥石烈志宁经略南边。十一月，令右丞相仆散忠义总戎事，居南京，节制诸将伐宋，同时指示"彼若归侵疆，贡礼如故，则可罢兵"。

三年，宋以张浚为枢密使。志宁移牒张浚，略曰："可还所侵本朝内地，各守自来画定疆界，凡事一依皇统以来旧约，帅

黑釉线纹罐

府亦当解严。如必欲抗衡，请会兵相见。"张浚预计至秋金兵必大进，宜先发制人，于是以李显忠出濠州趋灵璧，邵宏渊出泗州趋虹县。宋朝中对和战意见不一，孝宗独与张浚议出师，三省、枢密院不知。志宁与宋军战于宿州，由于宋将不能协力同心，宿州得而复失。

宿州败后，张浚上疏自劾，乞致仕，孝宗下诏亲征。但主和者纷纷要求治张浚轻出之罪，孝宗不得已下诏罪己，决定议和。

八月，志宁致书宋三省、枢密院，要求宋归还海、泗、唐、邓四州，称臣，纳币，归还逃入宋境金人。书状往返数四，宋初不许还四州，且欲减岁币；后则四州、岁币不较，而君臣名分在所必争。宋君臣反复论辩，其主战主和者各半。金世宗指示："若宋人归疆，岁币如昔，可免奉表称臣，许世为侄国。"并以大军压淮境，志宁偏师渡淮，取盱眙、濠、庐、和、滁等州。

时宋方虽军事不利，孝宗却耻于求和，于是利用金世宗不欲用兵的机会，千方百计在议和条款上争取金朝作出较多的让步。

大定四年十二月，和议条款讲定：

金、宋为叔侄之国，宋孝宗称金世宗为叔；

宋向金缴纳岁币银 20 万两、绢 20 万匹，比皇统时各减 5 万；

疆界依皇统、绍兴之旧；

彼此选叛到对方之人，不再遣返。

宋孝宗利用金朝国内的变故，坚持"正国体"，终于改变了金、宋宗藩关系，使宋朝取得了与金同等的地位，恢复到北宋与辽关系的状况；同时保护了自金归宋的士庶，使他们得以安心留居宋境，这对金官民投宋是一个有利的条件，也是北宋对辽所一直不曾争取到的目标。对宋朝而言，这次议和是一次不小的胜利，因而宋孝宗将第二年改为乾道元年。宋朝将这次

和议称"隆兴和议"。

开禧北伐与泰和和议

自大定议和后，金、宋间一直维持着正常的和平往来，双方在边界各开榷场，经济、文化交往虽不如北宋与辽时密切，却也不曾发生重大冲突。尤其是金朝，世宗和章宗都很重视维护与南宋的关系，在完善礼乐制度方面也多借鉴宋制。但泰和年间（1201～1208年），金朝已现衰败端倪，蒙古诸部势力渐强，不时袭扰金朝北疆。南宋境内又有一股势力开始酝酿北伐中原了。

交钞铜版

三彩荷叶童子枕

1. 宋军开禧北伐

明昌五年（宋绍熙五年，1194年），宋宁宗赵扩在宗室赵汝愚和外戚韩侂胄的操纵下受禅即位。韩侂胄自以有定策功，又为皇后叔父，"时时乘间窃弄威福"，排斥异己，"势焰熏灼"。

时金朝国势日弱，宋部分主战派官僚、将领又萌生了北上中原收复失地的欲望。韩侂胄曾出使金朝，略知金国虚实，也欲兴师立功，借以巩固地位，于是在其党羽的支持下，创兴北伐之议。

宋方聚财募卒，选将练兵。在镇江立韩世忠庙，追封岳飞为鄂王，为大举兴兵进行思想、舆论上的准备。同时在沿边州县不时小有入侵之举，引起金朝边将的警惕，也为至宋的使臣所察觉。但金章宗珍惜与宋的和平局面，不愿轻启衅端，每每戒敕诸臣，不可妄言生事。

泰和五年（宋开禧元年，1205年），宋以韩侂胄为平章政事，以其亲信苏师旦为安远军节度使，积极部署北伐，并先后占领了虹、新息、褒信等县。金边州得宋谍者，知"宋人于江州、鄂、岳屯大兵，贮甲仗，修战舰，期以五月入寇"，金章宗才"命枢密院移文宋人，依誓约撤新兵，毋纵入境"。并遣平章政事仆散揆为河南宣抚使，点集诸路兵备宋，无意与宋开战。同时召集群臣商讨对策，群臣或言宋"不敢败盟"，或言宋兵攻围城邑，"不得为小寇"，章宗终不愿生事，诏罢河南宣抚司。六年，宋贺正旦使陈克俊辞行时，章宗仍一再表明金朝无意用兵，希望得到宋方的响应。

金朝的忍让助长了南宋主战诸将的势焰，开禧二年（金泰和六年，1206年）五月，宋下诏伐金，宋人称为"开禧北伐"。

至此，金章宗才任命平章政事仆散揆兼左副元帅，枢密副使完颜匡为右副元帅，陕西兵马都统使完颜充为元帅右监军，知真定府事乌古论谊为元帅左都监，以南伐诏告中外，仍命保护韩侂胄祖韩琦坟墓，为和平解决争端留下充分的余地。

十月，仆散揆督诸道兵14万分9道，自颖寿、涡口、唐邓、清口、陈仓、成纪、临潭、盐川、来远等东西两线，全面出击。金师一出，宋兵遂败，光化军、枣阳、江陵、信阳、随州、襄阳、安丰军、滁州、濠州，真州、成州、阶州、大散关等地相继为金军攻下。韩侂胄方悔用兵，输家财20万助军，遣人持书至金营请和，委过于苏师旦等。

2. 吴曦叛宋降金

建炎以来，吴氏世掌吴家军，屯兵川陕。宋光宗以吴氏世掌西兵，于国不利，遂趁吴璘子吴挺死亡时，以其兵付丘崈，吴璘孙吴曦只得散官，后为殿前副都指挥使，郁郁不得志。嘉泰元年（金泰和元年，1201年），吴曦自言于韩侂胄，得为兴州都统制。驻兵兴州，遂复掌兵。泰和六年（宋开禧二年，1206年）十二月，吴曦以阶、成、和、凤四州降于金将完颜纲，并献四川地图、吴氏谱牒，金以曦为蜀王。

吴曦降金，使宋失去川蜀重地，对宋荆湖路的安全构成了重大威胁。七年，吴曦自称蜀王，改元，置百官，治宫殿于成都。以随军转运使安丙为丞相长史，分别遣将引金兵攻凤州；驻兵万州，泛舟嘉陵江，声言与金兵夹攻襄阳。二月，安丙与兴州合江仓官杨巨源等杀曦，四川复为宋有。

3. 泰和和议

泰和七年八月，宋遣方信孺至金议和，金要求归还所俘金人，增加岁币，缚送北伐首谋，称藩割地。信孺只应归俘和别致通谢钱，被却还。十一月，宋再遣王伦之

孙王柟为使，韩侂胄怒金人追究首谋，欲再用兵。王柟至金，以增岁币至30万两匹、犒军钱300万贯、杀苏师旦献首于金为请和条件。金章宗坚欲以韩侂胄首换取淮南地。

八年（宋嘉定元年，1208年）四月，宋献韩侂胄、苏师旦首级至元帅府，金罢元帅府与宋和。

宋停岁币与宣宗南伐

大安三年（1211年），蒙古南下攻金，宋贺生辰使至涿州不得进而还。此后宋以金有边患，在沿边州县遂时有袭扰。

金宣宗南迁后，宋对金的态度不再恭顺，且停止了输纳岁币，并加强边备，但仍按约遣使入贺，冀以探知金朝的虚实，不敢贸然与金开衅。贞祐二年（宋嘉定七年，1214年），夏以书约宋夹攻金，宋不应。与此同时，金朝却有南进取宋州县以补北方失地的考虑，陈言人王世安献攻取盱眙、楚州之策，枢密院奏以世安为招讨使，遣人往淮南，招诱入宋境的红袄军首领和南宋官。贞祐四年，尚书右丞相术虎高琪请伐宋，以广疆土。四月，遣元帅左都监乌古论庆寿，签书枢密院事完颜赛不统军南伐，金、宋再次断绝了和平交往。

兴定元年（宋嘉定十年，1217年）四月，金军先后破宋兵于信阳、陇山、光州、樊城等州县。宋也传檄招谕中原军民，募兵讨金，并利用反金的农民武装袭击金属的泗州、灵璧、海州、东海、确山、息州等州县。

八月，宣宗一方面将宋人渝盟的情况通报军士，一方面命大臣讨论对宋方针，集贤院谘议官朱盖上书陈御敌三策。十月，右司谏许古、集贤院谘议官吕鉴等极言宜和。吕鉴特别指出，兴兵以来，自唐、邓至寿、泗屯兵数十万，居民殆尽，军士也有逃亡者。而和平交往时，仅息州榷场，"每场所获布帛数千匹、银数百两，大计布

副统铜印

卢沟桥运筏图

帛数万匹、银数千两，兵兴以来俱失之矣"。并主张趁天寒对骑兵有利之机，屯兵境上，以促和谈。而高琪以许古起草的牒文不足取，阻挠议和。

宣宗采纳了高琪的意见，遣官括市民马。十一月，诏唐、邓、蔡州元帅府举兵伐宋，又遣平章政事胥鼎自关陇出师，且不许再申异议。胥鼎一面分兵自秦、巩、凤翔三路并进，一面仍指出南征不合时宜，但以高琪为首的尚书省不予采纳。同时，宋也以伐金诏告天下。

南伐以来，西线曾取和州（西和州，今甘肃西和）、成州、洋州；得散关，不能保，焚关退师。东线虽先后取光州、信阳、枣阳、随州、光山、安丰军，也曾一度自桐柏入宋境，但损兵折将，得而复失，并不能将疆界向南推进一步。而北方除蒙古军进逼外，又有蒲鲜万奴的自立，西部则不时受到西夏的袭扰。内部红袄军的反抗此伏彼起，有的则投靠宋朝，与宋军配合进攻金朝州县。

贞祐、兴定年间的南伐徒使金朝丧失了岁币、榷场的收入，增加了战争负担，加剧了本已十分严重的政治、经济、军事危机，于是金朝开始准备结束对宋的战争。兴定二年（宋嘉定十一年，1218年），西

线连取成、阶、和三州与大散关。十二月，金宣宗欲乘胜讲和，遣开封府治中吕子羽为详问使议和，宋不纳，金、宋和议正式断绝。宣宗再任枢密副使驸马都尉仆散安贞为左副元帅、权参知政事、行尚书省元帅府事，三年，以安贞领兵继续伐宋。西线兴元府、洋州得而复失。东线安贞与宋人战于安丰军和滁、濠、光三州，进击至黄州、和州、全椒、天长、六和，游骑抵达长江北岸。宋建康大震，降宋的红袄军首领李全和季先分别自楚州、涟水军援宋，金军退还。

此时，宋朝以官爵招诱红袄军首领，利用他们袭扰南京东：南和山东州县，牵制了金朝的兵力。同时，响应西夏夹攻倡议，使金朝的军事形势更加被动。金宣宗希望集中兵力重创宋军后讲和，以解除南部的威胁，无奈得不到宋朝的响应。以取偿于宋的目的开始的这场战争，陷入胶着状态，欲罢不能。金朝不得不在南、北、西三面同时开战。为了生存，金宣宗不得不把这场由自己

发起的旷日持久的"南征"继续进行下去，并被迫把精兵置于河南、河北、陕西，对蒙古的防御又被削弱了。

七月，宋将孟宗政、扈再兴等大败金将完颜讹可于枣阳，杀金军3万，获资粮器甲不可胜计，取得了金宋战争以来的重大胜利。四年（宋嘉定十三年，夏光定十五年，1220年），宋夏夹攻之议成，夏人出兵攻巩州（今甘肃陇西），宋兵出宕昌（今甘肃宕昌）应之，合攻巩州，不克而还。同时，宋四川宣抚司命诸将分别自天水、长道、散关、子午谷、上津出师，在西线向金军全面出击。五年，金又集诸道兵至蔡州，再诏伐宋。设行元帅府于蔡州、息州和唐州、邓州，行枢密院于宿州。唐、邓方面金军失利，而以捷奏闻；安贞自息州进兵至黄州、蕲州（今湖北蕲春），抵长江而还。

元光元年（宋嘉定十五年，1222年），再以元帅左监军完颜讹可行元帅府事，节制三路兵马伐宋，初获小胜。退军时为宋兵邀击大败，副元帅时全因兵败被杀。

蒙宋联合灭金

元光二年（宋嘉定十六年，1223年），宣宗死，哀宗即位。为改善四面受敌的困境，他采取与西夏、南宋议和的方针。正大元年（宋嘉定十七年，1224年），遣尚书令史李广英至滁州通好，又使枢密院判官移剌蒲阿率兵至光州，宣称金不再南侵。二年（宋宝庆元年，夏乾定三年，1225年），金成功地实现了与西夏的和解，继而又安排与宋议和。三年，又多次命百官议与宋修好事宜，无结果。至哀宗走逃蔡州后，曾与陕西行省谋取兴元。此时，宋蒙联军之议已定，在无计可施的情况下，哀宗还曾遣使向宋借粮，宋不许。

蒙古大军南征前，已决定按成吉思汗所授方略，以一军绕过潼关，借道于宋，南北两军夹击汴京。蒙古遣使议与宋联军灭金，宋朝臣皆以为可，只有权工部尚书赵范独持异议，其弟葵则建议："今国家兵力未赡，姑从和议，俟根本既壮，雪二帝之耻，以复中原。"宋理宗采纳了他的意见，遣邹伸之往报蒙古军，并提出灭金后，将河南地归宋为夹攻的条件。于是宋、蒙达成协议。天兴二年（宋绍定六年，元太宗五年，1233年）四月，武仙与金唐、邓守将谋迎哀宗入蜀，攻宋光化军，宋京西兵马钤辖孟珙降金邓州守将移剌瑗，败武仙于顺阳（今河南浙川南）、马磴山，绝哀宗西逃之路。八月，蒙古将领塔察儿又遣王楫至宋，宋以兵会攻唐州。九月，金哀宗遣使向宋借粮，并谕以唇亡齿寒之理，宋不允。三年（宋端平元年，元太宗六年，1234年）正月，宋蒙联兵攻破蔡州，金哀宗自焚。孟珙与塔察儿分金哀宗遗骨及宝玉、法物而归。不久，宋刑部侍郎兼京湖安抚使、知襄阳府史嵩之露布告金亡，以所得金帝遗骨、宝玉、法物和所俘金官献于朝。与蒙古划地而守，陈、蔡西北归蒙古，唐、邓以南归宋。金先与北宋联合灭辽，继而南下灭北宋，与南宋对峙，至此又为宋、蒙联军所灭。

金与西夏的关系

初，西夏作为辽的藩属，曾以兵助辽。尔后，在金朝政治怀柔与军事压力下，被迫向金称臣，与金朝建立了宗藩关系。从此，它又得以依靠金朝的力量，与南宋、金构成我国历史上又一次三足鼎立局面。

金夏宗藩关系的确立

1. 西夏臣服

金天辅六年（夏元德四年，辽保大二年，1122年），辽天祚逃往夹山，金兵追袭，破西京，夏遣其将李良辅率兵3万救辽，至天德为金军所败。次年，金太祖阿

金·观音菩萨立像

骨打自将兵追袭天祚，命宗望与西夏联系，并指示：西夏"若能如事辽之日以效职贡，当听其来，毋致疑贰。若辽主至彼，可令执送"。当谍知夏人欲迎天祚时，宗望又传檄夏国："果欲附我，当如前谕，执送辽主。若犹疑贰，恐有后悔。"一面示以和好，一面临之以威。

天会二年（夏元德六年，1124年），宗翰为西南、西北两路都统，与夏达成和议。夏崇宗被迫向金奉表称臣，金则割下寨以北、阴山以南、乙室耶剌部吐禄泊以西之地给夏。西夏保证不再援救辽帝；如金欲征兵，亦当依应；若辽帝至其境，即当执送；此后，有别国使者路经夏境使金，夏亦不阻挠。"岁时朝贺、贡进表章、使人往复等事，一切永依臣事辽国旧例"。从此，西夏由辽的附庸变成了金的附庸。

2. 西夏与金边界的划定

辽朝灭亡后，金、宋在履行夹攻之约的问题上发生争执，关系恶化，金朝将北宋作为下一个攻击目标，西夏又充当了金朝进攻北宋的同盟。

为争取西夏合作，金决定将天德、云内、金肃（今内蒙古准噶尔旗西北）、河清（今内蒙古东胜北）四军及武州、河东八馆之地割与西夏。这一地区地理位置重要，北可通耶律大石，东可争宋河东州县，八馆之地富庶产稻，夏人尤为珍惜。

天会二年，王阿海持太宗誓诏至夏，在受书礼仪上与夏发生争执。金军入夏境，多有骚扰，夏又致书都统府申奏。希尹怀疑西夏有意败盟，遂以狩猎为名，率军数万突袭夏军，夺回已许之地。刚刚建立的金夏宗藩关系是十分脆弱的。

为平息夏国的不满，希尹在与宋交涉中，要求北宋归还神宗以来所取夏地，欲由宋弥补西夏这一损失。金、宋战争爆发后，这一方案也未付诸实施。至金宋议和，宋夏皆得山西地。天会四年（西夏元德八年，宋靖康元年，1126年），夏军渡河取天德、云内和河东八馆，并攻取宋震威城（在宋府州，今山西府谷县境内）。

初，金不详宋之虚实，割地与夏的目的在于争取西夏共同抵御宋方。及至了解了宋朝的军事状况后，颇悔当初割地之举。灭北宋立张邦昌后，金为楚、夏划界时，决定以陕西北部与夏，换取天德、云内。

娄室经略陕西，不欲将陕西北部交给西夏，太宗令元帅府"审处所宜"。当时，在娄室的主持下，可能又以积石地换取了陕北州县。及刘豫立，金又将陕西、河南地归豫。刘豫废，河南、陕西则划归南宋。皇统六年（夏人庆三年，1146年），从夏人所请，割西部沿边德威城、西安州（今宁夏同心县西南）、定边军（今陕西志丹县西）等地与夏。正隆伐宋前，遣使与西夏划界，沿边各立烽堠，以免互相侵犯。

金前期与西夏的关系

西夏自崇宗李乾顺时起，国势已弱，虽欲乘金、宋对抗之机扩展境土，终未能如愿。它既不甘处于金朝势力包围之中，也无力改变受制于人的状况。而各种反金势力又都将它作为争取的目标，因此，金对西夏的防范始终没有放松。金在中原两次援立藩辅，一次将河南、陕西地归还宋朝，西夏却始终没有得到任何好处，对金当然不满。西夏一直是被动地对金履行藩辅义务的，双方的矛盾、摩擦便是不可避免的了。

河北昌黎源影塔

太宗至熙宗初年，陕西、河东诸将一直怀疑夏与天祚、大石交通。天辅六年（夏元德四年，1122年），追袭辽帝时，虽已与夏议和，但宗翰、斡鲁都怀疑西夏有异谋。天会六年（夏正德二年，1128年）伐宋时，在如何对待陕西问题上，河北、河东诸将的意见分歧也起因于西夏，河北诸将欲罢陕西兵，并力南伐；河东诸将则力言其不可，太宗遂以娄室经略陕西。娄室连下长安、凤翔，并无归地西夏之举。西夏则欲借机与宋争关、陕，檄宋延安府，

但终因慑于金的威势，未敢出兵。

金朝的三次食言自然引起西夏的不满，南宋却极力争取西夏，以牵制金军。夏则对金、宋两许之，既不出兵助金，又遣军蹑宋军之后。不久，宋又欲西结西夏，东连高丽，配合宗泽北伐，皆不得其要领。

西夏国势的衰弱和与宋的隔绝，使其不得不更多地依赖于金。金的主要对手是南宋，对西夏的方针也一直着眼于隔断它与辽、宋的联系和使它在金、宋对峙中坚定地站在金朝一边。天眷二年（夏大德五年，1139年），夏崇宗李乾顺死，子仁孝即位，为夏仁宗。以仁孝即位为转机，金朝对夏的策略也由以武力防范为主向以政治争取的方向转化。为了巩固统治，仁孝也主动向金靠拢。金、夏关系有所改善。这一年，金朝遣使册命，加仁孝开府议同三司、上柱国。

但是，西夏群臣在对金的态度上意见不一。大庆元年（金天眷三年，1140年），夏州统军、契丹人萧合达因不愿臣服于金而以夏州叛仁孝，联合契丹余部，以复兴辽朝为号召，占据西平府、盐州。反叛虽

源影塔塔耳上雕刻的楼阁图案

被镇压，但西夏的实力也再次被削弱。仁孝更不得不借助于大国的威势以维护其地位。皇统元年（夏大庆二年，1141年），

仁孝请置榷场，与金互市，得到允准。此后，金相继在绥德州、保安、兰州、东胜、环州等地置榷场，与西夏贸易。金自榷场买进马匹、珠玉等，夏则向金购进丝帛等物和生活必需品。

至海陵南伐，夏又乘机攻占了沿边荡羌、通峡、九羊、会川等寨（在今宁夏境内）。

金夏宗藩关系的巩固

大定初年，西夏以所占沿边堡寨归金，要求金朝协助收回被宋军所占有的土地，并停止向夏索要正隆末年所虏人口、财畜。金世宗满足了西夏的要求，金、夏关系再度调整。西夏经过了萧合达的叛乱和大庆四年（1143 年）蕃部人民起义，国势更不如前。在镇压人民起义中汉人官僚任得敬势力膨胀，党项贵族李氏的政权又受到了来自内部的分裂活动的威胁。

西夏权臣任得敬，原为宋朝西安州通判，降夏后渐至贵显，以女为崇宗乾顺皇后，窃弄权柄。又在镇压萧合达和蕃部人民起义中立功，而由尚书令、中书令进而为国相，族人皆任军政要职，大权独揽，野心日炽。他以灵、夏为根据地，"阴蓄异志，欲图夏国，诬杀宗亲大臣，其势渐逼，仁孝不能制"。为了实现其篡权的目的，任得敬一方面寻求金朝的支持，一方面联络南宋，约其共同攻打西境诸蕃部，以扩大其控制范围。大定七年（夏天盛十九年，1167 年），他借朝命向金请求派遣医生为己治病。次年，则以谢恩为名向金进献大量礼品，被却回。

十年（夏乾祐元年，1170 年），得敬逼仁孝划灵州一带归己，向金上表为己求封。金世宗以"夏国称藩岁久"，不能"无故分国与人"，决定若仁孝不能自立，即出兵助其诛讨。得敬没有得到金朝的支持，宋遣使所致的蜡丸书又被西夏截获。在金世宗支持下，夏仁宗杀任得敬及其同

党，保住了对西夏的统治权。

金世宗务求稳定，不贪属国财物，不欲边境生事，又不受任得敬贡物，不从其分国之请，使李仁孝感恩不已，金、夏宗藩关系得到巩固。但世宗仍恐边民贸易导致边患，拟减少榷场，只留东胜、环州，在西夏的再三要求下，许保留绥德榷场，并允许夏使于都城会同馆内互市贸易。

但是，西夏对与金的边界划分和贸易限制政策一直心怀不满，西辽和南宋又不时遣使联络或借道于夏以谋金，加之金朝的实力显然已大不如前，因而在大定后期和章宗即位后，双方在边界上不时发生小规模的摩擦，夏兵曾入麟、岚、石、坊、保安州和镇戎军等地劫掠人畜，甚至杀害金朝边将。

明昌四年（夏乾祐二十四年，1193 年）至大安三年（夏光定元年，1211 年）期间，金朝势衰，对西夏控制放松，对西夏宗室的废立活动也不再介入和干涉。金和西夏都进入了衰亡时期。

金后期与西夏关系的再调整

成吉思汗在漠北的崛起，对金、夏两政权产生了巨大的影响，蒙古对金、夏的用兵造成了金、夏关系的重大变化。

泰和五年（夏天庆十二年，1205 年），成吉思汗首次对西夏用兵，这是一次试探性的掠夺战争，在攻破边堡掳掠大量人畜财物后迅速撤出。夏久专国政的镇夷郡王李安全废其堂兄纯祐自立，为襄宗。西夏统治者对其北境的强敌并未予以应有的重视。

1. 金夏关系恶化

为了解除对金用兵时来自侧翼的威胁，成吉思汗又先后于泰和七年（元太祖二年，夏应天二年，1207 年）、大安元年（元太祖四年，夏应天四年，1209 年）两次出兵西夏，夏人招架不住，向金求援，卫绍王认为"敌人相攻，吾国之福"，坐视不救，

夏襄宗被迫向蒙古纳女请和。从此，夏采取臣服蒙古，向金进攻的政策，金、夏宗藩关系发生危机。

蒙古撤军后，西夏立刻攻金葭州（今陕西佳县），进行报复。大安三年，李遵顼立，为神宗。他继续执行附蒙抗金的政策，不时侵掠金朝边境州县，却通使如故。当他得知金军败于浍河堡，蒙古军直逼中都的消息后，也派兵乘机侵扰泾、邠二州，围攻平凉府。此后，又不时攻掠金朝边境的保安、泾、会、庆原、积石等州和延安府等地。初，金朝还戒饬边吏不得入夏境，后因夏兵侵扰不已，宣宗贞祐三年（夏光定五年，1215 年），诏议伐夏，以陕西宣抚司奏"不宜轻举"，遂罢议。而夏人自鄜延至环庆、临洮沿边地区侵扰频繁，金也不得不还击。四年（1216 年），金军攻盐、宥、夏、威、灵，安、会等州。兴定元年（夏光定七年，1217 年）诏胥鼎以兵 3 万伐夏，鼎力言"止当备御南边，西征未可议也"，又止。此时，金四面受敌，金宣宗有意与夏和，因庆山奴之言而止。

溪山无尽图

西夏对蒙古称臣，并未能使其摆脱战争的灾难。蒙古常常征调夏兵随军助战。西夏既受制于蒙古，又屡为金军所败，致

使生产破坏，国用匮乏。兴定二年（夏光定八年，1218 年），夏人有和意，要求重开互市，依旧称臣，金朝却未予响应。此后，双方在沿边堡寨互相侵攻不已，也各有胜负。四年，金陕西行省与夏议和，不果。自此金夏关系破裂，"构难十年不解，一胜一负精锐皆尽，而两国俱弊"。

2. 金夏关系再调整

1223 年（金元光二年，夏乾定元年），金哀宗即位，着手解决与西夏和南宋的问题。此时，夏神宗附蒙抗金的政策遭到部分官僚、贵族的反对，他们主张与金议和。这一年，夏神宗命太子德任统兵攻金，德任认为金兵尚强，与其兵连祸结，不如约和。遵顼不予采纳，德任请为僧以避太子位，被囚。御史中丞梁德懿也提出同样建议，被免职。遵顼以 10 万军助木华黎攻金凤翔府，金人坚守，西夏士卒厌战，统兵官见不能取胜，率军退回。蒙古遣使问罪，遵顼让位于次子德旺。

夏献宗李德旺改变其父的政策，决定与金议和。正大元年（夏乾定二年，1224 年）九月，遣使与金修好。次年，和议成。规定两国务用本国年号，夏帝以金帝为兄，互通使节，开放互市。

既与金议和，西夏对蒙古的态度也发生了变化，李德旺趁成吉思汗西征未回之际，联络漠北诸部，共抗蒙古，招致成吉思汗大军的讨伐。1227 年（元太祖二十二年，夏宝义二年，金正大四年）西夏为蒙古所灭。

金、夏互相侵袭，两败俱伤，客观上为蒙古提供了机会，金哀宗和夏献宗虽然扭转了这一局面，但为时已晚，夏、金最终先后为蒙古所灭。

第二节　文化中兴：艺海拾贝　科技撷英

理学开山祖——周敦颐

周敦颐，字茂叔，号濂溪，世称濂溪先生，公认他为宋代理学的开山祖师。他的主要哲学著作有《太极图说》一卷，《通书》四十篇。其思想以《易传》和《中庸》为核心，又接受道教和佛教的影响而构成自己的体系。《太极图说》主要谈天道，《通书》主要谈人事。

《太极图说》里，他系统地论述了宇宙的本源、万物的演化以及人性善恶等问题。认为宇宙的本源是太极，太极的动和静产生出阴阳，阴阳二气交互作用生成水金火木土五种物质元素（即五行或五气），他明确地指出："自无极而为太极，太极动而生阳，动极而静，静而成阴，静极复动"，产生出天地万物和人。阴阳五行是万物生成的必然环节，"无极之真，二五之精（二，阴阳；五，五行），妙合而凝。乾道成男，坤道成女。二气交感，化生万物。万物生生，而变化无穷焉"。天地万物均可经由五行、阴阳的环节，归本于太极。"五行一阴阳也，阴阳一太极也，太极本无极也"。周敦颐的"太极—无极"说规划出一个先于天地万物的宇宙本原，在认识上冲破了传统的"天地父子生成图式"，为后学者开辟了一个新型的思维天地。

周敦颐在《通书》中对《中庸》的"诚"作了进一步的发挥，把"诚"解释为人的至善的本性，是仁、义、礼、智、信这些所谓"主常"的根本。为了达到"诚"的最高境界，他提出了"主静"的修养方法。"主静"就是"无欲"。

张载的完整宇宙论

张载（公元 1020 年～1077 年）是宋代又一理学家，他从另一角度探求世界本原，提出"太虚"本原说，建立了以气为本体的宇宙论，奠定了宋时理学的基础。

他认为"太虚者，气之休也"，气是太虚的具体形态，太虚是气的原初形式，

周敦颐像

中国通史

最新整理图文珍藏版

1764

张载像

所以说："太虚不能无气，气不能不聚而为万物，万物不能不散而为太虚"。世间万物都是某种存在，既是存在，就有具体形态或形状，而具体的形态（状）都是由气凝聚而成，这就叫"凡可状者皆有也，凡有皆像也，凡象皆气也。""气"与"太虚"的关系有如水之与冰，"气之聚散于太虚，犹冰凝释于水"。"太虚即气"遂成为天地万物的本原。

张载指出："盈天地之间者，皆物也""理不在人皆在物。"这是说，世界是物质的，"理"——规律是存在于"物"，而不取决于人的。张载根据"太虚即气"的唯物主义，对"一切唯心"和"有生于无"等佛老唯心主义哲学，给以深刻批判，发展了朴素的唯物主义。

张载的辩证法思想，是建立在"太虚即气"的唯物主义自然观的基础之上的。他的"一物两体"的矛盾学说和"动必有机"的内因发展观，丰富和发展了古代辩证法。

张载是自宋以来第一个从理论高度全面辟佛、道的儒家学者，他的思想体系是

理学的奠基者——二程

程颢（公元 1032 年～1085 年）字伯淳，程颐，字正叔，他们两人是亲兄弟，都是周敦颐的学生。由于哲学思想的一致，人们称他们为"二程"。周敦颐兴理学之始，但程颢、程颐对理学发展却起了突出作用，是理学的奠基人。二程哲学体系的核心是"理"或"天理"。他们的"理"或"天理"是对周敦颐"太极"说的继承和发展。这个"理"不以人们的意志为转移，不受时间、空间的限制，是天下万物

程颐像

都要遵循的普遍原则，是永恒存在的。理不仅是自然界的，也是社会的最高原则。理是先于气（事物）而存在的，人知物"都自这里出"，理是第一性的，气是从属于理的。每一物都由理产生，每一物也就

体现了完全的理，理能产生万物，又能统辖万物。程颢说："天者理也"，认为天就是最高的实体。这个"理"凌驾于万物之上，先于万物而存在，永远不生不灭，不增不减。他又说："父子君臣，天下之定理"。他所讲的永恒的理，就是君臣、父子的封建等级关系，封建伦理道德，这是唯一的理。所以程颐就说："天下只有一个理"。二程主张"明天理"，对劳动人民来说，就是不能违反封建伦理道德。

程颢像

在天人关系上，二程坚持"天人相与"的观点，建立了一种更为精致的"天人合一"说。在认识论方面，二程鼓吹"唯心论"的"先验论"。他们认为，一切知识"皆出于天"，真正的知识、才能并不是在实践中获得的，而是人头脑里固有的。人们只要修身养性，求之于内心，就可以悟出"天理"，认识一切。

二程的学说中，也承认万物变化无穷。程颐说过，"有生便有死，有始便有终"。

但是他们特别强调变中有不变的东西，认为不变才是根本的。这个不变的东西就是道，也就是理。万物的变化，都要受道或理的支配。

《二程先生全书》书影

二程兄弟的思想虽基本一致，但仍表现出不同倾向。程颢重视人的主观精神的作用，提出"心即理"，表现出心学的思想倾向，启发了陆王心学；程颐则表现出理学的思想倾向，他提出"理一分殊"说，这些思想都被朱熹继承和发展，成为朱子学的思想材料。二程思想的不同倾向，导致了后来"洛学"的分化，也为南宋"理学"和"心学"两个独立学派的形成提供了思想因素。

二程所宣扬的理学思想，是同他们的政治保守态度和复古的历史观相联系的。他们都反对王安石变法。王安石提出"新学"，作为实行变法的理论根据。二程对王安石的新学全盘否定。理学家们根据封建的等级制度、法律、伦理道德等，指责王安石变法是"用贱凌贵，以邪妨正"，完全颠倒了是非。王安石为了推行新政，不得不摆脱保守势力，起用一批新人。二程等一班理学家就退居洛阳，洛阳成为理学的根据地。二程的理学被称为洛学学派。

理学集大成者——朱熹

到了南宋时期，封建小朝廷偏安于江南，民族矛盾和农民起义更趋激烈。理学思想在二程学说的基础上又有了发展，代表人物就是朱熹。

朱熹（公元 1130 年～1200 年）早年主张抗金，中年以后转持消极防守。早年除研习儒家经典外，于佛教、禅学、道经、文学、兵法等无所不学。曾受业于胡宪、刘子翚、李侗，得程颢、程颐之传，兼采周敦颐、张载等人学说，集北宋以来各派理学之大成，逐步建立起完整而系统的理学体系。其学派被称为"闽学"或考据学派、程朱学派。他的著作很多，有《四书集注》、《周易本义》、《太极图说解》等。他的弟子还把他在讲学时发表的言论，编成《朱子语类》。

北宋交子

朱熹哲学体系中的基本范畴是"理"。在宇宙观上，他认为"理"是万物生成的本源，也是人类社会的最高准则。"理一分

殊"；万物有万理，万物均源于天理。一理摄万理，万理归为一理。有"理"而后有"气"，"理""气"不可分，但"理"为本而"气"为末，理为先而气为后。

西夏绿釉鸱吻

在认识论上，他主张"格物致知"，认为知识是先天固有的。但由于"利欲所昏"，使"知"有不至。应该用吾心的天理与外物的天理相印证，以推致我先天所固有的知识。

在人性论上他认为"性"是一切生物所据有的天理。他把人性分为天命之性和气质之性，天命之性是"专指理言"，是至善至美的，"理""气"相杂的"气质之性"则有善有恶。他把传统的纲常学说加以理论化、通俗化，把"三纲五常"当作社会的最高道德标准，人们须"去人欲，存天理"、"正心诚意"、"居敬""穷理"以"求仁"。

朱熹是有神论者。他说："帝是理是

主"。上帝就是理，就是万物的主宰者。理是统治一切的。他又说："未有君臣，已先有君臣之理；未有父子，已有父子之理。"不论谁是君，谁是臣，谁是父，谁是子，君臣父子虽然有生有死，但君臣父子的理，也就是忠君孝父的伦理道德是永恒不变的。

朱熹还提出复古的历史观点。他同永康学派陈亮从通信中开展了辩论。朱熹认为夏、商、周三代的帝王是按"天理"行事的，因此出现盛世；汉朝和唐朝的皇帝是照"人欲"行事的，因此出现乱世。他主张要恢复三代之治，走历史的回头路。这就暴露出朱熹在政治上倾向保守的一面。

从南宋后期起，朱熹所提出的程朱理学被统治者尊为正统，长期居于统治地位。

除了建立一套哲学理论外，朱熹和他的弟子们，在学术文化上做了大量工作，涉及政治、宗教、教育、文学、艺术和科学技术等各个领域。朱熹为了"致知"，他博览各种图书，接触到许多知识部门，包括自然科学知识。他说地球是由物质的气凝聚而成的。地球是圆形体的。月亮本身没有光，月光是日光的反射。朱熹一生创办书院，收罗门徒，从事教育工作。他的博览精神、治学态度和治学方法，对当时和后世学者，产生较深的影响。

朱熹亲手制订了《白鹿洞书院学规》，规定学习的程序和方法是："博学之，审问之，慎思之，明辨之，笃行之"。他提出了：学、问、思、辨、行这五个字，是他办学的一套比较完整的经验。他是提倡"循序渐进"的学习原则的。这是符合认识发展规律的。他还提倡"熟读精思"的学习方法，认为"大抵读书，先须熟读，使其言皆若出之于我之口；继之精思，使其意皆若出之于我之心，然后可以有得耳"。读书是否有所得，要看能不能把书本知识加以消化，变为自己的东西。朱熹也强调学是为了用。他说："大抵读书须要看

那道理是何作用。只读过便休，何必读书。"这些都是作为教育家的朱熹的经验之谈。由于有广博的知识和独到的眼光，朱熹在整理文献、考证文字、注释古书等方面，取得了一定的成就，为发展中国古代文化作出了贡献。

王安石新学

王安石（公元 1021 年～1086 年）不仅是著名的文学家、政治家，还是个著名的思想家。他的学说当时被称为"新学"，与理学家的理论是格格不入的。他的新学自成一个学派，被理学家们视为离经叛道的东西。

圣母殿

王安石生平有三句名言：

天变不足畏，
祖宗不足法，
人言不足恤。

这三句话，最集中地反映出他的世界观是倾向唯物主义的；在政治上是反对抱残守缺，墨守成规，而主张变革现状，除旧迎新的。

王安石认为"尚变者天道也"。作为

自然界的天是经常在变的。日蚀、月蚀、飓风、水灾、山崩、地震、雷电等，都是难以避免的自然现象。自然界的这些变化，同国家的盛衰没有直接联系。王安石说，"天变不足畏"，人们不应当害怕这些自然灾害。正因为有这么多的自然灾害，就要"修人事"，以人力去战胜自然，决不能束手无策。这是人定胜天的思想。

他又认为天地万物是由金、木、水、火、土五种元素构成的。"行"就是运动、变化的意思。他说五行是"往来于天地之间而不穷者也。"五行的变化是无穷的。

王安石还认为人类社会是不断前进的，总是新的代替旧的。因此他提出了"新故相除"的思想，也就是新陈代谢的意思。在这一思想引导下，他坚持主张要实行变法，就是"变风俗，立法度"，旧制度不能作为当今立法的依据。所以他说"祖宗不足法"。

晋祠侍女像

王安石感到，古今时代不同，当代的知识要比前代更加丰富。要不断取得新的知识。王安石看不起当时那些死守孔孟教条的"儒者"，认为当时"所谓儒者，大抵皆庸人"。对于他们那一套气势汹汹反对变法的论调，用不着去顾虑。所以他又说，"人言不足恤"。王安石明确表示："祖宗之法，未必尽善"，"可革则革，不足循守。"王安石的新学，就是他在宋神宗时代实行变法的思想基础。

古文运动

宋初骈体文占统治地位，柳开、王禹偁以继承韩愈、柳宗元的古文传统为己任，穆修、苏舜钦等相继而起。宋仁宗时，欧阳修登上文坛，倡导流丽畅达，骈、散结合的散文新风，主张"其道易知而可法，

鱼沼飞梁

其言甚明而可行"，成为北宋古文运动的领袖。欧阳修从理论上提出"道胜者文不雅而自至，"并根据实践经验有所取舍：就道而言，趋向平实，就文而言，趋向平易。他反对"舍近求远，务高言而鲜事实"的文章，也反对"弃百事而不关于心"的态度，主张为现实、为时事而创作；使古文从高谈道统的理论文变为实用的散文。而且，他还以自己丰富的诗文创作来实践自己的理论，写出许多为时为事的作品。散文有《与高司谏书》《五代史伶官传序》《泷冈阡表》《醉翁亭记》等名篇，诗歌有

《食糟民》《答杨子敬两长句》《明妃曲》等卓然不群之作。宋嘉祐二年（公元1057年），欧阳修始任知贡举，于是，便借助行政职权严格禁止考试用华而不实的骈文，而提倡平实朴素的文风，并通过此来选拔诗文革新的后起之秀。苏洵、苏轼、苏辙父子，梅尧臣、王安石、曾巩等人，都是在他的直接或间接的培养和鼓励下成长起来的。在欧阳修的热情努力下，北宋诗文革新运动终于取得了重大胜利。

彩绘砖雕·推磨

在欧阳修的弟子中，为诗文革新运动立下大功的是苏轼。他不但勤于创作，提拔青年上也不遗余力。苏轼诗文创作的特点是重视"文"。他论道论文，远异于柳开、石介诸人，亦不同于欧阳修、王安石等。他讲道，不局限于孔孟儒家之道，而是指天地间每一事物背后的"内在物理"。他讲文，是"求物之妙"，"了然于心"和"了然于口与手"的辞达之文。一扫浮艳、用典和艰涩，使诗文革新运动步入新阶段，将西崑体扫入历史的垃圾堆。而出自他名下的黄庭坚、秦观、张来、晁无咎和陈师道、李鹰等，后来也都成为文坛著名人物。如果说欧阳修奠定了北宋诗文革新运动胜利的基础，那么，苏轼则是最后完成它的人。

欧阳修与"唐宋八大家"

向先人韩愈学习

欧阳修是我国著名的文学家。庐陵（今江西永丰）人。他4岁的时候，父亲病死，母亲带着他到随州（今湖北随县）依靠他叔父生活。欧阳修的母亲一心想让儿子读书，可是家里穷，买不起纸笔。她看到屋前的池塘边长着荻草，就用草杆儿在泥地上划着字，教欧阳修认字。幼小的欧阳修在母亲的教育下，很早就爱上了书本。

欧阳修10岁时候，经常到附近藏书多的人家去借书读，有时候还把借来的书抄录下来。一次，他在一家姓李的人家借书，从那家的一只废纸篓里发现一本旧书，他翻了一下，知道是唐代文学家韩愈的文集，就向主人要了来，带回家里细细阅读。

欧阳修像

中国通史

最新整理图文珍藏版

宋朝初年的时候，社会上流行的文风讲求华丽，内容空洞。欧阳修读了韩愈的散文，觉得它文笔流畅，说理透彻，跟流行的文章完全不一样。他就认真琢磨，学习韩愈的文风。长大以后，他到东京参加进士考试，连考三场，都得到第一名。

《欧阳文忠公集》

《醉翁亭记》

欧阳修二十多岁的时候，他在文学上的声誉已经很大了。他官职不高，但是十分关心朝政，正直敢谏。当范仲淹得罪吕夷简、被贬谪到南方去的时候，许多大臣都同情范仲淹，只有谏官高若讷认为范仲淹应该被贬。欧阳修十分气愤，写信责备高若讷不知道人间有羞耻事。为了这件事，他被降职到外地，过了四年，才回到京城。

这一回，欧阳修为了支持范仲淹新政，又出来说话，使朝廷一些权贵大为恼火。他们捕风捉影，罗织欧阳修一些罪名，朝廷又把欧阳修贬谪到滁州（今安徽滁县）。滁州四面环山，风景优美。欧阳修到滁州后，除了处理政事之外，常常游览山水。当地有个和尚在滁州琅琊山上造了一座亭子供游人休息。欧阳修登山游览的时候，常在这座亭上喝酒。他自称"醉翁"，给亭子起个名字叫醉翁亭。他写的散文《醉翁亭记》，成为人们传诵的杰作。

唐宋八大家

欧阳修当了十多年地方官，宋仁宗想起他的文才，才把他调回京城，担任翰林学士。欧阳修担任翰林学士以后，积极提倡改革文风。有一年，京城举行进士考试，朝廷派他担任主考官。他认为这正是他选拔人才、改革文风的好机会，在阅卷的时候，发现华而不实的文章，一概不录取。考试结束以后，有一批落了选，对欧阳修十分不满。一天，欧阳修骑马出门，半路上被一群落选的人拦住，吵吵嚷嚷地辱骂他。后来，巡逻的兵士过来，才把这批人赶跑。

经过这场风波，欧阳修虽然受到了一些压力，但是考场的文风就发生了变化，大家都学着写内容充实和朴素的文章了。

欧阳修不但大力改革文风，还十分注意发现和提拔人才。许多文采并不那么出名的人才，经过他的赏识和提拔推荐，一

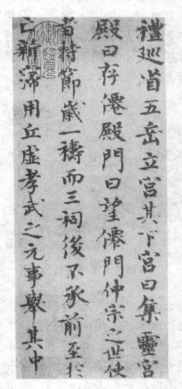

欧阳修书法

个个都成了名家。最出名的是曾巩、王安石、苏洵和他的儿子苏轼、苏辙。在文学史上，人们把欧阳修等六个人和唐代的韩愈、柳宗元合起来，称为"唐宋八大家"。

欧阳修赋诗戏"才子"

欧阳修写农村自然景色的小诗《田家》，多少年来，被世人称颂为精品传诵下来：

> 绿桑高下映平川，
> 赛罢田神笑语喧。
> 林外鸣鸠春雨歇，
> 屋头初日杏花繁。

这首小诗，诗人用细致的工笔画，描绘出江南地区的一派浓丽的春光。动、静结合，从动中表现静。人们笑语喧哗，自然界花开鸟叫，这一派热闹风光，更加深了农村自然景色中恬静的诗意。欧阳修的诗写得如此好，被世人称道，很快就成了著名诗人。但某公自以为才高八斗，听说欧阳修擅诗，心里颇不服气，于是就去找欧阳修，欲一比高低。

磁州窑童子戏鸭图瓷枕

一天，这人吃完早饭，离家去见欧阳修。他行至半路，见一大枯树，口出两句："门前一枯树，两股大桠杈。"吟出这两句，想了半天，硬是想不出后两句来。恰巧，欧阳修从此公身后经过，见此状，随即替他续了两句："春至苔为叶，冬来是雪花。"

此人听了不禁大喜，便说道："你也会做诗，正好咱俩一同去和欧阳修一比高低。"这样，他俩一同往前赶路。

磁州窑白釉黑花婴戏图瓷罐

来到河堤上，一群鸭子正在下水。那人又口出两句："一群好鸭婆，一同跳下河。"

说出这两句，停了半响。欧阳修用大诗人骆宾王的名句为他续了下句："白毛浮绿水，红掌拨清波。"那人听了后，虽有些尴尬，但仍不自量力说："好啊，这就成了一首好诗了。"欧阳修听了不语。后来，二人一同渡河，那人似诗兴不减："两人同登舟，去访欧阳修。"欧阳修不动声色，一语双关："修已知道你，你还不知修（羞）。"

司马光与《资治通鉴》

从小就喜欢读史书

司马光，字君实，陕州夏县（今山西夏县）人。他从小聪颖过人，勤奋好学，酷爱史书。5岁时就能熟练背诵《论语》、《孟子》等古文篇章，7岁时，听人讲解

《左传》，就能理解它的基本思想，并且还能生动地讲给家里人听。除此之外，年少时，他就读了《史记》、《汉书》等史书，对于这些书籍，梢能了解文章大意，就手不释卷，甚至忘记饥渴寒暑。他热爱读书，用他自己的话说是"自幼至老，嗜之不厌"。仁宗宝元初年，也就是司马光刚满20岁那一年，他考中进士甲科，授奉礼郎。司马光的这些早年的经历对他以后治史产生了重要的影响。

司马光像

司马光在长期阅读史书的过程中，他对于中国古代的史书有着深切的感受，他认为中国古代的史书虽然很多，可是由于没有一部书系统地记载从古到今的历史，所以造成了中国古代历史的纲目不清，给研究历史的人带来了一定的困难和不便。所以，他决定要集采众家史书的长处，着手编写一部以年为经，以国为纬，有鲜明时间和空间特色的史书，方便后人读史，也使中国古代的历史记载不再由于朝代的更迭而被分割得支离破碎。

编写新的史书

而当时的皇帝宋英宗为了维护帝王的统治，也很想请那些学识渊博的大学士编写一部有关历代君臣事迹的书，供后世帝王借鉴和仿效。司马光把自己的一些设想和英宗的想法糅合到一起，就承担了这项工作，开始着手编写新的史书。

司马光采用《左传》编年记史的方法，从战国开始写到崇二世时期，起草完成了《周纪》5卷，《秦纪》3卷，总共是8卷的编年史，合称为《通志》。

到公元1066年，就把它作为样书呈送给英宗皇帝。结果，这部《通志》受到了英宗的肯定和支持。英宗鼓励司马光继续编写，并且还下令设置书局（在汴京城的崇文院），让司马光带领着一批历史学家如范祖禹、刘恕、刘颁等进行编写。这批历史学家根据各自的爱好和特长，进行了不同的分工，与司马光密切配合，正式开始编撰从古至今的一部通史。

宋英宗去世后，继位的宋神宗也十分重视这部史书的编写工作，他建议把书名定为《资治通鉴》，还亲自为书作序，命司马光每日进读。"资治"就是帮助皇帝治理好国家，"鉴"是镜子的意思。"资治通鉴"就是这部书能够使皇帝借助历史这面镜子来分清是非功过和利害得失，以求作为统治阶级巩固封建政权的借鉴。

司马光在编写过程中，态度特别认真，史料记载说他在每次编写一个内容之前，都要先广泛收集史料，包括正史。杂史等，然后本着实事求是的态度，考证史料的真伪，继而拟定总提纲和分目提纲，根据时间先后顺序排比史料，删繁就简，咬文嚼字进行编写。

因为司马光是总纂官，所以他还要呕

心沥血地修改稿子，手下的历史学家所写的每部书稿他都要亲自过目，据说当时经他修改过的书稿堆满了两间屋子，里面没有一个草字，写的都是楷书。

《资治通鉴》书影

司马光为编写《资治通鉴》付出了自己毕生的心血和精力。他从公元 1065 年开始，到公元 1084 年成书，前后共用了 19 年时间。他 19 年如一日，废寝忘食、夜以继日地工作。

为了不使自己因过度劳累睡过了头，耽误写书的时间，他曾经专门请人制造了一个圆木枕。睡觉时，只要圆木枕轻轻一动，头就会落枕，把自己从睡梦中惊醒，这样他就可以早点起来继续写书，司马光的那个圆木枕就被人们称为"警枕"。司马光的这种勤奋治学、一丝不苟的精神广为人们称道。

司马光所编写的《资治通鉴》一书中记述了从公元前 403 年至公元 959 年总共 1362 年的历史，共 294 卷。

完整地介绍了各个朝代重大的历史事件的前因后果，各种政治、经济制度和文化成就。还记录了一些重要历史人物的事迹和思想。司马光编写《资治通鉴》的目的主要是为封建统治阶级服务的，可是客观上，《资治通鉴》一书也继承和完善了我国史书中的编年体记史的体例，对中国历史文化的传播做出了重大贡献。

宋徽宗鹰击长空展宏图

鹰击长空

不少史籍都记载了赵佶做皇帝之前作为皇帝贵族成员的一些琐事。我们从中发现，比起其他皇室成员的饱食终日、无所用心来，赵佶显得胸有城府。他很少参与其他那些胸无大志的亲王们组织的宴游活动，成天深居独处，不是练字作画就是习兵舞剑。对朝中大臣，他也总是彬彬有礼，随时保持着一个谦虚的姿态。这使得朝廷上下对他怀有一致好感。有一天，负责观察天象的官员郭天信来到他的居室，悄悄告诉他说："王星将入宫室（星座），端王将君临天下。"这是毫无根据的推测，但这种话多说几句也无妨。说对了算是拍准了马屁，说不定有朝一日仅凭这几句话就平

宋徽宗像

步青云，说错了也不会被人知道，因为亲王如果把这话传出去，招来杀身之祸的只能是他自己。所以郭天信这类官员经常玩弄这种投机钻营的把戏，然而说者无心，

听者有意，赵佶竟然因此高兴得几天几夜没有睡好觉。他挥笔绘成了一幅气势非凡的《鹰击长空图》：一只临空翱翔的巨鹰，背负青天，俯瞰着江山万里。

赵佶梦想成真

万万没有想到赵佶居然几天之后便梦想成真——他病了一年的哥哥宋哲宗赵煦去世了。哲宗无子，该从弟弟中选出一人继承皇位。尽管哲宗的弟弟很多，但赵佶依然充满信心。凭他平日与朝中大臣的良好关系，以及当时掌有国家大权的向太后对他的厚爱，他相信皇冠最终会落在他的头上。终于如愿以偿，但远不是赵佶所想象的那样顺利，要不是向太后的力争，他的愿望终将化为泡影：哲宗刚一驾崩，向太后便召来群臣商议皇位继承人，她哭着对群臣说："国家不幸，皇帝无嗣，亟应择贤继立，慰安中外。"大臣章惇回答道："依照律令，应立简王。"向太后反对道："说起来诸王都是神宗的庶子，谈不上该立谁不该立谁。"章惇又说："即使如此，也

该立庶子的长子申王。"太后又反对道："本来是该立申王，但他有眼病，不便作君王。所以依次下来，也就只好立端王了。"大臣章惇一听反驳说："端王自来有些轻佻，怎能做天下君主呢？"太后说："这就不对了，先帝在世时就曾经说过，端王有福寿，而且仁孝，与诸王都有所不同。"其他大臣见向太后如此固执己见，都明白了向太后的心思，于是纷纷附和起来。一个叫曾布的大臣吼道："章惇从未和我们商量过，如今怎能在这里擅做主张呢？依我看还是太后出一道圣谕也就行了。"蔡卞、许将也齐声应道："合依圣旨。"章惇一见自己势处孤立，知道争执下去也没有用，只好缄口不言。这时，赵太后趁机宣读圣谕，将皇位的继承权交给了赵佶。不过这一切对于后来已经当了皇帝的赵佶来说都并不重要了。他在以后的一生中最记忆犹新的只有元符三年（公元1100年）正月初八那个难忘的日子。哲宗去世的消息是那天早晨从宫中传出来的。当时，寒风卷着漫天

赵佶·
夏日诗帖

黄沙，呼叫着冲向京城的千家万户，也从紫禁城中那些辉煌巍峨的飞檐斗拱间匆匆掠过。他当时正在离紫禁城不远的端王府内，听到这一消息，他预感到将要发生一场改变他今后命运的大事，于是再也按捺不住了。他时而侧耳倾听，时而翘首张望，焦急地在殿廊下踱来踱去，还一次次望空合掌，默默地祈祷……

就在这时，一阵急促的马蹄声乘风而来，两个小黄门冲进王府，还没有收紧缰绳就叫了起来："太后圣谕，端王即刻进宫！"赵佶未等到话音落地，便翻身上马，带领一群护从跃出府门来到了皇宫。他刚进皇宫就被带到了宋哲宗灵前。他在灵前做的第一件事并不是举行告别哲宗的仪式，而是举行皇帝登基典礼。

苏门六君子

苏门六君子和苏门四学士指的都是经过苏轼提携的，有才华的青年人。

苏门六君子指苏门四学士及陈师道、李荐。苏门四学士是指北宋文学家黄庭坚（公元 1045 年～1105 年）、秦观（公元 1049 年～1100 年）、晁补之（公元 1053 年～1100 年）和张耒（公元 1054 年～1114

苏堤晚晴

年）。

苏轼是继欧阳修之后主持北宋文坛的领袖人物，在当时的作家中享有盛誉，一时与之交游者或接受其指导者甚多，黄、秦、晁、张、陈、李都得到苏轼的培养、常识、奖掖，除李荐外其余五人皆受苏轼主荐为官。他们皆以诗文为苏轼赏识荐拔，与苏轼友谊笃厚，关系在师友之间。其中，

三苏祠

苏轼又最欣赏和重视黄、秦、晁、张。他曾说："如黄庭坚鲁直、晁补之无咎，秦观太虚、张耒文潜之流，皆世未知，而轼独先知之。""苏门六君子"只是表明他们都得到过苏轼的垂青和指导，接受过他的文学影响，但不是说他们与苏轼可以统称为一个文学流派。实际上六君子风格各异，受苏轼影响的程度有差别，文学风格也不尽相同。如黄庭坚的诗自创江西诗派，与苏轼并称苏黄。秦观的主要成就在词，但他的词都不走苏轼的路子，而专以纤丽婉约见长，为婉约派代表作家。张耒以诗见长，平易浅近。晁补之诗词稍逊，而擅古文。陈师道（公元 1053 年～1102 年）亦为江西诗派代表作家。李荐（公元 1059 年

中国通史

最新整理图文珍藏版

~1109 年）元丰中以文谒苏轼于黄州，其文条畅曲折，辩而中理，为苏轼称赏，后举进士不第，绝意仕途。南宋人曾辑黄、张、晁、秦、陈、李之文为《苏门六君子文粹》。

白衣卿相

北宋前期，最负盛名的词人是柳永。柳永（公元 987 年? ~ 1053 年?），原名"三变"，字耆卿，崇安人（今属福建）。

柳永少年时到汴京应试，由于擅长词曲，熟悉了许多歌妓，并替她们填词作曲，表现了一种浪子作风。当时有人在仁宗面前举荐他，深受理学熏陶的仁宗批了四个字："且去填词"。柳永受到这种轻蔑和打击后，变得玩世不恭，自称"奉旨填词柳三变"，在汴京、苏州、杭州等地过着流浪生活，并自称"白衣卿相"以对抗科举的功名。

柳永是北宋第一个专力写词的作家。由于他能够吸收民间文学的新鲜血液，学习民间语言，所以他的词大都通俗易懂，音律和婉，大得声称于世。他第一个大量写作慢词，对宋词由小令而慢词的发展，对词的表现领域的扩展，均有开拓之功。当时与秦观、周邦彦并称，谓之"秦柳"、"周柳"。他的恋情词、羁旅行役词，真情毕现，极具个性，是其代表。其艺术特点是：音律谐婉，词意妥帖，写景抒情，都能委曲尽致，他的《乐章集》传词近二百首。《乐章集》中大部分词是写妓女生活和羁旅行投的，表现出柳永对歌妓的同情和自身怀才不遇的情感及离情别绪，其中《雨霖铃·寒蝉凄切》流传尤广。由于他的词大量吸收口语入词，所以深受当时一般市民爱好，流传极广，相传当时"凡有井水饮处，即能歌柳词"。

豪放派领袖——苏轼

苏轼（公元 1037 年 ~ 1101 年）在词的发展史上是开一派先河的大家，他的作品冲破了词坛上的狭隘局限，为词开辟了较为广阔的天地，在北宋词坛上竖起了一座丰碑。

定窑白瓷童子诵经壶

苏轼作词不拘一格，挥洒自如。他一方面将写诗的豪迈气势和遒劲笔力贯注词中，一方面尝试用散文的句法写词，在词中发议论，偶尔兼采史传、口语，给人们以清雄之感。他的词结构变化多端，写景、抒情和议论融为一体，有巨大的艺术表现力。

苏轼首先在词的题材上开疆拓土，扩

大了词反映社会生活的范围，提高了词的意境，使词成为一种独立发展的新诗体。广至大千世界，深至个人内心，举凡记游、怀古、说理、感旧、田园风光、贬居生涯，苏轼都一一纳入词中，使原先局促黯淡的词境豁然开朗，为宋人开辟了一块可在其上与唐人诗歌方面的成就争雄况胜的天地。［念奴娇］《赤壁怀古》和［水调歌头］《丙辰中秋……兼怀子由》这两首词集中体现了苏词的思想艺术成就。这两首词笔涉天地古今，境界开阔高远，既抒写了个人的失意惆怅，又表现出旷达超脱的情怀，一改词流连于"花间"、"樽前"的旧传统，展示了雄浑豪放的格调和社会人生的广阔领域。苏轼由此被视为豪放派的领袖。

秦观与《淮海词》

秦观（公元 1049 年～1100 年）是苏门四学士之一，词、诗、文皆工，而以词著称，是婉约派的代表作家，其词集名为《淮海词》。

秦观像

秦观词的内容，局限于描写男女恋情和抒发个人愁怨，以"情韵兼胜"著称，

感伤色彩较为浓重。柳永的词在这方面对他颇有影响。秦观词的艺术成就很高。他比较注重晚唐五代以来词体形成的婉约本色，善于通过凄迷的景色、婉转的语调表达感伤的情绪。秦观在这方面继承了柳永的某些表现手法，但又避免了柳永的俚俗和发露无余，而以淡雅含蓄取胜。秦观在北宋以后几百年都被视为词坛第一流的正宗婉约派作家，他的词风对后来的许多著名词家如周邦彦、李清照直到清代的纳兰容若等，都有显著的影响。

贺铸与《东山词》

贺铸（公元 1052 年～1125 年），字方回，北宋卫州（今河南汲县）人。他才兼文武，愤世疾俗，不事权贵。一生仕途蹭蹬，沉郁下僚。晚年退居苏州，自号庆湖遗老。今传有《东山词》，存词近300 首。

贺铸为北宋著名词人。他的词以抒发个人闲愁为特色，但坎坷身世，落寞情怀，却又富于人生况味。他善用比兴之法。构成新的意象、新的格局和境界，而不落寻常俗套。他善化前人的成句，来加强词的抒情气氛，但华赡有余而真性不足。他精通音律，声歌弦管，自成新调。他喜用密集的韵脚，错综的韵声，造成跌宕回环的节奏和抑扬顿挫的音律。他寄兴无端，风格多变，柔情缠绵于笔端，豪气腾涌于腕底，至有"幽索如屈、宋，悲壮如苏、李"之誉。

江西诗派

江西诗派是北宋以来古文运动的重要成果之一。它的开创者是黄庭坚。黄庭坚

中国通史

最新整理图文珍藏版

（公元1045年～1105年），字鲁直，分宁（江西修水）人，自号山谷道人，又自号涪翁。

黄庭坚的诗歌创作，是在面对着长江大河一般的唐诗和欧阳修、苏轼的宋诗的挑战下开始的。他想新创一条自己的道路。他说："文章最忌随人后"，又说："自成一家始逼真"。要想实现创新的雄心，他走的是与众不同之径。他的社会接触面比杜甫、韩愈小得多，比欧阳修、苏轼也小得多，长期的书斋生活使他无法在反映现实、评论时事、抒写真怀上与前辈诗人争一地之长，只好到书本知识和写作技巧上寻找超人之处。他虽然也说过学诗"要先以识为主"，但他所指的"识"不过是要"潜心"体味古人诗作而已。黄庭坚之所以能

黄庭坚像

自成宗派，并成为当时人和后人学习的典范，与他的做诗主张和做诗方法分不开，其中最突出的有下述几点：

一、夺胎换骨法。黄庭坚说："诗意无穷，而人才有限，以有限之才，追无穷之

意，虽渊明、少陵不得工也。不易其意而造其语，谓之换骨法；窥之其意而形容之，谓之夺胎法。"简言之，夺胎法即点窜古人诗句，借用前人诗意，改为自己的作品；换骨法即意同语异，用前人的诗意，而以自己的语言出之。王安石有诗云："祗向贫家促机杼，几家能有一钩丝"，黄庭坚改换五字为："莫作秋虫促机杼，贫家能有几钩丝"。这就是换骨法。

二、字字有来处。黄庭坚说："自作语最难。老杜做诗，退之作文，无一字无来处。盖后人读书少，故谓韩杜自作此语耳。古之能为文章者，真能陶冶万物，虽取古人之陈言入于翰墨，如灵丹一粒，点铁成金也。"字字有来处，就是要求搬弄典故，使用古语。他的《戏呈孔毅父》诗说："管城子无食肉相，孔方兄有绝交书"，在短短的两句诗中连用四个典故。

三、拗律。杜甫的七律，已有拗体。韩愈也曾借拗句以推陈出新，胜过旁人。拗律是交换平仄，使诗的音调反常；拗句是句法的组织改变，使文气反常。但杜甫、韩愈，都是偶一为之。到了黄庭坚，这两种方法便被大量地用于诗歌创作之中，成为他的特格。后来又有单拗（将句中平仄二字交换）、双拗（两句中平仄二字对换）、吴体（每对句中的第五字以平声谐转）等名目，在诗坛广泛传播。

四、去陈反俗，好奇尚硬。去陈反俗是黄庭坚做诗的最高信条；好奇尚硬是他做诗的法与格。他说："宁律不谐，而不使句弱；用字不工，不使语俗。"别人常用的字眼和鄙俗的调子，他一概洗除净尽，专搜求拗律、拗句、险韵、怪典。

黄庭坚有诗歌创作的大量作品，又有一套相对完整的理论和具体的做诗技巧指南，因而，在他周围逐渐形成一个诗歌团体。后人称之为"江西诗派"。

江西诗派因黄庭坚是江西人而得名，

而诗派中的其他诗人也并不都是江西人。后来，北宋末、南宋初的吕本中撰写了《江西诗杜宗派图》中提出了"江西诗派"的称呼，并把黄庭坚作为诗派的创始人，又列举了陈师道等二十四人为这一派的成员。然而，别人把他也归入了江西诗派之中。其实，在吕本中所列举的诗人中，其理论主张和创作实践并不完全一致，有的诗人还不承认自己是江西诗派。徐俯对于吕本中列他于宗派中很不满，说："我乃居行间耳。"韩驹是江西诗派中除黄、陈以外的大诗人，他也不甘于在江西诗派，《后村诗话》说："子苍蜀人，学山苏氏，与豫章不相通。吕公强之人派，子苍殊不乐。"虽然如此，但作为一个诗歌流派，江西诗派又确实有着黄庭坚影响之下的共同特征。江西诗派对北宋后期诗歌创作有很大的影响。

《通志》

郑樵（公元 1104 年～1162 年），兴化军莆田（今属福建）人。徽宗宣和元年（公元 1119）其父亡故后，他隐居山野，潜心研究史学，历经四十余年，著成继司马迁《史记》之后的一部大型纪传体通史——《通志》。

《通志》是一部纪传体通史。记事上

花形金盏托

木缘塔

起三皇，下迄于隋。辟本纪十八卷，年谱四卷，略五十二卷，世家三卷，列传一百一十五卷，载记八卷。仿司马迁之作，于《史记》五体外，本《晋书》为载记，又改表为谱，改书为略。本纪、世家、列传、载记系综合诸史旧文，损益而成。唯年谱略出于新创。二十略尤为精心编撰之作，集中反映郑樵史学思想学术观点，其中礼、职官、选举、刑法、食货五略，系节录《通典》；氏族、六书、七音、天文、地理、都邑、谥、器服、乐、艺文、校雠、图谱、金石、灾祥、昆虫草木十五略，则为多年搜讨，独出心裁之作。如氏族略记载了各个氏族的由来；校雠略阐明了整理图书、辨章学术的方法；图谱略指出了图表与书籍的相互作用；金石略扩大了史料研究的范围；六书略、七音略开启了文字音韵之学的新途径。

《二十略》的成就，除将史学的研究

范围从典章制度的分析扩展到对于社会、文化及自然史方面外，作者还宣扬其无神论思想。他批判董仲舒的阴阳五行之学，他还强调修史的真实反映性，把任意歪曲历史事实的修史主张斥为"妄学"，反映出他的求实精神。郑樵的《通志》的成就，今有人将他与司马光并称为两宋史学上的"双子星座"而《通志》则与《通鉴》、《文献通考》合称为"三通"。

《汗简》

郭忠恕（公元？～977 年），字恕先，河南洛阳人。小时候聪明伶俐，七岁应童子科及第。后周时被召为宗正丞兼国子书学博士。郭忠恕善画山水，尤工界画，他的界画以准确、精细著称。传世作品为《雪霁江行图》。郭忠恕多才多艺，擅长篆、隶书，精通文字学。

郭忠恕对中国文字学的最大贡献，就是编成其专著《汗简》。北宋初年，郭忠恕着重于"六国文字"的搜集和整理，著成了第一部整理"六国文字"的专著——《汗简》。"六国文字"实际是战国时期秦以外东方各国使用的书写文字，这种文字主要书写于经传古籍的抄本。《汗简》此书名取典于古人所谓"杀青"，即用火烤竹，把水分蒸发掉，便于书写和保存，表明作者搜集原文字主要来源于古代简册。

《汗简》所搜集的古文来源于《古文尚书》、《古周易》等七十一种古籍和石刻材料，所取字数不等，有的近五百，有的只一个。该书体例完全遵照《说文》，按五百四十部排列文字，正文为摹写的古文形体，各种异体尽量列出，释文用楷写今体，不作隶古定，每个字都注明出处，详尽有致，便于查录。

该书在当时受到极大重视，但宋以后，许多学者就因所收字形无从核实，所收字体又较怪异，既与出土的青铜铭文不合，又有大批不能从《说文》中找到根据，以及不少改变《说文》所从部首，而另从郭氏自定部首等对《汗简》提出了怀疑、非议。《汗简》因此不被文字学界看重。

随着大量战国文字材料的出土面世，该书的价值日渐揭晓。现已成为识读战国文字的重要参考材料。

《三经新义》

熙宁八年（公元 1075 年）六月，宋朝廷颁行《三经新义》，作为学校的教材。熙宁元年（公元 1068 年），王安石以翰林学士侍讲《尚书》，宋神宗曾要求王安石重新训释六艺。熙宁五年，宋神宗又对王安石谈及当时经术人人乖戾，督其将所著颁行于天下。

党项穹庐家族岩画

王安石改革科举，整顿学制后，公元1073 年设置经义局，王安石提举经义局，目惠卿兼修撰，王雱兼同修撰。从新进士中选拔余中、朱服、邵刚、叶唐懿、叶杖、练亨甫等，充国子监修撰经义所检讨。王安石复相后，重又主持此事。公元1075年六月，撰成《诗义》、《书义》、《周礼义》五十五卷进呈赵顼，颁于学官。

绢画千手观音像

《诗义》、《书义》、《周官义》（即《三经义》）的训释主要是根据王安石的经说立论的，其中《周官义》是王安石亲自执笔。王安石治经，不拘于章句名物，认为"圣人之术，在于安危治乱"。《三经新义》以王安石的思想为基准，所以公认《三经新义》是王安石的著作。包含着变法思想的内容、新义打破"先儒传注"，依托儒家经典宣传变法革新的思想，一时号称"新学"。

《三经新义》颁行以后，太学和各州县学都以此为主要教材，科举用它作为应试的标准。在此后50多年间，几乎支配了整个教育文化部门。

郭熙山水画

郭熙（公元1023年~1085年）是河阻温（今河南省温县）人，主要活动于北宋仁宗、神宗时。神宗熙宁初进入翰林图画院为艺学。他作画以构景巧妙著称，到晚年又发展出自己的特色，既能作李成派擅长的平远寒林，也善于作丘壑雄深、云烟变灭的巨制，尤其长于通过景物表现气氛。他曾画《秋景烟岚》《春雨晴霁》《冬阴雪密》等图，都是着重表现季节和朝暮、阴晴、雨雪变化之景。他深究画理，"凡画山水，须远近浅深、风雨明晦，"四时朝暮有所不同。在取景方法上提出高远、深远、平远的"三远法"。有了对自然界的长期观察，故所作山水画，春山艳冶如笑，夏山苍翠如滴，秋山明净如妆，冬山惨淡如睡。

郭熙传世作品较多，署款并有纪年的有《早春图轴》、《关山春雪图轴》（约公元1072年）和《窠石平远图轴》（公元

窠石平远图轴

1078年）三幅，又有《树色平远图卷》、《山村图轴》、《幽谷图轴》等，没有款识，

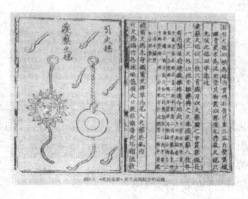

《武经总要》书影

一般也认为是他的作品。《早春》是公认的郭熙代表作，在绢上用水墨作画。他利用淡墨的微妙变化，尽量减少景物在远近和晦明上的色差，来表现含蓄的景物，把由于春天空气中水蒸气增多，影物笼罩在淡淡的阳光下显得模糊不定的气氛烘托出来，很好地体现了他在《林泉高致》中所说"春山淡冶而如笑"的境界。在李成真迹不传的今天，这幅画堪称是代表李郭画派最高水平的巨制。

一代宗师李成

山水景物先是在人物画中用作配景的，大约在唐代逐渐形成独立的画种。北宋时，山水画在题材、风格、技法上均有重大发展，李成、董源、范宽三人被称为宋初三大家。后世称这三家为"百代标程"。

三家中，李成被北宋人公认为宋朝最重要的山水画家。李成（公元919年~967年），字咸熙，原籍长安（今陕西省西安市），为唐朝宗室之后，在北宋只生活了八年，主要创作活动在五代末，

但北宋人都公认他是本朝最重要的山水画家。

李成的山水画学习荆浩、关仝，继承了荆浩、关仝的北方山水画派的特点，并发展成新的风格。他擅长画平远寒林，能够真实生动地表现开旷和深远，有很高的写实技巧。他的画山水风格淡雅，笔墨秀润，画石如飞动的云头，画林木多用尖笔（毫锋颖脱），景物富于变化，尤长于用淡墨表示多层次的、烟笼雾约的平远之景。后人说李成"惜墨如金"就是指他作画淡雅含蓄，少用浓墨重笔而言。

李成的作品传世极少，北宋后期大鉴赏家米芾就说他平生只见到两件李成真迹，而伪者却见过三百本。流传至今传为李成的作品中已经没有真迹，但其中有些确是能在一定程度上反映李成风格的北宋画，把它们和郭熙、王诜等李成派大师之作比观，还可大体推测出李成画的面貌。这些画有《读碑窠石图轴》《乔松平远图轴》《茂林远岫图卷》和《晴峦萧寺图

李成·读碑窠石图

轴》等。

北宋前中期李成画派的重要画家有许道宁、李宗成、翟院深三人。三人中，只有许道宁尚有一卷《渔父图》传世。许道宁是长安（今西安市）人。《图画见闻志》说他"老年唯以笔墨简快为己任，故峰峦峭拔，林木劲硬，别成一家体"。这卷《渔父图》画江上群峰耸出，水口犬牙交错，林木萧疏瘦硬，笔墨简快狠辣，表现出北方山水苍凉雄壮的气氛，正符合前文所说他老年时峭拔劲硬、别成一家体的特点，和李成秀润淡远的风格迥异。从这幅画中还可看到他善画平远和野水的情况。

王诜山水画

王诜（公元 1036 年 ~ 1093 年后）是太原人，他虽是贵族，却精于诗画。他画山水学李成一派而又有所创新，既工于设色，也擅长水墨。

传世王诜真迹仅三幅，其中二幅均名《烟江叠嶂图卷》，一为设色，一为水墨；另一幅为《渔村小雪图卷》。《渔村小雪图卷》全学李郭派山水，用水分很大的淡墨画江村雪山，烘染出轻寒湿润的气氛。此图用笔在含蓄、圆润中兼有流利，画树用尖笔，爽利明快，笔墨虽没有郭熙浑厚老健，却在姿媚轻倩中寓有文雅的气质，这大约和他高度的文化素养有关。画中苇叶枝梢用少量泥金，是他的创新。水墨本《烟江叠嶂图》是一矮卷，此图虽是正规李、郭派画法，却已出现若不经意的文人

游戏笔墨的迹象。通过这三幅画，可以看出王诜画风早年、晚年的变化和力作与逸笔草草的差别。

范宽山水画派

范宽（公元？ ~ 约1026 年）为宋另一著名山水画家他的时代较李成略迟。他的山水画艺术是在李成的影响下发展起来的，曾师法荆、关；但最后得助于终南山、太华山的真实的大自然。

他画山水的特点是着重表现山的雄健坚实的实体感，视之如近在眉睫，举手可扪。《溪山行旅图》被公认为是范宽真迹。画中主景为一正面大山，前方为坡陀和临水巨石，仍是上下留天地，中间大山堂堂的传统构图，但布置较满，山头显得雄强逼人。从此图中可以看到，范宽画山以短促而劲健繁密的皴笔布满全幅，后人称之为"雨点皴"。画中山形的大分合和外轮廓都用粗笔重墨勾勒，以顿挫轻重表其转折之势，又在勾勒轮廓的内侧加皴笔时沿边留出少许空白，近似于高光面，以表现山形的凸凹；皴笔的方向和浓淡也和表现山石节理及体积感的要求完全一致。

虽然范宽早年学李成，但他成家后的面貌却和李成画派一无似处，其气息且截然相反。韩拙说李成画"烟岚轻动，如对面千里，秀气可掬"，范宽画"如面前真列，峰峦浑厚，气壮雄逸，笔力老健"，并把二家画迹比作"一文一武"。把一个清淡含蓄、一个浓重坚实的差异说得十分清

渔村
小雪图

雪景寒林图

楚。如果把两派的代表作郭熙《早春图》和范宽《溪山行旅图》并悬比观，我们所得到的也正是这种印象。在北宋中后期其画派没有李成画派兴盛，流传下来的作品也较少。

米家山水

北宋后期山水画以米氏父子成就最大。米芾（公元1051年~1107年），字元章，他既是画家，又是宋代四大书法家之一。米芾性情旷达，耿介不阿，有洁癖，酷爱

米芾像

怪石，才高艺广，能诗善书。米芾特别推崇五代董源的画风，主张"平淡天真"，反对"俗艳"。晚年居江南，有感于长江两岸"云气涨漫，岗岭出没，林树隐现"的烟雨之景，创造出泼墨点染的绘画风格。他将书法中的点画用笔融于绘画，并以大笔触的水墨表现自然山川的烟云风雨变化，后人称之为"米点山水"。米芾的画作，他自己在所著《画史》中有所叙述："枯木松石，时出新意……又明山水古今相师少出尘格，因信笔为之，多以烟云掩映。"可见他所画的题材，还是十分广泛的，邓

米芾·春山松瑞图

椿记他的两件作品说："其一纸上横松梢，淡墨画成，针芒十分，攒错如铁。古今画松，未见此制。题其前云：与大观学士步月湖上，各分韵赋诗，带独赋无声之诗。盖与大观诸人，夜游颖昌西湖上也。其一乃梅松兰菊，相因于一纸之上，交柯叶而不相乱，明为繁则近简，以为简则不疏，太高太奇，实旷代之奇作也。"

米芾的书法也成就极高。书法得王献之之笔意，尤工行草，其行草，俊逸豪迈，沉着飞翥，与蔡襄、苏轼、黄庭坚合称"宋四家"。

米芾性情怪异，世称"米颠"，他天资极高，在书画之外，还能诗文，精鉴别。

米公祠

喜蓄金石古器，尤嗜奇石。其传世书迹有《苕溪诗》、《蜀素帖》等，画迹有《春山瑞松图》等。著有《书史》、《画史》、《宝章待访录》等。

米芾的儿子友仁（公元1074年~1153年），字元晖，亦善书画，世号小米，他传世的绘画作品不多，现在故宫博物院所藏米友仁的真迹仅有三件。一件为《潇湘奇观图卷》，一件为《云山墨戏图卷》，一件为《云山得意图卷》（在台湾）。上海博物馆还藏有《潇湘白云图》一件。其他见于著录中的作品很多。

米友仁的画，继承了他父亲的风格，山水画尤为精绝，"点滴烟云，草草而成，而不失其天真，自题为墨戏"他特别注意写生，在自然的山水中寻找灵感。所绘之画题材多为表现湿润多雨、烟雾弥漫的江南山水，给人以朦胧缥缈之感，其友翟耆年有诗云："善画无根树，能描濛潼云"，宋人邓椿说他"天机超逸，不事绳墨，其所作山水，点滴云烟，草草而成，而不失天真，其风肖乃翁"（《画继》）。他的画作也是来自生活实践，他自题《潇湘奇观图》说"余生平熟悉潇湘奇观，每天登临佳处，辄复写其真趣。"他的画也是墨戏之作，他在《云山墨戏图卷》的款书中，自负地说："余墨戏气韵不凡，他日未易量也"。他在《云山得意图卷》的自识中，也有这么一句话："实余儿戏得意作也"，可见他的画，比他父亲的墨戏之作更加有

所发展，索性以"儿戏"自得了。

"米家山水"画派，一方面丰富了苏轼等人所形成的文人画派的风格，一方面对于南宋院体水墨山水画也起了一定的作用，从许多南宋人在《潇湘白云图卷》中所书写的赞词，可以看出米家的声望。另一方面，开启了元明写意画的道路。

书画家苏轼

苏轼是继欧阳修后北宋文坛的杰出领导者，在书画上也有独到贡献。他喜好画枯木、怪石、墨竹等，时出新意，形神俱妙。他的《枯木竹石图》一卷，画蟠曲枯树一株，顽石一块，石后露出二三小竹和细草，深具意趣，可谓"诗中有画、画中有诗"。他画竹，常常一杆从地直至顶。图中枯木虬屈无端倪，怪石皱硬。自谓"枯肠得酒盘角出，肝肺槎枒生竹石"。枯木题材绘画也正是他心灵的写照。该图运思青拔、风格卓绝，是画中珍品。

在书法上，他以行书和楷书名著于世。最著名的墨迹代表是《黄州寒食诗》，为行书诗稿。诗的内容，充满着消沉、悲苦、凄凉、绝望的情绪。其书随意命笔，随着诗情的起伏而变化，参差错落，时大时小，忽长

校书图

画院品评画家优劣、决定画家能否进入图院的标准。北宋内府所藏黄居寀作品，据《宣和画谱》所载，有三百三十二幅之多，其中只有一件《山鹧棘雀图》流传至今。此图绢本设色，画水边一双山鹧和棘上群雀，配景是大小数石和棘枝、小竹、小草，衬托出雅洁的环境。画中鹧、雀作谛听、顾盼、飞鸣、栖止种种动作，把瞬间的动态表现得很真实生动。此图布景匀称，意境平和安详，笔法工稳，仍符合应制之作的体制。

崔白花鸟画

崔白是北宋花鸟画家中又一代表人物。宋神宗熙宁初年受皇帝赏识，进入图画院，以他新创的花鸟画取代了院中流行近百年的黄筌画派。

他的画的特点是以当时流行的较豪放苍劲的水墨山水的画法来画花鸟画的配景，

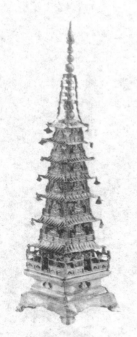

玲珑银塔

忽短，感情随着笔尖自然流出，达到了艺术形式和内容的完美统一，令人感叹不已。

黄筌画派

和山水画一样，花鸟画在五代时也大为盛行，并影响到宋代一个较长时期。

入宋以后，黄筌（约公元903年~965年）画派成为北宋院体花鸟画的主流，延续近百年。到神宗时，崔白遂取代黄派后学，成为画院中主流。在宋末徽宗院画中，则是富现重色和野逸水墨二体兼容并蓄。整个宋代花鸟画坛基本上是在徐、黄二体及受其影响者互相竞争、互为消长的情况下不断发展前进的。

黄筌之子居寀曾先后在孟蜀和北宋宫廷任侍诏。史载他擅长画花竹翎毛，兼工山水人物。入宋后，他除为宫廷作画外，还被委派"搜访名画、诠定品目"。凭借这种地位，黄派花鸟画遂成为北宋翰林图

宋·水月观音像

注重笔趣，追求简淡、野逸、荒寒、冷峭的意境。

其传世之作有《竹鸥图轴》、《双喜图轴》和《寒雀图卷》三幅。《竹鸥图》画逆风涉水的白鸥，岸边坡石间画大小三竹，把白鸥弓身曲颈冲寒冒风前行的姿态和竹子茎叶逆风弯曲翻转飘动之势表现得很逼真。《双喜图》画两双灰鹊，一立枝头。一逆风翔空，向坡下回顾惊疑的老兔叫噪，树叶、小竹、野草也作随风披拂之势。树干有"嘉祐辛丑崔白笔"隶书款，作于公元1061年。两图各高近二米，笔法简练豪放。它们的共同特点是构图简洁，都着重表现动态和风势，都以水墨淡色画坡石竹树，用笔有顿挫和浓淡变化，夹杂着飞白和渲染，仅鸟雀用工笔。《寒雀图》因帧幅小，故用笔较细，但枯树皴笔老健，鸟雀活泼自然，仍是生动、野逸一派。把这三图和黄居寀《山鹧棘雀图》相比，一动一静，一豪入一工致，两者的差异极明显。

银舍利塔

画院花鸟画派

北宋末，花鸟画又出现画院花鸟画这一流派，其原因是宋徽宗喜爱花鸟画，也

秋收

鼓励画院画家作工笔画。

故当时出现一些名家，贵族有赵令穰、赵士雷等，官员有梁师闵等。一般说来，画院画家趋向精工；贵族、官吏受当时初起的文人画的影响，倾向于平淡自然。

这时期画院中画家大多替徽宗代笔。流传至今有赵佶署款的画有工拙二种，工细的一类就是画院画家代作。其中花鸟画有《芙蓉锦鸡图轴》《腊梅山禽图轴》《五色鹦鹉图卷》《祥龙石图卷》等。这几幅实是现存北宋花鸟画中最工细之作，形象准确，傅色艳而不俗，略近黄筌一派的体制，但又加上清劲工致的勾勒，可以说是综合北宋徐、黄以来各家之长，达到一个新的水平。

传世赵佶画中微拙的有《柳鸦图卷》《四禽图册》《池塘秋晚图卷》《竹禽图卷》《枇杷山鸟图》等，是他的亲笔。其中《柳鸦图》《池塘秋晚图》《枇把山鸟图》三图构图甚精，应是画院中人代为创稿。微拙的笔调可能是有意追求，以别于"众工"之作。赵佶不仅是画家，在书法上也有较高的造诣。清王文治《论书绝句》论述："不徒素练画秋鹰，笔态冲融似永兴，善鉴工书俱第一，宣和天下太多能。"赵佶书法学薛曜、褚遂良，创造出独树一帜的"瘦金体"，瘦挺爽利，侧锋如兰竹，与他所画工笔重彩相映成趣。所谓瘦金书，是美其书为金，取富贵义，亦以挺劲自诩，与李煜诩其书为"金错刀"同一义。宋徽宗的书法不免柔媚轻滑，这也许是时代和他本人的艺术修养所致，但他首创的瘦金体的独特的艺术个性，为后人竞相仿效。

宣和画谱

北宋宣和二年（公元 1120 年），在宋徽宗赵佶授意和主持下，一批精于画史和鉴赏的儒生们集体编撰了一部反映宫廷所藏绘画作品的著录著作——《宣和画谱》。

《宣和画谱》共二十卷，收录了魏晋至北宋画家 231 人，作品 6396 幅。并按画科分为十门。每门画科前都有短小精悍的叙论，叙述该画科的渊流、发展及代表人物等，然后按时代先后顺序排列画家小传及其作品。

《宣和画谱》虽然是属于著录性质的画史专著，但从每个画科的叙述及画家传记评论来看，更具有绘画史论的性质。因此，此书不但是宋代宫廷藏画的记录，而且还是一部传记体的绘画通史，对于研究北宋及其以前的绘画发展和作品流传，具有重要的史料价值。

李公麟白描

李公麟（公元 1049 年～1106 年），北宋最重要的人物画家，字伯时，舒城人，修养高深而又多才多艺。李公麟能书会画，精于考订古文字古器物，是有很高水平的学者。但他最大的成就在绘画方面。

李公麟绘画，与其他文人画家仅能画山水、花卉有所不同，道释、人物、鞍马、宫室、山水、花鸟等无所不能，绘画题材颇为广泛。其作画大胆地摒弃色彩，专用白描，形成独立的、具有高度概括性和表现力的艺术形式。

宋·李公麟·五马图（局部）

流传至今的李公麟真迹只有两件，即《摹韦偃牧放图》和《五马图》。《五马图》是纸本水墨画；用线描表现宋哲宗元初天驷监中的五匹名马，依次为凤头骢、锦膊骢、好头赤、照夜白、满川花，各有牵马的马官。画无李氏款印，但前四马后各有黄庭坚用小楷题的马名、产地、年岁、尺寸，卷末又写总跋，题为李公麟作。图中所画五位马官，除面目、巾靴略加烘染外，都用单线白描。图中五马或立或行，腹、背、臀、胸都用单线白描，仅口、鼻、目、蹄略有墨染。其中前四马自鬃后至后足肘都是一笔画成，行笔劲细，略有轻重变化，极准确简练地把圆劲而有弹性的马的臀背部分表现出来。五马中有四马略染出毛色斑纹，唯有照夜白一匹，纯靠线的轻重和前后搭接避让关系表现形象和体积感。马尾用淡墨画虬曲的细线，丝丝不乱，可以说是最大限度地利用了白描画法的表现力，显示出李氏高度的绘画技巧和艺术修养。

宋·李公麟·五马图（局部）

中国古画中不乏画马名作，但若就用笔简洁文秀而不失神骏之态而言，当以《五马图》为最。《宣和画谱》说李公麟作画"以立意为先，布置缘饰为次，其成染精致，俗工或可学焉，至率略简易处，则终不近也"。此图就是很好的例证。《五马图》是最能代表李公麟成熟期独特面貌的杰作。

李公麟创造出崭新的白描手法，成为可与重彩和水墨淋漓的画法相抗衡的传统绘画样式之一，为丰富中国画的表现技法作出了重大贡献。南宋贾师古、元代赵孟頫、明代丁云鹏等名家画人画马，无不祖述李公麟。

《清明上河图》

《清明上河图》的作者是北宋著名画家张择端。张择端，字正道，东武（今山东诸城人）。幼好读书，早年游学汴京（今河南开封），后习绘画，徽宗赵佶在位时供职翰林图画院，专工界画宫室，尤擅舟车、市、肆、桥梁、街衢、城郭，自成一家。有《清明上河图》《西湖争标图》等作品名于世。《清明上河图》是著名风俗画作品，绢本，长卷，淡设色，卷宽24.8厘米，长达528.7厘米。"清明"指农历清明节前后，一般认为该图是描写北宋京城汴梁及汴河两岸清明时节的风光。

作品采用了传统的手卷形状，从鸟瞰的角度，以不断推移视点的办法来摄取景物，段落节奏分明，结构严密紧凑。至于笔墨技巧，无论人物、车船、木房屋，都线条遒劲老辣，兼工带写，设色清淡典雅，不同于一般的界画。

全画结构共分三段：首段写市郊风景，寂静的原野，略显寒意，渐而有村落田畴，嫩柳初放，有上坟回城的轿、马和人群，点出了清明时节特定的时间和风俗。中段描写汴河，汴河是当时中国的南北交通干线孔道，同时也是北宋王朝的漕运枢纽，画面上巨大的漕船，或往来于河上，或停泊于码头。横跨汴河有一座规模宏敞的拱

闸口盘车图

桥，其桥无柱，以巨木虚架而成，结构精巧，形制优美，宛如飞虹。桥的两端连着街市，人们往来熙熙攘攘，车水马龙，与桥下繁忙的水运相呼应，是全国的第一个热闹所在。后段描写市区街景，以高大的城楼为中心，街道纵横交错，各种店铺鳞次栉比，有茶坊、酒肆、脚店、寺观、公廨等。有沉檀楝香、罗锦匹帛、香火纸马，有医药门诊、大车修理、看相算命、修面整容，还有许多沿街叫卖的小商小贩。街上行人摩肩接踵，络绎不绝，男女老幼，士农工商，无所不备。

全卷所绘人物五百余位，牲畜五十多只，各种车船二十余辆艘，房屋众多，道具无数，场面巨大，段落分明，结构严密，有条不紊。技法娴熟，用笔细致，线条遒劲，凝重老辣，反映了高度精纯的绘画功力和出色的艺术成就。同时，因为画中所绘为当时社会实景，为后世了解、研究宋朝城市社会生活提供了重要的历史资料。

《梦溪笔谈》

沈括（公元1031年~1095年），字存中，北宋钱塘（今浙江杭州）人。他博学善文，于天文、方志、律历、音乐、医药、卜算，无所不通，是中国历史上一位伟大的科学家，一生著述颇丰，其中以记平日与宾客言之者言的《梦溪笔谈》最为著名。

现存《梦溪笔谈》二十六卷（分十七目），《补笔谈》三卷，《续笔谈》十一篇。《补笔谈》和《续笔谈》较为后出，最早著录《补笔谈》的是《文渊阁书目》，而不著录《续笔谈》；最早著录《续笔谈》的是《遂初堂书目》，而不著录《补笔谈》。明马元调按《梦溪笔谈》的分类，将《补笔谈》归为十一目，分三卷，连同

《梦溪笔谈》《续笔谈》全书刊行，成为现存较完善的《梦溪笔谈》的祖本。

《梦溪笔谈》书影

《梦溪笔谈》记述了沈括多年来观察实践所积累的研究成果，其中包括文学、艺术、历史、政治、科学、技术诸方面的内容，而最可宝贵的是他的学术领域内广泛的见解和见闻，很多有创造性的见解，至今仍为世人所称道。据不完全统计，《梦溪笔谈》中属于科学技术的条文约255条，约占全书的2/5强，分属数学、物理、化学、天文、地学、生理医学、工程技术诸科，所涉学科广泛。美国李约瑟说沈括是"中国整部科学史中最卓越的人物"，《梦溪笔谈》是"中国科学史上的里程碑"。

沈括在太行山崖间，看到石壁上密嵌着螺蚌壳和鸟卵式的石子，考虑到这里是太古时代的海滨，这种现象是由海滨的介壳和淤泥堆积而成。他指出河流的侵蚀和沉积作用，推断出太行山地区的海陆变迁。沈括的这一推断较欧洲的达文西提出化石是生物遗迹的看法早四百年，他在地质学、古生物学方面的贡献无疑是伟大的。在延

州，河岸崩坍，地下数十尺处，有类似竹笋林的化石，即推测"旷古以前，地卑气湿而宜竹"，这在植物地理学和古生物学方

大悲阁的力士石雕

面都是重要的创见。在数学方面，他发展了《九章算术》，创造了新的高等级数——隙积术，解决了累层堆积的甕、缸、瓦盆类物件的总和的求法。天文方面，发展了张衡的学说，明确指出月亮本身不发光，其光缘于日光。医药方面，沈括精于医术，对药用植物很有研究，《梦溪笔谈》有一卷为《药议》，订正了许多生药的性状和名称，对以后的药学家颇有启发。沈括在书中首次指出了地磁场存在磁偏角；最早记载了一种简便的人工磁化法，即"以磁石磨针锋"造指南针；详细论述了指南针的四种装置方法；首创了分层堰法测量地形；最早提出"石油"这个科学的命名，沿用至今；提出了完全按节气来定一年的日历安排的方案等。

《梦溪笔谈》还注意记录当时劳动人民和科学家的杰出发明，充分体现沈括具有一个伟大科学家的坦荡心胸，以及实事求是的严谨学风。布衣（平民）毕昇发明了活字印刷术，沈括对其创造过程以及设备的使用，做了详细有条理的记述，成为有关这一发明的唯一资料。《梦溪笔谈》记录孙思恭经认真观察和思考，提出彩虹是大气中的折射现象的见解，使这一重要创见得以保存。另外，沈括也重视客观地记述自然现象和生产技术情况，如对陨石和陆龙盖的描写；摘录"匠师"喻皓的《木经》，记录河北锻钢工人所掌握的"团钢"和"灌钢"的制作技巧，从这类记载中不难看出那个时期人民对自然的认识以及生产技术所达到的水平。

沈括作为一个政治活动家，在《梦溪笔谈》中当然要记述人民斗争与民族斗争的情况，由于他又是一个科学家，世俗偏见较少，记载较为客观。对于王小波、李顺所领导的农民起义，他有这样的叙述，"录用材能，存抚良善，号令严明，所至一无所犯。"又如咸平间（公元998年～1003年）契丹犯边，由于张皓出使，将契丹之谋告之守将，大败契丹。而真宗仍与契丹

回鹘装妇人图

签订了澶渊之盟。正史及多数史籍皆不载张皓事。只有《梦溪笔谈》尊重事实，它的记载揭露了统治者为维护其皇位而向外族屈辱求和的用心。

沈括兴趣广泛，学识精博，对出土文物亦留心搜集，而且把这些文物当作研究历史的资料。沈括爱好音乐、美术、文学，亦有较高的造诣。

心学学派与陆九渊

陆九渊（公元 1139 年~1193 年），抚州（江西抚州）人，字子静，号象山。

陆九渊与朱熹齐名，两人私交也较深，但学术见解多有不同。他融合孟子"万物皆备于我及良知"、"良道"说以及佛教禅宗"心生"、"心灭"等论点，提出"心即理"观点，曾言"宇宙便是吾心，吾心即是宇宙"；"心"是天地万物的本源，唯一的实在。陆九渊建立起所谓"心学"体系。提倡内省反求，认为天下万物之理不外吾心，只要用"易简工夫""发明本心"就可以明了万物之理，用不着外求。

在认识论上，陆九渊反对从客观事物

陆九渊像

中寻求知识，认识真理，他说："此心此理，固有之。"认识宇宙本来面目，只要认识本心。提出"存心去欲"的理论，并且宣扬纲常伦理。

陆九渊曾与朱熹鹅湖论学，作学术论争。陆九渊的心学与程朱之学的主要区别是，程朱把理看作某种相对独立的存在，"不为尧存，不为桀亡"；陆九渊则认为"心即理也"，天理就在人的内心之中。朱熹主道问学，九渊主尊德性；朱熹好注经，九渊则学苟知道，六经皆我注脚，故两宋的理学有朱、陆两派。

陆九渊在世不注重著书立说，身后只留下《语录》及《文集》，其子汇编为《象山先生全集》。其学术思想，后为王守仁所继承发展，成为陆王学派。

鹅湖之会

淳熙二年（公元1175 年）四月吕祖谦约请陆九龄、陆九渊兄弟等会朱熹于信州（今江西上饶）之鹅湖寺，讨论治学方法，意图调和朱、陆两家争执。结果却引得陆九渊、朱熹在江西信州（今上饶）鹅湖寺进行了一场大辩论，这就是中国哲学史上有名的鹅湖之会。

四月下旬，吕祖谦自浙江到福建崇安访问朱熹，留止旬日。他们俩共同读周敦颐、二程和张载的著作，选取其中在他们看来是关于人体而切于日用的记录，总六百二十二条，编成《近思录》十四卷。吕祖谦回浙江，朱熹送吕祖谦至信州鹅湖寺，吕祖谦约陆九渊兄弟与朱熹相见，双方展开了激烈的争论。在鹅湖之会前一年，陆九渊已形成了自己的"心学"观点，与理学代表朱熹的观点相矛盾，而鹅湖之会，是朱、陆两派论争的开始。在第一天中，朱熹与陆九渊的矛盾就已经全部摆出来了。

朱熹像

陆氏兄弟的诗从"道在吾心"出发，主张"发明本心"的"易简功夫"，而反对朱熹的"格物致知"、"读书穷理"。第二天，两人主要就诗中提出的矛盾展开论辩。此外还就一些具体的经学、理学问题进行切磋，很多方面达成了一致，但根本矛盾并没有解决，朱熹主张"道问学"，认为应当泛观博览而后归之约，观察外界事物以启发内心的知识。陆九渊主张"尊德性"，认为应先发明人之本心，而后使之博览，认为心即是理，不必多做读书穷理工夫。陆九渊自命为"易简工夫"，讥朱熹"格物致治"作法为支离，朱熹则讥陆九渊为禅学，过于简易，不够实在。鹅湖之会在根本方法上并没有达到"会归于一"的预

朱熹著书图

白鹿洞书院

期目的，反而使"理学"与"心学"从本体论到方法论上的差异大为彰显。吕祖谦在这场争辩中的态度是"和会朱陆"。他认为朱、陆二家各有所长，讲贯通经为百代为学的通法，不能看作"支离"。学者流入"支离泛滥"，责任在自己。学者为学不能犯笼统零碎的毛病，正如他在给友人的信中说的："大抵论致知则见不可偏，论力行则进当有序。"南宋孝宗乾淳之际，

理学有三大流派：朱学、吕学、陆学。鹅湖之会主要是朱陆之争。吕祖谦在鹅湖之会上的表现，也反映他的学风特征，吕祖谦取二家之长。朱陆的分歧是儒学内部的分歧。这种争论对"理学"和"心学"的各自发展均有很大的促进作用，对明清的思想家于"理学"、"心学"的批判、吸收和改造都有很大的启发作用。

永康学派大师陈亮

南宋时期，在科学技术进步的基础上，哲学思想领域出现了带有唯物主义因素的新兴学派——浙东地区的永康学派和永嘉学派，这两个学派在思想政治、文化、经济、军事方面，都起了推陈出新的作用。

其中永康学派的特点是就是他们讲求"务实"，反对"空谈"。他们是根据事功的实际效果，来检验思想、主张方针、政策的正确或错误。这种事功之学的理论基础，就是道不离物的朴素唯物论。它的代表人物是陈亮。

陈亮（公元1143年~1194年）字同甫，号龙川，婺州永康（浙江永康）人。他出身于一个趋于没落的普通地主家庭。少年时，他爱读唐代大诗人李白的作品。李白的"凛凛气节"，深深地感动了他。他又喜读屈原的作品。在人民群众抗金热潮的推动下，他在十八九岁时就学习《孙子兵法》，并探究历代兵家用兵的得失。《酌古论》是他最早的著作，共有二十一篇，对历史上的著名人物和历代战争进行了分析，提出自己的议论，从中吸取对抗金斗争可以取法或引为鉴戒的东西。陈亮在政治上坚持抗金、同情人民；在思想上反对专讲"正心诚意"的理学；在文学上，迸发出爱国主义的光彩。他是一位很

有成就的词人。他同爱国词人辛弃疾在信州鹅湖相会，谈论国家大事，互相赠送词篇，抒发爱国的抱负。

陈亮像

陈亮在哲学思想上，提出"道在物中"的理论。就是说，任何道理或法则，都不能离开具体的事物。因此他主张要"因事作则"，即从客观存在的事物当中，去探索事物的规律或法则。陈亮不满当时理学家们空谈"道德性命"，空谈什么"义理"，而主张从当时社会现实状况出发，讲求"实事实功"。他深深感到南宋王朝需要有一批图抗金之"事"、谋中兴之"功"的英雄人物，才能挽狂澜于既倒。

绍熙二年（公元1191年），陈亮作为一位进步的思想家，遭到了政治陷害，被捕入狱。第二年出狱后，身心受到极大的创伤。但是他对国家的命运，仍然寄予极大的希望。绍熙四年（公元1193年），他考中了进士第一名（状元）。像他这样有书本知识和实际知识的人，竟没有受到朝廷的信任和重视，只给他建康军判官厅公事这么一个职务很低的小官。陈亮还来不及上任，就一病不起。绍熙五年（公元

1194 年）他与世长辞，年仅 52 岁。

永嘉学派

与永康学派齐名的是永嘉学派。永嘉学派的著名人物，有薛季宣、陈傅良和叶适，而叶适则是这一学派的代表人物。

叶适（公元 1150 年~1223 年），宋温州永嘉（今浙江温州）人，字正则，世称水心先生。公元 1178 年中进士第二名。孝宗时，奏言大仇未复，不可因循守旧，自为虚弱。历知蕲州、权吏部侍郎、知建康府兼沿江制置使、宝文阁待制兼江淮制置使。韩侂胄开禧北伐，因坚主抗金，为韩侂胄器重。公元 1206 年，在制置使任内，数次派兵袭击江北金军，立有战功。次年，又在江淮一带屯田练兵、修筑坞堡，作积极防御准备。北伐失败，韩侂胄被诛，叶适被夺职奉祠十三年。直到开禧二年（公元 1206 年）金兵直闯淮南，江南为之震动，才让叶适出任建康府知府，兼沿江制置使，负责江防。他在江淮地区组织民兵，加强防御措施，较好地完成了任务。但不久又被求和派赶下了台。

叶适是永嘉学派的代表人物和集大成者。在学术思想方面，他提倡功利，反对空谈性命，认为构成自然界的主要形态是"五行"、"八卦"为标志的各种物质，而

"仁"、"义"必须表现于功利。叶适对待一切事物，采取明辨是非的审慎态度。他认为"当代之学，有是有非"。凡是空谈性命，脱离实际的学说，他都加以否定。他说："道"或"理"都是依存于物的，不能脱离具体的物而空谈什么永恒不变的理。"道"或"理"是否正确，要通过全面考察事物之后，才能作出判断。在"天下争言性命之学"的时候，叶适挺身而出，和陈亮一起同倡事功之学。对朱熹学说有所批评。后世推为永嘉学派之巨擘。著有《水心文集》及《习学记言序目》等。

永康和永嘉学派的异军突起，是南宋时代东南地区农业和商品经济发展的产物。当时浙东和浙西两路，是南宋的经济中心。这两路十五州的人口，几乎占南宋总人口的一半。陈亮和叶适的学术思想，不仅影响浙东和浙西，而且影响到江西、湖南一带。他们的哲学思想和事功学说，在中国思想史上放射出夺目的光芒。

王霸义利之辩

淳熙九年（公元 1182 年），陈亮至衢州、婺州间访问朱熹，相处十日。以后两人书信往返联系密切。但两人对天理功利的看法黑白判然。陈亮的事功之学，思想的基本要点是"功到成处，便是有德；事到济处，便是有理"。这和朱熹的理学思想大相径庭。

淳熙十一年（公元 1184 年）四月，即甲辰年四月，当时陈亮第二次入狱，尚未脱狱，朱熹致书陈亮，希望陈亮"绌去义利双行，王霸并用之说"，要"粹然以醇儒自律"。同年，朱熹又写了两封信。淳熙十二年（公元 1185 年），即乙巳年，朱熹三次致信陈亮，全面阐明对王霸义利的看法，说明对中国历史

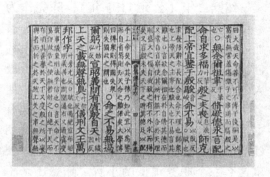

朱熹《诗集传》

宋·象纽莲盖银执壶

过程和对历史上一些主要人物的观点。陈亮对朱熹的思想针锋相对地加以反诘。朱熹、陈亮的王霸义利之争主要是在这两年的书信往返中展开的。

朱熹认为中国历史有两个截然不同阶段，三代以上行的是王道，讲"义"；三代以三后的是霸道，专讲"利"。朱熹是发挥二程的历史观点。陈亮反驳朱熹的说法。陈亮说，从孟子、荀子论义利王霸，一直到汉唐诸儒，都不能阐明这个问题，宋朝伊、洛的理学家诸公作了阐释。但如果把三代和三代以后分成为两个截然不同的阶段，说三代专以天理行，汉唐专以人欲行，这样的说法不能让人信服。按照这样的观点，三代以后的一千五百年历史"天地亦是架漏过时，而人心亦是牵补度日"。陈亮认为汉、唐之君同样有宏大开阔的本领。朱熹又用"暗合说"解释，历史是由"道"支配的。三代行王道，三代以后的汉、唐君王的行事，可以称赞的只是"暗合"于道；全面地看，还是"利欲"

的表现。所以，尧、舜、三代自是尧、舜、三代；汉祖唐宗自是汉祖唐宗，终究是两个不同的阶段，不能合而为一。朱熹坚持认为三代以后，其间虽然有小康之世，但尧、舜、三王、周公、孔子所传的道没有继续下去，这个"道"只能行于天地之间。汉高祖、唐太宗，特别是唐太宗，其心"无一念不出于人欲"，是"假仁借义以行其私"。显然，朱熹对历史的看法是历史退化的观点。

陈亮认为三代以后，"道"仍在流行，因而不能把三代以后的历史说得一无是处。但汉唐之君能否胜过三代之君，汉唐能否度越三代？陈亮没有回答。

陈亮的思想在当时很有影响，朱熹指斥包括陈亮的事功在内的"浙学"，"专是功利"。淳熙十三年（公元1186年）即丙午年，陈亮在给朱熹的信中，坚持自己的观点，说："王霸可以杂用，则天理人欲可以并行"。同时，又称自己的论说同朱熹的观点不是水火不容，也不是好为异说，如果"不深察此心，则今可止矣"。朱熹与陈亮的王霸义利之争，都没使对方折服。

女词人李清照

在中国几千年的文学史上，女性文学家寥若晨星，而能够在中国文学史上占有相当重要地位的更是凤毛麟角。李清照正是这样一位千年罕见的女文学家。

李清照（公元1084年~1155年），济南历城（今山东济南）人，自号易安居士。为北宋散文家兼学者李格非女，夫赵明诚，金石考据学家。

李清照幼有才藻，善属文，工诗词。其父被列入元祐党籍，她呈诗赵廷之以救。公元1101年结婚后，与赵明诚共同致力于彝器、石刻和书画之收藏研究，收集了大量的金石文物和图书。夫妻诗词唱和，生活优裕。

金人南侵中原，李清照与赵明诚避乱南方。未久，明诚病逝，辗转流离中，文物丧失殆尽。李清照只身漂泊，生活凄苦。晚年整理完成赵明诚所著《金石录》，上呈朝廷。经年去世，终年71岁。

李清照画像

南渡，是李清照个人生活的、也是其文学创作的重大转折。这之前，其词的内容多写闺情，风趣活泼；之后，多写思乡离愁，格调沉郁。但其词风，却一贯以委婉蕴藉为特色，是继五代李煜、北宋柳永之后的佼佼者，达到了婉约词的顶巅。这之后，经历国破家亡的遭遇，情绪激昂，词作流露出对中原故土的怀念，渗透了强烈的爱国情感。部分诗词感慨激昂，表现了她对现实的关心，对统治者的揭露和爱国热忱。其文词语言清丽，善白描。论词强调音律和典雅，反对以诗为词。亦能散文、骈文和诗，通书画。有《李易安集》，

后人辑有《漱玉集》。

辛弃疾

南宋最杰出的爱国词人辛弃疾（公元1140年~1207年），他不仅是南宋著名的爱国之士，而且是开创一代词风的杰出文学家。现存的《稼轩词》共有620余首，是两宋作品最多的词家。

辛弃疾，宋济南历城（今山东济南）人，原字坦夫，后字幼安，号稼轩居士。辛弃疾生时已在金人统治之下，投效忠义军领袖耿京，并劝其归宋，张安国杀耿京降金，则又入金营擒张安国南返宋朝，时年仅23岁，实一民族英雄。一生主张抗金，以恢复为志，功业自许，多次上书，分析抗金形势，提出抗金主张，奏请练民兵以守两淮。后历任数处安抚使。

辛弃疾是南宋第一大词人，他所遗留下来的词有623首之多。他继苏轼之后，把词的豪放风格加以发扬光大，使它蔚然成为一大流派，成为词坛的主流。他在《永遇乐·京口北固亭怀古》里写道："想当年，金戈铁马，气吞万里如虎"，慷慨激昂，气魄雄伟。《破阵子》中的"醉里挑灯看剑，梦回吹角连营。八百里分麾下炙，五十弦翻塞外声，沙场秋点兵。……了却君王天下事，赢得生前身后名。可怜白发生"不仅抒写了抗金部队壮盛的军容、横戈跃马的战斗生活和恢复祖国河山的胜利愿望，同时也发泄了壮志难酬的悲愤心情。由于其词继承并发扬了苏轼豪放派的风格，纵横驰骋，悲壮激烈，与苏轼并称"苏辛"。

辛词抒发了词人满腔爱国激情及南渡以来的无限感慨与义愤，多方面反映了错综复杂、激烈动荡的社会现实，表现了非

凡的英雄气概和创造力，在中国文学史上特别是词史上占有很重要的地位。著有《稼轩长短句》，今人辑有《辛稼轩诗文钞存》。

白石道人——姜夔

姜夔（公元 1155 年~1229 年），字尧章，号白石道人，南宋后期著名词人、诗人。

他早年孤寒，成年后出游扬州等地，往来于长江中下游及江淮之间，过着四海飘零的生活。他一生未作官，多才多艺，擅长诗词及书法，精通音律，尤以写词著

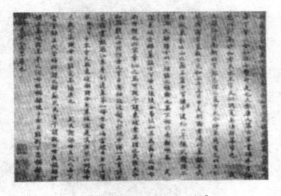

姜夔作《跋王献之保母帖》

名。姜夔词的艺术特点首先表现在其意境的清幽冷峻，通过这种意境寄托他落寞的心情，这对后世许多功名失意、流落江湖的文人极富吸引力。姜词还以讲究音律和辞藻、语言典雅凝练著称。他还善于在语言上用虚词和单行散句，声律上间用拗句拗调，富于转折和变化，虽刻意求工而不流于轻靡浮艳，适当纠正了婉约派词平熟软媚的作风，给人以简洁醇雅之感。姜夔的词继承了婉约派词人的成就，同时部分融合了辛弃疾词的清健笔调，又适当地吸收了江西派诗人的手法，在词坛上自成一

派，对后来词家的影响很大。

爱国诗人陆游

陆游（公元 1125 年~1210 年），宋越州山阴（今浙江绍兴）人，字务观，号放翁。南宋著名爱国诗人，词人。

在北宋南迁前两年，他出生在行驶于淮河中的一条船里。他还不懂得世事，淮河就成了宋、金的分界线，中原沦陷了。

陆游在南宋定都临安时即被父母携带返回了家乡。他的少年时代，正是南宋朝廷内抗战与投降两派激烈斗争之时。这期间，乃父友人都是些爱国志士，每当来家聚谈，总以祖国山河的残破，朝廷的腐朽，激昂陈词，疾首痛心。这给陆游以深刻影响，在他小小的心灵里，播下了忠于祖国、忠于民族的种子。既长，陆游就以收复故国河山为己任。

陆游画像

陆游 29 岁那年，参加省试，考取第一名。同时参加省试的有奸相秦桧的孙子，名列陆游之后。这使秦桧大为不满。第二年，陆游又参加殿试，却被秦桧削了名，并永远剥夺他仕进的资格。加给他的罪名是"喜论恢复"，即主张收复失地，也就是"爱国罪"。秦桧死，始任福州宁德簿，

迁大理寺司直兼宗正簿。孝宗赵韩即位，任枢密院编修官，赐进士出身。曾任镇江（今属江苏）、隆兴（今江西南昌）、夔州（今四川奉节）通判。

沈园

和大将张浚商讨整顿武备，进取中原，被诬告免职。公元 1173 年入四川宣抚王炎幕府，曾向王炎提出抗金大计。又在蜀州、嘉州、荣州（今四川崇庆、乐山、荣县）任职，改任置制史范成大参议官。未几，朝廷召回为礼部郎中兼实录院检讨官。

陆游从入川到出川，生活几近十年，这是他一生中至关重要的历史时期。他的诗风，在这时为之一变，气概沉雄、轩昂。他自己编的诗集，取名《剑南诗稿》，就是为了纪念这段川陕生活。

陆游出川后，时仕时闲，65 岁时再次

《钗头凤》

回到了山阴县鉴湖边上的三山村，度其晚年。

陆游工诗词、散文，亦长于史学。南渡后，与尤袤、杨万里、范成大并称南宋诗坛四大家。其诗多沉郁顿挫，雄浑豪放，内容以恢复中原，统一中国，反对投降为主题，兼有反映人民疾苦，批判时政之作。字字句句闪耀着爱国真情和对多灾多难国家的一片丹心，实为一代人民心声之反映。其诗今存有九千多首，著有《剑南诗稿》《渭南文集》《南唐书》《老学庵笔记》等。

放翁先生遗像

诚斋体

宋代诗歌出现许多流派，诚斋体是其中一种。诚斋体创始人杨万里（公元 1127 年~1206 年），字廷秀，号诚斋，吉州吉水（今江西省吉水县）人。

中国通史

最新整理图文珍藏版

杨万里在思想上受理学濡染较深，"（张）浚勉以正心诚意之学，万里服其终身，乃名读书之室曰'诚斋'"。他的创作道路主要经历过尊奉江西——学习晚唐——辞谢诸人而师法自然三个过程。他的诗论也多围绕这三方面而发。他虽先以江西诗派入，而最终形成自己独特诗风，但他始终膺服江西诗派讲究法度、注重悟人的理论。他更强调灵活运用前人的创作经验，要"深得其意味"（《诚斋诗话》），但他最有意义的主张是跳出前人窠臼，师法自然。他自称在50岁以后"忽若有寤，于是辞谢唐人及王、陈、江西诸子，皆不敢学"（《荆溪集序》），主张"只是征行自有诗。"（《下横山滩头》）"不听陈言只听天。"（《读张文潜诗》）这种师法自然的主张使他更富有创新精神，更提倡以才气为诗。杨万里的诗有独到的艺术成就，被后人称为"诚斋体"。"活"，又是后人对"诚斋体"的公认评价之一。

《沧浪诗话》

南宋严羽所著的诗歌理论著作《沧浪诗话》，约成书于南宋理宗绍定、淳祐年间。它以系统性、理论性较强而在宋代最负盛名，对后世也产生了很大的影响。

严羽，字丹丘，一字义卿，自号泡浪逍客，邵武（今属福建）人，南宋诗论家、诗人。其生卒年不详。他一生未出仕，大都隐居于家乡。但仍关心时事，爱国思想在诗中时有流露，对朝政弊端也颇多不满之词。

《沧浪诗话》共有《诗辨》、《诗体》、《诗法》、《诗评》和《考证》五门。作者对此书颇为自信、自负，称之为"自家实证实悟"之作，是"断千百年公案，诚惊世绝俗之谈，至当归一之论"（书后附

《答出继叔吴景仙书》。严羽论诗的基本方法是借禅理以喻诗、说诗。他在全书总纲《诗辨》一门中，鲜明地提出了论诗宗旨，大要在一"识"字。因为"诗有别材，非关书也；诗有别趣，非关理也"，故"学诗者以识为主"。所谓"识"，即当时人常用的"禅"、"悟"。由有识而获妙悟，因妙悟而通于禅道。具体地说，便是以汉魏盛唐为第一义的效法对象，加以深刻透彻的领悟，方能达到"不涉理路，不落言筌"、"羚羊挂角，无迹可求"、"言有尽而意无穷"的最高艺术境界。《诗体》主要论述诗歌风格体制演进变化的历史；《诗法》着重阐明作法和技巧方面的要求；《诗评》举例评析汉魏以来的诗歌，态度比较全面公允；《考证》是对某些诗篇的作者、分段、异文等的考辨。

《沧浪诗话》对诗歌的形象思维特征和艺术性方面的探讨，对中国古代诗歌的发展作出了一定的贡献。但也存在着脱离生活和唯心色彩较法的弊病。

杨万里论易

南宋初年，著名诗人、学者杨万里以满腔的爱国热情忧国忧民，提出了较为系统的"兴国在人"的社会政治观点。继承古代唯物主义思想传统，用"元气"说改造了周敦颐的《太极图易记》，并与程朱理学相对垒。他的学术著作有《诚斋易传》、《庸言》、《天问天对解》等。

杨万里继承和发扬了前人"气"的宇宙观，在他的《天问天对解》中，对屈原的《天问》和柳宗元的《天对》中关于宇宙起源和天体演化等根本问题作了通俗的解释，阐明了他的朴素唯物主义宇宙观。他认为，宇宙天地是混沌的"元气"自然形成的，没有神秘的造物主主宰，宇宙万

南宋初的《雪溪行旅图》，描绘了隆冬季节一队牛车跋涉的情景。

物的变化、构成，都是它自身对立面之间相互作用的结果。他还充分肯定柳宗元的宇宙无限思想，认为天体无边无际，没有所谓偏僻角落。他用物质性的"元气"解说人和生命，引发出无神论观点，并反对天人合一和天人感应的神学思想。他继承发扬了柳宗元《天对》的思想传统，与朱熹对《天对》的非难和对《天问》的解释相对立。

杨万里在宇宙观上的最大贡献，是他唯物主义地改造了周敦颐的《太极图易说》的客观唯心主义的宇宙生成论。他针对周敦颐的"无极"为"虚无"，根据"元气"学说进行了自己的阐述，具体入微地表达了阴阳二气在构成宇宙万物中的神妙作用，去掉了周敦颐的"虚无"含义。他在"道"和"气"的关系问题上，也和程颐的思想相对，对所谓只有精神性的"道"或"理"才是永恒存在的观点进行了抨击，他指出，只有物质才是不灭的，并认为，有了天地然后才有自然万物和人类社会，有了人类才出现君臣上下，并产生维护君臣上下的礼义道德，而不是先有"理"。杨万里吸取《易经》中观物取象的

观念来阐述自然的种种变化现象，同时又打破《易经》占卜问卦的神秘色彩，赋予以观物取象的唯物内容。

杨万里吸取了《易经》的变化发展观点，认为《易经》一书所谈的变易之道是讲述阴阳二气的变化发展规律，他指出阴阳二气是对立统一的，它们的矛盾导致永不休止的运动，这反映了宇宙变化发展的规律，由此他提出"无非和不立，物非和不生"的命题，可见他已自发地猜测到客观自然界的事物具有对立统一的辩证关系。

在认识论上，杨万里肯定人的认识来源于客观世界，是客观世界的反映，因此他强调后天学习的重要性，也强调思维的重要性，只有通过学习、观察和思维，客观世界才能被认识。

杨万里的思想也有局限性，他的无神论思想不够彻底，未能完全否定鬼神的存在，他信奉儒学，对伦理纲常、中庸之道均推崇。但总的看来，他敢于大胆创立一家之言，提出许多当时人们认识水平所不能达到的符合客观事实的诊断，在理学泛滥的年代里是十分可贵的。

《文献通考》

宋末元初的一位进步史学家马端临

塔檐及檐下雕佛

（约公元 1254 年~1323 年），又编了一部三百四十八卷的《文献通考》，记载从上古起到南宋宁宗时代为止，有关历代典章制度的变化。

《文献通考》有"文"，即叙事本之经史，参之以历代会要和百家传记之书，信而有证者，从之；乖异传疑者，不录。有"献"，即前贤诸儒以至名流之燕谈、稗官之记录、只要是订典故之得失，证史传之是非，即使是一言一语也采而录之。另一部分是马端临的议论。全书有总序，每考之前一般都有序文。

《文献通考》二十四考，包括田赋、

福建泉州开元寺双塔之一

钱币、户口、职役、征榷、金粟、土贡、国用、选举、学校、职官、郊社、宗庙、王礼、乐、兵、刑、经籍、帝系、封建、象纬、物异、舆地、四裔。这包含封建社会政治、经济、文化、军事、地理、民族、边邻、风俗等各个方面，可以说是封建社会的剖视图。《文献通考》比《通典》加重了经济生活的内容的记载，并且把"田赋考"放在首位，这很能显示马端临的见解。

马端临认为社会是不断前进的，制度也是随时代而变革的。宋朝灭亡以后，他对南宋小朝廷的腐朽，极为愤慨。马端临强调"古今异宜"，应当按照时代的需要，变革各种制度。因此，他认为古代的封建、井田等制度施行是有一定的条件，到了宋代再谈恢复封建、井田，是书生之论。但他又把封建、井田的施行归之于三代有"公天下之心"，这又看出他思想的局限。他也认为历史发展有阶段性的区别。对王安石的变法他基本上是赞同的，但对某些措施也有批评。马端临生活在宋末元初的历史大变动时期，他通过文献的综罗，来思考历史的兴衰。《文献通考》也是两宋三部通史钜制（另两部是司马光《资治通鉴》、郑樵《通志》）之一，与《通志》、杜佑的《通典》一起合称为"三通"。

《通鉴纪事本末》

宋代的史学家还编纂了以历史事件为中心的纪事本末体通史著作。曾经担任南宋国史院编修官的袁枢（公元 1131 年~1205 年），编了一部《通鉴纪事本末》，共四十二卷。

袁枢颇爱史学，精研《资治通鉴》，但苦于《通鉴》卷帙浩瀚，难以检寻史事起讫，于是以《通鉴》为蓝本，另加编排，以事分类，区别事目，将重要事实分类编纂，本年撰成《通鉴记事本末》一书。书中以一事为一篇，自立标题，详其本末。起于《三家分晋》，终于《周世宗征淮南》，共四十二卷，二百三十九篇。取舍裁剪，颇为精当。《通鉴纪事本末》是我国第一部纪事本末体的通史著作。

以前史书只有编年、纪传两体，互有短长。袁枢创立纪事本末体，因事命篇，别创一体，不循常格，是对历史编纂法的一个重要突破。

南宋花鸟画派

南宋花鸟画方面，却基本沿续着北宋末宣和时期的工细写实的作风，虽生动艳丽有加，画风却未出现重大的转变。传世

疏荷沙鸟图

的南宋院体花鸟画数量颇多，但其中大幅的卷轴画较少。多是圆形、方形或少量异形的小幅，主要用为团扇、室内装修家具上贴络和灯片子等。这些小幅构图生动简洁，主题突出，描绘精密，是南宋花鸟画中富有特色的部分。从画法上看，虽都是设色画，仍可区分为以傅粉晕色为主，辅以淡色勾描，不露墨笔踪迹的近于没骨花的画法和显示墨笔勾勒之美的画法两类。

南宋著名的花鸟画家有林椿、吴柄等。吴炳是昆陵（今江苏省常州市）人，在他的传世作品《竹雀图》中，棘竹劲秀，雀鸟闲逸，画的是宫廷流行的安详闲适的情调。画面景物聚于下侧，构图已受到南宋院体山水新风的影响。

南宋画院名家多兼工各体，一些不以花鸟名世的画家，所作花鸟往往也颇可观。著名山水画家马远的花鸟画有《白蔷薇图》和《倚云仙杏图》传世。近于"没骨花"的画法，风格纤丽秀美。他的儿子马麟有《层叠冰绡图》和《橘绿图》传世。《层叠冰绡图》是一幅画梅花的立轴，其疏枝冷艳的风度成为传世南宋花鸟画中的名作。

此外，在传世宋人团扇或方幅中，有大量花鸟画，其作者已不可考。虽都是设色之作，其勾勒笔法，各具其妙，丝毫不亚于前述名家之作，反映了南宋时期花鸟画长盛不衰、名手如林的情况。

南宋还有一种以画近景山水中的禽鸟为题材的作品，性质介于山水画与花鸟画之间。较有代表性的作品有《寒鸦图》《松涧山禽图》。

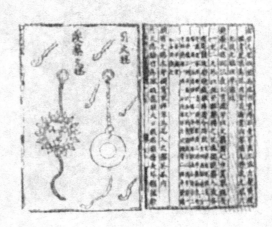

《武经总要》

《武经总要》

《武经总要》是我国现存的最早一部官修兵书。它是宋仁宗时仿照以往官修正史的组织形式，专门设局，由翰林学士丁度和曾公亮总领一班通晓军事的文人于公元1040年编写而成的。这部书卷帙浩大，体例完备，内容丰富，非以前任何一部兵书所能比拟，可谓我国历史上第一部军事百科全书；《武经总要》全书共四十卷，分前后两集，前集二十卷，其中制度十五卷，边防五卷，论述了军队建设和用兵作战的基本理论、制度和常识，内容有选将料兵，教育训练，部队编成，行军宿营，古今阵法，通信侦察，军事地形，步骑应用，城邑攻防，水战火攻，武器装备等，并配有大量插图，以及军事地理方面的内容，比如边防各路州的方位四至，地理沿革、山川河流、道口关隘、军事要点等。后集二十卷中，后五卷为阴阳占候等内容，另有故事十五卷，依照兵法，分类介绍历代战例，比较用兵得失，总结经验教训。其中以第十三卷器图内容最为丰富，包括射远器——弓弩，各种长短兵器，各种防护装备盔甲、盾牌等，以及各种战车。其中值得注意的有：炮楼（四轮高架

《武经七书》书影

炮车）、行炮车（四轮炮车和二轮炮车），折叠桥，以及游艇、蒙冲、楼船、走舸、斗舰、海鹘等舰艇；火禽、杏雀、火兽、

火船等火攻器具与设备。此外，还有旋风炮、旋风五炮（炮楼、行炮车都是抛石机，所谓旋风炮是指可以向任一方向发射的抛石机），以及行炉、猛火油柜等。在弓弩方面尤其值得称道，如三弓卧子弩射二百步；双弓床弩，用五、七人至十人张弩，一人瞄准，一人槌发，射一百二十步；又有手射弩，二十人张，射二百五十步。

《武经总要》由于所记载的内容还包括宋以前列朝列代，还涵盖与宋前后存在的契丹、党项、西南少数民族的战争情况，所以它既是研究宋代军事史的重要资料，对以前的各代军事史以及契丹等少数民族的历史研究也有一定的史料价值。该书有明正德刊本，但仅存前集，四库全书本有前、后集。《武经总要》一书所开创的兵书编纂体例，对后世影响很大，如明代范景文所撰著的兵书称为《正续武经总要》，赵本学、俞大猷所撰兵书称为《续武经总要》，唐顺之、茅元仪仿效《武经总要》分别著写《武编》《武备志》。

《统天历》

天文学是我国历史上一门古老的科学。北宋时期，由于农业经济的发展，更需要有完善的天文历法来指导农耕。庆元五年（公元1199年）正月，宋朝颁行杨忠辅创制的《统天历》。

宋朝曾在公元1075年颁行了由卫朴创立的《奉天历》；公元1107年，姚舜辅制成《纪元历》，首创利用观金星以定太阳的方法。庆元四年（公元1198）九月，因所用《纪元历》"占候多差"，宁宗下令更造新历。五年（公元1199）五月，杨忠辅创制新历，赐名为《统天历》。在《统天

历》中，天文学家杨忠辅首先使用365.2425日的精密岁实数值，这与现代所测数值只相差26秒，而与现行的公历所采用的数据相同，比西欧《格里历》的颁行早383年，并认为回归年长度呈古大今小的变化状态。但因推测日食等不验，《统天历》只使用到开禧三年（公元1207年），开禧三年又造《开禧历》，附《统天历》，通行于世45年。

银镶珠"金翅鸟"

官修本草

两宋医药学在唐代基础上有进一步的

发展，外国药物大量传入中国，因而在宋代官私编纂的医药书中，新药名不断增加，新的医药书也陆续闻世。

《太平惠民和剂局方》书影

《新修本草》是唐时政府颁行的第一部国家药典，历经三百余年的辗转传抄，至宋时，其内容已有不少错漏之处，再加上药物新的功用及新药物的陆续发现，《新修本草》已远不能适应社会对药物的需要，所以亟待整理和修订。

宋开宝六年（公元973年），宋太祖诏尚药奉御刘翰、御医马志、翰林医官张素、翟煦、王从蕴、吴复圭、王光祐、陈昭遇、安自良等九人，修订《新修本草》，后编成《开宝新详定本草》一书，除纠正错误、增写注文之外，在该书中还增收了一部分新药，如使君子、威灵仙、何首乌等常用药物。赵匡胤亲自为序，刻印颁行天下。

《开宝新详定本草》印行后，发现仍有部分不妥之处，于是开宝七年（公元974年），宋政府又命王光祐、李昉、扈蒙等重加修订，对某些归类不当的药物加以调整，再次增收一些新药，成书21卷，名为《开宝本草》。《开宝本草》比《新修本草》新增药物139种。

宋时还有一些私撰本草并行于世，其中许多经验和知识为官修药典所不备，嘉祐二年（公元1057年），宋仁宗又命掌禹锡、张洞、苏颂、秦宗古、朱有章等人，增修《开宝本草》。在《开宝本草》的基础上，附以《蜀本草》《本草拾遗》《日华子本草》《药性论》等各家之说，又选录其他医药著作及经史诸书中有关药物的知识，于嘉祐五年（公元1060年），编成《嘉祐补注本草》，简称《嘉祐本草》。《嘉祐本草》比《开宝本草》新增药物近百种。

宋·白釉镂雕殿宇人物瓷枕

唐宋流行的本草药书，药图多为手绘，长期传抄，以致原貌难辨，品类混杂。太常博士苏颂对本草素有研究，深感图经混乱，不宜适用，遂上奏朝廷，建议对本草图经进行重新整订。朝廷接受了苏颂的建议，并于嘉祐三年（公元1058年），下令各州郡，将所产各种植物、动物、矿物等地道药物，制成标本，并绘制成图，注明生长情况，采集季节、效用功用等，呈送京师；进口药材则命令关税机关及商人辨清来源，说明出处，并选送样品到京，以供绘图之用。这是中国历史上规模最大的一次药物普查，也是世界药学史上的创举。苏颂等人奉诏对来自全国各地的药物标本、药图及文字说明，加以研究、整理，编成《图经本草》二十一卷，共有药图九百三十

三幅之多，与《嘉祐本草》同时刊行，这是第一部刻板印刷的药物图谱。苏颂是一位科学家，又精通医学。他对医药学的贡献，主要是依靠集体力量，把全国各地关于药物学的知识集中起来，把实物与文献资料相对证，使我国的药物学建立在调查研究的基础上。

公元1083年，唐慎微将《嘉祐本草》和《图经本草》合为一书，复拾旧本五十余种补入，此外，还博采经史百家、佛书、道藏有关本草者附之，成《经史证类备急本草》三十二卷。全书共载药一千七百四十六种，每药附图，有单方三千余首，方论一千余首，为集前代本草之大成。公元1108年，经艾晟略加整理，雕板印行，名为《大观经史证类备急本草》，简称《大观本草》。公元1116年，曹孝忠等校定刊行，更名《政和经史证类备急本草》（简称《政和本草》）。此后，公元1159年，又由医官王继先校定刊行，称《绍兴校定经史证类备急本草》（简称《绍兴本草》）。

《大观本草》、《政和本草》在金元明清各朝均曾重刻，广为流传，还流传到日本、朝鲜。此书沿用五百年，有很高的医学价值，至明代为李时珍所推崇。

针灸铜人

针灸疗法是我国医学的优秀遗产。宋代有一位学问渊博、技术精湛的针灸学家名叫王唯一。他精通古今医学理论，对针灸医疗有很深的造诣。天圣五年（公元1027年），王唯一奉诏设计并主持铸造中国最早的针灸铜人。在铜匠的帮助下，制作了两尊针灸铜人。针灸铜人又称"天圣铜人"，是用精铜铸造而成的针灸模型，工艺精巧，体型与正常成年男子相同，外壳

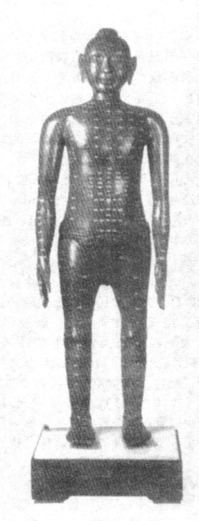

针灸铜人

由前后两件构成，内置脏腑，表面刻有人体手三阳、足三阳、手三阴、足三阴和任脉、督脉等十四条经脉和六百五十七个腧穴。穴孔与身体内部相通，可供教学和考核用。考核时，用蜡涂在铜人外表，体腔内注入水或水银。当被考核者取穴进针时，如选择部位准确，刺中穴位，水银或水便流出来。这种精密直观的教学模型是实物形象教学法的重大发明，对针灸学的发展有着深远的影响。针灸铜人共有两具，一具置于汴梁（今河南开封）翰林医官院，另一具则存放于大相国寺仁济殿。南宋时，其中一具铜人不明去向。明代正统八年

（公元1443年），鉴于铜人的经络、腧穴已模糊不清，难以辨认，明英宗朱祁镇遂命能工巧匠进行复制。此后，宋代针灸铜人这一珍贵的医学文物便失于记载，下落不明。

王唯一在铸成针灸铜人后，完成了《铜人腧穴针灸图经》这部著名的针灸学著作。过去，医学家们考定了313个穴位，王唯一增加到354个穴位。这是针灸学的一大发展。

除了王唯一的这部著作外，我国现在还流传着两部宋代的针灸学著作：一部是王执中的《资生经》，汇集了南宋以前我国针灸学的精华；另一部是闻人耆年的《急备灸法》，是一部专治急性疾病的针灸学。

《妇人良方大全》

医学上的产妇科，到了宋代已发展成为独立的专科。唐朝的太医署还没有专设产科。到了北宋，国家办的太医局分设九科，产科是其中之一。宋代的医学家中，出现了张锐、李师圣、郭稽中、杨子建、陈自明等著名的妇产科专家。

南宋嘉熙元年（公元1237年），妇产科兼外科医家陈自明广泛采摭诸家之善，结合家传的医方，编成《妇人良方大全》一书，成为中国现存最早的具有系统性的妇产科专著。陈自明（约公元1190年～1270年），字良甫，临川（今江西）人。出身于医学世家，医术精湛，医德高尚，曾受聘任建康府明道书院医学教授。他在长期的医疗实践中，认识到医妇人之病，特别是妇人分娩时的一些疾病非常危险，而当时的妇产科书籍散漫无纲，分类简略，所选病症又不齐备，影响具体的医疗实践和专科医术的进一步提高。鉴于此，在编

写《妇人良方大全》时，便为求在前人基础上"补其偏而会其全，聚其散而敛于约"。全书分为八门，顺序为调经、众病、求嗣、胎教、妊娠、坐月、产难、产后。每门分列若干篇论，总计约二百六十六论，论后介绍方药主治，内容条理清晰而又妇产兼备。

书中突出了"效"，即实用性，在论述诸病时着重概括受病之由，阐述症候特色，并附有医案，可供临床借鉴参考。而且在选方时不分贵贱，注意吸取一些民间验方与中草药的治疗经验，加强实用价值。书写成后，影响深远，流传广泛，并有一定国际影响，为后世妇产科的发展发挥了重要的承上启下作用。

宋代佛教

在宋一代，佛教在宗教界可以说一直唱着主角。宋建立后，太祖赵匡胤、太宗赵光义都信奉佛教，北宋一建立，就大力提倡佛教，公元960年，赵匡胤刚登位，即令各地保护寺院，公元971年，派人前往成都雕刻藏经，按照《开元释教录》所载的藏经，顺次刊行。公元983年，刊刻13万版，近5000卷。此后继续进行这一工作。太宗时期建寺院，在东京设译经院。佛教势力开始兴盛。

河南府进士李蔼作《灭邪集》反佛，赵匡胤斥他"诽毁佛教，诳惑百姓"，把他流配沙门岛。太宗赵光义时，对佛教的倡导可以说到了一个高峰。在五台山、峨嵋山、天台山等处修建寺庙，在开封设译经院翻译佛经。太祖赵匡胤开宝年间，开始在益州雕印大藏经，太宗时雕版完成。这是第一部印行的佛经总集。宋朝建国时，各地僧徒不过6.8万余人，太宗时增加到24万。真宗赵恒更加大力提倡佛教，撰写

《崇儒术论》的同时，又作《崇释论》，说佛与孔孟"迹异而道同"。赵恒继续建寺译经，并亲自作佛经注释。全国僧徒增加到近40万，尼姑6万多，所成佛经多至410余卷。真宗统治时期，成为赵宋一朝僧徒最多、佛学最盛的时期。

宋儒虽排斥佛教，但宋儒理学所受佛教思想之影响颇多，士大夫中亦喜闻禅学，至于庶民百姓，尤其是死丧殡葬之时的礼节，亦受佛教的影响。

宋朝佛教有各种宗派，其中以禅宗南宗流传最广泛。南宗中又有各种宗派。在禅宗之外，天台宗等宗派也相当盛行。

宋代文学的明珠——宋词

婉约清丽

从隋唐产生经五代发育的曲子词，到宋代进入繁荣鼎盛时期。北宋开国以后经过休养生息，出现了所谓"百年无事"的相对安定局面。经济的发展促进了城市的兴盛，国家标榜文治政策也使文化生活日益丰富。当时的皇室、贵族、官僚、文人，在富贵享乐中倾心于酣歌醉舞；市民阶层的娱乐要求，也随生活水平的提高日益增强。于是作为合乐歌唱的词，这本是"艳科""小道"的文艺形式，以其既具诗歌的艺术性又具音乐的品味性迅速勃兴起来。上至达官贵人的盛典宴会，下到市井民间的娱宾遣兴，皆以词为风雅，词成为赏心乐事的好手段。

词本是产生于宴乐和民间的一种文艺形式，以其较少庄重严肃而富有闲情逸致引起人们的赏好。特别是在具有文化修养的上层社会成员介入词的品玩后，这一原来不登大雅之堂的文体很快提高了品位，其原有的抒情功能得到强调，而创作的文人化也渐洗民间的俚俗风。曲子词原是一

种合乐演唱的歌曲，其句式长短不一，乐调婉转多姿，经文人加工后则更具有艺术性。由于曲子是和大曲相对的单支小曲，大曲遍数繁多不易运作，而小曲精约凝练便于赏玩，因而随着盛唐的逝去小曲创作也渐成为主流，这期间文人的作用不可忽视。说小曲和大曲相对是在大曲形成之后，而大曲本也是由宴乐或俗曲升华而来，因而小曲实际上一直保持着其独立性，完全可以从大曲中节选出来特别欣赏。小曲在雅化过程中也有一个由杂言向齐言过渡的阶段，但在齐言形成并达到绝妙的境界后也就再难突破，由此可以想到唐代的近体诗无与伦比后产生变异，因而说词由诗蜕变也就不无道理。词是按照词牌的曲调填写的，曲调的来源颇为复杂，大致可包括传统古曲、外来乐曲、民间曲调和自度新曲几个方面，据今人考证大约有 1000 个以上。这些曲调配上歌词也有不同的变化，如"减字"、"偷声"、"摊破"、"犯调"等。按照杨荫浏先生在《中国古代音乐史稿》中所说：减字是减少歌句字数，在音乐上，是以多音配一字，将某些字的节拍拖长。偷声是增加歌句字数，在音乐上，是分割少数的音，用以配合多数的字，使每字的音相应缩短。摊破是在歌句间插进歌句，在音乐上是增加新的乐句或扩展原有乐句。犯的一般意义，就是把属于几个不同词牌的乐句连接起来，形成一个新的曲牌；另一种意义，是转调或转调式。在这些词的变化形式上，文人无疑是最具有创造性和征服力的，他们能以自己的艺术修养和旺盛精力投入研究和开新，从而强化词的张力而使其符合人们的审美感觉和艺术的本体规律。精英艺术与大众文化是辩证的关系，不可否认精英是从大众产生并引导着大众，因而文人词的创作流向也就不能不是文化史研究的主要课题。

宋初文人在宴饮谈乐间多有雅兴，因

而"聊陈薄技，用佐清欢"成为作词的最好借口。由于文人生活圈子相对狭小，词的题材也就不够丰富。他们多以小令形式歌咏闲适安逸的生活，其温柔细腻的风格基本是五代词风的延续。这显然与当时的文化情势与对曲子词属于艳科的理解有关。新朝的建立使文人们充满希望又难舍传统，骨子里的多愁善感势必对人生抒发着情殇的忧叹。当然也有少数作家例外，如范仲淹以词抒叹对边塞战事的忧患，但此类的苍凉很难形成气候反而似乎不谐，因而庆历新政的失败也就不是偶然。后世欣赏范仲淹的劲拔是其敢于抗俗，是从历史发展的角度肯定其价值，但和风细雨的宋初自有其不可抗拒的惯力。在那样一种富贵安闲的生活状态中，文人们流连光景、咏叹爱情、感慨人生、玩味艺术就是难得的文化之事了，何况词作为一种艺术形式本身就不像诗文那样有沉重的承载，因此比较而言，宋词生命力之强大而取代唐诗就不是没有缘故的了。还是从宋初秀美清新的小令中感受一下那别有情致的气息吧，或许在体味中更能理解词的新颖是如何打破诗的呆板的。

宫乐图

王禹偶出身清寒而少有大志，对于统一的新王朝和个人的功名事业抱有希望，故其词如其诗文一样绝不浮华卑弱。如其《点绛唇》（感兴）云："雨恨云愁，江南依旧称佳丽。水村渔市，一缕孤烟细。天

中国通史

最新整理图文珍藏版

际征鸿，遥认行如缀。平生事，此时凝睇，谁会凭栏意？"词自晚唐五代以来多写男女艳情，王禹偁在北宋开国之初即扫脂粉之气，可见有志者之情怀。在诗坛上倡导晚唐体的诗人，词也如其诗一样多写闲情逸致，尽管思想境界不高，但风格倒也清新淡雅。如寇准《踏莎行》写闺怨、潘阆《酒泉子》写胜景都不浓艳而视野开阔。林逋《长相思》颇为有名："吴山青，越山青，两岸青山相对迎。谁知离别情。君泪盈，妾泪盈，罗带同心结未成。江边潮已平。"词移情寄怨，深沉凝练，又具有浓厚的民歌风味，将离愁别情抒写得流畅有致而婉转自然，可见林逋这位居士描写爱情也不同凡响。西崑派作诗词采华丽，对仗工整，讲究用典，作词一般也具有宫廷上层文人的优雅风度和对词的特点的深刻理解。如杨亿的《少年游》，借不畏风刀霜剑的梅花寄托自己的良深感慨，巧妙用典而意蕴万千，充分显示出作者的笔力和词调的情味。

继之而后，词以别一种情味引发着文人们的雅趣，虽然题材范围较为狭窄，但毕竟在探索中不自觉地出现一些新气象。范仲淹词虽不多，但沉雄开阔的意境与苍凉悲壮的咏叹却别树一帜，与词的传统风格形成鲜明的对照。如《苏幕遮》"碧云天，黄叶地，秋声连波，波上寒烟翠"，描写秋天的寥廓，成为写景名句，后来为元代王实甫《西厢记·长亭送别》所借用。其《渔家傲》"塞下秋来风景异，衡阳雁去无留意。四面边声连角起，千嶂里，长烟落日孤城闭"，写荒寒苍凉的北国边塞秋景，与前词写目断江南虽语语不同却有异曲同工之妙。宋人写词，一般是上阕写景，下阕抒情。这两首词，一抒离乡思亲之愁，一抒报国忧边之意，皆非一般词人可比。范仲淹作为有远见的政治家和古文革新运动的倡导者，在词中也体现出反映现实的

积极追求。其词于温婉之中寓豪宕之气，可谓一开雄健之风。

与其同时被称为词坛领袖的晏殊、欧阳修，也力图摆脱花间词的猥俗和浮艳，他们主要接受南唐冯延巳雍容疏朗的风格，而这也正合当时官僚士大夫的口味。晏殊（991～1055年），字同叔，抚州临川（今江西抚州）人。其幼年聪颖，应神童试赐同进士出身。仁宗时，成为北宋一代太平宰相。他政治上虽无建树，却以吸引贤才著称。作为朝廷重臣，诗文近于西崑派，典雅华丽。在词的创作上，被推为"北宋倚声家初祖"。其虽受冯延巳影响，但一生富贵优游，这与冯延巳身为乱世之相大不相同，因而其词更呈现出舒徐沉静、雍容华贵、温润秀洁、婉丽蕴藉的特色。他写男情女爱、离愁别恨、风花雪月、宴饮酬欢，皆笔调闲婉、理致深蕴、音律谐适、词语雅丽，成为宋初上层社会最欣赏的词家。

晏殊写相思词语典丽而情意深挚，如《蝶恋花》下阕："昨夜西风凋碧树，独上高楼，望尽天涯路。欲寄彩笺兼尺素，山长水阔知何处。"其写游乐也于安闲中透露些许的感慨，如《浣溪沙》："一曲新词酒一杯，去年天气旧亭台，夕阳西下几时回？无可奈何花落去，似曾相识燕归来，小园香径独徘徊。"含蓄委婉，情致缠绵，似乎让人看到一个温文尔雅的士大夫于流连光景中情绪怅惘。晏殊词中有不少感伤之作，表达得微妙细腻而韵致委婉，如《踏莎行》将春光与恋情关联纠结，其伤春情绪实在是一种对年华流逝的叹惋，其幽怨情思也流露出很高远而深挚的追寻，此中文化情味的确非常人可比，那种安闲雍容却又温润秀洁不能不令人惊叹。晏殊词中也不乏关注现实的作品。如《山亭柳》（赠歌者）写被污辱、被损害的歌女的悲惨命运，实际上抒发对朝廷不辨贤愚忠奸的怨

愤之情。《清商怨》写边陲不靖给征人思妇带来的怨苦，隐含着对太平表象下兵连祸接的忧虑。《破阵子》（春景）则讴歌青春、吟咏自然，将天真少女与暮春景色展示得温馨而美好。晏殊的清词丽句表现真情实感，在淡言浅语中寓含着惆怅叹婉，其乐景与悲情并存寄托着丰富的人生感触，而这些感触又非如他人的欢乐与凄恻，这种风度正是晏殊具有极高文化修养的表现。

欧阳修作为北宋文坛领袖，在词的境界的开拓和抒情的深刻性方面都超过了晏殊。其词在数量方面也超过了他以前的作家，虽然与其诗文相比内容较为狭小，但影响却也不在诗文之下。刘熙载在《艺概》中说："冯延巳词，晏同叔得其俊，欧阳永叔得其深。"冯煦在《宋六十一家词选例言》中说欧阳修"疏隽开子瞻，深婉开少游。"欧阳修不仅具有深厚的文化修养和舒朗的性格胸怀，而且具有敢于革新的勇气和冲破旧习的胆识。其词虽也多写惜春相思、酣饮醉歌等，却已摆脱雍容华贵、脂粉浮艳，使词达到清疏隽永、蕴藉深厚的新境界。

在他的词中，写男女情爱或相思伤别婉转深沉。如《浪淘沙》："楼外夕阳闲，独自凭栏，一重水隔一重山。水阔山高人不见，有泪无言。"其《踏莎行》写良辰美景中的遥相思念，构思缜密，表述曲婉，那"离愁不断如春水"的妙喻和"行人更在春山外"的设想，给人绵邈深长的思味。《生查子》（元夕）明白如话，具有民歌色彩，既不雕琢，也不浅薄，于平淡之中见深婉之致。欧阳修诗文大多态度庄重平实，而在词中却披露出丰富细腻的感情，这是词的特点决定的，亦可看到宋诗言志说理和宋词抒情寄愁的分野。

欧阳修除写常见的爱情题材外，也写了许多歌咏山光水色的作品。最具代表性的是用联章体写的十首《采桑子》，这些

玉壶春瓶

荷塘按乐图

作品非一时之作，从各个角度写景寄情，想像奇特，用语巧妙，既典雅又幽美。如"无风水面琉璃滑，不觉船移。微动涟漪，惊起沙禽掠岸飞"。其《玉楼春》："杏花红处青山缺，山畔行人山下歇。"《浣溪沙》："堤上游人逐画船，拍堤春水四重天。绿杨楼外出秋千。"《渔家傲》："霜重鼓声塞下起，千人指，马前一雁寒空坠。"皆清新疏淡，意象别具。

中国通史

最新整理图文珍藏版

欧阳修一生仕宦并非平顺，因此词也成为抒发感愤的工具。特别是在他两次遭贬期间，便有不少忧政伤时、叹老嗟卑之作。这些作品，有对人才的惋惜，有对国事的关虑，有对自身的悲悯，也有对故乡的怀恋。这些词拓宽了宋初文人词的题材领域，给人耳目一新之感。如《临江仙》："如今薄宦老天涯，十年歧路，空负曲江花。"《玉楼春》："残春一夜狂风雨，断送飞红花落树。人心花意待留春，春色无情容易去。"《浣溪沙》："浮世歌欢真易失，宦途离合信难期。樽前莫惜醉如泥。"但作者于潦倒中也有豪放的一面。如《朝中措》："文章太守，挥毫万字，一饮千钟。"《玉楼春》："便须豪饮敌青春，莫对新花羞白发。"词人以此抒怀，可见于委婉清新中又开疏隽狂放之一路。可以说，欧阳修在提倡诗文革新的同时，对词的开拓和发展也做出了积极贡献。

如果说晏殊、欧阳修代表了上流社会的一种高雅境界，那么张先、柳永作为下层文人也在词的意境方面有很大创新。张先少时即有文名，但于年过不惑方中进士。他的官职虽然不高，但词作却很有名。致仕后经常往来于吴兴、杭州间，过着登山临水和作诗赋词的悠闲生活。词作虽沿袭宋初婉约派风格，但写士大夫生活却别开蹊径。他的词既不同于先其雍容疏朗的晏殊、欧阳修，也不同于后其浅俗婉丽的柳永、秦观。他不仅善写小令，还写过一些长调，在篇制探讨上起到了促进作用。张先最为人称道的还是那些清新活泼或含蓄隽永的小词，他又善于营造那份空灵自然、迷离朦胧的美妙意境，因而缺乏一种大度胸怀而别具一种缠绵幽怨之美。他在词中特爱用"影"字，如《天仙子》中的"云破月来花弄影"，《归朝花》中的"娇柔懒起，帘压卷花影"，《剪牡丹》中的"柳径无人，堕风絮无影"，因而被称为"张三影"。其实他还有写"影"的名句，如《木兰花》中的"中庭月色正清明，无数杨花过无影"，《青门引》中的"那堪更被明月，隔墙送过秋千影"，都被人认为甚佳。张先的慢词代表是《谢池春慢》，抒发爱慕而难以相许的怨情。可贵之处在于含蓄工巧、字句警炼和意境绵邈，不足之处则是缺乏铺叙的功力、充实的内容和结构的完美，用小令做法写长调，恰恰反映了其求高古而缺气度的局限。陈廷焯在《白雨斋词话》中说：张先"有含蓄处，亦有发越处，但含蓄不似温、韦，发越不似豪苏腻柳，规模虽隘，气格却尽古"。可谓至论。

与张先相比，柳永却是典型的下层文人。柳永，原名三变，字耆卿，崇安（今福建崇安）人。虽出身于官宦之家，却为人风流倜傥，不拘礼法，有浪子作风。他早年在汴京与"狂朋怪侣"过着"暮宴朝饮"的生活，又"好为淫冶讴歌之曲，传播四方"。因这些词不为正统观念所容，因而两次应试皆不中，仕途极不得意。当时城市经济繁荣，市民阶层迅速增长，出现了很多舞榭歌楼，朝野上下竞为新声。柳永在长期浪游生涯中，常出入烟花柳巷，与乐工、歌妓来往，应他们之请作了大量适于演唱的慢词。但中年以后困顿潦倒，为谋生路，改名柳永，又去应试。中试后做过一些小官，官至屯田员外郎，穷困而死。柳永作为北宋第一个专力写词的作家，虽遭正统观念排斥却成就了其文学上的盛名，由此也可看到词作为一种文艺样式在宋代的崛起和取得的成就。

柳永对词最大的贡献是创制了大量的长调，使词在篇章结构上扩展而容纳更多的内容。他常取一小令词调而大增其字数，使之成为中调或长调。如《长相思》本36字，柳永则变为103字；《抛球乐》本40字，柳永变为188字；《浪淘沙》本双调

54字，柳永则变为三叠144字；其最长者《戚氏》（三叠）达212字，这是前所未有的。他又敢于"变旧曲"而"作新声"，在慢词长调的创制上大胆探索，成就斐然，使"教坊乐工，每得新腔，必求永为词"。尽管其词被一些评家认为不能登大雅之堂，但柳词吸取民间广为流传的新声，以通俗浅近为特征，呈现出旖旎多姿的风采，深受大众欢迎。

柳永词中反映妇女生活的最多，而描写调笑卖唱之歌妓的又居多数。这与其放浪形骸的生活有关，也极具"同是天涯沦落人"的象征意义。作为一个封建时代的士大夫，又是抑郁不得志的浪子，柳永既有千金买笑、及时行乐的一面，又有仕途失意、沉沦潦倒的一面。因而在创制词曲过程中，既有轻薄又有痛苦，既有调笑又有悲悯。这就造成柳永词的复杂性和深刻性，这些思想内容又通过较高的艺术形式抒发出来，因此，"凡有井水饮处，即能歌柳词"就不是奇怪的了。柳永将爱情写得非常美好，那凄楚动人的情景不免令人愁肠欲断，这或许便是受大众欢迎的原因和令人赞叹的成就了。从这个意义上讲，将他誉为"通俗"词人似乎毫无贬低的意思。其《集贤宾》"人间天上，唯有两心同"，《忆帝京》"系我一生心，负你千行泪"，《蝶恋花》："衣带渐宽终不悔，为伊消得人憔悴"，还有许多词都写得一往情深，缠绵惆怅。

柳永长年飘游在外，仕途不遇，因此羁旅行役、别恨离愁也成为其词作重要内容。在这些词中，他将汉魏乐府的游子思妇题材，与晚唐五代以来词中男欢女爱的描写结合起来，将孤独凄凉、万般无奈的感伤抒写得淋漓尽致。《定风波》言："念荡子，终日驱驰，争觉乡关转迢递。"《倾杯》云："想绣阁深沉，争知憔悴损，天涯行客。"其《夜半乐》（冻云暗淡天气）、

侍女立像

《采莲令》（月华收）、《卜算子慢》（江枫渐老）、《八声甘州》（对潇潇暮雨洒江天）、《雨霖铃》（寒蝉凄切）也都是名篇，将漂泊不定的生活与乡思眷爱的伤痛尽情地表达了出来。词人写作时将情与景结合，吸收六朝小赋的特点，层层铺叙，着意渲染，委婉曲折，虚实相间，将心底的情愁毫无遮掩地表露，不免令人叹为观止。陈振孙《直斋书录解题》说柳词"尤工于羁旅行役"，颇为中肯；郑文焯《大鹤山人词论》说柳永的"长调尤能以沉雄之魂，清劲之气，寄奇丽之情，作挥绰之声"，可谓的论。

除爱情、行愁外，柳永还有一些描绘都会风光及佳节庆贺的词篇。在这些词中，他将城市旖旎的景致与人们的富庶生活精雕细刻地详尽展示，令人观赏之余心向往之。如《瑞鹧鸪》写苏州："吴会风流，人烟好，高下水际山头。瑶台绛阙，依约蓬丘。万井千闾富庶，雄压十三州。触处青蛾画舸，红粉朱楼。"《一寸金》写成都："地胜异，锦里风流，蚕市繁华，簇簇

歌台舞榭。雅俗多游赏，轻裘俊，靓妆艳冶。"《迎新春》写开封："庆佳节，当三五。列华灯千门万户，遍九陌罗绮，香风微度。十里燃绛树，鳌山耸，喧天箫鼓。"《望海潮》写杭州："东南形胜，三吴都会，钱塘自古繁华。烟柳画桥，风帘翠幕，参差十万人家。"这些词笔致壮丽，声调激越，境界开阔，与其后苏轼豪放一类词相去不远。词采用铺张手法，由大及小，由虚入实，并大量使用偶句，但又很少用典，以赋体笔法写天然景观，可谓臻妙。无怪人评曰："音律谐婉，语意妥帖。承平气象，形容曲尽。""铺叙展衍，备足无余，形容盛明，千载如同当日。"

柳永将短小纤巧的小令发展成繁音纤节的慢词，无论从内容还是从形式上都奠定了慢词的地位。柳永特别注意铺叙手法的运用，融抒情、写景、叙事为一体，又大量吸收俚言俗语入词，一扫晚唐五代以来的雕琢习气，这为后来的词家开辟了道路和境界，此后词家都从柳永词中得到艺术借鉴。

豪放典雅

宋代前期相对的安宁与繁荣使词也随之精致并发展，但继之对积冗局面的改革引发的政治斗争使词人则更多地关注社会现实。词的境界进一步扩大，意味进一步深长，抒情风格也由婉约更趋豪放。词人们结合自己的身世遭遇，用词展示情怀似乎比诗文更便利得体。

政治家王安石于公事之余也有词作，风格与诗相通但似更为沉雄。其罢相以后退居金陵所作《桂枝香》便很为后人推重，杨湜《古今词话》说："金陵怀古，诸公调寄《桂枝香》者三十余家，独介甫为绝唱。"此词由登临观赏想到六朝故去，立意高远，体气刚健，化用前人诗句而不见雕镂痕迹，状景抒怀俱见锤炼之功。词明显是针对宋朝政治现实而发，因而对六

朝相继覆亡深表惋叹，实际上寓含着作者无穷的思虑。读王安石作品，皆具深刻的政治内涵，在《浪淘沙令》中，作者借伊尹、吕尚适逢商汤、周武而得以雄才大展，抒发明主重用贤臣而贤臣方可建功的哲理感叹。王安石的词真正摆脱了脂粉气，可谓是继范仲淹《渔家傲》之后的雄健之作。尽管诗庄词媚的传统界限犹存，但王安石却能以豪劲之笔抒诗之意兴却又不失词之风韵，可见大家之象。

词以婉约为宗，以抒情为主，有特定的要求。晏几道作为晏殊的儿子，追摹花间而又别具沉哀，可谓与其父歧路而同彰，时人并称"二晏"。晏几道虽出身名门，却一生仕途不达。据黄庭坚《小山集序》言其有四痴："仕宦连蹇，而不能一傍贵人之门，是一痴也；论文自有体，不肯作一新进士语，又一痴也；费资千百万，家人饥寒，而面有孺子之色，此又一痴也；人百负之而不恨，己信人终不疑其欺己，此又一痴也。"晏几道天真耿直，清节独持，然学识超群，人品洁尚。在当时政局变化迭起的情境下，他既不趋旧也不攀新，因此陷入落拓不遇的困境，一生日趋窘困凄凉。由于身经盛衰荣辱，故其词多感伤惆怅之作，而晚年更多的是不满和愤怒，因而风格当然与其父迥异。

他作词，可谓尽承温庭筠、韦庄、李煜、冯延巳乃至其父影响，但由于生活道路坎坷而词调不免沉郁哀伤。他的词最大特点便是言情极"纯"而"痴"，出语自然清新，毫无雕琢藻绘，"秀气胜韵，得之天然"。其词多为五、七言小令，仍以歌舞酒筵、男女爱情、四时景物为内容，但却充满了幽愤和悲凉。他无限眷怀着过去的繁华、恋人的温情、青春的盛景，把这一切哀婉地倾诉着，凄楚感人。他在词中多写梦，如《鹧鸪天》（小令尊前见玉箫）、《蝶恋花》（梦入江南烟水路）、《临江仙》

海棠蛱蝶图

立地位的，是宋代著名的文学大家苏轼。从《东坡乐府》所收 300 余篇看，其词在题材内容、表现方法、语言运用、风格特色等各个方面都有新突破。词在他的笔下，冲决了"艳科"的藩篱，开创出"倾荡磊落，如诗，如文，如天地奇观"的壮观局面。

苏轼写词，把笔触指向广阔的社会生活，举凡怀古、感旧、记游、说理等等，皆能以词来表达。他打破了"诗庄词媚"的观念，亦将文章笔法带入词中，一切皆由胸中溢出而全冲破束缚。如其抒发爱国情怀的《江城子》（密州出猎），将出猎与请战结合起来，慷慨豪健。其抒发兄弟情谊的《水调歌头》（明月几时有），将对宇宙的奇想与对人生的情思构成空灵清幽的意境。其《念奴娇》（赤壁怀古）则大笔

（梦后楼台高锁）都是名篇，表现好事难再、愁情缠绵之心绪。其词以"泪墨"写"鬼语"，多以对比手法写相聚欢宴与别后凄清，将真与幻相关映衬，把复杂的心理感触与变化表达得细腻传神，因而与其父雍容闲雅决然不同，却是以清秀凄凉胜出。与柳永相比，晏几道没有那么俚俗与浅露，而是透露出很高的学养和很纯的情感，因此清丽的词句蕴涵着彻骨的忧伤。由此亦可看出填词艺术的进步，经过作家的努力，词成为最适宜于表现情感生活的一种形式。

真正把词推向高峰并开豪放境界又奠

秋林放犊图

苏轼像

挥洒，将览物之情、怀古之思和身世之感糅合在一起，雄放而悲凉。其写农村风光的一组《浣溪沙》，朴素清新，饶有情味，将田园风光与生活画面展示得多姿多彩。其以议论笔法直抒政治抱负和人生理想如《沁园春》（孤馆灯青）："有笔头千字，胸中万卷。致君尧舜，此事何难。"其以象征笔法婉抒隐恨与孤独如《卜算子》："惊起却回头，有恨无人省。拣尽寒枝不肯栖，

寂寞沙洲冷。"总之，苏轼词几乎"无意不可入，无事不可言"，"一洗绮罗香泽之态，摆脱绸缪宛转之度；使人登高望远，举首高歌"。他以豪健的词风力矫柳永的轻软，他的词须关西大汉手持铜琵琶、铁绰板演唱，其大胆的夸张、丰富的想像、淋漓的笔墨造成阔大的意境和恢宏的气象，堪称超群盖世，横放杰出。但其也不乏婉约之作，而此类作品却于深婉简约中别具幽奇。如《水龙吟》（次韵章质夫杨花词），将轻飘的柳絮与深情的女子寓合，把满腔愁绪表现得幽怨缠绵，淋漓尽致。《江城子》（十年生死两茫茫）将对亡妻的悼念直言无隐地倾诉，给人肝肠寸断之感。苏轼还有些词写得特别清峻旷逸，充满了对人生的反思和对苦痛的超脱。如《定风波》："莫听穿林打叶声，何妨吟啸且徐行。竹杖芒鞋轻胜马，谁怕？一蓑烟雨任平生。"如《行香子》："重重似画，曲曲如屏。算当年，虚老严陵。君臣一梦，今古虚名。但远山长，云山乱，晓山青。"将自然风光与志操怀抱关合，苍苍泱泱，儒道尽释。

苏轼的各类词作充分体现出大家风度，在词律和语言方面也不受束缚、横放恣肆。在《东坡乐府》中，有不少词打破了词牌的固定格式，以致为人所讥。实际上苏轼并非不讲音律，而实为"但豪放，不喜剪裁以就声律耳"！苏轼词以豪放者为多，不少慷慨之作并不完全和律，但由于风骨内充感情激荡，也就特别为人称赏而传唱不衰。陈廷焯《白雨斋词话》说："东坡之词，纯以情胜，情之至者词亦至，只是情得其正，不似耆卿之嗫嚅私情耳。"他使词摆脱了对音乐的附庸地位，同时在语言方面也一扫花间词人的脂粉与柳永词作的俚俗。苏轼词清雄韶秀，简洁畅达，多方吸收古人诗句入词，偶尔也用当时口语，经史子传，杂家小说，无不撷语，恰到好处，

因而给人包罗万象又得其精髓之感，使人从香软绮丽字句中突然看到一个桀骜不驯的意象。正如黄庭坚在《山谷题跋》中言："语意高妙，似非吃烟火食人语。非胸中有数万卷书，笔下无一点俗气，孰能至此！"其学养与真率将词推向一种极致，却毫不迂腐苟且蝇营。实际上，苏轼继范仲淹、王安石之后更加恢宏，他将自由挥洒的写作态度与变化莫测的篇章结构浑融一体，使词真正成为独立的体格并开豪放流派之先风，从而与诗文革新运动相映照，以其人格和文品成为一个时代的典范并给后人以深刻的影响。

苏轼作为北宋文坛领袖奖掖和团结了一批作家，如苏门四学士黄庭坚、秦观、晁补之、张耒。他们也都各有词作并出笔不凡，成为风流一时的名家。黄庭坚继承了苏轼词风更以超轶绝俗为高标，并将其诗歌主张如"脱胎换骨"、"点铁成金"融入词中，这就使其词形成或高旷飘逸、或俚俗狂放、或典雅优美的意境，如《水调歌头》（瑶草一何碧）、《清平乐》（春归何处）等。晁补之的词作也脱去了传统词家"宛转绵丽"的蹊径，慷慨磊落，豁达疏野，自有一股豪气，如《摸鱼儿》（东皋寓居）。张耒工诗善文，名重一时，倚声制曲，非其所长，但偶有词作亦不乏佳妙，如《风流子》（木叶亭皋下）写思念妻子凄婉动人。秦观于四人中作词最为出色，但主体风格却是忧郁凄伤，音律和美。

秦观少年时期曾客游多处，在与歌女的交往中曾写过不少词。这些词在男女之恋的描写中寄托着身世之感，在情调上与意境上与柳永相近然更俊逸。如《满庭芳》（山抹微云），此词将事、情、景三者融会一气，用字、用韵、用律极为讲究，"将身世之感，打并入艳情"，取得极佳效果。秦观的《鹊桥仙》（纤云弄巧）也很有名，用牛郎织女相会鹊桥的传说，抒发

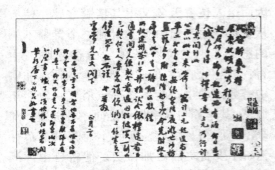

新岁展庆帖　苏轼著

秦观像

着人间男女不得私会的苦痛。秦观后由苏轼推荐入朝为官，但新党执政后受苏轼牵连又遭贬逐。政治上的打击迫害使其感到绝望，因而情调更加凄苦哀伤。《踏莎行》（雾失楼台）将孤寂幽愤写得凄迷绵邈，把敏锐的感受痛楚地寓含在清寒的意象中。《千秋岁》曰："日边清梦断，镜里朱颜改。春去也，飞红万点愁如海。"他写春，写梦，写愁，写醉，一切发自内心又一切合乎音律，由前期的纤弱转入后期的沉郁，可谓婉约尽致。秦观有些小令也景致清丽，如《浣溪沙》："自在飞花轻似梦，无边丝雨细如愁，室帘闲挂小银钩。"他还有少数作品作悲壮豪放语，如《望海潮》："最好

挥毫万字，一饮拼千钟。"《宋六十一名家词例言》说："他人之词，词才也；少游，词心也，得之于内，不可以传。"《避暑录话》说："秦观少游亦善为乐府，语工而入律，知乐者谓之作家歌。"秦观的豪放一度为苏轼所赏，然其柔弱的个性与艺术的天分使其成为后人共认的婉约大家。沈雄《古今词话》说："子瞻词胜乎情，耆卿情胜乎词，辞情相称者，唯少游一人耳。"王国维《人间词话》说："词之雅郑，在神不在貌。永叔、少游虽作艳语，终有品格。"秦观词情辞并茂，协音和律，对后世影响较大。

苏轼稍后较有创新的词人是贺铸（1052～1125 年），他少时仗才使气，耿介豪侠，入仕后喜论时事，傲视权贵，故一生不得美官，沉居下僚。他的词内容丰富，风格多样。张耒《〈东山词〉序》说："夫其盛丽如游金、张之堂，而妖冶如揽嫱、施之袂，幽洁如屈、宋，悲壮如苏、李，览者自知之。"其《鹧鸪天》悼念亡妻："梧桐半死清霜后，头白鸳鸯失伴飞"，将挚情苦思表达得哀婉凄绝，与苏轼《江城子》悼亡作并传不朽。其组词《古捣练子》用民间语写关山情，以思妇之口忧边塞之事，在宋词中可谓罕见。如"砧面莹，杵声齐，捣就征衣泪墨题。寄到玉关应万里，戍人犹在玉关西。"于哀婉中对宋朝边事给予讽谴，于民歌中给予辞采情调的升华。其《将进酒》（城下路）咏史抒怀，慷慨激烈，嘲讽追名求利的小人，铺排物是人非的景象，诉说超脱世俗的道理，无不义愤填膺而矫健从容。其《六州歌头》（少年侠气）充满爱国豪情，在对边事的忧叹中不免悲愤万端。全篇笔力雄拔，神采飞扬，不为声律所缚，反以声律彰显，激越的感情与跳荡的旋律结合，因而在苏轼不屑格律与周邦彦格律精严之间。其最为传诵的还是《青玉案》（凌波不过横塘

路），将爱情的失意与仕途的不遇联系起来，情辞哀婉。特别是结句的比喻："试问闲愁都几许？一川烟草，满城飞絮，梅子黄时雨。"连用三个比喻，写出闲愁的广漠无际、纷繁缭乱与绵延迷蒙。贺铸作词吸收唐人歌行情调，其豪放继苏轼而开辛弃疾，他与秦观、周邦彦是同时代人，因而亦注意到婉约与格律的本色。

北宋后期徽宗崇宁四年（1105年）设立大晟府，这是国家最高的音乐机构，任用了一批精通词乐者，周邦彦（1056～1121年）便是其中影响最大的一个。周邦彦少年时代落拓不羁，喜好声色。在太学读书时，因献《汴都赋》被神宗升为太学正。徽宗时提举大晟府，负责审音订乐。因其早年与柳永生活经历相似，因而作品中有不少写男女情爱、羁旅行愁。又因他词律工巧，用语清新，所以又有人将他与秦观并称。

他精通音律，制调甚多，对宋代词乐贡献很大。词本应按曲填写，适声演唱，自宋以来不断创新而成气象，但并非严格讲究乐律和艺术手法。周邦彦提举大晟府期间，凭借他掌管朝廷音乐的地位和个人的音乐才能，总结一代词乐而崭露个人风貌，成为北宋词的"集大成者"而又"自成一家"。尤其是他继柳永、苏轼、秦观之后，将长调慢词益求精雅，各种艺术手法得以推进，使得词律严整，音调丰富。他特别在整理古调的同时，创制了许多典雅婉转的新调。张炎说："美成诸人又复增衍慢、曲、引、近，或移宫换羽，为三犯四犯之曲，按月律为之，其曲遂繁。"周邦彦作词情调婉约而格律精严，被讥为尽管富艳精工但意趣不够高远。王国维在《人间词话》中也说："创调之才多，创意之才少。"

其词多为长篇，《瑞龙吟》（章台路）对比今之惆怅与昔之游乐，抒发了词人旧地重游时的伤离意绪。全词辞句雕琢得富丽精巧，化用诗词典故自然妥帖，格律和音韵的运用也和谐雅致。意境可谓缠绵而空灵，但给人气格不高之感。周邦彦这类词不少，有些写得倒也清切。如《风流子》（新绿小池塘）、《渡江云》（晴岚低楚甸）、《解连环》（怨怀无托）、《满庭芳》（风老莺雏）等等，无论写景抒情，都能刻画入微，而章法变化多端，笔力形容尽致，达到"结构精奇，金针度尽"之境界。周邦彦也有些沉郁顿挫之作。如《六丑》（正单衣试酒）叹花惜春，全词140字，写得浑厚典雅，奇情四溢。自创新调《兰陵王》（柳荫直）写尽离别之意绪，华词雅律抒旧恨新愁，情景浑融而意趣深厚。

周邦彦以其优雅、曼妙、伤感的作品风靡了北宋末年词坛，这同当时繁华已极腐朽已极的社会是一致的。周邦彦作为一个与世浮沉的俗人、才华横溢的歌者，使婉约风格和格律形式完美构织，成为集北宋之成开南宋之新的一代名家。其词调法度为后人创作规范，其言词珠鲜玉艳、淡远清妍亦给后人以启发，其构思曲折、铺叙尽妙、前后照应的章法手段也为后人所吸取。陈廷焯《白雨斋词话》说："词至

霜条寒雏图

美成，乃有大宗，前收苏、秦之终，后开姜、史之始。自有词人以来，不得不推为巨擘，后之为词者，亦难出其范围。"在他之后，词坛格律派出现，注重形式的风气大盛。尽管对周词的气格后人评说多有异词，但作为那个时代的精神产物却在艺术本体的研究上推进了一步。

凄楚悲愤

靖康之难发生后，赵构建立南宋政权。金兵继续南侵，南宋朝廷抵挡不住，只得向金纳币称臣，偏安于江南半壁江山。随着民族矛盾的迅速上升和朝政内部和战争论的出现，南宋词风很快发生了巨大的变化。许多作家在国家覆亡的变故下过着颠沛流离的生活，强烈的爱国思想使他们改变了以往浮艳典丽的调子。他们冲破了大晟乐府讲究格律的形式风气，创造出许多或哀凉或激愤的词篇。爱国主义此时成为词坛的主旋律，从李清照到辛弃疾形成一道由婉约到豪放的风景线。

李清照（1084～1155年?）资质聪慧，多才多艺。诗、文、词俱佳，还工书、善画兼通音乐。她与赵明诚结婚后，度过一段文雅而幸福的生活。但靖康之难给她带来巨大的伤痛，在国破家亡夫死的沉重打击下度过了孤苦凄凉的晚年。她的文化修养很高，词的成就超过了诗文。她的《词论》作为宋代第一篇系统的论词专作，在总结词的发展过程时明确提出了"词别是一家"的观点。她在创作中也注意诗、词的区别，但南渡后的生活境遇却使她的词风发生了很大的变化。她突破了自己早期典丽华美的风格，形成了浅俗清新的"易安体"。

从她的早期作品看，如《如梦令》（常记溪亭日暮）、《如梦令》（昨夜雨疏风骤）、《点绛唇》（蹴罢秋千）、《一剪梅》（红藕香残玉簟秋）、《醉花阴》（薄雾浓云愁永昼）等，都是反映闺秀的欢愉生活、青春的美好眷恋和思夫的愁苦情态的。这些词表现出女词人的细腻感受、纯真情怀和语言才华，或如实描写，或比兴关合，或即景抒情，或借物咏怀，都语新意隽，委婉动人。使人仿佛看到天真的少女、轻微的抒叹、刻骨的相思。李清照南渡后所作词篇，由于经久而深切地承受了时代的巨变、生活的坎坷和精神的磨难，因而所抒发的忧愁烦恼已超出闺阁庭院的狭小范围而融入了家国覆没之恨，所以也就具有更为高深的境界和更为宽广的意味。《菩萨蛮》："故乡何处是？忘了除非醉。"《武陵春》："物是人非事事休，欲语泪先流。"皆感愤悲泣之作，直刺人心。其《声声慢》押韵由平声改为入声，并屡用叠字和双声字，变舒缓为急促，变哀婉为凄丽，以刻画冷清的环境来烘托悲切的心情，以层层铺叙的手法件件委婉道来，这种浅俗贴切的语言与北宋末年的华贵典雅形成鲜明的对照，同时意境也大相径庭。南渡后无论是春花秋月，还是莺歌燕舞，在李清照眼中都非心悦神怡之物，而成为乡思之愁、流落之苦、时局之忧的媒介。黄花败落，梧桐凋零，这些物象用浅俗之语发出而不加雕饰，的确令人别有一番滋味在心头。其《永遇乐》（落日熔金）通过元宵对比，抚今追昔，抒发了饱经忧患的苦楚与自甘寂寞的情绪，透露出对南宋朝廷偏安的不满和对故国难以忘怀的牵念。此词凝重深沉，含蓄蕴藉，使人仿佛看到昔日的繁华和今日的落魄，突现出平淡中见工致的语言风格。

李清照词是婉约派的一个高峰，借鉴了李煜、柳永、秦观等人的艺术经验而又有独创。她善于白描，多用赋体，长于铺叙。抒情曲折，比兴生动，讲究含蓄。语言锤炼不见痕迹，发语浅俗又自然精警。李清照词洗尽铅华而见凄清本色，同时代词人亦充满慨叹而绝少艳语，可谓一时

中国通史

最新整理图文珍藏版

气象。

与孤弱女词人李清照的凄婉哀绝不同，许多爱国志士健笔写下悲凉慷慨的词章。他们一改北宋末年的柔弱词风，在抗敌御侮的热潮中抒发报国理想。如张元干于南渡前专好酒畔花前、流连香软，靖康后幡然醒悟、豪迈悲壮。其词或抚事感时，忧

人物故事

国伤民，如《石州慢》（己酉秋吴兴舟中作）；或叹今追昔，壮志遗恨，如《水调歌头》（追和）。其最为著名的是两首《贺新郎》，一首是寄李纲，一首是赠胡铨，二人皆为坚定的抗战志士。张元干在词中一发胸中积郁的忠愤不平之气，在寄李纲之作中热诚地希望被秦桧打击的李纲为抗金事业再建功勋，在赠胡铨之作中不顾个人安危坚决支持要求斩杀秦桧的朋友。此二首先后辉映的姊妹篇，写得雄健豪放，沉郁顿挫，《四库全书提要》言其"慷慨悲凉，数百年后，尚想其抑塞磊落之气"。张元干直接以词作武器参加现实政治斗争，为南宋爱国词风的形成首标高帜。

张孝祥（1132～1169年）高宗时状元及第，曾因忤逆秦桧被诬陷下狱。后曾任建康留守军官，为政简易清廉。其词效法苏轼，风格多样。有的峻拔雄奇，有的沉郁悲壮，有的清丽飘逸。其《念奴娇》（过洞庭）描写洞庭湖博大宽阔、清明澄澈的秀远景色，寄寓了作者光明磊落、冰雪肝胆般的情怀。其《六州歌头》（长淮望断）更是激荡着爱国之情、忠义之气，上阕将沦陷区的凄凉景象和敌人的骄横跋扈展现出来，下阕则对中原人民的艰难处境深表同情，并抨击当权者的忍辱求和，感叹自己报国无门。"淋漓痛快，笔饱墨酣，读之令人起舞。"张孝祥还曾以激动的心情作《水调歌头》（和庞佑父），记叙闻说抗金斗争胜利的感奋。他也有《浣溪沙》（洞庭）摹景融情，表现清隽自然之趣。张孝祥和张元干都是上承苏轼下启辛弃疾的词人，当民族危机紧迫之时，他们都唱出了一首首激昂慷慨的歌；但形势较为稳定之时，他们往往在园林、山水中寄寓着对生活的热爱。

南宋前期还有一些爱国词人，如李纲、赵鼎、岳飞等，他们的词作也多充满豪放之气。也有一些凄婉之作，如朱敦儒、吕本中、陈与义等表达着忧世伤时的消沉情绪。两宋之交词风大转，徽宗时的奢华粉饰为高宗时的救亡图存所取代，词的内容由个人身世的慨叹变为对民族命运的关切，在艺术表现方面更趋成熟更为丰富。

继之而后，虽然逐渐形成宋、金对峙局面，统治者安于割地求和、纳币称臣的地位，但是仍有不少爱国志士不满现状、企图恢复。于是以辛弃疾为代表形成一个声势很大的爱国词派，他们以笔抒发壮志、抨击现实、表达忧愤。辛弃疾（1140～1207年），字幼安，号稼轩，历城（今山东济南）人。他在沦陷区出生长大，青年时期组织队伍参加耿京起义。后耿京被叛

徒张安国杀害，辛弃疾带50人骑马驰入金营捕获张安国，随之带所部渡江南下归依朝廷。此后他辗转多处任地方官职，始终为北伐统一出谋献策。但在朝廷投降妥协路线压制下一直不被重用，反而在42岁时遭弹劾被罢官。此后又被多次起用多次贬谪，仕途坎坷不平，最终老病而死。他由北入南的身份使其一直感到孤危，他为整顿地方经济打击豪绅富户却遭到报复，他一生坚持抗金却空怀报国壮志。但他一刻也没有忘怀分裂的祖国，因而在他的词中最多的篇幅都是写爱国内容。

辛词现存620余首，在两宋词坛居于首位。他的词题材广泛、内容丰富，是继苏轼之后又一豪放景观。在他的词中，抒发统一祖国的雄心壮志时充满豪健情调。如《鹧鸪天》："壮岁旌旗拥万夫，锦襜突骑渡江初"，回忆自己青年起义与南渡归宋之事，令人遥想英气勃发的抗金将领风采。《破阵子》（为陈同甫赋壮词以寄之）是作者闲居江西时寄赠好友陈亮的，词中勾画出"沙场秋点兵"的壮观场面和抒发出"可怜白发生"的悲愤心情，梦想与现实对比，越发显出词人爱国精神的可贵。作者40岁时作《木兰花慢》（席上送张仲固帅兴元）、50岁时作《水龙吟》（过南剑双溪楼），也都是词人的慷慨之作。在京口北固亭所写两首词是作者晚年知镇江时的名篇，当时韩侂胄起用辛弃疾准备抗金北伐。

作者由此想起历史上的人物孙仲谋，既有对自己青春流逝的慨叹又有对自己老当益壮的期许。如《永遇乐》开首："千古江山，英雄无觅，孙仲谋处。"结尾："凭谁问，廉颇老矣，尚能饭否？"词中连用几个典故，寄意遥深，充分展示出作者的豪情与担忧。《南乡子》："何处望神州，满眼风光北固楼。千古兴亡多少事？悠悠，不尽长江滚滚流。年少万兜鍪，坐断东南战未休。天下英雄谁敌手？曹刘，生子当如孙仲谋。"也是借孙权咏个人心事，并感叹朝中无名将。

辛弃疾词中最令人感叹的还是那些英雄没落的悲慨，他把满腔热情化成万般怅恨激愤地倾诉着。《水龙吟》（甲辰岁寿韩南涧尚书）曰："渡江天马南来，几人真是经纶手？"《念奴娇》（登建康赏心亭，呈史留守致道）曰："我来吊古，上危楼赢得闲愁千斛。虎踞龙蟠何处是？只有兴亡满目。"《贺新郎》（同甫见和，再用前韵答之）曰："我最怜君中宵舞，道男儿到死心如铁。看试手，补天裂。"《贺新郎》（别茂嘉十二弟）曰："啼鸟还知如许恨，料不啼清泪长啼血。谁共我，醉明月。"这些送别词皆不言儿女情事，全以国家大业为重，因而其愁苦益发显得沉郁苍凉。《水龙吟》（登建康赏心亭）更是悲愤之极："楚天千里清秋，水随天去秋无际。遥岑远目，献愁供恨，玉簪螺髻。落日楼头，断鸿声里，江南游子。把吴钩看了，栏干拍遍，无人会，登临意。"词人满眼愁恨，万般心伤，空怀一腔报国情，壮志化成孤愤意，于是便有"青山遮不住，毕竟东流去"的坚定信念及博大忧伤，便有"蓦然回首，那人却在，灯火阑珊处"的美好和孤凉。词人于悲愤中对朝廷的投降政策十分不满，对现实政治的腐败充满忧虑和愤怒。《满江红》曰："吴楚地，东南坼；英雄事，曹刘敌。被西风吹尽，了无

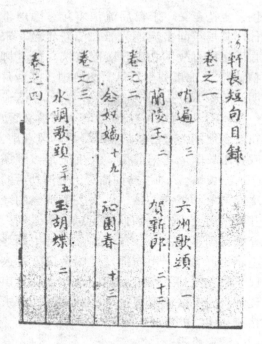

稼轩长短句

堆塑蟠龙盖瓶

尘迹。"《念奴娇》曰: "旧恨春江流不尽，新恨云山千叠。"《鹧鸪天》曰: "却将万字平戎策，换得东家种树书。"《水龙吟》曰: "神州陆沉，几曾回首？"《太常引》曰: "斫去桂婆娑，人道是清光更多。"《摸鱼儿》曰: "君莫舞，君不见玉环飞燕皆尘土。"辛弃疾这类词对君主不图恢复不用贤良表示失望，直接批评朝中小人当道蒙蔽君主，或借古喻今，或直言疾刺，与自己壮志未酬反遭贬谪紧密相关，因而于词中更能看到辛弃疾的批判精神。

辛弃疾中年以后被闲置不用，因而时常在田园、山水中寻求乐趣排遣忧愁，但每每徘徊、登临时又不免想起国事，于是便在寄情自然时往往抒发着浩叹。在他笔下有生动的日常生活和清新的农家气息，如《清平乐》（村居）: "茅檐低小，溪上青青草。醉里吴音相媚好，白发谁家翁媪。大儿锄豆溪东，中儿正织鸡笼。最是小儿无赖，溪头卧剥莲蓬。"他对山村美好的描写寄寓着古来文

人达适的心境，但也暗寓着对政治斗争险恶的厌恶和退避。如《鹧鸪天》: "山远近，路横斜，青旗沽酒有人家。城中桃李愁风雨，春在溪头荠菜花。"作者归田是不情愿也很矛盾的，因而在登山临水时也就不免啸傲寄兴。如罢官途中所作《水龙吟》: "千古兴亡，百年悲笑，一时登览。"如闲居家中所作《贺新郎》: "甚矣吾衰矣！怅平生，交游零落，只今余几？白发空垂三千丈，一笑人间万事。问何物，能令公喜？我见青山多妩媚，料青山见我应如是。情与貌，略相似。"

总之，辛词创造的意境形象飞动、气势壮阔，很少粉泪罗衣的脉脉细语，也没有愁云衰柳的幽幽叹息，大多是长空浮云，远山阔水，东南佳气，西北神州。一切景观充满动态融入激情，作者的豪放使画面也洋溢着勃勃生气。他将叙事、写景、抒情熔为一炉，刚烈沉郁与柳永的委婉凄切决然不同。他多用直抒胸臆的赋笔，如写意画任情挥洒，简洁雄放，而不似柳永婉曲深致，缠绵缱绻，细腻铺叙。他还借用诗文手法多用典故，大发议论，以才学识见入词。这就使叙事、抒情、议论紧密融合，浑然一体。其词语言也风格多样，或点化前人诗句，或采用民间俗语，或提炼

经史典籍。并以散文句法入词，又善用虚词助气，且不违反声韵格律，故呈现出汪洋恣肆又警策精当且自然通达的特点。说辛词豪放固然不错，但其也有十分婉约的一面，然贯通其总体精神的是悲壮沉郁。他汲取各家之长，尤其是发扬了苏轼词风，在反映时代精神和进行艺术创作方面达到更高境界，使词体打破了传统观念并获得空前解放。

与辛弃疾同时或稍后的著名词人还有陈亮（1143～1194年）、刘过（1154～1206年）、刘克庄（1187～1269年）、刘辰翁（1232～1297年）等，他们与辛弃疾一起形成了一个声势浩大的爱国词派。陈亮性格刚强，才气超迈。坚决反对和议，屡陈抗战大计，却遭打击报复，一生坎坷磨难。他是南宋著名的政论家，词也写得豪放雄健。如三首《贺新郎》，分别为寄、酬、怀辛幼安，都写得如狂涛悬瀑，奔腾不已。三首结句分别是"龙共虎，应声裂"，"泚水破，关东裂"，"壮士泪，肝胆裂"，令人豪情万端，肝肠寸断。刘过一生期建功业，但屡遭不顺。未跻仕途，流落江湖。虽为诗人，亦工作词。其词风奔放而苍凉，如《六州歌头》（题岳鄂王庙）："中兴诸将，谁是万人英？身草葬，人虽死，气填膺，尚如生。年少起河朔，弓两石剑三尺，定襄汉，开虢洛，洗洞庭。北望帝京，狡兔依然在，良犬先烹。过旧时营垒，荆鄂有遗民，忆故将军，泪如倾。"歌咏岳飞功绩，充满了赞叹与感伤。刘克庄为官敢于抨击时政，因而一生接连遭受贬谪。其词或粗犷雄放，或激愤悲慨，多感叹中原不能恢复，朝廷没有平戎良策。其《沁园春》（答九华叶贤良）："当年目视云霄，谁信道凄凉今折腰。怅燕然未勒，南归草草，长安不见，北望迢迢。老去胸中，有些磊块，歌罢犹须著酒浇。休休也，但帽边鬓改，镜里颜凋。"刘辰翁反对奸

佞，主持正义。宋亡后流浪多年，隐居不仕。其早年词多流连光景，清新雅致。宋亡后多描写故国之思，凄凉哀婉。如《柳梢青》："那堪独坐青灯。想故国，高台月明。辇下风光，山中岁月，海上心情。"《兰陵王》（丙子送春）："春去，尚来否？正江令恨别，庾信愁赋。苏堤尽日风和雨，叹神游故国，花记前度。人生流落，顾孺子，共夜语。"刘辰翁词描写历史浩劫后的凄凉景象和沉痛心情，已失去了抗金的豪壮胸怀而变为沦亡的低婉追思。辛派词人充满对国事的关心，在宋、金对峙中始终不忘统一大业，用词抒发爱国激情鼓舞人民斗志。但到了南宋后期，这种豪壮之声逐渐低弱下去而变得凄婉，一批词人讲求格律并使之成为词坛主流。

清空峻朗

词从民间走向宫廷就由质朴趋向精雅，在文人手中成为最能代表宋代文学的艺术样式。它由小令铺衍开来形成纷繁多姿的洋洋大观，几乎可以容纳所有生活内容并给予艺术的再现。在此过程中，人们不断探究其本身的内在规律，试图寻找最佳的程式玩味其最美的表现。在北宋词人的努力下，至周邦彦更注意词与曲的协和，形成精工谨严的格律要求。南渡后，抗金救亡的爱国内容成为词坛主旋律，因而在艺术形式上不免打破了格律框范。到南宋后期，由于形势相对稳定，国内经济有所发展，词人们于是重提格律，转向对艺术本体的精心钻研。

姜夔（1155～1221年），字尧章，号白石道人。他曾数次应考，均落第。因精音律，工书法，诗、词、文造诣皆高，故为文友看重。他先后与范成大、陆游、辛弃疾、叶适、朱熹等往来唱和，这些著名人物皆看重姜夔的才学与气节。陈郁《藏一话腴》说："白石道人气貌若不胜衣，而笔力足以扛百斛之鼎。家无立锥，而一

饮未尝无食客。图史翰墨之藏，汗牛充栋。襟期洒落，如晋宋间人。"姜夔作为一个飘泊江湖的清雅高士，其词作《白石道人歌曲》最为著名，至今仍是研究宋词格律的珍贵资料。尽管宋词当时传唱天下，但遗憾的是曲谱早已散佚殆尽。这或许与中国文化的特点有关，即特别注意思想内容的涵蕴而比较忽视外在表现的形式。据说《乐经》本初便是《诗经》的曲谱，然《诗经》传世久远，《乐经》却荡然无存。宋词今存不少，但曲谱鲜见，惟在《白石道人歌曲》中有所孑遗。《歌曲》中曲谱今已很难认读，杨荫浏先生曾予以解译。《歌曲》中有姜夔记录的古曲、今曲等，还有14首自度曲，使后人可领略宋曲风貌。

姜夔词中收录最早的词是《扬州慢》，词中写经历战乱后扬州的萧条、空阔、冷清、荒芜，以对比手法抒发出无限凄凉的哀感，如"杜郎俊赏，算而今，重到须惊。纵豆蔻词工，青楼梦好，难赋深情。二十四桥仍在，波心荡，冷月无声。念桥边红药，年年知为谁生。"姜夔写男女恋情及离愁别绪也意味深长，笔调不俗。如《鹧鸪天》："春未绿，鬓先丝，人间别久不成悲。谁教岁岁红莲夜，两处沉吟各自知。"《踏莎行》："别后书辞，别时针线，离魂暗逐郎行远。淮南皓月冷千山，冥冥归去无人管。"姜夔还特爱以咏梅、荷等寄托高风逸韵。如《暗香》、《疏影》巧妙地运用一些与梅有关的历史掌故，并参酌或凝缩一些著名作品的佳句，从不同角度来写梅花特色，将往日的回忆与今日的感喟紧密结合对比，一片雅士情怀。《念奴娇》写荷花以寄怀人之思，也有出污泥而不染之情调。姜夔词，刘熙载《艺概》说"幽韵冷香"；戈载《七家词选》说"清气盘空"；亦有贬之"看是高格响调，不耐人寻思"；"惜不于意境上用力，故觉无言外

之味，弦外之音"。前人多以"清空"概括姜夔词风格，主要指姜夔词格调高远，

松涧山禽图

意境超俗，文笔峻洁，词调潇洒。其骚雅峭拔既不同于周邦彦的绵邈，亦救辛派末流的浮躁，以瘦句硬语矫温婉媚软，以清音雅调正豪阔粗疏。姜夔在人们心目中如闲云野鹤，给人更多"岑寂"和"清苦"的回味。

在格律派词人中，史达祖一生际遇坎坷。他屡试不第，生活清贫，多为幕僚，力主抗金。他曾受太师韩侂胄赏识，但北伐失败后他也因受牵连而遭流放。他的词多咏物写景以寄离情别绪，也有的抒发家国之恨与身世之感，笔调新巧，刻画细腻，声韵圆转，字琢句炼，更似承续周邦彦风格。如《绮罗香》（咏春雨）："做冷欺花，将烟困柳，千里偷催春暮。"将春雨拟人化描写，奇思妙想摹写入神。《八归》写愁苦凄凉的心境："秋江带雨，寒沙萦水，人瞰画阁愁独。烟蓑散响惊诗思，还被乱鸥飞去，秀句难续。"于清冷的画面中，使人看到词人的愁苦孤独。

吴文英一生亦多任幕僚，以布衣出入于权贵之门，来往于苏杭一带。其词

风富丽典雅，雕琢堆砌，有《梦窗词》传世。据沈义父《乐府指迷》说，吴文英作词"音律欲其协"，"下字欲其雅"，"用字不可太露"，"发意不可太高"。《四库全书总目提要》说："梦窗天分不及周邦彦，而研练之功过之。"他能自度曲，讲究音律，作有三首词中最长调《莺啼序》，且组织缜密，运意遥深。如其中开首一段："残寒正欺病酒，掩沉香绣户。燕来晚，飞入西城，似说春事迟暮。画船载，清明过却，晴烟冉冉吴宫树。念羁情，游荡随风，化为轻絮。"陈廷焯《白雨斋词话》中评《莺啼序》说："全章精粹，空绝千古。"其词奇幻跳跃又构思精严，含蓄委婉又合音协律，因而颇具特色，成为格律范例。

周密善书画音律，入元不仕。其词远祖周邦彦，近法姜夔，风格清雅秀润，有《草窗词》传世，与吴文英并称"二窗"。其词前后期有别，前期如《曲游春》写临安士人豪华游览一片莺歌燕舞，后期如《一萼红》写登蓬莱阁有感满腔旧恨家愁。王沂孙宋亡入元后，词多咏物，寄托遥深，哀婉隐晦。如《水龙吟》（落叶）、《绮罗香》（红叶）、《齐天乐》（萤）、《齐天乐》（蝉）等。咏萤曰："碧痕初化池塘草，荧荧野光相趁。"咏蝉曰："一襟余恨宫魂断，年年翠阴庭树。"尽寓无穷寒凉，一抒家国遥思。蒋捷宋亡后隐居，抱节以终。有《竹山词》传世，与周密、王沂孙、张炎并称"宋末四大家"。蒋捷词风格以悲慨清峻、萧寥疏爽为主，多承苏、辛而兼有众长，被刘熙载《艺概》称为"长短句之长城"。其词抒发山河之痛深切峻至，如几首《贺新郎》或比兴，或白描，皆以往事成烟、佳景难追的孤冷迷茫的失落感和幻灭感为意。其《一剪梅》（舟过吴江）、《虞美人》（听雨）也皆为名篇，"流光容易把人抛，红了樱桃，绿了芭蕉"，"悲欢离合总无情，一任阶前，点滴到天明"，文字浅白而意蕴凄清、疏朗高卓。张炎是贵族后裔，宋亡前过着湖山清赏、诗酒啸傲的生活，临安破后则度过了一身清贫、四方飘流的终生。其词风承周邦彦、姜夔而来，兼其所长而无其所短，咏物抒情，名重当时，备写身世盛衰之感，往往苍凉凄楚。有词集《山中白云》及词学专著《词源》传世，为宋末集大成者。《甘州》曰："载取白云归去，问谁留楚佩，弄影中州？折芦花赠远，零落一身秋。向寻常野桥流水，待招来不是旧沙鸥。空怀感，有斜阳处，却怕登楼。"《解连环》（孤雁）也曲折尽致地抒写了自己失去故国不愿归元的孤凄，其中"写不成书，只寄得相思一点"被元人誉为警句而广为传诵。

南宋词坛继承并发展了北宋词人进步的要素，无论是在内容、境界还是在章法、格律方面都更为丰富成熟，使词这一文学与音乐相结合的艺术样式达到新的高峰，从而使词绽放出夺目的光辉并给人留下永久的回味。

中国通史

最新整理图文珍藏版

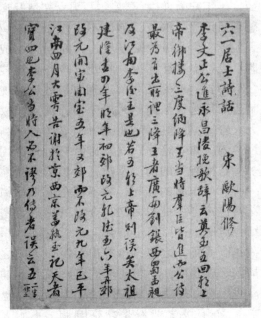

欧阳修《六一居士诗话》书影

宋代散文

宋代散文是从唐代韩愈、柳宗元倡导的古文运动发展而来的。柳开于北宋初年

苏辙像

首先提倡古文。石介著《怪说》猛烈抨击"西昆体"。欧阳修为宋代散文的第一个大师，是宋代散文的奠基者。北宋后期，宋代散文进入其发展的黄金时代，活跃在文坛上的有苏洵、曾巩、王安石等人以及苏轼门下的"六君子"。

南宋前期的散文充满爱国激情。李纲

王安石像

主张"文章以气为主"。宗泽、岳飞、陆游等人的作品都是在激烈的民族矛盾中有感而发。南宋末的散文，爱国精神更为昂扬。文天祥、郑思肖等人的作品迸发出爱国主义的光芒。

宋朝骈文也继承了唐代骈文的某些优良传统而有所发展。宋初承晚唐、五代余习，骈文大家前有徐铉、后有杨亿等。到了欧阳修时，随着古文运动的胜利，骈文也作了很大的改革，在文体上开始朝着新的方向发展，出现了曾巩、汪藻、方岳等骈文大家。

宋元南戏

宋元南戏是12世纪20年代到14世纪60年代，即从北宋末年到元末明初在中国南方流行的戏曲艺术，又称戏文。早期出现于浙江温州（一名永嘉）地区，故又称温州杂剧或永嘉杂剧。

宋元南戏脱胎于温州地区民间歌舞小戏，是由里巷歌谣、村坊小曲而形成的村坊小戏发展起来的。明徐渭《南词叙录》称"永嘉杂剧兴，则又即村坊小曲而为之，本无宫调，亦罕节奏，徒取其畸农、士女顺口可歌而已。""其曲则宋人词而益以里巷歌谣，不叶宫调，故士大夫罕有留意者。"由于社会的文化需求，很快由农村流入城市。先是流行于浙闽地区，后来流入临安（杭州）。南戏在与诸宫调、唱赚、宋词等伎艺的交流中得到了营养。尤其是北杂剧南下后，不少杂剧作家参与了南戏的创作，输入了北杂剧的艺术经验和成就，从而大大提高了南戏的艺术水平，使之日臻成熟。元末高明（？～1359，字则诚，自号菜根道人，温州瑞安人）创作的《琵琶记》，标示了南戏的成熟，使南戏进而流布到各大城市，如杭州，温州，福州，泉

州，潮州，乃至北方的大都。至元末明初，海盐、余姚、弋阳、昆山、闽南等地有多种声腔蓬勃兴起，呈现出不同的艺术风采。

在200多年的发展过程中，南戏的创作十分丰富，但作家大多已佚名，已知的仅高则诚、柯丹丘（著《荆钗记》）、施惠（著《拜月亭记》）、徐畛（著《杀狗记》）等。据记载，有名目的南戏剧本有238本，但流传下来的仅约18本。现仍存留的南戏剧本有《张协状元》、《宦门子弟错立身》、《小孙屠》、《白兔记》（成化本）、《琵琶记》（清陆贻典钞本），以及经后人修改过的《荆钗记》、《拜月亭记》、《杀狗记》、《赵氏孤儿》、《破窑记》、《东窗记》、《苏秦》、《黄孝子》、《三元记》、《牧羊记》、《寻亲记》、《胭脂记》等；一些仍有佚曲可录的约134种，完全失传和存佚的尚待查考的有86种，如为南戏之首的《赵贞女》、《王魁》等，大多只能从各种文献中查考其故事情节，另在现今福建的梨园戏和莆仙戏中，还遗存某些南戏剧目，有的至今仍在演出。

南戏的剧本多取材于正史、唐宋传奇、时事、话本和杂剧的故事，因而内容十分丰富。南戏剧目从各方面反映了宋元时期长期动乱所造成的社会问题，其中反映婚变和婚姻自由的剧目约占三分之一以上。婚变剧目反映了唐宋的科举制度带来的，中小知识分子一朝发迹，就丢弃贫贱妻子、赘入豪门的社会现实，如《赵贞女蔡二郎》、《王魁负桂英》、《张琼莲》等剧，尖锐地揭露和讽刺了发迹变态的负心男子。争取婚姻自由的剧目，反映了南宋理学的伦理道德观念对青年男女爱情的压抑，鼓励婚姻自主，如《王焕》、《王月英》、《孟月梅》等大量剧目，都赞美了冲破父母之命媒妁之言藩篱的青年男女，使他们得到婚姻自主，获得胜利。此外，还有对于英雄爱国者的歌颂和对于卖国奸贼的批判的

剧目，如《东窗事犯》；对于弱者、反抗者的同情和对奸邪凶恶的人进行揭露甚至惩罚的剧目，如《祖杰》。许多剧本都描写了战乱中社会的萧条和凄凉景象以及人民流离失所的悲苦生活，如《乐昌分镜》、《拜月亭记》、《孟月梅》、《王仙客》等，大都是写青年男女在战乱中家庭离散、爱情波折，终得重圆团聚的故事，反映了人民要求过安定生活的愿望。还有一些水浒戏，如《黑旋风乔作衙》、公案戏《陈州粜米》等剧，塑造了许多英雄人物和清官形象。南戏的作家大多爱憎分明，嫉恶如仇，反映了人民的是非善恶观。当然，也有一些描写家庭伦理，宣扬封建道德，维护封建秩序，散布宗教迷信、消极宿命论思想的剧目。南戏名著《琵琶记》的思想内容较为复杂。全剧写蔡伯喈因科考而造成家破人亡的悲剧，反映了元代晚期农村中百姓们的苦难生活，揭露了权贵们的骄奢淫逸和下层官吏鱼肉乡里的现实，也宣扬了全忠全孝的封建道德思想。剧本成功地刻画了赵五娘的形象，真实感人，委婉尽致。在结构上采取两条线索交错递进，也极具特色。

南戏剧本采取分场的形式。分场即以人物的上场下场为界线，把剧本分成若干段落。其中一般交待情节的则一笔带过，称过场。需要集中刻画人物和表现戏剧冲突的场子则细笔描画，刻意求工。第一场是介绍作者立意和剧情梗概的开场戏，称"副末开场"。第二场开始正戏，主要人物要尽先在前几场出场，以后的场子则要注意脚色行当的劳逸和主次场的安排，注意调剂场子的冷热。全剧围绕主角生、旦戏的主线进行，中间穿插净、丑、末的插科打诨，展开戏剧情节，并以曲、白和科介（动作）作为表现的手段。但南戏不再是一人主唱，而是各行角色都可以唱。这样就使南戏的演唱灵活自如，因而也为白科

介的综合运用提供了便利的条件，更有利于塑造人物和反映丰富的社会生活。这种形式在发展过程中不断完善，尤其在《荆钗记》、《白兔记》、《拜月亭记》、《杀狗记》和南戏名著《琵琶记》出现之后，这种剧本形式，已基本固定，为后世传奇体制奠定了基础。

南戏的行腔音韵，随着流布地区的扩展，与当地方言相结合而不断丰富。南戏的音乐最初取材于村坊小曲、民间歌舞小戏，也有一大部分宋代的词体歌曲。进入城市后，又吸收大曲、诸宫调、唱赚等说唱音乐，形成以宫、商、角、徵、羽五色音阶为特色的南曲为主的音乐。北杂剧流传到南方后，吸收了北曲的经验，形成南北合套的曲牌联套体的音乐体制，运用中短套多，长套少，一套曲子中可按剧情需要加以转换，串连起来，富于变化，十分适合表现曲折的离合悲欢的戏剧情节。虽然从音乐结构上看不如北杂剧严谨，但更适应戏剧结构需要。

南戏的表演艺术，具有民间歌舞小戏的表演特色，同时，也吸收了杂剧的插科打诨的滑稽表演方式。有的侧重于抒情和揭示人物的内心世界，表现戏剧冲突；有的侧重于表现人物的外部形象，精于武打跌扑的动作，从而形成曲、白、科介综合性的戏曲表演艺术。其角色行当有7种，即生、旦、净、丑、外、末、贴，多以生、旦为主要脚色。

五代两宋书法

唐代的尚法，使书法的学习有了规律可循，但也暴露了其弱点，即过分拘束于法度则不利于个人艺术情趣的发挥。特别是唐代后期，其弱点暴露得更加充分。于是人们反其道而行之，"尚意"的思潮得

到发展。尚意思潮的开拓者是五代时期的杨凝式。杨凝式是个过渡性的人物，他的书中有唐人尚法所培养的严格的法度精神。同时，借助其佯狂行为，又在书中加进了抒情的因素。这些却给予宋代书家苏轼、黄庭坚、米芾等以极大的启发，从而使宋代的书法形成尚意的趋势。

杨凝式（873～954），字景度，华阴（今属陕西）人。历仕唐和梁、唐、晋、汉、周六朝。官至太子少师，人称杨少师。其父杨涉为唐末宰相，时朱温欲篡唐自立，杨凝式曾劝父不要将印交朱，杨涉听后十分恐慌，杨凝式亦怕事泄全家受害，即佯狂终身。杨凝式能写很规矩的字。苏轼说："自颜柳氏没，笔法衰绝，……独杨公凝式，笔迹雄杰，有二王颜柳之余。"现存《卢鸿草堂十志图跋》是他这一方面的代表作。但他的另一些作品则全然不同。如《韭花帖》，笔墨含蕴，笔画似有弹性，富有很浓的抒情色彩。其他作品如草书《神仙起居法》、《夏热帖》，抒情色彩则更加浓重，而且字形上亦有强烈的变化。包世臣说他的字"善移部位"，以"展蹙"之法变化颜柳的旧势。董其昌说其佳处是"欹斜取态"。米芾则说其字"淋漓快目"、"天真烂熳"。总之，他的字在当时是打破常规的，以"不衫不履"的怪样子出现于

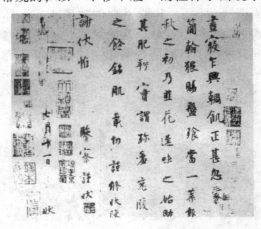

《韭花帖》　杨凝式

书坛。这可能于其佯狂的身份有关。苏、黄、米诸人吸取了他的精神内核，而使"尚意"书风得到正常的发展。

苏轼（1037～1101），字子瞻，号东坡居士，眉山（今属四川）人。曾官礼部尚书、翰林学士等。他是中国历史上的杰出诗人、文学家和书法家。书法上和黄庭坚、米芾、蔡襄合称苏黄米蔡。苏东坡是"宋尚意"书潮的主要倡导者。他在许多方面提出了自己的主张。如"我书意造本无法，点画信手烦推求"，"执笔无定法，但使虚而宽"。又说"吾虽不善书，晓书莫如我，苟能通其意，常谓不学可"。他又说自己书法的特点是"如绵裹铁"。黄山谷说："东坡书，学问文章之气郁郁芊芊，发于笔墨之间，此所以他人终莫能及也。"他虽主张无法，但也有他自己的方法，只是主张对法要看得宽泛些。他的字也有毛病，如董其昌就曾指出"坡公书多偃笔，亦是一病"。他的作品有《苏州寒食诗帖》、《前赤壁赋》、《洞庭春色赋》、《枙木诗》等。

黄庭坚（1045～1105），字鲁直，号山谷道人，又号涪翁，洪州分宁（今江西修水）人。官著作郎、吏部员外郎等。他是著名诗人、书法家。宋代四大书家之一。黄山谷的书法极有特色，其楷书创造了一种中宫收紧、长画四层的所谓放射状书体，人谓"黄体"；其草书则创造了张旭、怀素之后又一个高峰。从效果看，他的草书充分发挥了点画的抒情作用，当时以及后世的书家都曾给予很高的评价。如苏轼说："鲁直小书尔雅，以平等观作欹侧字，以真实相出游戏法，以磊落人书细碎事，可谓三反。"赵传说："黄书如抱道足学之士，坐高车驷马之上，横钳高下，无不如意。"王世贞说："平生见山谷书，以侧险为势，以横逸为功，老骨颠态，种种槎出。"康有为说："宋人书以山谷为最，变化无端。"黄山谷的作品甚多，行楷如《寒山子庞居士诗卷》、《范滂传》、《松风阁诗》；草书有《廉颇蔺相如传》、《诸上座》、《李白忆旧游诗》等，俱是传世佳作。

《蜀素帖》　米芾

米芾（1051～1107），字元章，号襄阳漫士、海岳外史等。初居太原，后迁襄阳，又迁润州（今江苏镇江）。官书学博士、礼部员外郎等。有怪癖，人称米颠。宋代四家之一。精鉴赏、富收藏。著有《书史》、《海岳名言》等。《宋史》本传说他"妙于翰墨，沉着飞翥，得王献之笔意"。苏轼说："米书超逸入神"，"风樯阵马，沉着痛快"。黄山谷则谓"元章书如快剑斫阵、强弓射千里，所当穿彻。书家笔势，亦穷于此"。米芾自称其字为"刷字"。米芾的代表作有《蜀素帖》、《元日帖》、《苕溪诗》、《多景楼诗》等。

蔡襄（1012～1067），字君谟，兴化仙

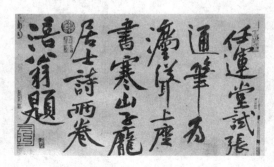

《寒山子庞居士诗》　黄庭坚

游（今福建莆田）人。曾官福州、泉州、杭州。有善政。官至端明殿大学士。宋四家之一。有人说，"苏黄米蔡"中的蔡，原指蔡京，因蔡京人品不好，后改为蔡襄。如按照年龄，蔡襄比苏轼大25岁，比米芾大39岁，不当放在最后。蔡襄的字工稳有法度，能写大楷，但创造性不够。作品有《万安桥记》、《陶生帖》等。

　　赵佶（1082～1135），即宋徽宗，1101～1125在位。他在政治上是一个昏庸的皇帝，但在书画上却颇有成就。他主持编写的《宣和书谱》和《大观帖》等，对后世都产生了很大影响，其书则开创了"瘦金体"。《书史会要》云："徽宗行草正书，笔势劲逸。初学薛稷，变其法度，自号瘦金书。意度天成，非可以形迹求也。"但从现存书迹看，其"瘦金书"主要来自薛曜《游石淙序》。薛书较为随意，赵佶书则十分精致和规范化。赵佶的作品有真草《千字文》、《秾芳诗》等。

北宋东京城平面图

宋都东京

　　北宋东京（开封）是在原北朝故都基础上改建的，是当时世界上最繁华的商业城市。因为它受制于老城的格局，所以城市建设与平地而建的都城是截然不同的。开封城格局有两点对后世影响深远。其中之一是三重城墙的模式。城中央是正方形的皇城，又称大内，城中建有宫殿，四面有宣德门、东华门、西华门、拱宸门。宣德门为正门，也是城市中轴线的起点。皇城的外边是里城，周长13.5公里，共有10

汴河图（选自《清明上河图》）

个城门，城内设有衙署、府第、寺观、民居、作坊等。三重城最外边是周长20多公里的罗城，共有水、旱门20个。每重城墙外面都有护城河，用于军事防御。

清明上河图（局部）　　张择端

　　城市的主要干道以皇城为中心，与各城门相对，形成井字形交通网，共有四条，又称为御路。城中央宣德门外的御路最宽，有的地方足有300米宽，御路旁还有皇帝专用的御道及人行道、绿化带和水沟等。

　　城内有四条河道，即汴河、蔡河、五丈河、金水河，它们通过护城河相互接通，水路交通十分便利。其中汴河横穿东西，与大运河南北相通，是商业经济与居民生活的主要通道。由于河多，城内外的主要桥梁就有 30 多座。

北宋的东京不但是全国政治经济中心，也是文化中心，设有太学、国子学、武学、

开封龙亭

律学、算学、医学等学校，太学是当时全国的最高学府。此外，还有佛寺、道观、祠、庵、院等宗教建筑 60 余处。

晋祠

晋祠，位于山西省太原市，原来是为纪念周武王次子叔虞而建的祠堂，北宋太平兴国四年（公元 979 年）经大修后更名为晋祠，天圣年间又多次修建，并将纪念叔虞的兴安王庙改为纪念叔虞母亲的圣母庙。

晋祠如今只剩下了圣母殿、塑像、飞梁、献殿等。

圣母殿是晋祠中最古老、最重要的建筑。殿高 19 米，面宽 7 间，进深 6 间，重檐歇山顶，琉璃瓦剪边，殿前八根廊柱上各雕有一条蟠龙。殿内采用减柱法，使空间更开阔。斗拱用材较大，

山西太原晋祠圣母殿内景

山西圣母殿鱼沼飞梁

但和唐朝相比又显得柔和秀丽，这也是宋代建筑的重要特征。圣母殿内现存彩塑 43 尊，特别是侍女雕塑神态逼真，是宋朝雕塑中的精品。

晋祠院内还建有祠、庙等多组建筑，形成了历史氛围浓厚的礼制建筑文化。

保国寺大殿

保国寺位于今浙江宁波市西，寺内大殿是现存最早的主要建筑，也是江南地区罕见的木构建筑遗存。始建于宋大中祥符六年，面阔 3 间，计 11.91 米；进深 3 间，

计 11.35 米。大殿内柱高矮不等，是以拼成的"包镶作"和以大小相同的四块木板榫卯而成的"四段合"的方法建成的。整座寺院继承了唐朝时期的部分风格，这对研究宋代木结构建筑的发展和演变提供了难得的实物资料。

佛宫寺释迦塔

佛宫寺在山西省应县城内，原叫宝宫寺。释迦塔建于辽清宁二年（公元 1056 年），是中国现存惟一的楼阁式木塔，也是世界上现存最高的木结构建筑。

释迦塔

释迦塔在佛宫寺的前部中心，前面为山门，后面原建有佛殿，是典型的中心塔式佛寺布局。释迦塔是一座平面正八边形、立面 5 层 6 檐的木结构楼阁式塔，底层直径为 30 米，塔身底层直径为 23.36 米，每上一层收小 1 米，到第五层时直径还有 19.22 米。第 5 层尖顶屋面上有砖砌的 1.86 米高刹座，座上立铸铁塔刹，高 9.91 米，全塔总高为 67.31 米，显得庄重雄伟。

释迦塔殿堂的结构为"金箱斗底横"形式，这是中国古代特有的结构形式，这

种结构的特点是坚实稳固，能非常有效地抗震和防风暴。这也是释迦塔落成 900 多年依然屹立不倒的原因。

释迦塔同山西五台佛光寺大殿、河北蓟县独乐寺观音阁是中国现存古代建筑中三颗璀璨的明珠。

宋塔

宋朝是我国佛塔建造的盛期。这时期的佛塔已由砖石结构替代了木结构，外观

祐国寺铁塔

和形式更加多样化，以楼阁式塔型为主的佛塔遍布全国各地，最多也最具代表性的佛塔大多分布在中原黄河流域和南方。

报恩寺塔坐落在苏州城北，又叫北寺塔，建于南宋绍兴年间。塔身 9 层，总高 71.85 米，平面呈八角形，现只有砖砌塔身是宋代建造，其他部分都是清末重建的。

六和塔位于杭州钱塘江畔的月轮山上，宋开宝元年（公元 968 年）始建，后绍兴二十六年（公元 1156 年）重建，完工于隆兴元年（公元 1163 年）。塔身共 7 层，总高 59.89 米，平面呈八角形，现存只有塔心部分为宋代原构，13 层木构外檐则为清

杭州六合塔

开元寺双塔

塔壁与塔心之间砌回廊，第四层以上阶梯在塔心作十字交叉。塔身各层开有4门，第二、十、十一层四面开窗，其余各层均为假窗，这样设计都是为了加强砖塔的刚性。

祐国寺塔是中国现存最早的琉璃砖塔，因呈铁锈色俗称"铁塔"。塔上构件如柱额、斗拱等都是用各种型砖拼砌而成，装饰性的琉璃砖上雕有飞天、麒麟、降龙等。

宋代砖塔先进的技术，多样的形式结构，大大丰富了中国佛教建筑艺术，标志着中国佛教建筑的逐步成熟。

桥梁

宋代是中国古代桥梁发展的全盛时期。这一时期建造的桥梁长度是前朝没有的，桥梁种类繁多，技术逐渐成熟。

宋代最常见的是石礅梁桥，有些桥至今还在使用，如北宋嘉祐四年峻工的福建泉州市的洛阳桥、南宋宝祐丙辰年造的浙

洛阳桥

江绍兴的八字桥等。福建省晋江县的安平桥，全长2070米，是当时最长的石礅梁桥。

桥梁结构形式独特的还有江苏苏州市东南的平江宝带桥，这些都是当时运用先进的技术而留下的杰作，使中国桥梁在世界桥梁史上占据了非常重要的地位。

末重建。

双塔位于开元寺大殿前东西两侧，东塔称镇国塔，西塔称仁寿塔，两塔分别高48米和44米，平面都是八角形，有5层，塔下基座上刻有莲瓣、力士和佛教故事。塔心石柱与塔壁间设有巨型石柱楼梯，这些大石头每块重约1吨。

开元寺塔为11层八角形楼阁式砖塔，总高84米多，是中国现存最高的砖塔，宋至和二年（公元1055年）建成。底层砌平坐、腰檐，上面各层用砖简单地叠出腰檐。

中国通史

最新整理图文珍藏版

宋代园林

宋代中国传统园林建筑沿着唐代特色持续发展并逐渐成熟，尽管没有了唐朝博大的气魄，但能更广泛地同生活结合起来，这标志着造园艺术的进一步发展。

文潞公园图

北宋的首都汴梁和西京洛阳，园林最为兴盛。汴梁城的帝苑就多达9处，其中最著名的是宋徽宗时所建的艮岳，艮岳的兴建足足花了6年的时间。

大臣贵族的私园遍布汴京内外，总数不下两百处。

南宋建立后，私人园林更是在苏州、杭州、湖州、扬州一带兴盛起来，园主根据自己的想像随心所欲地设计，大大促进了园林建筑的创新。如欧阳修曾仿江船格局，在官署内作"画廊斋"。这些园林建筑充分体现出了四大特色：本于自然又高于自然；建筑与自然美的结合；如诗如画的情趣；清幽蕴藉的意境。总之，两宋时的风景园林已广泛渗入到了城市各阶层的生活，成为当时社会文化生活的重要组成部分。

宋代队舞

唐末天下大乱，五代纷争，盛唐以皇家力量供养和培育的灿烂的舞蹈艺术，大多凋零散失。公元960年宋朝建立后特别是南渡之后，教坊废之再三，唐人盛世已难再现。这可能是宋代表演性舞蹈没落的外部原因，而艺术本身发展又有其内部的原因。

宋代是封建礼教日臻完善的时代，宫廷燕乐舞虽然衰落，宗庙祭祀的雅乐舞蹈却一直保存着。宋代雅舞究竟舞容如何，已难考定，保留在文献中的有天善乐舞、大顺乐舞、大庆乐舞、大定乐舞、天盛乐舞、大明乐舞，大仁乐舞、大英乐舞、重光乐舞、承元乐舞、端庆乐舞、显顺乐舞、大伦乐舞、大和乐舞、大安乐舞、大昭乐舞、大熙乐舞等舞名。

宋代燕乐中的舞蹈代表节目就是队舞，分为小儿队和女弟子队两类。

"小儿队"72人，共分10个舞队：一曰柘枝队，衣五色绣罗宽袍，戴胡帽，系银带；二曰剑器队，衣五色绣罗襦，裹交脚幞头，红罗绣抹额，带器仗；三曰婆罗门队，紫罗僧衣，绯裥子，执银环拄杖；四曰醉胡腾队，衣红锦襦，系银鞢蝶，戴毡帽；五曰浑臣万岁乐队，衣紫绯绿罗宽衫，浑裹簇花幞头；六曰儿童感圣乐队，衣青罗生色衫，系勒帛总两角；七曰玉兔浑脱队，衣四色绣罗襦，系银带，冠玉兔冠；八曰异域朝天队，衣锦袄，系银束带，冠夷冠，执宝盘。为宋人新创之舞；九曰儿童解红队，衣紫绯绣襦，系银带，冠花砌凤冠，绶带。宋人新创之舞；十曰射雕回鹘队，衣盘雕锦襦，系银鞢鞢，射雕盘。

"女弟子队"153人，亦分10个舞队：一曰菩萨蛮队，衣绯色窄砌衣，冠卷云冠；

二曰感化乐队，衣青罗生色通衣，背梳髻，系绶带；三曰抛球乐队，衣四色绣罗宽衫，

的群舞图，可能即是描绘的"泼寒胡戏"的舞蹈场面，从这些画面上可以看出舞者

宋代舞图《赵大翁墓壁画》

系银带，奉绣毯；四曰佳人剪牡丹队，衣红生色砌衣，碧霞帔戴仙冠，剪牡丹花；五曰拂霓裳队，衣红仙砌衣，戴金冠，红绣抹额；六曰采莲队，衣红罗生色绰子，系晕裙，戴云鬟髻，乘彩船，执莲花；七曰凤迎乐队，衣红仙砌衣，戴云鬟凤髻；八曰菩萨献香花队，衣生色窄砌衣，戴宝冠，执香花盘；九曰彩云仙队，衣黄生色道衣，紫霞帔，冠仙冠、执旌节，鹤扇；十曰打毬乐队，衣四色窄绣罗襦，系银带，裹顺风脚簇花幞头，执毬杖。

　　宋代这20个宫廷队舞，在节日宫中演出，宋初还是很兴盛的："每上元观灯，楼前设露台，台上奏教坊乐，舞小儿队。台南设灯山，灯山前陈百戏，山棚上用散乐、女弟子舞。"（《宋史·乐志》）。在这些"队舞"中，名称与唐代大致相同的有八队，从文献记载看，服饰亦相似。如柘枝舞，本是西域民间舞蹈，曾盛行长安，宋代的"柘枝队"，舞者戴"胡帽"，显然保存了原有的民族服饰。"浑脱舞"亦是唐代风行一时的"泼寒胡戏"中的风俗舞蹈。史家认为，新疆出土的唐代舍利盒上

是戴兽面具的。宋代的《玉兔浑脱队》注明舞者要戴"玉兔冠"，它与唐代《浑脱舞》的渊源，可见一斑。另外"儿童解红队"，显然是唐末编排的《解红舞》的改编发展，唐代此舞即以儿童表演，故诗人称赞舞者如"两个瑶池小仙子"。"菩萨蛮队"当是唐代同名舞蹈的保存和发展。宋代对前代的舞蹈有时也各取一部分，捏合成新的舞蹈，如唐代歌舞大曲《霓裳羽衣》是刻画美丽的仙女轻盈飘缈的形象的，唐《教坊记》中有曲名《拂霓裳》；宋代的《拂霓裳队》显然是吸收这两者的特色而创，从其属"女弟子队"，衣红仙砌衣、碧霞帔的服饰，亦透出其前代仙女形象的踪影。

　　宋代继承了唐代多段体的大型歌舞套曲——"大曲"，并作了一定的精炼编排。据说宋太宗"通晓音律，前后亲制大小曲及旧曲创新者，总三百九十。凡大曲十八曲破二十九，均有舞。其作小曲二百七亦多有舞"（《中西舞蹈比较研究》）。这十八大曲的名称是：平戎破阵乐、平晋普天乐、太宗朝欢乐、宇宙荷皇恩、垂衣定八方、

甘露降龙庭、金枝玉叶春、大惠帝恩宽、大定寰中乐、惠化乐尧风、万国朝天乐、嘉禾生九穗、文兴礼乐欢、齐天长寿乐、君臣宴会乐、一斛夜明珠、降圣万年春、金觞祝寿春。曲破二十九的名称是：宴钧台、七盘乐、王母桃、静三边、采莲回、杏园春、献玉松、折枝花、宴朝簪、九穗木、啭春莺、舞霓裳、九霞觞、朝八蛮、清夜游、庆云见、露如珠、龙池柳、阳台云、金步摇、金边功、宴新春、凤城春、梦钧衣、采明珠、万年枝、贺回鸾、郁金香、会天仙。

唐代大曲多至数十遍，宋代裁截应用，叫作"摘遍"。大曲虽有多遍，但整个演出可分三大段，根据王国维的《唐宋大曲考》和阴法鲁先生对唐宋大曲结构系的研究，这三段分别是：

①散序，只有乐曲，不舞。

②中序（慢板），有时要排若干遍。此时舞蹈开始，但一般节奏缓慢。

⑧破（曲中板到急板），各段名称与舞蹈对应如下：

（1）入破。舞蹈略快

（2）虚催。过渡之处

（3）实催。节奏急促之舞

（4）衮遍。极快之舞

（5）歇拍。节奏渐慢

（6）煞（杀衮或煞衮）。舞蹈结束。

把大曲从"入破"以下截用，叫"曲破"。北宋初"曲破"作独立形式运用，与大曲有明显曲别；至南宋，所谓大曲歌舞中，也能找到曲破的例子，两者混用了，如《剑器曲破》，亦称《剑器大曲》。

"剑器"本是唐代剑舞中名舞，变成"剑器大曲"后，就成了有一定故事和人物的独特的表演形式，从中既可看出宋人对前朝的继承，亦可窥见其奇妙的创造。

南宋进士史浩撰《鄮峰真隐大曲》一书，记录了《采莲舞》、《柘枝舞》、《太清

舞》、《渔夫舞》、《剑舞》、《花舞》的表演程序、诵词、地位调度等。以《剑器大曲》来说，它实际是用的"曲破"音乐，开始就是舞人上场、快节奏的曲破段。五段完整的舞蹈表演，用的都是《舞剑器曲破》的音乐伴唱伴奏。这个舞蹈带有故事情节，有"竹竿子"一人（手执竹竿的报幕人角色），负责念诵词和指挥舞队表演；两个着汉装的舞者，一扮项庄、一扮项伯；又两个着唐装的舞者，一扮草书家张旭、一扮公孙大娘。这个舞蹈的有趣之处是把楚汉相争鸿门宴上的故事，与唐代艺史有名的传说——张旭观赏公孙大娘舞《剑器》，受其"浏漓顿挫"之势的感染，化入书艺，草书大进的故事交织在一起，把相距八、九百年的两段史迹，合在一场演出，贯穿的中心乃是剑舞。

在第一段故事里，扮演项庄的，挥剑曼舞，作欲刺刘邦状，另一扮项伯的，则对舞，作阻挡状；第二个唐装故事，桌上设笔、砚、纸，与前一故事的道具酒果殊异，通过表演、唱词、朗诵，交待故事的内容。这个《剑器大曲》已经有了综合艺术的雏形了，从中可以看出向戏曲发展的趋势。

宋代文人喜填词，士大夫家多有家伎歌女，有的亦善歌舞，如北宋名臣寇准即极喜柘枝舞，传说每宴必有柘枝歌舞表演。

宋代燕乐舞蹈比起民间舞蹈大为逊色。宋代民间舞蹈既有节日社火舞队，又有日常在瓦子卖艺的商业演出，今天不少民间舞蹈，如竹马、旱船、舞狮等，在宋代已极兴盛。其中《抱锣》、《舞鲍老》、《舞判》、《讶鼓》等均极有特点。不少亦被戏曲所吸收。宫廷燕乐虽不如盛唐，但却在文献中保了一部虽残却弥足珍贵的舞蹈动作谱，这就是有名的《德寿宫舞谱》。

舞蹈是以人体动作和姿态表情叙事的艺术，如何保存传承这在时空中流动的艺术，古人就发明了记录动作的舞谱。古代

舞谱大致有三种，一种是用简单的符号表示动作和节拍，如据、摇、送等；一种是用简单的动词或动物动作象形词语表示舞动，如雁翅儿、龟背儿、打鸳鸯场等等；第三种就是记录舞者队形变化的队形图。流传到现在最早的舞谱是晚唐五代时的《敦煌舞谱残卷》，时间大约在公元906～960年左右，现藏英国伦敦不列颠博物馆。宋代的《德寿宫舞谱》是宋人周密在他的《癸辛杂识》中谈到的。

宋高宗赵构晚年在德寿宫颐养，整天征歌选舞，据周密文中说，他在河南见到《德寿宫》的舞谱二大帙，里面不少是新创之曲。这个舞谱就是以简单的动词，描述动作和队形的。举例如下：①左右垂手：双拂、抱肘、合蝉、小转、虚影、横影、称里；②大小转揎：盘转、叉腰、捧心、叉手、打场、搀手，鼓儿；③打鸳鸯场：分颈、回头、海眼、收尾、豁头、舒手、布过；④鲍老掇：对窠、方胜、齐收、舞头、舞尾、呈手、关卖；⑤掉袖儿：拂、蹳、绰、觑、掇、蹬、焌；⑥五花儿：踢、撅、刺、磕、系、搠、捽；⑦雁翅儿：靠、挨、拽、捺、闪、缠、提；⑧龟背儿：踏、攒、木、折、促、当、前；⑨勤步蹄：摆、磨、捧、抛、奔、抬、抆。以上这9类动作，共包含着63种姿态和队形，可能多是女子的舞姿。

例如舞谱中"垂手"这个动作，南北朝时代就有了，梁简文帝萧纲有大垂手诗："垂手忽迢迢，飞燕掌中娇，罗衣恣风引，轻带任情摇，讵似长沙地，促舞不回腰"。另有白居易小垂手诗："舞女出西秦，蹑影舞阳春，且复小垂手，广袖拂红尘，折腰应两袖，顿足转双巾"。"小垂手后柳无力，斜曳裾时云欲生"。很可能男子亦有此舞姿，关汉卿在《南吕一枝花》中曾说："我也会唱鹧鸪，舞垂手"。元代这位才艺超绝的文学家，把舞垂手显然看得甚重要，

说明是值得夸耀的舞艺。

董锡玖先生对《德寿宫》舞谱中的一些动作和队形，对照现代和戏曲舞蹈，作了分析研究，如"虚影"是"手作某种姿势，身体前后闪动又还原"；"双拂"是戏曲动作中的抖袖和抽袖等；"海眼"是表示两个圆阵并列的队形；"方胜"是两个正方形套在一起等，都是表示舞蹈阵图的，这些见解都是很对的。德寿宫舞谱中以手袖为舞容的记载很多，如"叉手"、"舒手"，这与宋代《乐书》的记载相同。

北宋礼部员外郎陈旸于公元1103年著成的《乐书》是宋代音乐舞蹈文化的重要著叙，全书200卷，其中"女乐条"记叙了当时"大曲"表演的情况："至于优伶，常舞大曲，惟一工独进，但以手袖为容，踏足为节，甚妙串者，虽风旋鸟骞不踰其速矣。然大曲前缓叠不舞，至入破则羯鼓、震鼓、大鼓与丝竹合作，句拍益急，舞者入场，投节制容，故有催拍、歇拍之异。姿制俯抑，百态横出"。这里记叙的大曲演出与唐代相似。至于南宋史浩所叙的大曲就多是群舞，而且故事情节比较多，从中可以看出其发展和变化。

宋代一些民间舞蹈《龙舞》、《九连环》、《扑蝴蝶》等传入日本；宋代的燕乐舞蹈传入朝鲜，并作为宫廷乐舞保存下来，其中有《五羊仙》、《献仙桃》、《抛球乐》、《莲花台》等，都是宋代"队舞"。《高丽史·乐志》李朝文宗元年，即1451年成书和400年后成书的记录朝鲜典章制度的《进馔仪轨》，除了有说明文字外，还有这些舞蹈的精细图谱。经过这么多年的演化，自然加入了朝鲜民族的审美特色，但从《莲花台舞》和《献仙桃舞》的图像上，还可以窥见一些宋舞的姿影。

宋代的舞蹈，正如宋代的民俗文化一样，在中华文明史上占有重要的一页，尤其值得一提的是民间舞队对后世民

间舞蹈和节庆人体文化的发展，更有重要影响。但不管如何，从宋代至元代，是中国作为独立的舞蹈艺术走向衰落的历史，但是从中国人体文化的宏观视角观察，舞蹈却没有消亡，戏曲的兴起，不只吸收保存和运用舞蹈艺术，而且丰富发展，创造了精美绝伦的戏曲舞蹈体系，从舞蹈文化从整体上得到了发展。

宋代的舞蹈不同于唐代舞蹈，有宫廷的培养滋育，因而走向市井文化，这使中国舞蹈艺术在明清以后演变成为与武术和各种民间风俗整合发展的新的形式。可以说，中国古代舞蹈，古典部分在戏曲中得到了传承和发展，民间部分在各兄弟民族间和汉族的宗教民俗文化中得到了各自不同程度的发展。

北宋文坛领袖——苏轼

1037 年，生于四川眉山。

1055 年，与青神县王氏之女王弗（15岁）成婚。

1056 年，与父苏洵、弟苏辙一同出发前往京都汴梁参加科举考试。第二年春，录为殿试第二名。

1057 年，母亲去世，与父、弟一同回家奔丧。居丧 3 年。

1059 年，服丧期满，与父、弟三人第二次进京。

1061 年，参加"制科"考试，直言当世之弊，无所隐曲，受到仁宗的重视。

1065 年，妻王弗去世。

1066 年，父苏洵去世，苏轼兄弟扶柩回川，居丧 3 年。

1068 年，丧满。与王弗堂妹王润之成婚。第三次也是最后一次离川。

1069 年，王安石变法开始，苏轼因政见不合，改任杭州通判离京。

1074 年，任密州太守。作《江城子·密州出猎》、《水调歌头·明月几时有》。

1077 年，任徐州太守，时黄河决口，组织抗洪。

1079 年，调任湖州太守，因不容于朝中新贵，被捕入狱。此即"乌台诗案"。后贬黄州团练副使，自号"东坡居士"。

1082 年，作《前赤壁赋》、《后赤壁赋》、《念奴娇·赤壁怀古》。

1084 年，调任汝州，途中作《石钟山记》。

1089 年，离京任杭州太守，兴修水利，疏浚运河和西湖。

1093 年，夫人王润之去世。

1094 年，贬官惠州。

1097 年，贬官海南，三年后回到内地。

1101 年，死于常州，享年 65 岁。

苏轼的成就主要集中在两个方面：从政和文学艺术。

严格说来，像苏轼这样的才子是不适宜从政的，因为他文人气太重，想到什么就说什么，缺乏政治家的圆滑和城府，所以一贬再贬，最后被赶到了天涯尽头的海南岛，直到逝世前不久才被召回内地。

苏轼像

离开政治漩涡的中心，苏轼做过八处共16年地方官。为官一任造福一方，在自己力所能及的范围内，他总要尽力为当地百姓办一些好事：如徐州抗洪，杭州修湖，密州赈灾，令当地百姓感之念之，爱之敬之。即使是在流放海南期间，仍能不遗余力地推行文化教育，终于使这块蛮荒之地书声朗朗，文人辈出。苏轼是后世史家公认的海南文化的开拓者。去世前，苏轼曾对自己的一生作过概括："问汝平生功业，黄州、惠州、儋州。"全是贬谪之地，可见其心胸。

仕途虽然坎坷，但在文学艺术的领域里，苏轼却是古今第一奇才，凡所涉猎，无所不精。

苏轼的诗保存下来的有4000多首。他一改时人或以辞害意，或以文为诗之流弊，很注意思想内容与艺术形式的统一。苏轼的诗，在宋代诗人中首屈一指。人们谈论唐宋诗，往往把他和唐代的李白、杜甫、韩愈并举，称"李、杜、韩、苏"。就词而论，他确立了有深远影响的一代词风，促成了词体的革新。在散文创作方面，他的成就和影响更大，是唐宋八大家之一。苏轼是我国文学史上一颗光芒四射的文坛巨星。其诗篇内容上描述生活的真实，反映民生疾苦，表现诗人对人生的探求。形式上手法多样，讲究韵律，但又不拘于韵律，挥洒自如，已入诗境。后人评价说："有必达之隐，无难显之情。"

词起源于唐，取材多是男欢女爱、离愁别绪等。苏轼主张"以诗为词"，增大了词的表现空间。在艺术上变缠绵为奔放，开创了豪放一派。苏轼的词作《念奴娇·赤壁怀古》为豪放派词的杰出作品，流传千古。时人论曰："学士词，须关西大汉，执铁板，唱'大江东去'。"

苏轼是唐宋八大家之一，这是指他的散文成就。或写景记事，或抒情议论，题材广泛，文笔清新，对当时及后世影响极大。当时有这样一句俗话可为佐证："苏文熟，吃羊肉；苏文生，吃菜羹！"

苏轼不但是一位大文豪，在艺术领域也有骄人的成绩。书法擅长行书、楷书，用笔丰富而富于变化，朴实而不造作，被称为"苏体"。绘画也有相当造诣，是"湖州竹派"的重要成员。

书画家米芾

1051年（皇祐三年）出生，世代居于山西太原。后来迁移到湖北襄阳，所以又被人称为"米襄阳"。刻苦学习前人书法，称前期书迹为"集古字"。曾先后做过雍丘知县，知无为军。

1089年（元祐四年），创作行书《苕溪诗帖》、《蜀素帖》。

1091年（元祐六年），改名为芾。徽宗时，被召为书画学博士。晚年定居润州（今江苏镇江）。

1104年（崇宁三年），创作小行楷《王略帖赞》。

1105年（崇宁四年），向徽宗进献儿子米友仁的画作《楚山清晓图》，受到赏识，被授礼部员外郎一职，后出任淮阳军。

1107年（大观元年）去世。

历史影响

米芾是我国北宋著名的艺术家。他在书法、绘画上都取得了突出的成就，同时擅长鉴赏，诗文也很精妙。

米芾是一个既精研前人传统，而又摆脱前人藩篱，具有自己独特风格的书法家。他擅长行书和草书，用笔俊迈豪放，晚年出入规矩，深得意外之旨，与苏轼、黄庭坚、蔡襄合称"宋四家"。在书法史上有着非常重要的地位。

在书法方面米芾从小就天资过人，又非常刻苦用功。从开始就学习临摹古人，

从颜真卿、柳公权、欧阳询等，再到王羲之、王献之，以后进而学习隶书、篆书乃至钟鼎文。在长期的临摹过程中，他临摹古人的书法的水平，已能达到以假乱真的程度。

他书法成就最高的当属行书。苏轼评价其行书是"超逸入神"、"沉着痛快"；黄庭坚评其书"快如剑斫阵，强弩射千里所当穿彻"。米芾称自己是"刷字"，其实是说明他的笔力爽利沉着，运笔迅速而劲挺。看米芾书写的墨迹，开始几个字或几行字，运笔略缓，然而写下去就很快了，确实是悬肘急书而成。他曾经非常自豪地说："善书者只有一笔，我独有四面。"后人更赞誉他是"八面锋出"。

同时，米芾的书法千变万化。比如《苕溪诗帖》和《蜀素帖》是同一年所作，两件作品完成的时间相距只有40多天，但意趣不同。《蜀素帖》里的"一"字很多，细细看去，每个都有点变化。即使写一个"三"字，他也要做到三画之间轻重有所不同。因此他的字有意同而形不同的美感。

另一方面，他的书法，从整篇看，很注意位置的把握，把握好整体气韵，往往在局部的不平衡、不对称中能够求得整篇

的平衡。所以，他的一幅作品，看局部是横逸斜出，从通体上看却是左顾右盼，上下呼应，有一种跌宕而又自然的情趣。

他的作品有《秋深帖》《王略帖赞》《虹县诗卷》等，最著名的是《苕溪诗帖》和《蜀素帖》。

在绘画上，米氏山水自成一派，是北宋后期突破前人画风而另辟蹊径者。他对于山水画的贡献在于对真山真水有着深切的感受，尤其是烟云变幻、风雨微茫的江南风光。在画法上，他提出"信笔作之"，所谓"信笔"，就是要求艺术创作尽可能的自由，不受规律约束，行云流水，落笔自然，正如他自己所说："多以烟云掩映，树木不取工细，意似便已。"他的画法把传统水墨渲染的技法又向前推进了一步，在我国水墨山水的发展上，造成了一种"奇特"的影响。他这种烟云掩映、水墨酣畅的画，具有独特的风格，被人称为"米氏山水"。可惜的是今天他的画作都流失了。

米芾在书画学方面的著述有《书史》、《画史》、《宝章待访录》和《海岳名言》等，是研究古代书画的重要资料。他在书法理论上最大的贡献之一是他对书法的批评观，他反对那些随便征引古人言语，或者一味追求评语的工丽、巧妙，而不能够切实、公正地谈论这个人的作品，且不受其地位高低的影响。这不仅有真知灼见，而且要有胆量勇气。其次是他主张"博取众长，自立家数"，在对前辈今人的学习中，勇于创新，自成一家。而且他不像很多人一样把书法当作怡情的东西，他认定书法是一种独立的艺术，具有永恒的价值。这些都是他书法思想上的可贵之处。

生平小传

米芾为人博雅好古，言行举止都流露出狂放不羁的个性，特立独行的作风。世人皆以之为奇，士大夫们给了他"米癫"的雅号。从以下几个小故事可领略这位大

书法家的"癫狂"之风采。

据《宋史》载，米芾的着装喜欢仿效唐人，风流潇洒、爽朗，说话语音清畅，每到一个地方，都会引来众人的围观。而且他有着严重的洁癖，绝不与别人同用毛巾、器皿等物品，行为与众不同，十分怪异，时常发生一些可笑的事情。他在无为州做官时，有一次，在他的辖区内发现了一块巨大的石头，石头的形状十分丑陋。米芾见了却大叫道："这个石头值得我参拜啊。"于是穿戴上非常正式、隆重的衣冠参拜巨石，并且称呼它为"兄"。这就是著名的米芾拜石的故事。

据宋人叶梦得《石林燕语》记载，传说有一次，他登船拜谒蔡攸，蔡攸拿出自己所收藏的王羲之的《王略帖》给他看，他一看，惊叹不已，请求用一张画与之交换，蔡攸面有难色。米芾大声说："你如果不给我，我就不活了，马上就跳江而死。"说完就大声呼喊，要准备往下跳。蔡攸无奈，当即答应。从这可以看出米芾是个性格率直，任性自由的人。

米芾为人癫狂，不肯随世俯仰，所以仕途上常常陷入困境。

米芾的儿子米友仁，受父亲的影响，自小喜欢绘画艺术，在学习父亲的基础上，也取得了巨大的成就，成为著名的山水画家，同时又善书法，精鉴赏。画史上有"大米、小米"或"二米"的称呼。中国著名的山水画派之一"米派"就是他们父子所开创的，对后世的影响极大。

"婉约派"代表柳永

北宋著名词人，福建崇安人。约 1034 年，即景祐年间，中进士。

历史影响

柳永，原名三变，字耆卿，崇安（今福建崇安县）人，世称柳屯田，因排行第七，亦称柳七。他自称"奉旨填词柳三变"，以毕生精力作词，并以"白衣卿相"自许。柳永是北宋大词家，在词史上有重要地位。他扩大了词境，佳作极多，许多篇章用凄切的曲调唱出了盛世中部分落魄文人的痛苦，真实感人。他还描绘了都市的繁华景象及四时风光，另有游仙、咏史、咏物等题材。柳永发展了词体，留存 200 多首词，所用词调竟有 150 之多，并大部分为前所未见的、以旧腔改造或自制的新调，又十之七八为长调慢词，对词的解放与进步作出了巨大贡献。柳永还丰富了词的表现手法。他的词讲究章法结构，词风真率明朗，语言自然流畅，有鲜明的个性特色。他上承敦煌曲，用民间口语写作大量"俚词"，下开金元曲。柳词又多用新腔、美腔，旖旎近情，富于音乐美，他的词不仅在当时流播极广，对后世影响也十分深巨，他是北宋前期最有成就的词家，有《乐章集》。

由于柳永长期出入歌楼妓馆，生活东飘西荡，对下层人民生活有较多体验，所以他的词题材较为广阔。其内容主要反映羁旅行役、男女恋情和都市生活三个方面。其中以前者成就最高。柳永精通音律，受民间音乐熏陶，他把民间流传篇幅较长的俗曲搬上词坛，对慢词的发展和北宋词风的转变起到了推动作用。他汲取民间养料，使用俚俗语言入词，从而摆脱了五代词中那种传统腔调的影响，使词的创作进入一个新的历史阶段。同时，他还创造性地运用铺叙手法，把抒情、写景、叙事完美地融合在一起，构思缜密，首尾连贯，脉络井然。他通过自己的创作实践大大提高了词的表现力，并使自己成为词坛上对后世影响很大的词人之一。值得指出的是，柳永还写了一些情调低沉，思想颓废以及宣扬色情的庸俗之作。有些作品由于轻率操笔，锤炼不足，故而失之松散，缺少含蕴。

其《乐章集》，存词200余首。主要代表作有《雨霖铃》、《望海潮》、《夜半乐》、《定风波》、《鹤冲天》等。

生平小传

柳永早年游学京都，屡举不第，过了一段"买花载酒"、"千金邀妓"的放浪生活。他熟悉民间流行曲调，为伶工乐妓撰写了大量慢词，流传很广，甚至在当时的西夏也达到了"凡有井水饮处即能歌柳词"的程度。但上层显贵对柳永出入歌楼舞榭与伶工乐妓为伍的生活却极端歧视。他为此写了一首《鹤冲天》加以驳斥，其中有"才子词人，自是白衣卿相"、"忍把浮名、换了浅斟低唱"之句。宋仁宗在一次发榜时见到他的名字便一笔勾销，说"且去浅斟低唱。何要浮名！"直到景佑元年（1034年），他改名柳永，才勉强中了进士，但只做过屯田员外郎这样的小官。在北宋词人中，他的官职最低，而且是以毕生精力填词的第一个专业词人。他晚年穷困潦倒，家无余财，相传死后无钱下葬，最后由"群妓合金葬之"。文坛上流传有"吊柳七"、"吊柳会"等逸事。

宋代杰出的女词人李清照

宋代著名女词人。

1100年（16岁），作咏海棠《如梦令》词和《浯溪中兴颂诗和张文潜二首》，前者使"当时文士莫不击节称赏"，后者被誉为"奇气横溢"。

1102年（18岁），嫁赵明诚。与丈夫共治金石之学。相继作《一剪梅》、《醉花阴》。

1107年（23岁），随丈夫归青州，寓居10年。协助丈夫治金石之学。作《词论》。

李清照像

1135年（51岁），定居杭州。作《上枢密韩公诗》、《永遇乐》、《添字丑奴儿》、《摊破浣溪沙》。

约于1151年去世。

李清照是中国文学史上最著名的女词人。其词风格独特，后人称之为"易安体"；她的《词论》，是词史上一篇重要的理论批评文章。

"易安体"在内容上主要写个人的生活情趣和身世感伤；在语言上明白如话，尤擅炼字；在音律上重视音节、字声，富于感情和韵味。王灼《碧鸡漫志》卷二赞李清照的词"能曲尽人意，轻巧尖新，姿态百出"。以她少女时的两阕著名小令《如梦令》为例："昨夜雨疏风骤，浓睡不消残酒。试问卷帘人，却道海棠依旧。知否，知否，应是绿肥红瘦。""常记溪亭日暮，沉醉不知归路。兴尽晚回舟，误入藕花深处。争渡，争渡，惊起一滩鸥鹭。"

这两阕小令已经具备了易安体的特点。这首词反映了作者早年闲适的闺阁生活。在婉约词坛上，李清照的作品犹如闪亮的珍珠，放射着熠熠的光芒。李清照现传

《漱玉词》49 阙。

李清照的另一重要贡献是《词论》。在中国古代寥若晨星的女性作家中，李清照为撰写文学批评的第一人。《词论》的中心论点是：词别是一家。体现在两个方面。一是重音律，一是宗婉约。以她的代表作《声声慢》为例："寻寻觅觅，冷冷清清，凄凄惨惨戚戚。乍暖还寒时节，最难将息。三杯两盏淡酒，怎敌它，晚来风急。雁过也，正伤心，却是旧时相识。满地黄花堆积，憔悴损，如今有谁堪摘。守着窗儿，独自怎生得黑？梧桐更兼细雨，到黄昏，点点滴滴。这次第，怎一个愁字了得。"

这首词，既押平声，又押入声，和同时代人的《声声慢》多押平声相比，更能表现人物抑郁的情怀。此词为悲愁抒怀之作。上片写秋晚雁过之际的伤心。下片写黄昏独守之际的愁苦。全词纯用赋体，白描铺叙，首尾总起总收，中间以几组意象层层转进，渲染情景。

李清照将词人分为两派，一派为晏殊、欧阳修、苏轼、王安石、曾巩等人，属"不知"者；一派为晏几道、贺铸、黄庭坚，属"能知之"者。这种划分，大体与后人分的"婉约派"、"豪放派"一致。

在这种词论指导下，她批评张先等人"破碎何足名家"。晏殊、欧阳修、苏轼的词作为"皆句读不葺之诗尔，又往往不协音律"。晏几道"苦无铺叙"……像这样大胆的批评，有宋以来，惟李清照一人而已。

现存诗歌最多的诗人陆游

1125 年，出生于越州山阴，少年时代好学不倦，18 岁（1142 年）开始，从曾几学诗，也向他学做人，深受其爱国思想影响。

1153 年，赴两浙转运司所厅试，被擢第一，得罪秦桧，又因"喜论恢复"，在复试中被除名。

1158 年，秦桧死，陆游以恩荫出任宁德县主簿。

1170 年，任夔州通判，五月离乡，十月末到夔州，凡沿途所见，按日记录，写成日记体纪游文《入蜀记》。

1175 年，离荣州，至成都任朝奉郎成都府路安抚司参议官兼四川制置使司参议官，与范成大"以文字交，不拘礼法"，常陪范游宴。

1178 年，离蜀东归，受孝宗召见。五月，江西发生大水灾，陆游时任江西提举常平茶盐公事，以小舟载米赈之。以"擅权"罪名被罢黜还乡。

1186 年，为严州知州，邦人为其立碑，并为他曾作过严州太守的高祖陆轸立祠。

1203 年，修成孝宗、光宗《两朝实录》。

1210 年，在故乡山阴病逝。

历史影响

陆游的主要成就有两个方面，一是文学创作，一是从政活动。

在文学创作方面，陆游是南宋最重要的诗人，他创作甚丰，其《剑南诗稿》85 卷，收诗 9000 余首，是现存诗歌最多的诗人。另有《渭南文集》50 卷，其中包括词 2 卷。他的文学成就主要在诗歌方面，这类作品始终纠结着两方面的情绪；一面是他渴望万里从戎、以身报国的豪情壮志；另一面则是他壮志难酬、无路请缨的悲愤心情。这使他的诗歌既热情奔放，又深沉悲怆，始终洋溢着浓烈的爱国主义情绪。

他早年学诗于曾几，从而深受江西诗派影响，注重于诗歌语言的精细考察。中年之后又广泛学习前人之长并善于灵活运

陆游像

用，使诗歌风格呈现出多样化的面貌。大体说，他的好诗以七言为多，其中七言古体往往写得热情奔放，七言绝句或轻灵含蕴，或雄壮伟岸，其七言律诗最为人称道。他善于用典，虽讲究作法技巧，但其最高艺术追求却归于平淡自然。所以他的诗在锤炼之后显得温润圆熟，雅致而简朴。

他的词较少，但一部分寄寓真情实感之词写得相当出色，如《钗头凤》。此词是陆游的早年作品，表达了对前妻唐琬的思念之情。词以平易的语言来倾诉缠绵不尽的痛苦，感染力很强。陆游的散文中，一些短篇的题跋精整雄快，颇有特色。

在从政活动方面，自年轻时他就积极向朝廷提出许多抗敌复国的军事策略和政治措施，力说张浚用兵，张浚北伐失败后，他被罢黜还乡。闲居4年后（1169年），担任夔州（今四川奉节）通判，次年入蜀就职。任满后主战将领王炎聘其为干办公事，从此陆游换上戎装，常年驻守在国防前线。王炎被朝廷召回罢免后，他改任成都府安抚司参议官，此后陆游又在蜀州、嘉州、荣州代理通判、知州等职，复国壮志不得伸展。

1178年，陆游受到孝宗召见，而后到福州、江西做了两任提举常平茶盐公事。他在江西任提举常平茶盐公事时，当地发生了一场大的水灾，他日夜兼程亲自去灾区视察，并上奏要求拨发救灾粮，不料却触犯了统治阶级的利益，他被罢官还乡。在家闲居6年后，62岁的陆游又被起用为严州（今浙江建德）知州。他勤勉爱民，深受爱戴，当地人民为他立碑，并为他曾作过严州太守的高祖陆轸立祠。在严州任满后不久被召赴临安任军器少监。次年，光宗即位，改任朝议大夫礼部郎中，他多次提出抗战爱民的奏章，竟遭奸佞之徒弹劾，以"嘲咏风月"的罪名再度被罢官。

此后陆游蛰居乡村12年，宁宗即位后陆游应当权外戚韩侂胄之请，为其撰写《南园记》，希望他"勤劳王事"。1202年，陆游奉召入朝修撰孝宗、光宗两朝实录，修成后辞官还乡，终老于故土。

生平小传

陆游生在民族危机深重的南宋时代，饱经战乱的生活感受。群情激昂的抗敌气氛给童年的陆游留下深刻印象，为他后来成为一代爱国诗人打下了坚实的思想基础。陆游诞生这年冬天，北方的金人开始大举南侵，第二年宋朝首都汴京（今河南开封）陷落，他随父亲陆宰向南逃亡，在"经旬不炊"和夜夜闻金兵马嘶中，历尽艰辛，逃至寿春（今安徽寿县），后又逃回故乡山阴。3岁时发生了历史上著名的"靖康之难"，徽钦二帝被掳北去，北宋灭亡。

陆游29岁时，赴首都临安（今杭州）应试，名列第一，但因居于投降派权臣秦桧的孙子之前，又因他不忘国耻，"喜论恢复"，受到秦桧嫉恨和排挤，竟在复试时被除名。

陆游因坚决支持抗战派，屡次上书建议反攻收复，多次被投降派弹劾，罢职还乡，以致"报国欲死无战场"。

陆游在 19 岁时与舅父的女儿唐琬结婚，夫妻感情甚好。可是好景不长，由于是年陆游考试不第，陆游的母亲不喜欢唐琬，把所有的罪过都归结在她身上。在母亲的极力反对下，陆游被迫与唐琬离婚。

陆游离婚后，续娶蜀郡人王氏，唐琬也改嫁了赵士程。1151 年 3 月，已是两个孩子的父亲的陆游在禹生日这天游禹庙，并到附近沈园游玩。这里池台极盛，游玩中偶然与唐琬、赵士程相遇。唐琬把她和陆游的关系告诉了赵士程，并把他们携带的酒食特地送给了陆游。这时陆游感慨万端，便填了《钗头凤》词一首："红酥手，黄滕酒，满城春色宫墙柳。东风恶，欢情薄，一怀愁绪，几年离索。错，错，错！春如旧，人空瘦，泪痕红浥鲛绡透。桃花落，闲池阁，山盟虽在，锦书难托。莫，莫，莫！"

题园壁间，诉说自己的哀怨。唐琬见了，也依韵和了一首："世情薄，人情恶，雨送黄昏花易落。晓风干，泪痕残，欲笺心事，独语斜阑。难，难，难！人成各，今非昨，病魂常似秋千索。角声寒，夜阑珊，怕人询问，咽泪装欢。瞒，瞒，瞒！"

不久，唐琬忧郁而死。这次婚变对陆游的打击很大，让他悔恨终生。他到老对唐琬不能忘情，逝世前一年还写下了哀怨的《春游》："沈家园里花如锦，半是当年识放翁。也信美人终作土，不堪幽梦太匆匆。"

南宋政府在史弥远卖国投降派的操纵下，迫害爱国人士，国力衰弱不堪，人民生活极端艰难，陆游受到落职处分后，感慨万千，不久，因忧致疾。嘉定二年立秋得膈上疾，近寒露虽见好转，但不久又沉重，到冬天转剧，腊月底病逝。

在临终前夕，还不忘收复国土，写下了有名的诗篇《示儿》："死去元知万事空，但悲不见九州同。王师北定中原日，家祭无忘告乃翁。"

这是陆游写给儿辈的遗嘱，也是他的绝笔。在这首悲愤异常的诗篇中，向世人昭示出他一生抗敌复国的夙愿。使人把他看作是"出师未捷身先死"的宗泽，人称此诗有"三跃渡河之意"。这也是对当时以史弥远为首的投降派的强烈抗议和辛辣讽刺。所以这首诗 700 年来一直为人民所喜爱，成为鼓舞人民向异族侵略者进行战斗的号角。

辽国宗教

建国前的契丹，有对自然界的原始崇拜和原始文化。

千佛碑

契丹族的原始时代，以白马与青牛作为互通婚姻的两个部落的象征。天地、白青、马牛、男女等概念形成对立统一的两极。辽朝建国后，皇帝称天皇帝，皇后称地皇后。相信天地都有神。出兵作战前用白马、青牛祭祀天地。用白羊骨炙卜。巫和太巫执行占卜和各种原始的宗教仪式。辽朝皇帝举行祭山仪、岁除仪、瑟瑟仪（射柳祈雨）仍由巫师赞祝行礼。契丹崇拜太阳，故以东向为尚。

辽朝建立后，佛教逐渐在契丹贵族中传播。汉人、渤海人居住地区，仍继承唐代的文化传统。辽圣宗以后，汉族的封建文明为契丹贵族所接受，在辽朝得到发展。

辽太祖、太宗时，佛教从渤海和燕云两个地区传入辽国的中心。阿保机建国前，俘获汉人，据说已在潢河上游的龙化州建开教寺。天显元年（公元926年）灭渤海国后，渤海僧人崇文等50人到上京，建天雄寺传教，辽太宗得燕云后，河北汉人僧尼也陆续来到上京。辽圣宗以后，佛教更为发展。各地区建造佛寺甚多，并通过贵族信徒的施舍，占有大量的土地和民户。头下户被施给寺院后，将原来交纳给领主的赋税转交给寺院。同时仍向国家交租，称为寺院二税户。辽代佛教以华严宗为最盛。佛教圣地五台山在辽朝境内，由西京管辖，是华严宗的教学中心。上京开龙寺僧也专攻华严。辽道宗并曾亲撰《华严经随品赞》十卷。密宗也在辽朝传播。五台山和南京都有究习密宗的高僧，并翻译密典多部。密宗的经咒也在契丹社会中流行。

辽圣宗以后，刊刻石经，雕印大藏对佛教经典作出了贡献。隋代僧人静琬在涿州（今河北涿县）大房山，开凿石室，用

智化寺

石板刊刻佛经收藏。唐代建云居寺，继续刊刻石经。后经战乱中断，云居寺被毁。辽圣宗时重修云居寺，发现石室。辽圣宗命僧人可玄继续刊刻经版。经辽兴宗、道宗两朝，刻完《大般若经》、《大宝积经》等经石六百块。合原存《涅槃经》、《华严经》石共有2730块，合称四大部经。石经的刊刻也是对佛经的一次校勘整理。兴宗时开始校印佛经的总集《大藏经》。佛经以木版雕印，全用汉文，并经僧人详为校勘，完成597帙。辽道宗时继续收罗刊印。在比以前，公元971年宋太宗曾在成都雕印大藏经，号称"宋藏"。辽代印本通称"丹藏"。

释迦涅槃石雕像

辽朝僧人的著述，主要有《续一切经音义》和《龙龛手镜》两书流传，都完成于辽圣宗时代。南京崇仁寺僧人希麟（汉人）依仿唐慧琳《一切经音义》体例，对唐开元以后的佛经，续作音注，成《续一切经音义》十卷。此书广泛参阅了有关训诂和音韵文字的古代著述，详征博引，是一部是价值的著作。僧人行均（汉人，俗姓于）在五台山金河寺著《龙龛手镜》，是一部通俗的汉字字书，依平、上、去、入四声分编四卷，共收26.4万多字，注释16.3万多字。行均收录当时实际读音和通用字体，并多收民间通行的俗字，是一部有独创性的字书。此书曾传入宋朝，在浙

江雕版，周避纬改名《龙龛手签》。

辽朝的佛教建筑，有自己独特的风格。现存蓟县独乐寺观音阁，建于辽圣宗统和二年（公元984年），是三层重叠的木构建筑，继承了唐代建筑的框架法。辽代的佛塔遍布于五京地区。现存北京天宁寺砖塔、宁城（辽中京）砖塔和山西应县的木塔，都是实体，八角层檐，为前代所未有。这种新形制为金代所继承，形成独特风格的辽金塔。内蒙古赤峰市林西（上京路）的白砖塔，八角七层，但内部中空可以直登，近似唐塔。山西应县佛宫寺木塔，即辽代应县木塔。高达20丈，层檐用拱平托八角六檐，分为五层，附暗层四层，实为九层。塔身全部用木头建成，造型犹如楼阁，是我国现存的仅有的一座大木塔。

辽国文学

儒学在辽朝也备受推崇。阿保机时即建孔子庙，作为统治汉人的工具。

辽圣宗好读《贞观政要》，并由汉臣摘录唐高祖、太宗、玄宗可以取法的事迹

阿难像

进程《贞观政要》是以儒家的政治学说为指针，对唐朝和前代的封建统治经验的一个总结。因之，它不像儒家经典的迂阔，而更能切合封建统治者的实际需要。《贞观政要》一书一直受到辽朝的重视。兴宗时，萧韩家奴并把它译为契丹文，给兴宗阅读。道宗时，儒学更盛。公元1086年，曾召翰林学士讲五经大义。公元1089年，又召耶律俨（汉人，本姓李）讲《尚书·洪范》。

辽朝至道宗时，封建的经济制度已经很发展，汉文化为契丹贵族普遍接受，儒家的封建政治思想也在统治阶级中，成为占统治地位的政治思想。

辽朝创造了契丹文字，有契丹大字和契丹小字两种，都是根据汉字字体创制的拼音文字。契丹大字是以几个音符叠成契丹语的一个音缀，在形状上仿照汉字合成一个方块字，特别繁赘难认。据史书记载，这种契丹大字是契丹贵族知识分子突吕不创造的。契丹小字，笔画比契丹大字简单，所以也叫"小简字"。据史书记载，契丹小字是阿保机的弟弟学习回鹘文后制造的。契丹小字大约是以一个方体字代表一个音缀，不过不像契丹大字那样合叠成多音衔的方块字，而是仿照古回鹘文的办法，从上至下，连续直写，所以称它数少而该贯。但由于汉文化的传布，风于记载的辽代文学作品，仍多用汉文。最早的诗篇是辽太祖皇子耶律倍的五言诗："小山压大山，大山全无力。"辽圣宗以后，契丹贵族多学作汉诗。辽圣宗时曾以契丹字译白居易讽谏集。流传的圣宗佚诗有"乐天诗集是吾师"句。传说圣宗喜吟诗，曾作曲百余首，但并未流传。北宋苏轼诗曾传到辽朝，在南京书肆刻印，很有影响。辽道宗和宣懿后，辽天祚帝的文妃（渤海人）都能作汉诗。道宗所作诗赋曾编为《清宁集》，已失传。辽朝贵族文人也有一些诗集，都未能传留后世，可能也都是汉诗。近年不断

有契丹文物出土，但由于契丹语文尚不能通解，契丹语写成的文学作品，还有待于研究发掘。

契丹文大字碑残石

辽太祖皇子耶律倍醉心于汉文明，不但能诗，也能作画。宋朝藏有耶律倍的绘画十五幅。有"猎骑图"一幅，到元代仍受到珍视。辽兴宗曾画鹿赠给宋仁宗赵祯。辽朝的庆陵和近年在吉林库伦旗发现的辽墓，都有大幅壁画，当是受到唐壁画墓的影响。

辽圣宗时，依仿汉人的修史传统，撰修辽朝的历史。室昉、邢抱朴等曾撰实录二十卷。辽兴宗时，又编录遥辇可汗以来的事迹共二十卷，辽道宗时，撰修太祖以下七帝实录。辽天祚帝时，耶律俨（汉人）修成《皇朝实录》七十卷，是元人所修《辽史》的主要依据。辽道宗时，汉人王鼎撰《焚椒录》一书，记述宣懿皇后被诬案始末，是辽代仅存的一部私人著作。

西夏文学艺术

夏国的文士多有诗词之作。一些通俗的劝世行善作品，也常采用诗体形式。宋词人柳永的作品在夏国广泛流行。大德五年（公元1139年），夏国攻占府州（今陕西府谷）时，崇宗亲作《灵芝歌》，与濮王仁忠相唱和。诗篇的石刻曾保存在兴庆府的孔庙里。佛教艺术在夏国有较突出的发展。

佛教艺术在夏国发展突出。现存的夏文物中，佛画以佛、菩萨的画像为多，画风精致巧丽，与敦煌艺术有着某些共同点；在姿态容貌的表现手法上，则与吐蕃画风相似。敦煌莫高窟，西千佛洞和安西榆林窟等处都保存有夏国时期的艺术作品。榆林窟第一窟内的夏国"水月观音"壁画，是造型艺术中的杰作。榆林窟内还有一些反映夏国人民生活状况的壁画，如《打铁图》、《酿酒图》、《农耕图》等。党项人早期使用的乐器有琵琶、箫、笛等，以击缶为节。羌笛悠扬清越，最为流行。党项人也十分喜爱汉族歌曲。宋沈括有"万里羌人尽汉歌"句。唐僖宗曾赏给拓跋思恭一部鼓吹乐（即军乐），这是夏人有完整乐队的开始。景宗时，汉族音乐在夏国仍有相当的影响。人庆五年（公元1148年），夏国乐官李元儒曾参酌汉人乐书（歌谱集）更定音律。哈拉浩特出土了《刘知远诸宫调》残本。金朝汉人的说唱艺术也传到夏国。

西夏历法与医药

党项人中，沿袭古代北方民族的习惯，以十二生肖纪年；藏历对他们有着明显的影响。宋朝每年要向夏国颁发新历，在夏国行用。西夏建国前，党项人患病，便延请巫师驱鬼，或把患者迁避到另一间房内，以图躲避灾祸，叫作"闪病"。

西夏在汉族文化的熏陶下，改变了"有疾占筮，令厮者送鬼或迁他室谓之闪病"的愚昧习俗，广泛吸收和运用汉族的中医和中药学。在黑土城出土的西夏文刊本中，有《治疗恶疮要议》等医学著作。在武威出土的西夏文药方残页中有椒、牛

宁夏银川双塔

膝、荬米等药名，还有"精细煎煮，频频翻动"的煮法说明和"于空腹时温水送下，每服十粒"的服用方法说明。西夏国还设有"医人院"，隶属三品。

西夏建国以后，《千金方》、《神农本草》等汉人医书传入夏国。夏国统治者还多次向金朝请求医药。公元 1971 年在甘肃武威发现的西夏文药方残页里，有治疗伤寒病的药方，药物有牛膝、椒、荬米等，明显地反映了汉族医药的影响。

西夏法律

西夏建国前，没有成文的法律，相约成俗，"杀人者，纳命价钱百二十千"了之。自向北宋朝称臣以后，特别是不断向宋朝派遣使节的交往中，西夏人渐渐地熟习了宋朝的一些典章制度，并在此基础上陆续制定了西夏自己的法律。目前已经知道的西夏法律有：《天盛年改定新法》、

《猪年新法》、《新法》、《官阶封号册》、《赈济法》、《戍边法》等。

《天盛年改定新法》（亦叫《天盛年改新定律令》）是西夏法令类编成文于夏仁宗天盛年间。参与此法修订者二十一人，北王嵬名氏为总监修《新法》共二十章，今存十九章，共计一千四百六十条。第一章首列十大罪状：谋反、谋大逆、恶逆、谋叛、不道、大不敬、不孝、不睦、不义、内乱（乱伦）。第十章为"司次行文门"，详列西夏官衙军府州县品次，分为上品、次品、中品、下品、末品、品外六种。

西夏文字

西夏建国，元昊即令人创造文字，称"国书"。利仁荣演绎为十二卷，是西夏最早的一部字书。西夏文模仿汉字，字形方整。字体也有草书、隶书、篆书。文字结构有全、左、右、干、头、下等区别。字

体的创制，多用汉字六书的会意法。如闪为电旁、霹旁。也有类相从法，如属于丝织品的字自成一类。西夏文中还有时直接借用汉书，如圣字，字义和读音都作圣。西夏语言的语法结构独特，在一句话当中，谓语往往放在句子的末尾，而宾语则放在谓语语动词的前面，形容词的位置不固定，有时在名词前，有时在名词后。国内外学者对西夏语言的规律有了一些了解，但还未认识其奥秘，有待进一步研究。

西夏的文字，是景宗元昊和野利仁荣仿照汉字创制的，当时叫"国书"。野利仁荣演绎为十二卷，是西夏最早的一部字典。西夏文字形方整，字体有草、篆、隶、楷等。字体的构成多采用汉字的会意法，以及类相从法等。西夏字无直钩，多用左撇，这是其独到之处。

西夏文石牌（残）

西夏文字演绎成书后，元昊将它定为国字。西夏国内艺文浩牒，都换用西夏文。公元 1037 年 11 月，设立了蕃字、汉字两院，分别掌管与北宋和吐蕃、回鹘等来往的文书。两院的设立，使西夏文的应用推广到了西夏的邻近地区，扩大了西夏文的使用范围，并以法律的形式确立了西夏文字在西夏文化中的地位。

西夏文字的创制是夏国进入阶级社会、建立国家的标志之一，也为西夏的发展提供了条件。

西夏还编写了字典，公元 1190 年，西夏骨勒茂才编写了夏文和汉文的双解字典。该书序言中说："不学蕃言，则岂和蕃人之众；不会汉语，则岂入汉人之数。"书中每一词语皆并列四项，中间两项是西夏文及其汉译文，右边以汉字为西夏文注音，词语编排以事分类，分天地人三大类，这三大类又各分为上中下三小类，即：天体上、天相中、天变下；地体上、地相中、地用下；人体上、人相中、人事下。其中人事下约占全书篇幅的一半左右，内容最为丰富，包括亲属称谓、佛事活动、房屋建筑、日用器皿、衣物首饰、农事耕具、官府机构、诉讼程序、弹奏乐器、食馔、马具、婚姻等。该书是研究西夏语言文学和社会历史的重要文献。

随着西夏文字的广泛应用，西夏学者编纂了多种说明西夏字声韵、字义和结构的书籍。《音词》是按排列的字汇，仿《切韵》的九音分类编辑，收入六千余字。《五声切韵》编排与《音同》一样，是仿司马光的《切韵指掌图》编纂的西夏字韵表。文海杂类也是按声排列的字典，每一个字下面都有解释，说明字的字体构成，字义和发音等。

《文海》的内容与《文海杂类》一样，但它是一种仿照《广韵》按韵排列的字典。梁义礼编的《义同一类》属于另一种类型，是一部大型的同义语字典。还有一种按字形和概念分类排列的字汇，如《杂字》、《三才杂字》等，书中分天、地、人三部，以下再分小类，如"地"部分牛、羊、男服、女服、山、河海、宝、丝等，这类字书收编字数不多，没有解释。元昊曾命人译《尔雅》、《四言杂字》供番学之用。可能这些书是《四言杂字》一类的西夏字识字读本。另有一种字书名《要集》，每字下注有汉义，用西夏字表汉字音，兼有帮助学习汉文的用途。

金国文学艺术

金国建国之初，文教未兴。太祖、太宗始用辽、宋旧人。熙宗、世宗、章宗（公元1136年～公元1208年）时期大为提倡文化建设，文学也开始发展。可分为三个阶段。

早期，文学尚不很发达，文坛上活跃的人物是辽宋被迫入金的文士，主要作家有宇文虚中、吴激、蔡松年等。其中吴、蔡二人尤善作词，时称"吴蔡体"。他们的有些作品抒发了对旧朝的眷恋。

元好问像

中期，金国进入"投戈息马，治化休明"期，文学也相对繁荣，出现了一批俨然以中华正统自居的作家，文风也出现了追求尖巧凿琢的倾向。代表作家如蔡珪，被时人称为"煎胶续弦复一韩，高古近欲

摩欧苏"之人。又如与辛弃疾少时同学的党怀英，"文似欧公，不为尖新奇险之语；诗似陶谢，奄有晋魏。"词亦清丽生新，与苏辛词有同工之妙。

赵秉文跋昭陵六骏图

后期，金"纪纲大坏，亡征已见"。或者面对现实，描写战乱及亡国；或者逃避现实，描写隐逸与享乐，便成了这时文学的主要内容。前者风格激越悲凉，后者风格旷达闲逸。总的说来以前者成就较高。主要作家有赵秉文、王若虚、元好问等。

元好问（公元1190年～公元1257年），字裕之，号遗山，太原秀容（今山西省忻县）人，金代最伟大的作家，曾官至尚书省左司员外郎，金亡后不仕。筑"野史"亭于家，从事著述。有《遗山集》。

海陵王、章宗等帝王都学作汉诗。女真贵族能诗者有完颜允成、完颜勖、耨盌

善化寺三圣殿内景

温敦兀带等人。金章宗是书画爱好者，收集历代书画名品，藏于朝廷，专设画院，由书画家王庭筠主持。章宗本人也擅长书法。金代著名画家还有任询、李早、杨邦基等人。女真人多能乐舞，女真乐器有鼓、笛两种。世宗以后，宋朝的乐舞在金朝流行。女真乐舞与宋乐舞得以相互吸收。北宋流行的"说话"和"诸宫调"等说唱艺术，金代更为盛行。章宗时出现董解元所作《西厢记诸宫调》，据唐人《莺莺传》故事改编，以十四种宫调，一百九十三套组曲组成，用琵琶伴奏说唱。《诸宫调》达到成熟的境界，被誉为"北曲之祖"。金代又创造了称为"院本"的戏剧，科白动作为主，加入唱曲。院本作为一种戏剧体裁，至元代仍继续演出。诸宫调与院本孕育了北曲杂剧的产生，是金代文化的一大贡献。元杂剧在金末已渐形成。著名的杂剧作家关汉卿、白朴、杜仁杰、梁进之等多是金元之际的文士。

金国儒学

女真族原来只有原始的萨满教，灭辽后，辽代兴盛的佛教在各地继续发展。灭宋后，北宋的儒学逐渐在金代文化思想中占统治地位。金初行科举，即以"经义"取士。金熙宗在上京建孔庙。世宗、章宗力崇儒学。以女真字翻译儒家经书，学校以《论语》和《孝经》为必读课本。霸州（今河北霸县）杜时升在嵩、洛山中讲授北宋程颐、程颢的理学，易州（今河北易县）麻九畴传授邵雍之学，研制《易经》和《春秋》，麻九畴的弟子在金末元初多为名儒。真定王若虚讲授理学，对二程和朱熹之学，多有褒贬，有《滹南遗老集》传世。磁州（今河北磁县）人赵秉文，号为金末的文宗，也研治理学，标榜继承程朱。

金国科技

金代科学技术有相当的成就。金世宗时，赵知微重修杨级编制的大明历，用几何方法预测日食、月食，是天文计算上的进步。蒋周著《益古》一书，记录了当时流行的数学公式天元术，以元为未知数，立式求解。金末另有一部数学著作《洞渊

金章宗书《告诸姬》

测圆》，记述演算勾股容圆的方法。著名的数学家李冶依据此书和天元术，写成著名的数学著作《测圆海镜》。

金代医学的成就也很显著。金初，名医成无己注释《内经》和《伤寒论》，开金代医学研究的先声。世宗时，刘守真（字完素）和张元素是两大名医，各成一家。刘守真的学生张守正（字子和），用攻法去邪，自成一派号攻下派。张元素的学生李杲用温补脾胃法治病，被称为温补派。李杲著有《脾胃论》和《内外伤寒辩惑论》，对伤寒病的识辨，有独到的成就。金代医学学派的建立，对元代和后世医学的发展有深远的影响。

金发明天元术

金代在数学上取得的巨大成就，当以天元术的发明为代表，它标志着金元时期数学的飞跃发展。

天元术的发明人李冶，字仁卿，金末人，自称在其成年以后，"得洞渊九容之说"，日夜钻研，并说天元术是依据洞渊测圆门第一十三计算而成，至于洞渊是人名还是书名已无从考究，但李冶的《测圆海镜》是在吸收了当时流行的同类著作成果的基础上写成是毋庸置疑的。据李冶《益古演段自序》说，《益左演段》也是在某人《益古集》基础上撰写而成的，以使之更为明白晓畅，易懂，以有利于更广泛传播。在李冶之前，中国北方流传着关于推算勾股形容圆（直角三角形的内接圆），解算方程的著作，这一时期还有一些有关天元术的著作，但均已失传。很可能是由于李冶的著作为当时同类著作的集大成者，在问世后迅速取代了其他著作，使之销声匿迹了。

李冶的著作有《测圆海镜》12卷和《益古演段》3卷，是迄今所见最早的系统论述

天元术的著作，成书时间已是金元之后的蒙元时期，前者为1248年，后者为1259年。

金代任询的《古柏行》行书书法作品

所谓天元术是解算高次方程的方法，在金元时期十分盛行，李冶的《测圆海镜》和《益古演段》两书，都是以问答的方式，阐述天元术的解法，其方法是用"元"字表示未知数（相当于近代数学中设 X 为未知数），用"太"字表示常数，依据所给的数字列出两个数量相等的方程，两者相减，一端为零，然后进行解算。

金元之际天元术的发明以及李冶的有关天元术的论述，在中国数学发展史上占有重要地位，为历代学者极为重视和高度评价。

除李冶以外，著名诗人元好问也曾研究天元术，莫子偲《遗山诗集跋》说元好问精通九数天元之学。其《如积释琐细草》是一部有关天元术的著作，为解释刘汝谐所撰《如积释琐》而作，据说麻九畴也通数学，但其学术未能流传下来。

金元人在数学上取得的巨大成就，尤其是对天元术的系统论述，标志着这是数学史的一个辉煌的时代。

桑树嫁接流行

桑树栽培技术的迅速发展和提高始于

中国通史

最新整理图文珍藏版

北魏贾思勰著《齐民要术》之后六七百年间。最重要的成就是采用了嫁接技术。《陈旉农书》最早提到过桑树的嫁接，方法是取品质和生长良好桑树上的直上生枝条"三四寸长截，截如接果子样接之。其叶倍好，然也易衰，不可不知也。湖中安吉人皆能之"。书中所说安吉即指现在浙江湖州市安吉县。这说明桑树嫁接技术，最晚至南宋时已在浙江安吉一带广泛流行。桑树嫁接的另一成就是鲁桑移到杭嘉湖地区后，通过自然选择和人工选择，在宋代甚至更早些时候形成了湖桑类型的新桑种。嘉泰《吴兴志》和《梦粱录》中所说的青桑、白桑都是湖桑类型的桑种，只是当时没有"湖桑"这个名称，清代才见于记载。"湖桑"是一个桑种系统的通称，不是一个桑品种名。自宋朝以后，杭嘉湖地区培育出众多的优良桑种，明、清时期，种苗业发达，外地在引种推广作文字宣传时，无以命名，于是统称"湖桑"，此即湖桑的历史及其名称由来。

桑树的嫁接对老树更新复壮，加速苗木繁殖，利用杂交优势培育优良品种等方面都具重要意义。

宋、元之际，人们开始用压条繁殖林木作为桑树繁殖的一种手段。金朝的《务本新书》和《士农必用》关于桑树压条法的记载十分具体细致，反映出关于桑树压条繁殖技术已积累了丰富的经验。桑树压条方法简便、繁殖快，到明清时期，已成为我国桑树繁殖的主要措施了。

耶律楚材著《西游录》

耶律楚材是蒙古国的开国重臣。1219年，他随成吉思汗西征，此后六七年一直留驻西域寻思干城（撒马尔罕城）。并因此著有《西游录》一书，记载13世纪初西域及中亚一些地方的情况。《西游录》的内容包括有西域及中亚的山川物产、风土人情、城郭关塞等。如对寻思干城的名称由来、地名涵义、货币、园林、泉水、池沼、花果瓜木、谷物、气候、酿酒、棉织品、服装等，都有记载，对当时伊犁河一带的地理和农业发展也有生动的描述。还有耶律楚材对中亚楚河——塔拉斯河一带地理情况的描述，特别是他亲自见到唐碎叶镇的故墟、唐凿渠道修石闸的遗址，以及唐节度参谋、检校刑部外郎太原王济的石碑，为研究这一带的地理沿革提供了重要资料。

《西游录》是所研究元代初年中亚地区历史地理的珍贵文献，虽然它已经失传，但流传在坊间的节录本仍可参见其详。

耶律楚材对边疆及中亚地区的发展和地理视野的扩大做出了重要贡献。

《中州集》编成

金哀宗天兴二年（1233），元好问辑成《中州集》（亦名《中州鼓吹翰苑英华》、《乾苑英华中州集》）10卷，是一部附有作者小传的诗歌总集，代表了元好问在史学上的贡献，可看成是一部借诗存史的传记体金史撰述。

元好问（1190～1257），字裕之，号遗山，秀容（山西忻州市）人，系出北魏拓跋氏。他博学经传，贯穿百家，是金代著名的大学子，人称元才子。金时，曾官至行尚书省左司员外郎。晚年著书立说，在史学和文学上都做出了重大贡献。他本着"不可令一代之迹泯而不传"的信念，采撷所闻的"金源君臣遗言往行"，详细记录，成百余万字的"野史"，另有记亲身闻见的金末丧乱事，堪称实录的《壬辰杂编》（天兴元年，即1232年著成）和《中州集》等。

《中州集》汇集金代 249 人诗词 2259 首，对每个作者都撰有小传，述其主要事迹，间或评论其诗作。元好问为各个诗作者撰写的小传，贯穿了整个金代历史，可以看作是一部传记体的金史总汇。这些小传中有不少为元修《金史》所采用，有的略作删削移用，有的甚至原文照录，直至今天，它仍是一部重要的，反映金代历史的传记体史书，为金史的研究提供了宝贵的资料。

《中州集》是一部诗作，诗论、史传结合的著作，包含着丰富的诗论、文论、史论内容。虽以史论突出，而三者往往相互关联，形成一个整体的评述。如论赵秉文时，对他的道德、文章都给予极高评价。他的描写，对认识金代的道德习气、文人学识都有很大启发。他还为金代文士排次，在人物小传中穿插一些重要掌故。

《中州集》对金代的史学、文学贡献非凡，至今不失为一部了解金代的重要典籍。

孔庙碑林是中国罕见的大型碑之一

蒙古尊孔

蒙古起于漠北，崇尚武力、攻战。进入中原的初期，也只对技巧工艺感兴趣而

孔庙大成殿内的孔子塑像

不重视孔孟之道。窝阔台即位不久，中原大部分地区已经被征服，如何有效地控制、治理广大地区被提到议事日程上来。著名政治家耶律楚材经常向窝阔台讲述周公、孔子的学说，提倡"以儒治国"，并向他讲"马上得天下，不可以马上治天下"的道理，窝阔台听后深表赞赏。决心采纳耶律楚材的建议。

在耶律楚材等儒士的影响下，窝阔台逐渐重视任用汉人儒者，注意保存吸收汉族文化。窝阔台汗四年（1232）二月，蒙古军围攻汴京，派人向金朝索要翰林学士赵秉文，孔子第五十一代孔元措等人。第二年四月，崔立以汴京投降蒙古，把后妃、宗室、衍圣公及三教，医卜、工匠、绣女送交蒙古。六月，窝阔台采纳耶律楚材的建议，续封孔元措袭衍圣公。同年，又下令修孔庙。九年（1237），蒙古修缮曲阜孔庙完成，命孔元措主祭祀事。又规定免去孔、孟、颜等儒门圣人子孙差发杂役，以示优待。

蒙古开始考试儒生

蒙古窝阔台汗九年（1237）八月，耶律楚材对窝阔台说，治理国宋必用儒业，建议考试儒生，得到窝阔台同意。

窝阔台于戊戌年（1238）在中原诸路选试儒生，命课税使刘中主持。考试采用金、宋贡举旧制，分经义、词赋、策论三科，凡不失文义便被中选。被掠为奴的儒生也可应试，原主不得隐瞒阻拦，违者处死，经考试，得东平杨负等儒士4030人，被俘为奴的儒生有四分之一得赦免。中选儒士入儒户籍，享受一定的优待，部分儒士还被任命为本地议事官，与达鲁花赤一起商讨公事。史称"戊戌之试"。

对绝大多数中选者而言，戊戌之试实际是一次确定儒籍的考试，一千多沦为奴隶的儒士通过这次考试重获自由。所以元代儒士文人对这次考试评价很高，念念不忘。

蒙古建书院

窝阔台汗十年（1238）十月，蒙古在燕京（今北京）建太极书院。

窝阔台汗八年（1236），杨惟中率蒙古军在蜀、湖、京、汉用兵，得名士教十人，他收集伊、洛诸书，运到燕京。杨惟中、姚枢从俘虏中访得赵复，听了赵复关于程朱理学的论述，开始喜欢理学，在1238年十月，杨惟中和姚枢一起筹划建成太极书院和周子祠（周敦颐），附带供祭二程、张载、杨时、游酢、朱熹，选取南征中收集的八千余卷遗书，请赵复在书院中讲授道学，又派亡金儒生王粹当助手，招选河朔地为人俊秀有见识者为学生。到书院和祠建成，河朔地区的土人才明了道学的深奥和妙处。从此，理学在北方也开始逐渐推广传播。太极书院开学后，从学者有一百多人，姚枢、杨惟中、郝经、梁枢、赵或、许衡等人都直接或间接受学于赵复。

最新整理图文珍藏版

第三节　社会生活：*生活百科　民俗缩影*

宋设置茶叶专卖市

宋初，为了加强税赋管理，在淮南、东南、四川等地设立了管理茶场的机构，官府负责茶叶的产销专卖与课税。

日本把宋代由日本僧人从浙江天目山寺院带回国的这种斗笠状黑釉茶具，视为国宝，并把此造型的碗统称天目盏。

乾德二年（964），开始专卖东南茶，次年又专卖河南茶，在蕲（今湖北蕲春南）、黄（今湖北黄冈）、舒（今安徽安庆）、庐（今安徽合肥）、寿（今安徽寿县）、光（今河南潢川）六州相继设立13处买卖茶场，称十三场。茶场中设置官吏，全国茶叶专卖和茶利收入由榷货务主掌。茶农专置户籍，称为园户，输茶折租；由官府规定园户岁额，岁额以外的余茶，必须全部按官价卖给官府，或与官府特许专卖的茶商交易，不得私卖。

专卖茶叶的办法，一是交引法，允许商人在京师钠钱或从西北沿边州郡入纳粮草，从优折价，发给文券，称作交引，凭引到淮南十三场和沿江榷货务那里领茶；二是贴射法，商人贴纳官买官卖每斤茶叶应得净利，给券为据，直接向园户买茶出售；三是茶引法，征收商人专卖税，发给茶引，凭引向园户买茶出售；四是茶马法，储备蜀茶，专用来给少数民族换取马匹。

宋煮茶画像砖

北宋初期设立榷茶场，茶利收入对保证财政开支、军需和军马供应，起了重要作用。但是，嘉祐四年（1059），朝廷放松了茶禁，允许茶商与园户直接交易，这样，茶场相继废黜。北宋中后期，十三场早已名存实亡。

行团发展

宋代，随着商业和交换的发展，市场进一步冲破了种种限制，与当时的经济发展水平相适应。由于都市商业的繁荣，市场的解放，以及集市贸易的进一步发展，宋代城镇工商业，服务业从业人员按行业的区别组成不同的行或团（或不称行，团，而称市，作）。例如：果子行、鱼行、药行、花团、柑子团、金银市、珍珠市、碾玉作等。

宋代货郎图

行团的组织形式在隋唐时期已经出现，宋代工商业和服务行业的发展使这时的行团组织数量明显多于前代。

行团依据商品种类划分场地，在同处营业，出售同类商品的工商业者或服务业从业人员就组织成为行团。行团的首领称行老，行团的成员称行户。

宋代行团有自己明显的特点：

一、宋代的行团存在于封建王朝政治统治中心的城市。城镇行团组织得到官方的认可，保护和支持，有些行团组织更是适应官府市场管理的需要，在官方的推动下建立起来的。

二、宋代行团组织内部没有严密的规章制度。行团组织对工商业者的生产活动与经营活动以及服务行业从业者都没有限制性规定。它对行户的生产和经营大致不加干预。在行团内部并不排斥自由竞争，行户之间可以实行技术保密。

三、宋代行团的职能是协调本行本业同官府的关系。官府依靠行团组织购买或是制造官府需求的物品。行团组织为官府提供合适的采办人员和技艺高超的工匠。

四、当行制度。行团的一个主要作用是分摊官府加给本行本业工商业者的赋役。宋代官府常通过行团组织摊派劳役，而行户担负这种通过行团组织分摊的劳役称为"当行"。这种当行制度常使行户受压榨和盘剥。宋神宗时王安石变法，废除当行制度，改纳代役税，即免行钱。这一措施使行团组织垄断某地本行业经营。南宋时恢复旧制，停征免行钱。

宋代官方重视利用行团组织为其服务，行团组织在实质上起到了进一步发展商品经济的作用。

铜版印刷出现

我国四大发明之一的印刷术就出现于宋代。在宋代，古代印刷技术达到很高程度，成为印刷技术发展的一个重要阶段，不但雕版印刷达到鼎盛时期，而且也发明了铜版印刷。

宋代铜版印刷主要用以铜铸成的铜活

宋代版画《御制秘藏诠山水图》（部分）

字进行排版印刷，其工序同泥活字印刷基本相同，只是铜活字比泥活字造价高，未能如泥活字那样广为流传。铜版印刷在宋代主要印刷一些商品广告、纸币等。用铜版印刷的商品广告，如北宋时期所印的、流传下来的有中国国家博物馆所藏的"济

宋代济南刘家功夫针铺广告版，是已知世界最早的商标实物。

南刘家功夫针铺"铜板。其最上部刻"济南刘家功夫针铺"八字，上半部正中刻玉兔捣药图像，左右两边分刻"认门前白，兔儿为记"八字，下半部刻有"收买上等铜条"等28字。另有南宋用铜版印制纸币"会子"，上海市博物馆今收藏有会子铜板，版式长方形，上郎右边为金额，左边为料号，当中为赏格文"敕伪造会子犯人处斩。当钱壹仟贯"等字，赏格下文是"行在会子库"五字，再下为花纹图案。南宋时还有用铜版印刷会子的文献记载，《文献通考·钱币考二》就有南宋1176年皇帝下诏令都茶场会子库将第四界铜版继续印会子的记载。

铜版印刷的发明，从一个侧面反映了宋代印刷技术的发展，也是我国印刷术走在世界前列的一个实证之一。

宋分路而治

太平兴国二年（977），宋太宗尽罢节镇统辖支郡，实施分路而治。

北宋初年，宋太祖鉴于唐末五代藩镇统辖诸州财赋，拥兵割据之祸，采取了多种措施，集权中央，巩固统治。

太祖时，设勾当某路计度转运使，只限于在路上管理军队粮饷，到班师时就停罢。后来又设置诸道转运司，专主财赋，征收当地赋税，再上缴中央。开宝九年（976）十一月，赵光义诏诸道转运司察举部内知州、通制，监临物务京朝官等。从此，转运司成为常设机构，其职权为主管本路的财赋和漕运，监督考察本路的官员等。其长官为转运使，下有属官。转运司因主管财赋和漕运，故俗称"漕司"。

太宗太平兴国二年（977），尽罢节镇统辖支郡。自此以后，边防、盗贼、刑讼、金谷、按廉等职权，都委于转运使。朝廷根据土地形势，分十五路而治，转运使司路遂成为北宋一代地方最高一级行政区域。太宗时期各路还不稳定，到了至道三年

宋代行政区划路制图

中国通史

最新整理图文珍藏版

（997）才定下来，分为：京东、京西、河北、河东、陕西、淮南、江南、荆湖南、荆湖北、两浙、福建、西川、峡西、广南东、广南西十五路。

宋代监狱发达

宋代的监狱制度，较之前代更趋严密、合理和文明，但是政治的腐败也导致了狱政的黑暗。

开封府设酌开封府司狱，既是中央监狱，又是地方监狱，主要关押犯一般刑罪的官吏，以及京师案犯。除府司狱外，开封府及其他府又设有左右军巡院狱；诸司又有殿前、马步军司及四排岸狱；诸州有军院狱和司理院狱；诸县都设有县监狱。宋代专门制定了有关监狱管理的法令，标志着中国古代狱政向文明、进步的方向发展。

北宋走狮石雕，写实中见夸张，稳健中显威猛。

宋初，中央监狱设于御史台，大理寺不设监狱，群臣中犯法事件大者下御史台狱。神宗时，大理寺狱恢复，形成中央大理寺与御史台两狱并峙的局面。哲宗时开始明确两狱的分工，御史台专治诏狱，一般案件则由大理寺狱负责羁押犯罪官吏，大理寺治狱又分左、右推，自此，中央两狱的职能分工，正式明确下来。

宋代的监狱制度虽然相对完备，但上自君主下至各级官吏都败坏法纪，肆意妄为，宋代狱政相当黑暗，专制君主常常任情喜怒，随意置狱，不顾现行法制，以特法而兴狱，还设特别监狱。如哲宗曾命非司法机关的皇城司设狱，以及兴起同文馆狱，各级官吏也无视法律，残害狱囚的现象比比皆是，狱官受贿卖法，狱吏公开索贿。南宋时，狱治进一步腐败，吏卒勒索财物不得满足，即"擅置狱具，非法残民"，用各种法外酷刑，逼供，敲诈，甚至将犯人凌虐致死。此外，无限期地关押"未决犯"及"千连佐证"也是宋代监狱黑暗腐败的表现。虽然宋代法律明文规定了决狱期限，但"淹囚"，"滞狱"现象颇为普遍。在仁宗末年，凤翔府一妇人涉嫌通奸，因怀孕未决，一关四年，超过了二年的最高决狱期限，到英宗即位大赦出狱时，该妇人狱中所生之子已经"发披面、齿满口"（《画墁录》）宋代治狱，不仅被告须关押，同案牵连者、证人，甚至原告，统称"干连佐证"一并羁押。南宋末年，滞狱已成为危害南宋政权的一大弊政了。

中国蒙学形成

对幼童进行蒙养教育，古已有之。西周时规定每巷必有一塾；汉代的启蒙学校叫书馆，教师叫书师，还配备有《仓颉》、《凡将》、《急就》、《元尚》等识字教材。宋代偃武修文，文化教育的普及和繁荣是前代无可比拟的，其蒙学水平的发展已达到相当成熟的阶段，教学手段和教育理论渐成体系，还产生了高质量的、长期流传的蒙学课本，如《三字经》、《百家姓》等。

中国古代蒙学课本《千字文》、《百家姓》、《三字经》

宋代蒙学水平的发达首先表现在学校形式之多与照顾面之广。除开正规官学之外，更多的幼童是读于私立学堂。在当时，乡有乡学、村有村校，还有家塾、舍馆等。此外尚有利用农闲季节专为贫民子弟设置的冬学。这类学校，尽管教育质量不高，但至少使受教育者不至流为文盲。

宋代蒙学教育的目的和任务首先是注重品行的培养，不论是童蒙教材，还是当时著名学者的专章著述，都清楚地表明了这种价值取向。他们认为，"幼学之士，先要分别人品之上下"，小学的目的和大学是一致的，归根结底，是要学好"做人的样子"。其次，宋代学者相信人性本善，因此，童蒙教育的目的也就是保持好先天带来的这种善，防止后天的恶习浸染。两宋理学家关于蒙养教育的一系列论述，都发自这一主题。

再次，注重基本历史文化知识的传授和文字基础的积累，并强调自小养成正确的学习态度和良好的学习习惯。背书、写字就成为很重要的功课。写字要求一笔一画，严正分明；读书要求身体正对书册，详缓看字，响亮朗读；日用笔砚物品，要

求放有常处。朱熹在《童蒙须知》中总结道：幼童读书，要做到心到、眼到、口到，三到之中，心到最为重要。这一切，都是对后代乃至我们今天仍有积极意义的。

与人们想象中宋儒的刻板形象不同，宋代学者，包括道学家朱熹在内，都非常重视儿童的兴趣和爱好，主张启蒙教育应当形式活泼、因势利导，他们将蒙养教育形容成是春风化雨一般。道学家张载认为：教之不受，告之无益；程颐也强调：孩子未见意趣，必不乐学。显然，他们对教育方法的研究，是颇为重视的，这也是蒙学成熟的一个标志。

宋代的蒙学教材，常常是由著名的学者宗师执笔的。诸如司马光、朱熹、赵鼎、真德秀、吕祖谦，均为一代宗师，有的贵为宰相，但并不因粗浅而不屑自为。这也是宋代蒙学教材水平高的缘故。

宋代蒙学教材比起前代发展很大，内容体系方面更为完备。历史类的有四言韵语的《十七史蒙求》、《两汉蒙求》；博物类的有方逢辰的《名物蒙求》和王应麟的《小学绀珠》，伦理道德，起居礼仪和家庭训诫的教材尤其多，其中影响最大的当数朱熹的《小学》、《童蒙须知》、司马光的《家范》及《袁氏世范》，这类教材更适宜师长用作参考书。

北宋教育家胡瑗

胡瑗（公元993年～1059年）是北宋时期的大教育家，因他在湖州办学十分成功，后胡瑗到中央太学担任官员，他的教育方法随之推广到全国。

开始带着保宁军节度推官的头衔在湖州（今江苏湖州）办学，学校规章制度十分健全，胡瑗以身作则，带头执行也穿着厚厚的衣服正襟危坐公堂之师重教，教师

把学生当成自己的子弟父兄，因而胡瑗兴办的学校越来越红火，跟着他学习的学生多达数百人。

宋仁宗庆历年间，政府下令振兴全国学校教育，中央也整顿太学，纷纷效法胡瑗在湖州的办学经验，并由中央规定成正式的法令，各地必须严格执行。胡瑗担任太学官员后，学生日趋增加，甚至到了太学原有校舍容纳不下的程度，政府不得不下令征集一批官府公房安置学生。礼部每年所录取的进士，十分之四五都是胡瑗的学生，从而声名大震，声誉日隆。嘉祐元年（公元 1056 年）十二月，宋仁宗提拔胡瑗为管勾太学，具体负责太学的一切事务。

北宋道教

北宋提倡道教，特别是在太宗、真宗、徽宗时期，崇道教成了一股思潮。道教的几个代表人物在社会上有很大的影响，他们对学术思想的发展起了重要的作用。陈抟是五代后期的有名道家。宋太宗时，被召到京城，太宗赐号"希夷先生"。宋代的几个重要理学家如周敦颐、邵雍的学术都和他有紧密的关系。据说，周敦颐的《太极图》是陈抟传下来的；邵雍的学术思想渊源也来自陈抟，另外一个重要人物是张伯端，但他主张儒、释、道"教虽分三，道乃归一。"这里体现出儒、释、道合流的趋向，但道教在北宋最兴盛时期是徽宗时期。宋徽宗大肆宣扬道教，为提高道教的地位，政和三年（公元 1113 年）十二月，下诏示道教仙经于天下；政和四年（公元 1114 年）正月，下令置道阶 26 级、道官 26 等；政和六年（公元 1116 年），下令立道学、修《道史》；政和七年（公元 1117 年）四月，他还自称是神霄帝君下凡，令道箓院册封他为"教主道君皇帝"，

集天神、教主、人君三位于一体。重和元年（公元 1118 年）八月，颁发《御注道德经》，九月，诏太学置道教各经博士，等等。从此，道教愈发兴盛起来，道教的地位被抬到空前的高度。

《百家姓》、《三字经》产生

北宋时编的《百家姓》和相传为宋王应麟编的《三字经》（一说是宋末区适子所撰），是两种流传较广的以识字教育为主的综合性识字课本。

《百家姓》是集汉族姓氏为四言韵语的蒙学课本，作者佚名。全篇从"赵、钱、孙、李"始，为"尊国姓"，以"赵"姓居首。全篇虽是 400 多个前后并无联系的字的堆积，由于编排得巧，亦极便于诵读。不仅为孩童提供识字条件，而且提供全国姓氏的基本内容。

《三字经》自宋编成后，经明、清陆续补充，到清初的本子为 1140 字。全书从论述教育的重要性开始，开头是"人之初，性本善。性相近，习相远"，然后依次叙述三纲五常十义，五谷六畜七情，四书六经子书，历史朝代史事，最后以历史上奋发勤学，"显亲扬名"的事例作结，把识字、历史知识和封建伦理训诫冶为一炉。《三字经》"分别部居，不相杂厕"，全为三言，开三言韵语蒙书的先例，且句法灵活，语言通俗，是中国古代最著名的蒙学课本。

《百家姓》、《三字经》和《千字文》曾合称"三、百、千"，成为相辅相成的整套启蒙识字教材，一直流传到清末。后世曾有不少对《百家姓》、《三字经》的改编本，但都未能较久、较广地流传，没能够取旧本而代之。可见旧本在群众中的影响，也可见旧本的文字功力。《百家姓》、《三字经》后来还译成少数民族文字，供

儿童学习汉文之用，有的还流传到别的国家。

金孔何朱　蒋冯周赵百
魏曹吕秦　沈陈吴钱家
陶严施尤　韩褚郑孙姓
姜华张许　杨卫王李

清版《百家姓》

辽捺钵制度固定

辽朝建立前，随四季的变化，逐水草而迁徙，是契丹人在游牧和渔猎生活中养成的习俗。辽朝建立后，皇帝依然四时游猎，并在游猎之地设置行营，于是，捺钵制度逐渐形成。

捺钵在契丹语中为"行营"之意。皇帝常驻某地为斡鲁朵，皇帝外驻行营为捺钵。由于捺钵是按春、夏、秋、冬四时进行，因此，捺钵又称"四时捺钵"。四时捺钵在辽中期已固定下来。

春捺钵地点在鸭子河泺，大致在长春州（今吉林扶余他虎城）东北的鱼儿泺和混同江（今第二松花江）一带。这里河网密布，鱼类众多，而且还是天鹅、野鸭、大雁栖居之所，便于纵鹰弋猎，凿冰捕鱼。皇帝在正月上旬从京城出发，约60天到达这里。这时，天鹅还未来，于是先搭设冰帐，凿冰钓鱼。等到鹅雁飞来时，便开始纵鹰捕捉，晨出暮归，从事弋猎。鸭子河泺东西20里，南北30里。四面多是黄沙，有成片成片的柳树、榆树、杏树等。在皇

帝畋猎时，皇帝本人居一高处观看，侍从都穿墨绿色衣服，每人各执链一个，鹰食器皿一个，刺鹅锥一把，在泺周围排列。一旦发现鹅、雁来时，举旗报信，探骑驰报，远泊则敲鼓惊鹅。鹅被惊起之后，侍从赶紧挥舞旗帜，鹰坊官迅速向皇帝呈进训练好的海东青鹰，请皇帝亲放。鹰会腾空飞起，在空中擒捕天鹅，天鹅坠地后，近侍从用锥刺鹅，取出鹅脑喂鹰。皇帝就用春捺钵中得到的第一只天鹅祭祀祖先。群臣也敬献酒果，乐队演奏，君臣举酒相贺，头上插鹅毛以为乐。整个春捺钵，弋猎网钩，春尽乃还。

夏捺钵的地点在庆州附近的永安山和归氏州的炭山。永安山和炭山两地，夏季草场茂盛，降水充足，气候凉爽，而且野生动物甚多，是夏季猎狩的好地方，也是理想的避暑胜地。

秋捺钵在永州（今西拉木伦河与老哈河汇合处西南）西北50里的伏虎林。每年七月中旬，皇帝都要来到这山水秀绝、麋鹿成群的地方，逐虎射鹿，尽猎野味。

冬捺钵的地点在永州东30里的广平淀。广平淀原名白马淀，东西20余里，南

永庆陵壁画中的"冬捺钵"情景，保持了"行国"的特点。

北10余里，地势平坦，四野多沙，榆柳成荫，而且这里冬天一向少雨多晴，温暖如春。是冬季活动最适宜的地方。

辽帝的四时捺钵，并不是单纯的游猎小憩，其目的一方面是为了保持契丹人惯骑善射的尚武精神，另一方面也趁机集中群臣商讨国家大事。因此，每次捺钵，朝中大小臣僚都要跟随。

辽代捺钵的禁卫制度对金、元、清三朝都有很大影响，元代怯薛制度就是源出于辽代捺钵。

宋行封禅尊孔

封禅为古代帝王祭天地的礼仪活动。同辽等兵革相加的边境局面结束后，宋朝国势趋于平稳，王钦若为了排挤宰相寇准，亟言澶渊之盟为莫大耻辱。寇准遂被罢相，而宋真宗也常为难以洗刷城下之辱而快快不乐。王钦若等迎合真宗想建大功业的心理，力作圣人的神道设教的舆论鼓动。景德末年，宋廷始言封禅事。既而真宗诈称天书降，改元大中祥符。大中祥符元年（1008）四月，正式议定行封禅，诏以当年十月有事于泰山，又命枢密院事王钦若、参政知事赵安仁同为封禅经度制置使，权三司丁谓掌度封禅所需粮草，王旦等主持有关的礼仪。大兴土木，修筑道路，建立行宫，东行泰山封禅的各类准备活动由此全面展开。

大中祥符元年十月，真宗一行自开封经澶州（今河南濮阳）至泰山。王钦若等献上泰山芝草38200本，接着举行庄严隆重的封禅，先享天上帝于圜台，再禅祭皇地祇于社首山。之后又进行祭孔活动，真宗新谒孔子庙，加谥孔子为玄圣文宣王。十一月回京，前后47天。又诏自今祭告天地、社稷、宗庙、岳渎，其后土亦致祭。

十二月，命丁谓、李宗鄂编修《封禅记》。次年正月，真宗召辅臣至内殿朝拜天书，后每年若此。自封禅还后，满朝文武官员争相献贺功德，真宗则大行赏赐，举国若狂。此次封禅共耗费去830余万贯，成为民众的沉重负担。

宋代岱庙天贶殿巨型壁画《泰山神启跸回銮图》

《广韵》编成

宋朝实行科举制度，以诗赋取士，因此，作为科举考试用韵标准的官修韵书应运而生。宋真宗大中祥符元年（1008），陈彭年、邱雍等人奉诏修成《大宋重修广韵》一书。因为这部书是增广《切韵》而成的，所以称《广韵》。

在此之前，所有的韵书都出于私人著述。《广韵》则是皇帝命令大臣们集体编写的，是法定的国家韵书。因此，《广韵》作为我国第一部官修韵书，在音韵史学上具有重要地位。

《广韵》的编写质量也比一切私人韵书高，它是《切韵》系韵书的集大成之作。《切韵》一书问世后，屡经增补修订，而成《唐韵》。直到《广韵》，才对这些著作作了全面总结。《广韵》将《切韵》的193 部扩大到 206 部，韵目次序排列更整齐，增收了大量单字，注释也更丰富。全书共收录了 26194 个字，注释文字达191692 个字，它保存了丰富的声韵学材料，文字训诂亦多可取，体制犹如一部按韵排列的同音字典。宋代知识分子把它当作通用的字典，后人更常把《广韵》、《说文解字》和《尔雅》三书并称，作为我国古代字书中三大系统的代表。自《广韵》一书刊布以后，以前的韵书就不再流行了。

《广韵》是我国完整保存至今的最早的韵书，它继承了《切韵》、《唐韵》的音系和材料，而这两部书又已亡佚，因而《广韵》也就成为研究汉语古音的重要材料：不仅是研究中古音的重要依据，也是上探古音、下推现代语音的桥梁和纽带。陈澧作《切韵考》依据的是《广韵》，瑞典汉学家高本汉研究中国隋唐时代《切韵》所代表的中古音，依据的也是《广韵》，由此可看出《广韵》一书的重要。

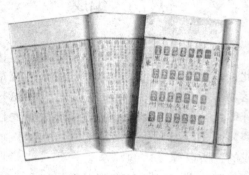

《广韵》明刻本

诸神逐渐定形

流传于民间的道教神祇，有自然神、英雄神、文化神、守护神、行业神和功能神等等。道教诸神有些起源很早，在唐宋时代经改造和新产生，神的体系逐渐定形。

雷公是中国古代神话传说中的司雷之神，又称雷师。《太平广记》谓雷公有兄弟五人，是谓五雷。即天雷、地雷、水雷、神雷、社雷。雷公的画像好像力士，左手引连鼓，右手推椎，若击之状。

财神

门神是中国古代神话传说中司门之神。《礼记·丧大记注》有"礼门神"之说。汉时的门神指神荼、郁垒。后世所绘门神，神荼为白脸，喜相；郁垒为红脸，怒相。

唐代门神改为秦叔宝、尉迟敬德。宋之后，门神愈益多样，有将军、朝官、爵鹿、蝠喜、宝马、瓶鞍等。

灶君是中国古代神话传说中主管饮食之神，亦称灶王。灶神的来由，众说纷纭。一说颛顼氏有子名黎，为祝融火正，祀为灶神。一说炎帝作火，死而为灶。灶神的姓名传说不一。祭灶的时间，历代不同。先秦为孟夏祀灶；汉代为腊日（冬至后第三个戊日）祭灶；晋时于腊月二十四日祭灶。梁时十二月八日为腊日，以豚酒祭灶。唐宋以后，俗定腊月二十三或二十四祭灶。灶神的职司也有变化。晋代有传说，月晦的夜晚，灶神上天去告发人间的罪状，称罪大者夺纪，纪三百日，小者夺算，算三日。旧时人家，多供奉灶神于灶台。上天之日，多供以饴糖，希望能粘封其口，不让灶神上天告发。除夕之夜，迎其下降，供奉迎送，以祈"上天奉善事，下地降吉祥"。

财神爷。图中财神手持"天官赐福"，左有"利市天官"，右有"招财童子"，说明财神既管发财赐福，又要管生意兴隆。

财神是中国旧时民间供奉的招财进宝之神。俗祀财神为赵公明，或称赵公元帅、赵玄坛。民间也有分文武财神的。武财神即赵公明，神像为头戴铁冠，一手举铁鞭，一手持翘宝，黑面浓须，身跨黑虎，全副戎装。俗以三月十五日为神诞而祀之。文财神传为春秋战国时的范蠡。范助勾践灭吴后，改名易姓，理财致富，号陶朱公，商贾多崇奉之。还有奉关帝为财神的，多为合伙经商者信奉。也有奉五路神为财神的。旧时民间奉祀财神，或于正月初去财神庙敬祀，或在家迎接财神帖子，或在店堂迎接人扮的财神登门。

土地神是中国古代神话传说中的村社守护神，古称社神。《诗经》、《礼记》、《孝经纬》中都有祭祀社神的记载，据《夷坚志》载，有普净寺僧，得沈约所赠墓地为寺，供奉沈约为土地神。六朝以后，有的地方将当地名人死后祀为土地神，祭

奉不绝。旧时各地多设小龛，内塑白发黑衣老翁，伴以老妪，称之为土地公公、土地婆婆，年节奉祀，以祈保四方清静，五谷丰登。

城隍是中国古代神话传说中的城市守护神。古代建国，范土为城，依城凿池曰隍。城隍之名，即本于此。祭祀城隍，由来已久。六朝时，郢城有祠，俗号城隍神。《梁武陵王纪》记有烹牛祭城隍神事。宋后奉祀越演越烈。各处城隍神，多是死去名人，如苏州祀春申君、镇江奉纪信。

药王是中国古代或传说中的名医，后演化为神。主要有：一是神农；二是扁鹊。河南郑州城北有药王庄，传为扁鹊故里，立有药王庙，专祠扁鹊为药王神。常于农历四月二十八日祀之。道教尊扁鹊为灵应药王真君；三是孙思邈，俗尊其隐居故里五台山为药王山，并立庙塑像以奉祀。

文财神范蠡

瘟神是中国古代神话传说中主司瘟疫之神，又称疫神、瘟鬼、疫鬼。隋开皇十一年（591），出现了五瘟神，即春瘟张元伯、夏瘟刘元达、秋瘟赵公明、冬瘟钟仕贵、总管中瘟史文业。当年瘟疫盛行，隋帝立祠并封五瘟为将军。隋唐时，皆于五月初五祭之。历代都有逐瘟神、送瘟神的

事。旧时江南，有纸船明烛送瘟神的习俗。

　　蚕神是中国古代神话中的司蚕神，又称蚕女戎马头娘。战国荀子《蚕赋》作句："身女好而头马首"，蚕马始相连属。晋后，蚕马仙化说广为流传。唐宋后，蚕神又成为乘云架马的九宫仙嫔。后世宫观塑蚕神为女像，披马皮，称马头娘，俗称马明王，用以祈蚕事。

武财神关羽

　　文昌，又称文曲星或文星，原为古代对斗魁六星的总称，后被道教奉为掌人间士人禄籍之神。传说它生于周初，经七十三化，晋末降生，名张亚子，玉皇大帝命其掌文昌府和人间禄位等。旧时士人多崇祀之，以为可保功名。

　　关帝，道教奉为降神助威的武圣人，又称关公、关圣帝君。原为三国蜀汉刘备的武将，姓关名羽，字云长，蒲州解良（山西临猗）人。传说死后，头葬在河南洛阳，身葬在湖北当阳玉泉山，世人感激他的德义，岁明奉祀。宋代始流传其应龙虎山张天师之召，现形御前，降魔伏怪的显灵故事。宋徽宗于崇宁元年（1102）追封忠惠公，宣和五年（1123）封义勇武安王。

　　妈祖，原为中国东南沿海民间传说中

的女神，道教奉为航海保护神。古称天妃、天后或天上圣母，沿海俗称妈祖。传说她能通变化，驱邪救世，乘席渡海，云游岛屿，人呼龙女。又传她常朱衣翻飞海上，父老即其地而祠之。又说天妃是妙行玉女降世，三月二十三日为诞日。神通广大，救死扶危。人们买卖求财、种作经营、行兵布阵，只要心诚意笃，往往遂心如愿。因而备受敬奉。其庙遍于东南沿海和台湾，尤以台湾为多。神像为珠冠云履，玉佩宝圭，绯衣青绶，龙车凤辇，佩剑持印，前呼后拥，有千里眼、顺风耳从事。旧时航海，船上多供奉其神像。

宋磁州窑

　　磁州窑是宋代北方民间瓷窑之一，以釉下彩绘著称。其产品纯供邻近地区民间使用，针对购买力不同的消费对象，磁州窑产品主要分为两类：一类是质量较差、价格较低的粗瓷；一类是质量较高、加工较细或艺术性较强的瓷器。磁州窑以后者驰名于当时，这类磁瓷畅销北方广大地区，并对南方地区一些瓷窑产生较大影响，形成了以磁州窑为首的磁州窑体系。

宋代瓷枕

　　宋瓷以单色釉瓷（青瓷、白瓷、黑瓷）为主流，釉下彩绘影响虽不及单色釉瓷大，但也在唐代的基础上向前发展了一步，为我国瓷器由单色瓷为主向彩绘瓷发展打下了基础。磁州窑之所以能够成为宋代北方民间瓷窑的代表，首先在于它烧出了具有浓郁的民间生活气息的釉下彩绘，这是磁州窑的代表产品。磁州窑的工匠们深谙艺术来源于生活的道理，有意识地把当时当地人的日常生活中喜闻乐见的事物，予以艺术的概括，用纯熟而又简炼的笔墨在瓷坯上加以表现。面对这类瓷器，人们不仅对装饰题材倍感亲切，而且还获得了艺术享受。其次，磁州窑装饰手法多种多样，在北方民间磁窑中可谓首屈一指，其以釉下彩绘为代表的装饰风格新颖独特，极大地丰富了宋代瓷器的装饰艺术，把我国陶瓷工艺引入了新的境地。

磁州窑梅瓶

磁州窑釉下彩装饰手法极为丰富，以白地釉下黑花最具代表性，还有白地赭花、黄地黑花、绿地黑花、剔花、划花、点彩、珍珠地等十多种，图案多为花草、鸟兽及反映当时生活风俗的人物小品，如马戏图、戏熊图、钓鱼图、婴戏图、蹴球图、莲塘赶鸭图，还有诗句书法等，构图丰满，线条流畅，气势磅礴，意趣横生，充分体现了民间艺术朴实健康、生机勃勃的情趣，同时也触发了宋代文人写意画的灵感，是中国陶瓷史上的一朵奇葩。

除烧釉下彩外，磁州窑还创烧出了中国最早的釉上彩，即红绿彩，在白瓷釉上用红、绿等色彩彩绘，再经低温烧制即成红绿彩。釉上彩多画花鸟虫鱼，寥寥数笔，色彩浓艳，也颇具民间艺术生动活泼、自由奔放的风味。宋代红绿彩开中国瓷器釉上彩绘之先河，为明清釉上五彩发展做好了准备。

磁州窑瓷器流传下来的比较多，也极为珍贵。如河北省出土的钓鱼枕，画面着墨不多，但生活情趣盎然，非常惹人喜爱。画面突出一男孩执竿垂钓，两鱼正争食鱼饵，男孩儿聚精会神，双目凝视，准备扬竿提线；水面只画三条水波，显示出河水的平静；河边地上点缀几丛野草，笔墨不多，却形神毕肖，由此可见画师高超的绘画水平。这件磁枕以娴熟的艺术技巧，运用先进的彩釉技术来表现具有浓厚生活情趣，正是磁州窑瓷器典型风格的代表作。

磁州窑瓷器民间色彩浓郁，虽然一直不为士大夫阶层赏识，宋代文献对它甚至只字不提，一直到明代初期才有记载，但其在中国陶瓷史上的地位和影响都是客观存在的。

宋造船业兴旺

宋朝每年都要通过运河从南方运输数百万石粮食和大批布帛等物资到东京附近地区，供应皇室、官吏和驻军，因此，每年都要修治和新造大批运输用船。据《宋会要缉稿》记载，宋太宗至道三年（997）官方共造船3337艘，宋真宗天禧五年（1021）官方共造船2916艘，故造船业十分兴旺。

宋朝在许多地方设有官办造船场，有些规模颇大，如南宋时期洪州、吉州、赣州三造船场各有工役兵卒200人，每天造成一艘船。

宋朝官船场也造海船，官办船场制造较多的又一类船是战舰，尤以南宋记载最多，南宋时官船场造了许多车船，有脚踏拨水轮多个，船速很快。

宋代河运、海贸兴盛，私人船只往来于江河湖海，常被官府运输雇用，私人造船业也极其发达。并且私人船只也有载重量极大的万石船和载数千石的海船。

宋代造船技术在汉唐的基础上有不少的创新，最值得注意的是水密舱技术得到普遍推广和车船技术得到很大发展。

水密舱技术发明于唐，而兴盛于宋。宋代水密舱实物今在许多地方可以看到。1960年扬州施桥镇出土宋代大木船和独木舟各一艘，前者残长18.4米，船艄部分已经破坏，以残存情况看，约可分为5个大舱和若干小舱。隔舱板与船舷是榫按的，缝隙用油灰填塞。1982年泉州发掘的南宋古船已清理部分发现四舱，同时还发现有关于水密舱的确切记载。可见水密舱技术在宋代得到普遍推广。

车船技术始于南朝，成熟于唐，而发展于宋。建炎四年（1130）至绍兴五年（1135），杨幺领导的农民起义军建造了不少车船，据《老学庵笔记》记载，官军战船长三十六丈，宽四丈一尺，高七丈二尺五寸。可见当时的车船规模都是较大的。车船速度快，机动灵活，深受宋人重视，淳熙八年（1181），荆湖帅臣造成五车、六车、七车、八车战船，次年建康府又造90只车船，据说其车轮数有多达22和24个，可见车船技术在宋代得到了更大发展。

宋代在造船技术方面有如下方面的新成就：一是制作了尖底船。尖底船吃水深，故其抗御风浪的能力较强。1979年在宁波东门口发掘了一艘尖头、尖底、方尾的海船，是我国今见最早的单龙骨尖底船实物。二是船舵技术有了多方面的发展。如平衡舵就是那时发明的，平衡舵把一部分舵面

分布在舵柱的前方，以缩短舵压力中心与舵轴的距离，降低转舵力矩，使操纵起来更为轻便灵活。又如升降舵在那时得到了使用，另还使用了副舵、三副舵及开孔舵。三是那时设置了防摇装置，船上的舭龙骨，就是为了减缓船舶左右摇摆，提高行船平稳性而设置的，四是使用了修船的船坞，熙宁中（1068～1077），于金明池北普大澳修成船坞，这是世界上最早的记录，五是船上设探水铅锤，以测水深，预防搁浅，六是造船工艺过程由设计到施工都较为严密科学，宋人在建造形式新颖或结构较为复杂的船舶时，大凡都先制作模型，后依比例放大、施工的。而西方直到16世纪才出现类似的简单船图。

北宋徽宗崇宁年间龙舟竞渡的情景。图中的大龙舟如一座华丽的宫殿，极尽豪华。

辽乐舞兼采蕃汉

契丹民族及其之后建立的辽国，一直保持着与唐、宋等汉族皇朝的广泛交流，因此在文化艺术上一方面继承了北方游牧民族的特色，同时对中原汉族文化进行吸收、融合，因而形成了蕃汉兼采的独特艺术风格。辽国乐舞就是这种风格的突出

表现。

契丹整个民族都能歌善舞，但《辽史》记载的大多只是宫廷里的奏演乐舞。辽代的宫廷乐舞，从功能和形式上看，主要可以分为宫廷宴享乐舞和祭祀礼仪性的雅乐舞两大类。

辽墓中的壁画乐舞，描绘一支 12 人组成的散乐图。

辽墓中的壁画散乐图，描绘了辽国出行中散乐队组列之一，一人吹箫，一人槌鼓。

宫廷宴乐舞，是经后晋传入辽的唐代宫廷"燕乐"、"坐、立部伎"的部分乐舞和"大曲"的某些舞段，辽称大乐。大乐直接来源于后晋，后晋高祖时（936～942）派遣冯道等为应天太后、大宗皇帝册礼祝贺，所带的乐器、乐官、乐工等留在辽宫廷，这是辽国大乐的开始。但乐舞内容渊源于唐代，它们是唐代著名的《景云乐》、《庆善乐》、《破阵乐》、《承天乐》，坐部伎的规模、乐器与唐代也基本一致。大乐多在元旦举行宴会盛典时使用，同时

还要演奏"曲破"。"曲破"也源于唐，是唐"大曲"中快节奏舞蹈。

另一种宫廷宴乐舞"散乐"比大乐更早一点传入辽宫，据《辽史》载，后晋天福三年（938），派刘昫带伶官、乐工到辽国，从此辽国有了散乐。散乐实际上是汉代百戏传统的延续，与北宋宫廷的散乐极相似，包括歌舞、角抵、俳优杂剧、马戏等多样节目。一般在皇帝生辰、宫廷册封仪典、宴请使臣等场合应用。散乐较大乐更加活泼、欢快，娱乐性更强，适合于酒宴上助兴，往往在"大乐"之后以散乐来收尾。河北宣化出土的辽天庆六年（1116）的墓葬，其中有一幅"散乐图"的壁画，画面显示一支演奏着筚篥、排箫、横笛、竽、琵琶、大鼓等乐器的小乐队前，一舞者倾身抱肘起舞，他头戴幞头，身着束带长袍，足蹬毡靴，一腿屈膝半蹲，一腿向前伸出，足尖翘起，舞姿典雅从容。

辽墓中的壁画乐舞，描绘舞女弹琵琶，吹筚篥及跳舞的姿态。

辽宫的宴乐舞也并非全自中原引进，其中元旦晚上皇帝宫廷宴饮时间必用的"国乐"，就是契丹民族的传统乐舞。据宋人张舜民《画墁录》载，契丹用三百多人庞大乐舞队列迎候宋朝访辽使节，其舞蹈没有旋转的高难动作，只是在鲜明的节奏中，"伸缩手足"。这表明北方少数民族舞蹈豪迈粗犷，节奏铿锵，动作分明的特有风格，国乐就是这种契丹民族风格强烈的乐舞，生活气息更浓郁，更生动活泼，更具娱乐性。

宫廷乐舞中的"雅乐"，则完全仿效中原汉制，它是从后晋和北宋宫廷吸收而来的，大多在元旦朝贺、尊号册礼等严肃仪典的场合使用。统和元年（983）册封承天皇太后时，就是按汉族宫廷的雅乐传统，设宫悬（四面乐悬）于殿庭，使用乐工达二百多人，所用八音乐器大抵依照唐代旧制，所谓"四面乐悬"，就是沿用了自西周以后历代帝王"宫悬"的用乐标准。太平元年（1021）和兴宗行尊号册礼等场合，均用雅乐礼仪。雅乐所用音乐作品称"十二安乐"，是源于唐代，初名"十二和乐"，包括十二部成套作品，经后梁、后唐、后晋一再改名沿用而后传入辽国。

辽国乐舞所以形成这种蕃汉兼采的风格，是因为契丹民族与中原汉族保持长久的紧密联系的结果。契丹人早在北魏就与之有贸易往来，随后隋唐、后唐、后晋及北宋时期均保持广泛的交流，特别是建立了辽国后，采取"号令法度，皆遵汉制"的方针，形成了一种对汉族文化主动积极地吸收兼融的态度，在乐舞的风格上蕃汉兼采的独特性由此而形成。

毕昇发明泥活字

庆历年间（1041～1048），毕昇发明活字印刷术，实现人类印刷史上一次伟大变革。

毕昇像

毕昇的生卒时间、籍贯及经历不可考。据《梦溪笔谈》卷一八载：毕昇用胶泥刻字，字的厚度薄如铁钱，每字一印，用火焙烧使之坚硬而成活字。排版时，先在铁板上放置松脂、腊和纸灰，铁框排满活字后，再在火上加热至药熔掉，用一块平板

活字印刷检字拼版图

中国通史

最新整理图文珍藏版

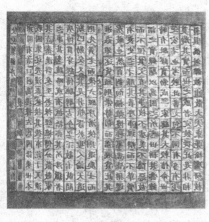

北宋泥活字版

按压字的表面，使整版字平如砥，即可印刷。"若止印三二本，未为简易，若印数十百千本，则极为神速"。为了提高效率，通常准备两块铁板，一块用来印刷，一块则可排字。第一块印完后，第二块已准备就绪，这样可以交替使用，瞬息可成。每个字有几个字模，特别像"之"、"也"等字字模多达20个，以防同板内重复使用。如果有奇字，旋刻之，用草火烘烤，一会儿就能用。

活字印刷的优点主要是减少反复雕刻字模的过程。雕版印刷时，每种书都要自刻一套印版，用过即作废，而泥活字印刷便可印刷许多书籍而不会磨损字模，从而大大提高印刷效益。后代的木活字、铜活字、铅活字均由泥活字发展而来。毕昇发明泥活字，比德国丁·谷腾堡发明铅活字早400多年。活字印刷术的发明，是一次印刷史上的技术革命，在人类文明史上起过里程碑式的重大作用。

中国象棋定型

北宋是我国象棋史上的大革新时代，这个象棋革新的最后结果是象棋逐渐定型为今日中国的象棋，无论是在理论上、技艺上都有较高成就，标志着中国象棋进入了一个新的发展阶段。

北宋时流行的象棋有几种形式。

（1）尹洙（1001～1047）著有《象戏格》1卷，可惜久已失传了。晁公武在记述该书时说："凡五图，今世所行者不多焉"。依此推测，尹洙在1047年以前所述的有五种图谱的象棋，是与南宋流行的定型象棋不同的另一种象棋。

（2）据程颢《明道先生文集》卷一《象戏》的叙述，这种象棋有将、偏、禅、车、马、卒等子；有河界，卒过河可斜行一尖角；很可能有九宫，将在九宫内不但可以八方行一格，而且开局前放在九宫中央。

（3）《七国象戏》，是司马光（1019～1086）采用当时流行的两人对局的象棋而编出的棋子以战国区别：秦白、楚赤、齐青、燕墨、韩丹、魏绿、赵紫、周居中间不动。棋子有将（以各国名代）、偏、禅、行人、炮、弓、弩，刀、剑、骑。七人对

约北宋中期的古格王国都城（现西藏札达县）白庙壁画《古格王统世系图》，是西藏仅有的吐蕃、古格王统世系图。

局。每人各占一国；六人对局，秦和一国"连衡"；五人对局，楚又和一国"合从"；至到三人对局（《欣赏编》辛集《古局象棋图》）。

（4）据《济北晁先生鸡肋集》卷三五《广象戏图序》记载北宋当时通行一种象棋，"盖局纵横路十一，棋三十四为两军耳"。

（5）有"将、士、象、马、车、炮、卒"32个子并没有河界的棋盘，纵10路、横9路。

以上几种象棋，只有第五种民间象棋形制比较简洁，而对局的复杂性甚强。故能长期流传。这种象棋在宋徽宗时，形制已经同于今日。宋徽宗的《宫词》里有这样一首："白檀象戏小盘平，牙子金书字更明，夜静倚窗辉绛蜡，玉容相对暖移声"。（《十家宫词》）象戏即指象棋，棋盘是用

约北宋中期的古格王国都城（现西藏札达县）白庙壁画《二十七星宿》，是研究藏族天文历算的资料。

白檀木制造，棋子是象牙做的，以金粉涂写成字。据《渎藏经》甲编第一辑第五十九套《支那撰述·大小乘释律郎》所说可知，南宋初年民间流行的象棋，棋盘中间有河界，双方各16子。《二朝北盟会编》卷九八引曹勋《北狩见闻录》也说到了三十二子。由此可以推断，这种32子的象棋的成立，当不迟于11世纪中叶。

南宋时，象戏已成为当时群众文娱活动不可缺少的内容。

临安市内的小商店、小摊贩那里都可以买到棋子棋盘。在一般的茶肆中也置有棋具，供人娱乐。以棋供奉的宫廷棋待诏中，象棋手占了很大一部分，其中还有女棋手。宋代还有专门的棋师，姚宽《西溪丛语》卷上记载一道人善棋，是民间著名棋手。就连当时的船员和乘客都普遍爱好像棋。

棋局记载在南宋已有。如《事林广记》中发现了两局棋，其一，"白饶先顺手取胜局"；其二，"白饶先白起列手取胜局"。前者以"炮八平五，炮八平五"起局，后者以"炮八平五，炮二平五"起局。因宋代记谱方法是以黑棋为准，自左至右22方都用一至九的中文数码表示，故前局是顺手炮局，后者是列手炮局。

《事林广记》还记载了30个残局的名称，分十舱局面、人名局面和兽名局面三种，"二龙出海势"一局有图，是我国现存的最古的一个残局图。

我国象棋在宋代定型后，爱好者不断研习、创新，逐渐丰富了着法的变化，使象棋进入了新的发展时期。

宋恢复武举

宋天圣七年（1029）设置武举考试，皇祐元年（1049）废罢。至嘉祐八年

（1063），枢密院官僚上书朝廷，认为文武官吏，缺一不可，与其任用一些不学无术的人为武将，不如任用那些饱读兵书、颇知阵法的人为将官。治平元年（1064）九月，宋英宗命令翰林学士、知制诰等官吏讨论恢复武举考试的具体方案。而制官们认为武举应同科举考试同时进行，允许中央高级官僚、地方行政长官和高级将领推荐人才参加武举考试。宋英宗采纳了这些建议。同时下诏规定，每次武举考试前由

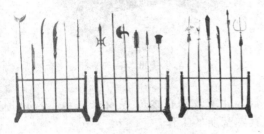

中国古代的"十八般兵器"

兵部统计参加考试人数及举子其他方面的情况。次年三月，由文臣二员和兵部长官考试时务第一道，由马军司考试射箭、骑马和武艺，这是初试。初试合格者再由皇帝委派的官员和兵部长官在秘阁组织第二次考试，也是考试时务第一道，同时派一些文臣和高级将领主持武艺考试，合格者授予武将官职。这就恢复了武举制度。

周敦颐创濂学

1073年，周敦颐去世。

中国宋代理学的开山鼻祖周敦颐（1017～1073）在抨击佛、道，振兴儒学的过程中，创建了自己的理学思想体系"濂学"。

周敦颐，字茂叔，原名敦实，因避宋英宗旧讳，改名敦颐，道州营道（今湖南道县）人，历任地县官吏，曾与二程之父

周敦颐像

程珦过往甚密，广收学徒，得同王安石交流学术心得，晚年蜗居庐山莲花峰，建濂溪书堂讲学，世称濂溪先生。他的学术思想称为"濂学"。其主要著作有《太极图说》和《通书》。《太极图说》主要谈天道，《通书》主要谈人事。

周敦颐认为"太极"是宇宙的本原，人和万物都是由于阴阳二气和水火木金土五行相互作用而构成的。五行统一于阴阳，阴阳统一于太极，太极又叫无极。太极无边无际、不可言说，万物产生后，变化无穷无尽。他强调动中有静、静中有动、动静相互依存转化的辩证关系，正是由于阴阳动静可互相转化，"太极"才具有化生万物的内存能动性。由于阴阳二气的变化糅合，遂产生构成物质世界的基本要素：水、火、木、金、土"五行"。"五行"的流布推动了春夏秋冬四季的运行。而阴阳五行之气的最优秀的材料则铸造了万物中最有灵性的人。然而这一切根源于"一"，即"自无极而太极"的宇宙统一的原始实体，这样为后来程朱理学"天理生气"、"气化流行"而万物生成的理论提供了基

础，为理学体系的框架结构提供了雏形设想。

在他的伦理思想中，"诚"是主要范畴。他认为"诚"是由太极派生出的阳气的体现，是至善至美的，因而以"诚"为内容的人类本性也是善的。他宣称"诚"是"五常之本，百行之源"，视封建伦理道德为人性所固有。但他又认为至善至美的人类本性，由于受到外界环境的诱惑和影响，刚柔不能相济，从而产生恶。因此他主张"静"、"无欲"的道德修养论，认为人通过学习和修养，能够避恶驱邪，恢复本性，使自己的言行不违背封建的仁义礼智，从而建立起君臣、父子、兄弟、夫妇的封建人伦关系。他的存"诚"，"无欲"的人性论和禁欲主义，对程朱理学"存天理，灭人欲"的思想产生了重要影响。

周敦颐吸收佛、道的学说，建造了一个纳自然、社会、人生为统一体系的宇宙生成模式，为进一步融合儒佛道思想开拓了道路，他的哲学思想，包括宇宙论、人性论、道德论等方面，比以前的儒家学说更加精细，更富于理论色彩。他的学说在宋元明清理学中占有举足轻重的地位，因此周敦颐的"濂学"，上承汉唐以来儒佛道学说，下启宋明理学，在中国古代思想史上起着继往开来的关键作用。

宋设立熟药所

北宋末年，为了增加财政收入，打击投机商人，政府在京城及全国较大城市设市易务，由政府拨款作本，统购统销，平衡物价，加强市场管理。医药是一项与民众戚戚相关的大行业，因此，它和盐、铁、茶、酒等商品一样被列入国家重点专卖商品。

熙宁九年（1076），宋神宗下令将市易务的卖药所与原有的熟药库、合药所合并，在太医局成立"熟药所"，用以制造并出售成药，这是中国乃至世界上最早出现的国家医药管理局。

熟药所成立后，在内部制定了一系列规章制度，药物的制造和出售，有专人监

宋代药用工具陶碾槽

督。北宋政府在太府寺设一官员，专门监察熟药所的工作。

生药的购买由户部负责，以确保收购生药的质量。由于熟药所制造成药的配方都是经太医局试用有效的方剂，再加上官方垄断，因此熟药所的经济效益日益提高，其规模也日益扩大。当时，熟药所每年可得利润40万缗，成为国家财政收入的一项重要来源。宋徽宗崇宁二年（1103），卖药和制药分离，卖药机构称为"卖药所"，制药机构称"修合药所"，当时京城已有卖药所五处，修合药所两处。同时，北宋政府还采纳吏部尚书何执中的意见，在全国各地都建立熟药所，作为中央与地方医药中转机构。

熟药所除日常卖药、向地方批发和交换药品外，在疾病流行时，还向民间免费提供药品。北宋政府每年冬夏都以皇帝名义给大臣和边关守将颁赐预防疾病的腊药和暑药，这些药品都由熟药所提供。绍兴六年（1136），在太医局设东、南、西、北四熟药所，保证昼夜轮流值班售药，如遇夜间有急症患者购药不得或不当，值班者当"从杖一百科罪"。

宋内府储存药物的罐

加强医药管理，增加政府财税收入，是宋政府设立熟药所，专利出售丸散膏丹成药的主要目的，而客观上对统一成药规格、防止出售伪劣药品也发挥了重要作用，出售的许多成药确有较好的疗效，这对提高普通民众的疾病防治水平具有重要意义。

宋颁行《武经七书》

中国传统兵学到宋代最后趋向定型，其标志是《武经七书》的颁行。

《武经七书》的颁行，和宋代建武学、设武举紧密相联。在武学设立之前，宋就沿用唐武举选拔军官的旧制，武举考试的重要内容之一是古代兵法。武学设立之后，编辑选定一套标准的军事理论教科书更成为迫切的需要。中国古代兵书浩如烟海，良莠不一，为了便于学员学习，也为了给武举考试划定范围，元丰四年（1081），神宗下令国子监，选出一批精粹作为教材。朱服、向去非等人经过三年多努力，最后确定和校理了《孙子兵法》、《吴子兵法》、《司马法》、《六韬》、《尉缭子》、《黄石公三略》、《李卫公问对》七部兵书，宋神宗命名为《武经七书》，刻版颁行，作为

教材。

《武经七书》在中国军事学术史上占有重要地位，它是我国古代战争实践经验的概括和总结，是古代军事理论的精华和优秀代表。它的颁行，奠定了中国传统兵学的基础，标志着中国传统兵学的定型。它一直作为一个整体被广为流传，产生了重大影响，南宋、明、清都将《武经七书》作为武学取士的重要内容。

苏颂制造天文仪器

苏颂（1020～1101），中国宋代著名的天文学家，字子容，福建泉州南安人。他主持制作水运仪象台并撰写设计说明书《新仪象法要》，书中收录其绘制的中国历史上最重要的星图之一——全天星图，他还改造了天象仪的鼻祖——假天仪，反映中国古代天文学高峰时期的杰出成就。

苏颂像

苏颂从小就熟读四书五经，22 岁中进士入仕途，终身从政，担任过馆阁校勘、集贤校理、刑部尚书、吏部尚书及宰相。元祐元年（1086）他奉命校验新旧浑仪，在吏部守当官韩公廉的帮助下，于元祐七年（1092）集合一批工人制造出一座把浑仪、浑象和报时装置三组器件合在一起的高台建筑，整个仪器用水力推动运转，经变速和传动装置使三部分仪器联动，浑仪和浑象可自动跟踪天体，又能自动报时，

水运仪象台复制品，西方学者把这座小型天文台看成是中世纪天文钟的祖先。

后称水运仪象台。仪器共分三层，约高 12 米、宽 7 米，上狭下宽，底层是全台的动力机构和报时钟，中层密室内旋转着浑象，上层是屋顶可启闭的放置铜浑仪的观察室。这是当时世界上最高水平的天文仪器，对世界天文学的发展起过举足轻重的推动作用。它是世界上最早出现的融测时、守时和报时为一体的综合性授时天文台，是保留有最早详细资料的天文钟，可能是欧洲

中世纪天文钟的祖先，而水运仪象台上层的铜浑仪是典型的赤道装置，代替望远镜的是一根望铜，这一发明比英国威廉·拉塞尔和德国夫朗和费在望远镜上使用转仪钟早了 8 个世纪。它也是世界上首次采用活动天窗观测室的仪器，现代天文台观测室的天窗都活动启闭，既方便观测又便于保护仪器，水运仪象台上层放铜浑仪的小屋，其屋顶就可开合。它是世界文明史上无与伦比的一颗明珠。

苏颂为能更直观理解星宿的出没，又提出设计一种"人在天里"观天演示仪器，即假天仪，它是用竹木制成，形如球状竹笼，外面糊纸，按天上星的位置在纸上开孔，人在黑暗的球体里透过小孔的自然光，好像夜幕下仰望天空。人悬坐球内扳动枢轴，转动球体，就可以设身处地地观察到星宿的出没运行。

而近代的天象仪是通过小孔发光射到半球形天幕上来演示星空的，因而假天仪是近代天文馆中使用天象仪进行星空演示的先驱。

罗盘西传

关于中国的航海罗盘，朱彧在《萍洲可谈》中首次明确提到，元符（1098～1100）年间，出入于广州的中国海外贸易船使用指南针导航、可以在阴晦的日子里

北宋时的水浮法指南针。它是将一支磁化的钢针穿两段灯心草，浮于水面，针尖指示南方。由于它不怕轻微晃动，在航海中得到广泛使用。

导航。著名的科技史家李约瑟由此推测，大约在 10 世纪中国人已掌握磁针导航技术。中国用于航海的指南针，最初是用水浮法、北宋科学家沈括在《梦溪笔谈》中对此有记载。

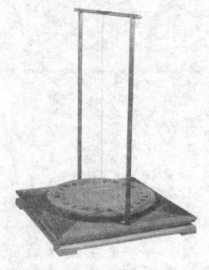

北宋中期的缕悬法指南针，它是用蚕丝边结磁针，垂悬在木架上，木架下有用天干地支表示 24 个方位的方位盘。

中国的这种先进的导航技术，迅速被阿拉伯、波斯的同行学习、传播。西欧民族出于在地中海和东方商业上竞争的需要，也很快地接受了航海罗盘技术，并对此有所改进。例如英国亚历山大·内卡姆在 1195 年完成的《论物质的本性》一书，第一次在欧洲论述了浮针导航技术，他提到的航海指南针，也是用于阴天或黑夜，以辨别方向的仪器，另一则有关航海罗盘的资料，是在阿拉伯语和波斯语中发现的。这两种语言中表示罗经方位（通常使用 48 分向法）的 Khann，就是闽南话中罗针所示方向的"针"字。12、13 世纪，中国的帆船是南海和印度洋间海上贸易最活跃的参加者，阿拉伯人使用的罗盘，无疑是从中国传去的。

使用磁针导航，航海者可以根据针的变化轨迹，绘制实用的航海地图，大大提高了远洋航行中的安全系数和船只的续航能力。所以说，航海罗盘一出现，便具有了重大的经济价值，它能使船只不分昼夜阴晴，遵循一定的线路，如期到达目的地。从此以后，罗盘就成了航海者的命根子。1495 年，瓦斯加·达·伽马率领一支由四艘船组成的葡萄牙舰队，奉命前往"黄金之国"印度，正是依靠罗盘的帮助，他终于实现了远航印度的壮举。

中国发明的航海罗盘指引着欧洲的船只去环航全球，从而迎来了地理大发现的时代。

罗盘

宋版画普及

版画是绘画和印刷术的结晶，它于唐、五代时期兴盛，至宋而更趋发达。宋代版画有佛教版画、科技版画、人物版画和山水版画等种类，题材广泛，传播覆盖面大，其艺术特色在总体上继承和发扬了五代各地的刻印传统，以刀代笔，追仿绘画笔法，但由于题材内容不同，插图风格各显其异，宗教版画以庄重华贵为主，农、医等科技类版画注重结构严谨和具体的实用性，而文艺类书籍插页中的版画则手法活泼，力求表现自然的生活气息。

宋代版画大量运用于传播宗教经卷，最著名的是开宝年间印制的5000卷《大藏经》，其他佛教经典如《开宝藏》、《崇宁藏》、《圆觉藏》、《碛砂藏》等，也都是规模庞大的刻印，其中卷首图，章法完善，体韵遒举，称得上一代珍本。北宋之时，画家高文进曾绘《弥勒菩萨像》，由"越州僧知礼雕"，由于绘刻两者都是高手，作品蜚声域外。在这些版画中，还有一种山水图，为宋大观二年（1108）刊印，现存四幅于美国哈佛大学福格美术馆。画中虽然刻有僧众的活动场面，但作品以山水景物为主体，可视为中国最早的山水版画。此画以细密的水纹衬出留白的丘壑，在保留绘画线描的基础上，充分发挥刻刀的力度，颇具装饰效果。

宋代科技版画也获得了重要发展，大量的医药、天文、地理与金石皆随书刊印

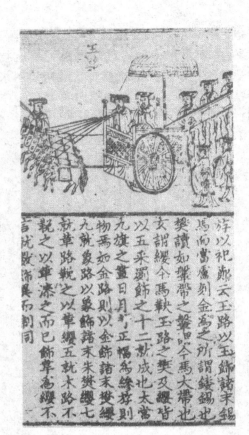

宋代版画《荀子扫插图·天子大路图》

宋代版画《大随求陀罗尼曼陀罗图》

成版画，既有说明性，又有艺术性。如当时的应用书籍《营造法式》、《宣和博古图》以及医学用书等，绘制都非常精细，一丝不苟，它们对版画的发展，可以说起到了积极的作用。

版画也是宋代传播绘画艺术的重要手段，南宋宋伯仁编绘的《梅花喜神谱》百图，刻画了梅花的各种自然生态，刀法、笔法相得益彰，劲健明快。

这个时期的经史书籍如《毛诗》、《周礼》、《尚书》、《论语》、《荀子》以及老子的《道德经》、庄子的《南华经》等等，都有木刻插图相配。又如《古列女传》，上图下文，成为福建安版画的早期代表作，这些插图多至123幅。宋代还有用版画刻印年画的记载：孟元老《东京梦华录》记汴京"迎岁节，市井皆印卖门神"；吴自

牧《梦粱录》记载汴京岁终时，"纸马铺印钟馗、财马、四头马等"；沈括在《梦溪笔谈》里更详细记载了宫中大量镌版印制"钟馗捉鬼图"的情景。这说明绘画的刻印，不仅在宫禁，而且在民间，都已盛行。

妇女裹头裹足开始流行

妇女裹头的习俗自唐代开始。当时妇女流行头戴皂罗，五尺见方，也叫做"幞头"，到宋代就称为"盖头"。据说当时妇女走上大街，常用方幅紫罗，以障蔽半身（《清波别志》）。司马光在《家范·治家》中提倡如果妇女有事走出家里的中门，就一定要"蒙蔽其面"。宋代时，妇女出门戴盖头日渐增多，当时东京的妓女出门都将盖头背系在冠子上。元夕节观灯，妇女戴着"幂首巾"上街，甚至到曲巷酒店中饮酒，仍然要"以巾蒙首"。到了南宋时，农村少妇外出，也要带上皂盖头。毛珝有诗说："田家少妇最风流，白角冠儿皂盖头。笑问旁人披得称，已遮月色又遮羞。"（《吾竹小稿·吴门田家十咏》）新娘在举行婚礼时戴上盖头也是源自宋代。据《梦粱录·嫁娶》记载，临安府富室的男女，在结婚前三天，由男家送给新娘一些"催妆"礼物，其中包括销金盖头。举行婚礼时，由男家夫妇双全的女亲，用秤杆或机杼挑下新娘的盖头，新娘"方露花容"。

裹足的风俗源自南唐后主李煜（937~978）。他曾下令宫女妃嫔用帛缠足，使之纤小，向上弯曲成新月形状。此后逐渐流行到京城以外的城市。苏轼曾写过一首词描写教坊乐籍的舞女仿效"宫样"缠足："涂香莫惜莲承步，长愁罗袜凌波去；只见舞回风，都无行处踪。偷穿宫样稳，并立双趺困，纤妙说应难，须从掌上看。"（《菩萨蛮·咏足》）把缠足女子的体态写得很美。北宋后期时，徐积（1028~1103）赋诗表彰蔡氏寡妇艰苦持家："何暇裹两足，但知勤四肢。"可见其时裹足现象已很多。南宋时，妇女裹足现象逐步增多。安葬在江西德安县的一周姓妇女，生前裹足，死后双脚犹裹有脚带，各长200厘米，宽10厘米，用浅黄色素罗制成。这是宋代妇女裹足的物证。

车若水（字清臣）目睹妇女从小缠足，遭受无谓的痛苦，最早撰文提出反对。他说：女子不到四五岁，就将双足"缠得小束"，"无罪无辜而使之受无限苦"，"不知何用？"（《脚气集》卷一）这种观点在当时女子缠足蔚然成风之时显得难能可贵。

宋代报纸迅速发展

宋代，我国古代报纸得到迅速发展，不仅中央和地方两级官报成为各级官吏和士大夫的必读之物，小报也应运而生，且发挥着越来越重要的作用。

中国最早的报纸是唐代的"进奏院状报"，也称邸报，由各藩镇派驻京师的进奏官根据政府发布的"报状"抄传编发，是藩镇传报朝廷消息的一种地方性官报。宋初中央集权进一步强化，进奏院被改为直属中央政府的行政机构，朝政大事由其"誊报天下"，发布的"进奏院状报"便上升为中央一级的官报，发行到地方后，各州进奏吏再据其内容要点编发"邸抄"或"邸报"。这样，便出现了中央和地方两级报纸。南宋，中央官报称"朝报"，且每日发行，新闻时效性较强。

宋代官报内容除了一般诏旨章奏，还报道许多关于宫廷生活、仕官升迁、镇压农民起义和少数民族的战报等国家政事的动态，通过阅读报纸得知朝廷大事，不仅成为各级官吏和士大夫茶余饭后的雅兴，也是他们侧身官场的一种政治需要。

宋代的官报审稿和发布制度较严格，官报样本传布各地前需经中央执掌军权的最高机关枢密院审查；到南宋则改由最高国务机关之一的门下省编定。进奏院将严格筛选出来的官报"定本"向地方发布。后来又出现了脱离"定本"制度的"小报"，这是报纸在宋代的一个重要发展。小报出现于北宋末，盛行于南宋，是宋朝内外矛盾交错的产物。长期以来主战派和主和派之间、改革派和保守派之间矛盾尖锐，官场人物及其附庸都想及时得知朝廷动态和内幕新闻，进奏官吏和专事探听消息者合伙秘密经营的"小报"便应运而生。他们利用职权，抢先用小纸书写官报尚未发表和不准发表的消息，以及奏章中未曾实施的事，并飞报远近，高价出售，"小报"之称即由此而来。"小报"还曾被"隐而号之曰新闻"，具有时事报道含义的"新闻"一词就从南宋起和报纸联系在一起。小报的新闻性很强，但内容有真有假，因其消息有的来自政府机构的泄漏，有的来自市井谈论，甚至有的纯属凭空编造。徽宗时，就发生过小报刊登伪诏的事件。当时，徽宗任用蔡京主持国政，蔡京对外妥协投降，对内搜括勒索，正直官吏和百姓都很痛恨。大观四年（1110），小报上突然登出徽宗斥骂蔡京的诏书，且淋漓尽致，大快人心。虽然这是小报经营者的编造，但人民的呼声和愿望却得到曲折的表达。

"小报"这种半官方半民间的报纸具有强大的生命力，它动摇了官报的垄断，冲击了"定本制度"，被统治者认为制造了混乱、蛊惑了人心而屡遭严厉查禁，但不仅没有在宋代绝迹，而且在明、清二代得到了发展。

宋瓦子和民间说唱繁荣

宋朝建立后，中原的经济、文化艺术得到恢复和发展，商业和手工业出现了空前未有的繁荣。由于市民阶层力量的壮大，坊市制的解体，城市人民的游乐中心，从节令的寺观中心，转向了经常性的繁闹的瓦子。这些历史性的变化为市民音乐的产生和发展提供了前所未有的广泛的观众和场所。

所谓瓦子，即瓦舍、瓦市或瓦肆，是城市市民交易、憩息、游耍的集中地。汴京和临安出现了许多瓦子，其大小数量不等，是市民文艺的渊薮。瓦子中有大大小小的用栏杆围成的勾栏，往往十数座甚至数十座，大者可容上千观众；勾栏中有台，是艺人献艺的场所。瓦子勾栏中的伎艺十分多样，北宋末崇宁、大观（1102～1110）以后，有属于音乐舞蹈杂剧一类的如小唱、嘌唱、散乐、舞旋、杂剧、傀儡、影戏、属于说唱、说书、讲史、文字游戏一类的如诸宫调、说《三国》、《五代史》、说浑话、合生、商谜，属于杂技体育一类的如筋骨、上索、球杖、踢弄、绰刀、相扑、蛮牌、弄虫蚁等等。

此外，民间的说唱艺术也从瓦子中产生发展繁荣起来。

说唱艺术，是通过说说唱唱来讲故事的一种语言艺术。它的品种繁荣，体裁多样。可分为说的、唱的、又说又唱的和似说似唱的4种。

"说话"以说为特点，类似讲故事，是最盛行的说唱艺术。鼓子词又称道情，是采用一支词调反复歌唱的表演方式，用鼓作为伴唱乐器，有咏景抒情和叙述故事两种。唱赚是产生于南宋初期的一种歌唱形式，是唱中组合有"赚"这种套曲。诸宫调由不同宫调的南曲曲牌组成，曲白相间叙事。

这些说唱种类之间没有绝对的分离，相互之间可以吸收、融合。如此详细的分类，如此完善的结构和独特的个性，说明说唱艺术在宋朝就已经相当完善和兴盛了。

金建立国家宗教礼制

以女真族为主体的金，同许多北方民族一样，长期信仰以巫师活动为中心的萨满教；但其旧俗和中原也有相通之处，即同样盛行自然崇拜、灵魂崇拜、祖先崇拜和天神崇拜，并经常对天地日月山川风雨

金代《溪山无尽图》，描绘了北方山水系统。

和祖神进行祭祀，只是制度和活动方式有所差别而已。因此，金朝女真贵族对唐宋国家祭祀礼典的接纳，循理成章并且进行得非常顺利。

金在北宋时迅速崛起，它大量吸收唐宋文化，发展程度超过了当时的辽和西夏。自1125年灭辽以后，金进入了中国黄河流域，其汉化步伐从此发展得更深更快，它接纳了现成的唐宋礼乐典章器具，模仿唐宋礼制，建立起国家宗教祭祀制度，将传统的萨满巫教从宗教活动的中心削弱成为民间宗教，从而形成一种混合型的宗教体制。

过去，女真族一直崇奉萨满教，不论祭神禳福，还是丰收祭祖，都通过萨满（也即巫师）的跳神活动来完成。懂得跳舞娱神的萨满，成为主导宗教活动的中心人物。女真贵族在建立起封建王权以后，自觉要求皇室应该成为祭祀活动的中心人物，在国家宗教大典中，皇室首领应该成为主祭者。于是，他们仿照中原礼制建立国家宗教祭典，在金章宗明昌初年（约1190）编成的《金纂修杂录》，标志着金朝礼典至此齐备，也意味着女真贵族的国家宗教正式建立。从此，萨满巫教成为带氏族性质的民间宗教，从宗教活动的中心地位退居辅助性的司仪地位，更多的是在民间发挥其传统作用。

历代金主对中原礼制亦步亦趋，并在诏书中明确宣告要依循中原旧礼，也是为了表明金朝已经继承华夏的正统，故应举行中原传统的国家宗教祀典。从金太宗起直到金宣宗时，金朝官方宗教一步步走上制度化轨道。他们遵循唐宋旧仪，进行郊祀祭天大礼，祭祀社稷，祭祀天地日月四王诸神，总之凡唐宋国家祭祀的诸神，在此一应俱备。金朝自熙宗时开始尊孔崇儒，因而也参酌唐礼拟定释奠仪数，并且追建皇室宗庙，定期祭祀。

与此同时，女真族原有民族宗教习俗仍然有若干得到一定延续，除萨满教外，如拜天、祭山、祭江等皆有特色。长白山是女真发源地，祭长白山成为一项特殊礼仪。这类祭祀活动中也有较浓的民族特色。

姜白石谱曲

姜白石（1155～1221?），名夔，字尧章，号白石道人，饶州鄱阳（今江西波阳）人，南宋词人，作曲家，同时又是诗人，多才多艺。少年时随父宦居汉阳，中年寄居湖州（今浙江吴兴），并不断来往于杭州、苏州、扬州、金陵、合肥等地，终生布衣，过着漂泊的清客生涯，结交的文人和名流有萧德藻、杨万里、范成大、辛弃疾、张鉴等人。曾向朝廷献《大乐议》、《琴瑟考古图》、《圣宋饶歌鼓吹曲》，著有《白石道人诗集》、《白石道人歌曲》等。

姜白石的《白石道人歌曲》是宋代词乐硕果仅存的作品，他的词作大多抒发感慨人生的落寞情怀，对自然景物的深挚眷恋，含蓄委婉，清空幽邃。虽然姜白石的题材和意境大多比较狭窄，但在青年时期也写过《抚州慢》那样的忧国伤时的佳作，晚年又写过《永遇乐》那样的昂扬激动的名篇，与辛弃疾唱和。

姜白石精通声律，善吹箫，在诗作《过垂虹》中有"自琢新词韵最娇，小红低唱我吹箫"之句，是不可多得的作曲家，文学史上往往认为他和张炎同是"格律派"的代表人物，是很有道理的。但"格律派"只是标明主要特征，而并非意味着贬义，至少从词与音乐结合的角度看是如此。姜白石在词乐方面作出了重要贡献，值得重视、研究和借鉴。

姜白石的词作今存80余篇，可惜采用传统词调的作品无乐谱传世。收入《白石道人歌曲》（共6卷）中的词作，有17首附有旁谱，都不是采用传统词调写的。其中14首是自度曲，即自创词曲，另外3首中的《醉吟商小品》是依据琵琶传统"品

宋大傩图，表现一种击鼓蹈，带面具的人们在除夕发出噪音，以达到驱鬼除瘟的效果。

弦法"译谱，《霓裳中序第一》是依据乐工旧谱，《玉梅令》由范成之谱曲。《白石道人歌曲》中还有一首附有七弦琴谱的琴歌《古怨》。以上17首词乐和一首琴歌，是我国最早有乐谱传世的歌曲作品，极为珍贵。

女真文创立

金收国元年（1115）女真族完颜部领袖阿骨打建立金国时，女真民族尚无文字。为便于接受汉族和契丹族较先进的文明，便于在金辽对峙、金宋对峙中进行交流，完颜阿骨打举兵破辽时，俘虏一些契丹人和汉人，命他们教诸子弟学习契丹字和汉字，主要是学习契丹字。因此金朝初期的文书往来和种种记录几乎全部使用契丹字。

随着金代社会经济发展的需要，特别是在战争中连连取胜和在与汉、契丹交往中民族意识的觉醒，阿骨打命完颜希尹创制女真文字，记录本民族的语言，"希尹乃依仿汉人楷字，因契丹字制度，合本国语，

中国通史

最新整理图文珍藏版

《女真译语》，是金代用女真文翻译的汉文书之一，今存"杂字"、"来文"两部分。"杂字"部分是词汇，包括女真字、汉义和汉字注音。"来文"收录女真官吏向明朝进贡的表文，用女真语汇依汉文文法堆砌而成。

制女真字"。

天辅三年（1119）八月，完颜希尹所创的女真文字颁行，从此结束了女真族无文字的历史，促进了民族素质的提高及民族文化的交流，它标志着女真文明的进步，在中化文明的长廊中增添了异彩。

天眷元年（1138）金熙宋完颜（1135～1148）览于契丹文字有大字和小字的制度，在原有女真文字基础上又创造了一种女真文字进行颁行，完善了女真的文字体系。先创的被称为女真大字，后创的被称为女真小字，二者在种自颁布日起便在金国境内通行，并且直到明代早期，女真族聚居的我国东北工区仍通行该种文字。当然，汉字在女真文颁行后仍一直在金国能行，首期也通行契丹字。

女真文字参照模仿汉字和两种契丹文字而创制，字的笔画较少，字形结构既像简体汉字，又像契丹大字和契丹小字的原字，有些则干脆来源于契丹大字或契丹小字。它的笔画横平竖直拐直角弯，有横、直、点、撇、捺等笔画之分，科与汉字仿佛。但有些女真文字仅保留了原出汉字的相近字形和相近字音，不保留源出汉字的字义，只作为记录女真语言的一个音节符号，单独构成单音节词，或者与其他女真字拼成多音节，有点类似日语的假名。从中可见汉字与契丹两种字在女真人创制文字的过程中所起的潜移默化而且不可估量的影响作用。连书体和书写格式，女真文字都仿学汉字，书体有篆、楷、行、草之分，最常用的是楷体字；格式一般也是由上往下，从右向左换行，即使最后一个因是多音符拼合成的多音节单词而写不下时，也可把余下的音节写一在下一行行头。但书写格式上也有特例，苏联赛金古城出土的"国诚"银牌上的女真字即有把组成一个单词是的两个女真字按先左后右的方式堆在一起，与契丹小字的排列法相同。据现有女真文字资料，如金代的《大金得胜陀颂碑》、《女真进士题名碑》、《庆源寺碑》等碑刻，西安碑林孝经顶部发现的安书残页，苏联列字格勒所有残页以及一些印章、铜镜边款等；明代的奴儿干《永宁奇碑》、四夷馆《女真译语》、《方氏墨谱》等，进行考察统计，女真文字共有900余字。但这些资料的文种只有一种，缺乏对，还不能确定传世的女真文字究竟是大字还是小字，研究工作有待进一步展开。

金朝创制并大力推行女真文字，对迅速提高女真民族的素质，缩小同当时先进

刻有汉、女真两种文字的《奥屯良弼饯饮碑》。

民族的差距，促进本族的文化发展和社会进步，从而从总体上推进中国历史文化的发展都有很大益处。

宋相扑流行

两宋时期，相扑盛行一时，从宫廷到民间，无处不有，深受欢迎。

相扑，是一种中国古代体育活动，也作角抵、觳抵，是一种角力比赛。起源于战国，秦汉时作为一种技艺表演。从晋朝开始，多以"相扑"、"争交"称之。角抵改称相扑之时，也正是它流行之时。

北宋都城汴梁，一般平民已经常去游乐场所"瓦市"表演相扑。每年6月6日，都城演艺者都要表演相扑以增添节日气氛，南宋时，相扑进一步流行于上流社会，在朝廷大朝会、圣节、御宴上，相扑都成了例行的表演节目。官方还为此专门组织了"内等子"，由左右军选出120名膂力过人的相扑手组成。民间相扑也高手辈出，据《武林旧事》记载，杭城就有53名优秀相扑手，到宋代，相扑者还组织了行业相扑社，相扑运动从此开始有组织规范化的发展。它的出现，标志着相扑已自成一类民间运动。

女子相扑也在社会风尚驱使下，于宋代得到一定的发展。

相扑服装，男子是头上梳髻不戴冠，上身完全赤裸，腰胯间束有短裤，下身光腿赤足，有时足下也穿鞋。女子装束同男子差不多，因此很为文人所看不惯，司马光还曾专门写文要求禁止妇女裸身戏耍。

宋流行观世音塑像

观世音菩萨以其大慈大悲救苦救难而

受到中国信众的普遍供祀，特别是在北宋，其时帝王对佛教优礼甚厚，影响到民间，信仰观世音菩萨蔚为一时风尚，突出的标志是观世音塑像的大量流行。

山西大同送子观音雕像。民间认为观音菩萨主宰生育。

开宝四年（971），宋太祖赵匡胤下诏在隆兴寺内兴建大悲阁，并铸大悲菩萨千手千眼观世音铜像。做成前后，宋皇曾三度临幸视察，足见皇室对佛教的崇信程度。由于帝王的提倡，朝野上下信仰大悲观世音渐成风俗，各地争相造观世音塑像，或塑或雕，不一而足。在陕北、四川、浙江等地的宋代石窟造像遗迹中，或者单独开龛供养，或者雕作不同名称的观音化相，于佛像之外自成体系。当时有像辛澄这样以画观音像知名一方的画家名手，经他所传的"海州观音样"曾在四川广为流传。

现存的宋代观世音塑像遗迹甚多，都有各自的姿态和特色。如四川安岳华严洞左壁观音像，取跏趺坐姿，手作定印，头

宋代菩萨立像（铜铸鎏金）

戴宝冠，外罩薄纱，双目微合，端庄娴雅，神态雕刻细腻生动。浙江杭州烟霞洞观音像头戴高冠，外着风帽，袈裟罩体，项饰七宝璎珞，双手交置腹前，表情慈祥恬静，形象间溶入了中国信众对观世音菩萨悲天悯人神性的理解和企盼。大足托山石窟125龛数珠手观音为北宋年间开龛雕造，形象娇媚柔丽，含笑欲语，有"媚态观音"美称。北山113龛水月观音，取萧散悠闲的姿态。这种水月体的观音像，首创于唐代画家周昉，五代北宋时期在石窟造像中首次出现水月之体，稍后又出现水月样式的紫竹观音，如雕造于南宋的四川安岳塔子山毗卢洞紫竹观音，背间刻出竹丛巉岩，极富雕饰意味，面容表情已出现世俗人特质，从而使水月观音样式更显出世俗化特征。大足北山149号窟如意轮观自在菩萨像，改变唐以来一体六臂的形式而作一面二臂，与另外两尊观音像同臂雕出，并在三像左右两侧分别刻出男女供养人像。据窟内题记可知，这窟观音像是北宋建炎二年（1128）奉直大夫知军州事任宗易夫妇发愿雕造，由此可知当时信奉观音之风的兴盛。另外，宋代还镌造有观音菩萨多体像，如大足妙高山第4窟正壁雕刻西方

三圣像，左右两壁共有观音立像十躯，手中分持不同法器作对称排列，左壁观音着对襟式天衣，右臂观音穿圆领方口天衣，下着长裙，风姿绰约，宛如人间美女。据造像风格观之，当为南宋绍兴年间雕造，为观音像体系的最终定型作了图样上的有益尝试，也为其他菩萨像的创造和完善提供了可资参考的经验。

宋代菩萨骑麒像（彩塑）

此外，北宋出现了过去所罕见的以观音为中尊，配以文殊、普贤两位菩萨三位一体的组合形式，这是入宋以来观音信仰在民间流行之后逐渐发展起来的新样式，如隆兴寺大悲阁内的观音塑壁展现的就是这种形式。还有元丰二年（1079）兴建的山西长子县崇庆寺三大士像，观音菩萨地位显尊，体现出宋代民间普遍信仰观世音菩萨的空前盛况。

宋代观音像的流行，以及当时观音供祀的风气，反映了由唐迄宋信仰风气的转变。

佛教入金

金在1125年灭辽南进中原后，佛教方

始大规模传入。金代帝王对佛教都采取了有节制的扶持政策，使金代佛教保持了相当隆盛的局面。

金代铁佛，形体高大，表情端庄，衣饰纹理自然。

金代统治者皆崇奉佛教，他们不仅在内庭供奉佛像，还在各地兴建寺院，布施币帛良田；皇族有病，皇帝亲临寺院求佛乞愿；有时还召高僧入内庭说法，王室贵族争相罗辞，指施珍品。世宗在位时（1161～1189）是金代盛世，社会安定繁荣，佛教事业也趋于极盛。

这个时期，佛教各宗派都有相当规模的发展，禅宗仍是佛教主流，发展最盛。杨歧一派的禅僧如道询、圆性、政言、相了、道悟等，皆是金代较有声望的高僧。

这一时期的佛教思想也出现新的主张，禅僧以曹洞系的万松行秀（1166～1246）为代表，居士以李纯甫（1185～1231）为代表，提出了兼融三教的思想，万松行秀提出"以儒治国，以佛治心"，李纯甫则提出"佛即圣人，圣人亦佛"，这与同时期宋代政治家们主张三教合流有着惊人的相似和一致，大抵封建统治者提出儒释道合流，目的是为维护封建社会伦理纲常，佛教为了自身的利益，当然愿意适应统治者这一政治上的需要。这种思想发展到清代，雍正皇帝进一步提出"佛以治心，道以治身，儒以治世"。

金代统治者吸收了辽代佛教过渡发展的教训，也接受宋统治者儒佛并重的影响，并不一味佞佛，而是采取利用与限制相结合的政策，对佛教管理比较严格，防止浮滥。

金代帝王崇奉佛教更多的是持一种"敬而远之"的态度，他们进一步完备取缔宗教教团的法制，严禁民间私建寺院，严禁私度尼僧，严格规定由国家定期定额地试经度僧，并限制各级僧人蓄徒的名额。佛教在这种限制下，僧人的数量增加不多，但质量却有所提高。尤其试经制度，促使僧尼主动学习和研究佛经，提高了他们的素养，同时也刺激了佛经的出版，著名的赵城金藏，即成于此时。

金代沿袭唐宋的僧官制度，通过考试选拔僧材，建立各级僧官管理组织。金代还恢复国师制度，国主以师礼礼敬僧人，开元代"帝师"制先河。

中国出版业全面发展

宋代，图书出版事业得到全面发展，进入了一个黄金时期。经济、文化的空前活跃和繁荣、图书生产手段日趋完善，使得图书的生产规模和生产数量取得惊人进

中国通史

最新整理图文珍藏版

1888

展。各地都开始出现雕版刻书机构，并形成分布于中原、西南、东南的四大刻书中心，全国性刻书网络以官刻、坊刻和私刻为三大主干力量，开创了空前的繁荣景象。

政府刻书业称官刻，建隆四年（963）颁行的《重门宋刑统》是宋代官刻第一部书，也是我国历史上第一部官方刊印颁行的法典，对宋代早年全国律令的统一、法制法规的建立有重要意义。后来，为顺应民间尊崇佛教的风气，政府又在四川成都开雕大藏经，即是佛教上著名的《开宝藏》，共计13万版片，1076部，是有史以来第一部刊印的汉文佛教总集。

宋朝政府在发展刻书业的同时也建立和完善各级刻书机构。中央主要刻书管理机构是国子监，同时又是国家教育管理机构和最高学府。国子监出书注重质量，刻书内容除翻刻五代监本十二经外，还编刻九经的新旧注疏。从宋代建国初到景德二年的40余年里，国子监雕版数量增长25倍，其中有大量史书，《三史》（《史证》、《汉书》、《后汉书》）、《三国志》、五代史等，司马光主编的《资治通鉴》也曾镂版印刷。国子监也刻印了许多医书，类书、算书、文选等也有校刻。中央刻书机构还有秘书监、崇文院、太史局、校正医书局等。各级地方政府也竞相刻书，并且常请知名学者担任校勘，故刻印质量都属上乘。地方官刻也是宋代官刻的主要组成部分，

书籍装帧形式中的经摺装的出现，标志着中国书籍的书帕完成了从卷子装向册叶装的转变。图为经摺装的《安吉卅思溪法宝资福祥寺大藏经》。

在宋代官刻中发挥过重要作用。尤其是宋朝南渡后，旧存开封国子监版全遭毁弃，在恢复和重建过程中，国子监调集地方书版或依靠地方力量搜集书籍版进行刻印。

书坊刻书称坊刻，书坊又称书肆、书林、书堂、书棚、书铺、经籍铺、书籍铺，是卖书兼刻书的店铺作坊。书坊规模增大，遍布全国，以开封、杭州、建阳麻沙等地最为集中和有名。这些书坊以刻印出售书籍为业，以营利为目的，拥有写工、刻工、印工等，雕版、印刷、装订等生产手段齐备。有的坊主本人就藏书家或编辑、能集编辑、出版、发行于一身，因此使坊刻书名目新，刻印快。行销广。坊主还常刻意翻新版刻形式，客观推了版刻技术的发展。

两宋有很多著名书坊，尤以临安陈起

宋代《武经七书》，是中国官方颁布的第一部军事教科书。

父子睦亲坊和建安余氏刻书世家最有名。陈起有颇深的文学艺术造诣，曾为江浙文人编印诗集《江湖集》，还刻印了不少唐人诗集，他的刻印质量精美，是坊刻中的上品。建安余氏刻书百年不衰，官刻之书也不少由其承刻。鲁迅曾在《中国小记史略》中高度评价余氏刊本。坊刻书内容广、涵盖面大，迎合不同阶层的文化需要，比起官刻和私刻又有刻印快、发行量大、行

经摺装宋刻本《一切经音义》

销广等优势，促进了图书的广泛流传，也促进了文化的普及发展。但因为坊主追求营利，印书质量往往参差不齐。

私家刻书则称私刻或家刻，是指不以卖书为业，由私人出资校刻书。两宋时私刻很多，刻书人注重声誉，总是选择优秀版本作底本，且极重注意校订、镂刻的质量，因此所刻之书大多是上品。如临安进士孟琪所刻《唐文粹》、京台岳氏所刻《新雕诗品》等都一直受到推崇，尤其南宋廖莹中刻印的《昌黎先生集》和《河先生集》历来被誉为神品。

私刻也包括家塾本，是富贵之家的私塾教师依靠主人财力刊刻的书籍。私塾教师中不乏真实学之人，他们或著述、或校勘、或注释、或阐发前人著作，质量较高，具有学术性强和校刻精湛的特点。著名的善本书"庆元三史"（黄善夫本《史记集解索引正义》、《汉书》和刘元起本《后汉书》）、岳氏本《九经》、《三传》等都是家塾本。

总的看来，发达的刻书事业体系和完善的刻印网络已在宋代形成。其刻印内容很广，反映了社会文化的各个方面；精湛的校刻为后世留下许多珍贵善本；强大的刻印力量促使许多大部头著作问世；并且拥有足可雄视前代的刻印数量。我国古代图书事业由此而跨入了全盛时期。

宋代火炮威力巨大

在火器初登战争舞台的宋代，火器虽有了很大的发展并在战争中起到了一定的作用，但另一方面，冷兵器依然是当时的主要武器，并得到进一步的发展。按其种类，冷兵器大致可分为长兵器、短兵器，抛射兵器等，作为抛射兵器种类之一的炮也在宋代发展起来。

炮是利用杠杆原理抛掷石弹的重型远射武器，又叫抛石机或者砲。春秋时期已经开始使用，到隋唐时代成为攻守城战的重型武器。宋代的炮，具有了与前代不同的显著特点：不仅用来抛掷石弹，也用来抛掷各种火器。既用于攻守城战，也用于野战。

宋炮发达的表现之一就是种类众多。有行炮车、炮车、轩车炮、车行炮、单梢炮、双梢炮、五梢炮、七梢炮、旋风炮、旋风车炮、独脚旋风炮、旋风五炮、手炮、卧车炮、挂腹炮、虎蹲炮、合炮、火炮等20种。其中，有重型、中型、小型炮之分。重型炮抛射物重量至达 70～90 斤，须用 150～250 人搜索，射程达 50 步以外；中型炮可发射数斤至 25 斤重的抛射物。需要 40～100 人拉索，射程达 50～80 步以外；最小型炮只需两人放射，抛射物仅重半斤。

与唐以前的炮不同，宋代的炮不仅抛

射石弹，还用来抛射火器，称之为火炮。宋代的火炮和近代火炮除了一个是人力发射，一个是金属机械发射外，已没有多大差别。火炮能抛射火球类火器。如火球、火砖、火桶，依火器的不同性能而具有燃烧、放毒气、杀伤、障碍、烟幕等作用。火炮也能抛射爆炸性火器。有一种叫霹雳火球，是由火药、瓷片和竹子裹制而成，燃烧时发出霹雳响声。用炮发射，称为霹雳炮，杀伤力很大。靖康元年（1126），李纲曾下令用霹雳炮打击围攻京城开封的金军。

宋炮的构造一般是以大木为架，结合部位用金属件联结，有的为了机动，炮下设有四轮，炮架上横置有可以转动的炮轴，固定在轴上的长杆称为梢，它有杠杆的作用。在梢的一端系皮窝，另一端系炮索，皮窝是用来容纳抛射物的，炮索寡众不等，少则数条，多则上百条。

发炮时，一人瞄准定放，拽炮人同时迅猛拽拉炮索，将梢的另一端甩起，皮窝中的抛射物就会由于惯性作用而被抛出。炮上的梢有多有少，用一根木杆作梢的称为单梢，用多根木杆缚在一起作梢的称为多梢，梢数越多，抛射的石弹或火器便重越远。宋时，炮的构造比前代复杂了许多，也先进了许多，这应是宋炮发达的另一表现。

皮影戏形成

皮影戏属于傀儡戏的一种，是中国古老剧种，皮影戏演出用的"影人"是用驴皮，或用牛皮、羊皮经过硝制刮平，根据剧中的角色和衬景的设计进行雕簇、敷色、熨平、装订，在艺人掌握操纵下，靠灯光透射、将影人映现到屏幕上（俗称亮子），随着乐器伴奏和唱腔配合，便成为"一口

叙还千古筝，只手对舞百万兵。"意趣盎然，生动形象。

中国皮影艺术的历史，最早的记载是西汉时期，汉武帝最宠爱的李夫人亡故后，非常思念，有"方士齐少翁言能致其神，乃夜张灯烛，设帷帐，陈酒肉，而令上居他帐，遥望见好女李夫人之貌，还幄坐而步"。武帝看后倍加相思悲感，作诗曰："是邪，非邪，立而望之，偏可姗姗其来迟！"（《汉书·外戚传》）

从记述看，方士少翁可能是用皮革或其他平面材料，雕簇成剪影形成的李夫人形象，不但貌似，而且还可以走动，在表演设备上，有灯烛、帷帐，汉武帝观看要"居他帐"，就是坐到帷帐的前面，似乎已具备皮影戏的雏形。不过，汉代"百戏"虽然十分盛行，"扮演人物，敷演故事"的艺术形式也开始出现，而影戏则不见记载，大概除在宫廷内搞些影人的活动外，尚未形成剧种。

到了唐、五代，寺院僧徒俗讲，或谓夜讲时，有在讲筵设图像之事，即宣扬佛事的解说图像。

真正的皮影戏是北宋时期才开始出现并兴盛起来的，据宋代孟元老《东京梦华录》记载：当时北宋京城汴梁城内市民娱乐场所"瓦肆"很多，演出的"百戏"种类也"不可胜数"观众"不以风雨寒暑，诸棚看人，日日如是"。可见其繁华的景象，"瓦肆"中专有"影戏"的演出，著名影戏艺人有董十五、赵七、曹保义……等。此书还记载京城正月十六日，大街小巷挂满了花灯，设计了许多乐棚，没有灯棚和乐棚的地方，设小影戏棚子，为防止本坊巷游人的小儿迷失，让他们聚集在这里看影戏。

宋朝高承《事物纪原》记叙"仁宗时市人"有谈三国者，或采其说加缘饰，作"影"，宗代时以影戏讲史，是很深入人心

的。不过，宋初的影戏还不是皮影，而是"纸影"。据南宋吴自牧《梦梁录》记载"……汴京初以素纸雕簇，自后人巧工精，以羊皮雕形，用以彩色妆饰，不致损坏。"当时演出的剧目"其话本与讲史书者颇同，大抵真假相半，公忠者雕以巨貌；奸邪者刻以丑形，盖亦寓褒贬于其间耳。"宋代还有一种，名叫"大影戏"，以真人扮演，说唱均由后面的人担任，如同木傀儡，又名"弄乔影戏"，专演讽刺滑稽的小剧目。宋诗中有影戏诗写道："三尺生绡做戏台，全凭十指逞诙谐，有时明月灯窗下，一笑还从掌握来。"

皮影戏之所以在宋代兴起，与宋代的历史条件分不开，当时的宋京汴梁城政治稳定，商业十分发达，城内的"瓦舍"有五十余处之多，因此市民说唱文学也随着商业经济的发展而兴盛起来。许多民间优秀文学作品，多以歌曲说书、鼓词、弹词、戏曲等艺术形式出现，而皮影戏便是从说书讲史演变成形声并茂的特殊剧种。

皮影戏在宋代形成后，金、元变替并未因此而断绝，明武宗正德戊辰三年（1508），北京举行百戏大会演，皮影戏也在其中。

宋建水军

南宋水师的规模和数量都大大超过了北宋，水军在南宋已成为与陆军并重的一个重要军种，对维持南宋半壁河山的统治，发挥了重要作用。

宋高宗即位之后，宰相李纲就提出了在沿江各要地设立水军、教习水战的建议，但由于一些人的阻挠，此计划未能付诸实行。此后，为了镇压杨幺起义军，宋廷被迫大量打造战船装备部队，

使水军数量增加。岳飞收编了起义军中大批擅长水战之人，以及战船千余艘，其中包括几十艘作为主力舰的大车船，岳飞部水军迅速扩大。此外，刘充世部有水军 5000 余人，张俊军虽未设水军，也拥有大小战船 380 余艘。绍兴四年，宋廷曾下令，要求临安、平江、镇江、秀、常、江阴、太军、池、洪、兴国、鄂、岳、潭等州军"各置水军，以五百人为额，并以横江为名"。但这项诏令未能付诸实施，直到次年，张俊收编原杨幺起义军周伦等部后，才拼凑成横江水军 10 个指挥，约 5000 人。宋廷还曾设置沿海制置使司，专门负责海防，其所属的水军，舟船数百，士卒逾万，由副使马扩负责"阅习水军战舰"（《建炎以来系年要录》）。孝宗以后，宋廷在沿淮、沿江和沿海陆续设置了 20 余支水军，分布在各重要州军，以防御金军的南侵。其中主要有：鄂州（今湖北武汉）都统司水军，平江府许浦水军，殿前司浙江水军，庆元府（今属浙江）定海县沿海制置使司水军。后两支水军均有 1 万人，平江府许浦水军最多时达 1.4 万人，是南宋最大的一支水军。

到南宋中后期，沿江、沿淮和沿海各重要的府州军，大都设有规模不等的水军。宋廷尤其重视长江下游至两浙路沿海的水军。对于水军的统辖体制，各个时期也不尽相同。如宋孝宗时，一度以知建康府兼沿江水军制置使，统领沿江及沿海 15 州水军。而大多数情况下，都由各地制置司、安抚司及水军司自行管理。

南宋凭借着水军优势，能够抵御金、元军的南侵，得以立足江南，偏安一隅。如绍兴末年金军南下，遭到宋水军拦截，失败而回。宋元战争中，南宋也是依仗水军与蒙古军抗衡了不短一段时日。后来，随着其优势的丧失，南宋的末日就来到了。

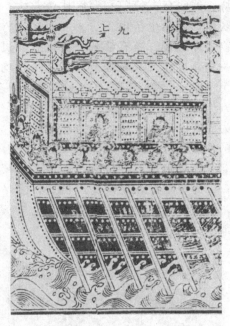

《武经总要》中的艦。斗艦船舷有女墙，墙下开孔，可蔽身放箭，是攻守兼备的战艦。

《武经总要》中的走舸。走舸是轻便高速的战船，来去如飞，用作突然攻击。

宋商业街形成

在宋代，随着市场和交换的发展，城镇进一步繁荣，商业活动迅速发展。这时，城市中一些重要街道形成前所未有的商业街。

唐王朝的商业区即"市"被局限在住宅区即"坊"之内，在城市面积中占很小比例。而且商业活动在时间上也受一定限制。这些都成为商业进一步发展的桎梏。

到了宋代，商业活动在时间和空间上打破了"市"的束缚，主要表现在商业街的迅速形成和发展上。

在时间上，商业街的商店往往三更才关门，五更又开门营业了。更有甚者昼夜营业。竹竿市一带常常夜里点灯贸易，天明反而休息歇业，所以人称"鬼市"；南宋临安府的主要大街往往昼夜不绝地做买卖，夜晚商业活动之热闹更甚于北宋汴京；据《避暑漫钞》（陆游著）所记，沿海地区也有"鬼市"，半夜合鸡鸣时散，人们可以在这里买到一些异物。这种情况说明商业活动的时间限制基本上被解除了。宋代的商业活动不再被限制在官方设置的市内进行。在大都市，大城镇，商业活动几乎是随时随地都可进行。人们在一些重要街道建造商店，推车挑担沿街叫卖，这样形成了一条又一条商业街。商业区"市"和住宅区"坊"之间的严格界限不复存在了。北宋时东京汴京的相国寺大街，小货行街、马道街等都是著名的商业街。徽宗时皇宫正面的御街也是一条著名的商业街。南宋临安的商业街又多于北宋东京。

宋代出现的商业街有两种大的类型。一、同类店铺聚集在一起。如北宋汴京的小货行街是药材集散地；南宋米市桥街则是米铺汇集处。二、不同类别的店铺混处。如在同一条商业街上，既有金银交引铺，又有店铺经营珠宝生意；既有生药铺和绒线铺，还有米店和鱼店。如：东京金梁桥西大街的枣王家金银铺与荆筐儿药铺比邻，南大街的温州漆器什物铺与唐家金银铺相邻；临安朝天门街的毛家生药铺和柴家绒线铺比邻，附近还有姚家海鲜铺，西坊街的陈家彩帛铺与官办和剂惠民药局等为邻。这种杂错比邻的不同类商店布局，说明了商业活动所受官府干预减弱了很多。

　　总之，宋代商业街的出现，说明了商业活动的进一步发展冲破了时间和空间的种种局限；也说明了官府对商业活动干预的减弱。它的出现，是与宋王朝经济发展水平相适合的。

南宋官窑与五大名窑齐名

　　南宋官窑窑址在今杭州一带。据文献记载，宋窑南迁后，在首都临安（今杭州），先后设立了两个官窑，一是修内司窑，二是郊坛下窑。修内司窑与北宋汴京官窑、汝窑相似，都是紫口铁足，都有蟹爪纹开片。此窑地迄今尚未得到证实。郊坛下窑窑址在杭州乌龟山发现，出土瓷片胎质黑灰，胎薄釉厚，乳浊如玉，釉色有粉青、炒米黄等多种，造型多仿古。

　　南宋官窑传世器物以盘、碗、洗等圆器较多，器身有葵瓣、莲瓣诸式，造型精

细规整，碗足多露胎，盘、洗则多为满釉支烧，器底有支钉痕，痕底比汝窑大，呈黑灰色。琢器也传世不少，多模仿古青铜器物式样烧铜，瓶有觯式、投壶式、贯耳式、扁壶贯耳式、扁腹贯耳式，每式均有大小，以小件者较多。洗以圆型者为多，有方形者，四角有垂云足；圆洗传世不少，均为线式，口微外敞，器身接近垂直，底有两种形式：一为平底满釉支烧，底有六或七个支烧痕，此种烧法与传世宋汝窑相似；二为线圈足，足微高出器底，圈足较宽，微微凸出器底，足均露胎，呈黑灰或黑紫色。

浙江龙泉窑窑床

　　官窑纹片有大小，纹片大者纹路稀疏，纹片小者纹路细密，纹片均呈金黄色，文献称为鳝血色。官窑釉色明代文献说以"粉青、月白为上，油灰乃色之下也"，事实上官窑釉色用粉青、月白及

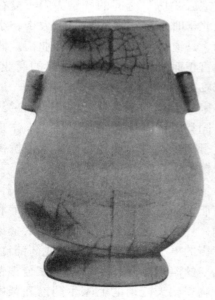

官窑贯耳瓶

官窑葵瓣盘

油灰三种是不能概括的。官窑釉质呈晶莹润泽特征，文献形容为"如堆脂"，包含有滋润凝重的含义。传世官窑釉好者多藏故宫博物院，以双耳大瓶、圆洗等最富代表性。

南宋官窑存世时间不长，而且官窑之间前后依存性较明显，南宋官窑（修内司窑、郊坛下窑）都模仿北宋官窑（汴京官窑、汝窑），注重器形釉色，不重纹饰，素面无纹，线青色中没有明显的开片面，器形端庄大方，富于贵族气派。

南宋突火枪开始使用

南宋时，火药性能提高，火药兵器在兵器中的比重显著增大，火药武器的制作也日趋精良。这时，战场上开始出现类似近代枪炮的火药兵器，突火枪是其中具有代表性的一种。

1132年，陈规镇守德安时，制成了能喷射火焰的长筒形火枪，用以焚毁敌人的大型攻城器；1232年，金军在作战中使用了飞火枪，它其实是用16层纸卷成约2尺长的筒，内装火药、铁渣、磁末等物，再绑在长矛前端，临阵先点燃烧杀敌人，喷完火后再用矛格斗。1259年发明的突火枪在此思路上进一步发展，它用良竹为筒，能发射出"子窠"，即弹丸，这种弹丸已具备后世子弹的雏形，发射时声响如炮，远近皆闻。

突火枪的出现，意味着火药兵器，已从过去只能喷火焰烧灼敌人的管形喷火器，发展到能发射弹丸杀伤敌人的管形射击火器，不能不说是世界武器制造史上的划时代进步。

尽管当时的突火枪还未使用金属发射管，但其发射原理却是后世步枪、火炮的理论先导。

中国新娘开始坐花轿

轿子是从辇、舆等载人工具演变而来的，在五代出现了有顶的轿子。从张择端的《清明上河图》和《宋史·舆服志》中可以知道，当时的轿一般呈正方或长方形，有黄、黑两种颜色，轿顶向上凸出，没横梁支撑，四周围以篾席，左右开窗，前面没有门帘，以两根竹长竿扛抬。

上花轿是婚礼上最热闹的一个场面

宋代时，男家已经开始用花轿来迎接新娘。在此以前使用的迎亲工具是花车。司马光在《书仪·亲迎》中记载说："今妇人幸有毡车可乘，而世俗重担子，轻毡车"。担子也就是轿。可见当时民间迎亲已大部分采用花轿。据《政和五礼新仪》规定，皇帝要皇后入宫，皇后乘后肩舆（原注，"肩舆为担子"）进堂上，再降舆升车。当时亲王家的公主出嫁，要乘坐金铜担子，轿顶用朱红漆的脊梁，用剪棕作盖，再装饰上渗金铜铸云凤花朵，四周垂绣额珠帘、白藤间花。两壁栏槛上雕以金花装的雕木人物、神仙。担子装有两根长竿，竿前后都用绿丝绦金鱼钩子钩定。（据《东京梦华录·公主出降》士庶之家和贵家女子结婚，也乘坐轿子，只是轿顶上没有铜凤花朵罢了。当时市面上还有店铺专门出租担子。

据吴自牧记载，临安府民间在迎亲的日子，男家算定时辰，预先命"行郎"指挥搬运花瓶、花烛、妆盒、镜台等人，还要雇上妓女乘马，雇请乐官鼓吹，抬着花轿到女家迎接新人。花轿抬到女家之后，女家摆下酒宴款待行郎，发给花红银碟及利市钱，然后乐官奏乐催妆，时辰一到，催促登轿；茶酒司齐念诗词，说着吉利的话，催请新人出阁上娇。新娘是由女家的亲戚抱上轿的。新娘上轿后，抬轿人还不肯起步，仍在那儿念着诗词，索取利市钱和酒，这叫"起担子"。女家发给钱以后，行郎们才抬起轿子齐声奏乐，一直迎到男家的门口。这时候预定的吉时将到了，那些乐官、妓女和茶酒司等还要互相念着吉利的话，在门口索取利市钱物花红等，这叫"拦门"。

宋代以后，新娘乘坐花轿的风气一直沿袭下来。花轿的设备越来越考究，花轿也更加富丽堂皇。

金制定法币

金章宗承安三年铸造"承安宝货"，是我国货币史上第一次使用白银作为法定的通用货币，成为我国古代币制的一次革命。影响了元朝及以后的中国古代及近代币制。

金朝建国前没有货币，在商贸活动中实行的是物物交易，占领辽、宋后，沿用其旧货币并随着商业的发展和繁荣，对此加以改造，创制了自己的货币。金朝发行货币开始于海陵王贞元元年迁都之后，户部尚书蔡松年复钞引法，创制了交钞，并在中都及其他十四府七州设交钞库、抄纸场。这时发行的交钞分大、小钞两种十等，规定流通期限为七年。章宗大定二十九年，改为无限期流通，它的出现于南宋会子六年，可以说是币制史上的一次重大改进。海陵王正隆三年，设宝源、宝丰，利用三钱监铸造"正隆通宝"的铜币，并开始流通。章宗大定十九年铸"大定通宝"，第二年就铸了一万六千多贯。泰和四年，铸制泰和重宝，由于金代铜少，此后没能再铸铜钱，因而铜钱无法取代纸币作为主要流通货币。

金章宗时，纸币作为永久流通货币而被大量发行，加之货币屡屡更改，市民怨恨，金代币制开始陷入极度混乱之中。纸币极度贬值，以至卫绍王大安三年会河之役时用八十四辆车子运送所需的军赏，其价值轻得几乎不如印制它的工墨费。政府为抑制币制混乱采取的措施是乱发纸币，每次发行都提高所当旧币的额数，这样不仅不能保证币值，反而更加贬值，通货膨胀十分严重，在这种情况下，人们争相追逐铜钱和银，使得银的地位愈来愈高。物价上涨，商旅不行，社会经济陷入危机之中。为此政府采取了一些经济上的对策，其中之一就是铸造银锭，使其便于流通，金章宗承定二年以前是以锭来计量白银的，银锭重五十两，这一年，开始铸造"承安宝货"，有一两至十两共五等，从此成为法定货币，这次货币的革命性变革虽无法改变金王朝经济极度混乱的局面，却对后代产生了深远的影响，元代的币制就是由此直接脱胎而来的。此外，金政府采取了促使货币回笼，以时估价、限价、计价等措施，仍然无法逃脱滥发纸币带来的货币流通规律性的惩罚，以致亡国。

金开雕《大藏经》

金代印刷业相当发达，皇统年间（1141～1149），为便于刻印汉文典籍、管理民营的书坊和书铺，除中都（今北京）

之外，在平阳（今山西临汾）也设立了专门的雕刻印书机构。平阳府不在要冲地区，战乱破坏较少，此地出产的书籍刻板古称"平水板"，书写工整，雕镂极精，就是南

《金藏卷首图》

宋著名的精椠刻本亦不能及。大批金代平水本书籍甚至远传到西夏、西辽等国。

随着金代平阳刻书事业中心的形成，金熙宗完颜亶于金皇统八年（1148）命平水刻工在解州（今山西运城西南）天宁寺开雕"大藏经"，一直到金大定十三年（1173），前后共历时 25 年之久，完成刻印佛典 6000 余卷。

1933 年，金所刻大藏经在山西赵城县（今山西洪洞西北）广腾寺被发现，故称赵城藏，亦称平水藏、金藏。

陈旉著《农书》

南宋绍兴十九年（1149），陈旉著成《农书》。它所反映的是南宋初长江下游三角洲的农桑经营情况，是一本典型的地方性农书，也可视为一部自耕农和小经营地主的生产经营和技术指导手册。学者们对《农书》评价甚高，认为它可以与《氾胜之书》、《齐民要术》、《王祯农书》、《农政全书》等并列为我国一流的古农书。它有许多独特的创见和发明，内容丰富多彩。

陈旉《农书》是以江南一个农业区域

《农书》

或一个具体农场为研究对象，虽然连序、跋在内才一万二千余字，但书的结构表现出了江南泽农特点的一个相当严谨的整体，作者似乎是试图追求一个新的完整的农学体系。全书分上、中、下三卷，上卷没设篇名，内容是论述土地经营管理和作物栽培，重点讨论水田生产但也兼及旱地的耕种为全书主体；中卷《牛说》，论述耕牛，实际上是水牛的经济地位、饲养管理，以及牛病的防治，这是所有现存农书中第一次用专篇系统研究耕牛的问题；下卷蚕、桑，讨论蚕、桑的培育管理。把蚕桑作为农书的一个重要问题来研究，也是此书所开先例，并对以后的农书有深远的影响。最能体现出其体系严谨的是他上卷诸篇的编次，按实际耕作过程中先后当考虑的问题而贯穿为一个有条理的有机整体，分别

陈旉像

论述了"财力之宜"、"地势之宜"、"耕耨之宜"等"十二宜"。正如作者在后序中所说，其目的是使"览者有条而易见，用者有序而易循"。

陈旉本人是一个杂糅释、儒、道思想的全真教道徒，《农书》中用以解释农学原理的哲学思想也较驳杂，有"农本"、"圣人"之训、阴阳五行学说等，而其核心的指导思想仍是以"天、地、人"为内涵的"三才"哲学思想，这与其他农书一样。陈旉对农业生产的一般原理进行较高理论性的探索，常用自己的语言表达心得体会，表现了其独创性。陈旉把"人力"的作用放在首位，看作是整个农业生产的核心。对于"地"，注重统筹观察与利用，特别强调施肥对于提高地力的重要性。论述"天时"，他把"天"、"地"、"时"紧密结合起来谈，反映出他对三者相互作用的关系的深刻认识。

陈旉在《农书》中对土壤和施肥理论的发展有突出的贡献。陈旉以前的农书对于施肥的方法的论述很贫乏，似乎是只有基肥一种，只强调绿肥的使用。陈旉在《粪田之宜》等篇中介绍了火粪、发酵的麻枯、粪屋积肥、沤池积肥等积肥方法，其指导思想是开辟肥源、多积肥料，增进肥效、避免损失，大大地丰富发展了我国古代土壤、肥料学的理论。

陈旉《农书》还有一个与其他农书不同的特点是，它不仅仅记述耕作、栽培等生产技术，而且还注重对农业进行经营管理。并且形成了比较系统的经营管理思想。这些思想来自于他自己经营管理的实践活动中。

他认为，农业经营要有整体的观念和进行通盘筹划，要有计划、有步骤。要充分利用同一块土地，多种经营，使"种无虚日"、"收无虚月"。还得注重农业技术的应用，重视农具和动力，提高工作效率。这种系统的经营管理思想对后世影响深远。

金蚕桑技术提高

我国古代重要的农书《农桑辑要》共收录技术资料 572 条，而 140 条来自金代的《务本新书》和《士农必用》两书，两部书中有关蚕桑的占了 116 条，反映出金代蚕桑技术大大超过了六七百年前的《齐民要术》的记载。自宋代开始的蚕桑重心南移以后，北方的蚕桑事业及技术水平并未就此衰落，尤其在金代有了较大程度的提高。

《齐民要术》记载的种桑椹很简单，仅说在收取成熟的桑椹的当日就用水淘取出桑籽，晒干，翻整好土地，保证足够的水后下种，像种植葵一样，经常除草保持无杂草，不足 20 字。而《务本新书》却用了 400 字左右的篇幅详细地介绍种植桑椹的方法。种植方法增至两种并详细具体地作了介绍，说桑椹太细，必须用黍子或蚕沙拌和，然后播种，才能比较均匀，而且与黍子混合播种及在畦西、畦南种苘麻，可以为刚出土的桑苗遮荫。在论述养蚕收种问题时，《齐民要术》仅说：收取茧种，必须选择那些位于中间的茧子，太上面的丝薄，接近地的不能成活生出蚕的幼芽。而《务本新书》的文字却是其十几倍。其内容首先指出收取茧种的重要性，认为养蚕的好坏取决于茧种，收取茧种是养蚕成功的首要因素；其次，收取茧种，"开簇时"要选择接近上端而对着阳光的，这种茧强壮、优秀；进而说茧种要单独摘出来，放在透风、荫凉的房子里的干净箔子上，一一单排，到了时间，蛾子自然会出生。还需将不好的蛾挑出来不用，只留下"完全肥好者"，让它们在预先安排好的箔连上交配产卵。这说明金代对蚕种异常重视，对种植桑树和养蚕的各种细节的记录，都

中国通史

最新整理图文珍藏版

比《齐民要术》有较大进步。

总之，金代蚕桑技术在继承和保持原有水平的基础上，表现出明显的进步。

闽学创立

南宋时期，理学家朱熹创办书院，讲解经书，宣传理学，培养了大批弟子，并由此创立"闽学"学派。

朱熹是理学的集大成者，他的思想代表了理学发展的最高水平。朱熹早年出入佛老经传，所学以儒家经典为主，对佛、道也有一定造诣。24岁，朱熹受学于李侗，从此专心致志于儒学的研究，成为二程的四传弟子。二程的学派称"洛学"，李侗是"洛学"传人，朱熹师从李侗，把二程的学说再向前推进了一步，所以"闽学"是对"洛学"的继承和发展，同时它也吸收了佛与道两家的思维成果。

朱熹门下弟子云集，仅在《文集》中与他有书信来往的就有二百多人，在《语类》中，有姓名可考的笔录者亦有九十余人。这批弟子和后学聚众讲学，在学术界颇有影响。朱熹重视学校教育和知识训练，他在办学讲经的过程中勤于著述，对儒家经典进行注释、整理，引导学生读经明理。朱熹的著述宏富，门类众多。经书类有《周易本义》、《周易启蒙》、《诗集传》、《书集传》、《仪礼经传通律》、《孝经刊误》。四书方面有《四书章句集注》、《四书或问》。历史方面有《伊洛渊源录》、《通鉴纲目》、《八朝名臣言行录》。文学方面有《诗集传》、《楚辞集注》、《韩文考异》。此外，朱熹还编辑了《二程遗书》、《二程外书》、《上蔡语录》、《近思录》。注解性的著作有《太极图说解》、《通书解》、《西铭解义》，还有考证道教的著作《参同契考异》、《阴符经考异》，等等。他的语

录被后人编为《朱子语类》140卷。朱熹在经、史、文学等方面均有成就，可见他学问之渊博。

《朱熹著书图》，描绘了一代理学大师的著述生活。

朱熹的理论体系庞大，其思想的核心是理气说。"天理"的概念在张载和二程的哲学中已经提出，朱熹在此基础上，更严密地论证了作为宇宙之本体的"理"或"天理"。在朱熹的思想体系中，理既是宇宙本体，又是社会道德规范的源头和依据。理是超越个体的客观存在。"气"的思想以张载发挥得最深刻。张载以气为本体建立了一套完整的宇宙论，解释宇宙万物生灭变化的总过程。朱熹保留了"气"概念，把"气"纳入自己的理学体系中，以理为体，以气为用，突出理的本体地位和气的化育功能。无形相无造作的本体

（理）通过有凝结造作功能的气派生出天地万物，这样理、气与物三者沟通起来，气使理有了挂搭之处。所以，理必须通过气才能演化出万物，气也须依附理才能化育流气，气与理不可分。两者的关系是理本气末，理主宰气，从主体上（或逻辑上）来说，理先气后。朱熹以气沟通了理与物，他进一步说明作为抽象本体的理与万事万物各具之理的关联，提出了著名的"理一分殊"说，阐发了一般与个别、抽象与具体的辩证关系，促进了理论思维的发展。

朱熹不仅从理论上论证天理说，而且从实践上点明认识天理的方法，这就是"格物致知"或"格物穷理"。朱熹所说的"物"不仅包括自然万物，还包括身心性格及人伦日用。"物"包括外界事物、自身心性及生活事件，可见其范围之广。"格"即认识、体贴之意，朱熹"格物"的重点仍落在道德修养的性理方面，格物的目的是穷理明善成德。他把"格物"看作一个由表及里，由浅入深的过程，重视知识的积累，在此基础上达到贯通。朱熹在宋明理学家中最重视知识训练，并把知识的培养与道德的修炼结合起来，其"格物"包含有格求天地自然、草木器物之理的内容，这些思想为明中叶以后中国自然科学的发展提供了精神资源。

朱熹总结了北宋以来理学的成就，为理学之集大成者。在朱学思想体系中，不仅熔铸了传统的儒家思想，而且还吸取了佛、道思辩哲学的营养，更富于理论思维色彩。以朱熹为代表的"闽学"是理学的成熟形态，对当时及后世都产生了很大的影响。朱子之学在宋元之际传播到朝鲜日本等国，17世纪欧洲人开始注意朱学，18世纪初有人翻译了朱熹的某些作品，可见，朱子之学的研究已超越了国界，朱学已成为有世界影响的哲学理论。

宋舞队活跃于民间

两宋时期，逢年过节，有组织的、自娱兼表演的舞蹈活动十分活跃，许多不再被宫廷长期供奉、必须自谋生路的专业歌舞艺人与农村优秀舞人乐伎一起涌向城市，形成一支为城镇百姓表演的专业队伍。他们组成班社，开辟固定的表演场地，相互在艺术创造和表演上展开竞争、争夺观众，这一切为舞蹈艺术向商品化和剧场化过渡准备了条件，并促进了舞蹈技艺的不断提高。

宋代民间欢度节日，以歌舞为主，"舞队"是指包括武术、杂技、说唱等的游行表演，当时称之为"社火"，也有人认为社火来自于祭社乐舞习俗。民间"舞队"的活动规模十分可观，名目也很丰富，每年腊月下旬开始，就陆续有舞队出动，到正月初一后，日渐增多，到元宵节达到高潮。

"舞队"表演技艺的名目，《东京梦华录》、《梦粱录》、《西湖老人繁胜录》、《都城纪胜》均有记载，《武林旧事·舞队》所记更为详尽。舞蹈性的节目有：大小金棚傀儡、快活三郎、瞎判官、细旦、夹棒、男女竹马、男女杵歌、大小斫刀鲍老、交衮鲍老、诸国献宝、穿心国入贡、孙武子教女兵、六国朝、四国朝、遏云社、绯绿社、胡女、风阮稽琴、扑蝴蝶、回阳丹、大乐、瓦盆鼓、焦锤架儿、乔三教、乔迎酒、乔亲事、乔乐神、乔捉蛇、乔学堂、乔宅眷、乔像生、乔师娘、独自乔、地仙、旱划船、教象、装志、村田乐、鼓板、踏跷、扑旗、抱锣装鬼、狮豹、蛮牌、十斋郎、耍和尚、刘衮、货郎、打娇惜等等。由此可以窥见当时舞队的表演形式与内容之丰富多彩。从这些名目中还可以得知，纯粹的舞蹈表演节目并不多，大多是杂技、歌舞、舞蹈化的武术和体技表演，也有许多是以舞蹈动态语言为主的戏剧性小品，诸如《孙武子教女兵》以及许多的"乔××"。"乔"在这里可以理解为"乔妆"、模仿和扮演之意，可见此时的舞蹈艺术正向情节、人物性格化靠拢，向戏曲发展的总趋势。这在宋代的民间舞和宫廷舞中都是一致的。

从上述"节目单"中可将宋代"舞队"中舞蹈性较强的作品分为以下几类：

1. 表现农耕劳作和生活情趣的舞蹈。

《村田乐》，这是一种表现农村劳动生活的民间歌舞，乡土气息浓郁。范成大曾有诗描述临安灯节上表演该舞的情景："村田襄笠野，街市管弦清"。此舞一直流传到明代。

《讶鼓》，也写作《迓鼓》、《砑鼓》，是一种以击鼓伴奏为特征的歌舞形式，其间常穿插妆扮各种人物表演的情节性舞蹈小品，类似今天秧歌中的小场子，元宵节表演《讶鼓》的风习，由宋至元、明、清，一直流传不衰。

《十斋郎》，也称《舞斋郎》、"斋郎"是唐宋时代掌管太庙或郊社祭祀仪式的一般官员，本应讲求仪表端正无疾，但在宋代这一官位可以荫新，也可用钱捐买，故称职者不多，人们便用舞蹈予以讽刺。《十斋郎》即以风趣怪异的形态，刻画了那些笨拙无能、滑稽可笑的官员的丑陋形象，编入民间舞队表演。

《鲍老》，或称《舞鲍老》，民间舞队中的滑稽舞蹈。

2. 装神扮鬼，带有宗教神秘色彩的舞蹈。《装神鬼》，简称"神鬼"，是宋代民间舞队和百戏中的舞蹈类别。这类舞蹈名目很多，像《抢锣》、《舞判》、《硬鬼》、《歇帐》、《七圣刀》、《哑杂剧》等皆是，主要在每年腊月至次年元宵节的广场舞队中表演。"装神鬼"中的各个节目，几乎都以一声爆仗的鸣响和燃烧的烟火相接，扮着各种怪异鬼神形象的舞者轮番出场表演，《东京梦华录》对这些舞蹈都有较详尽的描述。

3. 舞蹈化了的武术、击技表演及其他。这类舞蹈虽已融入了更多的武术技艺借以吸引观众，但其主要艺术特征还是舞蹈。一些比较有名的舞蹈有《斫刀》、《舞蛮牌》、《抹跄板落》，此外与《斫刀》相类的《舞剑》，在民间舞队中也有表演，《都城纪胜·瓦舍众技》中就有《舞剑》名目。

宋代民间舞蹈与前代相比，有几个鲜明的特点：

一、表演性舞蹈的一部分，由宫廷走向了民间，服务对象从专为皇室贵族到兼

宋代乐
舞图

为广大市民阶层。

二、出现了一些以舞蹈为谋生手段的专业艺人，加快了舞路表演艺术剧场化、商品化的进程，促进了舞蹈艺术技巧的进一步提高和丰富。

三、民间舞蹈活动更为经常，形式、品类、节目更为多样，更富有娱乐性，保存下来的史料和流传下来的节目更多，很多民间舞作为汉族民间舞蹈的主体，一直活跃于明、清和近现代，盛传不衰。

四、民间舞蹈的题材扩大了，内容更丰富，多角度、多层面地反映生活，融进了许多传说故事，出现了生动鲜明的人物形象，出现向戏剧靠拢、发展的趋势。

全真教的创建

靖康之耻，自称"教主道君皇帝"的宋徽宗做了金人的阶下囚，北方各地的道教官观大多毁于兵燹，赵氏御用的符箓派道教，至此已腐朽衰落。但在中国源远流长、根深蒂固的道教并不因此完结，遭受了山河易主、国破家亡的创痛，又承受着民族与阶级双重压迫的北方民众，亟需传统道教的精神慰藉；统治渐趋稳固的金廷，在采用汉法的同时，也相中了道教来加强精神统治，缓和社会矛盾。金人入主中原不久，新的道教便从民间应运而起，迅速流行，并受到统治者的支持利用。

北宋后期，主张炼丹服气的外丹派因数百年来毫无灵验而没落，取而代之的内丹派社会影响已相当广泛，正酝酿着新的大教团的诞生；文化上，多元融合成为社会的一种新趋势，三教合流成为文化思潮的主流，吸收佛道的新儒学（宋代道学）和容纳儒道的新佛学（宋代禅学）相继出现，贯通三教的新道教虽未诞生，却也呼之欲出了。不久，便有王喆（1113～

1169）从庶族地主中应运而出，上承北宋内丹道教传统，下应时代潮流，以"三教圆融"为号召，创立了一个具有完整教义教创的新道派——全真教，它是宋元道教鼎革浪潮中涌现出来的一个最大、最重要的新道派。

王喆出身富庶，文武全才，但直至四十七岁仍不得志，才慨然入道，自号重阳子，后人又称他为王重阳。他是个天才的宗教宣传家，善于随机施教，尤其擅长作诗词歌曲劝诱士人，制造神奇诡异惊世骇俗。未立全真教以前，他在终南山筑穴而居，号"活死人墓"，内则潜修金丹，外则佯狂装疯，还自名"王害风"，但并未引来信徒。大定七年（1167），他焚居东行，云游至山东半岛，树起"全真"旗号，不仅招收了马钰、谭处端、刘处玄、丘处机、王处一、郝大通、孙不二七大弟子，还在文登、宁海、福山、莱州一带建立了五个群众性的教团会社，正式创立了全丹道的组织形式。不久，王喆在返回关中路上逝于汴京。但他东行传教这三年中，成绩卓著，在理论和组织方面都为全真教的兴盛奠定了基础。

王喆所收的七大弟子，多数出身豪门富户，而且皆是士子中的第一流人才，不仅自身成为全真教兴旺发达的骨干力量，而且身后各自形成门派，推动全真教继续发扬光大。全真七子传道途中，秉承师道，以奇行苦节感动世人，又轻财仗义，济人之急，民众感佩之余，入教者渐多；他们又有著述问世，不仅总结发展了全真教的教义理论，而且便于结纳士类，相与推扬。全真七子积极向外弘宗传教之余，还特别注意争取朝廷的承认和重视，并且开始营造宫观，建立巩固的宗教活动基地。

经过二十余年经营，全真教在组织上已具备相当规模，教义也发展完善。王喆继承内丹派道禅融合的思想，高唱三教合一，宣扬"三教从来一祖风"，"太上（老子）为祖，释迦为宗，夫子（孔子）为科牌"，后来全真家常说"天下无二道，圣人不两心"，正是这种会通三教的强烈愿望的表现。全真教力倡三教平等，也是有鉴于儒佛两家远胜于道教的不等事实，他们说三教之徒交游中不应有门户之见，显然是要抬高道家地位，与儒佛平起平坐。

全真教作为一个道家流派，也坚持成仙证真的信仰。他们汲取佛教"众生皆有佛性"说，宣扬人人皆可成仙论；又援附禅宗的"见性成佛"说，宣扬明心见性，即可证仙，但其学说比禅宗更浅显易学。王喆为其新道派起名"全真"，正是为了提倡保全真性，以清净为宗，以识心见性为本，成就一个最完美、最真实的人生。

随着全真道日益形成一种不可忽视的精神力量和社会势力，金朝统治者也受到了触动；而全真道又是不以政治为目的的宗教教派，更促使金廷对之拉拢利用，以加强黄河流域广大汉族区域的统治。皇帝的一再征召问道，抬高了全真七子的身份，助长了全真教团在民间的发展；而全真教的势力愈益扩大，朝廷对它也愈益重视。刘处玄掌教时，全真道正式成为合法宗教，全真道进入稳定发展时期。金朝衰败后，在民间拥有强大势力的全真道，成为蒙古、金、南宋三国争夺中原中所争取的一个重要目标。掌教人丘处机审时度势，明智地选择向背，推辞了金、宋而应诏成吉思汗，为全真道的鼎盛创立了未来的社会政治条件。

中国发明火箭

火箭起源于中国，是中国古代重大发明之一，是一种依靠自身向后喷射火药燃气的反作用力飞向目标的兵器。宋代火箭广泛应用于军事，被称为"军中利器"。

火箭一词，最早见于《三国志·魏明帝纪》注引《魏略》，魏明帝太和二年（228），诸葛亮出兵攻打陈仓（今陕西宝鸡市东），魏守将赫昭"以火箭逆射其云梯，梯然，梯上人皆烧死"。但那时的火箭，只是在箭杆靠近箭头处绑缚浸满油脂

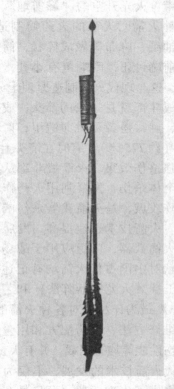

宋代军队配备的火箭，将火药筒缚在箭支前部，由火药燃烧产生的后推动力发射。

的麻布等易燃物，点燃后用弓弩发射出去，用来纵火。火药发明后，上述易燃物由燃烧性能更好的火药所取代，出现了火药箭。北宋时期已大量生产火药，并用来制造火器，主要有弓火药箭、弩火药箭、霹雳炮。北宋后期，民间流行的能高飞的"流星"（或称起火）属于用来玩赏的火箭，南宋时期，产生了最早的军用火箭。当时的火箭是在普通的箭杆上绑一个火药筒，发射

时用引线点燃火药，火药燃气从尾部喷出，产生反作用力推动火箭前进，它以火药筒作发动机，以箭杆作箭身，用翎和箭尾上的配重铁块稳定飞行方向。其构造虽简单，但组成部分却很完整，是现代火箭的雏形。当时有些称"雷"或"炮"的武器，如南宋绍兴三十一年（1161），宋金采石之战所用的带着火光升空的"霹雳炮"实际上就是一种火箭。火箭的火药筒制造简单，用多层油纸、麻布等做成筒状，筒内装满火药，前端封死，后端留有小孔，从中引出火线，这与现代火箭制造原理十分相似。火箭的战斗部就是一般的箭头，或代之以刀、矛、剑，强者可射穿铠甲，射程可达五百步（约775米），有时在箭头上涂缚毒药来增强杀伤效果。火箭战斗部从用冷兵器实施个体杀伤，发展到用火药作群体杀伤和破阵攻城，是火箭武器杀伤威力的重大推进。火箭技术迅速提高，发展成种类繁多的火箭武器，广泛应用于战场。许多中外文献对中国古代火箭均有记述，尤以明朝焦玉撰《火龙神器阵法》和茅元纹撰《武备志》最为详尽，对各种火箭的制作、使用和维修方法、火药配方和用量，及飞行和杀伤性能等均有记载，并有大量附图。

宋代火箭技术的发展，不仅为中国古代战争提供了先进武器，而且具有重大的科学价值，是我国对世界文明的一项特殊贡献。

宋塔流行

宋朝是我国建造佛塔的盛期，这时期的佛塔已由木结构向砖石结构转变，平面形式和外观都更丰富多彩，以楼阁式为主的几种主要佛塔类型均已出现，而且几乎遍布全国，尤以中原黄河流域和南方为最多。

龙华寺塔

楼阁式佛塔是在受佛教外来文化影响下，采用中国古代传统建筑技术建造的高层建筑。起初多为木结构，固易毁于火灾，所以两宋以后砖石塔大量出现。两宋砖石塔按其结构和造型可以分为三种类型：第一种是塔身砖砌，外檐采用木结构，其外形同于楼阁式木塔，如苏州报恩寺塔和杭州六和塔等。报恩寺塔在苏州城北，又称北寺塔，建于南宋绍兴年间（1131～1162）。塔共9层，高71.85米，平面八角形，木檐外廊和底层副阶为清末重建，砖砌塔身是宋代遗构。六和塔在杭州钱塘江畔的月轮山腰，始建于宋开宝三年（970），绍兴二十六年（1156）重建，至隆兴元年（1163）建成，共7层，高59.89米，为平面八角的木檐砖塔。现存13层木构外檐为清末重建，砖心部分为宋代原构。两塔的砖心部分为外壁和塔心室，里外两圈，之间夹以回廊和楼梯的"套筒式"结构布置，加强了塔身的刚度。在

河南开封祐国寺塔

800 年前就有此高层砖结构出现，足以说明中国古代砖石技术的先进。第二种是全部砖造，但塔的外形完全模仿楼阁式木塔建造。如屋檐、平坐、柱额、斗拱等用专门制作的异型砖或石构件拼装而成，形象逼真，泉州开元寺双塔是此种塔的代表。双塔在开元寺大殿前东西两侧，东塔称镇国塔，高 48 米，西塔称仁寿塔，高 44 米。两塔平面皆为八角形，高五层，塔下施须弥座石刻莲瓣、力士、佛教故事等装饰。塔心作巨型石柱楼梯设在塔壁和石柱间。塔身全部用约一吨重的大石条砌成，在古代无特殊起重设备的条件下，建造这样高的石塔，也可称为世界奇迹。第三种是用砖或石砌造模仿楼阁式木塔，并根据砖材料的特点，在构造上和外观装饰上作了适当的简化，如河北定州开元寺塔和河南开封祐国寺塔等。开元寺塔为 11 层八角形楼阁式砖塔，高 84 米多，是中国现存最高的

砖塔，宋咸平四年（1001）开工，至和二年（1055）建成。砖塔只在底层作平坐、腰檐，以上各层用简单的砖叠涩挑出腰檐，檐下石作砖仿斗拱。塔壁与塔心之间作回廊，第四层以上各层阶梯在塔心作十字交叉。八角形塔身各层开 4 门，只在第二、第十及第十一层四面开窗，其余各层开假窗，这些都是加强砖塔刚性的措施。祐国寺塔建于宋皇祐元年（1049），是中国现存最早的琉璃砖塔，因使用深褐色琉璃砖，俗称"铁塔"。塔上所用构件如柱额、椽枋和斗拱、平坐等用 28 种型砖镶拼而成，装饰琉璃砖雕刻有飞天、降龙、麒麟等。

宋塔流行是佛教建筑在中国成熟的标志，而宋代砖塔精良的技术、多种多样的形式结构不仅丰富了中国式的佛教建筑艺术，同时也对朝鲜、日本、越南等国产生了不小的影响。

庆华寺花塔

湖北高阳玉泉寺铁塔

石雕戏剧人物——付净

宋杂剧发展成熟

宋代的杂剧，是一种独立的戏剧表演艺术。在散乐中占有首要的地位。

北宋的杂剧演出在宫廷、军队中、民间勾栏里都很活跃。宫廷演出由教坊承应，每当春、秋、圣节三大宴，或是皇帝"赐酺"，教坊演出需与饮酒活动相合。北宋，教坊演出杂剧，即在队舞演出节次中表演，"一场两段"。这种情况，到南宋时发生了变化。宫廷内宴多雇用、征调民间伎艺人和杂剧艺人演出，同时，也由于取消小儿队、女童队，杂剧也就成为独立上演的节目。唐宋肘，杂剧也有了一场三段的演出方式。

军中杂剧演出，也是两段，一段由军队演出，一段由民间杂剧女艺人演出。军人演杂剧，也得约请民间艺人。

民间勾栏里的杂剧演出活动也很多，勾栏伎艺人将勾栏杂剧与世俗民情相结合作营业性演出。据《东京梦华录》"中元节"记载，他们在中元节时期上演《目连救国》杂剧，与民俗活动结合在一起，在戏曲形成与发展史上有重要的地位。

宋杂剧演出，总是以两段或者三段的方式进行的。第一段，称艳段，表演寻常熟事；第二段，称正杂剧，表演故事内容比较复杂的事；第三段，称散段，也称"杂扮"。

宋杂剧的脚色行当，有末泥、副净、副末、旦、贴等。

《武林旧事》"官本杂剧段数"，收录了宋代杂剧的 280 个剧本的名目，它们在一定程度上反映了杂剧的重要变化。

宋杂剧，初始以滑稽调笑的剧目为主，从段数名目看，可以分三种情况。

滑稽调笑、诙谐风趣的剧目，并非没有人和事，而是以"务在滑稽"组织故事

杂剧及乐队砖雕（金代）

和表演。"官本杂剧段数"中《讳药孤》、《眼药酸》、《急慢酸》、《双打球》、《三社争赛》、《四教化》等，就是这类剧目。

杂剧人物（金代）

全以人名和以故事命名的，有《相如文君》、《崔智韬艾虎儿》、《李勉负心》等这些全是有人物、有情节的杂剧剧目，是杂剧内容与形式发生变化后出现的故事剧。

以人名或故事名加曲名命名的，如《雀护六幺》、《霸王剑器》、《柳毅大圣乐》等，它们是采用大曲表现故事的剧目。

杂剧作为一种独立的舞台表演艺术在宋代已经发展成熟，它吸收、融合说唱、歌舞的艺术成就，为南戏的产生奠定了基础。

犹太人入华

宋代，一些犹太人来到中国安居乐业，与中国人相安共处。

犹太人是信仰犹太教的民族，奉雅赫维（耶和华）为独一无二的真神，期望救世主弥赛亚降世拯救犹太人，认为自己是亚伯拉罕的后裔，是上帝的唯一选民，以《旧约圣经》为宗教经典，以摩西十诫为道德行为规范，婴儿实行割礼，遵守安息日，不与外族外邦通婚，宰杀牛羊时要挑去脚筋不食，以犹太会堂为聚会场所。公元 70 年，罗马摧毁耶路撒冷圣城，从此犹太人成为"没有祖国"的民族，流散世界各地，少数来到了中国。

宋代，开封的犹太人最多。12 世纪是开封最繁荣的时期，成为东方最先进的商业和文化中心。犹太人入华后多聚居此地。开封犹太会堂建于南宋孝宗隆兴元年（1163），也就是金朝世宗大定三年，开封已属金朝管辖，会堂三块碑文记载了犹太人入华、建会堂的经过，并称犹太教出自天竺，可见开封犹太人可能来自印度。当时有李、艾、高、穆、赵、金等七十余姓犹太人向宋朝廷进贡西洋布，以求留住中国开封，得到宋帝应允，从此长住于此。中国历史上不称犹太教，一般称"一赐乐业"（以色列异译）教，或因为他们挑除牛羊腿筋而称为"挑筋教"，也有古教或回回教等名称，对犹太会堂也称清真寺。世俗人往往辨不清犹太教与伊斯兰教的区别，常常混淆，而犹太人为了表示不同，宁肯叫"挑筋教"。宋代开封有犹太人约500 余家共 2500 多人，他们保持犹太教的基本信仰和教义教诫，又汲取中国文化的养分，在习惯上语言上都有所改变，例如称"上帝"为"天"，称《圣经》为《道经》等他们也在会堂祭祖，但不是自己的亲祖，而是犹太民族的祖先亚当、亚伯拉罕、雅各、摩西等。他们也敬奉中国的孔子和儒学，春秋两季到孔庙祭孔。犹太人入华和中国人和平共处，他们的信仰受到统治者和人民的尊重。

禅宗开始东渡

南宋时代，禅宗在中国已经进入全盛时期，江南五山十刹得到政府的提倡，全

南宋观音菩萨坐像

成禅寺。荣西是日本禅宗的开山祖。1169年，他第一次到明州参拜天台山和阿音王山，带回天台宗的新章疏和茶籽。1187～1191年，荣西第二次到明州，向天台山万年寺的虚庵怀敝学禅，怀敝移居天童山后，他也随往继承法统，宋孝宗封他为千光法师。回国以后，他将禅宗的临济宗在日本传扬，著成《兴禅护国论》，开始脱离天台宗，提倡修禅护国，宣扬"见性成佛"，

"不立文字"等，切合武士的口味，得到当时的镰仓幕府的大力支持，在日本全国迅速传播开来。荣西在博多修建圣福寺，在镰仓修建寿福寺，在京都创建建仁寺，给当时正期待变革的日本佛教以强烈的刺激，在日本掀起一股学习禅宗的风气。

至 13 世纪，中国也有禅僧到达日本，传播禅宗。1246 年，阳山兰溪道隆来到日本，成为镰仓禅宗道场的开创者。1248 年 12 月，他又应幕府执政北条时赖的邀请，在镰仓粟船常乐寺开讲禅学。1253 年，北条时赖建成"建长寺"，从此日本才有了独立的禅寺，不再和天台、真言寺庙相混。禅宗在幕府的保护下，也不再受天台、真言宗的排斥。道隆东渡，为日本禅宗奠定了基础。此后，执政北条时宗特地从明州天童山请来无学祖元主持镰仓建长寺。1282 年镰仓圆觉寺建成之后，祖元成为开山祖。北条时宗等许多镰仓武士都跟从祖元学禅。据说在 1281 年元兵大举进攻博多时，祖元鼓励镰仓武士发扬勇猛精神，北条时宗更是临危不惧，继续参禅不止。禅宗从此在日本落地生根，使得武士道中增添了视死如归、死生本一的精神。

禅宗的传播，对日本的建筑、工艺和社会习俗等方面都产生了深远的影响。在建筑上，输入天竺式和唐式两种式样，改变了日本原有的建筑模式。中国的陶瓷、丝织工艺也借禅宗的传播在日本得到了发展。荣西到中国后，将茶种带回日本，提倡种茶、喝茶，后来发展起独具民族精神的日本茶文化。

宋海外贸易扩大

两宋时期，我国同亚、非地区 50 多个国家有贸易往来，海船直接到达的国家和地区，有 20 多个。海外贸易规模和范围都

埃及开罗伊斯兰博物馆陈列的中国瓷瓶

扩大了。

宋代，东到朝鲜、日本，南到南海各国（指当时东南亚和印度洋沿岸各国），西到阿拉伯半岛和非洲东海岸，都有中国海船的踪迹。宋代海外贸易的兴盛，有以下几方面的原因：一、宋朝历代统治者都

印度出土的9世纪的中国陶器

很重视海外贸易。宋朝政府对海外贸易实行鼓励和支持的政策，大大促进了海外贸易的发展。二、很多外国人来中国经商，甚至定居。除官府和商人从事海外贸易外，我国沿海一些无地的农民，也有许多人为谋生路，出海经商，长年在外，不归故里。

古代阿曼人喜爱的中国陶瓷

三、宋朝时，中国是世界上造船水平最先进的国家。两宋时的船，抗风力强，并且装有指南针，能准确辨识航向。技术先进的造船业为宋代海外贸易的扩大提供了可靠的物质保障。

土耳其收藏的中国陶瓶

在海外贸易的推动下，宋代的海港增加了许多。宋朝重要的外贸港口有泉州、广州、明州、杭州、温州等。广州是最大的海港城市。两宋政府在这些港口设立市舶司，管理海外贸易。海外贸易同时促进了造船业的发展。

印度尼西亚日惹市苏丹王宫收藏的中国瓷盘

东南沿海的广州、泉州、明州等地，都有发达的造船业。北宋东京郊外，建有世界上最早的船坞。南宋沿海地区制造的海船，规模宏大。1974年泉州湾出土一艘南宋海船，残船就长达24米。

随着海外贸易规模的扩大，它对社会经济生活领域的影响就日益深刻起来。首先，海外贸易刺激了国内商业的发展。对外贸易中的进口货物使市场的商品种类更加丰富多彩；而外商需求的出口商品又吸引了国内客商汇集在海港城市。沿海城市的兴起都同海外贸易有着直接的联系。其次，某一种产品的大量出口，刺激了这类商品的生产。

宋朝海外贸易中，中国以输出瓷器和丝织品为主，这样就促使制瓷业在两宋时期大放光彩，产量大增，瓷窑遍布各地。而某些商品的大量进口，对国内的生产发展和技术进步起到积极的作用。如硫黄的进口对火药的改进起到促进作用。最后，两宋时期海外贸易收入，在财政上占有重要地位，不容忽视。宋高宗末年，对外贸易所得，达到财政总收入的15%多。宋朝正是通过对海外贸易进行抽税，获得了巨大经济效益。

宋代海外贸易的扩大，不仅仅在经济生活方面获益，而且在政治生活方面也取得了巨大的成就。两宋时代，与宋朝海路通商的国家，不但包括了自汉、唐以来一直与中国有贸易往来的国家和地区，而且也包括以前尚未建立直接贸易联系的国家和地区，既发展了经济，又传播了中华民族的文化。

文莱的加里曼岛海滩采集到的中国宋代陶器

泉州出土的南宋海船，长24.2米，宽9.15米，排水量约370吨，是南宋时期中等船位的海外贸易货船。

宋南方土地利用技术突破

宋代由于人口增加与耕地不足的矛盾日益严重，促使人们充分利用土地资源，除了平原之外，山地、河滩、水面、海涂等都先后被利用起来，出现了梯田、圩田、涂田、架田等土地利用方式，这是中国土地利用技术的一次很大的突破。

梯田分布在丘陵地区，它虽然出现很早，其正式名称却是在南宋范成大《骖鸾录》中才首次出现。唐宋时期，我国已具备梯田较大规模发展的社会经济条件和技术条件，梯田得以长足发展，促进了南方山区的农业生产。据《岭表录异》、《泊宅编》、《海录辞事》、《骖鸾录》的记载，在今四川、广东、江西、浙江、福建等地山区已有许多梯田。王祯《农书·田制门》介绍了修筑梯田的几个技术要点：在山多地少的地方，把山坡地修成阶梯状田块，每层阶梯都横削成平面；如有土有石，要先垒石块修成田唇，再平土成田；有水源能够自流灌溉的，可以种植水稻，没有水源则要种粟、麦。

圩田，又称"围田"，其修筑在五代时已有相当基础，到宋代有了更大发展，圩田数量大大增加，仅太湖地区的苏、湖、

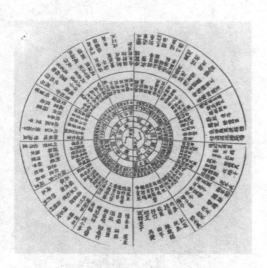

《农书》中的《授时指掌活法图》

常、秀四州，在淳熙十一年（1184）就建有圩田达1489个之多，而且规模不小。在宋代，通过圩田的经营，一方面从水面争夺了相当大数量的田地，扩大了水稻等作物的种植面积；另一方面，又因此缩小了水面和湖泊容水量，限制甚至破坏了水稻的生产。

涂田指的是海滨地区开造的田地。唐、宋时代，一般都采用筑堤的方法，对海涂加以利用。北宋范仲淹就曾在通、泰、海地区筑海堤，"使海濒沮洳污卤之地，化为良田"。筑堤的技术要点有二：沿海筑堤挡海水，或者立桩撅抵潮汛；在田的四周开沟排盐，并用来贮存雨水，以备旱时灌溉之用，这种沟被称为"甜水沟"。人们还创造了利用生物治理海涂盐碱土的方法，即开初种植水稗，等到脱盐之后，才种植水稻等农作物，经过这样处理的田比一般的田地收获多很多倍。

我国的水上浮田，按其形成的性质大致可分为两类：一是天然的葑田，由泥沙自然淤积葑（菱草）根部而形成；另一类就是架田。架田，又称筏田、葑田，是在水面架设木筏铺盖葑泥而成的，是一种与水争地的人造水面耕地。《陈旉农书》最早记载了架田的制造方法：在漂水薮泽处，可以制造葑田。将木缚绑在一起成为田丘，浮在水面上，把葑草泥沙铺盖在木架上，在上面种植作物。这种木架田丘，随水高下漂浮，自然不会被淹没（见《陈旉农书·地势之宜篇第二》）。架田适用于南方水乡，其优点很多：容易安装，不受地形条件限制，不需花太多劳动去垦辟、整治土地；没有旱涝的灾害，还可在较短的收获季节里栽种作物。

卢沟桥修建

金大定二十九年（1189），金朝统治者为解决南北交通不便，在北京城西南15公里的永定河（旧称卢沟河）上开始动工修建卢沟桥，历时三年，至明昌三年（1192）完工，初名曰"广利桥"，后因河得名为卢沟桥。

卢沟桥全景

卢沟桥是闻名世界的中国古代多孔原墩联拱石桥，全长212.2米，加上两端桥堍，总长266米，由11孔石拱组成，近岸孔跨长约16米，中心孔跨长约21.6米，形成一种跨径由中心一孔向两侧递减，使桥身造型以中心对称而向两侧作渐变韵律的处理。拱石之间有腰铁相联，桥墩迎水方向作分水尖，并在每个桥墩分水尖端置一三角形铁柱，以其锐角来迎击冰块保护桥墩。为保护拱脚，在墩下又打入许多短木桩。桥面净宽 7.5 米，为框式横联结构形式。桥面与桥栏自两则向中间逐渐升高，使整座桥呈微向上拱的平滑曲线。桥上保留有精美雕刻。桥中心孔两侧与西边第 5 孔拱顶龙门石上保留的 3 个龙头雕刻，为金代原物，风格独特，现存桥的整体造型、桥墩与桥身部分构件的雕刻，均为金代原物。现存石栏板及望柱，虽为不同时期的遗物，但大部分仍为金代原物。桥身两侧各有石雕护栏，281 根栏杆望柱柱头刻仰覆莲座，座下刻荷叶石墩，柱顶刻石狮子大小达 485 个，个个造型生动，姿态各异。东端桥塘石栏尽头两侧各有一只大石狮，两端则有两尊石象，另有华表 4 根，石碑 4 通。

卢沟桥晓月碑夜色，是燕京八景之一。

卢沟桥石望柱上刻有姿态各异的石狮

现存卢沟桥为清康熙中毁于洪水后重建，仍坚固如初。桥东头有清乾隆御笔题刻的"卢沟晓月"碑亭为"蒸京八景"之一。卢沟桥一直是北京通向南方的交通要道，行人和车辆来往繁忙。1937 年 7 月 7 日，日本在此发动"卢沟桥事变"，抗日战争爆发，卢沟桥因此名传中外。

卢沟桥是闻名中外的石拱桥，它的设计艺术和建筑技巧在中国乃至世界桥梁史上占有重要地位，是中国古代劳动人民智慧的结晶。

东巴象形文字创制

大约 12 世纪下半叶到 13 世纪上半叶期间，纳西族人创制了东巴象形文字。字是东巴教（纳西族的原始宗族）经师使用的文字。

东巴象形文字由 1300 余字组成，组字方式有独体象形、独体会意、复体会意和同音假借等，但是结构松散，图像不稳定，向左向右皆可，朝上朝下不拘，所以即使熟悉纳西语，认识单个的东巴字，如果不是自幼学习经文的东巴经师，仍然无法诵读东巴经文。正是这种文字所具有的浓厚的原始文字特征，学者们已把东巴象形文

纳西族东巴文经典《祭畜神和五谷神经》

字作为人类文字发展史上的典型范例，并把它与古埃及的圣书字、巴比伦的楔形文字以及甲骨文、金文做比较，进行深入的研究。

四书成为标准教科书

北宋时期，儒学在理学家的带动下，又开始兴盛起来，在民间掀起了授徒讲学之风。在教材的选定上，理学家们依照自己的理解，特地从关于礼仪制度的典籍《礼记》中抽取出《大学》、《中庸》两篇，并为之作注解以教授生徒。南宋时，理学的集大成者朱熹于1177年完成了《论语集注》和《孟子集注》后，又于1189年完成了《大学》、《中庸》的集注。直到绍熙元年即1190年，他在福建漳州做官时，才首次把这四书连同自己的集注，汇集成一本，刊行于世，称为《四书章句集注》（简称《四书集注》），四书之名从此确定下来。

《大学》相传是孔子弟子曾参的著作，主要内容是提出了三纲领和八条目。三纲领是"明明德"、"新民"、"止至善"，是儒家学者所追求的最根本目标。八条目是"格物"、"致知"、"诚意"、"正心"、"修身"、"齐家"、"治国"和"平天下"，是学者为学的具体方法，逻辑程序、框架。

八条目的核心内容是"修身"，它说："自天子以至于庶人，壹是皆以修身为本。"八条目中的前四条是所以修身的方法，后三条则是由"修身"发出来的，以"修身"为基础、前提。《大学》对八条目的逻辑先后关系作了详尽的阐释。提出了所谓"絜矩之道"，要求统治者从自身做起，推己及人。《大学》所教的对象是"欲明明德于天下"的"大人"，故被朱熹解释为"大人之学"。朱熹对《礼记》的《大学》原篇的章句顺序作了部分调整，并把"格物"释为"即物穷理"，奠定了他的"理学"修养方法的基础，实现了他的理学的特色。

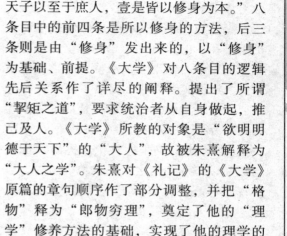

儒家经典《大学》、《中庸》、《论语》、《孟子》，合称"四书"。

《中庸》相传是孔子孙子子思的著作，朱熹说它是为"孔门传授心法"。子思被后世颂为"述圣"。《中庸》认为，人性是"天"赋予的，因此，人伦之"道"以及修道的"教"都是本于"天道"的，而"天道"就是"诚"，它把"诚"视作世界的本体，学者修道就是要体证这个"诚"。它还发挥了孔子"执两用中"的方法论。肯定了"中庸"是道德行为的最高标准。朱熹释"中"为"不偏不倚"，释"庸"为"不变不易"、"平常"。书中还提出了"博学之、审问之、慎思之、明辨之、笃行之"的治学方法。朱熹认为《中庸》承继了尧舜以来道统的真传，对于驳斥当时似是而非的异端——佛、老之学极有功。是故对该书的评价甚高。

《论语》是孔子弟子及再传弟子所记的关于孔子的言行的语录体散文。保存了孔子的哲学、伦理、政治特别是道德教育思想及道德实践方法，提出了以"仁"为核心的伦理学说。《孟子》是战国时期孟轲及其弟子万章所著，它发挥了孔子的"仁"学思想，主张性善论，提出"配义与道"以"养浩然之气"的修养方法，以实现"尽心知性以知天"。政治上主张扩充"不忍人之心"的"仁政"，首次提出"民贵君轻"的民本思想。《论语》、《孟子》自汉始已为学者重视，作为教材使用。

朱熹之所以反四书汇集起来并作集注，是因为他认为读四书较读传统的《诗》、《书》、《礼》、《乐》（汉时亡佚）、《易》、《春秋》六经"用功少而收效多"。他曾经说：《诗经》在孔子时，小孩子都会吟诵，而今天的老生宿儒都很难理解，是不宜于作为现今的重点教材的。他认为做学问就须先穷理，而"穷理必在于读书"，而四书"义理"丰富，又易读，所以读起来效率高。他曾经把《春秋》等经比作"鸡肋"，"食之无肉，弃之可惜"，所以他主张先读四书，"四书治，则群经不攻而治矣。"可见，他把四书的地位抬得很高，甚至可以驾空五经了。对于四书的学习顺序和意义他也有论述，他说："先读《大学》以定其规模，次读《论语》以立其根本，次读《孟子》以观其发越，次读《中庸》以求古人之微妙处。"

朱熹在"避佛老"的过程中吸收佛道的思想，完成了有特色的"理学"体系，为儒学建立了宇宙论、本体论基础，与孔孟的原始儒学是有所不同的，故被后世称为"新儒学"。他的理学的特色在《四书集注》中得以充分的体现。总的来说，他继承了孔孟的核心思想，同时又发展了它，

使道德实践方法变得更为明晰、精微。他的理学对于儒学的继承与传播是极有功的。对于其后的学术思想及文化传统等具有莫大的影响。当然，这种影响力是借助于统治阶级对理学的推崇。朱子的理学在其生前及逝世后曾遭到短暂的禁止，但其价值很快重新为统治阶级认识。南宋宁宗时，把《论语集注》和《孟子集注》列入学官，元朝时，科举考试试题必须出自《四书集注》，并要求考生答题时以程朱理学的观点阐述。明清两代都以《四书集注》作为从朝廷到地方的官办和私办的一切学校最基本教材以及科举考试的标准答案，四书及朱子的集注，成为标准的教科书，为封建社会晚期广大知识分子所必读。

宋观赏性刺绣发展成熟

宋代刺绣分两类：一类仿绣书画，以供欣赏用；一类实用性刺绣，用于衣服装饰。前者作为观赏性刺绣在宋代已臻成熟，内容由唐时多绣制宗教性装饰绘画转向仿摹名家书画，风格注重写实，以追摹原作的笔墨线条、色彩浓淡和风采气韵为能事。

由于刺绣工艺以绣线丝理表现物象，除画面景象外，更具有绣工肌理的美感。这是绘画原作所缺的方面，所以评论家称它"较画更胜"。例如故宫博物院原藏宋绣素底白鹰轴，羽毛部分采用刻鳞针法，在羽片外缘无垫一根轮廓线，然后根据羽毛生长的自然规律施针加绣，使羽毛呈现高下厚薄的真实之感；系鹰的蓝索打结处，则以粗股丝绳盘成结状，用针绒固定；流苏也以粗线排列并钉图，使之显现不同的纹理质感。再如传世宋绣《楼台跨鹤图》，运用多种针法以表现不同的内容：衣服和山石用掇和针，竹叶用齐针，飘带和鹤翅用缠针，云彩和房屋局部轮廓及衣着局部

绯丝：金地玉花

加盘金及钉金，地板用编针，右下角山石用平套针。由于画面空旷，又以借用色地的借色绣来表现景观层次，地都染浅棕色，天空部分加染蓝灰色，就感到天空遥远而广阔。又在彩云边缘勾画白粉，即有浮出

宋代流行的绯丝，采用通经断纬的手法，自由地普换色彩。图为蚕织图的包首，绯丝织出的鹿、雁图案生动活泼。

画面的感觉。像这样灵活多样的表现技法，在宋代以前是见不到的。宋代种种刺绣工艺技法的运用，都围绕着增强艺术效果的目的。以刺绣加笔绘这一点来说，此时既不像周代因刺绣技艺尚不纯熟而采用毛笔填绘大面积的颜色；又不同于18世纪后期因进行大量的商品性生产，为偷工减料而大块大面的以画代绣；而是在若干关键之处，稍加点染，顿成传神之妙趣。

宋代画绣技艺之所以能够达到历史上的一个高峰，一方面是因为丝织业较为发达和人们的艺术趣味发生了新的变化；另一方面是因为宋徽宗的爱好和提倡。宋徽宗在崇宁年间（1202～1206）在皇家画院设绣画专科，鼓励对绣画技术的研究和运用，一时间著名画工如思白、墨林、启美等相继涌现，民间绣画也随即蔚然成风，绣画技术自然得到了很大发展。此外欣赏性绣画既然要求融合书画的风采气韵，则对艺术修养的要求自然较为严格，因而这类绣品，往往只有条件优越的名门闺秀成就最高，因此又有"闺阁绣"之称。

龙泉窑代表越窑青瓷

龙泉窑位于浙江省西南部，在北宋中期越窑渐趋没落的情况下，它继承越窑的传统，主烧青瓷，在南宋时达到它的鼎盛阶段，并成为越窑青瓷的代表。

在彩绘瓷出现以前，宋代即以青瓷为主。宋代青瓷，南北竞烧，官民齐上，争奇斗艳，各有千秋。龙泉窑能够于此中脱颖而出，主要就归功于它在继承上有所创新，烧出了粉青釉、梅子青等特殊品种。

粉青釉、梅子青的烧制工艺非常复杂，需多次挂釉，多次烧成，同时还要有白胎映衬，确是青瓷中的上乘之作。粉青釉色如青玉、梅子青更是可与翡翠媲美。

龙泉窑舟型砚

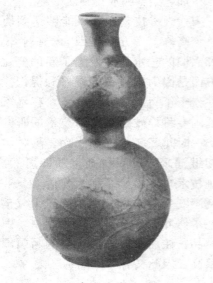

龙泉窑葫芦瓶

龙泉窑青瓷的种类极为丰富。饮食用具有各类盆、碟、盘、碗、盏、壶、渣斗等器，仅瓶类就有胆式、鹅颈式、堆贴龙虎瓶、带盖梅瓶和五管瓶等多种；文房用具有水盂、水注、笔筒、笔架；供器有各式香炉以及八仙塑像。

龙泉窑鱼耳炉

此外，还有棋子、鸟食罐等器物。值得注意的是，为迎合当时的考古风尚，龙泉窑还烧制了许多仿古瓷器，如鼎、投壶、琮、文房四宝等。

龙泉窑青瓷的装饰手法也比较多样。早期比较普遍地采用刻花装饰，辅以篦点或篦划纹。此外，还有波浪、云纹、蕉叶、团花等纹饰。北宋晚期开始出现刻花莲瓣纹，多装饰在碗的外部，瓣尖呈圆形，瓣内均划直线。

这一时期浮雕和堆贴的装饰手法也大量运动用于瓶盖和器物外部，从而带来了瓷器的立体感。

龙泉窑作为宋代著名的青瓷产地，其影响较为广泛。邻近的庆元、云和、丽水、武义、江山等县以及福建的浦城、松溪两县都是龙泉窑的竞相仿效者。龙泉窑也因其高超的青瓷工艺而存在了近八百年。

丘处机西行

元太祖十四年（1219），成吉思汗在西征途中，派遣侍臣刘仲禄带着虎头金牌，去登州（今山东掖县）邀请全真道人丘处机讲长生之道。丘处机于元太祖十六年（1211）春，率领18名弟子启程，先到达燕京（今北京），后又取道宣德漠北，一路西进，在太祖十六年十一月时抵达撒马耳干（今乌兹别克撒马尔罕）。太祖十七年四月，丘处机终于在大雪山（今兴都库什山）谒见了成吉思汗。

丘处机字通密，山东栖霞人，19岁开始学道，拜全真教道人王喆为师。王喆给他起道号长春子，丘处机后来和王喆的其他弟子郝大通王处一等人被合称为"七真"。王喆死后，丘处机先后在磻溪（今陕西宝鸡东南）和陇州（今陕西陇县）等地隐居，他结交士人，广收门徒。金世宗完颜亮曾召他到中都讲道。金末乱世，他隐居在家乡的栖霞山中，收徒传教，金宋两朝都派人前来征召他做官，均遭拒绝。

南宋缂丝蟠桃花卉图，寓祝长寿。

丘处机晋见成吉思汗后，成吉思汗问他有什么长生药，丘处机回答说，世上只有养生之道，而没有什么长生不死的灵丹妙药。成吉思汗对他的诚实大为赞赏，命令在自己的御帐东边给丘处机建帐居住，留他住了六个月。在后来的交谈中，丘处机除了向成吉思汗介绍各种养生之道外，还特别针对蒙古军队的屠杀掠夺，一再讲述他的政治观点，建议成吉思汗清心寡欲养生，敬天爱民治国，选举贤才，施行仁政，这样才能使国家长治久安。成吉思汗对丘处机的忠顺和建议大为欣赏，命令翻译把他的话记录下来，传给子孙后代，并且尊称丘处机"神仙"。丘处机返回时，成吉思汗任命他管理全国道士，并且对丘处机的门人说，如里他们每天给皇帝祝寿诵经，今后免除一切差役赋税。

丘处机雪山之行后，全真道开始转入贵盛，在北方中原势力超过了所有的宗教，显赫一时。丘处机本人东归后，在元太祖二十二年（1227）病死在燕京太极宫。

宋独尊朱学

南宋中期以后，程朱道学由于得到宋理宗的极力倡导扶植，完全取得了官学地位。宋理宗本人也因为独尊程朱理学，死后谥号为"理"。

南宋中期，程朱道学体系形成。但在孝宗和宁宗前期，由于朝中权贵对朱熹进行排挤，道学不被皇帝赏识，从庆元到嘉定的二十多年间，朝中大臣多次请求宋廷严禁道学，道学也就一直受到禁锢和压抑。因为开禧北伐失败，朝臣更替，史弥远执政等变故，为了制造舆论，开始提倡道学。儒学大师真德秀、魏了翁等人也以恢复程朱正学为己任。嘉定元年（1208）九月，真德秀在朝廷上奏，说当务之急应当褒奖名节，表明好尚。宋宁宗采纳他的建议，为朱熹正名，并且追赐谥号文正公。接着，朱熹的《论语集注》和《孟子集注》成为官定读本。嘉定九年，魏了翁又上书请求皇帝追赐周敦颐等谥号。嘉定十三年，朝廷追周程谥号，周敦颐为元公，程颢为纯公，程颐为正公，张载为明公。这样一来，天下州郡纷纷给周程建造祠堂，程朱道学的思想统治地位基本上确立了。

宋理宗即位后，对道学更是推崇备至。

最新整理图文珍藏版

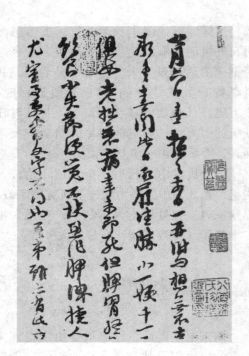

朱熹信札

之形、八宝群花之美，绉纱蜘蛛，绮谷麟凤，茧虎绒蛇，排草蜥蜴，又螳螂蝉蝎，又葫芦瓜果，色色逼真，名曰'豆娘'"（《唐宋遗记》），又"凡孕妇入月，于初一日父母家以银盆或绫或彩画盆盛粟秆一束，上以锦绣生色帕覆盖之，上插花朵及通草帖罗五罗二女花样，用盘盒装送馒头"（《东京梦华录》）。

这种随礼品剪制的通草花样，可说是剪纸艺术里的"喜花"或"礼品花"之创始。

剪纸行当与名家亦在宋代出现，《武林

宝庆三年（1227），他下诏褒奖朱熹的《四书集注》，认为其发挥了圣贤的奥妙道理，有利于治国安邦，又特别追赠朱熹为太师，追封为信国公。理宗还撰写了《道统十三赞》，说伏羲、尧、舜、禹、孔子、孟子等十三人是一脉相承的道统，对他们大加赞扬。还亲自到太学，听祭酒等官员讲儒家经典，并且把《道统十三赞》送往国子监，让人宣读。理宗亲笔书写了朱熹订立的《白鹿洞学规》，颁赐太学。

从此，程朱道学成为封建王朝的统治思想。

宋剪纸艺术繁荣

宋代民间剪纸艺术得到了一个蓬勃发展的良机。

在民间剪纸术中，"江淮南北，五月五日钗头彩胜之制，备极奇巧，凡以缯绡剪制艾叶，或攒绣仙佛、禽鸟、虫鱼、百兽

清代剪纸《杨宗保》（窗花），取材宋将杨宗保被父绑出辕门斩首、穆桂英武力救夫的故事。

旧事》中记有："都下十月以来，朝天门外竞售锦装新历……金彩镂花，春帖、幡胜之类，为市甚盛。"平时，杭州小经济中还有剪字，剪镞花样、镞影戏，闹蛾儿等。"每一事率数十人，各专籍以为衣食之地"（同上书），不用笔墨砚石，只以剪刀和纸创作出字画的，有杨诚齐（万里）诗集中，赠剪纸道人诗，序云："道人取义山（李商隐）《经年别元山诗》，用青纸剪作采元章字体，逼真。"

又周密《志雅堂杂钞》："向旧都大街有剪诸花样者，极精妙，随所欲而成，又中瓦有俞敬之者，每剪诸家字皆专门，其后，忽有少年能衣袖中剪字及花朵之美，更精于人，于是独擅一时之誉，今亦不复有此矣。"这是剪纸艺人留下姓氏的第一名，而即能剪花朵的少年却和众多的民间艺人一样，淹没无闻了。

与雕镞影戏人物相类者，是"走马灯"中以剪纸形式制成的刀马人，姜夔《观灯口号》"纷纷铁马小回旋，幻出曹公大战年"是悉走马灯中剪刻的刀马人和影戏相同。再有就是南宋吉州窑鸟金釉的瓷碗上，曾将剪纸梅花、"长命富贵"等字样用到瓷品的装饰上去，这种巧思表达了民间艺人的聪明才智。

中国算码成形

中国古代的数码有Ⅰ、Ⅱ、Ⅲ、Ⅹ、Ꮟ、⊥、⊥、⊥、〇等多种形体，经过长期的发展，到南宋时形成了完整的体系。

蔡沈的《律吕成书》把十一万八千〇九十八用文字表示为十一万八千□□九十八，两个方格用来代表空白。蔡沈的这种方法很快被大家仿效，流行起来。但画方格时一快便画成了〇。大概在南宋末年，江南的数学著作中，使用了〇的符号，到

了金末元初，北方的数学著作也使用〇的符号。这样，经过长期发展的中国数码形成了完整的体系。数码中的Ꮟ后来演变成八、乂则演变发展成夕字。

算码完善以后，普遍用于商业计算和数学演算，后人把这一套算码称为苏州码子字。直到阿拉伯数字传入中国后，中国的数码才逐渐废弃不用。

宋平江图碑刻成

绍定二年（1229），宋平江（今江苏苏州）郡守李寿朋主持重建平江城坊市。

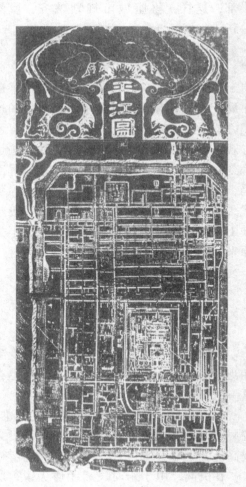

平江图碑

平江坊市重建之后，李寿朋命人勒石造碑，根据重建城坊的状貌，在石碑上描绘、雕刻城坊图，碑额题有"平江图"三个字。平江图碑是一幅完整的古代城市造型图碑刻。

平江府城大约筑成于春秋吴王阖闾时期，凭籍太湖地区富庶的农业和便利的水运，古时非常繁华。尽管南宋初年曾遭兵灾，但很快得以恢复，商业和手工业都很发达，已经出现行业组织。经淳熙、嘉定年间两次重建后，平江城的布局仍然很纷乱。因此，绍定初年李寿朋对城内坊市进行重新整理。他把街坊全部改作前街后河，把坊市按功能和运输条件安排在城市的西半部，这样，整座城市规划整齐，焕然一新。

平江城图碑高2.76公尺，宽1.415公尺；刻图的边框高2.03公尺，宽1.39公尺。刻图反映了李寿朋改建后的城市平面布局，上北下南，左西右东，跟现代的地图方位一致。刻图包括城墙、河道、官厅、寺观、塔桥、道路等，城外的名胜古迹也都刻在碑边，整个图面布局严整，位置准确，清晰地反映了城市状貌。后来因为年代久远，原刻变得模糊不清。1917年曾经加工深刻，加工后的平江图碑，仍然不失原来的风格。

宋重视骑射与水嬉

在宋代，由于军事的需要，骑射受到相当的重视。而同时，一些水上活动也在这一时期变得盛况空前。

射术一直是宋代考核士卒武艺的标准，骑射精良也使当时的武卒力量得到很大提高。

在民间，由于宋时民族矛盾尖锐，所以为了抵御辽金侵略，出现了许多以练习

宋代马术图陶枕

骑射为主的社团组织——"弓箭社"，并一直延续到南宋，使骑技和射术得到广泛的普及和发展。

这一时期有关射术的著述也很多，仅据《宋史·艺文志》记载，就有何琇《射经》，徐锴《射书》等13人所著15种，共37卷，反映当时对射术研究的成果。

水嬉最初是伴随着水军训练出现的，并迅速发展成为一种从官府到民间的全民游戏。宋代水嬉盛况空前，据《东京梦华录》载，当时划船成为"圆阵"、"交头"，以及赛船"争标"夺彩等。大型画舫尾部设有秋千，表演者荡至与支架齐高时，翻筋斗投入水中。这实在是一种别开生面的早期跳水活动。

钱塘弄潮也是当时别具特色的一种水上活动。每年八月官府在钱塘进行水军训练，当地青年趁潮水涌来，在惊涛骇浪间大显身手，钱塘江两岸观看的人群，长达数十里。至于传统的端午竞渡，宋辽金元时期，各地水乡及邻水城镇，仍盛行不衰，一些近水的少数民族地区也不例外。

丝织业重心南移

宋朝丝织中心随着蚕桑业的重心南移也从北方移到了江南，尤其是太湖地区，已跃居全国首位。

眠。"三眠蚕的优点是抗病能力较强，较易饲养，四眠蚕的优点是蚕体肥大，茧质优良，这也是使南方成为丝织业中心的因素之一。

丝织业重心南移也带来缂丝技术和刺绣技术的发展，缂丝技术始于唐而盛于宋，它采用"通经断纬"的组织，纬线起花，织成图案。北宋时河北定州缂丝最为著名，南迁时缂丝中心随宋室南移，移到苏州、上海一带，其工艺由实用转向单纯欣赏，模仿名家书画，创作出了许多缂丝精品。这时刺绣技术也同样分化成欣赏性画绣和实用性刺绣两大类，并得到了平行发展，主要体现为图案设计更加精美规范，刺绣针法更加丰富多样。

颇是时代特色的宋锦和宋罗的出现，也是丝织业重心南移的结果。宋锦是典型的南方产品，是苏州、湖州、杭州等江浙

南宋的缂丝青碧山水图轴

早在北宋时期，南方丝织品的产量和质量就已远远地超过了北方，南方丝织又以长江中上游地区以及长江下游的太湖流域最为发展。乾德五年（967）以后，东南诸路和今四川一带上供国家的丝织品已达全国上供总数的四分之三，两浙路竟占总数的三分之一强，北方诸路却只占总数的四分之一。

宋代蚕业技术上有两项较为重要的成就，一是四眠蚕的育成和推广；二是野蚕茧初加工技术已逐渐完善起来。尤其前者，是具有重大技术经济意义的事件，宋代北方主要饲养一化性三眠蚕，南方主要饲养一化性或二化性四眠蚕。王安石《荆州禆篇》说："北蚕多是三眠，南蚕俱是四

缂丝富贵长春轴

一带土产，简洁疏朗、秀丽典雅，具有很浓的民族风格。宋罗在宋代相当盛行，素罗、花罗都很精美。

陈自明系统性整理妇科医术

南宋嘉熙元年（1237），妇产科兼外科医家陈自明广泛采撷诸家之善，结合家传的医方，编成《妇人良方大全》一书，成为中国现存最早、具有系统性的妇产科专著。

陈自明（约1190～1270），字良甫，临川（今江西杭州）人。世医出身，医术精湛，医德高尚，曾受聘任建康府明道书院医学教授。他在长期的医疗实践中，认识到医妇人之病，特别是妇人生产时的一些疾病非常危险艰难，而当时的妇产科书籍散漫无纲，分类简略，所选病症又不齐备，影响具体的医疗实践和专科医术的进一步提高。鉴于此，在编写《妇人良方大全》时，便力求在前人基础上"补其偏而

陈自明像

会其全，聚其散而敛于约"。全书分为八门，顺序为调经、众病、求嗣、胎教、妊娠、坐月、产难、产后。每门分列若干篇

论，总计约266论，论后介绍方药主治，内容条理清晰而又妇产兼备。书中突出了"效"：即实用性。在论述诸病时着重概括受病之由，阐述症候特色，并附有医案，可供临床借鉴参考。而且在选方时不分贵贱，注意吸取一些民间验方与中草药的治疗经验，加强实用价值。书写成后，影响深远，流传广泛，并有一定国际影响，为后世妇产科的发展发挥了重要的承上启下作用。但原书中存在的一些封建唯心观点，如妊娠门中的"转女为男"，坐月门中的"禁草法"、"禁水法"、"催生灵符"等，须批判地对待。

1263年，他又编成《外科精要》（一名《外科宝鉴》）3卷，集55论，选方70首。书中全面地论述了痈疽病因、病机、诊断、预后，并针对当时外科医生重对病阅方，不重医理辨证，疗效很差的弊病，强调辨证选方，如反对拘泥于热毒内攻之方，而专用寒凉攻伐之剂等，使《外科精要》成为南宋很有代表性的外科专著。

开元寺双塔建成

宋绍定元年至嘉熙元年（1228～1237），在泉州开元寺紫云大殿前，建成"仁寿塔"，嘉熙二年至淳祐十年（1238～1250）又建成"镇国塔"。

仁寿塔高约44年，镇国塔高约48米，两塔东西相对，全用石料，仿木构成八角五层楼阁式。塔基是须弥座，塔身是实心。有一层辟出一方洞，有梯子可上下，外面有回廊栏杆，可以绕塔周行，每一层分别开四门，设四龛。每一门龛都有浮雕佛像。塔壁浮雕有中国和印度僧人像，大小与真人差不多相等。龛内浮雕有佛、菩萨、龛两侧有武士、天王、金刚、罗汉等，神态各异，惟妙惟肖。仁寿塔须弥座的花鸟虫

福建泉州开元寺双塔

兽装饰图案，线条柔美细致，非常别致；镇国塔须弥座的三十九幅释迦牟尼故事浮雕，造型精美。开元寺双塔是南宋艺术的瑰宝。

使棒兴盛于宋民间

宋朝的社会政局复杂动荡，内忧外患，习武成为当时的一项主要活动，各地呈现出各种习武形态。由于各地习武传统不同，习练项目及练法也有区别。

"使棒"是其中项目之一。它始于宋代，其意为用棒习武或用棒比武。当时这项活动在城乡都十分普及。各地习棒的普遍发展又促进了棒术的发展演变，这主要表现在不同棒术派别竞相逞雄，争奇斗艳。当时的活本对此有精彩的描述。

北宋《史弘肇龙虎君臣会》在描写河北尧山人郭威与河南府部署李霸遇校棒时写道："山东大擂，河北夹枪。山东大擂，鳌鱼口内喷来；河北夹枪，昆仑山头泻出。三转身，两撅脚，旋风响，卧鸟鸣。遮拦架隔，有如素练眼前飞；打鼗支撑，不若耳边风雨过。两人在厅前使那捧，一上一下，一来一往……喝声不断。""大擂"是使捧的一种解数，也称"雷捧"，指动作大劈直进，横扫连击，显示了山东捧术粗犷刚强的风格。

而河北"夹枪"，则指的是以棍法为主兼用枪法，体现了河北棍法刚柔相济，细腻多变的特点。文中所说的"三转身"、"两撅脚"、"旋风响"、"卧鸟鸣"都是持捧时的动作名称。

由于这些名称形象地形容了捧术动作，容易被人们接受，所以就成了捧术传习中的术语并广泛在民间流传。当时，民间举行的擂台赛也在一定程度上促进了使捧技能的发展。

以《扬温拦路虎传》中叙述的在东岳泰山的使捧擂裁判台赛为例，赛前除宣读比赛规则外，再由部署在中间间捧，宣布比赛开始。胜者可以领取"利物"（奖品）。像这种有组织的比赛，使民间使捧的更加普遍，同时也推动了捧术招法的研究。

南宋褐色罗印花褶裥裙

《张协状元》是宋代最早的戏文。它的第八出称使棒的招法，"有大开门、小开门"人们至今还沿用它。招法是捧术技法变化及风格特点的具体表现。当时不仅讲究招法的各种变化，而且也注重招法中的问题。各种招法的发展，反映了民间捧术又有了进一步的发展。

宋海上丝绸陶瓷之路通达世界

宋代奖励海外贸易，海外贸易比之唐代有了较大的发展，市舶之利成为国家财政收入中的重要组成部分。在南起琼州，北至密州的广大沿海地区，都有政府设立的市舶机构，专门管理海外贸易和商船的进出。广东、泉州、明州（宁波）成为宋代对外贸易的三大海港。

宋代中国和亚、非各国经济上的交流，最具有代表性的是丝、瓷的输出和香药的进口。在中国出口的货中，从宋初开始，便是以金、银、缗钱、铅、锡、杂色帛和瓷器为主，中国帆船曾经频繁地出没于北起高丽、日本，南至苏门答腊、爪哇，西抵印度、阿拉伯、东非的许多口岸，担当了丝帛和瓷器的出口，香料和药材的进口任务，同时也担当将中国的丝、瓷文化向广大海外世界传递的重任。

宋代丝织业保持着向上发展的势头，丝绸织造技术推陈出新，海外市场随着航运业的繁荣有了比之过去更为广阔的拓展。当时，世界上生产丝绸的国家和地区逐渐增多，花色品种也越来越丰富，在这种国际环境下，宋朝的丝绸在保持传统信誉的同时，谋求生产出更多与其他丝绸生产国相比具有一定优势的产品。在海外市场上享有崇高的声誉。

与陆上的丝绸之路相对，宋代开辟了海上丝绸之路，将丝绸从海上运销到亚洲各地和东非沿岸的国家。这些国家分布在北起日本，南至东南亚和印度洋各地，例如日本、阇婆（爪哇）、注辇（朱罗）、天竺（巴特那）和一些阿拉伯国家。宋代生产的各种绢伞、绢扇、缬绢、白绢、假锦、建阳锦、锦绫、皂绫、五色绢、丝帛等，在这些国家和地区拥有广大的市场和很高的声誉。

中国的瓷器一向以色泽晶莹，纹饰绚丽著称于世，深爱各国人民的喜爱。从8世纪末起，中国瓷器就开始大批出口海外各国，外销瓷的繁荣期达1000年之久。瓷器最适合于水路运输、宋代航海业的发展，直接刺激了中国东南沿海的青瓷和青白瓷的生产。华瓷大量外销，出现了所谓的海上陶瓷之路。陶瓷之路起自中国沿海的扬州、明州和广州，东通日本、向西跨越印度洋，一直到达坦桑尼亚的基尔瓦和埃及的亚历山大里亚，并且进入地中海。

9、10世纪风行世界的外销瓷中名列榜首的是长沙铜官窑的陶瓷。长沙窑首创釉下彩绘，有釉下褐、绿两彩，突破了青瓷的单一青色，各种彩色纹样开始大量涌现。这些产品从甬江运往日本、朝鲜、琉

在福建泉州湾发掘的一艘宋代沉船中，发现当时宋代进口阿拉伯的香药。宋代用丝绸与阿拉伯香药互易是当时贸易的主要内容。图为在沉船中发掘出的降真香、沉香、玳瑁、乳香、胡椒等香药。

球、菲律宾、印度尼西亚、斯里兰卡、巴基斯坦、伊朗和伊拉克等地，甚至在埃及的古都福斯塔特遗址中也有铜官窑的陶瓷出土。在11世纪上半叶，阿拉伯学者几乎一致认为铜官窑所产的"杏黄色瓷器最佳：胎薄、色净、声脆；奶白色次之；各种浅色又次之"。在外销瓷中数量最多的是青瓷。宋代外销瓷以越窑系、龙泉系青瓷为主。宋代青瓷几乎在世界各地均有出土。

总之，宋代海上丝绸之路、陶瓷之路通达世界各地，丝绸与瓷器大量外销，为许多民族增添了新的生活用品，输送了新的艺术图样，为世界文明的发展作出了巨大贡献。

秦九韶著《数书九章》

1247年，南宋数学家秦九韶，写成《数书九章》，对数学的重要性、应用的广泛性了精辟的论述，认为它足以揭示自然界的各种规律，描述万事万物的情状。

秦九韶（1202～1206），其父秦李樀曾任四川巴州太守，工部郎中，秘书少监、四川潼川府知府等职，秦九韶自小随父受过良好启蒙教育。秦九韶清楚地认识到数学在计算历法、度量田域、测量雨雪、军事部署、财政管理、建筑工程、商业贸易中的作用。他注意搜求生产、生活、交换及战争中数学问题，"设为问答以拟于用"。1244年，秦九韶因母丧回湖州守孝，这一时期专心数学研究。1247年，写成《数书九章》，南宋时称为《数学大略》或《数术大略》，明朝时称为《数学九章》。

《数书九章》全书共18卷，约20万字，收入81题，分为九大类。第一，大衍类：集中阐述他的重要成就——"大衍求一术"，即一次同余式组解法。他总结历算家计算上元积年方法，在《孙子算经》"物不知数"的数学模型基础上，系统地提出了一次同余式组解法。大衍求一术的发明具有重大意义，在欧洲，550年以后经过欧拉、拉格朗日、高斯几十年努力才达到同等水平。第二，天时类：关于历法推算及降雨降雪量测算。第三，田域类：面积问题。第四，测望类：勾股重差问题。第五，赋役类：均输及相税问题。第六，钱谷类：粮谷转运和仓库容积问题。第七，营建类：建筑工程问题。第八类，市易类：交易及利息问题。这81题均包括答（答案）、术（解决方法、依据）和草（演算过程）。

秦九韶在高次方程数值解法方面成就尤为突出。他以"增乘开方法"为主导求高次方程正根。他运用这种方法解决21个问题中高次方程26个，其中二次方程20个，三次方程1个，四次方程4个。他还用勾股差章算出一个十次方程。这是继刘益、贾宪之后，建立起求高次方程正根的一般方法。秦九韶将贾宪开创增乘开方法发展到十分完备的地步。在开方中，他发展刘薇开方不尽求微数思想。这些思想远远领先于西方数学界几百年。

秦九韶第一次用十进小数表示无理根的近似值。《数书九章》卷五中"三斜求积题中"秦九韶提出已知三角形三边 a、b、c 求面积的公式：设 $a < b < c$，则：

$$A = \frac{1}{4}\left[a^2 \cdot b^2 + \left(\frac{a^2 + b^2 - c^2}{2}\right)\right]$$

这个公式与古希腊数家海伦提出求任意三角形面积公式：$A = s(s-a)(s-b)(s-c)$，$S = \frac{1}{2}(a+b+c)$ 是等价的。这在中国数学史上是具有特色的一项数学成就。

秦九韶《数书九章》体现了他深刻的数学思想，他明确把数学划分为理论基础与具体应用两部分，进而探讨多种数学方法。

秦九韶的杰出成就，被美国科学史家萨顿誉为"他那个民族、他那个时代，并且确实也是所有时代最伟大的数学家之一"。

宋慈开创法医学

宋代，法医学作为一门独立学科的条件已初步具备。宋慈在此时对中国古代法医学的发展作了全面总结，写成《洗冤集录》一书，开创了法医学，宋慈也由此成为"法医学之父"。

宋慈像

早在战国时期，在诉讼活动中就已有法医检验参与其间，《礼记》中对法医的检验活动有所记载。秦汉时期，司法中法医检验活动已成为刑事诉讼中不可缺少的环节，相当频繁，法医检验也开始理论化。隋唐时期，随着司法制度的完备与成熟，以及古代医学水平的提高，法医检验开始在立法与司法中占据重要地位。五代和氏父子的《疑狱集》，以及北宋郑克《折狱龟鉴》等折狱书的相继问世，也都为法医学的成熟提供了现实条件，南宋宋慈编撰

《洗冤集录》，标志着法医学作为一门独立学科的开创。

宋慈（1186～1249），字惠父，福建建阳人，南宋宁宗朝进士，历任多地行政、司法官员。他一贯严肃认真地对待司法审判，尤其重视刑事案件的现场勘验。宋慈反对国家委派一些新入仕途、没有实际经验的官员和一些武官去处理重大命案，认为这些人难免造成冤案、错案。为了"洗冤泽物"，他特采撷前人折狱著作中有关法医检验的案件实例，结合自己的实践经验，"会而粹之，厘而正之"，加进去自己的意见，总为一编，这就是《洗冤集录》。

《洗冤集录》是中国最早的一部比较完整的法医学专著，也是世界上第一部法医学专著，比意大利人佛图纳图·菲德利（Fortunato Fidelis）所著的欧洲第一部法医学著作要早350多年。此书的最早版本是宋理宗淳祐七年（1247）宋慈于湖南宪治的自刻本。该书一出，皇帝立即命令颁行全国，成为南宋王朝及后世办理刑案官员的必读本，据钱大昕称，该书一直被"官司检验奉为金科玉律"（《十驾斋养新录·洗冤录条》）。

《洗冤集录》共5卷，53目，每目下又分若干条。全书共有四部分，其第一部分是将宋代历年公布的同法医检验有关的法令汇总，辑为"条令"目，共29条，都是针对检验官制定的法律规定，凡是违犯者都要承担法律责任，这说明宋代司法中的法医检验已有法可依，已经法律化了。第二部分是检验总论，包括法医检验人员的一般办事原则、检验原则以及技术操作程序等，说明宋代法医检验已有章可循，已规范化。第三部分是关于验尸、验骨、验伤、中毒等各种死伤的检验和区别的方法。第四部分里有关各种急救的方法和药方，包括对自缢、溺水、冻死、杀伤、胎动等数十则。

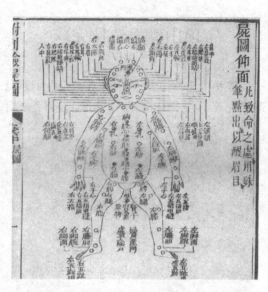

《洗冤集录·验尸图》

《洗冤集录》中不少内容符合近代法医学原理，有许多具有相当科学水平，对法医检验很有价值的东西。它提出了即使在今日法医检验中也须遵循的法医检验的一般原则，如实事求是、不轻信口供、调查研究、验官亲填"尸格"等。该书所论述的法医检验范围和项目与现代法医学所论述的基本一致。如现代医学对人的非正常死亡，定为：机械性死亡、机械性窒息、高低温致死等，该书则定有"刃伤物灭、

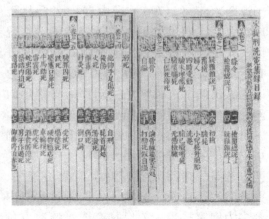

《洗冤集录》书影

手足他物伤、缢死、勒死、溺死、掐死、烧冻死"等。对于各种死伤的疑难辨析，有许多是符合现代医学、生理学原理的，如对溺死、烧死、缢死者在不同状况下的不同特点，作了细致，形象的描述，多与现代法医学相同。

宋慈之后，元、明、清各代都有不少类似的法医学专书问世，但"后来检验诸书，大抵以是为蓝本而递相考究，互有增损，则不及后来之密也"（《四库全书总目·子部·法家类》）。明代以后，朝鲜、日本、法国、英国、德国、荷兰先后翻译出版《洗冤集录》，该书在国际上广为流传，是中华民族对世界法律文明发展的一大贡献。

赵友钦做光学实验

13世纪中叶，赵友钦设计和实施了小孔成像实验。赵友钦（13世纪中叶～14世纪初），自号缘督，饶州鄱阳（今江西省波阳县）人。宋末元初的科学家。其著述颇多，但大都失散，唯留《革象新书》五卷。此书以讨论天文问题为主，兼及光学和数学，有不少精辟的论述。其中"小罅光景"节便记载了这一实验。

赵友钦以楼房为实验室，在楼下相邻两个房间的地上各挖一个直径约为4尺多的圆阱，右阱深4尺，左阱深8尺。实验时，在左阱中可安放一张4尺高的桌子。另在两块直径4尺的图板上各密插1000多支点燃的蜡烛，放在阱底（或桌面上）作为光源。再备中心开孔的大小和形状各不相同的木板若干块，实验时根据需要选取分别盖在两阱口。每个房间楼板下各水平挂一块大木板作像屏。在这个实验室中，赵友钦进行了如下步骤的实验：改变孔的大小和形状，即改换阱口的木板；改变光

源的形状和强度，即抽减蜡烛；改变像距，即改变大木板高度；改变物距，即拿掉左阱中的桌子，将光源放在阱底。这样，在只有一个条件不同的情况下，进行对比试验，对每个参数逐一进行探讨。赵友钦总结指出：物距、像距、光源和孔窍都影响像的大小和浓淡；在孔大时，所成的像（明亮部分）与大孔形状相同；孔小时，所成的像与光源的形状相同。另外，他还注意到两个参数同时变化时的相长相消现象。

这是中国历史上记载最详、规模最大的物理实验，这样大规模的光学实验当时在世界上也是绝无仅有的。

火药西传

火药是中国古代四大发明之一。13世纪中期，火药武器随着蒙古西征从陆路传入波斯、阿拉伯等地。13世纪末，制造火药和火药武器的方法由阿拉伯传入欧洲。

公元8世纪至9世纪（唐朝中后期），中国医药和炼丹术传入阿拉伯帝国（唐代称大食），那时，制造火药的药料硝石也同时传去了，阿拉伯人称之为"中国雪"，波斯人则称之为"中国盐"。不过他们当时只知用来炼制丹药，从12世纪开始，火药的制造方法由南宋经海路传入阿拉伯。13世纪中叶，拔都在萨莱建都，建立钦察汗国，统治俄罗斯诸国，在这期间，契丹文化、蒙古文化渗入了俄罗斯南部的钦察草原，这样，铁火罐内储火药的新式武器通过蒙古人传入俄罗斯，从陆路传入波斯、阿拉伯等地。然后，制造火药和火药武器的方法由阿拉伯人传入欧洲。

宝顶山摩岩造像完成

淳祐九年（1249），大足宝顶山摩岩造像完工，宝顶山圣寿寺和摩岩造像开始

大足石窟北山转轮径藏窟石雕普贤菩萨像

于淳熙六年（1179），是由蜀中名僧赵智凤在大足（四川大足）主持修造的。赵智凤，大足县米粮里人。宝顶山石刻造像分布十三处，共计有一万多躯，最集中的地区是大佛湾。大佛湾是一幽深的马蹄形山湾，在长达五百米的峭壁上，布列着龛窟三十一间，碑碣七通，题记十七则，舍利塔二座。其龛窟造像主要有：护法神像、西方三圣、千手观音、释迦涅槃圣迹图、九龙浴太子以及十大明王，圆觉洞等。内容多为佛家故事。造像具有浓厚的地方色彩，透露出浓郁的生活气息。宋理学家、

大足石窟北山石雕数珠手观音像

大足石窟北山转轮径茂窟石雕日月观音像

大学者魏了翁曾为宝顶山题名，并为其中的昆卢洞篆刻。魏了翁学宗朱熹、与真德秀齐名。由此也可见大足宝顶山摩岩造像在当时的影响。

大足石窟宝顶山摩崖石雕养鸡女像

中国式桥梁进入全盛时代

　　宋代是中国古代桥梁发展的全盛时期。这一时期不仅建造的桥梁长度是空前的，而且桥梁品种更加多样，造桥技术日臻完善。最长的石礅梁桥、配以廊屋的木桥、无柱"虹桥"。以及植砺固基的石桥等这些在世界桥梁史上也占有一席之地的桥梁都是这一时期的杰作。

　　石墩梁桥进入宋代以后已臻成熟，当时制造的这类桥梁有的至今还在使用，如南宋宝祐丙辰年（1256）建的浙江绍兴的八字桥，北宋嘉祐四年（1059年）竣工的福建泉州市的洛阳桥等。南宋绍兴二十一年（1138年）建成的福建省安海湾上的安平桥，全长五华里，是最长的石墩梁桥。

　　宋人在造桥时，为防备雨水浸糟木梁和供过桥人躲避风雨，还别出心裁地在桥上建有廊屋。如浙江省龙泉县建安镇的永和桥，长 125 米，是一座木伸臂廊屋桥，

始建于南宋的绍兴广宁桥，桥洞西望可见大善塔，形成绝妙的对景。

飞架于河水之上、远远观之犹如空中楼阁。这种桥型在当时是中国的独创。

桥梁结构形式的我国独创的还有汴水虹桥。在汴河上建造跨距近20米的木拱无柱"虹桥"，始于宋仁宋时期，这种桥桥身为21组拱型木构架并列构成，即木构架用粗壮圆木作拱骨，以2根长拱骨和2根短拱骨组成的拱和3根等长的拱骨组成的拱交替排列。全桥分布横贯全桥面宽度的横木5根，它们联系各拱骨，保证了桥的横向稳定。所用结构用捆绑或某种铁件连结，又在每根横木端部钉有长方形木板一块，上画兽头，以保护木端。在拱骨上横铺桥面板，顺拱势到拳边呈反复曲线，使桥面柔顺，增加了桥的美观。为了承重拱

福州晋江县安平桥，桥长2070米，是中古时代世界最长的架式石桥。

桥对两岸的推力，以"叠巨石固其岸"（《绳水燕谈录》），即用方正的条石砌筑桥台，台前留有纤道。整座桥的设计精细周到，堪称当时的世界先进水平。

泉州洛阳桥又称万安桥，在晋江、惠安两县交界处的洛阳江入海处，桥长为360丈（约1200米），宽1.5丈（约5米），桥孔47个，每孔石梁7根，每根长11.8米，宽0.5～0.6米，厚0.5米；桥礅因潮汐涨落，前后作出分水尖，每根石梁重达1吨多，传说当时的建桥方法是抛石为基，退潮时筑桥礅，用木排浮运石梁，再利用潮水的涨落架设石梁。不过洛阳桥建造时最为人称道的是采用了"种蛎于础以为固"（《宋史·蔡襄传》）的方法。当时，因石灰浆遇水不能凝固，为将石块胶成整体，免受海潮冲散，便采用植蛎胶固的办法，不仅解决了施工困难，并使块石胶固成筏形基础，这是中外桥梁史上的伟大创造。

另外，江苏苏州市东南的平江宝带桥，利用单向推力墩的科学方法，建成一座多孔薄墩联拱式桥；潮州海阳县的广济桥采用浮桥开关式建成一座石梁桥；这些在当时也都是运用先进造桥技术而留下的佳作。总之，在宋代，特别是在南方一样，由于经济水平的发达，江河湖泊的繁多，水陆交通的便利，各种贸易的发展桥梁建筑技术确定呈现出了高超的水平。

宋私家藏书兴起

宋代，由于雕版印刷术的普及应用，各种印刷方法相继出现，印本书呈大规模增长趋势，中国古代藏书走向了全面发展时期。除庞大的官方藏书体系外，私人藏书在当时也逐渐兴起，出现了很多著名的具有丰富个人藏书的藏书家，如北宋的司

安平桥鸟瞰

马光、宋敏求，南宋的陈振孙、尤袤、晁公武等。随着私家藏书的增多，私家藏书目录也随之兴起，成为中国古典目录中的重要组成部分，当时比较有影响力的目录有《直斋书录解题》、《郡斋读书志》等。

《直斋书录解题》是由南宋藏书家陈振孙所撰写。陈振孙（约1183～约1262），字伯玉，号直斋，安吉（今浙江吴安）人。早年在江西、福建及浙江任地方官时，就致力于访书、购书，晚年升任国子监司业，使他更有机会见到国子监、秘书省、宝章阁的许多珍贵书籍，并继续搜求书籍，累积藏书高达5万余卷，成为当时最大的藏书家。他历时20年，撰写《直斋书录解题》，内著录图书3096种，51180卷，全书共分56卷，按经、史、子、集顺序编排，无总序、大序，仅语孟、时令、诏令、章奏、小学、阴阳、音乐七类有小序。该书是第一部以"解题"为书名的目录，其"解题"就是在书名之下记载篇帙、版本、作者等事项，并评论图书的得失，这种解

题体例很为后人推崇。

《郡斋读书志》是现存最古老的一部中国私家藏书目录，由南宋著名藏书家晁公武于绍兴二十一年（1151）所撰写。晁公武（约1105～1180），字子止，济州钜野（今山东巨野）人。晁公武很博学，曾撰《易》、《春秋》等训诂传，还根据国子监刻的九经核蜀石经，撰写成《石经考异》，曾任四川转运使井度的属官，在任期内极力辅佐井度，帮助井度写书、刻书和编书，深得井度重视，井度晚年遂将自己多年珍藏的图书全数赠送给晁公武，使晁公武瞬间成为大藏书家。再加上自己原有图书，晁氏共拥有藏书高达24500种，对这些藏书晁氏一一核注，录其旨要，撰成《郡斋读书志》。全书分经、史、子、集四部，44类，总序之外，四部均有大序，小序则混入每类第一部书的提要之内，每书都撰有提要，或介绍作者生平，成讨论书中要旨，或论述学派渊源，或分析篇章次第，比较偏重于考订。《郡斋读书志》在目录体系和提要方面，具有首创之见，对后世的一些目录具有很大的影响。

除《郡斋读书志》和《直斋书录解题》外，南宋比较著名的目录还有尤袤撰写的《遂初堂书目》，尤袤（1127～1194），字延之，无锡人，南宋绍兴十八年（1148）中进士，后任秘书丞、礼部尚书，是当时有名的"公卿名藏书家"，他撰写的《遂初堂书目》是中国现存最早的著录版本的书目，全书共收图书3000种，分为44类，其中经部9类，史部18类、子部14类、集部3类。所收录的图书，一般只记其名，而不记录其作者姓名及卷数，更多的注意力是放在对图书版本的著录方面。他制订出区分版本的不同标准。如以刻书地域分，有江西本、吉州本及湖州本；以时代分，有旧监本、旧杭本及新杭本；以刻书机构分，有监本、家刻本及官刻本；

以版刻行款分，有大字本、小字本之分，等等。《遂初堂书目》可称得上是我国版本目录的开山之作。

宋代私人藏书的丰富及私家藏书目录的兴起，反映了当时文化学术的发展水平，对于中国古代文化的保存和传播均起到了重要的作用。

火器登上历史舞台

宋代，火药火器开始应用于军事领域，登上战争舞台，中国兵器开始进入一个新

南宋银盖瓶

的历史时期，战争史也从此进入冷兵器和火器并用的新时代。

《武经总要》一书中，记载了当时使用的火器，有火箭、火炮、火药鞭箭、引火球，蒺藜火球，霹雳火球、烟球、毒药烟球等十余种，但是，北宋时期的火器基本上还是燃烧性火器，利用火药的燃烧性能，并掺杂一些发烟和毒性药物，用以焚烧敌人的防御设施和军用物资，对人马起震惊和阻碍作用，杀伤力很小。到南宋时期，火器有了很大的发展，爆炸性火器正式出现，管形火器也随之应用于战场。

宋代的火器可分为燃烧、爆炸和发射等三类。宋代燃烧性火器名目多样，就其性能而言，主要是燃烧，并兼有烟幕、毒气、障碍、杀伤等不同的作用。一般是用烧红的烙锥发火，利用弓弩、抛石机抛射或人力投掷，后来发展到绑附在长枪上喷射，按其使用方法的不同，又可分为火箭、火枪、火球等三类。利用弓弩发射的火箭，在两宋时曾广泛使用于战场，是用纸把火药包装成球形或卷筒形，绑在靠近箭镞的箭杆上，使用时先点火，然后射向目标，引起燃烧。火枪在南宋时极为盛行，它是用一两个纸筒或竹筒装上火药，缚在长枪枪头的下面，与敌交锋时先发射火焰烧灼，再用枪锋刺自对方。火球类火器包括各种火球、火炮以及火砖、火桶等，一般用抛石机抛送，也可用人力投掷，其性能，具有燃烧、毒气、杀伤、障碍、烟幕等不同的作用。

爆炸性火器在火药不断改进的基础上产生，经历了一个由纸弹、陶弹到铁弹的发展过程。在北宋的燃烧性火器中，已经有了爆炸性火器的萌芽，如霹雳火球，到南宋时，霹雳火球发展而来的霹雳炮已经常用于作战。南宋还曾大量仿制金军发明的震天雷，叫铁火炮。

利用火药的爆炸性能以推送弹头的发

南宋八卦银杯

中国通史

最新整理图文珍藏版

射性火器，出现在南宋初期。绍兴二年（1132），陈规守德安时，发明了一种火枪，用巨竹做枪筒，内装火药，临阵点放，这是世界上最早用于实战的原始管形火器。开庆元年（1259），寿春府（今安徽寿县）军民创造了一种叫做突火枪的管形火器，虽仍很原始，但已是真正射击性管形火器，具备了管形火器所应具备的基本要素：身管、火药和子弹，为后来金属管形火器枪、炮的发明奠定了基础，在中国兵器史，以及世界科技发展史上都占有重要地位。

火器出现之初，军队只是在原建制内增加携带火器的火器手。随着火器的增多，使用火器的人数也相对增多。北宋初年，火药火器已经批量生产并开始装备部队。神宗时，火器在当时的武器装备中占有了一定的比例。到南宋中后期，火药火器在兵器中的比重大大增加，理宗时，一些军事重镇都设有火器制造工场。自北宋末期到南宋前期，火器一般只应用于城市的攻守，到南宋中后期，火药火器已普遍使用于野战和水战之中。

火药火器的应用与发展，促进了军队新兵种炮兵的产生。唐以前的炮主要是抛射石弹，到了宋代以后，炮还用来抛射石弹。宋代的炮已成为战争中不平缺少的重火力而广泛应用于各种作战之中。随着火器威力的日益提高，操作技术的渐趋专业化，炮兵也就从过去那种步炮混合编组中脱离出来而成为独立兵种。宋代炮兵成为我国乃至世界上最早出现的专业炮兵。

两宋南北饮食系统定局

宋代社会经济取得了长足的发展，使得烹饪技术不断提高和饮食业的不断发展，北宋时，南食、北食两大系统已经形成，为以后的中国汉族饮食习俗奠定了基本格局。

南食和北食的差别在于，南食以稻米制品为主食，荤菜主要是猪肉和鱼；北食则以麦面制品为主食，荤菜以羊肉为主。宋神宗时，面粉是宫廷主食的主要原料，"御厨"所用面粉和大米的比例是2∶1。南方人一般不吃面食，民间开玩笑说："南方人只会把擀面杖用来撑门，吃胡饼（一种表面带芝麻的烧饼）比服药还艰难"。这种饮食习俗到南宋初出现了很大变化。靖康之变以后，北方人大批南迁，江、浙、湖、湘、闽、广地区"西北流寓之人遍满"。由于这些南移的北方人爱吃面食、致使面食的消费量激增，麦价上扬，高宗初年，一石小麦售价达12贯铜钱。在这种情况下，南方农民"竞种春稼、极目不减淮北"，麦子的种植面积迅速扩大（《鸡肋编》卷上）。

在南宋都城临安府中出现了许多面食店，面食制品甚至比北宋汴京还要丰富。吴自牧的《梦粱录·天晓诸人出市》中记载，临安最热闹的大街上面食店"通宵买卖，交晓不绝"，出现了许多"有名相传"的面食店铺。面食品种也比前代增加了许多，汤饼不仅成为煮饼或面片汤，而且主要成为各种面条，东京和临安府的饮食店中有几十种面条供应。宋代的包子一般是带馅的，馒头则一般实心无馅，如果带馅就要在馒头前说明馅的内容，如羊肉馒头，蟹黄馒头等。唐代的馄饨到宋代称为"馄饨"，馄饨就像今天的饺子或锅贴，东京和临安府的饮食店里，都有"旋切细料馉儿"或"滑饨瓦铃儿"销售。其中鹌鹑肉馅馉饨是人们最喜欢的一种面食点心；另外，面食中还有角儿（角儿即糖三角）、春茧、春饼、夹儿（又称夹饼、筷子）笑靥儿、月饼、汕饼、胡饼、划子、千层儿、铧锣（一种有馅的面食，馅有蟹肉、猪肝、樱桃等，烤熟）、饦饻、弹儿（丸子）等等品种。在米食方面，花色品种更多。干饭就有香子米饭、石髓饭、大骨饭、羊饭、闷饭、铺羊粉饭等；水饭有大小米水饭、羊泡饭、七宝姜粥、五味肉粥、赤豆粥、绿豆粥、腊八粥等（《武林旧事·粥》）。

上都挂着10多边猪肉，大瓦修义场形成了"肉市"，巷内两街都是屠宰之家，每天宰猪不下数百头。当时许多猪肉店铺还组织起"行"。这些都说明临安居民食用猪肉之多。

宋代《春宴图》，表现了宋代饮食文化的特征。

在宋代的荤菜方面，北宋时北食以羊肉为主，南食以猪肉为主。东京饮食店中有各种羊肉食品，如旋煎羊白肠，批切羊头、虚汁垂丝羊头、乳炊羊肫等，还有专门的熟羊肉铺。连御厨所用羊肉和猪肉的比例也是100∶1。南宋时，羊肉在肉食中依旧保持相当大的比重。临安需要的羊，大都来自江浙等地，羊肉食品中有蒸软羊、鼎蒸羊、羊四软、酒蒸羊、绣吹羊、千里羊等不胜枚举（《梦粱录·分茶酒店》）。

与羊肉相比，临安城里的猪肉更多，城内外的肉铺不计其数。每家肉铺的肉案

可以说，经过一个多世纪南食和北食的融合、到南宋末年，临安的饮食已无严格的南北地区的差异。经过长时间的混居，已经形成"水土既惯，饮食混淆，无南北之分"的格局。

辽国渔猎、畜牧和农业

渔猎

契丹族居住在潢河、土河之间，以渔猎为基本的生产方法。捕鱼有钓鱼法。辽

中国通史

最新整理图文珍藏版

人钓鱼时，先在河上十里范围内，用毛网截鱼，防止鱼跑掉。再在河面上凿四个冰洞，叫冰眼。其中三个冰眼凿成薄冰，以便从这里观察鱼的动静；将其余一个冰眼凿透，在这里钓鱼。因为鱼在冰里呆的时

北京牛街清真寺

间久了，一遇到有出水的地方，一定会来伸头吐气。等鱼到冰眼，将拴着铁钩的绳子投去，便能钓到鱼。另一种方法是：在河冰上凿冰眼，举着火把向水里照，这时鱼都会凑到火光处，将钓竿插下水里，定会钓到鱼。

辽朝历代皇帝经常在达鲁河或鸭子河的春捺钵钓鱼，当捕获头条鱼后，则设宴庆祝，称"头鱼宴"。我国北方某些地区至今仍然沿用凿冰钓鱼法。

契丹人酷爱射猎，居无常处。连契丹妇女，自后妃以下，都长于骑射，和男子一起田猎。他们春季捕鹅、鸭，打雁，四五月打麋鹿，八九月打虎豹。另外，还射猎熊、野猪、野马，打狐、兔。狩猎以骑射为主，辅以其他方法。比如射鹿，在鹿群必经之地洒上盐，夜半鹿饮盐水，猎人吹角仿效鹿鸣，把鹿引到一起，聚而射之，叫做"舐盐鹿"，又叫"呼鹿"。辽朝皇帝

春捺钵捕鹅，先由猎人找到有鹅的地方，举旗为号，四周敲起扁鼓，把鹅惊起，然后再放鹰捕捉，鹅坠下后，用专门制作的刺鹅锥将鹅刺死。举行"头鹅宴"以示祝贺。契丹人还用驯服的豹帮助捕兽。

契丹人饲养猎鹰做助手，捕捉各种飞禽。东北地区号为海东青的鹰，最为有名。契丹人还驯养豹，在出猎时随行捕兽。辽朝建国后，居住在潢河流域的契丹人，继续从事渔猎。辽朝皇帝和随行官员，四季也在捺钵进行渔猎活动。

花鸟图

畜牧

契丹人以畜牧为业，随水草游牧。辽朝统治下的北方各民族也经营畜牧。畜牧业在辽朝经济中占有重要的地位。"大漠之间，多寒多风，畜牧畋渔以食，皮毛以衣。转徙随时，车马为家。""马逐水草，人仰

潭酪"。畜牧有马、驼、牛、羊等牲畜，而以马、羊为主。马是射猎放牧所必需，也是交通和作战的必要工具。羊提供皮毛和肉食，是牧区衣食的来源。太宗时，述律后说："我有西楼羊马之富"；道宗时，"牧马蕃息，多至万"。辽朝在各地区设有"群牧司"、"马群司"、"牛群司"等畜牧业管理机构。

农业

辽朝农业主要在南京道、西京道汉人地区和东京道的渤海人住地。辽朝的农业主要在汉人居住的燕云十六州地区。辽朝统治者多次下诏募民垦荒，减免租赋，鼓励垦荒种植。辽朝的农作物以稻、麦、禾祭为主。辽朝劳动人民在坑上作坑田的耕种方法是一个创造。这主要是因为，北方风沙大，没有树木，怕吹沙壅塞田地，所以将农作物种在田垄上。有诗云："万顷青青麦浪平"；"冲风磨旧麦，悬碓杵新粳。"即是对辽朝农业景象的描写。辽太宗以后，部分契丹人和奚人也从事农业耕作。辽太宗曾将一些契丹氏族迁到海勒水（今海拉尔河）一带开垦农田。辽圣宗以后，头下州县从事农耕的部分汉人农民沦为契丹和奚人的佃户。辽道宗时，屯田积谷，农业有较大的发展。辽朝的农作物，汉人、渤海人地区以麦、粟、稻为主，契丹和奚人地区，多种稷米。

辽国手工业

契丹奴隶制时期，手工业即是重要的生产部门。汉人和渤海人地区的手工业也很发达。辽朝各民族相互交流生产技术，手工业的许多部门出现具有特色的成就。

冶矿业

铁器是渔猎和作战所必需。室韦、渤海的冶铁技术传入契丹，经过各族人民的共同创造，生产出著名的镔铁。金银矿的开采和金银器的制造，也是辽朝的主要成就。用金银制作的各种马具、饮食用具、服饰和佛教器物，都达到相当高的工艺水平。辽朝的马鞍，被宋人称为"天下第一"。

制瓷业

汉族的制瓷技术传入契丹，辽朝瓷器生产颇为发达，质地、色彩和形制都具有特色，鸡冠壶、长颈瓶、袋形壶等是辽瓷中最有代表性的产品辽瓷是辽代汉族、契丹族等各族人民，在唐、五代制瓷技术的基础上创造出的、具有民族特色的工艺品。近年来，各地陆续发现了大批辽墓和辽朝遗址，出土了大量辽瓷。其分布地区遍及辽代的南京、上京、东京和现在的赤峰、建平、沈阳等地。品种有白瓷、青瓷、三彩、细胎白黑瓷器、缸胎杂色大型瓷器和翠绿釉瓷等。

辽瓷的一大特点是适合契丹人鞍马毡帐的生活需要鸡冠壶、鸡腿坛，长颈瓶是新式样的瓷器。鸡冠壶是仿照契丹皮袋的形式，壶上有穿孔或环梁，便于骑马时携带。这是辽瓷中最有代表性的特产。

辽瓷中的很大一部分是仿照北宋定州窑烧造的，称为"仿定"。这些瓷器在造型上承袭了唐瓷的风格，在工艺上接近或达到了北宋定瓷的水平。

纺织业

辽时，纺织业得到发展，丝织业得到

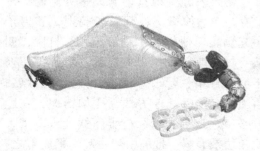

辽·鱼形玉佩

辽·鎏金银化妆盒

传播，设置有专门机构从事各种丝织品的生产。

早在耶律阿保机建国元年时，就驱掳汉地仕女到契丹传播纺织技术。随着各民族的经济交流与农业发展，契丹族和奚族居住地出现了纺织业。当时布匹生产已很普遍。胡峤写辽初上京是"交易无钱而用布"。当辽朝获得燕云十六州后，纺织业的规模越来越大。辽朝上京有绫锦院诸多工作坊，编织工主要是汉人。祖州的绫锦院，有契丹族、汉族和渤海族等手工业者三百人纺织，专供辽朝皇室之用。此外，宜州、灵州、锦州、显州、霸州等也有纺织业。辽朝的纺织品种有绫、罗、绮、锦、纱、縠、缎等品种，并有刻丝和印染丝罗，说明辽朝的丝织业技术已经达到了相当高的水平。

印刷和造纸

辽代的印刷业和造纸业也得到了发展。辽兴宗时雕印大藏经约近一千册，高丽僧人称赞它"纸薄字密"，"帙简部轻"，说明辽朝的造纸术和印刷术都已达到相当的水平。辽朝虽禁止火药制造技术出口，但至晚在辽道宗时，辽朝已掌握此项技术，

在南京"日阅火炮"，说明辽已能制造火药武器；此外，辽还在榷场私买硫磺、焰硝等火药原料。

辽国商业

辽朝的五京是各地区的政治中心，也是商业贸易的中心。辽太祖建上京城，南城称汉城，汉人在此聚居，有商肆贸易。南门之东有回鹘营，是回鹘商贩的住地。中京城街道阔百余步，街东西有廊舍约三百间，居民在廊下贸易。城中坊间，有牧民停置车、驼的场所。东京外城是汉城，有南北两市交易，南京原是汉人的城市依旧制在城北设商市。陆海百货都在北市买卖。西京是军事重镇，商业贸易不如南京繁盛。四时捺钵的皇帝和官员驻在地有临时的市场，商民驱车随从货卖。契丹居地在辽代陆续出现了一些州城，也有商业经营。上京以西的祖州城内即有市肆。辽朝统治下的东北和西北诸部落，通过贡赐或以物相易，进行物产交换。

西辽统治时期，出现了一批主要供贵族、官员、富人居住和享受的城市。这些成市主要有：别失八里、不剌城及其附庸之邑（附庸之邑也就近似现在的"卫星城"），虎司窝鲁朵及其"卫星城"数十个，论打剌城及其"卫星城"十数个，寻思干等。《西游录·上》描写"寻思干甚富庶。……环郭数十里皆园林也。家必有园，园必成趣，率飞渠走泉，方池圆沼，柏柳相间，桃李连延，亦一时之胜概也。"《宋史》卷四百九十《高昌传》记述西州回鹘地，早就是"城中多楼台卉木"，那里除了富人、贵人之外，还居住许多"贫者"，他们住在城里简陋的小屋里。从对这些西辽城市的描述中，我们看到了现代城市文明的曙光。

辽·"天禄通宝"铜币

辽朝与周邻诸国的贸易，也不断发展。五代时，辽与梁、唐、晋等都有贸易往来，与南方的吴越、南唐也通过航海，使臣往来，交换商品。宋朝和辽朝先后在边地州军设置榷场，在官员控制下进行商品交换，征收商税。私人之间的走私贸易也使大量商品输入辽朝。辽朝卖给宋朝的商品主要是羊、马、珍珠和镔铁刀。自宋朝输入的商品有茶叶、药材、丝麻织品、漆器、瓷器、铜钱、香料以及印本书籍。辽朝与西夏、叶蕃、高昌和中亚等国经由使臣往来和贡献赏赐，交换畜产和手工业品。私人商贩也有违禁的贸易。辽与高丽的贸易发达。辽圣宗之后，两国关系稳定，商品贡赐每年不断，并在边地设有榷场。日本的僧人和商客也来到辽朝交易货物。辽朝初期的商业交易仍用布或银作为交换手段，辽景宗、圣宗以后，辽朝自铸的铜钱与宋钱兼行，广泛流通。

西辽统治之地，是自古以来丝绸之路的一段通道。早在西辽之前，这里就是辽朝统治地区与中亚及中亚以西地区进行政治、经济、文化交往的重要通道。到了西辽时期，这里的商业更加繁荣。刘郁说："孛罗城以西，金、银、铜为钱，有文而无孔。"耶律楚材说："其金、铜、银钱元孔郭。"这些货币都是用以交换的。西辽的寻思干城非常富庶，商业贸易甚是发达，"目物皆以权平之"，"食饭秤斤卖"，"金银用麦分"。"其风景佳美，有似江南；繁富似中国，商人至其国者多不思归。"

西夏畜牧业

党项夏国的自然条件是非常适合畜牧业的经营的。何亮《安边书》中提到的灵州系"放牧耕战之地"，夏州，"惟产羊马，贸易百货悉仰中国"；盐州，"地居沙卤，无果木，不植桑麻"，"土俗……以牧养牛马为业"；丰州，"自汉魏以后，多为羌胡所侵，入俗随水草以畜牧"，"迫近边外，唯以鞍马骑射为事，风声气俗，自古而然"，"尤宜牲畜"；至于河西走廊地带，更是天然的极好的畜牧场所。汉武帝据有河西之地，匈奴人一片咳声叹气，称"失我祁连今，使我六畜不得蕃息"。而在宋夏交界，并为双方激烈争夺的横山地区，也是一个宜稼宜牧的地区；《宋史》卷二三五《种谔传》上说横山地区"多马宜稼，人物劲悍善战"。总之，除去夏州一带的毛乌素沙漠，西夏境内大多是放牧的好场所，如上党项族素以放牧为生，西夏的畜牧业便随之发展起来了。

畜牧业是西夏的主要生产部门，在西夏国民经济中占有重要地位。党项人向北移居到今鄂尔多斯和阿拉善地区以后，即主要从事游牧式的畜牧业。10世纪中，党项人居住的夏州只产羊、马。李继迁时，仍过着"逐水草牧畜，无定居"的生活。元昊说："衣皮毛，事畜牧，蕃性所便"（《宋史·夏国传》）。说明西夏建国时，畜牧业仍是党项人传统的生产部门。

羊是党项畜牧业占第二位的产品。羊

的品种甚多，《文海》对此分析得极为细致，"有绵羊、山羊、羖䍽、一岁大的羊、守羊等等"。羊是党项人同各族特别是同宋进行贸易的大宗产品，在党项人的经济生活中占有重要地位。

畜牧产品中值得提出的是犛牛。"犛牛生西羌，似牛而尾甚长，毛可为犛，异产也。"宋人康与之称这种牛为"竹牛"，"重数百斤，角甚长，黄黑相间，用以制弓极佳，夏人常杂犀角以市焉。"党项人除了有身份地位的贵族官宦人家的住房是瓦房，而一般贫苦人家所居住的"皆土房"，房顶则以所"织犛牛尾及羖䍽毛"覆盖。由此看来，犛牛在党项人的经济生活中是非常重要的。

西夏的畜牧业包括国营和私营两种形式，朝廷设有"群牧司"，负责全国的畜牧业管理。

西夏的畜牧业地区主要在银、夏、盐等州及其以北的鄂尔多斯高原、阿拉善和额济纳一带。西夏境内草原辽阔，特别是凉州地区，有广阔的草原，"善水草、宜畜牧"，历来都有"凉州畜牧甲天下"的美称。西夏牲畜的品种主要有羊、马、驼、牛、驴等。马是西夏对宋、辽、金进行贸易的大宗传统商品，马和骆驼也是西夏给宋、辽、金的主要贡品。

西夏农业

农业是西夏另一个主要经济部门。继迁时，党项人多住在夏、盐等州荒僻地区，后来发展到西南洪州等地。占领灵州后，西夏农业得到发展。

李继迁提倡垦殖，兴修水利，使境内农业生产有所发展。李德明统治时期，国内相对安定，农业出现兴盛局面。

西夏的水利建设抓得很好。《西夏书》提到共有六十八条大小渠道灌溉着九万顷土地。兴州是水利灌溉的中心，汉、唐以来就开始在这里兴修水利屯田。汉源渠长达二百五十里，唐梁渠长达三百二十里，其余支渠几十条，可以引黄河水灌溉。在灵州附近，有秦家、汉伯、艾山、七级、特进等五渠同兴州汉源、唐梁两渠相连。夏统治者很重视这些水利设施，役使民工整修了这些渠道，使它们互相沟通。甘、凉之间，也可乘祁连山雪水融化时，筑渠引河水灌溉。汉人在西夏农业居民中占相当比例，他们同党项劳动人民长期接触，特别是"沿边地区，蕃、汉杂处"，可以直接交流生产经验，使部分党项人逐渐熟悉农耕技术，转牧为农。所以宋人记载说，西夏境内，"耕稼为事，略与汉同"。夏国的农业生产技术和农产品种，基本上与汉族地区相同。粮食作物有麦、大麦、荞麦、青稞、糜粟、稻、豌豆、黑豆、荜豆等。蔬菜有荠菜、香菜、蔓菁、萝卜、茄子、胡萝卜、葱、蒜、韭菜等。水果、药材也有栽培。耕作农具有铧犁、镰、锄、锹、碌碡、子耧、耙、镂犁（坎）等。牛耕已普遍采用。从事农耕的多是汉人，但也有一部分从事畜牧的党项人开始转事农耕。

皇室、地主、农民土地所有制是西夏土地所有制的三种形式。皇室占有的田地，主要是通过战争掠夺而来的和宋、金割予的土地。这些田地主要由士兵在战争间隙时耕种，皇室占有全部收获物。地主、贵族和官僚所占有的私田，包括掠夺人民的土地和皇帝赐予的土地。他们役使无地的农民耕种，或者把土地租给农民，收取高额地租。西夏出现过一些由官僚掠夺大片土地而改变为兼营土地的大地主。公元1055年，国相没藏讹庞霸占宋麟州屈野河以西的大片肥沃土地，派兵护耕，"令民播种，以所收入其家，岁东侵犯"，"宴然以为已田。"地主还利用各种超经济手段，直接从农民手中掠夺土地和园宅。农民所有的田地主要是开垦的生荒地。《天盛年改定新法》规定，生荒地归开垦者所有，他和他的族人可以永久占有并允许买卖。这个规定确立了农民的土地所有制。

西夏手工业

毛纺织业

夏国毛皮原料丰富，毛纺织业发达。产品有毹毵、毛布、毡、毯等，它们是党项人制作帐幕、衣服、被单、帽、鞋、袜等的原料，也是对外交易的重要物资。西夏建国后，在原先皮毛加工业的基础上，建立起了纺织手工业。纺织产品主要有毹毵、毛褐、毡、毯等。公元1972年，在甘肃武威发现的西夏文物中，有木刮布刀、石纺轮等纺织生产工具。公元1975年在宁夏西夏陵区正献王墓，出土了罗、绫、锦等丝织品残片。其中茂花闪色锦为我国首次发现，这种锦织制工艺精致，表明西夏丝织手工业已经达到了相当高的水平。

陶瓷业

灵武县发现的夏国瓷器，器壁很薄，瓷胎呈灰白色，胎质欠细腻，有的成型不规整，釉为白色，但不稳定，器表下部及圈足部分都不挂釉，器底有砂痕，其质量显然不能与宋瓷相比。在内蒙古伊金霍洛旗发现的酱褐色釉剔花瓶，瓶身上刻有牡丹花纹画式，其形制与花式凝重大方，是夏国瓷器的精品，均是稀世珍品。

冶铁及金属制造业

景宗在夏州东境曾置冶铁务，管领铁矿的开采和冶炼。现存安西榆林窟的西夏壁画中有锻铁图，图中二人持锤锻铁，一人在竖式的风箱后鼓风。公元1976年在夏王陵区出土的鎏金铜牛，形体硕大，重达一百八十八公斤，形态逼真，显示了当时高超的冶铸工艺水平。夏国统治者十分重视兵器制造。景宗曾在其官厅东厢后设有锻造作坊。兵器的种类有弓箭、枪、剑、锹、镬、斤、斧、刀等，工巧质优。西夏时军器制造业在仿宋的基础上，有了很大的创新。名叫"对垒"的战车，可以载人填壕而进，是攻城的一种先进武器装备。旋风炮，装置在骆驼鞍子上，能够发射拳头大的石弹，是一种很精良的武器。公元1975年在西夏陵区发掘的一座帝王陵中，有一件长达一米的铁剑。西夏的甲胄，采用冷锻工艺制造，坚滑光莹，一般的弓箭很难射透。公元1972年至公元1975年发掘的神宗遵顼陵墓中，出土了大量甲片，有的外表鎏金，厚薄均匀，孔眼整齐划一，具有很高的工艺水平。夏国铸造的剑有"天下第一"的美誉。但因金属资源贫乏，无法自给，常遣使赴宋购买兵器；或者将购到的铁就地打造，再运回本国。

西夏鎏金铜牛

印刷业

夏国从宋、金输入大量汉文典籍。金平阳的印本在夏国行销。夏国刻印书籍，以佛经为多。现存的印本书籍有崇宗正德六年（公元1132年）刻行的《音同》，仁宗乾祐二十一年（公元1190年）刊行的《番汉合时掌中珠》、桓宗天庆七年（公元1200年）雕印的《秘咒圆因往生集》等。乾祐二十年，仁宗就大度民寺作大法会，一次就散施刻印的夏、汉文《观弥勒上升兜率天经》十万卷，汉文《金刚普贤行愿经》、《观音经》、等五万卷。佛经之外，还刻印诗、文、小说、谚语、文字、音韵、法律、医术、日历、卜筮、咒文等书籍，以及大量以西夏文翻译的汉籍，包括儒家经籍、诸子、史传、兵书、医书以及版画等等。政府设有"刻字司"，作为官家的出版机构。

采盐业

采盐业在西夏经济中占据着十分重要的地位。也是西夏最兴盛的手工业。西夏国的采盐业实行官营，在朝廷专门设盐铁使，专管盐铁，据估计西夏每年至少产盐十万石。西夏的"青盐价贱而味甘"，比当时宋朝解池的盐强百倍，尽管宋朝官方为保护山西解县池盐，严禁西夏青盐进入，但民间走私一直不断。盐是西夏换取周边国家粮食的主要产品。

西夏的盐业，仅盐州一处，就有乌池、白池、瓦窑池、佃项池四个盐场。其中最有名的是乌池和白池中生产的青盐和白盐。乌池方圆八十里，小盐池方圆二十里，均为自然凝结成盐，产量很大。

西夏手工业主要由官府控制工匠生产。夏国设有文思院、工艺院以及金工司、绢织院、铁工院、木工院、造纸院、砖瓦院、出车院等机构，管理各种手工业生产，为王家服务。西夏时有一批专业匠人从农、牧民中分离出来，成为国家作坊的官匠。夏景宗元昊时，就先后设置夏州铁冶务、茶山铁冶、酒务等。仁孝时，立通济监专司铸钱。据《天盛律令》记载，官府中还有制金司、织绢院、铁工院、木工院、纸工院、砖瓦院、出车院（造车）等，还有专门刻书的字刻司。这说明有许多手工工匠集中在官营作坊中，分工的专业性强，生产技术也绝非不脱离农业生产的家庭手工业所可比拟。夏国曾经以"变革衣冠之度"为理由，遣使向宋朝求匠人，西夏国内当有不少来自宋朝的汉人丝织工匠。

商业和贸易

夏国前期的商业和贸易主要是与宋朝；后期则为金国。夏与宋、金间的贸易，主要采取以下几种方式。

和市：在沿边开设小规模榷场，主要用于满足双方边民日常生活的需要。宋朝在河东路、陕西路的久良津、吴堡、银星、金汤、白豹、虾麻、折姜等地都辟有和市。如公元1002年，李继迁所部在赤沙川、橐驼口各置"会"贸易。"会"是一种定期的集市。

在双方边境设立榷场，进行大宗货物交易：宋朝利用开闭榷场贸易，对夏方进行牵制，以期达到安边绥远的政治效果。

通过使臣贸易：西夏是一个靠大量进口各种物品和原料的物质依赖性国家。"夏人仰吾和市，如婴儿之望乳"，宋朝知延州庞籍如是说。西夏的对外贸易相当发达，其中的"使臣贸易"独具特色。景宗元昊时期，经常以向宋"称臣纳贡"的名义，每年换取大量的银、绢、茶等物品的"赏赐"和厚礼，并且获准在夏宋边境开设榷场（买卖货物的市场），以及西夏使臣进入宋朝享受免税贸易等特权。景宗元昊以后的西夏统治者，继续把向宋、辽、金派遣使臣当作谋取厚利、增加朝臣收入的手段。公元1061年谅祚派出的使臣一次所带货物，价值达八万贯。公元1085年，梁乞逋一边对宋朝发动战争，一边又四次向宋朝派遣使臣，其目的正是"使者往来既得赐，且可因为市贩"（司马光语）。乾顺时，西夏"使人入京赐予货物，得绢五万余匹，归鬻之民，疋值五六千。再以他物计之，一个使臣获利不下三十万缗。故以进奉为利。"一次转手买卖即可赢利三十万贯。可见，使臣贸易是西夏获取经济收入的一个重要途径。夏国的使节每年按规定到开封输贡，宋朝政府除优予回赐外，还听任使者在京自便贸易。这种贸易往往规模甚大，获利甚丰。夏与辽也通过贡使进行贸易。上京临潢驿、中京来宾馆都设有接待夏使的处所。夏使入境，允许沿途私相贸易。后期夏、金的贸易中，夏使进入金境便同富商交易，到达中都后留都亭贸易。

夏国从宋、金取得的商品主要为缯、帛、罗、绮、香药、瓷器、漆器、姜、桂等。茶叶是夏国最感兴趣的商品。它除了供夏人消费之外，还用来与西北邻部交易，牟取厚利，夏国也图多方贸取铁制品，但辽、金都严禁铁器外流。夏国的输出品有羊、马、牛、骆驼、盐、玉、毡毯、甘草、蜜、蜡、麝香、毛褐、鞞、羚角、硇砂、柴胡、苁蓉、大黄、红花、翎毛等。其中以牲畜、毛皮制品和毛纺织品为大宗。盐州一带所产的青盐，品质纯净，略带青绿色。早在夏国建国之前，当地人民从盐湖中取得盐粒，运往关中，供应内地人民的需要，再购回粮食等生产必需物品。其后，夏国垄断盐产，成为重要的财政收入，强求宋朝政府收购，以换取物资。宋朝为了保障解盐（解州所产）的专卖利益，总是加以拒绝，并严禁私贩入境。但因为青盐价低而质优，走私之风无法禁绝，私贩的数量且相当巨大。药材中，夏国所产的大黄最负盛名，商人远贩到各地。夏国地处中国与中亚地区往来的要道。它从回鹘或中亚商人那里抽取实物或承买转卖，从中获取厚利。为了便利交通，夏国修筑驿道，通贯全境。东西二十五驿，南北十驿，从兴庆府东北行十二驿可至契丹。驿道的兴修便利了商业的发展。

夏对辽的贸易比对宋规模小得多，市场在西京西北的东胜、天德、云内、银瓮口等处，后来金朝也继续开放这些市场。在关陇地区，金开设子环州、保安军、兰州、绥德等榷场。辽禁止夏国使臣沿路私市铜、铁，后又禁止边民卖铜、铁给夏国，并严禁夹带交易。

夏国在西边同回鹘贸易。回鹘的商品主要是珠、玉，还有棉织物、丝毛织品、药材、香料、镔铁刀、乌金银器等。这些货物主要是通过夏国贩往宋、辽和金境内，夏国边将和官吏从中取十分之一的过境税，然后又以珠、玉交换中原的丝帛。

西夏国发行过自己的货币，除献宗德旺、末主日见两代外，西夏其他各代帝王均有铸钱的实例。目前发现和出土的四夏货币，最早的为景宗元昊时铸造的汉文天授通钱，最晚的为神宗遵顼时铸造的汉文光定元宝钱。西夏货币包括四夏文钱和汉文钱两类。目前发现的西夏文钱有福圣宝钱、大安宝钱、贞观宝钱、乾祐宝钱、天庆宝钱五种；汉文钱有天授宝钱、大德宝钱、元德通宝、元德重宝、天盛元宝、乾祐元宝、天庆元宝、皇建元宝、光定元宝九种。西夏货币轮廓规整，书写清晰秀丽，可与宋朝货币相媲美。而铸钱技术远远超过辽朝。

西夏宗教

党项人原崇信鬼神和自然物，巫术流行。西夏建国以后，大力提倡佛教，李德明和西夏景宗都通晓佛学，多次从宋朝请来《大藏经》。此后，以西夏文翻译了大量佛经。夏国境内庙宇遍布。景宗在兴庆府东建高台寺、鸣沙州建大佛寺。西夏毅宗的生母没藏赠出家为尼，在兴庆府戒坛寺受戒。她修建了承天寺，前后役使兵民达数万人。西夏崇宗在民安五年（公元1094年）重修凉州的护国寺感应塔，后又在甘州兴建崇庆寺和卧佛寺。在夏国后期官署中设有僧众功德司、出家功德司、护法功德司，位居次品（即五品中的第二

木缘塔

级）。有不少高昌（今新疆吐鲁番）的大乘高僧来到夏国宣教，他们都有颇高的佛学造诣，权势甚盛。

约自景宗时起，喇嘛教在夏国已见流行，朝中达官有的便是喇嘛教徒，后期影响更加扩大。天盛十一年（公元1159年），吐蕃迦马迦举系教派初祖都松钦巴建立粗布寺，西夏仁宗遣使入藏奉迎。都松钦巴

泥塑大肚弥勒像

派他的大弟子格西藏琐布带着经像随使者来到夏国，仁宗尊礼他为上师，大规模翻译佛经。

夏人笃信巫术，称巫师为"厮乱"，或音译为"厮也"。出兵作战时，总要求巫师卜问吉凶。

夏国也流行道教。景宗的太子宁明从定仙山道士路修篁学辟谷法，丧命。大安七年（公元1081年）宋军对夏大举进攻，夏人散逃，西平府城里留下僧道数百人。据马可·波罗游记中记述夏国地区除偶像教徒外，还有景教（基督教聂思脱里派）及伊斯兰教教徒。

西夏壁画——伎乐

西夏建筑雕塑艺术

西夏的雕塑艺术达到了相当高的水平。

西夏陵区出土的雕塑中有许多精美的作品，其中尤以浮雕的栏柱为最佳。它以中国传统的二龙戏珠为题材，凸雕出两条龙在云雾中翻腾戏珠的生动的逼真形象，其刀法娴熟，栩栩如生，具有高超的雕刻技巧。巨大的琉璃鸱吻，由上下两段连接而成，兽首鱼尾，张口吞脊，甚是威严、庄重。

1943

西夏王陵

　　西夏皇帝陵园位于宁夏银川市西部贺兰山东麓，面积：东西四公里，南北十公里，总面积约四十平方公里。按时代先后将帝王陵从南到北依次排列，庄重严整、宏伟壮观。每座陵园都是一个相对独立和完整的建筑群体，占地面积均在十万平方米以上。每个陵园都由角台、阙台、碑亭、月城、内城等构成。平面严格按照中轴线左右对称的格式布局。显示了党项的某些民族特点及其他民族葬俗的影响。现存天祐垂圣元年（公元1050年）建造的承天寺塔（在今宁夏银川）和天祐民安五年（公元1094年）重修的凉州护国寺感应塔（在今甘肃武威），虽经后世重修，仍现当时建筑的宏伟。

　　甘州卧佛寺的大卧佛，体形魁梧，仪态庄严，是雕像中的杰作。夏王陵区出土的石马，通体圆雕，神态生动。王陵碑亭遗址发现的石雕人像的造型奇特，线条粗壮，面部和肢体都突出地表现出强力感。在同一地区发现的已残损的竹雕上，有庭院、松树、假山、花卉和人物，布置适宜，形态优美。

西夏习俗

　　党项人从隋唐以来，盛行收继婚制，允许娶庶母、伯叔母、兄嫂、子弟妇，只是不娶同姓。富有家庭的男性家长可以收养众多的妇女，实行多妻制。党项人旧俗，死则焚尸，名为火葬。西夏建国以后，皇室、贵族多改行土葬，并仿汉人制度修建豪侈的陵墓。

　　党项族人以不报仇为耻辱。如果不能够马上报仇，就先逃避他处。三年后再回来，捉人马射之，叫做"杀鬼招魂"；或者束草人埋于地里，射击而还，叫做"厌胜"。如果没有力量报仇的，就纠集邻族妇女，到仇家放火焚烧庐舍。仇家只能躲避而去，因为习俗认为和女人斗不祥。如果仇家出现凶丧事，并"负甲叶于背识之"，两家之仇则解。和好后，用鸡、猪、狗血和酒混合，盛于髑髅中，双方发誓："今后若再复仇，谷麦不收，男女秃癞，六畜死亡，蛇入帐篷。"由能言善辩的"和断官"主持仪式。

古体文石刻

白釉黑花葫芦瓶

金国农业

女真族在金朝建国前后，实行奴隶制的土地分配制度，役使奴隶耕作。被占领的辽、宋故地，仍然实行原有的封建制经济关系。女真人大批南下后，虽然仍保留供家内服役的奴隶制的残余，但社会经济制度逐渐地封建化。海陵王迁都中都后，将大批女真贵族和平民从上京一带南迁。南迁的女真人需要大量的田地，公元1156年（金贞元四年）2月，海陵王派遣刑部尚书纥石烈娄室等十一人分别在大兴府、山东路和大名府各地拘收原侵占官地和荒闲的土地，官员占据的逃户地，以及大兴府、平州路僧尼道士占据的田地，分给南迁的女真猛安、谋克户耕作。公元1158年（金贞元六年），又将中都屯军两猛安迁到南京（汴京），分地安置。这样，就造成

了女真人散处在汉人村落之间的状况，女真人被汉人封建文化所同化，民族融合，国家统一。

公元1194年（金明昌五年）金章宗规定制度：凡能劝农田者，谋克每年赏银十两、绢十匹，猛安加一倍、县官升级；三年不息者，猛安、谋克升一官，县官升一级；如田荒芜十分之一，猛安、谋克均要受罚，笞三十；农田荒芜严重者，判徒刑一年；连续三年都荒芜者，猛安、谋克降一官、县官降级。这种奖罚严明的农业政策，使章宗时期的农业有了较大的发展，出现了"泉源疏地脉，田垅上山腰"，"远麓山田多种黍"的可喜景象。

所以，金朝建立后，因为统治者采取了一些积极有效的措施，被战争破坏的农业有了较大的恢复和发展。到金世宗、章宗时已出现全面恢复和发展的景象。金朝全境人口，金世宗初年，有300多万户，大定二十七年（公元1187年），增至678万多户，4470多万口，泰和七年（公元

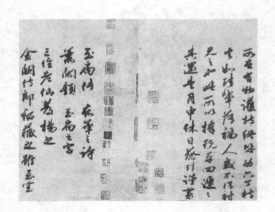

1207 年）为 768 万余户，4581 万多口。已超过北宋哲宗元符二年（公元 1099 年）的户口数（4341 万多口）。金的全部垦田数无从得知，但据大定二十三年（公元 1183 年）统计，猛安谋克的垦田数为 169 万多顷，也已超过了北宋神宗时北方的垦田数。耕地面积的增加，在中都、河北、河东、山东等地区尤其显著，赵秉文的《滏水文集》说，这些地方"久被抚宁，人稠地窄，寸土悉垦"。粮食产量也迅速增加，陆田亩产一石左右，南阳上等水田亩产高达五石，已接近北宋时的水平。政府的粮食贮备也很多，章宗明昌三年（公元 1192 年），各地常平仓的积粟达 3786 万余石，可供官兵五年之食；米 810 余万石，可备四年之用。故，其农业已经达到了一个相当高的水平。

金国手工业

金朝手工业中，矿冶是较为发达的部门，女真族建国前即重视炼铁。金朝上京地区冶铁业仍继续发展。云内州（今内蒙古呼和浩特市土默特左旗西北）、真定府（今河北正定）、汝州鲁山、宝丰、邓州南阳等都是著名的产铁地。金世宗规定金银

矿许民间自采，官府抽分收税，后又取消矿税，以鼓励开采。但民间铸造铜器被严格禁止，只由官营作坊铸造。金代煤（石炭）的开采与使用，更为普遍，用作冶炼的燃料，并用以取暖。手工业中，制瓷业也比较发达，定窑、钧窑和耀州窑出产的名瓷数量很大，奉圣州永兴县西南的磨石窑，窑内可容 500 人，烧瓷技术也不比北宋落后。

印刷业在辽、宋基础上有新的发展。中都（今北京）和平阳府（今山西临汾）是著名的刻印书籍的中心。赵城雕印大藏经是一项巨大的工程。辽、宋发达的制瓷业和纺织业在金朝也继续得到发展。

金朝的火器制造技术，在北宋的基础上又向前发展了。公元 1189 年（金大定二十九年），太原府阳曲县郑村中社的李姓猎户，将火药装入陶罐，挂在腰间备用，遇到狐群，就把药线点着，"药火发，猛作大声"，就能捕杀了狐群。这种火罐具有爆炸的威力。金朝的工匠还生产出了铁火炮。这种铁火炮的形状像匏，口小，用生铁铸成，厚二寸，打仗时发射出去，声如霹雳，

吹笛童俑

威力很大。此后又将这种铁炮改进为"震天雷"，用铁罐装上火药，用火点燃，"炮起火发，其声如雷，闻百里外，所热围半亩之上，火点着甲铁皆透"，杀伤力很大。此外，金朝的火器中还有"飞火枪"，这种枪的栓筒是用十六层纸做成的，枪筒中装上柳炭、铁屑、磁末、硫磺、砒硝，用绳子缚在枪头上，临阵时点着，火焰喷出栓前十多步。蒙古军最怕金军的这种飞火枪。总之，金朝在火药应用和火器制造方面的成就，为中国科学技术的发展作出了贡献。

金国商业

西夏以中都和汴京作交流中心。

东京辽阳、河北相州（今河南安阳）和河东上谷也是繁华的商埠。金世宗时，制定商税法，买卖金银征税1%，其他货物征3%。以后税率又有提高。商业税收

是朝廷重要的财政收入。金朝在和南宋、西夏的边界上设置榷场，以通贸易。榷场设有场官管理，获得巨额的税收。金朝自南宋输入的商品有茶叶、铜钱等，西夏输入的商品主要是马匹。

洛阳齐云塔

金国货币

初，金用辽、宋旧钱，海陵王才印"交钞"。大钞分为一贯至十贯五种。小钞分为一百文至七百文五种。交钞限用十年，倒换新钞。海陵王时，又铸铜钱"正隆元宝"与交钞并行。金世宗时，铸"大定通宝"铜钱，年铸十四万余贯。交钞印量不大，但取消了十年为限的规定，民间可长期使用。金章宗时，因财政亏空，开始大量印造交钞。交钞因而急剧贬值，以至民间多拒绝使用交易和倒换铜钱。承安二年（公元1197年），又发行银币"承安宝货"，一两至十两五种，一两折合铜钱二

刘完素像

全真庵聚徒讲道，教义以道教为主，夹杂儒、释，提倡修身养性，除情去欲，克己忍辱，道士不娶妻、不吃荤、不喝酒，静坐苦修，以达到返本还真，得道成仙。王吉吉、王立甫、钟离权、吕曇和刘操为全真教的五大祖师。王吉吉的弟子马钰、谭处端、丘处机、刘处玄、王处一、郝大通和孙不二（女）等七人，号称七真人。他们以全真教作掩护，过着清静游闲的生活，作诗文唱和。到后来，他们承认了金朝的统治地位，金世宗也承认了全真教的合法地位。

卢沟桥

金大定二十九年（公元1189年），金朝统治者为解决南北交通不便，在北京城西南十五公里的永定河（旧称卢沟河）上开始动工修建卢沟桥，历时三年，至明昌三年（公元1192年）完工，初名曰"广利桥"，后因河得名为卢沟桥。卢沟桥是闻名世界的中国古代多孔原墩联拱石桥，全长212.2米，加上两端桥堍，总长266米，由11孔石拱组成，近岸孔跨长约16米，中心孔跨长约21.6米，形成一种跨径由中心一孔向两侧递减，使桥身造型以中心对称而向两侧作渐变韵律的处理。桥面净宽7.5米，为框式横联结构形式。桥面与桥栏自两侧向中间逐渐升高，使整座桥呈微向上拱的平滑曲线。桥上保留有精美雕刻。桥中心孔两侧与西边第五孔拱顶龙门石上保留的三个龙头雕刻，为金代原物，风格独特，现存桥的整体造型、桥墩与桥身部分构件的雕刻，均为金代原物。桥身两侧各有石雕护栏，281根栏杆望柱柱头刻仰覆莲座，座下刻荷叶石墩，柱顶刻石狮子大小达485个，个个造型生动，姿态各异。

贯，后因民间多有伪造，银币行使三年后即停止使用。金朝后期，财政窘急，遂大量滥发纸钞和绫币，以致市肆昼闭，商旅不行，物价踊贵，民间不得不以白银作为交换手段。

公元1180年（金大定二十年）金朝制定《商税法》。《商税法》规定：凡金银百分征一，其他货物3%。公元1207年（金太和七年），税率提高，小商贩贸易的货物征钱4%，金银征3%。金朝都城中都的商税额，世宗时为十六万四千贯，章宗承安初年增到二十一万四千贯。

全真教兴起

金朝建立以后，有的汉族地主文人被吸收到统治集团中，而有的汉族地主文人则不愿在金朝做官，也不进行反抗，而是选择了消极隐遁的道路，全真教就是这样一个披着宗教外衣的汉族地主文人的在野集团。全真教又叫全真道、全真派。公元1167年（金大定七年），大地主王吉吉（王重阳）弃家立教，在宁海州（今牟平）

中国通史

最新整理图文珍藏版

1948

诚惶诚恐，恪守不移。他的这些学术思想得到当世学者们很高的评价，大都认为他的学说是最纯正的儒学。其实，他对佛道也有所得，不过以儒为主，来生推崇儒学，愿为纯儒。因此，他虽多因袭周程之学，没取得新的进展，但大大地推进了儒学的北传，代表了金代儒学思想发展的最高水平。他著述宏丰，考订诸经诸子达9种41卷之多。其文师法欧阳修、苏轼，崇尚平易。著有《闲闲老人滏水文集》、《易丛说》、《中庸说》、《论语孟子解》等。

卢沟桥与卢沟桥石狮

赵秉文为斯文盟主

金室南迁之后，赵秉文与杨云翼同掌文坛，号为"斯文盟主"。

赵秉文（1159～1232），字周臣，晚号闲闲老人，金磁州滏阳（今河北磁县）人。是金代文学家、思想家。他是金一代文宗，研治经史兼善诗文，为天下士人所景仰。

赵秉文平生以道学自居，提倡孔孟，思想源于韩愈和二程，认为"道"即"天道"，是天下万物的根源，道又不离开人而客观存在，它存在于人的心中。人们要认识道，不必远求，应从自身下工夫。只要务学求知，使天理日明，人欲日消，就能达到圣贤境界，这与程朱灭人欲、存天理的思想是一致的。他认为"君臣、父子、夫妇、朋友"之间的关系同"道"是一体的，离开这些，道就不成为道。他提倡"慎独"，"养诚"的修养方法，要人对道

蒙古搜集工匠

蒙古因崛起于漠北草原，擅长于游牧，而对工艺则十分生疏，所以他们在征战中注意搜罗各色工匠艺人。成吉思汗曾下令，凡进行抵抗的城邑，攻陷后要屠城，只有工匠艺人可以免于一死，他们被俘虏到漠北，为蒙古人制作武器及日用品。蒙古在西征、攻金灭复和对宋战争，俘获了大批工匠。为了多俘工匠，他们还把俘虏工匠多少作为奖励军功的一项条件。因此，每次战争后，将士报功常称俘虏工匠若干。由于蒙古人对工匠另眼相看，所以不少居民为了免祸就冒充工匠。俘虏的工匠满足不了蒙古人的需要，他们便在征服地区括取工匠，或集中到漠北或就地设官管理。成吉思汗时，蒙古国已开始括匠造作，窝阔台、蒙哥时代，也在北方几次籍户，把工匠列入专门户籍。忽必烈平定江南，又在江南括匠。至元十二年（1275）在江南括匠30万户，十六年（1279）又括42万，至元二十四年（1287），还在下令括取江南诸路工匠。在政府括匠的同时，诸王也收罗工匠。匠户集中在各类局院中服役，子承父业，子孙世袭。政府也给工匠许多

南宋《孝经图》，彩绘历代节孝故事。

优厚待遇。官匠由政府供给口粮，免除科差，元初，还免去当杂泛差役，和雇和买。因此，有的民户为避免差役之累，也乐于投属匠籍。工匠艺人的地位在元一代仍是比较高的。元朝统一之后，政府设置的局院遍布全国各地，据估计官府所领匠户达30万~40万以上。除此，隶属诸王投下的匠户也为数不少。

蒙古建和林城

蒙古窝阔台汗七年（1235）二月，窝阔台命刘敏在斡耳寒河岸建城，作为大蒙古国的都城。

成吉思汗时代，蒙古人仍不习惯于宫室城池。只是逐水草居穹帐。灭金之后，窝阔台受中原城居生活影响，加上国家事务日益繁多，他感到迫切需要建立都城和营建与帝王地位相称的庄严宫阙。于是他命刘敏负责在蒙古草原筑城，地址在鄂尔浑河东面原回鹘故城和村（今蒙古人民共和国后杭爱省厄尔得尼召北）。他下令从中原征调各色匠人。窝阔台汗七年（1235），刘敏指挥山东，山西、西域的工匠开始筑城。建筑包括汗宫万安宫、诸王宫、仓库、官邸、市肆、佛寺道观清真寺、教堂等。

大汗居所万安宫于次年（1236）建成，坐落在城的西南隅，有宫墙环绕，周约2里。城南北约四里，东西约二里，外城周长约十五里，辟东西南北四门。从窝阔台到蒙哥的二十多年间，和林一直是蒙古汗国的都城，全称哈剌和林。在和村周围，窝阔台还选定了春、夏、秋、冬四季的驻地，建立了行殿或宫帐。他每年在和村宫中的时间不长，大部分时间在四季驻地度过。和村成为当时国际都市，居住有畏兀儿人、波斯人、斡罗斯人、英国人和法国人，知名的有法国歌手罗伯特，金银匠威廉·布歇。

蒙古政治汉化

中统以后，为维护蒙古在中原的统治，忽必烈在政治上实行一系列汉化措施。

中统元年（1260）四月，忽必烈遵用汉法，在中央设立中书省总领全国政务，又置十路宣抚司为地方最高行政机构。派到各地行使中书省的职权，简称行省。至元二十年（1283）前后，行省官员不再以中书省官系衔，行省也从都省派出机构演变为地方最高行政机构，成为一级政区的名称。

中统元年忽必烈即位后，任命萨斯迦派法主八思巴为国师，统领天下释教。至元元年（1264），又在中央置总制院，管辖全国佛教事务及吐蕃僧俗政务，由国师八思巴领院事（八思巴升号帝师后，就由帝师领院事）。至元二十五年（1288），总制院改为宣政院。

蒙古国时期，蒙古是以札鲁忽赤（断事官）总司法行政事务。忽必烈即位后，将处理国家政务的权力移交给了新立的中书省，札鲁忽赤就成为专门的司法长官，于至元二年（1265），设大宗正府为其官署。但大宗正府并非蒙古唯一的司法系统。各投下还设有自己的断事官，枢密院、金玉府、总制院（宣政院）等都自行处理各自的涉讼，终元之世，也没形成统一的司法系统。

为了纠察百官善恶，谏言政治得失，拘刷拾括、追理财赋，至元五年（1268）七月，忽必烈设御使台；至元五年十一月，开始议定朝仪，整理百官姓名，各依班次，听通事舍人传呼赞引然后进，一改喧扰无序的原状；至元七年（1270）正月，忽必烈设尚书省专管财赋。

南宋时，地方办学曾非常普遍。蒙古学习宋制，于至元七年（1270）二月立社制，规定每社立学校一所，谓之社学，选择通晓经书者为师，农闲时令子弟入学。第二年，又开办了国子学，增置司业、博士、助教各一员，选随朝百官近侍蒙古、汉人子弟和俊秀者为生徒。

以上便是忽必烈即位后采取的一系列汉化措施，这些政治举措对稳定元朝的统治秩序起了重大作用。

第二章

元朝时期

公元 1206 年，蒙古部首领铁木真统一各部，以和林为都城，建立了大蒙古国，本人被尊称为成吉思汗。他和他的继承人不断向外进行军事征服，蒙古国最盛时，势力范围除直辖的北部中国外，还包括中亚与欧洲部分地区的四大汗国。

公元 1271 年，蒙古大汗忽必烈改国号为元，次年迁都大都。公元 1279 年，元军南下攻灭南宋，至此，元王朝结束了从五代到南宋 370 多年多政权并立的局面，统一了全国。元朝的政权机构，中央以中书省（有时又设尚书省）、枢密院、御史台分掌政务、军事与监察。地方建置多样化，今山东省、河北省、山西省及内蒙古自治区的部分地区，称为"腹里"，归中书省直接管理；诸王封地及西藏地区，归中央宣政院管理；其他地方划分为 10 个行中书省，简称行省或省。元朝在水陆要道修建驿站，注意兴修水利，农业与手工业逐渐得到恢复，某些边疆地区得到重点开发，科学文化继续发展，海外贸易与中外文化交流有所扩大。

然而，元朝又保存了若干蒙古族旧制，南北方经济存在许多区别。各民族的传统观念与生活方式虽然互相渗透，但仍然有较大差异，导致各地经济文化的发展很不平衡，表现出复杂的多元性。由于元王朝以蒙古贵族为主体，结合其他民族的上层人物，与汉族大地主组成其统治集团，推行不平等的蒙古人、色目人、汉人、南人等级制度，使阶级矛盾与民族矛盾非常尖锐，反抗斗争此伏彼起，元末终于爆发了全国性的农民大起义。公元 1368 年朱元璋建立了明王朝。同年，明军北伐攻占大都，元朝灭亡。

第一节　史海钩沉：重大事件　历史典故

大蒙古国的建立

在诸部争战中，蒙古乞颜氏贵族铁木真的势力逐渐壮大。12 世纪末至 13 世纪初，他无依靠克烈部首领王汗的支持，打败蔑里乞部，又相继消灭了蒙古部内强大的主儿乞氏（jiurkid）和泰赤乌氏贵族，击溃以札答阑（jakaran）部首领札木合为首的各部贵族联盟，乘胜灭塔塔儿，降服弘吉剌诸部。1203 年，又出奇兵攻灭王汗，尽取克烈部众。这时，漠南汪古部首领也遣使献降。1204 年，铁木真举兵攻灭乃蛮太阳汗部，又先后兼并了蔑里乞残部和乃蛮不欲鲁汗部，完成了蒙古高原的统一。

1206 年，蒙古贵族在斡难河源举行忽里台，奉铁木真为大汗，尊号成吉思汗。成吉思汗将全蒙古游牧民统一编组为数十个千户《元朝秘史》记载最初编组的千户数为 95 个，但其中包括了一些后来组成的千户，分授共同建国的贵戚、功臣，任命他们为千户那颜，使其世袭管领，并划定其牧地范围。千户既是军事组织单位，又是地方行政单位。成吉思汗又命大将木华黎为左手万户，统领东画直到哈剌温只敦（今大兴安岭）的各千户军队；博尔术为右手万户，统领西面直到按台山的各千户军队；纳牙阿为中军万户。万户是最高统兵官。成吉思汗将原来的护卫军扩充为 1 万人，包括 1000 宿卫，1000 箭筒士，8000

散班，从各千户、百户、十户那颜和自身人子弟中选身体健壮、有技能者充当。护

成吉思汗像

卫军职责是保卫大汗金帐和跟随大汗出征。平时分四队轮番入值，因此总称四怯薛，由"四杰"博尔术、博尔忽、木华黎、赤佬温四家子弟任四怯薛之长。大汗直接掌握这一支最强悍的军队，足以"制轻重之势"，控御在外的诸王和那颜。又设了"治政刑"的札鲁忽赤（断事官）一职，掌管民户分配和审断案件，命养弟失吉忽秃忽担任，这是蒙古国的最高行政官。千户制、怯薛制和断事官的设置，是蒙古国初建时最重要的三项制度。按照传统的分配财产习惯，成吉思汗将一部分蒙古民户分封给其弟、子，各得一分子（忽必，qubi），后来又划分了诸弟和诸子的封地。弟搠只哈撒儿封地在也里古纳河（今额尔古

蒙古骑兵牵马玉雕

纳河）、海剌儿河和阔连海子（今内蒙古呼伦湖）地区，合赤温封地在兀鲁灰河（今内蒙古东乌珠穆沁旗乌拉根果勒）南北，铁木哥斡赤斤封地在哈勒哈河以东，别里古台封地在怯绿连河（今古鲁伦河）中游，总称东道诸王；子术赤、察合台、窝阔台封地在按台山以西，总称西道诸王。分民和封地均由受封宗王世代承袭。管辖分民的千户那颜即成为所属宗王的家臣。大部分民户和蒙古中心地区归成吉思汗领有，按照传统的幼子守产习惯，由幼子拖雷继承，蒙古人原来没有文字，蒙古高原西部的乃蛮人使用畏兀儿文。蒙古灭乃蛮后，即借用畏兀儿字母书写蒙古语，从此有了蒙古文，用来发布命令、登记户口、记录所断案件和编集法律文书，使蒙古人的文化大大提高了一步。蒙古人原有许多从古代相传下来的约孙（yosun，意为道理、体例），成吉思汗灭克烈部和建国以后，又相继发布了一系列札撒（jassq，意为法令）。1219 年，成吉思汗召集大会，重新确定了札撒、约孙和他历年的训言（bilig），命用蒙古文记录成卷，名为《大札撒》。其后每代大汗即位或处理重大问题，都必须依例诵读《大札撒》条文，以表示遵行祖制。

成吉思汗建国以后，就开始向邻境发动掠夺性战争。1205 年、1207 年和 1209

年三次攻入西夏，迫使夏国称臣纳贡。西夏既降，接着全力攻打金朝。1211 年，成吉思汗统兵攻入金西北路边墙，取昌州（今内蒙古太仆寺旗九连城）、桓州（今内蒙古正蓝旗北郊）、抚州（今河北张北）等山后诸州，于野狐岭（在今河北万全西北）北击溃金 30 万守军，追至浍河堡，歼其大半。1213 年，于怀来再灭金军精锐。因居庸关防守坚固，成吉思汗采用迂回战术，率主力从紫荆口入关，进围中都（今北京）。同年，分兵三道南下，破黄河以北数十州县。大肆杀掠。1214 年，金宣宗献公主、金帛请和，乃退驻鱼儿泺（今内蒙古克什克腾旗达里诺尔）。金宣宗南迁汴京（今河南开封），驻守中都南的訫军叛金降蒙，蒙古军再入。1215 年，攻占中都，置达鲁花赤等官镇守，成吉思汗退回漠北。1217 年，封木华黎为太师国王。命统汪古、弘吉剌、亦乞列思、忙兀、兀鲁诸部军以及投降的契丹、女真、訫、汉诸军，专责经略中原汉地。木华黎逐渐改变以前肆行杀掠、得地不守的做法，着重招降和利用汉族地主武装攻城略地。自 1217～

蒙古人攻城图

1229 年，除先已归降的永清土豪史秉直父子兄弟等外，易州（今河北易县）张柔、东平严实、济南张荣、益都李全等地方武装头目相继降蒙，两河、山东大部分地区为蒙古所占。蒙古对各地归降的官僚、军阀，多沿用金朝官称，授以元帅、行省等官衔，使世袭其职，在其所献地继续统军管民，称为世侯。

1217～1218 年，蒙古相继征服北境的火里（Qori）、秃麻（Tumat）诸部（在今贝加尔湖地区）、吉利吉思及其他森林部落，攻灭被乃蛮贵族屈出律所篡夺的西辽政权。1219 年，以花剌子模（Khwāream）杀害蒙古商队和使臣为理由，成吉思汗亲统大军西征，分兵攻下诸城，进围其新都撒麻耳干（今乌兹别克撒马尔罕）。花剌子模国王摩诃末先已弃城逃亡，成吉思汗遣省别、速不台率军追赶，摩诃末避入宽田吉思海（今里海）中岛上，病死。1221年，术赤、察合台、窝阔台攻克花剌子模旧都玉龙杰赤（今土库曼库尼亚乌尔根奇）；成吉思汗与幼子拖雷分兵攻取呼罗珊（今阿母河以南兴都库什山脉以北地区）诸城，继而会师击溃花剌子模新王札阑丁的军队于印度河上，札阑丁退入印度。1223 年，成吉思汗置达鲁花赤等官镇守撒麻耳干，率军回蒙古。哲别、速不台军在抄掠波斯各地后，越过太和岭（今高加索山），攻入钦察（Qib caq），1223 年，于阿里吉河（在今乌克兰日丹诺夫市北）战役中击溃斡罗思（Oros = Ros）诸国王公与钦察汗的联军，进掠斡罗思南境，又转攻也的里河（苏联伏尔加河的突厥名，又译亦的勒）上的不里阿耳（Rulyar）国，然后东返蒙古。

1226 年，成吉思汗又出兵攻西复，连取肃（今甘肃酒泉）、甘（今甘肃张掖）等州，于灵州（今宁夏灵武西南）附近黄河边歼灭西夏主力，进围中兴府（今宁夏

银川）。1227 年，西夏国主李俔投降。同年 7 月，成吉思汗病逝军中，幼子拖雷监国。

征夏与伐金

新建的大蒙古国南面邻接两个国家：东为女真族建立的金；西为党项族建立的夏，两个都是多民族国家。金朝建于 1115 年，1125 年灭辽，1126 年灭北宋，1153 年迁都燕京（今北京），后称中都。金世宗统治时期（1161～1189 年）是金的全盛期，当时它领有今天的黑龙江、吉林、辽宁、河北、河南、山东、山西七省之地以及内蒙、陕西、甘肃的一部分，南与南宋隔淮相望，西邻西夏，北抵外兴安岭，东至于海，人口逾五千万，是个文化、经济相当发展的大国。夏国建于公元 1038 年，本名大夏，宋人称它为西夏，又称唐古、

耶律楚材像

唐兀、河西。其地包括今宁夏回族自治区全部、甘肃省大部、陕西省北部以及青海、

内蒙的部分地区。到 13 世纪初，西夏已立国 160 余年，先后与宋、辽、金等国并存，与它们时战时和。西夏国家虽小，人口最多时不过 300 万，但能利用宋辽或宋金的矛盾以自保，经济、文化也有一定的发展。这就是金、夏两国的基本情况，成吉思汗在决定大规模南侵以前，必定对它们作了了解和比较。论关系，金与蒙古有旧仇，在历史上金一直利用塔塔儿部牵制和削弱蒙古高原各部，也直接派兵攻打过他们。成吉思汗的曾祖父杀过金的使臣，金朝杀过俺巴孩汗，成吉思汗的叔祖忽图剌汗曾率军攻金。成吉思汗本人虽在 1196 年接受了金的封号，其后每年还向金进贡，但祖先的仇恨并未忘记，他也不能长久忍受称臣进贡的地位。可是金是大国，不能轻易侵犯，与金相比，西夏要小得多，故而西夏成了首先掠取的目标。1207 年秋，成吉思汗借口西夏不肯纳贡称臣，再次出兵征夏。

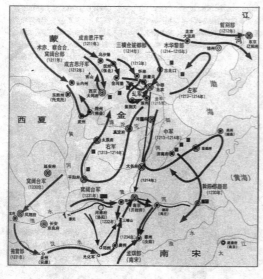

蒙金战争形势图

公元 1205 年那次抄略，曾使夏国感到震惊。夏桓宗在蒙军撤出后下令修复遭受破坏的城堡，大赦境内，改都城兴庆府

（今宁夏银川市）为中兴府。有的史书记载，这年冬天西夏还主动派兵往击蒙军，行数日，不遇而还。次年，西夏王室内讧，桓宗弟李安全废桓宗自立，是为襄宗。蒙军再侵西夏，破斡罗孩城，四出劫掠，襄宗集右厢诸路兵抵御。蒙军见西夏兵势尚盛，不敢冒进，于第二年春季退还。

公元 1209 年春，蒙古军在成吉思汗亲自率领下，第三次南征西夏。4 月，陷兀剌海城。7 月，蒙军进逼中兴府外围克夷门，襄宗增派嵬名令公率兵五万抵御。相持两月，夏军防备渐松，蒙军设伏擒嵬名令公，破克夷门，进围中兴府，引河水灌城。襄宗自即位以来一直与金交好，纳贡称臣，受金册封；此刻中兴府危急，一面坚守，一面遣使向金乞援。金朝群臣普遍主张出兵援夏，以为西夏若亡蒙古必来攻金。然而即位不久的卫绍王却说：“敌人相攻，吾国之福，何患焉？”拒不出兵。12 月，眼看中兴府城墙行将倒塌，外堤突然决口，河水四溢，淹及蒙古军营，蒙军只好撤围。成吉思汗遣讹答为使入城谈判，迫襄宗纳女称臣。西夏既服，成吉思汗便集中力量准备攻金。

公元 1211 年春，成吉思汗以替祖先复仇为名，誓师伐金。从这年到 1215 年，他连续五年亲自率兵南下，取得一系列胜利。

第一年，蒙军兵分两路，越过金的边防。一路由成吉思汗本人统领，者别为先锋，攻破金西北路边墙乌沙堡，进陷昌州（今内蒙古太仆寺旗西南）、桓州（今内蒙古正蓝旗北）、抚州（今河北张北），继续南下。金以 30 万（一说 40 万）大军守野狐岭（今河北万全膳房堡北），凭险抵御，被成吉思汗一举击溃，金军精锐丧失殆尽，遗尸蔽野。九月，蒙军前锋突入居庸关，攻中都，金人坚守，不克而还。另一路蒙军由成吉思汗长子术赤、次子察合台、三子窝阔台率领，以汪古部首领阿剌兀思剔

中国通史

最新整理图文珍藏版

吉忽里为向导，入金西南路，攻取净（今内蒙古四子王旗西北）、丰（今内蒙古呼和浩特东白塔镇）、云内（今内蒙古托克托县东北古城）、东胜（今托克托县）、武（今山西五寨县北）、朔（今山西朔县）等州，大肆抄掠后离去。《金史》记载，这一年"德兴府、弘州、昌平、怀来、缙山、丰润、密云、抚宁、集宁，东过平、滦，南至清、沧，由临潢过辽河，西南至忻、代"，一时均陷于蒙军。

第二年，蒙军继续骚扰上年侵掠过的许多地区。成吉思汗攻取山后一些州府，进围西京（今山西大同），因中流矢，撤退。者别攻入东京（今辽宁辽阳），大掠而还。

第三年秋，成吉思汗领大军再越野狐岭，重陷宣德、德兴诸城，在怀来重创金军，追至居庸关北口。金兵坚守居庸，成吉思汗留部分军队继续攻打，自率主力由紫荆口（今河北易县西）入关，败金兵于五回岭，拔涿（今河北涿州市）、易二州。不久，者别攻取居庸关，进逼中都。蒙军兵分三路：术赤、察合台、窝阔台为右军，循太行山而南，掠河东南、北诸州府；成吉思汗弟哈撒儿等为左军，东取蓟（今天津蓟县）、平（今河北卢龙）、滦（今河北滦县）、辽西诸州；成吉思汗与幼子拖雷为中军，取河北东路、大名及山东东、西路

诸地。木华黎领一军攻陷密州（今山东诸城），屠其城。《元史·太祖纪》称："是岁，河北郡县尽拔，唯中都、通、顺、真定、清、沃、大名、东平、德、邳、海州十一城不下。"

公元1214年（金宣宗贞祐二年）春，成吉思汗会诸路军将于中都北郊，以退兵为由，派使臣向金朝索取贡献。金宣宗遣使求和，进献卫绍王女岐国公主（成吉思汗纳为第四妻）及童男女、金帛、马匹，并派丞相完颜福兴送成吉思汗出居庸关。5月，宣宗见河北、山东州府多已残毁，恐蒙军再来，即以完颜福兴和参政抹撚尽忠辅助太子守忠留守中都，自率宗室迁都南京开封府（今河南开封），史称"贞祐南迁"。6月，驻于中都南面的金乣军斫答等哗变，杀其主帅，投降蒙古。成吉思汗得知上述情况，派大将三摸合和金降将、契丹人石抹明安率兵与斫答等共围中都。金太子守忠立即逃往南京。10月，木华黎征辽东，收降高州卢琮、锦州张锦等。

1215年春，蒙军陆续收降中都附近州县金朝将官，击败前来救援中都的金军。五月，完颜福兴眼看中都解围无望，服毒自杀，抹撚尽忠弃城出逃。蒙军遂入中都。成吉思汗当时在桓州凉泾避暑，闻报后命石抹明安镇守中都，遗失吉忽秃忽等登录中都帑藏，悉载以去。

蒙古骑兵押送战俘图

金由公元 1115 年建国，至 1215 年中都失陷，正好 100 年。它以一个中原大国，竟在五年时间里被建国未久的成吉思汗打得落花流水，必有它自身虚弱的原因。历史学家们举出过许多原因，有民族矛盾、阶级矛盾、统治阶级内部矛盾、猛安谋克丧失战斗力、经济衰敝，等等。这些原因都存在，但仍难解释的是，就在成吉思汗攻金前四五年，金朝还从容打败了南宋韩侂胄的北伐军队，在中都失陷以后又能同蒙古周旋近 20 年，何以在蒙军来侵初期了无招架之功？这个问题尚待做深入细致的研究。

对蒙古将士来说，伐金的五年就是恣意掠夺的五年。他们攻城略地，但没有久驻的念头，至少在前四年里成吉思汗还没有打算把蒙古兀鲁思扩展到中原地区。蒙古军每得一地，都大肆烧杀掳掠。然后把他们掠得的财物、牲畜、人口席卷而走，最终弄到塞北。当时金、夏的统治者已深受汉族儒家文化影响，他们的军队无论进行什么样的战争，都还需要找一些理由，把自己扮成王者之师、仁义之师。成吉思汗的军队根本不管也不懂这些，他们只是赤裸裸地一味抢劫，并且从大汗到士兵各有一份。史籍记载："其国平时无赏，惟用兵战胜，则赏以马或金银牌或纻丝段，陷城则纵其掳掠子女玉帛。掳掠之前后，视其功之等差，前者插箭于门，则后者不敢入"（彭大雅撰、徐霆疏：《黑鞑事略》，《王国维遗书》本）；"凡破城守，有所得，则以分数均之，自上及下，虽多寡每留一分为成吉思皇帝献。余物皆敷表有差。宰相等在于朔漠不临戎者，亦有其数焉"（赵拱：《蒙鞑备录》、《王国维遗书》本）。这样的军队最残暴，造成的破坏最大。"自贞祐元年（公元 1213 年）冬十一月至二年春正月，凡破九十余郡，所至无不残灭，两河、山东数千里，人民杀戮者几尽，所

有金帛、子女、牛羊马畜皆席卷而去，其焚毁室庐，而城郭亦丘墟矣"（李心传：《建炎以来朝野杂记》乙集卷二十，《鞑靼

铜权

款塞》，文津阁《四库全书》本）。汉族理学家刘因记述了保州（今河北保定）被屠的情形："贞祐元年十二月十七日（1214 年 1 月 29 日）保州陷，尽驱居民出。……是夕下令：老者杀。卒闻命，以杀为嬉。……后二日，令再下，无老幼尽杀"（《孝子田君墓表》，《静修先生文集》卷四，《四部丛刊》本）。只有工匠可以免死，因为他们对蒙古军队有用。严格地说，这一时期蒙古军队从事的只是抄掠，还不足称做征服。征服者总要设法守住已征服的地区，而抄掠者总是一走了之，宁可日后再来攻打。只是由于降附蒙古的契丹、女真、西夏和汉族的人物增多了，成吉思汗及其将领通过他们才逐渐懂得征服要比单纯的抄掠更加有利。大约是在攻陷中都以后，成吉思汗开始想到把大蒙古国扩展到中原

地区。这年七月，成吉思汗派使臣到开封，晓谕金宣宗献出河北、山东全部地方，放弃帝号，改称河南王。宣宗不从，战争继续下去。据统计，迄至秋末蒙军已攻破城邑862处，但许多州县无人留守，随后有的被金收复，有的被趁乱而起的地方豪强或原金朝将官占据。

成吉思汗骑射图

公元1215年冬，成吉思汗留木华黎攻伐辽东、西诸地，自己率蒙军主力返回塞北。1216年，成吉思汗驻于克鲁伦河行宫，《史集》说"他幸福如愿地驻扎在自己的斡耳朵里"。他一边休整，一边注意着远方的战事。这年秋天，三摸合率兵经西夏趋关中，越潼关，进拔汝州（今河南临汝），一度逼近开封。

公元1217年8月，经过两年的考虑，成吉思汗终于下决心要变金地为大蒙古国的一部分。他封木华黎为太师国王，对木华黎说："太行之北，朕自经略；太行以南，卿其勉之。"赐给誓券、黄金印，要木华黎"子孙传国，世世不绝"。这就是叫木华黎安心专一经略中原，不要再有北归故土的念头。他命木华黎统领汪古、弘吉刺、亦乞列思、兀鲁、忙兀、札剌亦儿等部军和投降过来的契丹、訁、汉诸军，又

把自己树建的九尾大旗赐给木华黎。成吉思汗告谕诸将说："木华黎建此旗以出号令，如朕亲临也。"

木华黎少年时代就是成吉思汗的那可儿，勇敢善战，受命后全力以赴。金朝自从南迁，重心移到河南，凭借黄河天险，集中诸路军户，加强防御。木华黎避开中坚，先扫外围，前后分别在东、北、西三方面用兵。公元1217年，蒙军自燕南攻拔遂城、蠡州、大名（以上在今河北），东取益都、淄、莱、登、潍、密诸州（以上在今山东）。1218年西入河东，攻克太原、忻、代、泽、潞、汾、霍、平阳等州府（以上在今山西）。1219年，克岢岚、石、隰、绛诸州（以上在今山西）。1220年，收降真定（今河北正定）、滏阳（今河北邯郸南），略卫、怀、孟三州（在今河南），东取济南。1221年夏，克东平（今属山东）。同年8月，木华黎驻兵青冢（在今内蒙古呼和浩特南，俗称昭君墓），由东胜（今内蒙古托克托）经西夏南下，取葭州（今陕西佳县）、绥德，进围延安，克洛川、鄜州（今陕西富县）。1222年冬，取河中府（今陕西永济），渡河拔同州（今陕西大荔）蒲城。趋长安（今西安），不下；西攻凤翔，又不下。1223年三月，木华黎渡河至闻喜，病卒，享年54岁。临终以未能灭金为憾。

木华黎经略中原六年，正值成吉思汗率大军西征，留给他的兵力有限，故而与金形成相持局面。当时河北、山东地主武装颇多，他们依违于蒙、金之间，互争雄长，常有反复，蒙、金都要争取他们，使战事呈现多元状态。木华黎留意招集契丹、女真、汉族地主武装头目，给他们各种职务，并能听取他们的意见，改变了蒙古军队早先一些做法。例如，史籍记载，公元1220年木华黎以史天倪为权知河北西路兵马事，史天倪对木华黎说："今中原已粗

最新整理图文珍藏版

定，而所过犹纵抄掠，非王者吊民伐罪意也。且王为天下除暴，岂复效其所为乎!"木华黎称善，"下令敢有擅剽掳者以军法从事，所得老幼咸遣归之，军中肃然"（《元史》卷一四七《史天倪传》）。这段记载无疑是把事情过于美化了：史天倪究竟是怎样讲的，木华黎能否懂得"王者吊民伐罪"，都是问题。但是，在木华黎时期，蒙军一味杀掠的做法的确有所收敛，并且引起了金朝的注意。1222 年（金宣宗元光元年）6 月，金晋阳公郭文振向宣宗上奏："河朔受兵有年矣，向皆秋来春去，今已盛暑不回，且不嗜戕杀，恣民耕稼，此殆不可测也"（《金史》卷 108《胥鼎传》）。"不嗜戕杀"、"恣民耕稼"和"盛暑不回"，反映出此时中原蒙军不再是单纯的抄掠者，它已按照成吉思汗的意图转化为征服者。这一转化对金朝造成更大的威胁，郭文振所谓"殆不可测"，就是这个意思。

蒙古骑兵用的箭袋

木华黎死后，其子孛鲁继为国王。孛鲁按木华黎的方略经营河北、山东，重点依靠降蒙的原汉族地主武装。公元 1226 年，宋将、原红袄军领袖李全攻克益都，俘蒙古军元帅、汉人张林，控制了山东东路大部分地区。秋 9 月，木华黎弟带孙与严实率兵围益都。冬 12 月，孛鲁领兵入齐，派人招降李全。次年 9 月，益都城中粮尽，李全出降。蒙古一些将领主张杀掉李全，孛鲁则表示应留李全以劝山东未降者，便以李全为山东淮南楚州行省。继而攻克滕州，尽有山东全境。与之同时，成吉思汗率领征西夏大军进入金地，攻破临洮、信都、德顺等府州。金朝眼看两面受敌，形势危急，恰遇成吉思汗病逝，孛鲁北上奔丧，次年病死于漠北，给了金朝喘息的机会。

金宣宗南迁

泰和八年（1208 年），金章宗病死，由世宗第七子允济嗣位，是为卫绍王。此时，成吉思汗领导下的蒙古汗国已对金朝形成了严重的威胁。大安三年（1211 年）二月，成吉思汗聚兵南下，发动了大规模的侵金战争，腐朽的金王朝在蒙古军队的进攻下不堪一击。九月，参知政事完颜承裕所率数十万金军在会河堡（今河北万全南）一役中几乎全被消灭。蒙古军直达中都城下，卫绍王下令中都戒严，朝廷上有人主张弃城逃跑，但多数臣僚认为应该利用中都坚固的城防死守。卫绍王采纳了守城的建议，一面在城内作防御的准备，一面诏令各地金兵入卫中都。蒙古军屡攻不下，只得于当年年底从中都撤围。

至宁元八年（1213 年）八月，金右副元帅纥石烈执发动宫廷政变，杀死卫绍王，迎立世宗孙完颜珣入朝即位，是为宣宗。就在这时，蒙古又一次发动了对金朝的进攻，很快进逼居庸关下，而后绕过中都向南突破紫荆关，乘胜攻占涿州（今河北涿县）和易州（今河北易县），打开了南进中原的大门。从宣宗贞祐元年（1213年）秋到二年（1214年）春，蒙古骑兵几乎踏遍了黄河以北的中原大地，这一地区的金朝州府只有中都、通（今北京通县）、顺（今北京顺义）、真定（今河北正定）、清（今河北清县）、沃（今河北赵县）、大名（今河北大名）、东平（今山东东平）、德（今山东德州东南）、邳（今江苏睢宁西北）、海州（今江苏连云港西南）等十一城未下，其余全被蒙古军队掳掠一空。贞祐二年（1214年）二月，蒙古诸军在横扫中原后，又集中到中都城北，金朝派驻居庸关北口的契丹人论鲁不儿率军投降，蒙古军遂进入居庸关，中都再次被围。三月六日，宣宗派都元帅完颜承晖前去议和，蒙古奴隶主贵族在几年来的对金战争中，一直以掳掠奴隶、财物和牲畜为主，无意于占领金朝的领土，因此成吉思汗同意了金朝的求和，并提出以下要求作为议和条件：金朝向蒙古献纳童男女各500名，绣衣3000件，御马3000匹和大批的金银珠宝，并把卫绍王女岐国公主献给成吉思汗，以表示对蒙古的臣服。金宣宗对这些条件全部接受，和议于是达成，同月，蒙古撤军北退。

蒙古虽然暂时退兵，但还有随时再来的危险，中都两度被围，使得君臣们心有余悸，因此从蒙古撤兵之日起，朝廷内就开始酝酿迁都南京（今河南开封）的意见。元帅左都监完颜弼向宣宗进言说，南京北有黄河可以阻挡蒙古，南有淮水可以抵御宋朝，西有潼关可以对西夏设防，乃是都城的最佳所在。参知政事耿端义也力主南迁，南京留守仆端连上三表，促请宣宗南幸。反对南迁的大臣以左丞相徒单镒和宗室霍王从彝为代表，他们认为，如果放弃中都，河北肯定就守不住了，丢了河北、南京之外再也没有退路。但在四五月间，徒单镒和霍王从彝却突然相继死去，

忽必烈狩猎图

宣宗遂决意南迁。五月十一日，宣宗正式下诏迁都南京，太学生赵昉等400人上书极言利害，反对迁都，宣宗一概不听。十八日，宣宗车驾离开中都。作为金朝都城长达61年的中都终于被放弃了。

宣宗南迁后，命右丞相兼都元帅完颜承晖、左副元帅抹撚尽忠辅太子守忠留守中都。宣宗刚离离开中都，驻守涿州一带的以契丹人为主的訛军就起兵反金。完颜承晖派兵到卢沟桥设防，却被乱军偷渡掩袭，金兵大败。訛军叛金后就派使者去向蒙古投降请援，成吉思汗派蒙古军与契丹降将石抹明安等部南下与訛军会合，合力包围中都。七月间，宣宗一听说蒙古军再度南下，就把驻守中都的太子守忠召回南京，这表明朝廷已经无意坚守中都，中都

守军因此更加人心惶惶。贞祐三年（1215年）正月，蒙古军已经攻到中都外围，驻守通州的金右副元帅蒲察七斤率军投降，中都形势更加危急。完颜承晖派人向朝廷告急，宣宗派元帅左监军完颜永锡等率河北军增援，但援军一遇蒙古兵就被击溃，完颜承晖本想与左副元帅抹撚尽忠合力死守，不想抹撚尽忠却别有打算，他悄悄与元帅府经历官完颜师姑密谋南逃，承晖知道了这个消息后，就将完颜师姑推出斩首。五月二日，承晖作遗表交付尚书省令史师安石，要师持表去奏报朝廷，随即服毒自杀。当日傍晚，抹撚尽忠弃城南逃，中都失陷于蒙古。

统一畏兀儿和西辽

　　成吉思汗为了使自己的统治范围进一步扩大，让他的弟兄、儿子们"各分土地，共享富贵"，决定继续向外进行军事行动，降服蒙古境外的相邻政权。这些向外扩张的战争，具有很大的掠夺性和破坏性，暴露了蒙古奴隶主阶级的贪婪本质。

　　13世纪初蒙古周围的形势大体上是这样的：在它的西部有畏兀儿和西辽，在它的南部有西夏和金朝。成吉思汗在征服畏兀儿和西辽的同时，对西夏和金朝进行了骚扰和掠夺。

　　畏兀儿是突厥语系中文化比较发达的一个古老民族。唐朝时称回纥、回鹘，曾在蒙古高原建立过回鹘汗国，后被黠戛斯击败，开始西迁。其中有一支迁到今新疆吐鲁番盆地一带，到公元10世纪末期时，地域已扩大到西抵葱岭，东达甘（今甘肃张掖）、肃（今甘肃酒泉）二州，北界天山，南越戈壁，并建立了高昌回鹘政权。其都城在高昌（今新疆吐鲁番东），或称"哈拉和卓"；其首领称"亦都护"。公元

成吉思汗陵内供奉的马鞍具

12世纪初西辽建立后，畏兀儿臣属于西辽，西辽于畏兀儿境内设立了一个专门监管畏兀儿事务的官员——少监，他像太上皇一样，为所欲为，骄恣用权，激起了广大畏兀儿人民的极端不满。所以，自从畏兀儿沦为西辽的藩属后，境内的社会矛盾是十分尖锐的，不仅广大畏兀儿人民和西辽统治者之间的矛盾很尖锐，就是畏兀儿统治者与西辽统治者之间的矛盾也很尖锐。

　　西辽是契丹贵族耶律大石建立的。公元1124年契丹族建立的辽王朝在各族人民反抗斗争的冲击下，在女真军队的打击下，正处于灭亡的前夕。这时辽宗室耶律大石自立为王，率其部众西迁，在我国今天的新疆西部及中亚一带建立了政权，历史上称为西辽，也称"黑契丹"、"哈剌契丹"。其都城在虎思斡耳朵（在今吉尔吉斯托克马克以东楚河南岸）。西辽建立后不久便控制了畏兀儿，战败了中亚大国花剌子模，势力扩展到巴尔喀什湖以西的两河流域，成为中亚地区势力强大的政权。

　　成吉思汗称汗后，虽然统一了蒙古各部，但是蔑儿乞部的首领脱黑脱阿和他的两个儿子——忽秃、赤佬温，乃蛮部塔阳汗的儿子古出鲁古，依然盘踞在也儿的石河（今额尔齐斯河）。1208年，成吉思汗命速不台和者别分别追袭脱黑脱阿和古出鲁古。结果，脱黑脱阿战死，其子率残部逃奔畏兀儿，当时畏兀儿的亦都护叫巴而

元大都遗址

术阿而忒的斤，没有收容他们，并把他们打败后驱逐走了，又派人向成吉思汗通好。1209年，巴而术阿而忒的斤不满西辽少监的横征暴敛，杀了西辽少监，并于1210年遣使投顺成吉思汗。这样，蒙古国的统治扩大到畏兀儿。

古出鲁克被畏兀儿打败后逃奔到西辽。当时西辽的大汗叫直鲁古，他是一个昏庸无能、不理政事的统治者。古出鲁克奔西辽后，直鲁古对他毫无警惕，反而将女儿嫁给他，并供应他费用去招集乃蛮和蔑儿乞残部，使古出鲁克势力渐渐增强起来。古出鲁克为了达到篡夺西辽政权的目的，先是挑起花剌子模与西辽互斗，继而于1211年抓获直鲁古，夺取西辽大汗位。古出鲁克统治下的西辽，阶级矛盾、民族矛盾、宗教矛盾都十分尖锐，政权是极不稳固的。1218年，成吉思汗命者别率两万人进军西辽，讨伐古出鲁克。者别利用西辽境内的民族矛盾和宗教矛盾，宣布信教自由，并保证对居民不干涉，立即赢得了广大回教徒的支持，他们纷纷起来杀掉住在老百姓家里的古出鲁克的兵士，使蒙古军队很快就占领了西辽都城，古出鲁克仓皇出逃，者别追至撒里黑·昆地面（今新疆

喀什附近）擒杀了古出鲁克，西辽终于被蒙古军队征服。西辽的灭亡为蒙古军队的西征扫除了障碍。

成吉思汗西征

成吉思汗为了确定谁当他的继承人，有一天他把四个儿子叫来。当着成吉思汗的面，术赤和察哈台发生了争执。成吉思汗对他们说："世界广大，江河众多。使你们攻占外国，去各自分配，扩大自己的牧地。"这段话，就是以成吉思汗为首的蒙古奴隶主阶级的哲学：要想富贵，就去抢掠；要想称王，就去攻占外国。这也就是成吉思汗和他的继承者为什么连年累月发动对外战争的原因。

成吉思汗及其继承者对西部的战争，在1218年成吉思汗击败乃蛮的古出鲁克灭亡西辽以前属于国内民族战争，从1219年成吉思汗亲自率军侵入花剌子模开始，则属于向国外的侵略扩张战争。蒙古奴隶主早就闻知花剌子模是一个广袤富饶的国家。这个国家原是阿姆河下游的一个古国，到13世纪初花剌子模沙摩诃末时，已控制今天的苏联中亚部分，阿富汗、伊朗这些地方，都城在玉龙杰赤（今乌兹别克共和国郭耳加纳契），是中亚的一个大国。1218年，有一队400～500个回教人组成的蒙古商队，受成吉思汗委托，带了500只骆驼运载的金银、皮毛、纺织品等到西方去经商。行至花剌子模边境的讹答剌城（在今哈萨克共和国境内），该城守将亦纳勒赤黑以为是间谍，将这个商队全部洗劫，商人被杀。成吉思汗得知后即派专使前往交涉，要求交出亦纳勒赤黑，花剌子模沙摩诃末不但拒绝要求，还把成吉思汗的使者杀了。成吉思汗闻讯后，又是震惊，又是愤怒，气得眼泪也淌了下来。他一口气登上附近

最新整理图文珍藏版

一座山的山顶上，脱下帽子，跪在地上求老天保佑。不饮不食，祈祷了三天三夜，方始下山。于是便抓住讹答剌事件，发动了对花剌子模的战争。

1219 年秋，成吉思汗率 20 万军队侵入花剌子模。花剌子模虽然拥有 40 万军队，又有精良的武器和充足的财富，但是这个国家民族复杂，人心不齐，加上摩诃末独断独行，战斗力很弱。蒙古军队首先围攻讹答剌城，但久不能下。成吉思汗留下察哈台、窝阔台攻城，另派术赤率一支军队进攻锡尔河下游各城镇，派阿剌黑等进攻别纳客忒和忽毡（今列宁阿巴德），自率主力进攻不花剌（今布哈拉）。

1220 年 2 月，成吉思汗到达不花剌。经过三天围城后，守城的将领眼看有城破的危险，无心坚守，只想逃跑，他们乘夜率 2 万士兵突围。蒙古军毫无准备，只得慌忙撤退。可是，这些一心逃跑的花剌子模将领们不但没有乘势进攻，反而溜之大吉。成吉思汗率军回过头来追击，一直追到阿姆河畔终于歼灭了这支军队。次日，不花剌投降。城中内堡尚有 400 士兵坚守，12 天后也被消灭。蒙古军队在不花剌掠取所有财物后，把它付之一炬。与此同时，察哈台、窝阔台攻下了讹称剌，为报复杀回回商人之仇，他们大肆杀戮；术赤和阿剌黑军所攻占的城池，也遭到了大屠杀。

接着，成吉思汗进攻花剌子模的新都撒麻耳干（今撒马尔罕）。尽管摩诃末增修了工程浩大的壁垒，调集了波斯、突厥兵 4 万，还有 20 只战象，但是腐败的花剌子模统治者，毫无抵抗的勇气，初战失利后，城中属于突厥人种的康里人士兵纷纷携眷属及辎重出降，法官、僧侣到成吉思汗军营中商洽投降条件，并开城投降。成吉思汗入城后照样屠杀，连康里士兵也不例外，只留下了 3 万工匠，把他们押到蒙古军营，分送给蒙古贵族当奴隶。

昏庸无能的摩诃末，眼看自己的城池或被攻破，或不战而降，弄得他神志沮丧，一筹莫展，也不知往哪里逃才好。后来决定采取逃奔哥疾宁（今阿富汗加兹尼）以纠集残兵作抵抗的计划。但是，他的儿子札兰丁坚决反对，力主坚守阿姆河以遏止蒙古兵南下，反而受到摩诃末的训斥。成吉思汗为了生擒摩诃末，派者别和速不台追击。摩诃末只好逃到宽田吉思海（今里海）的一个小岛上，1220 年 12 月病死在这里，札兰丁继承花剌子模沙。

札兰丁是花剌子模统治集团中抗蒙很坚决的统治者，他坚定勇敢，有计谋。摩诃末死后，札兰丁决心以旧都玉龙杰赤为基地，抗蒙复国。这时成吉思汗已命术赤、察哈台、窝阔台等追来。守卫玉龙杰赤的花剌子模将领贴木儿蔑里，指挥三万士兵英勇地击退了术赤的军队。但是，由于花剌子模统治集团发生内讧，一些将领准备谋杀札兰丁，札兰丁只好带着贴木儿蔑里等 300 人逃奔呼罗珊（今土库曼共和国南部、伊朗东北部和阿富汗的西北部一带），在玉龙杰赤的反札兰丁的势力则拥忽马儿为新沙。札兰丁走后，蒙古军进而围攻玉龙杰赤，忽马儿出城投降。但城中军民继续抗战，蒙古军围城 6 个月付出了极大的伤亡，至 1221 年 4 月破城。城中军民继续巷战，直到最后牺牲为止。蒙古军除将 10 万工匠遣送蒙古为奴外，居民大部分被杀。最后，蒙古军队引阿姆河水灌城，将玉龙杰赤城变为一片汪洋。与此同时，拖雷的一支蒙古军队攻占了马鲁（今土库曼共和国马里）。

这时，花剌子模的力量只存下札兰丁的残余部队。札兰丁在呼罗珊避开了蒙古军队的追击，进入哥疾宁，收集余部，图谋反攻。成吉思汗决定亲自率军追击。其先锋在八鲁湾（今阿富汗喀布尔东）与札兰丁军相遇，被击败。但每当胜利的时候，花剌子模统治集团就发生内讧，札兰丁的部将们为争夺战利品发生争执，纷纷离去。蒙古军队再次发起进攻，札兰丁被迫于1221年4月逃到忻都（今印度），在申河（今印度河）被蒙古军打败。札兰丁弃家室辎重，跃马投入申河，游至对岸。后来在外高加索一带继续与蒙古军队作战。

1223年春，成吉思汗准备进攻印度然后越过雪山（今喜马拉雅山）从吐蕃（今西藏）返回蒙古。由于道路崎岖，气候炎热，改由原路退回蒙古。

1220年摩诃末逃跑时，成吉思汗曾派者别、速不台去追赶。现在再把这支蒙古军队的活动告诉读者。

者别和速不台一直追到宽田吉思海西岸，然后攻破阿哲儿拜占（今阿塞尔拜疆共和国）各地。阿哲儿拜占的都城在帖必力思（今第比里斯），当时的阿塔卑叫月即伯。蒙古大军压境后，年老而嗜酒的月即伯以货币、衣服、马畜等物赠献蒙古，作赎城费，才免遭劫掠。

1222年初，蒙古军侵入谷儿只（今格鲁吉亚），击败谷儿只王阔儿吉·剌沙。随即逾越太和岭（今高加索岭），侵入阿兰部（其驻地在今俄罗斯境内）及钦察草原（波罗夫赤草原），迫使钦察人迁至亦的勒（伏尔加）、涅卜儿（第聂伯）两河之间，与该地之钦察人联合。钦察人也是突厥人种，已经在这里生活了2个世纪之久。

蒙古军队追击至克里木，占领速答黑城（今萨波罗什）。钦察部的忽滩汗向南斡罗思（俄罗斯）的伽里赤大公密赤思老求援，于是密赤思老联合南斡罗思诸大公，推乞瓦（今基辅）大公罗曼诺维赤为盟主，决定迎击蒙古军于斡罗思境外。

斡罗思和钦察联军虽然人数众多，但缺乏统一指挥，步调不一。1223年5月，联军与蒙古军激战于迦勒迦河（在今乌克兰境内），联军大败，六个斡罗思大公阵亡。罗曼诺维赤乞降，结果斡罗思军全被屠杀。蒙古军长驱直入斡罗思境。这年冬，者别和速不台率军经过现在的哈萨克草原东返，与成吉思汗的主力军会合，经撒马尔罕回到蒙古本土。1225年成吉思汗西征结束。

西征结束后，术赤尚在中亚，不久病死。成吉思汗在中亚各地置达鲁花赤（镇守官），命回回商人牙剌瓦赤总督一切军政事宜。后来又改命牙剌瓦赤的儿子马思忽惕代其父职。

窝阔台的统治

1229年蒙古贵族大聚会，遵照成吉思汗遗命推举窝阔台为大汗。窝阔台即位后，决定亲征金朝，遣大将搠里蛮（又译绰儿马罕）往征波斯。时札阑丁已从印度回波斯，花剌子模旧将及各地诸侯奉他为主，据有波斯西部。搠里蛮急速进兵，1230年

1967

成吉思汗统一漠北

冬抵阿塞拜疆，札阑丁从都城桃里寺（今伊朗阿塞拜疆大不里士）出奔，次年，为

成吉思汗陵壁画

曲儿忒人所杀。搠里蛮军留镇波斯，攻打诸国，谷儿只（苏联格鲁吉亚）、亚美尼亚、鲁迷（小亚细亚的塞尔柱突厥王国）等国先后归附蒙古。搠里蛮死后，由拜住那颜代领其军。

1231年，窝阔台与诸王在官山（今内蒙古卓资北）会议攻金方略，议定分兵三路南下，约次年春会师汴京。窝阔台自统中路军经山西取河中府（今山西永济），

由白坡（在今河南孟县西南）渡河，进屯郑州；铁木哥斡赤斤统东路军由济南进兵；拖雷统右翼军，按成吉思汗遗策假道宋汉中地，沿汉水东下，由邓州（今河南邓县）入金镜。1232年初，拖雷于钧州（今河南禹县）南三峰山击溃金军，北上与窝阔台会合，攻汴京。3月，窝阔台、拖雷北还，留速不台统兵围汴，久攻不克。同年底，汴京城中粮尽援绝，金哀宗出奔归德（今河南商丘）。次年初，金元帅崔立杀汴京留守，献城投降。蒙古军追围金哀宗于归德，金哀宗又逃往蔡州（今河南汝南）。都元帅塔察儿率蒙古军及汉军万户史天泽等部进围蔡州，并遣王檝出使南宋，约请出兵共同灭金。宋将孟珙自襄阳提兵北上，攻取唐（今河南唐河）、邓两州，抵蔡州，与蒙古军分攻南、北城。1234年初，城破，金哀宗自杀，金亡。在攻金同时，蒙古还多次发兵入侵高丽。1233年，据有辽东的东真国也为蒙古所灭。

灭金后，蒙古宗王、贵族大会，筹划进兵南宋和远征西域，继续进行征服战争。1235年，窝阔台遣其子阔出统兵攻宋荆襄地区，阔端统兵攻四川，对南宋的战争从此开始。同年，窝阔台又召集大会，定议遣各支宗王长子统兵，出征钦察、斡罗思等国。万户以下各级那颜亦以长子从征；

位于内蒙古伊金霍洛旗的成吉思汗陵

以拔都为西征军统帅，速不台为先锋。1237年，蒙古军灭不里阿耳、钦察，攻入斡罗思。3年之中，蹂躏了大部分斡罗思国土。1241年，拔都分兵两路，侵入孛烈儿（波兰）、马札儿（匈牙利）。蒙古军在思格尼茨（今波兰西部）一役，大败孛烈儿、捏迷思（德意志）联军，欧洲震动。1242年，拔都闻窝阔台死讯，率军东返，留驻也的里河下游，统治所征服的钦察、斡罗思等地区。

窝阔台在位期间，大蒙古国的政治、经济制度逐步完备。1229年，制定了蒙古民户的羊马抽分及其他差发制度，限制诸王、那颜任意科取；进一步健全驿站制度，从各千户签调站户当役，规定使臣往来需经由驿路，以免骚扰沿途百姓，乘驿者需持有牌子文字，方许付给驿马、饮食；又命人在沙漠地区掘井，以扩大牧场。1235年，签调汉族工匠，于斡耳寒河（今蒙古鄂尔浑河）旁建立哈剌和林城郭，作为都城。对所征服的定居农业地区，其统治和剥削方式也作了初步改革。窝阔台即位后，即采纳耶律楚材的建议，在中原汉地实行征税办法，规定"汉民以户计，出赋调"，以耶律楚材主管其事。1230年，设立十路课税所，专掌征收钱谷。1234年灭金后，下令检括中原民户，命失吉忽秃忽为中州断事官，主持括户。次年，各路同时编籍户口，总数110多万户，称为乙未（1235年）户籍。按照蒙古分封制度，窝阔台将一部分中原州县民户分赐给诸王、贵戚、功臣为食邑，计70多万户，其余民户则作为皇室共有财产，直属大汗政府。又采纳耶律楚材建议，规定受封贵族只在分地置达鲁花赤监临，由朝廷设官征赋，按其应得份额颁给。分民每两户出丝一斤纳于政府，每五户出丝一斤纳于受封者，称为五户丝。同时制定了各类人户的丁税、地税以及商、盐诸税之法。在西域地区，实行

征收丁税的办法，以花剌子模人牙老瓦赤主管其事，并先后设立了管理河中和呼罗珊等地的行政机构。窝阔台晚年信用回回商人，任命牙老瓦赤为中州断事官，准许富商奥都剌合蛮扑买中原课税，加倍搜括中原人民。1241年窝阔台去世，皇后乃马真氏称制，政事愈坏，对人民的剥削更加沉重。

从贵由到蒙哥

1246年，窝阔台长子贵由立为大汗。拔都与贵由不和，借口患病不参加选汗大会。蒙古皇室的内讧开始激化。次年，贵由任命亲信大臣野里知吉带为西征军统帅，授以统辖波斯及其以西诸地的全权。1248年，贵由亲率护卫军西行，声言到叶密立养病。拖雷妻唆鲁禾帖尼认为贵由此行当

太宗窝阔台像（1229～1241年在位）

是谋攻拔都，秘密遣人向拔都报信。拔都严兵为备。3月，贵由死于横相乙儿之地（今新疆青河东南），皇后斡兀立海迷失摄政。时拔都驻兵于其封地东境，召集诸王会议，推举拖雷长子蒙哥为大汗。察合台、窝阔台两系诸王拒不参加会议，亦不承认其推选有效。次年，蒙哥又于怯绿连河上游成吉思汗大斡耳朵之地召集大会，察合

台、窝阔台两系再次抵制，拖延了两年。1215年，到会的东西道诸王、诸将始定议奉蒙哥即位。窝阔台孙失烈门、脑忽和脱脱三人率其部属密谋来袭，谋泄被捕。蒙哥开始镇压两系政敌，杀斡兀立海迷失及贵由亲信大臣镇海、野里知吉带等，将失烈门等三王发配军前效力。

自窝阔台去世后，蒙古统治集团内部争夺汗位的斗争愈演愈烈，选汗大会一再推延，以致大汗之位两度虚悬约八年。在这期间诸王贵戚各自为政，滥发牌符，遣使四出，征敛珠宝财物。斡脱商人各持令旨，恃势勒索。蒙哥即位后，极力恢复大汗的权威和政令的统一。他下令整饬民政，尽收旧发牌符；加强汉地、中亚和波斯三大行政区的统治机构（汉文史籍称为燕京、别失八里、阿母河三行尚书省）。又命弟忽必烈总领漠南汉地军国庶事，统兵南征大理、南宋；命弟旭烈兀总领波斯之地，统兵西征未服诸国。1252年起，在全蒙古国范围内重新进行户口登记，编造籍册，并再次分封诸王贵族。

忽必烈受命后，即南驻金莲川（在滦河上源），建立藩府，继续招聘汉族知识分子为谋士，访问治道。他采纳刘秉忠、张文谦、姚枢、史天泽等人意见，奏系设立邢州安抚司和河南经略司，整顿地方行政，设立屯田。1253年，统兵征大理，以为迂回包抄南宋之计。分军三路，取道吐蕃之地，过大渡河，抵金沙江，降摩些（纳西族）部。12月，克大理城，用刘秉忠、姚枢之策，下令禁止杀掠。留兀良合台继续征讨云南诸部，自己班师北归。1254年，在所受京兆分地设立关中宣抚司加以治理。1256年，命刘秉忠于滦河上游选地建城，营造宫室，名为开平。

旭烈兀军于1256年消灭盘踞波斯北部诸山寨的"木剌夷国"（阿拉伯语 mulahidah 的音译，意为异端者，此指伊斯兰教

窝阔台继位图

亦思马因派）；1258年攻陷报达（今伊拉克巴格达），灭回回哈里发（Khalifat，伊斯兰教领袖的称号，阿拉伯语意为继承者，此指阿拔斯朝）。次年，旭烈兀分兵三路侵入叙利亚。

蒙哥于1257年亲统大军征宋。他自领西路军攻四川，命宗王塔察儿统东路军攻荆襄、两淮。蒙哥见中原诸侯、士人归心忽必烈，关中、河南财赋又多为藩府所得，甚为猜疑，便夺忽必烈兵权，不使领兵出征，并遣大臣阿蓝答儿等到陕西主管政务，钩考关中、河南钱谷，尽罢忽必烈所置宣抚、经略诸司。1258年7月，蒙哥入川，与原在四川掌管军事的蒙古都元帅纽璘、汉军万户刘黑马、巩昌总帅汪德臣等合兵，沿嘉陵江南下。南宋守臣凭险抵抗。1259年2月，蒙哥率军围合州钓鱼山（今四川合川县东），连攻5个月不克。

塔察儿所统东路军略地至长江，无功撤回，蒙哥不得已于1258年底改命忽必烈统率。1259年春，忽必烈会尔路诸王、将领于邢州；7月，至汝南，申明军令，戒诸将勿妄杀，并使杨惟中、郝经等宣抚江淮。同月，蒙哥病逝于钓鱼山下。忽必烈

元·铜火铳（复制品）

得知蒙哥死讯，仍继续渡淮南下，进围鄂州。这时，留镇漠北的阿里不哥力图乘机控制漠南，发诸部兵直趋关陇，并派亲信至燕京掌管汉地政务，签诸道军。忽必烈恐阿里不哥先踞汗位，遂采纳郝经等人建议，与南宋贾似道密订和约，立即回师北归。

1260 年春，旭烈兀在叙利亚得到蒙哥死讯，也引军退回波斯，留先锋怯的不花继续征进。9 月，怯的不花军在阿音扎鲁特（今耶路撒冷北）被密昔儿（埃及）军击溃，蒙古西征之役至此告一段落。

蒙哥汗之立

蒙哥即汗位，标志蒙古汗位已从窝阔台系转移到拖雷系，这是蒙古国建立以来最重大的事变。从此，成吉思汗"黄金家族"的裂痕不断扩大，大蒙古兀鲁思开始逐渐分裂为各自为政的独立王国。蒙哥即汗位后，委其同母二弟忽必烈总理漠南汉地军国庶事，遣三弟旭烈兀率军继续西征。并任命一批亲信官员，更改政制，不断加强大汗权力。同时积极准备向南宋侵掠，以扩大蒙古的疆域。

东侵高丽

成吉思汗向外扩张时，高丽由王氏所

统治。1216 年，契丹人金山、元帅六哥因不满蒙古的统治，率 9 万人进入高丽。1217 年金山等攻占江东城作为据点，金山自称辽东王。不久，统古杀金山，喊舍又杀统古。1218 年，成吉思汗借口讨伐契丹人，遣哈只吉、札剌等侵入高丽，与高丽军合作攻破江东城，喊舍自杀。高丽王王㬚称臣，并纳贡方物。1224 年，由于蒙古使臣被高丽人杀，两国关系开始恶化。

1231 年，窝阔台命撒礼塔率军进攻高丽，华裔高丽人洪福源投降，并协同蒙古军攻克许多州郡。王㬚被迫投降。撒礼塔在高丽安插京、府、县达鲁花赤 72 人实行监督。

1232 年，高丽爆发了大规模的反蒙斗争。王㬚杀蒙古达鲁花赤，倾朝徙居江华岛抗敌。蒙古再派撒礼塔前往镇压，为高丽军击毙，高丽军收复西京（今平壤）等地。从 1233～1241 年，蒙古虽多次派军联合洪福源入侵高丽，王㬚却始终没有投降。

1241 年，王㬚派族子王唸入质。贵由、蒙哥统治时期，又以"岁贡不入"为由，4 次派兵入侵，对高丽人民进行残酷的屠杀，迫使王㬚又派子王倎入朝。直到忽必烈上台后，两国关系方有好转。当时王㬚已死；子王倎即位，蒙古以高丽"永为东藩"，令其每岁入贡。两国使臣和商旅往来频繁，经济和文化联系也很密切。

元朝建立后，利用高丽作侵略日本的

蒙古攻金图

基地，对高丽人民的剥削加重，高丽人民曾多次举行反元的武装斗争。

忽必烈夺取汗位

1259 年 7 月，蒙哥在合州钓鱼城战死后，以阿里不哥为代表的守旧派和以忽必烈为代表的"汉法"派，都积极活动起来，准备夺取汗位。

阿里不哥是拖雷的第七个儿子，蒙哥即汗位后，命阿里不哥留守都城和林。阿里不哥长期在蒙古本土，与外界接触不多，特别对汉地的政治、经济、文化了解甚少。后来，以他为中心，逐渐形成了一个墨守蒙古成规的保守集团，他们主张维持蒙古原来的统治方式，反对采用中原地区原有的封建统治方式。

忽必烈是拖雷第四个儿子，他很早就结识了一批汉族地主知识分子，像信佛崇儒的刘秉忠，熟读孔孟之道的张文谦、王鹗等，都是忽必烈十分信任的。他们把历代封建统治的经验，灌输给忽必烈。蒙哥即位后，以漠南汉地委托给忽必烈来管理，从此忽必烈与各族地主阶级进一步紧密地结合了起来。他一方面继续网罗人才，像杨惟中、姚枢、郝经、王文统等汉族地主知识分子，都纷纷前来投靠。这些人都是忽必烈的谋士，对忽必烈影响很大。刘秉忠对忽必烈说："今天谁能重用士大夫，又能推行中国原有的治国之道，就能当中国的皇帝！"这对抱有统治全中国愿望的忽必烈无疑是极大的启发。因此，像官吏的任用、对南宋的作战方略、经济政策、屯田措施等事，甚至后来的夺取汗位，建立元朝，几乎都出自这些人的策划。除了汉族地主分子外，忽必烈对其他各族上层人物也是加以争取的，像回回人赛典赤·瞻思丁、畏兀儿人廉希宪、西夏人高智耀等接

受汉文化很深的一些人也受到忽必烈的重用。另一方面，忽必烈为了扩大自己的军事实力，采取了拉拢、利用北方地主武装的方针。早在蒙古灭金时，北方地主武装头目董俊、严实、史天倪、张柔等就投靠了蒙古。忽必烈总管漠南汉地后，继续对他们加以重用，像董俊的儿子董文炳，在忽必烈进兵西南和灭宋战争中就非常卖力；史天倪的弟弟史天泽在平定阿里不哥和李璮的战斗中出力很多；张柔和他的儿子张弘范也是忽必烈十分信用的，最后灭亡南宋、逼迫赵昺投水而死的就是张弘范；红袄军头目李全的儿子李璮，忽必烈也给他很大的权力，封他为江淮大都督，忽必烈十分信任与重用的王文统，就是李璮的岳丈。忽必烈联合汉族和其他各族地主阶级的目的，就是为了巩固自己的地位，学会统治汉地的方法。因此，在忽必烈夺取汗位之前的十多年间，他已跳出了蒙古"黄金家族"的小圈子，逐渐成为懂得汉法、决心抛弃蒙古旧法的新的封建统治者。忽必烈是蒙汉各族地主阶级利益的总代表。

忽必烈不仅为自己夺取政权奠定了政治基础，而且还奠定了物质基础。在他主

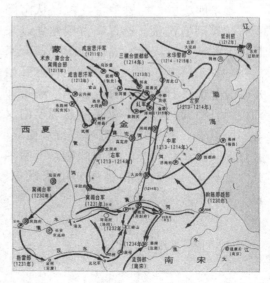

蒙金战争要图

持漠南汉地后，十分注意招抚流亡的人民，大搞屯田积粮，并采取整顿财政等措施。早在1252年，忽必烈就已在河南的唐、邓等州实行屯田，后来又在陕西凤翔等地屯田，这样就使他掌握了大量军粮。忽必烈又立钞提举司，印发纸钞。这一系列措施的实施，使忽必烈完全控制了蒙古国的财政大权。

1256年2月，忽必烈命刘秉忠在桓州（今内蒙古正蓝旗北）东北、滦河北岸的龙岗，营建营室、房屋，3年后建成，称开平府。在这里聚集了忽必烈的一批重要谋士，成为忽必烈集团的根据地。

蒙哥死后，阿里不哥和他的支持者立即采取夺位措施。他命令脱里赤为断事官，占据燕京，号令各方面；又命令各地军队听从调度，由阿兰答儿纠集漠北各地军队，脱里赤纠集漠南各地军队，形成对开平的包围态势。阿里不哥企图先发制人，迫使忽必烈就范。

忽必烈这时还在围攻鄂州，蒙哥死讯传来后，他召集诸将、诸谋士研究蒙哥死后的形势和对付阿里不哥的策略。这时郝经提出了如下建议：一面遣军去迎接蒙哥的灵车，接收大汗的宝玺，一面赶快与南宋贾似道议和，签订密约，迅速撤军，派轻骑兵赶到燕京，防止阿里不哥的势力南下。忽必烈采纳了此计。1260年3月，忽必烈抵达开平，诸王合丹、阿只吉等率西道诸王，塔察儿等率东道诸王，会集开平。

他们都是忽必烈的支持者。忽必烈废弃了贵族选汗的旧制，宣布即位。并定当年为中统元年，开始建元纪岁。

同年四月，阿里不哥也在和林召开忽里勒台，宣布为大汗。支持他的除阿兰答儿、脱里赤等外，还有窝阔台后王阿速带、玉龙答失、昔里吉，察哈台后王阿鲁忽，旭烈秃子出木哈赤等。

阿里不哥和忽必烈双方为争夺地盘开始了第一个回合的争斗。阿里不哥命霍鲁海、刘太平等去陕、甘地区任职，忽必烈则命廉希宪为京兆等路宣抚使。双方发生冲突，廉希宪擒霍鲁海，杀刘太平等，忽必烈控制了陕甘地区。阿里不哥又派遣阿兰答儿南下联合浑都海作乱。但两人均被忽必烈的军队所杀。

1260年冬，忽必烈决定亲征和林。阿里不哥闻讯后不敢抵抗，逃至谦谦州（今叶尼塞河上游南），忽必烈占领和林，命亦孙哥驻守，自回开平。1261年秋，阿里不哥至和林，伪装愿意归顺，却采取突然袭击的办法，占领和林，并南下骚扰，被忽必烈击败。由于阿里不哥多次战败，支持他的诸王纷纷向忽必烈投降，加上连年饥荒，阿里不哥不得不于1264年向忽必烈投降。经过四年的战争，阿里不哥的分裂势力终于被消灭，漠北和中原地区重新恢复统一。忽必烈战败阿里不哥后，取消和林为蒙古国的都城，改设宣慰司都元帅府。

忽必烈夺取汗位的胜利，从本质上来

蒙古骑兵作战图

说是蒙古统治集团内部"汉法"派战胜了守旧派，这对于蒙古国最后完成封建化来说是有决定意义的。同时也说明了历史的规律是不可抗拒的，像阿里不哥那样坚持维护旧的统治方式，失败是注定了的；而忽必烈能够顺应历史发展，适应汉族地区生产力发展的需要，采用原有的封建统治方式，因而在历史上作出了自己的贡献。

忽必烈建元·定都大都

至元八年（1271）十一月，忽必烈采纳刘秉忠、王鄂等儒臣的建议，根据《易经》"乾元"的意思，正式建国号为大元，并颁布《建国号诏》。蒙古自从成吉思汗建国以来，一直用族名充当国名，称大蒙古国，没有正式建立国号。忽必烈登上蒙古汗位后，建年号为"中统"，仍然没有立国号。随着征宋战争的顺利进行，蒙古政权实际上已成为效法中原地区汉族统治方式的封建政权，尤其是忽必烈统治日益巩固，于是他决定在"附会汉法"方面再迈进一步，把自己的王朝建成传承汉族封建王朝正统的朝代。忽必烈建国号大元，明确表示他所统治的国家已经不只属于蒙古一个民族，而是中国历代封建王朝的继续。

至元九年（1272）二月，忽必烈采纳刘秉忠迁都的建议，改中都为大都，正式定为元朝首都蒙古国时期，统治中心在和林（今蒙古境内），忽必烈即位后，元朝的统治中心已经南移，远在漠北的和林不再合作都城，忽必烈开始寻找新的建都地点。他升开增为上都，取代和林，接着又迁往更理想的燕京（今北京），定名为中都。中都改为大都后，忽必烈于至元十一年（1274）正月在大都正殿接受文武百官的朝贺，大都从此成为元朝的政治中心。

忽必烈治理中原

蒙哥汗元年（1251年），蒙哥即位后，任命二弟忽必烈总理漠南汉地军国庶事。忽必烈南下驻于爪忽都（蒙古人对金北边部族的泛称）之地，建藩府于金莲川（今内蒙古正蓝旗闪电河），常驻于桓（今内蒙古正蓝旗北）、抚（今内蒙古兴和县）二州间。在他身边招纳了一批汉族士人为幕僚，如刘秉忠、姚枢、许衡、郝经等人。通过他们的互相引荐，吸引了更多的中原士人。他们用儒家思想和历代行之有效的治国之道影响忽必烈，促使忽必烈采纳他们的计策，以汉法来治理中原。

蒙哥汗二年（1252年）正月，谋士姚枢建议改变过去春去秋来，夺城后剽杀掳掠的作战方式，采取以守为主，亦战亦耕，广积粮储，充实边备的灭宋方针。忽必烈采纳了这一建议，首先整治邢州（今河北邢台）。这时，邢州在两个答剌军统治下，民户由1万多户锐减为5700户。忽必烈任用汉人张耕为邢州安抚使、刘肃为邢州商榷使。他们到邢州后，除去弊政，革去贪

元世祖忽必烈

中国通史

最新整理图文珍藏版

暴，召抚流亡，仅几个月时间，邢州大治，户口增加几十倍。于是，忽必烈请设经略司于汴（今河南开封），以汉人史天泽、杨惟中、赵璧等为经略使，整顿河南军政。汉将史天泽等到河南后，打击暴虐贪淫的地方军阀，处死横暴的州官，兴利除害，深得民心。他们还在唐（今河南唐河县）、邓（今河南邓县）屯田。在邓州设屯田万户，范围西起邓州，东连陈州（今河南淮阳）、亳州（今安徽亳县）、清口（今江苏淮阴西）等地。屯田的农民，敌至则战，敌走则耕，不久，河南大治。

蒙哥汗三年（1253年），蒙哥把关中地区封给忽必烈。次年，忽必烈在京兆（今陕西西安）立宣抚司，以孛兰和儒臣杨惟中为宣抚使并屯田于凤翔（今陕西凤翔）。又奏割河东解州盐池的收入以供军食，募民以盐换粮，支援四川前线。他们改革弊政，努力恢复农业生产，减关中常赋之半；整顿吏治，处死害民的贵族，并

进一步严肃军纪，关中情况大为改观。忽必烈还任命许衡为京兆提学，在关中建立学校，释放俘掠的儒士，编入儒籍；又立京兆交钞提举司，所发纸钞，以佐经用。关陇地区的社会经济得以恢复。忽必烈上述措施，得到了汉族地主、儒生的广泛支持，巩固了自己的统治地位。他从中也学到了统治汉地的方法。

蒙哥汗六年（1256年）春，忽必烈命刘秉忠在桓州东、滦河北岸的龙冈（今内蒙古多伦西北）营建宫室、房舍。三年后建成，称开平府（今内蒙古锡林郭勒盟正蓝旗东50里），作为藩王府的常驻地。开平府聚集了忽必烈的一批重要谋士，成为他治理汉地的政治中心。汉地社会经济的恢复，也为后来建立元朝奠定了基础。

忽必烈采用汉法治理中原地区，取得了显著成效，改变了过去那种人民逃亡、农田荒芜、典章不立的混乱状况。但是这却招致了蒙古统治集团中一部分贵族的不

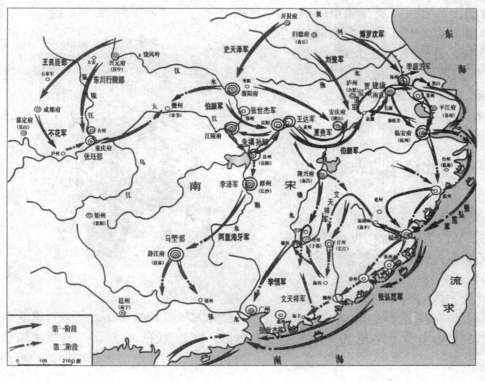

忽必烈灭南宋之战要图

满。蒙古旧贵族企图用旧的统治方式来统治中原汉地。于是，有人向蒙哥大汗告状，说忽必烈在中原收买人心，财赋尽入王府，恐枝大于本，不利朝廷等等，引起了蒙哥的疑忌。蒙哥汗七年（1257年）春，蒙哥以王府诸臣多擅权营奸利事为名，派遣亲信阿兰答儿等到关中主管政务，并在关中设钩考局，查核关中、河南等处钱谷事。阿兰答儿从忽必烈所任命的经略、宣抚司官员中，罗织罪状140余条，企图通过罢免忽必烈所信用的官员来打击他的势力。蒙哥下令解除忽必烈在汉地的军权。忽必烈忧惧不安，谋士姚枢献策说，只有将王府诸妃送往朝廷和林（今蒙古后杭爱省厄尔得尼召北），表示准备久居，才能解除蒙哥的怀疑。忽必烈接受此建议，于冬天亲自送全部家属到和林，并单独朝见蒙哥，才解除了蒙哥对他的猜忌。蒙哥决定不追究忽必烈，同时停止了对关中、河南的钩考。但是，忽必烈所设置的行部、安抚、经略、宣抚、都藩诸司全部被罢除。忽必烈调回自己派出的官员。蒙哥伐南宋时，仍以忽必烈患足疾为名，让他在家养病，不予统兵之权。直到蒙哥汗九年（1259年）十月才不得不改命忽必烈统东路军征南宋。忽必烈以谦恭忍让保全了自己，避免了一场不测之祸。

平定西北诸王之乱

　　按照元窝阔台汗元年（1229年）宗室诸王的盟约，蒙古大汗之位世世代代由窝阔台的后裔承袭。然而，自蒙哥汗开始，大汗之位转到了拖雷一系。由此埋下了宗室失和的种子。忽必烈在位期间推行汉化政策，更加剧了与保守的西北诸王的矛盾，终于爆发了长达40年之久的海都、笃哇、昔里吉之乱。

　　海都是窝阔台的孙子，元宪宗蒙哥汗二年（1252年）被蒙哥汗封于海押立（今塔尔迪—库尔干东北）。海都对此耿耿于怀，蒙哥汗六年（1256年）扣押了蒙哥汗的使臣断事官石天麟，后来又支持阿里不哥与忽必烈争位。他还结交术赤汗别儿哥，逐渐控制了窝阔台的封地叶密立（亦称也迷里，今新疆额敏河流域），成为雄踞于察合台汗国与蒙古本土之间的强大势力。元世祖至元元年（1264年）阿里不哥失败后，忽必烈邀请海都参加库里尔台大会。海都以道远马瘦，不堪劳苦为由推脱，表示只愿意在自己领地之内服从大汗的命令。后忽必烈将蔡州（今河南汝南，辖今渤海西南部）分封给海都，海都仍不为所动。至元三年（1266年），察合台汗阿鲁忽去世，堂侄木八剌沙继位。忽必烈派木八剌沙的堂兄弟八剌去辅佐并监视木八剌沙。八剌回国发动兵变，自立为汗。这时，忽必烈封皇子那木罕为北平王，主持西北军务，并派使者说服术赤汗忙帖木儿进攻海都。

伯颜像

　　至元五年（1268年），忽必烈出兵击败海都，追击到阿历麻里（今新疆霍城）。忙哥帖木儿、八剌也出兵攻击海都。海都先和忙哥帖木儿讲和，然后在失儿答里牙（今锡尔河）一线迎击八剌。海都失利，损失惨重。不久，得忙哥帖木儿的 5 万援兵，才挽回局面，连连击败八剌。八剌退过失儿河，聚兵募饷，继续与海都周旋。海都为解除后顾之忧，主动与八剌和解，结为掩答（义兄弟）。

至元六年（1269 年），海都、八剌等在塔剌思（今江布尔召开大会），将察合台领地的 2/3 划归八剌，1/3 分属海都和忙哥帖木儿。与会诸王宣誓恪守蒙古传统风俗制度，遣使质问忽必烈为何在汉地建都和采用汉法。次年，八剌去世。海都立八剌堂叔捏古伯为汗。八剌诸子和阿鲁忽诸子不服，联兵进攻海都。

西北诸王混战给了忽必烈从容布置的时机。忽必烈先是任命刘好礼为乞儿吉里、撼合纳、廉州，益兰州等五部（今叶尼塞河流域）断事官，大量迁入中原农户、军人，实行屯田，修筑道路，建立驿站，形成了进击叛王的基地。接着又命北平王那木罕建节阿力麻里，作为总管西北军事的中枢。至元十年（1273 年），捏古伯与海都兵戎见，元军乘机出兵察合台汗国。十二月，捏古伯阵亡。次年，八剌诸子与海都讲和，立八剌之子笃哇为察合台汗。不久，忽必烈下令追缴颁给海都、八剌的金银符，并派中书右丞相安童辅佐那木罕，调那木罕之弟阔阔出、蒙哥之子昔里吉、忽必烈之侄脱脱木儿、阿里不哥之子明里帖木儿、药木忽儿等赴军前效力。

正当元朝集结兵力之时，对忽必烈心怀不满的昔里吉等人发动了叛乱。至元十三年（1276 年）秋，脱脱木儿发难。昔里吉奉命征讨，暗中勾结脱脱木儿等人，发兵拘捕那木罕、阔阔出和安童。叛王拥戴昔里吉为主，进攻岭北。八月，忽必烈派汉军都元帅阔阔带、李庭率侍卫军 2000 人西征。次年春，昔里吉分兵东进，弘吉剌

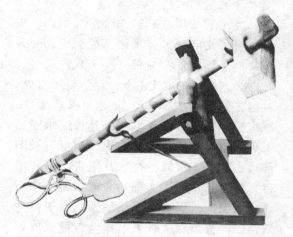

襄阳炮（模型）

万户折儿瓦台也举兵响应，将忽必烈女儿囊家真围困在应昌（今内蒙古阿巴哈纳尔旗东南）城中。忽必烈听后便急调诸王伯木儿和丞相伯颜的南征大军北上平叛。伯木儿军与叛军激战于鱼儿泊（今达赉泊）等地，大获全胜，活捉折儿瓦台。但这时昔里吉率主力已越过杭海岭（今蒙古杭爱山），渡过斡耳寒河（今蒙古鄂尔浑河）了。元将土土哈在土兀拉河（今蒙古土拉河）阻击叛军。六月，伯颜大军到达土兀拉河，大破叛军，迫其败退斡耳寒河。七月，叛军分裂，忽鲁带率部投降。伯颜挥师进击，昔里吉仓促应战，大败而逃。同年冬，南平王秃鲁在六盘山起兵响应昔里吉，很快就被平息。

至元十五年（1278 年）初，元将土土哈部超过按台山（今新疆阿勒泰山）。昔里吉逃往也儿的石河（今新疆额尔齐斯河），脱脱木儿逃往吉利吉思。同年冬，元将刘国杰率侍卫军 5 万人戍守和林（今蒙古哈尔和林东北）。元朝重新控制了岭北。次年，脱脱木儿南下侵扰杭海山东。元军主帅别吉思迷失采用刘国杰避实就虚之计，直捣叛军巢穴，占领谦州（今克孜尔西南）。脱脱木儿慌忙回师，与元军大战于谦

河（今叶尼塞河），大败而逃。

至元十八年（1281年），叛军内。先是脱脱木儿向昔里吉求援，遭拒绝，便改奉蒙哥孙子撒里蛮为帝。药木忽儿反对这一做法，将脱脱木儿击败，俘送昔里吉处。昔里吉处死脱脱木儿。撒里蛮孤立无援，被迫投奔昔里吉。昔里吉将其押送术赤后王火赤斡兀立处。行至途中，撒里蛮被旧部救走，重新旗鼓，打败昔里吉。将昔里吉、药木忽儿押送大都。药木忽儿途中行贿得以脱身，借兵突袭撒里蛮。撒里蛮兵败，投降忽必烈。后来，昔里吉被流放到海南岛。

在昔里吉叛乱期间，海都侵占阿力麻里，侵扰天山南北。忽必烈派诸王阿只吉等率10万之众驻守别十八里（今新疆奇台西北）等地，以备海都。至元十九年（1282年），海都释放那木罕等人，以求和解，但又派兵进攻斡端（今新疆和田）等地。至元二十二年（1285年），笃哇率兵12万包围哈剌火州（今新疆吐鲁番），围城六个月才退走。海都也侵扰了纳思河，在洪水山（今新疆呼图壁县西南）设伏，大败元军，乘胜经彰八里（今新疆乌鲁木齐、昌吉之间），进入哈密力（今新疆哈密），杀死元畏兀儿亦都护火赤哈的斤。元军马上派兵增援畏兀儿，海都撤走。

至元二十四年（1287年），海都准备出兵10万，呼应东北叛王十三颜。忽必烈派伯颜镇守和林，切断东、西叛王的联系。海都见东进受阻，转向西方。二十六年（1289年）春，海都在杭海山打败忽必烈之孙甘麻刺部。不久，和林元军也投降了海都。七月初一，忽必烈下诏亲征。海都闻讯而退。

至元二十九年（1292年），诏命玉昔帖木儿取代伯颜镇守和林。当年秋，元将土土哈在按台山俘海都部民3000余户，进

取吉利吉思。次年春，土土哈军入谦河（今叶尼塞河）流域，收复五部地区，将海都势力逐出按台山之外。

元元贞元年（1295年），在别失八里设北庭元帅府，以平章合伯为都元帅，主持西北军务。不久，叛军再度内讧。次年秋，药不忽儿、兀鲁思不花等脱离笃哇，投降元朝。大德二年（1289年）十月，笃哇夜袭合剌合塔（约在今蒙古哈腊乌斯湖一带），俘元朝驸马阔里吉思。回师途中，遭到元将朵儿朵哈的袭击，损失惨重。不久，海都之子斡鲁温孙与元将床兀儿大战于阔客（疑为霍博，今新疆和布克赛尔），元军大胜。皇侄海山率兵越过按台山，直捣海都王庭海押立，重创叛军后回师按台山。接着，海都、笃哇联合诸王40余人率部大举进犯，超过按台山，直逼和林。海都率军布防于杭海山一线。八月，两军前锋激战于迭怯里古，叛军失利。两天后，海都率主力赶到，大战于合剌合塔，元军失利被困。次日再战，元军又败。同时，笃哇部与元军激战于兀儿秃，大败而逃。海都只得撤退，途中病逝。笃哇拥立海都长子察八儿。

长达几十年的战争使双方都筋疲力尽。大德七年（1303年），笃哇主动求和。元成宗遣使抚慰。大德十年（1306年），笃哇、察八儿失和，交战于忽毡（今列宁纳巴德）。察八儿大败。元怀宁王海山趁机越过按台山追击察八儿，叛王秃满等投降。察八儿投奔笃哇。笃哇善待察八儿，但收回了海都时占去的察合台领地。至此，西北诸王之乱才彻底平息。

阿合马、桑哥事件

忽必烈统治的三十多年，是从连年不断的战争向全国安定过渡的时代。诸王叛

乱、南下灭宋、镇压反元武装起义，迫切需要军饷；百废待兴、恢复封建经济，迫切需要金钱。因此，谁善于理财，谁就受到忽必烈的重用。忽必烈时期主要帮助他管理财政的是花剌子模人阿合马、汉人卢世荣和畏兀儿人桑哥。他们三人在旧史书里是大大有名的奸臣，其实他们做的事未必每件都是坏事，在理财上他们都有一套本领，如果没有足够的金钱，忽必烈是办不成这么许多大事来的。正因为忽必烈宠信他们，他们自以为理财有了功，就居功自傲，专权不法，干了不少坏事，引起了统治集团中其他人的不满，最后遭到杀头的下场。

中统三年（1262年），阿合马任诸路都转运使，专理财政，他在钧州（今河南省禹县）、徐州（今江苏徐州）兴办了炼铁业，每年产铁1037000斤，铸成农器20万件，换成官粮4万石；又因太原私盐盛行，盐课收入大减，他大大增加了当地赋税，不论僧道军民户，一律不得免税，于是收入大增。这两件事办成后，忽必烈非常高兴，升阿合马为中书平章政事。从此，阿合马深受忽必烈宠爱，日益骄横，连中书右丞相安童也不在他眼里，左丞相史天泽等也常被他弄得很窘。他还让他的儿子忽辛当大都路总管，又不通过中书省，安插自己的亲信任要职。还依仗自己的理财特权，派人经商，从中获得巨额财富。至元十五年（1278年）中书左丞崔斌上书，揭露阿合马任用亲信，一家身居要职等罪，忽必烈罢免了阿合马子侄们的职务，但仍对阿合马十分信任，并认为他有当宰相的才能。至元十七年（1280年），阿合马以清理江淮钱谷的名义，打击诬陷异己。当时崔斌已调任江淮行省左丞，阿合马乘机诬陷他与江淮平章阿里伯、右丞燕帖木儿等盗官粮40万、擅自更换朝廷任命的官员800人，加以杀害。皇太子真金知道这件

事后，立即派人去制止，竟来不及了。

阿合马搜括钱财，结党营私，排斥异己，大失人心。至元十九年（1282年）三月，益都千户王著秘密铸造了一个大铜锤，准备击杀阿合马。这时正好忽必烈和皇太子到上都去了，阿合马留守大都。王著知道皇太子很痛恨阿合马，就伪装皇太子返京作佛事并假传太子命令，命阿合马等中书省臣来见，当阿合马来迎接假太子时，王著对他加以痛斥，并用铜锤把他打死了。王著被捕处死，临刑时高呼："王著为天下除害，现在虽然死了，日后必有人为我载上史册！"后来忽必烈知道了阿合马的罪恶，下令剖棺戮尸，他的死党和忽辛等四个儿子都被杀。

阿合马死后，朝廷里没有人再敢言及理财的事了。总制院使桑哥推荐卢世荣到朝廷来理财，忽必烈任命卢世荣为中书右丞。卢世荣上任后提出改革钞法、制定市舶条例、将没收来的各地权豪私造的铁器卖去以充实常平仓、官营酿酒、于上都等地收购羊马选蒙古人放牧、选拔阿合马原来任用过的一些理财能手等一系列主张，忽必烈一一采纳。卢世荣得宠后，引起了一批官僚的反对，纷纷上奏弹劾，他干了不到一年，就被杀了。其实卢世荣被杀是有点冤枉的，他的理财措施有不少还是可取的，只是因为触犯了不少富豪、官僚、贵族的利益，在当时统治集团内部矛盾很深的情况下做了牺牲品。

至元二十三年（1286年）卢世荣死后不久，忽必烈起用桑哥理财，第二年任命为平章政事。他更改钞法，发行至元钞，解决了朝廷的财政危机，于是声名大著，升任尚书右丞相兼总制院使。接着，又清理江南六省钱谷，增加江南赋税和盐酒醋税，大大加重了剥削，引起了天下骚动。他的权势非常大，一些阿谀逢迎之徒，特地为他立了德政碑。桑哥更加跋扈，于是

顺我者昌，逆我者亡，任意调动内外官员，官爵刑赏全凭钱买和贿赂，引起了一批朝臣的反对，纷纷上奏弹劾。当时百姓失业，起义烽火连年不断，忽必烈深感事态严重，为缓和社会矛盾，于至元二十八年（1291年）把桑哥杀了。在抄家时发现桑哥收藏的珍宝至少有宫廷里的一半那么多。

忽必烈统治时期发生的阿合马、卢世荣、桑哥事件，牵涉面很广，持续的时间也很长，它反映了元朝初期统治集团内部争权夺利的斗争是很尖锐的，也是很残酷的。

窝阔台侵宋

窝阔台汗六年（1234年）年初，蒙、宋联合灭金后，蒙古与南宋仅隔一条淮水。蒙古违约，不肯将河南地归还南宋。南宋不敢坚持原议，反而让蒙古占领了陈州（今河南淮阳）、蔡州（今河南汝南）西北的大片土地。南宋也想乘金国灭亡，河南处于空虚的状态之机，收复洛阳、汴京（今河南开封）、归德（今河南商丘）等地。蒙古和南宋的冲突势所难免。

同年六月，宋朝在各方面都准备不足的情况下，仓促出兵汴京。庐州知州全子才奉命率军万人进至汴，汴京人立即举事响应。汴京军民杀死蒙古所立的长官崔立等人，迎接南宋军队。宋将赵葵率兵五万进入汴京。七月，宋将张迪率兵进攻洛阳，也受到洛阳民众的欢迎。但是，由于河南经历连年战乱，到处是断壁残垣，田野荒芜，粮饷极度缺乏，宋军士气大受影响。蒙古军在都元帅塔察儿的率领下进攻洛阳。洛阳城中缺粮，宋军只得退出。在汴京的赵葵也因无粮饷，再加上蒙古军掘黄河堤放水，不得不退出汴京。昏庸的宋朝君臣又把收复失地的希望寄托于和议。但是，

由于南宋曾经接受过将陈、蔡西北之地归属蒙古的要求，窝阔台便以此为理由把这次出兵归罪于南宋先启边衅，召集诸王贵族大会，决定进攻南宋。

窝阔台汗七年（1235年），蒙古兵分两路进攻南宋。东路由皇子阔出率诸王口温不花、国王塔思、汉将张柔、史天泽等统兵攻宋荆襄和长江中下游；西路由皇子阔端率元海塔海，汉将刘黑马等率兵攻取四川。南宋的防御重点是以襄阳为中心的镇北军。该军全部由招募的中原豪杰组成，骁勇善战。七月，东路口温不花部攻唐州（今河南唐河县）。十月，塔思部攻陷枣阳后南下攻郢州（今湖北钟祥）。宋军坚守，塔思未能破城，掳掠大批人口和牛马数万头而还。同月，西路阔端军进入巩昌（今甘肃陇西）。原金国守将汪世显投降。阔端大喜，命其率兵攻宋，同时要求他约束部队，不要扰民。年底，蒙古军将宋将赵彦呐所部包围在青野原。宋将曹友闻知后说："青野原是入蜀的咽喉要地，决不能丢失。"便率兵星夜前往援救，击退了敌军。解青野原之围后不久，曹友闻率兵援救大安（今陕西宁强北），击退汪世显部，并扼守仙人关，挡住了蒙古军的攻势。

但是，这时镇守襄阳的宋将赵范由于用人不当，军纪废弛，内部矛盾尖锐。窝阔台汗八年（1236年）三月，王旻、李伯渊等发动兵变，焚毁襄阳城郭，投降了蒙古。荆襄重镇的失守，使东路蒙古军得以长驱直入，攻克了郢州、随州、荆门等地。阔端的西路军由大散关（今陕西宝鸡西南）南下取凤州（今陕西凤县东北）。九月，由于四川宋军主将赵彦呐拒绝了曹友闻凭险据守，伺机伏击敌军的建议，下令曹部守大安军以保蜀中门户，结果，曹友闻全军在大安阳平关全军覆没。阔端长驱入川。一个月之内，攻占了成都、利川（今四川广元）、潼川（今四川三台）等二

十余地,宋军只剩下川东的夔州一路和潼川路的顺庆府。蒙古军队在大肆抄掠之后,退回陕西。阔端又派按竺迩攻占金遗臣郭斌据守的会川(今甘肃兰州西北)和南宋的文州(今甘肃文县)。与此同时,东路蒙古军口温不花等部进攻淮西。蕲(今湖北蕲春)、舒(今安徽安庆)、光(今河南潢川)三州守将望风而逃。蒙古军直逼黄州(今湖北黄冈)。同时,派轻骑自信阳奔袭合肥。蒙古忒木蒬率部进攻江陵(今湖北荆州)。宋将孟珙命部下多次改换服色、旗帜,以迷惑敌军,使敌军不敢轻动,接着连破蒙古军24寨,救回被俘的两万多百姓。攻真州(今江苏仪征)的蒙古察罕部也被宋将邱岳击退。

窝阔台汗九年(1237年)十月,东路蒙古军口温不花、史天泽部再度南下攻占光州,在复州(今湖北天门)打败南宋水军,并迫使复州宋军投降。接着又转攻秦春(今安徽寿县)、黄州。宋将阵珙率兵援黄州,击退蒙军。同月,西路蒙古军攻克夔州(今四川奉节)。

窝阔台汗十年(1238年)年初,东路塔思蒙古军队抄掠安庆府(今安徽潜山)后北返。九月,察罕、张柔率80万大军围攻庐州(今安徽合肥),宋将杜杲死守,迫使察罕退兵,然后派水军扼守淮河,派其子杜庶率勇将占文德、聂斌等精兵强将埋伏在要害之地。蒙古军无法前进,只好北撤。两淮得以稳定。宋将孟珙收复了荆襄等地。

窝阔台汗十一年(1239年),蒙古军接连三次败于孟珙手下。南宋收复了襄阳、樊城、光化、信阳等地。同年八月,蒙将塔海等率兵80万入蜀,攻占重庆、万州、夔州等地。但出川时,在归州(今湖北秭归)大垭寨遭到宋将阵珙的阻击,未能顺流而下进入湖湘。孟珙乘胜收复夔州。次年二月,蒙古按竺部再攻万州,在夔门击

败宋军。窝阔台汗十三年(1241年)十月,东路蒙古军再围安丰。十一月,达海绀、汪卜显等部进攻成都、汉都(今四川广汉)、遂宁(今四川遂宁)、叙州(今四川宜宾)、泸州(今四川泸州)、资州(今四川资中)等地。同月,窝阔台去世,皇后乃马真称制,继续进攻南宋。

自从窝阔台汗七年(1235年)蒙古大举进攻南宋以来,荆襄、两淮、四川的许多地区遭到蹂躏。蒙军虽从这些地区掠夺了大量财物,但在各地遭到宋军民的抗击,损失也不少,蒙古贵族一面进攻,一面也派使者来宋议和。南宋也于嘉熙二年(1238年)和嘉熙四年(1240年)两次派人到蒙古议和,均未达成和议。

在此期间,双方无大战,而各有胜负。宋朝于淳祐二年(1242年)曾任命余玠为四川安抚置制使,收复了被蒙古占领的一些州县,改革弊政,安抚遗民,招聘贤才,并想出兵收复汉中地区,但没有成果。而蒙古由于贵族宗室内部矛盾的尖锐化,直到蒙哥即汗位海迷失后二年(1250年)之前,也未能对南宋发动新的大规模进攻。

元军攻占襄樊

宋咸淳九年(1273)二月,元军攻占襄樊。

咸淳三年(1267)冬天,南宋北边的军事重镇襄阳(今湖北襄樊)被元军围困。守将吕文德守城坚决,元军发动多次进攻都被打退,但城中宋军也损失惨重。宋军几次突围不成,前来救援的部队也被元军阻住或是击退。元军将襄阳围困了整整6年。

咸淳九年(1273)正月,襄阳守军在樊城失守的情况下,陷入了内无力自守、外无兵救援的困境。守将吕文德的弟弟吕

最新整理图文珍藏版

文焕在吕文德死后主持襄阳大局，他多次派人向朝廷告急，权相贾似道都不以为然。二月，元军统帅阿术一面让元军用回回炮轰击城内，动摇城中人心；一面又派人进城招降。吕文焕看到大势已去，为了让襄阳老百姓免受屠城的厄运，献城投降。元军经过6年战争最终占领襄阳。襄阳失守后，宋长江沿岸的许多城市守将纷纷投降，为元军进攻宋的腹地敞开了大门。

伯颜大军渡江灭宋

至元十二年（1275），伯颜大军渡过长江，至元十三年（1276）南宋灭亡。

至元十一年（1274）正月，阿术、阿里海牙等将领建议派兵大举攻宋，元世祖忽必烈看到时机成熟，于是召集大臣商议，决定派伯颜率军南下，直捣临安，对南宋实施毁灭性打击。为了这次进攻能达到预期效果，忽必烈还特别下令，让中书省从别处抽调10万精兵，精选50000匹战马，用来补充南线元军。接着，忽必烈发布了征宋诏书，伯颜统率大军从襄阳南下，向南宋发动了攻势。

襄樊重镇早在至元十年（1273）就被元军攻破，宋军防线出现缺口，伯颜所率大军从襄阳分路南下，几乎没有遇到任何抵抗，元军绕过南宋重兵驻守的郢州，直达长江北岸。至元十二年（1275）正月，元军渡过长江，强攻鄂州，只3天就将鄂州占领，宋军闻风撤退，毫无斗志。伯颜让阿里海牙统兵40000镇守鄂州，自己率大军乘胜沿长江向东推进。元军跟宋军进行了一系列激烈的会战，南宋的城池接连陷落，宋朝廷十分恐慌。同年二月，权臣贾似道派使者到伯颜军中求和，遭到元军大炮轰击，惊慌失措，溃败逃窜。元军乘机掩杀，宋军水陆主力几乎丧失殆尽。宋

廷上下更不稳定。

丁家洲大战之后，忽必烈召伯颜北上，当面传授继续用兵的方案，决定由伯颜率主力攻临安，阿术分军攻扬州，阿里海牙、宋都鲜分别进攻湖南、江西。在元军的强大攻势下，南宋各地官吏丢印弃城、京师官员离职逃跑的现象日益普遍，南宋朝廷毫无办法。元军向临安一天天逼近。同年十一月，元军攻破了临安门户独松关，宋廷一片混乱，官员们都忙着处理后事。十二月，南宋又派使者到无锡去请求伯颜退兵讲和。但也是徒劳无益。元军一直开到皋亭山（今杭州东北），前锋到了临安的北关。文天祥、张世杰请求皇室和官员坐船下海，被陈宜中拒绝。接着，谢太后派监察御史杨应奎向伯颜呈交传国玉玺和降表，请求投降。伯颜接受，并召陈宜中商议投降事宜。陈宜中以为伯颜要将他除去，当晚逃到温州。谢太后只得派文天祥等人到元军营中接洽。文天祥还想保全宋王室，对伯颜说："北朝如果想要宋做属国，全军撤回才是上策，要是想把宋灭了，元军取胜也非易事。"伯颜看到文天祥举止不凡，便将他扣留下来。至元十三年（1276）三月，伯颜进入临安，宣布受降诏书，然后将恭帝、皇太后、福王与芮等人押送到大都。南宋王朝至此名存实亡。

宋室灭亡

至元十六年（1279）二月，陆秀夫背着小皇帝赵昺投海而死，宋室灭亡。

德祐二年（1276），宋廷向伯颜投降时，陈宜中、张世杰等人带着益王赵昰、广王赵昺逃离临安，从海上来到婺州，接着到达温州。伯颜知道后急派5000人马追赶，但没有追上。五月，赵昰在福州即位，称端宗，改元景炎，册封杨淑妃为太后，

中国通史

最新整理图文珍藏版

赵昺为卫王。当时赵昺年仅9岁。十一月，元将董文炳攻进福建，赵昰被张世杰、陆秀夫一批大臣护送逃往海上，打算在泉州下船，但被宋闽广招抚使莆寿庚拒绝，只逃亡到潮州，再从海上来到惠州。次年四月，在官富场营建宫殿，逃亡的王室暂时在官富场落脚下来。宋军的残余势力以官富场为基地，出兵收复了闽粤沿海很多城市，但不久又被元军打败夺去。元军分路攻击，张世杰等带着两个皇族逃到秀山。十二月，赵昰又坐船下海，在井澳附进，赵昰的坐船遭到元军袭击，张世杰拼死护驾打败元军，赵昰却因此受了惊吓。景炎三年（1278）春天，陈宜中打算带着小皇帝逃往越南，遭到大臣的反对，结果在碙洲岛停了下来。端宗因为受惊吓过度，在碙洲岛上病死了，时年11岁。张世杰又拥立赵昺即位，改元祥兴。

至元十五年（1278）六月，因为雷州的失守，张世杰带着赵昺撤至厓山（今广东新会南），在那里建筑工事，企图凭借险要地形久守。1279年，元将张弘范、李恒围攻厓山，用攻将宋军打败。陆秀夫看到大势已去，背着8岁的小皇帝赵昺跳海而死。张世杰保护杨淑妃突围，在海上遇到飓风，结果在海陵港翻船溺死。南宋的最后一支军队全军覆没，宋朝彻底灭亡。

文天祥抗元失败

宋景炎三年（1278）十二月，文天祥抗元失败被俘，后在大都遇害。南宋的抗元名将，前有岳飞、韩世忠，后有张世杰、文天祥。文天祥是南宋主战派的代表人物之一。鄂州失陷以后，他曾率领10000多人到临安护卫，此后一直忠心耿耿地抗击元军，做到了临安知府。

德祐二年（1276）正月，右丞相陈宜中出逃，宋廷擢升文天祥为右丞相，派他到元军营中议和，被伯颜扣留。后来逃脱，又辗转来到福州流亡朝廷。文天祥散尽家财，招兵买马，打算先收复江西，再跟江淮、浙东一带联成一片，支撑起南宋东南的半壁河山。文天祥派部将杜浒到浙江收集兵粮、吕武跟江淮宋军残余势力联络，自己则率领主力经过福建，到广东北部，再出击江西。江西大部分地方被收复。元军组织反击，一方面派援军来救被文天祥围困的赣州，一面又派精兵大举进攻文天祥在兴国的根据地。元军兵力强大，文天祥打算北上跟邹沨会师，不料邹沨也在永丰兵败。文天祥只有暂避锋芒，向南撤退。文天祥的军队在方石岭（今江西兴国东北）被元军追上，两军交战，厮杀激烈，宋军守将巩信拼死抵抗，将元军挡住，文天祥的军队才得以继续撤退。元军又追到空坑，文天祥的部下几乎全部被俘或遇害，乱军之中，部将赵时赏谎称自己是"文丞相"，文天祥才得以逃脱。

景炎三年（1278），文天祥继续买马，壮大力量，在惠州、潮州一带活动，多次打击元军。十二月，文天祥在五坡岭兵败被俘。后来，张弘范要文天祥写信劝张世杰投降，文天祥却写了《过零丁洋》诗表明心迹。文天祥被送到大都囚禁3年多，宁死不屈，最后被元廷杀害。

文天祥就义

至元十八年（1281）十二月九日，文天祥被囚3年后，在大都英勇就义。

文天祥（1236~1282），南宋大臣、文学家。字履善，号文山，吉州庐陵（今江西吉安）人。至元十二年（1275）元军进逼临安时，文天祥在赣州组织武装自卫。1276年任宰相赴元营谈判，被扣，后于镇

文天祥像

江逃脱。临安失守，文天祥便与陆秀夫等拥立赵㬎赵昺，辗转于东南沿海各省继续抗元。1278年文天祥被俘，忽必烈劝降未果，文天祥忠烈英名，认为只能以死谢国，囚禁3年期间写下了许多诗文，大部分收入《指南录》中，其中《过零丁洋》（收入《指南后录》）、《正气歌》等诗脍炙人

北京文天祥祠。文天祥被俘后在此关押，直至就义。

口，广为传诵，是为名篇。《过零丁洋》一诗用以明志，心志不变，以身殉国而在

所不惜，正所谓"粉身碎骨横不怕，要留清白在人间"。至元十九年（1280），文天祥以死实践了他的"人生自古谁无死，留取丹心照汗青"的信誓。作为南宋一代名臣，此后为历朝忠烈之臣所效仿，留芳百世。后人将其著作辑为《文山先生全集》。

拔都西征

窝阔台关于再次大规模西征的决定，是与伐宋的决定同在公元1235年作出的。事实上，他在即位之初就已经开始向西方派兵了，那是由札兰丁图谋重建花剌子模帝国引起的。1224年成吉思汗东归后，札兰丁从印度回到伊朗，很快夺得起儿漫（在撒马尔罕与布哈拉之间）、伊斯法罕等地，被花剌子模旧将和各地诸侯拥戴为王。其后四五年内，札兰丁进取阿塞拜疆全境，占桃里寺，侵谷儿只，攻巴格达，恢复了许多原先被蒙古军攻占的地方。因此，窝阔台一即位就派箭筒士绰儿马罕领军三万征讨札兰丁。绰儿马罕从呼罗珊进攻阿塞拜疆，札兰丁本人不战而逃，于1231年8月死于土耳其东部的山中。此后绰儿马罕就留在那里，他的军队在1233年抵桃里寺，在1236年入大阿美尼亚。1241年绰儿马罕病死，其妻代领其众，次年由拜住接替。

公元1235年窝阔台决定大举西征时，由于绰儿马罕已经在中亚站稳脚跟，主要目标便集中在钦察草原和罗斯地区，那里有许多地方是十多年前者别、速不台风驰电掣般地抄掠过的。据说，窝阔台本想亲征钦察草原，其时蒙哥在旁，表示有事可由子弟服其劳，使他放弃了亲征的想法。他根据察合台的意见，命令各支宗室的长子参加西征，各万户、千户、百户那颜以及公主、驸马的长子都要从征。窝阔台说：

"这派遣长子出征的意见是察合台兄提出的。察合台兄曾说：增援速不台可令诸皇子的兄长出征。如果以长子出征，则兵多将广。兵多了就表现威力强大。那里的敌人多，敌国广；那里的国家百姓也厉害，据说愤怒的时候能用刀砍死自己，而武器也很锐利。依照察合台兄这样谨慎的话，所以派遣长子出征"（这段话《四部丛刊》本《元朝秘史》总译的文字过于简略，未尽其意。此处引自中华书局1956年出版的谢再善译《蒙古秘史》270节）。因为有窝阔台这番话，有的历史书就称这次西征为"长子出征"。但是，参加西征的不限于长子，《史集》列出了参加者的名字，他们是：术赤子拔都、斡儿答、别儿哥、昔班、察合台子拜答儿、孙不里、窝阔台子贵由、合丹、拖雷子蒙哥、拔绰，等等。窝阔台明确指示："这些远征的皇子和大臣们以拔都为首领导"，因而习惯上称这次西征为拔都西征。这一年贵由、拔都、蒙哥都是二十六七岁的人，虽然过去二十多年从别国掠得的财富已足以供他们尽情享受，察合台、窝阔台仍要他们领兵远征，他们本人也不辞疲劳，足见那时蒙古统治者的尚武精神如何强烈。窝阔台同他父亲一样，肯把几个儿子（贵由、阔端、阔出和合丹）同时投入战场，这是南宋皇帝绝对做不到的。就这一条，也能起到鼓舞士气的作用。西征军的灵魂是速不台，他早有西征经验，而且在灭金战争中又一次显示过他的统军才干，足以辅导诸王。

公元1236年春，速不台与大部分参征诸王动身西行，所率军队大约有十余万人。他们在秋天到达不里阿儿人境内，与先已抵达的拔都兄弟会合。蒙古军很快攻克不里阿儿城，这是座大木城，1223年速不台与者别曾攻打该城，没有取胜。此次攻克后，大肆掳掠，将城焚毁。入冬以后，蒙古军沿伏尔加河而下，居住在伏尔加河与乌拉尔河之间，玉里伯里山的钦察部首领之子班都察率众归附。另一钦察部首领八赤蛮不肯降，被蒙古军击败后逃至里海一岛上藏身。蒙哥听说后迅速前往，涉水登岛，擒杀八赤蛮，屠其部众。然后蒙哥又攻打了附近的阿速人。

公元1237年秋，拔都召开了一次忽里台，决定诸王共同征伐罗斯（13世纪的罗斯不等于今天的俄罗斯，它包括第聂伯河中游地区，今天乌克兰首府基辅亦在其中）。蒙古军首先征服位于伏尔加河丘陵地西北部的莫尔多瓦，进抵梁赞国。他们先向梁赞大公尤里·伊戈列维奇（玉里吉）提出要全体居民缴纳什一税，遭到拒绝。尤里·伊戈列维奇一面派人向邻近其他大公求援，一面派儿子费多尔率领使团带着礼物去见拔都，但是他的努力都失败了。1237年12月16日，蒙古军包围梁赞城。经过六天激战，至第七天城陷。大公被杀；居民有的被杀死，有的被烧死。"一切荡然无存，只剩下烟、焦土与灰烬。"接着，蒙古军队经科洛姆纳和莫斯科绕向弗拉基米尔公国，在科洛姆纳击溃弗拉基米尔大公尤里·弗谢沃洛多维奇的军队。当时莫斯科城尚小，居民没有抵抗，仍被屠掠，守城大公也被俘房。1238年2月3日，蒙古军抵达弗拉基米尔城下，4天后攻陷该城，纵兵大掠，继之以火。尤里·弗谢沃洛多维奇正外出召集军队，整个弗拉基米尔公国很快落到蒙古军手中。3月4日，拔都军队在西齐河上击溃罗斯军队，尤里·弗谢沃洛多维奇战死。次日，蒙古军别部攻占托尔若克。在此期间蒙古军分兵四出，攻陷罗斯托夫、雅罗斯拉夫、戈罗杰茨、尤里也夫、德米特里也夫、沃洛克诸城。

3月中旬，蒙古军向诺夫哥罗德方面前进，但不久因气候转暖，湖泊解冻，道路泥泞，被迫后退。拔都在回路上转向东南，顺路攻打科集尔斯克城。这是个小城，但其军民英勇抵抗，苦战 7 周后方才陷落。居民被屠杀。由科集尔斯克再向南便进入钦察草原西部。钦察汗忽滩被击溃，带着残部逃往马札儿（匈牙利）境内。拔都军在钦察草原休整一段时间，又返回罗斯，朝第聂伯河推进，灭彼列亚斯拉夫尔公园。这年冬季，蒙哥、贵由统兵征讨库班河的阿速人，攻阿速都城蔑怯思，3 月方克。阿速一部首领杭忽思率众降，蒙哥命其子阿塔赤及阿速军千人从征。

公元 1240 年夏间，蒙哥率兵来到基辅，据说他对这座城市的美丽与宏伟感到惊奇，不想毁掉他，派使者入城劝降。基辅人杀死使者，基辅大公米哈伊尔逃往匈牙利。形势虽然危急，罗斯王公们仍不忘内讧。斯摩棱斯克的一位王公被请到基辅执政，却被伽里赤公丹尼尔抓走，后者让德米特尔千户镇守基辅。不久，拔都亲率大军围攻基辅。蒙古军用攻城机击破城墙，冲入城内，在教堂附近与居民战斗。德米特尔受伤，城陷后他因表现勇敢被拔都赦免。基辅被攻占的日子，一说是 11 月 19 日，一说是 12 月 6 日。拔都、速不台、蒙哥、贵由、斡儿答、拜答儿、不里、合丹都参加了攻城战役。此后，贵由、蒙哥便被窝阔台召回蒙古。

公元 1241 年春，蒙古军继续西进。他们分成两支，一支由拜答儿与速不台子兀良合台等率领侵入波兰（孛烈儿），另一支由拔都和速不台率领侵入匈牙利。当时波兰处于分裂状态，国王无力组织抵抗。拜答儿军于 2 月渡过维斯瓦河，蹂躏桑多梅日和波兰首都克拉科夫。继而进入西里西亚，渡奥得河，攻西里西亚都城弗洛茨拉夫。西里西亚大公亨利在利格尼茨城集结波兰军、日耳曼兵和条顿骑士团共 3 万人，准备迎敌。蒙古军在数量和装备上均占优势。四月九日，两军交战于利格尼茨附近的尼斯河平原，波兰条顿军大败，亨

利被杀。传说蒙古士兵在战场计算杀敌数目，从每个尸体上割下一耳，总计装了 9 大袋。当月蒙军入摩拉维亚，一路焚杀，直到今天的德、捷、波三国交界处。拜答儿又领兵围攻摩拉维亚境内的奥洛穆茨城，城中军民坚守，不克。6 月 24 日夜，城中军民突袭蒙古军营，蒙军不备，损伤较大，拜答儿战殁。蒙军杀战俘祭拜答儿，3 日后撤围南下，入匈牙利，与拔都大军会合。

拔都军在 3 月进入匈牙利，兵锋直指匈都城佩斯。匈牙利国王贝拉四世在位已五年，与诸侯、贵族不和。1239 年贝拉四世接纳被蒙古击败的钦察汗忽滩数万人入境，他派人充当向导。高丽向导将蒙古使臣引至巨济岛即折回，未能到达日本。次年六月，忽必烈再派黑的等出使，严令高丽务必将使臣护送到日本。高丽国王王菉派朝臣潘阜等代替蒙古使节传书，在日本逗留 5 个月。日本执政的镰仓幕府拒不答复元朝国书，潘阜等人不得要领而还。至元五年（1268 年），忽必烈第三次派黑的等人出使。元使到达对马岛，仍被日方拒之门外。后来在至元八年（1271 年）和九年（1272 年），忽必烈两次派秘书监赵良弼出使，均被滞留于日本太宰府，未能进入京都。

日本拒绝朝贡，忽必烈决心使用武力。早在至元七年（1270 年）便下令在高丽屯田，储备攻日的粮饷。至元十一年（1274 年）三月，命凤州经略使忻都、高丽军民总管洪茶丘等率兵 15000 人，大小战船 900 艘进攻日本。后又设立征东元帅府，以忻都、洪茶丘为都、副元帅，增兵至 25000 人。十月，元军从合浦（今朝鲜马山）出发，攻占对马、一岐两岛，在肥前松浦郡、筑前博多湾（今福冈附近）登陆。但在日军坚决抵抗下，虽获小胜，未能深入。不久，因台风将大部分战船毁坏，元军仓促撤退回国。该年是日本龟山

天皇文永十一年，是役在日本史上被称为"文永之役"。

至元十二年（1275 年）二月，忽必烈派礼部侍郎杜世忠等出使日本。后来，又在高丽、江南等地大批制造战船，继续备战。杜世忠等一到日本，即被镰仓幕府处死。但这一消息直到至元十七年（1280年）才传到元朝。于是，忽必烈决心再征日本。至元十七年（1280 年）下半年，元朝征调军队，招募士卒，成立征东行省（亦称日本行省）主持征伐大计。

至元十八年（1281 年）正月，忽必烈分两路出师。五月，征东行省右丞忻都、洪茶丘和都元帅金方庆等率蒙、汉、高丽军 4 万人组成东路军，乘战船 900 艘，仍从合浦出发，在筑前去驾岛登陆。在遭到日军顽强抵抗之后，元军退到鹰岛，转攻对马、一岐、长门等地。六月，行省右丞相阿塔海、右丞范文虎、左丞李庭、张禧等率新附军及强征来的江南士卒共 10 万人组成的江南军，乘战船 3500 艘从庆元（今宁波）起航，抵达日本平户岛。两军会合之后，主力屯驻鹰岛，偏师进屯平户岛，计划分数路进攻太宰府。但是，元军统帅之间不和，严重影响了军务。受命指挥征日的范文虎是南宋降将，被诸将轻视，无力节制部署。高丽军统帅洪茶丘、金方庆之间积怨甚深，无法通力合作。将帅不和，再加上日军戒备森严，元军滞留鹰岛达一个月之久。八月初一夜，台风侵袭元舰停泊地，大部分舰只被毁。初五，范文虎、忻都等将领丢下 10 余万大军，各乘坚固船只逃回国内。留在日本的元军大部分被日军歼灭，仅被俘者就达二、三万之多，逃回国内的只有 1/5。二征日本以惨败结束，该年是日本后宇多天皇弘安四年，日本史称此役为"弘安之役"。

两次失利并未使忽必烈放弃征服日本的企图。至元二十年（1283 年）年初，他下令重组大军，修造船只，搜集粮草，引起江南人民的强烈反抗，迫使其暂缓造船事宜。至元二十二年（1285 年），再次下令大造战船。年底，征调江淮等漕米百万石运往高丽合浦，下令禁军五卫、江南、高丽等处军队于次年春天出师，秋天集结于合浦。后因部分大臣反对，尤其是要对安南用兵，忽必烈才不得不于至元二十三年（1286 年）正月下诏罢征日本。此后，元朝虽还有过征伐日本的议论和准备，均未能实现。直至元末，元朝和日本政府之间始终处于僵局。中日交往主要是民间贸易往来和僧侣间的往来。元朝政府对这种经济、文化交流采取了支持的态度。

元朝的统治

元王朝的建立

1260 年三月，元世祖忽必烈在开平召集忽里台，即大汗位，建元中统，任用汉地士人，建立起中书省、十路宣抚司以及负责中原汉地政务的燕京行中书省等行政机构，巩固了在中原地区的统治地位。阿里不哥也在漠北召开忽里台，称汗，据有漠北地区。驻军六盘山的蒙古军主帅浑都海、奉蒙哥命主管陕西政务的刘太平，以及四川蒙古军的一些将领，拥护阿里不哥为汗，企图以秦蜀之地响应。忽必烈遣廉希宪为京兆等路宣抚使，急驰赴任，杀刘太平、霍鲁海和四川军中附阿里不哥的将领。不久，诸王合丹、汪良臣等合军，击败浑都海和逾漠南下应援的阿蓝答儿，于是完全控制了关陇川蜀地区。同时，忽必烈亲自率师北征，前锋移相哥败阿里不哥军，迫使他退守吉利吉思。次年秋，阿里不哥又移师东还，袭败移相哥，大举南进，与忽必烈激战于昔木土脑儿，双方死伤相当，各自退兵。因忽必烈切断了汉地对漠北的物资供应，阿里不哥陷于窘境，便派阿鲁忽（察合台孙）前往主持察合台兀鲁思。但阿鲁忽取得汗位后，拒绝向阿里不哥提供物资，并扣留其使者，于是阿里不哥举兵西击阿鲁忽，残破亦列河（伊犁河）流域。至元元年（1264 年），阿里不哥众叛亲离，势穷力竭，向忽必烈投降。至此，忽必烈终于控制了岭北局势，并将势力伸入畏兀儿地区。

忽必烈在与阿里不哥争位战争之初，即已承认旭烈兀对阿母河以西土地的统治权，原来由大汗直接领有的波斯诸地遂变为大汗的宗藩伊利汗国。伊利汗国与立国于钦察草原的术赤后王之间又为领土争端爆发了长期战争。大蒙古国分裂了。

中原汉地成为忽必烈政权的重心，他顺应时势，全面推行"汉法"，改革蒙古统治者对汉地的统治方式。1262 年，山东行省大都督李璮趁北边有战事，结宋为外援，占据济南，并企图策动华北各地诸侯响应。忽必烈调集重兵围攻济南，七月城破，李璮被杀。忽必烈因势利导，罢世侯，置牧守，分民、兵之治，废州郡官世袭，行迁转法。由于中原各地数十年专制一方的大小诸侯的势力受到限制和削弱，中央集权获得加强。中统、至元之初，元廷博采汉族士大夫建议，遵循中原传统制度，同时也采取了充分保障蒙古统治者特殊权益的各种措施，大体奠定了元朝一代政制的规模。中统四年（1263 年），以开平为上都。至元元年，升燕京为中都。四年，始于中都旧城东北建造新城。至元八年十一月，诏告天下，正式建国号大元。九年，升中都为大都。

统一全国

北方政局稳定后，忽必烈决定采用南宋降将刘整建议，先拔襄阳，浮汉水入长

江，进取南宋。至元五年（1268），命阿术、刘整督师，围困隔汉水相望的襄、樊重镇，襄樊军民拒守孤城六年。至于十年初，元军攻下樊城，襄阳守帅吕文焕出降。

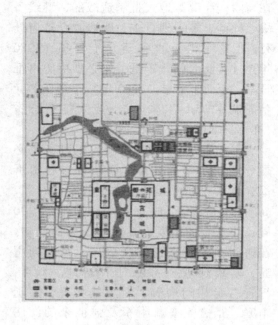

元大都平面

次年六月，忽必烈命伯颜督诸军，分两路大举南进。左军由合答节度，以刘整为前锋，由淮西出师。伯颜本人与阿术领右军主力，九月，自襄阳出发，沿汉水入长江；同时，命董文炳自淮西正阳南逼安庆，以为呼应。十二月，元水师入长江，克宋江防要塞阳逻堡。宋汉鄂舟师统帅夏贵遁，汉阳、鄂州宋军降。伯颜分兵留阿里海牙经略荆湖，自领水陆大军顺流而东，以吕文焕为前锋。宋沿江诸帅多为吕氏旧部，皆不战而降。十二年二月，贾似道被迫督诸路精兵，抵御元军之时，他仍企图奉币称臣议和，被伯颜拒绝，只好在池州下游丁家州勉强与元军会战。因宋军内部不和，一触即溃。同年秋，伯颜从建康（今江苏南京）、镇江一线分兵三道趋宋都临安（今浙江杭州）。十三年正月，宋幼帝赵㬎

上表降元，宋亡。十六年，完全占领四川，又追灭南宋卫王于崖山，完成了全国的统一。元朝的统一，结束了自唐末藩镇割据以来国内的南北对峙、五六个民族政权长期并存的分裂和战乱局面，推动了多民族统一国家的巩固和发展。

大都事变阿合马被杀

阿合马，回回人，最初是作为侍臣进入皇宫的，生性灵巧，善于理财。李璮兵变后，忽必烈对汉人大臣心有戒备转向重用色目人，一是为了搜刮钱财；二是为了与汉人在政治上对立抗衡。此举为阿合马平步青云提供了极好的时机。忽必烈认为阿合马是个奇才，十分器重他。于是阿合马升迁很快而且权势越来越重。他做了10余年的中书平章政事，通过增加赋税、理算钱谷、检括户口等手段竭泽而渔，增加财政收入，以支付朝廷支出。忽必烈因此更加依赖他，他也愈发肆无忌惮，仗着权势打击异己，网罗亲信，安插私己，甚至侵盗国库。大臣们都很恨他，尤其是皇太子真金更加气愤。这些终于导致了大都事变。

至元十九年（1282）三月，忽必烈到上都巡视，真金一起同往，阿合马留守大都。益都千户王著乘机与高和尚密谋除掉阿合马。三月十七日上午，他们先派两个蕃僧到中书省假装说皇太子回返回来做佛事，要求阿合马去接，后来由于高觿怀疑有诈而逮捕了这两个人。午间王著等又假称太子命令枢密副使张易发兵到了东宫，入夜后，王著一行人奔向东宫。其中一个伪装成皇太子，从南门进入。阿合马不知是计，出来迎接时被王著用铜锤打死。随后王著被抓，高和尚也在高梁河被捕，张易受株连，3人同时被杀。同年五月，孛罗向忽必烈详细地汇报了阿合马狼狈为奸，做恶多端的情况，忽必烈大怒，下令打开阿合马的墓棺，刺烂他的尸体，放狗去撕咬，并把阿合马的同伙全部诛杀。至此，大都事变才算平息下来。

元世祖忽必烈去世

至元三十一年（1294）四月，元世祖忽必烈去世，终年80岁。

忽必烈（1215～1294）元朝的创造者。拖雷之子，兄为宪宗蒙哥，弟有旭烈兀、阿里不哥。忽必烈为藩王时，就"思大有为于天下，延藩府旧臣及四方文学之士问从治道"。蒙哥即汗位后，忽必烈总领漠南汉地军国庶事。蒙哥汗三年（1253），受京兆封地；同年，受命远征灭大理国。蒙哥八年（1258）朝廷兴师伐宋，忽必烈代总东路军，次年（1259）九月，蒙哥病死于合州（今四川合川）。忽必烈得悉留守漠北的幼弟阿里不哥图谋自立为大汗，采纳儒士郝经建议，轻骑返燕京，次年（1260）三月，即汗位于开平，建元中统，确立了"祖述变通"的建国方针。同年五月，阿里不哥也在和林称大汗。是年冬，忽必烈亲征和林，至元元年（1264）始平。此间忽必烈于中统三年（1262）镇压了山东李璮的叛乱。至元八年（1271），他取《易经》"大哉乾元"之义，建国号为大元。次年定都大都。至元十六年（1279）消灭南宋，统一全国。此后，他接连派兵远征日本、安南、占城、缅甸和爪哇，均遭失败。同时，平定诸王海都和乃颜的叛乱，巩固了西北和东北边疆的统治。忽必烈在位35年期间，注意农桑，兴修水利，并建立了元代的行政、军事、赋税制度，尤以行省制度影响深远。忽必烈对巩固和发展统一的多民族国家，促进民族文化与中外文化的交流作出了积极的贡献。

铁穆耳死·大都发生政变

大德十一年（1307）正月，成宗铁穆耳死于玉德殿，年仅42岁。因皇太子德寿早亡，皇位空悬，因此成宗之死引发了一系列宫廷流血冲突。

铁穆耳（成宗）像

在丞相阿忽台与皇后卜鲁罕密谋，先奉卜鲁罕皇后临朝称制，再推世祖之孙安西王阿难答为帝。阿难答承袭父封，镇守河西，拥兵15万，在成宗死前与诸王明里铁木儿赶到大都。而中书省右丞相剌哈孙则暗中抵制，他属意于铁穆耳兄答剌麻八剌的儿子海山和爱育黎拔力八达。这时的海山封怀宁王，拥兵坐镇阿尔泰山；爱育黎拔力八达与母亲答己居住在怀州（今河南沁阳）。哈喇哈孙遣密使北迎海山，南迎爱育黎拔力八达，又收百官符印，封百库，称病不朝，守宿宫掖之门。

二月，爱育黎拔力八达与母亲答己到达京师，并与哈喇啥孙取得联系。为抢在三月三日卜鲁罕皇后称制前举事，他们不待海山赶来，便于三月二日由爱育黎拔力八达率兵入宫，擒阿难答，斩阿忽台，自称监国。

爱育黎拔力八达发动政变成功，在京城的蒙古宗王及一些大臣即请求他即帝位，其母答己也赞成次子即位，而海山得哈喇哈孙急报后，便赶至和林，召诸王议事。诸王欲拥他为帝，海山说与母、弟见面后再定。后来听说爱育黎拔力八达自称监国，心颇不悦。他的母亲答己玩弄骗局，派近臣劝海山，如果他即帝位，按阴阳家推算，必将短命早亡。海山不信，派心腹康里脱脱向答己表示：自己次序居长，理应为帝。同时亲率精兵，分三路直趋上都，答己和爱育黎拔力八达闻报大惊，自量无力与海山争守，于是率众北上。五月，与海山在上都相会，决议废卜鲁罕皇后，将她迁往东安州（今河北武清西），赐死。并诛杀安西王阿难答及诸王明里铁木儿。二十一日，海山在大安阁即位，是为武宗。

海山立弟为太子

大德十一年（1307）五月，海山立弟为太子。

海山（武宗）像

武宗海山在即位前曾与其弟爱育黎拔力八达定有协议：先由海山即皇位。作为回报，海山应立爱育黎拔力八达为皇太子。海山死后，其弟继承皇位，之后再传海山之子。兄终弟及，叔侄相传。大德十一年（1307）五月，海山即位，即立其弟爱育黎拔力八达为皇太子。

按照世祖旧例，应专为皇太子建立一支卫军。但武宗却提出将五卫军中的中卫改为卫率府，隶属东宫。爱育黎拔力八达看出这是一种临时性改动，坚持要遵循世祖旧制，另立一卫。武宗无奈，拖延一年后勉强同意。皇太子手下有些人得寸进尺，提出再选一万蒙古军隶属东宫，爱育黎拔力八达警告不要贸然从事，给武宗以废储的借口。

至大三年（1310），尚书省左丞相三宝奴等迎合武宗旨意，谋立皇子和世琜为皇太子，宦官李邦宁亦劝武宗废弟立子。而尚书省右丞相康里脱脱认为爱育黎拔力八达当年抢夺皇位有功，且已有"兄弟叔侄世世相承"的协定，坚持不同意废立。三宝奴等虽然认为不妥，但废立之事也就搁置。爱育黎拔力八达即位后，以变乱旧章罪诛杀了三宝奴。

云南土官蛇节反元

大德五年（1301），荆湖占城行省左丞刘深等向成宗提议出兵征讨尚未归附元朝的八百媳妇（傣族部分，今云南西双版纳南，中心地八百即今泰国清迈），以建武功名传万世。成宗采纳了刘深等的建议，命刘深为云南征缅行省右丞，率湖广、江西、河南、陕西、江浙五省军队2万人出征。五月，刘深军由顺元（今贵州贵阳北）进入云南，沿途征发丁夫马匹，勒索银两，所过之处，

人民饱受蹂躏。在雍真葛蛮（今贵州贵定）土官宋隆济的领导下，当地各族民众起兵反元。他们火烧雍真总管廨舍，围攻贵州（今贵州贵阳），杀知州张怀德。附近各州民众纷纷响应，其中以亦奚不薛土官蛇节领导的起义规模最大。蛇节是亦奚不薛总管府总管阿那之妻，阿那死后，摄理本部事务，深得百姓拥戴。刘深至顺元后，向蛇节勒索金3000两、马3000匹。蛇节忍无可忍，于是率水西彝民起兵反元，把刘深军包围于穷谷之中，使其"首尾不能相救"，又与宋隆济联兵围攻贵州。朝廷恐慌，急调湖广行省平章政事刘国杰会同四川、云南军队15000人赴云南援救刘深。次年十月，刘国杰设计攻破彝军剽骑，蛇节乘船撤退。大德七年（1303）正月，蛇节与刘国杰部将杨赛因不花大战于墨特川，败走。二月被元军擒杀。宋隆济被其侄宋阿重缚送元军，亦遇害。起义虽告失败，却使刘深出征军队损失惨重。"存者才十一二"，元成宗最后不得不取消征服八百媳妇的计划。

元仁宗即位整顿国务

至大四年（1311）正月，武宗海山死于玉德殿，年仅31岁。三月，皇太子、武宗之弟爱育黎拔力八达即位，是为仁宗。仁宗即位后，开始推行一系列措施，以整顿国务。

元从蒙古国开始，就形成较完备的驿站制度，原由各地管民官管理。世祖至元七年（1270），设诸站都统领使司统一管理。十三年，改设通政院管理全国驿站事务。二十九年又在四省设立通政院，后撤销。至大四年（1311）初，罢通政院。同年闰七月，仁宗在大都、上都复置通政院，

爱育黎拔力八达（仁宗）像

专管蒙古驿站，汉地驿站由兵部管领。延
祐七年（1320），恢复世祖旧制，全国驿
站由通政院掌管。

皇庆元年（1312）正月，仁宗开始整
顿军府。蒙古国时实行千户制度，军官分
为万户、千户、百户、五十户等。统一全
国后，在各地设万户府、千户所、百户所，
并各有分等，如万户府分上、中、下3等，
上等管军7000人，中等5000人，下等
3000人。世祖以后，承平日久，各军府多
不满员。仁宗为改变军府这种有名无实的
状况，规定军不满5000人者，不得置万户
府，严格建军标准。

延祐元年（1314）十月，元廷在江南
地区经理田赋（查实田产，追纳税粮）。
因江南富户、寺观大量隐占官民田产，田
亩不清，赋役不均，政府财政收入受到影
响，仁宗接受中书省平章政事章闾的建议，
派员分赴各地经理。先张榜示民，限40日
内以其家实有田产报于官。并许知情人举
报，查出隐田一律没官，当事人或处罚，
或流放。这次经理由于时间紧，而且官吏

与富豪相互勾结，隐占田地、赋役不均的
矛盾未能缓解，反而使矛盾激化，引起许
多反抗朝廷的活动，元廷被迫迅速停止经
理行动，因经理而增加的赋税，以后也陆
续革除。

皇庆二年（1313）十一月，还为选拔
天下可用之材而开科举。一系列治国之举，
使百姓安居，国家绝少战事。延祐七年
（1320）正月仁宗去世，年仅36岁。

南坡政变泰定帝即位

英宗推行新政，引起蒙古色目贵族中
保守派的不满。至治二年（1322）十二
月，拜住以刘夔献田贪污事件为由，大开
杀戒，打击保守派政敌。以御史大夫铁失、
知枢密院事也先贴木儿等为首的保守势力
感到末日来临，决定谋刺英宗，事成后推
镇守漠北的晋王也孙铁木儿为皇帝。次年
八月五日，英宗从上都南还大都。当晚驻
跸于南坡（今内蒙古正蓝旗东北）。铁失、
也先贴木儿等趁英宗熟睡之机，以阿速卫
兵为外应，发动政变。铁失手弑英宗于卧
床之上。此即"南坡政变"。

九月四日，也孙铁木儿即皇帝位于
龙居河（今克鲁伦河），封也先贴木儿
为中书右丞相，倒刺沙为平章知事，铁
失为知枢密院事。之后，诸王买奴建言：
"不诛元凶，则陛下善名不著，天下后世
何由而知陛下心？"十月，也孙铁木儿遂
派遣使者至大都（今北京），以即位告
天地、宗庙、社稷，并诛杀铁失、也先
贴木儿、完者、锁南等参与事变的官员。
十一月，也孙铁木儿到达大都。十二月，
继续清除铁失逆党。诏改次年（1324）
为泰定元年，史称也孙铁木儿为泰定帝。
泰定帝在位仅5年，致和元年（1328）
七月，病死于上都。

云南诸王反叛

泰定帝去世，倒剌沙、梁王王禅等支持泰定帝后人在上都即位。上都被大都打败后，王禅被斩。王禅曾坐镇云南，在云南有一批亲信党羽，这时他们开始策划反对中央的行动。至顺元年（1330）正月，云南诸王秃坚及万户伯忽、阿禾、怯朝等举兵叛乱，攻占中庆路，杀廉访司官，捕捉左丞相忻都都，迫令签署诸文牍。二月，秃坚等攻占仁德府（今云南寻甸），至马龙州（今云南马龙）。秃坚自称云南王，伯忽为丞相，阿禾等为平章，立城栅，焚仓库，以抵抗朝廷。

此时，当地各族土官也乘机起事。四月，乌撒土官禄余杀乌撒宣慰司官吏，领罗罗诸蛮民归附伯忽。禄余以蛮兵700余人据乌撒、顺元（今贵州贵阳）界，立关固守，打败官军。之后，罗罗斯权土官宣慰撒加伯等归附禄余，联合乌蒙、东川、茫部蛮兵屡犯建昌路（今四川西昌一带）。

元廷急忙调遣江浙、河南、江西三省之兵进讨云南。又命行枢密院、四川、云南行省，诸军分道进讨，命宣政院督促军民严加防备乌蒙、乌撒及罗罗斯，并增兵四川。

元平定云南

由于秃坚、伯忽等人的反叛，至顺元年（1330）七月，元廷命令行枢密院、四川、云南行省出兵分路进讨云南叛军。十一月，元军在马龙州杀掉伯忽弟拜延，败叛军于马金山，擒杀伯忽及其党10余人。接着，四川省臣塔出在乌撒周泥驿屡败支持叛军的乌撒土官禄余，叛军溃逃，元军

抢夺金沙江。十二月，击败阿禾蒙古军，阿禾伪降，率3000兵来偷袭元军，被元军击败，阿禾被擒杀。元军占中庆（今云南昆明），恢复行省统治。

接着元军平定诸蛮。至顺二年（1331）正月，败乌撒蛮兵，禄余中箭逃走。乌蒙、东川、易良州诸蛮兵都投降元军。阿剌忒纳失里率军至当当驿。唯古剌忽、秃坚之弟必剌都迷失等伪降，不时出兵偷袭官军。秃坚则修城堡，布兵拒守。二月，元军破城，诸蛮皆降，禄余潜逃。四月，讨叛大军撤还。六月，乌撒罗罗蛮又杀掠良民，重新叛乱。九月，乌撒土官禄余率军攻顺元路，杀朝廷命官。至顺三年（1332）二月，陕西、四川、蒙古军再入云南。禄余兵败请降，秃坚下落不明。至此云南之乱平定。

元明宗被毒死

天历二年（1329）八月，元明宗被图帖睦尔与燕铁木儿毒死。图帖睦尔第二次即帝位。

图帖睦尔、燕铁木儿打败上都后，表面上奉漠北的和世㻋（元明宗）为皇帝，暗中却策划代立的计谋。本年正月，和世㻋即位于和宁之北。二月，图帖睦尔在大都册立弘吉剌部人卜答失里为皇后，给自己继续为帝作准备。三月，图帖睦尔派燕铁木儿等奉皇帝玉玺北上迎明宗，对外声明国家政事皆需派人北上请明宗决断。四月，燕铁木儿见明宗，率百官奉上皇帝宝玺，明宗乃命其为中书右丞相，又遣使者前往大都，立图帖睦尔为皇太子。

五月，图帖睦尔从大都北上迎接和世㻋。毫无戒备的明宗，率群臣由漠北南下，并于六月诏谕中书省臣，凡国家钱谷、诠选等政事，先报皇太子而后奏

闻。八月明宗到达王忽察都,图帖睦尔前来会见,并与燕铁木儿下手毒死明宗于行殿,然后赶至上都。九月,图帖睦尔重新即位于上都。

月鲁帖木儿篡位失败

月鲁帖木儿,安西王阿难答之子。至顺三年(1332)四月,他与国师必兰纳失里等阴谋篡位,以推翻文宗。必兰纳失里,哈密人,原名只剌瓦弥的里,精通维吾尔、梵文等多种语言,是一代奇才。成宗大德六年(1302),必兰纳失里曾受戒代皇帝出家。后多年在宫中致力翻译佛学经典,曾将汉文《楞严经》、梵文《大乘庄严宝度经》、《乾陀般若经》、《大涅槃经》、《称赞大乘功德经》、藏文《不思议禅观经》等译成蒙古文,又把僧俗法规编纂成书。至顺二年(1331)被封为国师。月鲁帖木儿与必兰纳失里的篡位阴谋失败,两人被处死。被抄没的人畜、田产、金银珠宝、邸宅、书画玩器等,价值巨万。

燕铁木儿权倾朝野

燕铁木儿,钦察人。致和元年(1328)七月,泰定帝在上都去世。燕铁木儿在大都发动政变,迎立武宗次子图帖睦耳为帝,是为文宗。文宗对其加封三代,命礼部撰文立石以昭其勋。至顺元年(1330)五月,文宗下诏授子燕铁木儿开府仪同三司、上柱国、太师、太平王、答剌罕、中书右丞相,记载军国重事,监修国史,管领与调度燕王宫相府事、任大都督并管领龙翊亲军都指挥使司之事等。"凡号令、刑名、选法、钱粮、造作,一切中书政务,悉听总裁",规定一切闻奏,先报燕铁木儿。并把左丞相伯颜改任知枢密院事,中书省不再设左丞相,由燕铁木儿独专相权。至顺三年(1332)二月,文宗再命燕铁木儿兼奎章阁大学士,管领奎章阁学士院事。燕铁木儿一时权顷朝野,挟震主之威,肆无忌惮。

元顺帝即位

图帖睦耳(即文宗)于天历二年(1329)毒死兄长明宗,重占帝位后,把明宗长子妥懽帖睦尔流放外地,与世隔绝,至顺三年(1332)八月,文宗在上都去世,死前仍后悔毒死明宗,遗诏皇后立明宗之子为帝,其后再传位于自己亲子燕帖古思。十月,明宗次子懿璘质班即帝位,是为宁宗。十一月,宁宗在位43天后驾崩,年仅7岁。燕铁木儿请立文宗之子燕帖古思,文宗后卜答失里不允:"吾子尚

宁宗懿璘质班像

幼,妥懽帖睦尔在广西,今年十三矣,且明宗之长子,礼当立之。"于是遣中书右丞阔里吉思前往静江迎接妥懽帖睦尔。妥懽帖睦尔至良乡(今北京西南良乡镇),燕铁木儿具体陈述了迎立之意,妥懽帖睦尔

因年幼，且畏惧他，一无所答。燕铁木儿疑心妥懽帖睦尔知道当年自己参与谋害明宗之事，深恐一旦他继位，会于己不利。故迁延数月，不使妥懽帖睦尔即位。不久，燕铁木儿死，文宗后卜答失里才与大臣们商定立妥懽帖睦尔，并仿照"武宗、文宗故事"，协定妥懽帖睦尔死后，传位给燕帖古思。至顺四年（1333）六月八日，妥懽帖睦尔即位于上都，是为顺帝，改年号元统。

唐其势谋变被诛

元顺帝即位后，命伯颜为中书右丞相，任命燕铁木儿之弟撒敦为左丞相，燕铁木儿之子唐其势为御史大夫，燕铁木儿家族依然把持朝中要职。元统元年（1333），进拜伯颜为太师、奎章阁大学士。撒敦死，唐其势升为中书左丞相。三年（1335）三月，顺帝立燕铁木儿之女伯牙吾氏答纳失里为皇后，伯颜与燕铁木儿家族发生权力之争。唐其势妒嫉伯颜独专政事，便与撒敦弟知枢密院答里、诸王晃火帖木儿密谋发动政变，拥立文宗之子燕帖古思。六月三十日，唐其势伏兵东郊，亲率勇士突入皇宫，谁知被伯颜设伏捕擒。唐其势及其弟塔剌海伏诛。答里举兵响应，兵败被斩，晃火帖木儿自杀。伯颜幽禁皇后答纳失里，七月鸩杀于开平（即上都）民舍。经此役，燕铁木儿家族彻底失败，元朝政全由伯颜把持。

伯颜请杀五姓汉人

伯颜除去政敌燕铁木儿家族后，独秉朝政。他极端仇视汉人，排斥汉文化。至元元年（1335）十一月，他废除科举制度，命以学校贡士庄田租改给怯薛衣粮。三年（1337）四月，命省、院、台、部、宣慰司、廉访司及郡府幕官之长，皆用蒙古、色目人；禁止汉人、南人学习蒙古、色目文字。他曾对顺帝说："陛下有太子，休教读汉儿人书；汉儿人读书，好生欺负人。"至元三年（1337），他以广州增城朱光卿、河南信阳州棒胡等发动反元起义为由，提出杀绝张、王、刘、李、赵五姓汉人。因顺帝不从，才没有实行。

元廷内讧孛罗帖木儿被杀

元末农民起义的爆发，各地军阀割据势力的掘起，导致元廷的内讧，孛罗帖木儿就是在这种情况下被杀的。

元至正十四年（1354）高邮之战，元军主部队被击败，农民起义军攻势更加凌厉，随之，割剧各地的军事力量开始称雄内斗。察罕帖木尔聚众与信阳罗山人李思齐合兵从红巾军手中夺取罗山。

至正十五年（1355）移兵黄河北，屡败红巾军，受命守御关陕、晋冀，李思齐则盘据陕西凤翔，与占据鹿台的张良弼等相抗。至正十一年（1351），答失八都鲁率部东出四川，招募"义兵"，先后击败兆琐、南琐红巾军。十四年，总制荆襄诸军援河南汝宁。十七年，答失八都鲁病死，子孛罗帖木尔继领其军。十九年，红巾军关先生、破头潘北上攻大同，元廷命孛罗帖木儿自河南移兵驻大同，不久他便与据晋冀的察罕帖木尔为争夺地盘发生冲突。二十年，妥欢帖木尔下诏以后岭关为界，孛罗帖木儿守关北，察罕帖木尔守关南，不得相侵犯。但双方均不受朝命约束，继续攻战不休。后由于皇室内讧严重，于至正二十五年（1365），妥欢帖木尔命亲信威顺王子和尚德壮士金那海等6人，挟刀

第四编　宋辽金元时期

最新整理图文珍藏版

在衣中，伺立迎春门内，早朝时孛罗帖木儿经迎春门遂被杀。随即又下令尽杀其部党。孛罗帖木儿被杀后，元廷内讧继续进行，扩廓帖木儿、张良弼、李思齐、脱烈伯等军阀之间又进行了几年的相互混战，至至正二十八年，明军攻战了山东、河南，后又攻克通州，此时，妥欢帖木尔父子便北走上都，元廷基本被葬送。

元军东征日本失败

至元十一年（1274）和至元十八年（1281），忽必烈两次发兵东征日本，均失败而归。

高丽臣附元朝后，东夷之国只有日本不受元朝控制。忽必烈几次派使节到日本要求两国通使，日本都不买账。至元十一年（1274）三月，忽必烈因为日本拒绝通使，决定发动战争，用武力去征服，派屯驻在高丽的忻都率领蒙古、汉、高丽混编的军队25000人东征日本。元军在日本登陆后，大肆抢掠，日本守军顽强抵抗，元军只好撤退。归途中遇到台风，船只大多毁坏，元军损失惨重。

出土自对马海峡的元军头盔

至元十八年（1281），忽必烈再次命令东征日本。元军兵分两路向日本进发。两支元军在日本平壶岛会师后，又遇到罕见的飓风，大多数船只破损，除了一部分高级将领争先坐船逃回外，10多万军士被遗弃在海岛上。几天后，日军大举进攻，元军又气又饿，大部分战死，剩下来的都被俘去做奴隶。元军第二次东征日本几乎遭受全军覆没的损失。但忽必烈还是不死心。

至元二十年（1283），忽必烈试图再征日本，在江南大造海船，抽调兵马。由于人民纷纷起来反抗，他被迫放弃了征伐日本的计划。

元管理吐蕃

元代的西藏沿称吐蕃，一直处于中央政府的直接管辖之下，元政府对该地区的管理十分重视。

太宗窝阔台时期，吐蕃佛教萨斯迦派首领萨斯迦班智达公哥监藏（简称萨班）就在凉州会见蒙古诸王阔端，表示归附。阔端允许其各地僧俗首领仍官原职，以萨班为达鲁花赤，统领吐蕃各地政务。1253年，忽必烈征大理途中驻军六盘山，召见萨班，当时他已死，其侄八思巴由阔端之子蒙哥都护送，前来拜谒，并凭借其丰富的历史和佛教知识赢得忽必烈信任，被留在身边。1260年忽必烈即位后，封八巴为国师，1270年升为帝师、大宝法王，统领全国佛教，兼理吐蕃军民世俗事务，成为西藏地区最高宗教领袖和行政首领。1283年，元朝中央设总制院，后更名宣政院，协助八思巴帝师管理全国佛教及吐蕃事务。宣政院是秩从一品的高级官署，可以不经中书省而自行任命官员。

元朝还将吐蕃分成朵思麻、朵甘思、乌思藏三大行政区，各设一个略低于行省的宣慰使司都元帅府，还有若干宣抚司、安抚司、诏讨司等下属机构。前两个地区的官员由朝廷直接选派，而乌思藏地区的官员则由当地僧俗封建主担任。

为了表示对吐蕃的重视，忽必烈还将其子奥鲁赤分封在这里，并子孙世袭，他们参与处理吐蕃地区军政事务和平定叛乱的军事行动。中央集权进一步加强以后，藩王不得直接干预地方事务，这种职能被宣政院所取代。

元统治者为了加强与吐蕃的政治经济联系，还在乌思藏、朵甘思、朵思麻设置了大小驿站35处，每站相距三五百里，配置的马、牛、羊比内地的多。吐蕃和内地来往的使者、商队都曾利用驿站的便利交通传递过文书、物资等。此外，元政府还在碉门、黎州设立榷场，方便与藏族人民的贸易往来。

由此可见，西藏自古就是中国领土中不可分割的一部分，长期以来就与中原在政治、经济、文化方面保持着紧密的联系。元朝对吐蕃的管理使这种联系更加强化，在民族关系史上意义十分深远。

元征安南

元蒙哥汗三年（1253年）十二月，忽必烈攻占大理，留大将兀良合台镇守。兀良合台平定云南各部之后，于蒙哥汗七年（1257年）秋派使节招降安南陈朝（今越南北部）。安南国王陈日煚扣留使节，拒绝投降。同年十一月，兀良合台率大军沿红河进攻安南。十二月，蒙军大破安南军，进入安南国都升龙（亦名大罗城，今河内），实行屠城。陈日煚逃到海岛。蒙军不服水土，只在升龙停留了九天便班师回国，退兵时再派使节招降陈日煚。次年二月，陈日煚传位于其子光昺。夏，陈光昺派使者晋见兀良合台，表示臣服。

元中统元年十二月（1260年），元世祖忽必烈派礼部郎中孟甲等出使安南，

青白釉观音坐像

允许安南保持衣冠典礼风俗等本国旧制。作为回报，陈光昺派族人通侍大夫陈奉公等觐见忽必烈，请求三年一贡。忽必烈同意其要求，封陈光昺为安南国王。此后，两国使节往还不绝。至元四年（1267年），忽必烈应陈光昺请求，任命讷剌丁为安南达鲁花赤。不久，又下诏要安南君长亲自来朝，贵族子弟入质，编制户口，出军役，交纳赋税，设置各级达鲁花赤。陈光昺虚与委蛇，不接受这些要求，也不向元使跪拜，反而提出了取消达鲁花赤的要求。这时，元朝忙于灭南宋，无力南顾。

至元十四年（1277年），陈光昺去世，世子日烜即位。陈日烜坚持光昺的对元方针。至元十六年（1279年），元朝消灭了南宋残余势力之后，议论对安南用兵，但因南方各地人民不断起义而作罢。至元十八年（1281年），元朝成立安南宣慰司，以卜颜铁木儿为参知政事、行宣慰使都元帅，进行战争准备。同时，以陈日烜拒不请命而自立，称病不朝为理由，改立陈日烜叔父陈遗爱为安南国王，遭到安南拒绝。至元二十年（1283年），忽必烈以进攻占城为名，派其子镇南王脱欢率大军南征，要求安南提供军粮，仍遭拒绝。至元二十一年（1284年）十二月，元军分六路侵入安南。安南兴道王陈峻率兵凭险节节抵抗，陈日烜布防于升龙以北的富良江一线。经过激战，陈日烜等于至元二十二年（1285年）正月十三日撤离升龙，退往天长府，集结兵力，坚持抵抗。脱欢占领升龙，焚毁王宫，挥师南下。同时命令驻扎在占城（今越南南方）的元将唆都北上，合击安南主力。元军会合后，分水陆两路追击陈日烜。陈日烜屡战屡败，逃往安邦海口，藏匿于山林，后又逃往清化。其弟陈益稷投降。元军虽获胜，但帅老兵疲，不服水土，尤其是骑兵无法在丛林、水网地区发挥特长。再加上安南援兵逐渐集结，不断袭击元军。脱欢被迫于同年夏撤兵。元军撤退途中，在如月江、册江（乾满江）等地一再遭到安南军民的截击，损失惨重，唆都、李恒等元帅战死。安南收复了全部失地。

至元二十三年（1286年）正月，忽必烈罢征日本，调集军队、粮草，准备大举进攻安南。同时另立陈益稷为安南王。至元二十四年（1287年）正月，他调集8万大军，成立征交趾行省。以奥鲁赤为平章政事；乌马儿、樊楫为参知政事，仍受镇南王脱欢节制。十一月，元军分三路侵入

安南境内。程鹏飞、孛罗合答儿由西道攻永平，大小十七战，连破老鼠、陷沙、茨竹三关，直抵万劫。脱欢、奥鲁赤从东道攻女儿关。乌马儿、樊楫从海道攻安邦口。各路元军会合后，矛头直指升龙。十二月，脱欢率诸军渡过富良江，击败守军，进占升龙。陈日烜等逃往敢喃堡。次年正月，脱欢挥师追击至天长海口，不见陈日烜踪迹，只得回师升龙。元军四出侵扰，掠夺粮草，终因军粮匮乏，天气逐渐炎热，不得不于二月初下令班师回朝。元军撤退途中，安南集结了30余万大军在女儿关、丘急岭一带布防百余里，准备截击归师。脱欢闻讯下令诸军避开敌军，分道撤回国内。元军水师在白藤江遭安南军阻击，主将樊楫受伤被俘。三月，陈日烜遣使进贡金人以代谢罪。忽必烈虽十分恼怒，仍不得不恢复和好关系。

至元二十七年（1290年），陈日烜去世，世子日燇即位，仍然对元朝采取不卑不亢的态度。至元三十年（1293年），元朝第三次调集大军出征安南。次年年初，忽必烈去世，成宗铁穆耳即位，下诏罢征安南，宽宥其抗命之罪。此后，两国边境上虽发生过小规模冲突，但始终维持着安南对元朝的朝贡关系。

元征占城

元世祖至元十五年（1278年），元朝福建行省参政唆都派使节到达越南南部占城国。使节回报该国国王失里咱牙信合八剌麻哈迭瓦有归顺之意，元世祖忽必烈封其为占城郡王。至元十六年（1279年）十二月，派兵部侍郎教化的、唆都等出使占城，要求占城国王入朝。占城国王保宝旦拏啰耶邛南绣占把地啰耶遣使进贡，奉表归降。至元十八年（1281年）十月，元朝

设占城行省，以唆都为右丞，刘深为左丞。调集海船百艘、士卒水手万人，准备次年正月出征海外，要求占城郡王供给军食。不久，占城王子补的专权，扣押元朝出使暹国、马八儿国的使节。忽必烈决心兴兵讨伐。

至元十九年（1282年）六月，忽必烈调集淮、浙、福建、湖广驻军5000人、海船100艘、战船250艘，由唆都统率进攻占城。当年十一月，唆都率军从广州出发，航海至占城港（今越南平定省归仁）登陆。占城国王孛由补刺者吾亲率重兵10万，筑木城20里，设回回三梢炮百余座，严阵以待，拒绝了元朝的招降。至元二十年（1283年）正月十五日半夜，元军分三路从北、东、南三面乘船攻击木城。次日早晨两军交战，占城军出动万余人，战象数十只迎击南路元军。中午，元军击溃占城军，攻入木城。占城国王放弃行宫，焚烧仓库，率部逃入山中。接着，元军进兵大州，占城国王闻讯求降。元军开到大州东南，准许占城王投降，赦免其罪。但要求占城国王亲来营中纳降。占城国王一面派国舅宝脱秃花为使节应付唆都，一面在大州西北雅侯山立寨，集结两万余人，并遣使向安南、真腊、阇婆等国借兵。二月十九日，元军进攻雅侯山，占城军拼死抵抗，并利用地形切断元军退路。元军苦战，才得以突围。唆都在舒眉莲港建立木城，固定待援。并以此为据点，攻击占城的郡县。至元二十一年（1284年）三月六日，唆都奉命北上进攻安南，率军撤出占城。等万户忽都虎率援军到达占城舒眉莲港，知道唆都已撤兵。二十七日，占城国王遣使求降。当年，元朝再度策划派兵讨伐占城，因与安南爆发战争，未能成行。元成宗时，与占城恢复了和好关系。

元征缅甸

13世纪中叶，缅甸蒲甘王朝日益衰落，成为强大元朝的觊觎目标。

元至元八年（1271年），元大理、鄯阐等路宣慰司都元帅府派遣乞䚟脱因等出使缅甸，招抚缅王，希望他归顺元朝。缅王那罗提诃波帝派遣价博为使节到达大都。元世祖忽必烈派遣使节回访缅甸。两国建立了初步的联系。至元十年（1273年），忽必烈派勘马剌失里、乞䚟脱因等出使缅甸，要求缅王派遣王室子弟或显贵大臣来京朝贡。不料，元使一去不归。据缅甸史籍记载，元使是因为晋见缅王不肯脱靴子而被处死的。过了两年，云南行省见使臣久久不归，缅王毫无表示，便向朝廷建议对缅用兵。忽必烈未予批准。

成宗铁穆尔像

正当元朝在是否出兵问题上犹豫不决之际，缅甸先发动了战争。至元十四年（1277年），缅甸出动士卒四五万、战象800头进攻云南镇西路金齿千额总管阿禾的部落，企图在腾越、永昌之间建立营寨。阿禾向上司告急。驻扎在南甸的大理路蒙古千户忽都率700人驰援千额。元军与缅军在行进中遭遇，激战两日。元军大破缅军象阵，追击30余里，连破十七座缅军营寨，将其驱逐出国境。同年十月，云南诸路宣慰使都元帅纳速剌丁统兵3848人出征缅甸。元军进占江头城（今缅甸蛮莫县江新），招降附近的掸族部落35200户。后因天热，未敢深入缅境。纳速剌丁回国后，向朝廷上奏说："缅甸国内的地形虚实，完全在我掌握之中，可以大举进攻了。"忽必烈听了十分高兴，于是下决心征伐缅甸。

至元十七年（1280年）二月，纳速剌丁等再次请求征伐缅甸。忽必烈予以批准，下诏调兵遣将，积极筹备，并正式任命诸王相吾答儿为征缅大军的统帅。不久，元军已经攻占了江头城、太公城（今缅甸拉因公县境内）等地，并分兵驻守。过后，缅王的臣属建都王乌蒙、金齿西南夷等十二个部落归顺元朝。但缅王一直坚持到至元二十二年（1285年）十一月才向元朝求降。忽必烈准其悔过自新，但重申要缅甸权贵亲自来京朝贡的要求，并为此派兵护送怯烈出使缅甸。然而，当怯烈尚未到达缅甸首都蒲甘，缅甸就发生了内乱。缅王被其庶子不速速古里所杀，贵族内部斗争激烈。

不久，不速速古里在与诸兄弟争位的斗争中被杀。蒲甘王朝实际上已经解体。各地纷纷拥兵自立的贵族和掸族部落首领为寻求政治上的支持，大多向元朝投降，接受了元朝任命的宣慰司等各种官职名号。大约在至元二十六年（1289年），缅王立普哇拿阿迪提牙也向元朝纳贡称臣，并派自己的儿子信合八到大都朝见元朝皇帝。次年，成宗封立普哇拿阿迪提牙为缅国国王，信合八为缅国世子。

但是，到大德年间，由于缅甸内乱，元朝再一次出兵缅甸。缅甸权臣、木连城（今缅甸叫栖县）长官阿散哥杀害缅王，另立其子邹聂为王。朝中大权尽操于阿散哥之手，缅王形成傀儡。元成宗闻讯，决心派兵惩罚阿散哥。大德四年（1300年）十二月，诸王阔阔率兵进入缅甸，围攻木连城，遭到守军的顽强抵抗。次年二月，由于阿散哥以重金贿赂阔阔以下将校，元军将领以暑热难耐为借口撤兵回国。元军撤退后，阿散哥派弟弟者弟到上都请求宽恕。成宗赦免了他的弑君之罪，下诏停止征缅，默认了缅甸国内的现状。此后，直至元末，缅甸一直保持着对元朝的臣属关系。

元征爪哇

13世纪下半叶，爪哇杜马班（新柯沙里）王朝国王哈只葛达那加剌称雄南洋，与中国有密切的贸易往来，遂成为元朝觊觎的首要目标。

至元十五年（1278年）三月，元世祖忽必烈下诏设立福建行省，该行省的主要任务之一就是招抚海外各国。次年，福建行省左丞唆都派赵玉出使爪哇。十二月，忽必烈下令诏谕海内海外各国。至元十七年（1280年）十月，元朝再派使节出使爪哇，爪哇也回派使节通好。但当忽必烈要求爪哇国王亲自来华朝觐，遭到拒绝。虽后又两次遣使爪哇，仍未达到目的。至元二十六年（1289年），爪哇国王将使臣孟琪黥面，送还元朝。忽必烈以此为借口发动了战争。

至元二十九年（1292年）二月，忽必烈任命史弼、高兴、亦黑迷失为福建行省平章政事，率兵2万人出征爪哇。出征军携带一年的粮食，乘坐海船1000艘。十二月，史弼等率军从泉州出发，经七洲洋、万里石塘、安南、占城，于次年二月到达爪哇杜并足（厨闽）。然后分水陆两路进

元武宗海山像

攻八节涧（泗水）。这时，爪哇正在内乱之中，曾被杜马班王朝征服的葛朗国（谏义里）王室后裔哈里葛当（查耶卡班）起兵反抗，杀死爪哇王哈里葛达那加剌。葛达那加剌的女婿土罕必阇耶（拉登·韦查耶）逃到麻喏八歇，积聚力量，伺机反攻。三月一日，元军会师并攻占了八节涧。土罕必阇耶向元军表示归顺，请求援助。史弼等接受了这一请求，派兵增援麻喏八歇。三月七日，葛朗军兵分三路进攻麻喏八歇。次日，高兴等率兵与之激战一天，击退敌军。十五日，元军分三路进攻葛朗。元军与哈只葛当率领的葛朗军10余万激战于答

元仁宗爱育黎拔力八达像

哈，三战三捷，歼灭其主力，迫使哈只葛当退入内城。当天晚上，哈只葛当投降。四月二日，土罕必阇耶请求离开元军大营，回麻喏八歇取正式的归降表和朝贡礼品。史弼等派200名元军护送。行至中途，土罕必阇耶杀死护送的元兵，集结军队，夹攻元军。元军在葛朗之战后尚未休整补充，疲惫不堪，只得且战且退，于四月二十四日登舟回国。

元成宗元贞元年（1295年），爪哇麻诺八歇王朝派使节来华，主动恢复了友好关系。此后，两国的使臣、僧侣、商人来往不绝，保持了密切的经济、文化交流。

龙凤政权

至正十五年（1355年）二月，刘福通从砀山清河将原起义军领袖韩山童之子韩林儿迎至亳州（今安徽亳县），立为皇帝，又号"小明王"，国号"宋"，改元龙凤，建都亳州。中央设中书省、枢密院、御史台和六部。地方设行省和府县。任杜遵道、盛文郁为丞相，罗文素、刘富通为平章，刘福通弟刘六为知枢密院事。不久，丞相杜遵道因擅权，被刘福通所杀。刘福通遂为丞相，后又为太保，掌握了龙凤政权的实权，小明王成了徒有其名的傀儡。

元朝统治者视龙凤政权为"心腹大患"。至正十五年（1355年）六月，答失八都被提升为河南省平章政事，授予"便宜行事"的特权，命他率原属太不花的部队前往镇压。但出师不利，被刘福通击败于许州长葛（今河南长葛东北），其子孛罗帖木儿也被红巾军俘获。刘福通派出的赵明达部连连攻取了嵩（今河南嵩县）、汝（今河南临汝）以及

洛阳，北渡孟津至怀庆路（今河南沁阳），河北为之震动。元朝统治者大为恐慌，一面命官员加强曹州（今山东菏泽）、兴元（今陕西汉中）及沂州（山东临沂）、莒州（今山东莒县）等处防务；一面命答失八都鲁迅速调兵攻打龙凤政权的首都亳州。十一月，刘福通败于太康（河南太康），元兵遂围困亳州，韩林儿迁往安丰（今安徽寿县）。至正十六年（1356年）三月，元朝统治者又派脱欢来亳州督战。答失八都鲁与刘福通交战于亳州，结果大败而逃。亳州转危为安。为了进一步扩大战果，摆脱被动局面，刘福通决定分兵西、东、中三路进行北伐。

伯颜像

这年九月最先出兵北伐的是以李武、崔德率领的西路军。他们连克潼关、陕州、

虢州（今河南灵宝），势不可挡。答失八都鲁急调查罕帖木儿、李思齐对西路军进行追剿。李武、崔德折往晋南，在攻取了平陆（山西平陆东南）、安邑（山西运城东北）后与追兵遭遇，战败后队伍溃散。次年年初，溃散的队伍在李武、崔德的组织下，重整旗鼓，攻占商州（今陕西商县），拿下武关。二月，又夺取七盘，进据蓝田县，直逼陕西行省首府奉元路（今陕西西安）。元朝统治者对此大为震惊和恐慌，于是又急调查罕帖木儿、李思齐、刘哈喇不花等前往援助，红巾军被迫放弃进攻奉元的计划。闰九月，刘福通又派白不信、大刀敖、李喜喜等入陕增援，夺取了兴元路（陕西汉中），遂入凤翔（陕西凤翔）。察罕帖木儿增援，红巾军失利。至正十八年（1358年）李喜喜率部分红巾军入四川，称"青巾"。后被徐寿辉部将明玉珍追歼，不得不投奔武昌的陈友谅。李武、崔德等在至正二十年（1360年）五月，向李思齐投降。

东路军由著名将领毛贵率领。毛贵原是淮安平章赵君用的部将，至正十七年（1357年）二月，率军由海道入山东，接连攻下胶州（山东胶县）、莱州（山东掖县）、益都路（山东益都）、滨州（山东滨县北）、莒州（山东莒县）等地。七月，镇守黄河义兵万户田丰响应毛贵起义，攻陷宁路（山东巨野）。次年正月，攻克南北漕运的枢纽—东平路，使南北漕运中断。二月，毛贵又攻克济南。至此，山东大部地区为毛贵、田丰所占领。龙凤政权在山东设益都等处行中书省，毛贵为平章。为把山东建成北伐的基地，毛贵设立了"宾兴院"，选用以前的元官，并派姬宗周等为地方官，还颁发了铜印。毛贵还十分重视发展生产，在莱州屯田，储备粮食。不久，毛贵开始挥师北伐，亲率红巾军进入河北。三月，攻克蓟州（天津蓟县），至漷州枣

中国通史

最新整理图文珍藏版

林、柳林（均在今北京通县境内），进逼元大都。一时京师震惊，人心惶惶。元廷内部甚至有人主张迁都关陕。可惜毛贵因孤军深入，很快就被赶来的元军打败于柳林，不得不退回济南。至正十九年（1359年）四月，淮安赵君用来山东投奔毛贵，竟将毛贵杀害。七月，转战至辽阳的毛贵部将续继祖回到益都，再杀赵君用。从此义军内部开始自相残杀，东路北伐军一蹶不振。至正二十一年（1361年）夏，察罕帖木儿进攻山东，田丰、王士诚等投降，济南失陷。十月，元军又进围益都，毛贵原部将陈猱头坚守。次年六月，田丰、王士诚杀察罕帖木儿，重入益都城。察罕帖木儿养子扩廓帖木儿袭父职，继续围攻益都。十一月，益都被攻破，田丰、王士诚被杀，陈猱头被俘送往大都，山东的红巾军被镇压下去。

由关先生、破头潘（潘诚）等率领的中路军，于至正十七年（1357年）九月，越过太行山，进入山西。但是由于元军的兵力强大，最终未能实现与毛贵会合于河北的计划。次年九月，关先生攻克定州。十月，占领大同、兴合等路。十二月，攻克上都，占领全宁路、辽阳路。至正十九年（1359年）十一月，红巾军进攻高丽。至正二十年（1360年）正月，战败于西京（今朝鲜平壤），退走。三月，又从海路进攻高丽西北的沿海诸州，不久又退去。至正二十一年（1361年）九月，关先生、沙刘二、破头潘率十余万红巾军渡过鸭绿江，进攻朔州。十一月，攻占抚州、安州，并占领了高丽的京城开京（今朝鲜开城）。但不久，高丽军围攻开京，红巾军为其所败。关先生、沙刘二等阵亡，破头潘率余部败退辽阳，不久在辽阳被俘。

北伐的同时，刘福通在至正十九年（1359年）五月，攻占了汴梁，并定为都城，韩林儿也从安丰迁来，实现了北方红巾军多年的愿望。就在这时，北方红巾军呈现出一片鼎盛局面。但是，随着三路北伐军的相继失利，以察罕帖木儿孛罗帖木儿为首的元兵分兵两路，进一步加紧对汴梁的围攻下，这种繁荣没有持续多久，八月，汴梁城被攻破，刘福通保护韩林儿冲出重围，逃奔安丰。

至正二十三年（1363年）二月，驻守在濠州的张士诚趁安丰空虚之机，派遣其将领吕珍进攻安丰。孤立无援的刘福通进行了顽强的抵抗最终失败。小明王韩林儿不得不向朱元璋求救，朱元璋率军救出韩林儿和刘福通，把他们安置在徐州。至正二十六年（1366年）十二月，朱元璋部将廖永忠迎韩林儿、刘福通至应天，途经瓜步，将二人沉入水中溺死。龙凤政权灭亡。

朱光卿棒胡起义

顺帝至元三年（1337）正月，广东增城人朱光卿发动起义，石昆山、钟大明等人率众响应，称号大金国，改元赤符。四月，惠州归善人聂秀卿、谭景山等大量制造兵器，拜戴甲为定光佛，与朱光卿会合起义。元廷遣指挥狗札里、江西行省左丞沙前往征讨。七月，朱光卿、石昆山、钟大明被捕，起义被扑灭。

本年二月，陈州（今河南淮阳）人棒胡在汝宁（今河南汝南）、信阳州（今河南信阳）起义。棒胡名叫胡闰儿，因使棒如神，人称棒胡。他以烧香（佛教活动）聚众，组织起义。陈州棒张、开州（今河南濮阳）辘轴李等人起兵响应。起义军破德府鹿邑，烧陈州，屯兵于杏岗（今河南商丘东南），建年号，棒胡自称李老君太子。元廷遣河南行省左丞庆童领兵征讨。次年四月，棒胡被俘，押往京师后被斩，起义宣告失败。

最新整理图文珍藏版